苏州大学年鉴

SOOCHOW UNIVERSITY YEARBOOK

2013

苏州大学档案馆 编

苏州大学出版社

▲ 中国共产党苏州大学第十一次代表大会召开

◀ 王卓君同志在苏州大学第十一次党代会上作工作报告

▶ 朱秀林同志在苏州大学第十一次党代会上致开幕辞

▶ 江苏省委常委、苏州市委书记蒋宏坤来校作形势政策报告

◀ 科技部副部长陈小娅一行来校调研

▶ 全省高等教育综合改革现场推进会代表团考察学校

▲ 江苏省教育厅厅长沈健来校宣讲党的十八大精神

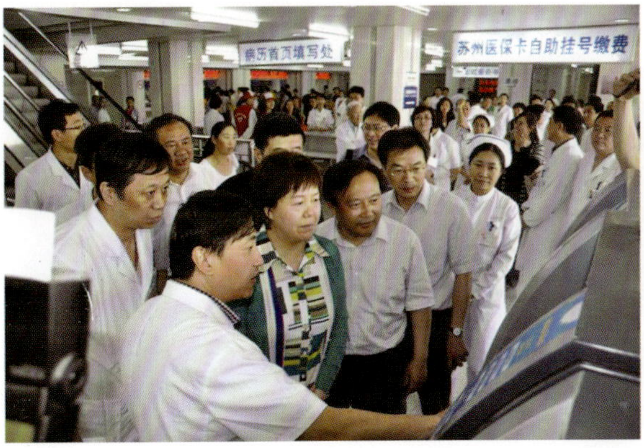

◀ 江苏省卫生厅厅长王咏红到苏州大学附属第一医院、附属儿童医院视察

▶ 江苏省教育厅副厅长倪道潜一行来校调研

▲ 原南京铁道职业技术学院苏州校区正式并入苏州大学

▲ 苏州大学医学教育百年庆祝大会隆重举行

▲ 学校顺利通过“211 工程”三期建设项目验收

▲ 学校召开第三次发展战略研讨会

▲ 苏州大学研究生院成立

▶ 学校举行音乐学院揭牌仪式

◀ 苏州大学唐文治书院成立

▲ 苏州大学心血管病研究所成立

▲ 苏州大学张家港工业技术研究院成立

▲ 苏州大学、滑铁卢大学、苏州工业园区合作签约暨纳米技术联合研究院揭牌仪式举行

◀ 苏州大学—西安大略大学合作签约暨同步辐射联合研究中心揭牌仪式举行

▶ 苏州大学邦城未来城市研究中心签约暨揭牌仪式举行

▶ 王卓君书记参加苏州大学附属第一医院援藏干部欢送会，陈卫昌同志赴任拉萨人民医院院长

◀ 国家科技部纳米药物战略研讨会在学校召开

▲ 第十二届亚洲量子信息科学会议在学校召开

▲ 第七届计算机科学与技术前沿国际会议在学校召开

▲ 中国政治学会 2012 年年会在学校召开

▲ 学校现代丝绸国家工程实验室项目顺利通过竣工验收

▲ 苏州大学出版社喜迎建社20周年

◀ 傅璇琮先生受聘为苏州大学古典文献研究所名誉所长

▶ 诺贝尔奖得主 Martin Chalfie 教授来学校作学术报告

◀ 赵启正做客学校讲解公共外交

▲ 江苏高校首家创业板公司苏大维格在深圳交易所上市

▲ 台湾东吴大学潘维大校长来学校访问

▶ 法国驻上海总领事来学校访问

▲ 学校杰出校友朱永新先生赠书给母校

▲ 学校举办已故杰出校友、国际著名遗传学家、中国现代遗传学奠基人之一谈家桢院士捐赠史料展

▶ 2012 届博士、硕士研究生毕业典礼暨学位授予仪式举行

◀ 中国共产主义青年团苏州大学第十五次代表大会胜利召开

▶ 吴地艺术征服欧洲观众，苏大学子首登维也纳金色大厅舞台

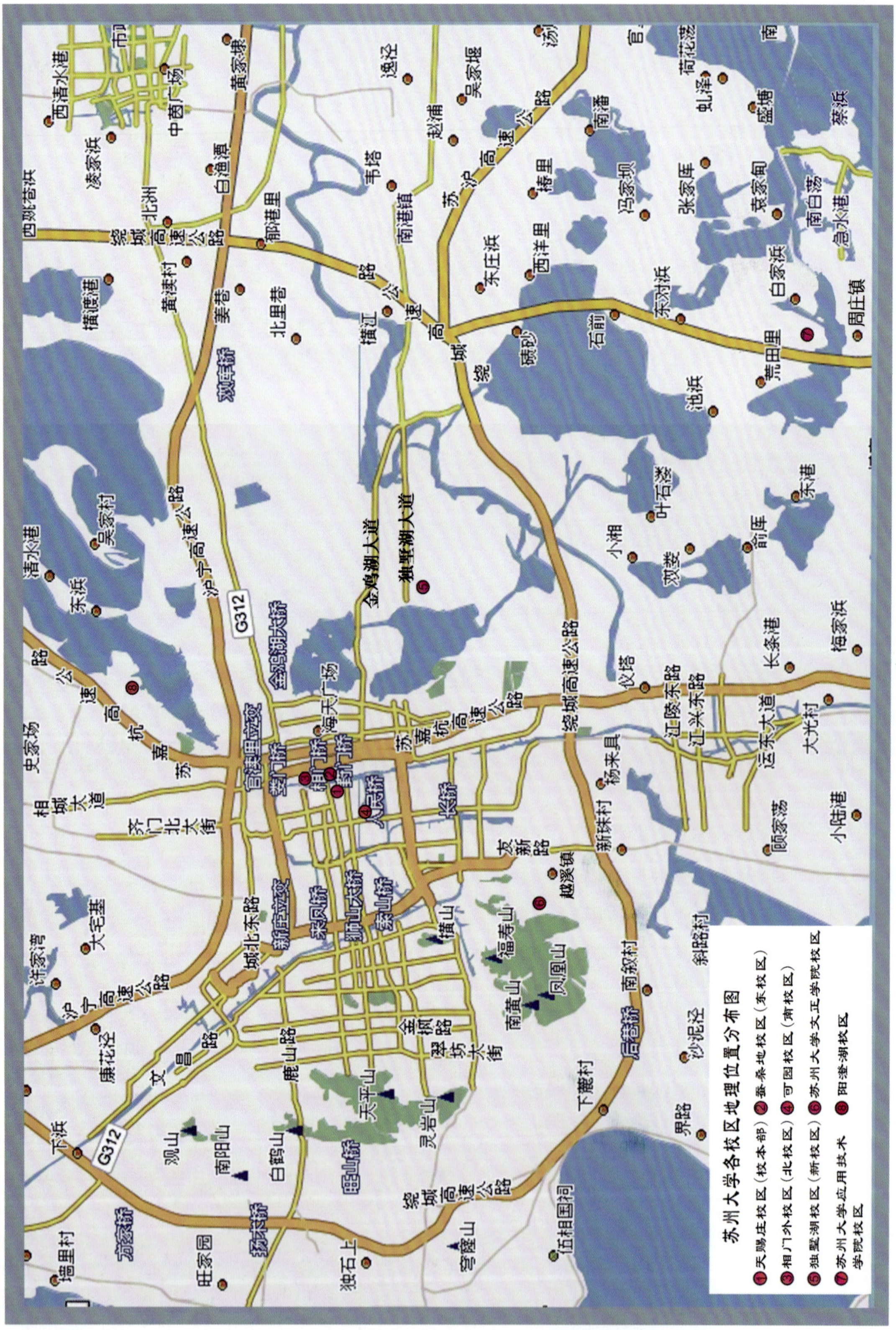
苏州大学各校区地理位置分布图
①天赐庄校区（校本部）
②蚕桑地校区（东校区）
③相门外校区（北校区）
④可园校区（南校区）
⑤独墅湖校区（新校区）
⑥苏州大学文正学院校区
⑦苏州大学应用技术学院校区
⑧阳澄湖校区

苏州大学年鉴

2013

苏州大学档案馆 编

苏州大学出版社

图书在版编目(CIP)数据

苏州大学年鉴. 2013/朱秀林主编;苏州大学档案馆编. —苏州:苏州大学出版社,2014. 2
ISBN 978-7-81137-826-9

Ⅰ. ①苏… Ⅱ. ①朱…②苏… Ⅲ. ①苏州大学-2013-年鉴 Ⅳ. ①G649. 285. 33-54

中国版本图书馆 CIP 数据核字(2013)第 317363 号

苏州大学年鉴 2013
苏州大学档案馆 编
责任编辑 盛 莉

苏州大学出版社出版发行
(地址:苏州市十梓街 1 号 邮编:215006)
苏州工业园区美柯乐制版印务有限公司印装
(地址:苏州工业园区娄葑镇东兴路 7-1 号 邮编:215021)

开本 787mm×1 092 mm 1/16 印张 48.75 插页 13 字数 1 190 千
2014 年 2 月第 1 版 2014 年 2 月第 1 次印刷
ISBN 978-7-81137-826-9 定价:120.00 元

苏州大学版图书若有印装错误,本社负责调换
苏州大学出版社营销部 电话:0512-65225020
苏州大学出版社网址 http://www.sudapress.com

《苏州大学年鉴 2013》编委会名单

主　　编　朱秀林

执行主编　钱万里

副 主 编　王洪法　刘　标　姚　炜　洪　晔
　　　　　王丽燕

编　　委　（以姓氏笔画为序）
　　　　　刘　萍　张志平　张振宇　崔瑞芳
　　　　　惠　林　裔红艳

学校沿革示意图 …………………………………………………………… (1)

学 校 综 述

苏州大学概况 ……………………………………………………………… (3)
苏州大学2012年度工作总结 ……………………………………………… (6)

重 要 文 献

苏州大学2012年度工作要点 ……………………………………………… (13)
校长朱秀林在校党委十届十一次全体(扩大)会议上的讲话
(录音整理稿)(2012年2月13日) ………………………………… (23)
立足新起点 把握新机遇 全面开启建设高水平研究型大学新征程
——校长朱秀林在苏州大学六届三次教职工代表大会上作
的工作报告(2012年4月18日) ………………………………… (31)
校党委书记王卓君在苏州大学创先争优总结表彰暨学生党员素质
工程推进会上的讲话(2012年6月30日) ………………………… (41)
回归大学本位 提高办学质量
——校长朱秀林在苏州大学第三次发展战略研讨会上作的
报告(摘要)(2012年8月25日) ………………………………… (46)
校党委书记王卓君在苏州大学第三次发展战略研讨会上的讲话
(2012年8月27日) ……………………………………………… (59)
深化改革促发展 提高质量强内涵 为建设高水平研究型大学而
努力奋斗
——王卓君同志在中国共产党苏州大学第十一次代表大会上
作的报告(2012年9月26日) …………………………………… (67)
深入推进反腐倡廉工作 为建设高水平研究型大学提供坚强保证
——高祖林同志代表中国共产党苏州大学纪律检查委员会向
中国共产党苏州大学第十一次代表大会作的工作报告
(2012年9月26日) ……………………………………………… (78)
牢记使命 不负重托 在建设高水平研究型大学的征程中阔步前行
——王卓君同志在中国共产党苏州大学第十一届委员会
第一次全体会议上的讲话(2012年9月27日) ………… (84)

2012年重要事项

中国共产党苏州大学第十一次代表大会成功召开 ………………… (89)
学校新增阳澄湖校区 ……………………………………………………… (90)

目录

学校顺利通过“211 工程”三期建设项目验收 …………………………… (90)
学校医学教育百年庆祝大会隆重举行 …………………………………… (91)
学校召开第三次发展战略研讨会 ………………………………………… (91)
老挝苏州大学举行首批本科新生开学典礼 ……………………………… (92)
苏州大学音乐学院挂牌成立 ……………………………………………… (92)
学校国家“973 计划”项目获重大突破 …………………………………… (93)
学校国家自然科学基金和国家社科基金立项再创历史新高 …… (93)
学校喜获教育部2012 年高校校园文化建设优秀成果特等奖 …… (93)
学校法学专业入选全国首批“卓越法律人才教育培养基地” …… (93)

2012 年大事记

1 月 ……………………………………………………………………… (97)
2 月 ……………………………………………………………………… (99)
3 月 ……………………………………………………………………… (101)
4 月 ……………………………………………………………………… (104)
5 月 ……………………………………………………………………… (107)
6 月 ……………………………………………………………………… (110)
7 月 ……………………………………………………………………… (112)
8 月 ……………………………………………………………………… (114)
9 月 ……………………………………………………………………… (115)
10 月 ……………………………………………………………………… (118)
11 月 ……………………………………………………………………… (121)
12 月 ……………………………………………………………………… (124)

各类机构设置、机构负责人及有关人员名单

苏州大学党群系统机构设置 …………………………………………… (131)
苏州大学行政系统、直属单位机构设置 ……………………………… (134)
苏州大学中层及以上干部名单 ………………………………………… (142)
苏州大学工会委员会及各分工会主席名单 …………………………… (168)
苏州大学共青团组织干部名单(院部团委书记以上) ……………… (170)
苏州大学有关人员在各级人民代表大会、政治协商委员会、民主党派、归国华侨联合会、台属联谊会、无党派知识分子联谊会担任代表、委员名单 ……………………………………………… (174)
苏州大学有关人员在校外机构任职名单 ……………………………… (178)

目录

党政常设非编制机构 …………………………………………………… (205)
2012 年苏州大学及各地方校友会主要负责人情况 …………………… (209)

院（部）简介

文学院 …………………………………………………………………… (219)
凤凰传媒学院 …………………………………………………………… (221)
社会学院 ………………………………………………………………… (224)
政治与公共管理学院 …………………………………………………… (226)
教育学院 ………………………………………………………………… (229)
东吴商学院(财经学院)　东吴证券金融学院 ………………………… (231)
王健法学院 ……………………………………………………………… (233)
外国语学院 ……………………………………………………………… (237)
金螳螂建筑与城市环境学院 …………………………………………… (240)
数学科学学院 …………………………………………………………… (243)
物理科学与技术学院　能源学院 ……………………………………… (246)
材料与化学化工学部 …………………………………………………… (249)
纳米科学技术学院 ……………………………………………………… (252)
计算机科学与技术学院 ………………………………………………… (255)
电子信息学院 …………………………………………………………… (258)
机电工程学院 …………………………………………………………… (261)
沙钢钢铁学院 …………………………………………………………… (264)
纺织与服装工程学院 …………………………………………………… (266)
城市轨道交通学院 ……………………………………………………… (269)
体育学院 ………………………………………………………………… (271)
艺术学院 ………………………………………………………………… (274)
音乐学院 ………………………………………………………………… (277)
医学部 …………………………………………………………………… (279)
医学部基础医学与生物科学学院 ……………………………………… (283)
医学部放射医学与防护学院 …………………………………………… (287)
医学部公共卫生学院 …………………………………………………… (289)
医学部药学院 …………………………………………………………… (292)
医学部护理学院 ………………………………………………………… (295)
敬文书院 ………………………………………………………………… (299)
唐文治书院 ……………………………………………………………… (301)
文正学院 ………………………………………………………………… (303)
应用技术学院 …………………………………………………………… (306)
老挝苏州大学 …………………………………………………………… (310)

目录

附属医院简介

苏州大学附属第一医院 …… (315)
苏州大学附属第二医院 …… (318)
苏州大学附属儿童医院 …… (320)

表彰与奖励

2012 年度学校、部门获校级以上表彰或奖励情况 …… (325)
2012 年度教职工获校级以上表彰或奖励情况 …… (331)
2012 年度学生集体、个人获校级以上表彰或奖励情况 …… (336)
苏州大学 2011—2012 学年各学院(部)获人民奖学金、捐赠奖学金、三好学生奖奖金情况 …… (370)

重要资料及统计

办学规模 …… (375)
教学单位情况 …… (375)
成教医学教学点情况 …… (376)
全校各类学生在校人数情况 …… (377)
研究生毕业、入学和在校人数情况 …… (377)
全日制本科学生毕业、入学和在校人数情况 …… (378)
成人学历教育学生毕业、在读人数情况 …… (378)
2012 年各类外国留学生人数情况 …… (378)
2012 年毕业的研究生、本专科(含成人学历教育、含结业)学生名单 …… (378)
办学层次 …… (484)
博士后流动站以及博士、硕士研究生学位授权点 …… (484)
全日制本科专业情况 …… (493)
成人学历教育专业情况 …… (497)
全日制各类在校学生的比率情况 …… (498)
教学质量与学科实力 …… (499)
国家基础科学研究与教学人才培养基地情况 …… (499)
苏州大学国家级、省(部)级重点学科、重点实验室、公共服务平台、工程(技术)研究中心、重点研究基地及实验教学示范中心 …… (499)
苏州大学具有正、副教授任职资格审定权、评议权的学科 …… (502)
苏州大学 2012 年度国家、省教育质量工程项目名单 …… (504)
苏州大学 2012 年度全日制本科招生就业情况 …… (506)

苏州大学科研机构情况 …… (519)
科研成果与水平 …… (525)
2012 年度苏州大学科研成果情况 …… (525)
2012 年度苏州大学科研成果获奖情况 …… (526)
2012 年度苏州大学科学技术成果鉴定情况 …… (539)
2012 年度苏州大学科研成果专利授权情况 …… (540)
2012 年度苏州大学软件著作权授权情况 …… (564)
2012 年度苏州大学承担的省部级以上项目情况 …… (569)
教职工队伍结构 …… (618)
教职工人员情况 …… (618)
专任教师学历结构情况 …… (618)
专任教师年龄结构情况 …… (619)
教职工中级及以上职称情况 …… (619)
2012 年获副高及以上技术职称人员名单 …… (623)
2012 年聘请讲座教授、客座教授、兼职教授名单 …… (627)
院士、博士研究生导师(在职)名单 …… (630)
各类人才工程入选人员名单 …… (654)
2012 年博士后出站、进站和在校人数情况 …… (655)
2012 年在站博士后研究人员情况一览表 …… (656)
2012 年出站博士后研究人员情况一览表 …… (677)
2012 年人员变动情况 …… (679)
离休干部名单 …… (690)
2012 年退休人员名单 …… (691)
办学条件 …… (692)
办学经费投入与使用情况 …… (692)
2012 年学校总资产情况 …… (693)
学校土地面积和已有校舍建设面积情况 …… (694)
全校(教学)实验室情况 …… (695)
苏州大学图书馆馆藏情况 …… (697)
海外交流与合作 …… (698)
2012 年公派出国(境)人员情况 …… (698)
2012 年在聘语言文教专家和外籍教师情况 …… (719)
2012 年苏州大学与国(境)外大学交流合作情况 …… (720)
2012 年举办各类短期汉语班情况 …… (722)
2012 年教师出版书目 …… (723)
2012 年苏州大学规章制度文件目录 …… (734)
2012 年市级以上媒体关于苏州大学的报道部分目录 …… (738)

后 记 …… (770)

学校综述

苏州大学概况

苏州大学坐落于素有“人间天堂”之称的古城苏州，是国家“211 工程”重点建设高校和江苏省属重点综合性大学，其主要前身为创建于 1900 年的东吴大学。100 多年来，一代代苏州大学人始终秉承“养天地正气，法古今完人”的校训精神，坚守“学术至上，学以致用，培养模范公民”的办学理念，传承和弘扬“自由开放，包容并蓄，追求卓越”的优良校风和“博学笃行，止于至善”的优良学风，努力培育兼具“自由之精神、卓越之能力、独立之人格、社会之责任”的“完人”。作为全国最早创建的现代高等学府之一，苏州大学曾创造了中国近代高等教育史上的若干个第一：第一家以西式办学体制举办大学，第一家开展研究生教育并最早授予硕士学位，第一家开设法学专业教育，第一家创办大学学报，等等。1952 年全国院系调整时，东吴大学文理学院与苏南文化教育学院（新中国成立初由省立教育学院、国立社会教育学院和无锡国学专修学校合并组建而成）、江南大学数理系合并为苏南师范学院，同年定名为江苏师范学院，在原东吴大学校址办学。1982 年，经国务院批准改办为苏州大学。后经教育部和江苏省人民政府批准，1995 年苏州蚕桑专科学校、1997 年苏州丝绸工学院、2000 年苏州医学院先后并入苏州大学。目前，苏州大学已发展成为一所拥有哲学、经济学、法学、教育学、文学、历史学、理学、工学、农学、医学、管理学、艺术学等十二大学科门类，具有相当规模，基础较为雄厚，办学效益显著，在国内外具有一定知名度的综合性大学。

100 多年来，苏州大学始终坚持以人才培养为根本，为社会输送了 30 多万名各类专业人才，包括许德珩、周谷城、费孝通、雷洁琼、孙起孟、赵朴初、钱伟长、董寅初、李政道、倪征日奥、郑辟疆、杨铁樑、查良镛（金庸）等一大批精英栋梁和社会名流，谈家桢、陈子元、郁铭芳、宋大祥、詹启敏等 30 多位两院院士都是我校校友，为国家建设与社会发展做出了重要贡献。

苏州大学现有 26 个博士后流动站；24 个一级学科博士学位授权点，167 个博士学位授权点（含自设专业），1 个一级学科专业学位博士点，47 个一级学科硕士学位授权点，244 个硕士点（含自设专业）以及 21 个专业学位硕士点；113 个本科专业；4 个国家重点学科，7 个江苏高校优势学科，12 个省级一级学科重点学科（含 2 个培育学科）；1 个国家文科基础学科人才培养基地，1 个国家理科基础科学研究和教学人才培养基地，2 个国家级实验教学示范中心，2 个国家级人才培养模式创新实验区；1 个国家工程实验室，2 个国家级公共服务平台，1 个国家大学科技园，1 个国家重点实验室培育基地，1 个教育部人文社科重点研究基地，1 个国家体育总局社会科学重点研究基地，16 个省部级重点实验室，7 个省部级公共服务平台，4 个省部级工程中心。目前，拥有各类在校生 5 万余人，其中研究生 14 317 人，本科生 25 406 人，留学生 1 143 人。教职工 4 914 人，其中院士 5 人、“千人计划”入选者 8 人、“青年千人计划”入选者 11 人、“长江学者”特聘教授 4 人、国家杰出青年基金获得者 10 人，具有副高职称及以上人员 2 041 人,一支力量比较雄厚、结构比较合理的师资队伍已初步形成。

苏州大学将人才培养作为学校的中心工作,明确了"育人为本,教学为重"的教育理念,以通才教育为基础,以分类教学为引导,加强基础,拓宽口径,强化应用,重视实践,积极深化人才培养系统化改革,全面实施"卓越人才"工程,不断提高人才培养质量。学校共有 24 个学院(部),其中纳米科学技术学院进入了全国首批 17 个国家试点学院行列;设立了 2 个书院,积极探索人才培养新模式,其中敬文书院定位于专业教育之外的"第二课堂",唐文治书院在"第一课堂"开展博雅教育。学校学生每年获得国家级奖项超过 150 人次。在 2011 年第十二届"挑战杯"全国大学生课外学术科技作品竞赛中,我校获得包括 2 项特等奖在内的 5 项大奖,特等奖数位列第二,总分名列第六。在第二十九届北京奥运会和第三十届伦敦奥运会上,陈艳青、吴静钰和周春秀三位同学共获得了"三金一铜"的佳绩,国际奥委会主席罗格先生特别致信表示感谢。

学校实施"顶天立地"科技创新战略,科研工作取得累累硕果。截至 2012 年 12 月,我校化学、物理、材料科学、临床医学、工程学 5 个学科进入全球 ESI(基本科学指标)前 1% 学科。2012 年,自然科学领域获得国家级项目 295 项,其中国家自然科学基金 281 项、国家重大重点项目 20 项,国家自然科学基金项目数位列全国高校第 20 位;人文社科领域获得国家社科基金项目 33 项,其中重大项目 1 项、重点项目 3 项,入选国家哲学社会科学成果文库 2 项,1 篇研究报告入选国家社科基金《成果要报》,3 项成果获省部级一等奖。2011 年 SCIE 论文共计 899 篇(Ⅰ区、Ⅱ区 307 篇);2010 年 SCI 索引排名位列全国高校第 29 位,SCI 论文他引次数位居全国教育机构第 25 位,SCI 学科影响因子前 1/10 的期刊论文数位列全国高校第 24 位,SCI 收录中国数学领域科技论文数量排名第 15 位;2011 年我校共申报专利 514 件,获授权专利 240 件。

苏州大学现有天赐庄校区、独墅湖校区、阳澄湖校区三大校区,占地面积 4 051.78 亩,建筑面积 182 余万平方米;学校图书资料丰富,藏书近 400 万册,中外文期刊 30 余万册,中外文电子书刊 110 余万册,中外文数据库 76 个。学校主办有《苏州大学学报》哲学社会科学版、自然科学版、工科版和医学版四本学报及《代数集刊》《现代丝绸》和《中国血液流变学》等专业学术期刊。其中,《苏州大学学报(哲学社会科学版)》作为全国中文核心期刊,2010 年被评为"全国高校三十佳社科学术期刊",2011 年刊载文章被《新华文摘》等权威期刊二次文献转载和摘编 47 篇次,列全国综合性大学学报第 16 位。

苏州大学全面推进教育国际化战略,积极扩大对外合作与交流。学校先后与美国、英国、加拿大、澳大利亚、法国、德国、意大利、俄罗斯、日本、韩国、新加坡等 20 余个国家以及香港、澳门、台湾等地区的 150 余所高校和研究机构建立了校际交流关系。学校每年接收各类外国留学生 2 000 余人次(含短期培训),来校学习医学类、国际贸易、工商管理、计算机、化学化工、建筑、社会学、园艺、英语、日语及汉语等专业。学校与英国曼彻斯特大学合作举办国际纺织专业,与加拿大维多利亚大学合作举办国际金融专业。学校与新加坡国立大学、加拿大滑铁卢大学等国际知名高校开展了双学位博士、本硕连读、双学位学士等 40 多个学生国际交流项目。学校与新加坡国立大学共建了中新联合开放实验室和功能高分子研究所,与加拿大滑铁卢大学共建了纳米科技联合研究院和绿色高分子工程与催化技术实验室,与法国爱迪特集团共建了测控技术国际联合实验室等科研机构,有效提升了国际联合研究的能力与水平。苏州大学积极探索境外办学的新路，与美国波特兰州立大学合作建设了波特兰州立大学孔子学院。2012 年 10 月，作为我国首个在国外举办的大学，老挝苏州大学迎来了首届学生。

苏州大学以昂扬的姿态、开放的胸襟、全球的视界，顺天时，乘地利，求人和，人才强校，质量强校，文化强校，依托长三角地区雄厚的经济实力和优越的人文、地域条件，努力将学校建设成为具有学科、区域和国际化特色的“国内一流、国际知名”高水平研究型大学，成为区域内高水平创新人才培养、高新技术研究、高层次决策咨询的重要基地，引领区域经济、社会和文化的发展。

苏州大学2012年度工作总结

2012年，学校坚持以科学发展观统揽全局，以人才培养为根本，以队伍建设为重点，以学科建设为龙头，以改革创新为动力，各方面工作均取得了较好的进展，顺利完成了全年工作目标和任务。

一、以科学发展观为统领，凝聚建设高水平研究型大学的共识

2012年是学校党政换届之年。继上半年学校行政领导班子顺利完成换届后，下半年成功召开第十一次党代会，选举产生了新一届党委和纪委，为学校建设和发展奠定了坚实的组织基础。围绕党政换届工作，学校着力抓好对外部形势的正确认识和把握、校内干部师生思想解放与思想统一、学校发展定位与战略谋划等方面的工作：根据省教育厅的审核意见，学校对“十二五”和中长期改革发展规划进行了部分调整；组织召开了第三次发展战略研讨会；校第十一次党代会全面勾画了学校今后五年乃至更长时期的发展蓝图，明确了继续坚持走以提高质量为核心的内涵式发展道路的总体定位，确立了建设“国内一流、国际知名”高水平研究型大学的总体目标，确定了五大主体战略、八项重点工程的总体布局，进一步激发和凝聚全校师生建设“国内一流、国际知名高水平研究型大学”的共识和愿景。

二、深化教育教学改革，人才培养质量得到新提升

突出人才培养的核心地位，系统推进“本科质量工程”建设。召开本科教学工作会议，制订《苏州大学“十二五”期间本科教学质量与教学改革工程实施方案》。4个专业入选“卓越工程师教育培养计划”，法学专业入选全国首批“卓越法律人才教育培养基地”，在国家综合改革试点专业、江苏省重点专业和国家精品视频公开课评选中取得较好成绩。全力做好第十三届“挑战杯”筹备工作。我校学子继续在奥运会及国家和省级等各类竞赛中屡获佳绩。深入实施“研究生教育创新计划”，加强研究生科学道德和学风建设。1篇论文获评全国优秀博士论文，江苏省研究生创新工程立项数首次列全省高校首位。文正学院、应用技术学院高素质应用型人才培养成效显著。学校被评为江苏省“教学工作先进高校”和“研究生招生管理工作优秀单位”。

三、强化创新能力建设，学科科研工作实现新突破

启动“苏州大学学科提升建设计划”。突出学科建设的整体效应，优化学科生态环境，汇聚创新团队，培育标志成果，拓展国际合作，促进学科优势特色转化。新增3个一级学科“十二五”省重点学科。在全国第三轮学科评估中，学校参评的32个一级学科取得了较好的排名成绩。5个学科进入全球学科排名ESI前1%行列。“211工程”三期建设国家验收获评优秀等级，顺利通过“江苏高校优势学科建设工程”一期项目中期检查。

重大项目和标志性成果取得新突破。在自然科学方面,获得国家级项目310项,其中国家自然科学基金项目281项,位列地方高校首位,首次跃居省内第二,首次进入全国高校前20强;科研到账总经费首次突破3亿元。国家"973计划"首席科学家实现零突破。获得各类科技奖项88项。新增教育部"新世纪优秀人才支持计划"2项,省部级、市厅级创新平台各7项。科技论文被三大检索收录1 998篇,SCI被引用论文数列全国第23位,1篇论文在国际顶级期刊*Nature*上发表,1篇论文入选"中国百篇最具影响国际学术论文"。在人文社科方面,33项国家社科基金项目、144项省部级和市厅级项目获立项,立项总经费突破3 700万元,在教育部重大攻关项目等各类结项和成果获奖等方面均有所突破。《苏州大学学报(哲学社会科学版)》被权威二次文献转载率跻身全国大学学报前10位。学校获评"2010—2011年度江苏省科技工作先进高校"、教育部"高校哲学社会科学研究管理先进集体"。

四、加快人才强校步伐,师资队伍建设再上新台阶

2012年,学校继续保持高层次人才引进和培养工作的良好势头,共引进包括柴之芳院士、陈晓东院士在内的高层次人才149人。4人入选中组部第七批"千人计划";13人入选中组部"青年千人计划";8人入选江苏省"双创计划",继续位列全省高校首位;1人入选中组部首批"青年拔尖人才支持计划";4人入选江苏特聘教授;2个团队入选江苏省"双创团队"。在加强人才引进工作的同时,继续推进"东吴学者计划""博士化工程"等人才培养工程,启动实施"校内特聘教授""东吴讲席教授"和"师资博士后"等制度。1人入选教育部"长江学者"特聘教授,26人入选江苏省第四期"333工程"培养对象。学校获评"2012年江苏省教育人才工作先进单位"。

五、拓展对外交流合作,服务社会发展取得新成效

全面推进教育国际化战略。全年共接收各类留学生1 800余人,800余名师生出国(境)参加学术交流、学习深造,先后与加拿大西安大略大学、英国斯旺西大学等境外高校新签或续签合作交流协议,与尼日利亚拉格斯大学签订合作备忘录。成功举办波特兰州立大学孔子学院建院五周年庆典活动。老挝苏州大学两个本科专业获老挝教育部批准并正式招生。

注重发挥人才科技优势,提升服务经济社会发展的能力。探索人才、学科、科研三位一体的协同创新中心建设机制,积极创建国家级的纳米科技协同创新中心;完善大学科技园载体功能;与法国爱迪特集团等开展跨国技术转移合作;加快张家港工业技术研究院、南通纺织研究院、苏州纳米研究院等建设;与地方龙头企业共建11个校企研发平台;首次获中国专利奖优秀奖,实现了我校知识产权国家奖零的突破。苏大维格成为首家在创业板上市的江苏高校科技企业。学校科技产业年产值位列全国高校第17位。切实发挥高校哲学社会科学的思想库和智囊团作用,一年来,与江苏现代快报股份有限公司、新加坡邦城顾问公司等合作成立11所校级研究机构,附属第一医院平江新院、附属儿童医院园区总院建设进展顺利,附属第二医院启动原评弹学校地块建设,与苏州工业园区达成"共建苏州独墅湖医院框架协议"。积极开展对口支援拉萨师范专科学校、贵阳医学院,援建宿迁学院和扶贫工作。

六、加强资源拓展整合,办学条件不断改善

以举办医学教育百年庆典、召开校第十一次党代会等重大活动为契机,策划组织高质

量、有影响力的外宣报道。深化与政府、企事业单位的合作,全年新发展董事105位。以平稳过渡、加快融合、促进发展为重点,积极妥善地推进阳澄湖校区与校部的对接和融合;根据学科可持续发展需要,组建音乐学院、唐仲英医学研究院;深化大部制改革,成立教务部;按照国家试点学院模式推进纳米科技学院人事管理制度改革。

按照“量入为出、突出重点、统筹兼顾”的原则,加强预算管理,提高资金使用效益。发挥后勤保障与公共服务体系的基础支撑作用。完成文景路隧道、生农化实验楼接建等工程建设。深入推进节约型校园建设,首次获得国家节能专项资金支持。阳澄湖校区教工餐厅投入运营,东校区至阳澄湖校区早晚直达公交班车开通。加强校园信息化管理和载体文化功能建设,图书馆“吴文化数据库”项目荣获国家高教文献保障系统特色专题数据库建设一等奖,博物馆与地方博物馆合作共建,档案馆被评为“苏州市档案工作先进集体”,出版社成功举办建社20周年庆典。加大对公共服务体系的投入,做好大型仪器设备购置、管理与共享等工作,提升实验室安全管理水平。

七、坚持以人为本,营造和谐校园氛围

积极深化民主办学,发挥校、院两级教代会及各民主党派、群团组织等在民主管理中的重要作用,学校侨联、侨务、离退休工作获得省、市先进表彰。重视群众来信来访,积极回应师生诉求,特别是为妥善解决广大退休教职工关注的津补贴问题,在克服困难,先行发放5 000余万元慰问金的同时,积极向上级呼吁,为争取政策调整做了大量具体工作,取得了令广大退休人员较为满意的结果。

重视民生建设,关心师生身心体质健康。完善“奖、助、勤、贷、补、减”多位一体的帮困助学体系,发放奖(助)学金、困难补助、减免学费等共计6 779万元。加强职业生涯教育、创就业课程体系建设,深化“校企合作带薪实习项目”,增设研究生工作站,推进创就业市场拓展和实训基地建设。2012届各类毕业生就业率继续稳定在较高水平。加强大学生心理健康教育咨询与服务。加强学生国防教育,学校被授予“2010—2011年度全省学生军训工作先进单位”称号。服务学生成长、成才,不断深化大学生思想政治教育,学校获评“江苏高校思想政治工作先进集体”、教育部“高校校园文化建设优秀成果特等奖”。健全突发事件预警机制,提升校园技防水平,加大校园治安综合治理力度。

八、以创先争优为统揽,加强和改进党的建设

以学习贯彻党的十八大精神为重点,加强各级领导干部的政治理论学习。校党委被确定为首批“全省学习型党组织、学习型领导班子建设工作示范点”,学校被评为“全省学习型党组织建设工作先进单位”。

以推进高素质处级干部队伍建设为重点,积极提升干部选拔任用工作科学化水平。一年来,共选拔任用处级干部76名。其中,正处级领导职务干部15名,副处级领导职务干部36名;正处级非领导职务干部7名,副处级非领导职务干部18名;女干部32名,党外干部4名;对57名处级领导职务干部进行了试用期满考察。

落实党风廉政建设责任制,切实加强各级领导干部思想、组织、作风效能建设,加强对重点领域、重点岗位、关键环节的管理监督和审计。全年纪检监察部门参与各类招标活动核减经费2 286万元;全年完成各类内审项目231项,审减金额1 546.8万元。

以基层组织建设年为契机，推动创先争优常态化长效化建设，开展基层党组织的摸底调查、分类定级、整改提高等工作。以两年一次的基层党建工作（党校工作）、学生工作考核为抓手，进一步扩大党建工作的覆盖面，增强基层组织的凝聚力与战斗力。校党委被评为江苏省和苏州市“创先争优科学发展争一流先进基层党组织”。

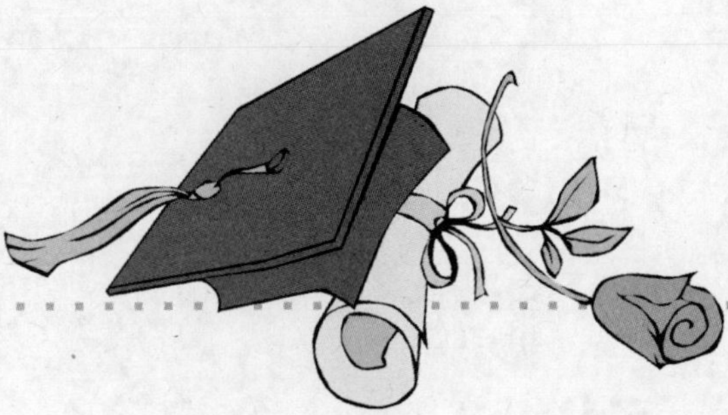

重要文献

苏州大学2012年度工作要点

一、指导思想

以邓小平理论和“三个代表”重要思想为指导，深入贯彻落实科学发展观，认真学习贯彻党的十七届六中全会、江苏省第十二次党代会、国家和江苏教育规划纲要精神，以培养人才为根本，以提高质量为核心，以“试点改革”为契机，以协同创新为动力，全面推进学校“十二五”规划目标建设进程，积极开展人才培养、队伍建设、内部管理等领域的改革与创新，加快建设“国内一流、国际知名”高水平研究型大学，以优异的成绩迎接党的十八大胜利召开。

二、工作要点

本年度在做好日常工作的基础上，重点做好以下工作：

（一）加强改进党的建设，为学校发展提供坚强保障

1. 加强学习型党组织建设

完善党委中心组、教职工政治理论学习机制，组织全校师生深入学习宣传党的十七届六中全会、江苏省第十二次党代会和党的十八大精神；以社会主义核心价值体系为引领，加强和改进思想政治理论课，用中国特色社会主义理论体系武装党员、教育师生；深入推进马克思主义理论研究和理论创新，积极开展哲学社会科学研讨会、报告会、论坛、讲座等活动以及学生社团活动，使之成为宣传科学理论、传播先进文化的重要阵地。责任单位：党委组织部（党校）、党委宣传部、纪监审办公室、马克思主义学院；责任人：江作军、陈进华、施亚东、姜建成、薛凡。

2. 加强领导班子和干部队伍建设

根据省委第六巡视组反馈意见，加强和改进领导班子建设，提升各级领导班子素质和能力。精心准备，周密安排，如期召开学校第十一次党代会，顺利完成党委换届；修订和完善干部选拔任用条例，探索处级干部差额选拔办法，坚持德才兼备、以德为先的用人标准，大力选拔各级各类优秀的干部；按照“大规模培训干部、大幅度提高干部素质”的要求，积极推进处级干部教育培训；完善处级领导干部考核评价体系，规范处级领导干部考核评价内容，发挥考核的导向和监督作用；积极选派学校干部和专业技术人员到地方基层挂职锻炼，做好江苏省“科技镇长团”、江苏省扶贫工作队员的选派等工作。加强科级干部的选拔、培训工作，适当扩大科职干部竞聘上岗的比例。责任单位：党委组织部（党校）、人事处；责任人：江作军、姜建明、薛凡。

3. 加强基层党组织建设

贯彻落实《中国共产党普通高等学校基层组织工作条例》以及江苏省委教育工委有关

文件精神，通过“践行师德创先争优”“为民服务创先争优”等主题实践活动，引导各级党组织和全体党员更好地履行职责，立足岗位，争创一流；积极稳妥地做好发展党员工作，建立健全大学生党员质量保障体系；加强对党员的教育和管理，做好党支部书记教育培训工作；健全党内服务机制，推动党组织为党员服务、党组织和党员为群众服务。做好创先争优活动回顾总结工作，组织表彰2010—2012年创先争优活动先进集体与个人。责任单位：党委组织部（党校）；责任人：江作军、薛凡。

4. 加强反腐倡廉与审计工作

学习贯彻十七届中央纪委第七次全会精神，坚持“标本兼治、综合治理、惩防并举、注重预防”的方针，围绕教育、制度、监督、改革、纠风和惩处六个关键环节，建立健全惩治和预防腐败长效机制，保持党的纯洁性；贯彻落实《关于实行党风廉政建设责任制的规定》，组织签订《2012年党风廉政建设责任书》，按照“谁主管、谁负责”原则，落实领导干部“一岗双责”和责任追究制；深化“小金库”治理和校务公开工作，加强对领导干部的监督，加强对基建维修、物资采购、招生录取、科研经费、财务管理等重点领域和环节的监管力度；继续推进廉洁教育和廉政文化进校园，营造风清气正的改革发展环境；深化和拓展与苏州市检察院合作共建制度，对各类违法违纪案件坚决查处，决不姑息迁就；加强和完善机关、群直单位作风效能建设工作，在转变作风、提升效能、促进发展上见实效。认真做好领导干部经济责任审计及江苏省优势学科经费等重大专项经费审计工作，强化审计监督职能；努力创建并争取成为江苏省党风廉政建设示范高校。责任单位：纪监审办公室、机关党工委、群团与直属单位党工委；责任人：施亚东、邓敏、蒋剑平。

5. 加强新闻宣传报道工作

推出高质量、有影响、有深度的宣传报道，营造有利于高水平大学建设的舆论氛围。深化与国家主流媒体的合作，提升对外宣传报道的层次与质量；建立健全新闻发布会、新闻通气会、接受新闻媒体访谈制度和突发事件新闻报道应急工作机制，提高新闻宣传工作的预见性、针对性和引导性；改进校园网新闻信息发布工作，积极整合网络舆情搜集力量，强化网上舆论引导。责任单位：党委宣传部（新闻中心）；责任人：陈进华。

6. 加强统一战线、群众组织和老干部工作

做好党外代表人士的培养、培训和推荐工作，着重做好民主党派省级以上组织换届及各级人大、政协换届改选中有关人选的推荐、考察等工作；积极协调侨台联、东吴大学校友会、归国学者联谊会、无党派知识分子联谊会等统一战线、群众组织开展活动，继续办好归国学者讲坛。认真筹备、组织召开学校六届三次教代会，进一步加大二级教代会建设力度，健全二级教代会运行机制。充分发挥工会、学生会、研究生会等群众组织和民主党派成员、老干部在学校事业发展中的重要作用；不断完善关工委工作长效机制。责任单位：党委统战部、离退休工作部（处）、工会、团委、学生工作部（处）、研究生院；责任人：吴建明、徐群祥、王安列、王尔东、张国华、王家宏。

7. 加强共青团工作

以建团90周年为契机，进一步完善共青团实践育人工作体系，健全完善基于课程化建设的社会实践体系；弘扬和传承“惠寒”精神，开展以“惠寒”行动为重点的志愿服务活动，打造志愿者服务品牌；实施立志修身、文化育人、学术登高、实践成才、互助维权等五大工程，开展系列创业人才培养计划，建设大学生自我服务中心与互助维权论坛；积极做好承办第十三

届“挑战杯”全国大学生课外学术科技作品竞赛的筹备工作。责任单位:团委;责任人:王尔东。

(二)深化教育教学改革,努力提高人才培养质量

8. 推进教育体制综合试点改革项目

以江苏高等教育综合改革试点为契机,按照“整体设计、突出重点、彰显特色、务求实效”的原则,全面系统推进各项改革任务,力争早出示范性成果。根据国家教改办、教育部要求,进一步完善纳米科学技术学院改革实施方案,推进国家试点学院相关改革工作。同时积极争取配套政策、经费支持,力争在创新人才培养模式,人才招录与选拔机制,教师聘任、考核和评价制度,内部管理体制机制改革等方面取得突破,将试点学院建设成为人才培养模式改革的示范区、内部治理结构改革的先行区、政产学研用协同创新的样板区。责任单位:有关职能部门、纳米科学技术学院;责任人:有关职能部门主要负责人、李述汤。

9. 推进本科教学质量与教学改革工程

根据教育部和教育厅关于专业改革的文件精神,实施“专业综合改革试点项目”工作。重点加强专业、课程、教材、实践基地建设与申报工作,加大精品课程、双语教学课程、精品视频公开课建设力度,积极申报国家级和省级教学团队,大力开展省级、国家级人才培养模式创新实验基地(区)建设;建立专业评估制度,按照教育部专业目录和招生就业情况,对所有本科专业进行评估,优化专业布局,调整专业规模,提高教育质量。加强教师教学能力建设,积极发挥“教师教学发展中心”作用,为青年教师上岗提供培训服务;制订教师教学绩效考核办法,将教书育人作为教师的首要职责,完善教授为本科生上课制度,引导和鼓励教师专心从事教学活动。责任单位:教务处;责任人:唐忠明。

10. 推进本科人才培养模式系统化改革

总结分析学分制改革实施成效,深化推进新一轮本科人才培养模式改革。根据新教改方案,组织各学院(部)修订2012年各专业人才培养方案,制定新版《苏州大学教学手册》;全面启动“卓越人才教育培养计划”,重点推进“卓越人文学者”“卓越工程师”等教育培养计划,制定相关实施意见与配套措施,提高卓越人才培养成效;挖掘社会资源,不断完善和推广昆山花桥“带薪实习”项目,做好学生实习实践岗位推荐和落实工作,实现社会需求与人才培养的有机对接;积极探索书院制人才培养机制,加快推进敬文书院、唐文治书院建设,探索学院—书院协同育人模式。责任单位:教务处、招生就业处、学生工作部(处)、人文社会科学院、敬文书院、唐文治书院;责任人:唐忠明、马卫中、张国华、袁勇志、王剑敏、王尧。

11. 深化医学教学模式改革

推进“卓越医师教育培养计划”,开展研讨性教学,采用以案例为中心的教学模式;按照住院医师制度的要求,及早布局,加强实习基地建设,促进前后期紧密结合和系统化教学,提高学生临床实习水平;依托学校优势学科资源,重点提升各附属医院的科研水平,带动临床教学和医疗服务质量的提升。责任单位:教务处、医学部、各附属医院;责任人:唐忠明、蒋星红、各附属医院主要负责人。

12. 推进本科生招生就业工作

建立招生就业联动机制,在做好2011年度毕业生就业情况分析工作的基础上,科学制订2012年度招生计划;加强招生网站和招生咨询服务团队建设,加大外省招生宣传力度,扩大生源范围;推进自主招生、体育类、艺术类招录制度化、透明化、科学化,积极选拔优秀生源。开设创就业指导专题讲座，提高学生创就业能力，做好 2012 年江苏省创业教育示范校建设迎评工作；积极组织与江苏各地市人才交流中心交流，开展较高层次、较大规模的校园招聘专场活动。责任单位：招生就业处、学生职业生涯规划辅导中心；责任人：马卫中。

13. 创新学生事务管理工作

结合书院制改革，探索学生自治管理、社区化服务的学生事务管理模式；完善学生网上议校平台，做好校园新闻发布暨学生议校座谈会工作，引导学生参与学校建设与管理；创新学生资助模式，进一步完善"奖、助、贷、补、勤、减"帮困助学体系，构建经济资助、能力支持和精神关怀一体化模式；加强苏南地区大学生心理健康教育研究中心建设，开展心理健康教育宣传活动，建立健全学生心理健康档案，切实做好学生心理健康教育工作。责任单位：学生工作部(处)、团委、大学生心理健康教育研究中心；责任人：张国华、王尔东、许庆豫。

14. 全面提升研究生教育质量

修订研究生培养方案，规范研究生开题、中期考核、学位与毕业答辩程序以及学位授予与毕业条件；推进研究生招生制度改革，继续推进硕士生大口径招生试点和学生导师双向选择模式；强化博士生导师招生条件，使优质生源向优秀导师和优质学科专业倾斜；大力推进研究生专业学位教育，健全各专业学位教育指导分委会，制订各专业学位研究生教育培养方案及毕业和学位授予条例；做好全国百篇优秀博士论文和江苏省优秀研究生论文培育工作。实施"研究生教育创新计划"，推进"卓越研究生人才教育培养计划"工作，加强博士工作站、研究生工作站建设，深化产学研联合培养机制；推进"建设高水平大学公派留学"工作，提高研究生教育的国际化水平；加强导师学院工作，举办 2012 年度新聘导师培训班；落实科学道德和学风建设宣讲教育方案，加强研究生思想政治工作和辅导员队伍建设。责任单位：研究生院；责任人：王家宏。

15. 推进继续教育转型升级

按照"规范管理、创新方法、转型升级、增效减负"的原则，完善继续教育相关规章制度，抓好招生、教学、毕业等各个环节，杜绝违规办学；加强各类继续教育学生的管理，积极推进继续教育综合改革试点；在保证质量的基础上，适度发展特色自考"助学二学历""专接本"等继续教育形式；加快推进国家级"继续教育示范基地"建设，积极申办网络教育学院；大力推进研究生课程班、干部培训班等高层次教育培训工作，积极拓展海外培训市场，提高培训质量，树立培训品牌；开展继续教育理论研究，提升继续教育层次与水平。责任单位：继续教育处；责任人：曹健。

(三) 强化学科建设，着力提升学科整体水平

16. 做好重点学科与江苏省优势学科建设工作

顶层设计，集聚资源，开展国家一级重点学科、江苏省重点学科建设和申报的准备工作；对 7 个江苏高校优势工程学科建设项目的实施情况进行中期考核，总结标志性成果，确保进入第二建设周期。责任单位：研究生院、学科建设办公室、"211 工程"办公室；责任人：王家宏、吴雪梅。

17. 做好"211 工程"三期项目验收及第三轮学科评估工作

做好"211 工程"三期项目管理和校内验收工作，强化绩效考核管理，提高资金使用效率，确保项目建设效益。组织全校相关学科参与第三轮学科评估工作，加强各学科间的协调，力争在第三轮学科评估中取得较好名次。责任单位：研究生院、学科建设办公室、"211

工程”办公室;责任人:王家宏、吴雪梅。

18. 做好学位点设置工作

按照新的学科及学位点设置目录,编制学校一、二级博士学位授权点,一、二级硕士学位授权点和专业学位授权点数据库,明确各学位点建设的基本要求、责任和任务;结合研究生培养方案的修订,完善各类学位授予和提前毕业条例的修订;做好新一届各级学位委员会的换届改选工作,明确各级学位委员会的设置原则、委员组成和职责。责任单位:研究生院、学位评定委员会办公室;责任人:王家宏。

19. 促进学科交叉融合

发挥学科综合优势,大力推动基础学科之间、基础学科与应用学科、科学与技术、自然科学与人文社会科学、基础医学与临床医学的交叉、融合与渗透,努力培育新的学科生长点。责任单位:研究生院、学科建设办公室;责任人:王家宏、吴雪梅。

(四)增强自主创新能力,不断提升科研工作水平

20. 积极承担重大科研项目

面向国际科学研究前沿、国家重大战略需求和地方经济社会发展中的重大科学问题,加强组织引导,主动出击,强化运作,争取承接更多重大科技项目,在“863 计划”“973 计划”等重大国家项目、国家杰出青年科学基金、国家自然科学基金、国家社科基金、军工项目等方面实现新突破。责任单位:科学技术与产业部、人文社会科学院;责任人:朱巧明、袁勇志、郁秋亚、沈志清。

21. 加强科研平台和基地建设

加强国家级和省部级重点实验室、中央与地方共建基础实验室以及相关服务平台的建设力度,发挥其示范和辐射作用;加强国家、省市各类科技创新平台及实验教学示范中心的培育和组织申报工作。对现有的各级各类重点实验室的工作进行总结与考核,对有望申报国家重点实验室的学科进行整合与调整,为申报国家重点实验室做好准备。推动实验室对外开放,积极推进大型仪器设备共享平台建设,有效提升实验室与大型仪器设备的使用效益。完善实验室安全巡查与监督制度,逐步健全实验室安全管理的长效机制。责任单位:科学技术与产业部、人文社会科学院、实验室与设备管理处;责任人:朱巧明、袁勇志、陈永清、郁秋亚。

22. 推进科研管理体制和评价激励机制改革

健全科研管理体制与运行机制,加强项目管理考核,进一步实现项目申报、中期检查、课题结项全过程管理;完善科研目标考核与评优制度,强化质量考核,激发教师的科研创新热情,培育、产出具有相当显示度的重大标志性、原创性成果;探索科研反哺教学机制,促进科研资源向教学资源转化。责任单位:科学技术与产业部、人文社会科学院、财务处、教务处;责任人:朱巧明、袁勇志、盛惠良、唐忠明、郁秋亚。

23. 推动政产学研用协同创新

瞄准国家战略需求和新兴产业,积极参与申报国家新的协同创新体系,建好已有的与苏州工业园区、中国科技大学、中国科学院苏州纳米所构建的纳米科技协同创新体系,积极与国内外知名企业共建联合研究中心;面向区域经济发展需求,构建区域协同创新平台,继续推进张家港工业技术研究院和南通纺织研究院建设,积极共建常熟光伏产业研究院、吴江丝绸研究院、吴中生物医药研究院等校地合作科研平台,并以国家级大学科技园、技术转移中心为载体,构建校地和校企科研成果转化平台;开展国际高端合作,构建国际高端协同创新平台,深化与加拿大滑铁卢大学、法国爱迪特集团等的合作,促进学科交叉和自主创新。责任单位:科学技术与产业部、人文社会科学院、国际合作交流处;责任人:朱巧明、蒋敬东、袁勇志、黄兴。

24. 推进哲学社会科学繁荣发展

制订学校哲学社会科学中长期繁荣计划,在思想政治教育、学风建设、科学研究、校园文化建设、文化创新与产业发展、文化走出国门等方面,打造具有苏州大学特色的哲学社会科学研究品牌;加强中国特色城镇化研究中心、苏南发展研究院等重点人文社科研究基地建设,围绕区域经济社会发展热点问题开展前瞻性、对策性研究,不断提高决策咨询服务水平;深化与地方政府、行业合作,积极筹办苏州社会建设研究院等横向合作平台;有效整合资源,争取成功申办各类省部级研究基地;以苏州大学老挝研究中心为载体,加强对老挝等东盟各国问题研究,服务国家东南亚外交发展战略;打造人文社科全国领军人物,努力培育标志性研究成果,提升人文社会科学学科的社会影响力及综合影响力。责任单位:人文社会科学院;责任人:袁勇志。

(五)实施人才强校战略,稳步推进人事制度改革

25. 加强人才队伍建设

围绕学校重点学科和重大科技创新平台建设需要,采用团队引进、核心人才带动引进、高新技术项目开发引进等多种方式引进专职教学科研人员,其中特聘教授20名左右;继续以讲座教授、客座教授、兼职教授等方式,柔性聘用海内外知名专家和学者。做好"东吴学者计划"第三批项目评审工作;加强创新团队建设,进一步优化人才组织模式;建立教师职业生涯规划和发展制度,加强对中青年教师专业能力和教学技能的培训;选派具有较强创新能力、较大发展潜力的中青年教学科研骨干出国(境)进修深造。做好人才项目申报工作,争取在"千人计划"、"长江学者"特聘教授等人才工程方面有新突破。加强管理人员和其他专业技术人员招聘、培训与考核工作,建设一支高素质、高效率的管理队伍和支撑队伍。责任单位:人事处、党委组织部;责任人:姜建明、江作军。

26. 深化人事管理制度改革

根据江苏省高校绩效工资改革文件精神,修订学校绩效工资改革方案,制定教师基本工作量、二级单位业绩考核办法;继续完善教师职务分类管理办法,探索重能力、重实绩、重贡献的分配激励机制。修订人才引进相关文件,完善高层次人才引进制度;按照国家《事业单位人事管理办法》,稳步推进学校全员聘用工作;加强对人事代理聘用制人员、科研助理等非事业编制人员的聘用管理工作;完善博士后流动站管理办法,加强博士后进出站管理。适时召开全校人才工作会议,完善人才发展规划和具体措施,建立有利于各类人才发挥才能与作用的综合评价体系。责任单位:人事处;责任人:姜建明。

(六)构建现代大学制度,稳妥进行内部治理结构改革

27. 制定《苏州大学章程》

以试点改革为契机,完成《苏州大学章程》起草、审议与核准工作,继续进行规章制度的修改新制工作。借此理顺学校与举办者、主管教育行政部门以及社会的关系;科学设计学校内部组织框架和治理结构,明确学校内设机构,以及各管理层级、系统之间的职责权限、管理程序与规则。责任单位:党委办公室、校长办公室、党委组织部、人事处、工会、教育学院、王健法学院；责任人：王洪法、刘标、江作军、姜建明、王安列、许庆豫、胡玉鸿。

28. 推行"大部制"改革

根据《苏州大学"十二五"和至2020年中长期教育改革发展规划》，本着"转变管理职能、提高服务效能"的原则，积极探索职能部门"大部制"改革的新路径，进一步完善管理模式和运行机制，强化服务意识，提高管理与服务水平。深化学术组织形式改革，进一步推进"学部制"改革，适度下移管理重心，建立科学合理的内部治理结构和绩效管理体系，增强基层单位办学活力。责任单位：相关职能部门、学院（部）；责任人：相关职能部门、学院（部）主要负责人。

29. 鼓励基层单位内部试点改革

积极支持相关学院（部）开展教学、科研、内部管理各项改革，推进纳米科学技术学院试点改革工作，支持医学部基础医学与生物科学学院实施岗位设置和责任到人的相关改革、医学部药学院试行全成本核算和盘活资源的改革工作，总结实施效果，完善改革方案，推广改革成果。完成研究生院内部制度建设、机构设置和定岗定职工作。责任单位：相关职能部门、学院（部）；责任人：相关职能部门、学院（部）主要负责人。

（七）加快国际化进程，积极开展国际交流与合作

30. 推进人才培养国际化

召开"来华留学生规模发展及学生国际交流工作推进会"，规划并引导各学院（部）开展国际合作交流，积极推进相关学科与国（境）外高校及研究机构的合作；与国（境）外知名大学开展学生联合培养项目，加强校际学生交流项目及海外研修项目的宣传，积极营造学生参与国际交流的氛围；认真做好国家留学基金委研究生、本科生公派出国留学工作；继续组织实施学生暑期海外学习研修计划；探索并尝试学生海外带薪实习项目。责任单位：教务处、研究生院、国际合作交流处、学生工作部（处）、海外教育学院；责任人：唐忠明、王家宏、黄兴、张国华。

31. 大力发展来华留学生工作

以"茉莉花留学江苏政府奖学金"为平台，扩大外国留学生和港澳台学生招生规模，更加注重提高留学生培养层次和质量。继续完善汉语国际教育硕士、汉语语言专业本科及汉语进修生的课程设置及教学计划，加强师资队伍建设，不断提高教学质量；探索医学留学生教学培养模式，提高医学留学生毕业回国后的就业率，加强与相关国家教育部门、卫生部门及高校的联系，探索新的留学生招生渠道。责任单位：国际合作交流处、海外教育学院、文学院、医学部；责任人：黄兴、王尧、蒋星红。

32. 积极搭建国际合作平台

推进苏州中美中心、中加金融、中英纺织工程等中外合作办学项目；以韩国大真大学苏州大学分校、孔子学院、中非"20+20"援建尼日利亚拉格斯大学等中外合作办学项目为桥梁，做好对外汉语教学工作和汉语国际推广工作；深入拓展与加拿大滑铁卢大学、麦克马斯特大学、西安大略大学等海外高校的教学、科研交流合作；加快推进老挝苏州大学建设工作，确保今年正式招生。责任单位：国际合作交流处、老挝苏州大学、相关单位；责任人：黄兴、闻曙明、相关单位主要负责人。

（八）营造和谐办学氛围，切实改善师生学习工作条件

33. 营造良好的外部发展环境

坚持开放办学，积极开展与地方政府、知名企业的战略合作；实施名城名校战略，推动省部、省市共建苏州大学，完善校地合办学院机制；加强董事会、基金会和校友会工作，扩大学校社会资源网络，建立完善的捐赠管理体系，构建良好的外部办学环境。责任单位：党委办公室（规划与政策研究室）、校长办公室（对外联络接待办公室）、发展委员会办公室；责任人：王洪法、刘标、薛辉。

34. 实施文化强校战略

深入挖掘学校深厚的历史积淀和文化内涵，凝练、培育和弘扬苏州大学精神；加强师德师风和学术道德建设，营造崇尚学术、探求真知、兼容并包、鼓励创新的学术文化环境；加强各类报刊、校内广播等文化传播载体建设，扩大学术刊物在国内外的影响；加快推进艺术教育中心建设，提升大学生艺术团建设水平；依托国家大学科技园，促进大学文化对周边社区的辐射；以太湖文化论坛为平台，拓展对吴文化、非物质文化遗产保护等的研究；借助海外孔子学院、老挝苏州大学等国际交流平台，更加积极地向世界展示苏州大学精神、传播中华民族的优秀文化。责任单位：党委宣传部、人文社会科学院、艺术教育中心、团委、科学技术与产业部、国际合作交流处、老挝苏州大学；责任人：陈进华、袁勇志、吴磊、王尔东、朱巧明、黄兴、闻曙明。

35. 积极举办苏州大学医学教育百年庆典活动

以"百年苏医"庆典为契机，按照"简约、隆重、和谐、实效"的原则，弘扬优良办学传统，宣传百年办学成就，凝聚海内外校友，增强学校医学教育的学术力、影响力、凝聚力，积极促进医学教育在新时期的跨越式发展。责任单位：党委办公室、校长办公室（对外联络接待办公室）、发展委员会办公室、医学部；责任人：王洪法、刘标、薛辉、蒋星红。

36. 开源节流，提高资金使用效益

调动基层单位积极性，多渠道筹集办学经费；围绕实施高等教育综合改革的各项任务，积极主动地与上级有关部门进行沟通，争取更多经费支持；通过加强科技成果转化与产业回报、盘活资产等形式筹集办学经费，提升学校财力；加强财务管理和国有资产管理，健全"统一领导、集中核算、二级管理"的财务管理体制，构建全面预算管理体系；加强收费监管与会计稽查，完善对外投资管理制度；加强对专项经费的绩效考核，提高经费使用效益。责任单位：财务处、国有资产管理办公室；责任人：盛惠良。

37. 推进信息化校园建设

升级改造校园现有宽带网络，在建设基础平台、软件系统及个性化校园信息门户的基础上，完善学生迎新、自选宿舍、师生离校等系统；启动校园物联网、校园交通、校园能源监管平台、行政管理系统的开发与建设；统一校园信息化标准体系，实现教务、人事、财务、科研、学生工作等子系统的整合与共享，为教学、科研和管理提供良好的网络服务及信息化支撑，提升学校整体管理水平与办学效益。责任单位：校长办公室、网络中心、相关单位；责任人：刘标、杨季文、相关单位主要负责人。

38. 加强学术支撑平台建设

推进数字化图书馆建设，构建图书馆立体式信息服务；进一步发挥博物馆文化阵地作用，完成馆藏扩充、展陈和图集出版；加强档案信息资源开发整合，提高档案信息化管理水平；按照"创特色、出精品、讲服务、增效益"的企业目标，积极拓展数字出版，形成具有市场竞争力的出版管理体制和运行机制；加强学报管理，不断提升办刊质量、水平与层次。责任单位：图书馆、博物馆、档案馆、出版社、学报编辑部；责任人：罗时进、黄维娟、钱万里、张建初、陈忠。

39. 推进校园基础设施建设

加快推进恩玲学生活动中心、文正学院一期扩建工作，全面启动国家标准化考试教室、独墅湖校区院士实验楼、唐仲英医学研究院实验大楼、第四批学生宿舍、文景路隧道、轻机厂二期学生宿舍建设以及生农化实验楼、材化部实验楼接建工作；做好学生宿舍、天赐庄历史文化片区以及老新村改造工作；完善校区功能规划及其用房调整；做好校园绿化、景观改造工作；继续完善节水、节电、节能机制和措施，加强节约型校园建设。责任单位：后勤管理处、相关单位；责任人：仲宏、相关单位主要负责人。

40. 加强平安校园建设

以“管理有序、防控有力、环境整洁、校园稳定”为目标，创新社会管理综合治理工作，建立校园安全划分责任区管理模式，加大防火、防盗隐患的整改力度，切实落实消防安全教育和管理工作，着力提升预防、发现、控制和处置案（事）件的能力；完善人防、技防、设施防、意识防“四位一体”大防控体系；建立健全突发事件应急管理机制，提高保障公共安全与处理突发事件的应急管理能力；继续加强与市有关部门的沟通联系，清理、整顿、净化校园周边环境；进一步规划（优化）校园道路、车辆停放管理。责任单位：保卫部（处）；责任人：霍跃进。

41. 改善师生待遇和服务水平

根据江苏省绩效工资（退休人员规范津补贴）改革要求与标准，提高教职员工收入与离退休人员津贴水平，关心教职员工身心健康；做好大学生参保工作，适时提高研究生、本科生奖（助）学金标准；完善集中采供机制，控制学生食堂食品价格，保证餐饮质量，满足少数民族学生、留学生就餐基本需要；完善教工餐厅管理机制，增加饮食品种，减少就餐高峰排队时间；加强幼儿园软件和硬件环境建设，让教师安心教学科研；提高校医院诊疗条件和服务质量，杜绝传染病在校内的爆发流行；做好学生食堂、学生宿舍公共卫生监督工作。责任单位：人事处、财务处、学生工作部（处）、研究生院、后勤管理处、校医院；责任人：姜建明、盛惠良、张国华、王家宏、仲宏、杨秀丽。

42. 做好离退休老同志服务工作

加强离退休老同志的思想政治与组织建设工作，积极推进利用社会资源为离退休老同志服务工作；进一步完善由学校、社区、家庭相结合的居家养老服务体系，着力解决离退休老同志高龄养老的实际问题。责任单位：离退休工作部（处）；责任人：徐群祥。

43. 加强附属医院建设

以服务地方为重点，努力提供优质的医疗卫生服务。提升改革创新意识，增强医院发展和服务民生的能力水平；提升特色学科和临床专科建设水平，增强医院的影响力和知名度；提升医德医风和效能建设水平，增强医院现代化管理能力。扩展医疗资源，积极推进附属第一医院平江新院、附属第二医院临床教学基地和附属儿童医院工业园区总院建设。责任单位：各附属医院；责任人：各附属医院主要负责人。

44. 落实重点专项工作

集聚整合资源，积极稳妥地做好校区调整优化工作。责任单位：相关单位；责任人：相关单位主要负责人。规范管理、加强扶持、稳步发展，创建独立学院特色与品牌。责任单位：文正学院、应用技术学院；责任人：徐子良、傅菊芬。克服困难，继续做好援藏工作，积极落实对口支援拉萨师范专科学校教师选派等各项任务。责任单位：校长办公室、党委组织部、人事处、相关学院(部);责任人:刘标、江作军、姜建明、相关学院(部)主要负责人。认真做好新疆培养班各项工作,积极完成教育援疆政治任务。责任单位:继续教育处;责任人:曹健。加强与贵阳医学院的联系,积极开展援建工作。责任单位:研究生院、医学部;责任人:王家宏、蒋星红。落实联建任务,认真做好援建宿迁学院工作。责任单位:教务处、党委组织部;责任人:唐忠明、江作军。做好群众体育和竞赛工作,积极备战第九届全国大学生运动会。责任单位:校体委、教务处、学生工作部(处)、体育学院;责任人:王家宏、唐忠明、张国华。创新附属中学工作思路,服务学校教育教学工作和地方发展。责任单位:教务处;责任人:唐忠明。

校长朱秀林在校党委十届十一次全体（扩大）会议上的讲话

（录音整理稿）

2012年2月13日

各位委员、各位领导、各位同志、各位老师：

刚才，王书记代表学校党委做了一个很好的报告，对2012年的工作提出了很好的指导意见。我把今天这个会理解为“苏州大学校情咨文”。经学校党委常委会讨论并下发的《苏州大学2012年度工作要点（征求意见稿）》共计44条，是在各单位年度计划以及各位领导的意见基础上形成的，是学校年度工作的龙头性文件。我想把它浓缩为七个关键词：党建统领、教育改革、学科引领、管理创新、国际交流、和谐校园和专项工作。围绕这七个关键词谈一下学校的有关工作，请大家批评指正。

一、党建统领

去年江苏省第十二次党代会提出“全面建成更高水平的小康社会，开启基本实现现代化新征程”口号。今年下半年，学校第十一次党代会能否提出“全面建设高水平大学，开启基本实现国内一流国际知名的新征程”，届时再讨论。高校的党建工作有着引领和保障高校发展的重要特征和使命。高校党组织是非常重要的一个基层细胞，这是我们高校党组织在高校形成战斗力的基础，是中国特色的大学一个非常重要的基础。

加强党建工作：

第一，要围绕中心抓党建，抓好党建促进学校的发展。

第二，要坚持社会主义办学方向，以社会主义核心价值为引领，构建社会主义核心价值体系，把党建工作贯彻于人才培养、科学研究、社会服务以及文化传承和创新。

第三，要加强学习型党组织的建设，加强领导班子和干部队伍的建设，推进党风廉政建设，推进学校民主政治的发展，做好统战工作、离退休工作。

第四，重点做好以下几方面的工作：

一是根据省委巡视组的意见进行整改，推动学校各项事业的发展。

二是推动干部培训工作，把干部“送出去、请进来”，继续对我们的干部进行各种各样的培训，其中包括利用暑假，继续送部分干部到国外去学习。

三是召开六届三次教代会，重点讨论大学章程制定问题，希望大家积极参与讨论，以此推动民主治校。

四是做好省级以上民主党派干部的推荐工作。

五是继续做好学生网上议校工作，有助于及时沟通、解答、处理问题，促进和谐校园建设。学校还要继续推进教师网上议校活动。

六是要积极组织,周密安排,迎接苏州大学第十一次党代会的召开。按照常规,在党代会之前,根据省委组织部安排要进行行政换届工作。在这段时间当中,我们所有的领导都要坚守岗位,忠于职守,在岗期间坚持把我们的所有工作都做好,推动学校各项工作快速发展。

二、教育改革

2011 年 3 月,苏州大学成为江苏省高等教育改革试点高校;2011 年 11 月,苏州大学纳米科学技术学院成为 17 个国家试点学院之一,这也是江苏省唯一一个入选学院。此次教育改革的核心就是提高人才培养质量,改革内容主要涉及专业建设、课程资源建设、实践创新能力培养项目、教师教学能力提升、教学成果获奖项目、高等教育教学改革项目等六个方面。以上改革项目已经取得很好的成绩,改革任务已经落实到相关学院与个人。我们希望通过此次试点改革,争取到国家和省里的政策、经费支持。

教育改革重点工作有:

第一,国家试点学院改革。此项改革涉及纳米科学技术学院,作为国家级试点改革学院,改革的精神和内容对全校其他学院都有指导示范的作用。试点学院改革指导思想:首先,是突出"教授治学"的问题,把教师引导到教书育人上来。其次,是做好自主招生。我们到省教育厅专门就试点学院的改革,要求参照南京大学强化班招生的模式,直接到中学去选拔人才。再次,要尊重学生的主体地位,给学生以学习的自由。以前的教学安排,是一种计划经济模式,学生被动学习,没有学习自由。现在学校虽然采取学分制、选修制,但在这方面做得还不够,可选择的内容有限。另外还有政策方面的制约。我们向教育厅汇报时,谈到我们在改革当中可能会碰到这些所谓的困惑及政策方面的问题,教育厅的领导和处长都表示:好多事情,可以大胆地改。我们要发扬安徽小岗村搞土地承包经营的精神,先去做,不要去争论。各个学院、各位领导,在教育改革方面都要大胆地去改革和尝试。实施改革项目的核心标准,是高等教育的改革是否有利于人才培养质量的提升。

试点学院通过改革,要实现六个转变:从外延发展转向内涵建设;从轻教学转向把教学放在第一位;从教师聘用的铁饭碗转向评聘分开;从单纯注重学生的学业转向注重德才并重、以德为先,即"做人第一,修业第二",培养"又红又专"的社会主义建设者和社会主义事业的可靠接班人;从单一行政管理转向"教授治学";从教育经费的使用重硬件投入转向重软件投入。这六个方面也值得其他学院借鉴。新时期改革的根本出发点,是在大众化教育的形势下培养精英化人才。苏州特别是苏州工业园区作为纳米科学技术的一个重要基地,如果形成一个像硅谷那样的产业群、高科技创业引领的产业,苏州大学借鉴美国"斯坦福—硅谷"的发展模式,就能达到"国内一流、国际知名"的地步了。试点学院在教学理念方面的创新成果,要在全校范围内推广。

第二,敬文书院。书院去年开始招生,前期工作很到位,发展势头很好,达到了预期的效果。作为"第二课堂",敬文书院的 111 位同学分散在十几个学院和专业,在参加正常的学习后,回到书院大家庭。书院有学业方面的辅导,也有成才和创业方面的辅导,提出了"育人为本,德育为先,个性培养,全面发展"的口号和理念,制订了"SCL 计划"——围绕着文史经典的非学分课程计划,进行个性化的发展和对领导能力的培养。敬文书院的工作得到了很多学院和导师的支持,我们还需要不断地完善。限于现有条件,敬文书院的硬件方面还有待提升。这种书院形式的教学是高投入的,我们通过试点的方式,观察这批学生能否全面发展。也希望没有参加这个项目的学院,在"第二课堂"方面给学生更多学习和提升的机会。

第三,唐文治书院。唐文治书院是文学院、政治与公共管理学院和社会学院三位院长齐心协力提出规划,动员三个学院的资源建立的。唐文治书院注重"第一课堂",通过考试选拔了首届30位学生,打通文史哲,提升外语能力。书院的规划包括:第一,课程设置方面,在原有基础上专门设置课程,鼓励学生用英文和古文写作,突出手写能力。第二,培养一批在文史哲、国学方面具有良好基础,能进行国际交流的人才。学校将在办学条件方面给予支持:一是书院教师讲课的津贴,全部由学校承担,不增加三个学院的额外负担,同时,欢迎教授当义工;二是利用这个平台,请国内外大家来开坛讲学,促进学术交流。

第四,"卓越工程师"与"卓越医师"。学校专门成立了工作组推进此项工作。在"卓越工程师"培养方面,重点加强双师型教师队伍建设,加强与企业的合作。在"卓越医师"培养方面,附属第一医院建设平江新院招聘新医生时,我们建议所有新引进的博士,都集中到医学部培养一到两年,将他们作为"卓越医师"的一部分;同时,请附属第一医院在临床方面有造诣的、在基础方面有丰富经验的教授,对他们进行小班化教学。

第五,招生就业。去年学校召开了一个本科生招生总结及专业建设研讨会,效果非常好。我把唐忠明处长的发言称为"唐氏五点认识":一是建立招生专业师资准入机制。以前为了扩大专业,在师资勉强凑合的情况下就开始招生了。现在能不能办一个专业,首先要考虑准入问题。纳米科学技术学院能成为试点学院,首先因为有一批高水平的师资队伍,确保试点学院能得到很好的发展。现在,学校加强音乐专业建设,专门聘请了美国的教授,夫妻二人在音乐方面都非常有影响力,通过他们在国际上召集10多位音乐人才,建设音乐专业。二是建立专业建设责任追究制。追究不是指秋后算账,而是要求学院的院长和书记在申报、建设每一个专业时增强责任感。三是建立科学的评估机制,从师资、教学内容、教材、教改内容等方面进行自评,甚至进行国际评估。今年学校要做好专业评估工作。四是建立专业退出机制。苏州大学现有113个专业,为保证本科教学质量,如果专业达不到相应水平、质量不能保证,就要适当做些调整。五是建立专业建设水平保障机制,让更多的优秀教师为本科生上课。希望全校上下共同关心本科生教学问题。

会上招生就业处汇报了近三年生源情况。一是学生高考后选择专业的情况:凭个人兴趣爱好的占26%左右,对学科感兴趣而选择专业的占17.6%,认为该专业就业前景非常好的占18.7%。这些数据是进行招生宣传的重要参考依据。二是为什么报考我校:因苏州的地理位置而报考的占27.1%,因苏州大学的声誉而报考的占19.7%,因苏州大学的专业声誉而报考的占15.7%,因苏州就业前景好而报考的占11.5%。因此,我们在招生宣传时,要以生动活泼的方式向中学生进行宣传,将这四个因素讲透,同时对校园环境、教学质量、教学设施、教学管理、师资水平、奖学金等我们也要进行介绍。三是对所报专业的了解程度:非常了解的占6.8%(这里面可能教工子女多),基本了解的占54.2%,二者加起来61%,有近40%的学生报考不了解的专业,因此我们要加大专业宣传力度。四是就读专业是否为报考专业:非常满意的占15.7%,满意的占76%,不满意的占4.7%,无所谓的占3.3%。即一开始报考的这个专业,入学后绝大部分还是满意的。五是通过调剂方式入学的,对被调剂的专业,非常满意的占2.8%,满意的占63.4%,不满意的和无所谓的大体占30%。这部分学生在思想工作无法做通的情况下,要考虑到转专业的问题。从学生的兴趣爱好、学生需求及社会发展前景三个方面去考虑专业建设。专业分为四种:招生好就业好的,没有问题;招生不好就业好的,做好宣传;招生好就业一般的,也要做好宣传;招生不好就业不好的,要考虑退出机制问题。2010 年和 2011 年,各个学院整体就业率都在百分之九十几,体育学院相对较低,2010 年的就业率是 33.3%,2011 年有所提升,达到 68%。像体育学院相关的学科,招生计划如何安排,教师资源如何配置,要进一步讨论。六是了解苏州大学的途径:通过网络进行了解的占 33%,通过学校资料的占 21.5%,其他人推荐的占 12.8%。我们需要做好学校的网络宣传工作。七是对苏州大学的了解程度,38% 属于事前不了解,这要求我们进一步做好宣传工作。八是我们 2011 级学生高考成绩在其所在中学的排名:前 10% 的学生占 39.4%,前 20% 的占 28.8%,二者加起来是 68%,即苏州大学招的本科生 68% 是所在中学的前 20%,属于中上水平。这需要我们更进一步做好教学工作,激发他们的潜力。希望招生就业处与教务处一起"争取优秀生源,优化提升结构,沟通校企合作,推动教育改革,完善教学平台,谋划全球发展"。

三、学科引领

今年要做好以下几方面的工作:

第一,第三轮学科评估。要求材料 3 月 20 日之前提交。上次动员会上已布置各项工作,我把这个当作"生死之战":评得好,名利双收;评得不好,后续资金成问题,还可能会影响到今后申报国家级重点学科和江苏省重点学科。希望大家要有全局观念,分工合作。此次有 7 个学科经学院提出不参加评估,路校长、田校长、熊校长对学科是否参加评估、如何参加评估统筹安排,要与个别学院协商。人事处、科学技术与产业部、人文社会科学院、图书馆、教务处、研究生院、国际合作交流处、学生工作部(处)、团委等部门按照任务分工配合。此次评估的任务重,压力大,各单位要尽最大努力。之前几轮的评估我们整体成绩很好,希望这次评估苏州大学能有所进步。

第二,"211 工程"第三期验收。工作任务非常重,有 11 个重点学科建设项目、2 个创新人才培养建设项目、3 个校内公共服务项目。研究生院也对这项工作进行了布置,要求首先进行校内验收,然后再进行校外验收。进行校外验收时,建议学院先把在校外确定的专家报给学校,由学校统筹研究后再与专家联系。

第三,江苏省优势学科中期检查。要完成指标性目标任务,国家学科必须保点,积极引进人才,共享成果,集中资源,互相支持。着重做好以下工作:一是强化质量评估,弱化规模与数量。论文数量不要多而要质量,强调"顶尖期刊高引用率"。二是强调科研质量。科研质量体现在获奖方面、转化效率方面和项目申请数量方面。三是人才培养质量。注重人才培养队伍指标体系建设,加强本科生、研究生的国际交流工作,发掘优秀的毕业生、在校生事迹。从发表高水平的文章、重大的科技创新、优秀学生的见义勇为、公益活动等方面进行总结,对照评估指标体系进行建设。院士、"长江学者"、"千人计划"、"杰出青年"、"新世纪人才"、全国十大法学家、创新团体、教育部团队,这些都是队伍质量中的指标。四是平台质量,包括国家级重点学科、省重点学科、国家重点实验室、人文社科基地、国家工程中心。从一级指标体系上看,包括师资队伍资源、科学研究、人文培养质量、学科声誉。学科声誉是个很模糊的概念,由专家根据印象打分,这主要依赖于平时各学科在进行国际交流时大家对我们的评价。现在各个高校,特别是"985"高校,有个 ESI 排名指标前 1% 的问题。我们现有 4

个学科进入 ESI 前 1%。化学 2011 年 11 月份排第 333 位,2012 年 1 月份排第 322 位,进步了 11 位。物理学,2011 年 11 月份未进入 1%,2012 年 1 月份已经在 745 个中排 718 位,进步比较显著,希望物理学科能再接再厉,争取在 2013 年进入前 600。材料学从 529 位提升到 485 位,进步了 44 位。临床医学,从 2 378 位晋升到 2 300 位,上升了 78 位。我们要达到什么目标？以南京大学和东南大学为例,化学排在南大之后、东大之前,东大的化学排 600 多位,我校排在 333 位;物理方面,东大排 539 位,我们排 718 位,今年东大可能还会进步,物理学院要鼓足勇气,争取赶上东大。希望更多的学科,能够进入 ESI 前 1%。我们要从指标体系上加强师资队伍建设,引进院士、“千人计划”人才等。希望人文社科学科进一步加强国际平台招聘人才的工作。最近,商学院转变思想,积极从海外招聘人才,效果已经初步显现。

第四,科学研究。

去年人文社科工作可概括为四句话:项目稳中有升,质量显著提高,经费比例增加,获奖历史新高。通过在新闻媒体上发表文章,提升苏州大学的影响力和知名度;继续教育处进行干部培训,扩大了苏州大学在国内的影响;金太军院长的内参成果,得到中央领导的高度重视,达到了很好的效果。

理科方面可以概括为三句话:三大突破,四大增长,五大创新。三大突破指:一是经费突破 2 亿元,去年是 2.38 亿元,完成了“五个二工程”的一部分;二是项目重大突破,拿到了“863 首席”;三是获奖方面,“杰出青年”2 个,国家科技进步二等奖 1 个。四大增长指:被检索论文增长 29%;专利授权增长 47%;国家级项目增长 23%;国家级经费增长 43%。五大创新指:一是大学科技园运行模式创新,尽管起步晚,但影响力大;二是国家技术转移中心“五化”发展模式——运营企业化、人才专业化、服务一体化、运作平台化、转移国际化,科技部把它评为国家技术转移示范机构,并颁布了中国产学研合作促进奖;三是“走出去”的模式创新,学校研究机构与地方政府共建的创新,如与张家港市政府共建苏州大学张家港工业技术研究院,获得张家港市政府 3 000 万元专项建设经费和 2.8 万平方米的研发场地,与南通市政府共建苏州大学南通纺织研究院,获南通市政府 1 300 万元专项建设经费,与苏州工业园区共建苏州大学苏州纳米研究院,获园区 1 000 万元专项建设经费;四是“引进来”模式的创新,与企业研究所合作共建实验室,如与加拿大滑铁卢大学共建纳米技术联合研究院;五是与地方共建研究机构,在人文方面与地方共建的研究机构较多,如最近成立的苏州社会建设研究院,理工方面有低碳经济研究中心、节能技术研究所、检验检疫研究中心等。三大突破、四大增长、五大创新体现了我校这几年科技发展的思路。

目前要做的工作包括:

第一是把苏州科技广场启动、建设好。

第二是做好协同创新提升计划:做好申报、策划和组织工作,抓住工业园区纳米技术产业创业基地的机遇,争取各方支持。研究生院要把握教育部在学科专业建设方面、人才培养方面的政策,争取博士生招生指标。科技创新方面要借助协同创新平台,进一步提升和发展。

第三是国家级项目和“杰出青年”问题。现在各个学院都在申报国家自然科学基金,去年我们有两位教师被评上“杰出青年”,希望材化部、FUNSOM、数学、物理学院、医学部等单位在这方面再接再厉,加大基数。创新产业方面、军工项目方面,都能充分利用资源,使项目数有所增加。

2012 年,我们要继续全面实施“五个二工程”:一是特聘教授和东吴学者达到 200 位;二是论文方面,理科的国际论文达到 2 000 篇,文科一类论文达到 200 篇,即各占 1/10;三是国家自然科学基金项目争取达到 250 项,国家级社科基金项目争取达到 25 项;四是把 20 个科技创新平台进一步建设好。

第四,繁荣发展。

一是做好校园文化建设。苏州大学艺术团在维也纳参加了中国和奥地利建交 40 周年表演,得到了很高的评价,效果非常好。年前,学校引进了相关教授,拟组织交响乐团、合唱团,希望苏州大学艺术团能有更大的展示舞台。我们正计划筹建苏州大学音乐学院。

二是进一步加强文化创新创业。江苏省把文化建设作为发展的重大战略,苏州大学要有所贡献,凤凰传媒学院与文学院可以组建一个文化创意策划的公司。

三是打造名家讲坛。我们可以组建以苏州大学名义的讲坛,向全市开讲,扩大苏州大学品牌在全市范围内的影响。通过讲坛,扩大继续教育和人才培养,促进继续教育转型升级,即从学历教育转到非学历教育,从高中生转到在职人员,从校内办学转到校外培训,从面对面上课转到网络教育。

四是加强热点问题研究。依靠人文社科,加强民生问题、社会管理、金融房产、国际问题的研究。我们可以围绕江苏省提出开启基本实现现代化的新征程,组织一批苏州大学的专家,就省委省政府、苏州市委市政府新的目标、战略展开研究。我们要主动服务,才能得到省里、市里的各项支持。我们人文社科的专家,要主动参与苏州太湖论坛,加强话语权和影响力。

五是打造苏州大学品牌。《苏州大学学报(哲学社会科学版)》要进一步扩大影响力,树立品牌,创造品牌,塑造精品和传世之作。

六是做好特色研究。苏州有很多地方特色,园林、刺绣、昆曲、评弹、建筑、考古、非物质文化遗产等。希望人文社会科学院给予一定支持,打造一些地方特色的研究,彰显苏州大学地处苏州平台的优势。

四、管理创新

第一,制定《苏州大学章程》。教育部颁布了《高等学校章程制定暂行办法》,要求学习贯彻宣传实施该办法。大学章程体现了构建现代大学制度,规范政府与高校、社会的关系,进一步明晰学校内部治理结构关系这三个主要元素。目前,该项工作已初步完成,需要提交教代会具体讨论,希望全校教职员工积极开展讨论,共同推动《苏州大学章程》的制定。

第二,“大部制”改革。指导思想是:优化资源配置,促进学科交叉,提高管理效能,增强办学活力。机关“大部制”改革方面,现在成立了研究生院、科学技术与产业部、人文社会科学院,下一步可以考虑本科生院。学院层面,组建了医学部、材料与化学化工学部。医学部和材化部在整合资源方面的优势得到彰显,体现了学科交叉与融合,实现了资源的优化配置。学校党委行政将进一步讨论学部的组建问题,组织大家呼声比较高的、有组建条件的学科,按其特点组建。“大部制”的改革需要有力地推进,已经不是单纯一个学院、一个专业的问题,涉及各个专业,具有综合性,要考虑理工渗透、文理交叉的问题,要妥善处理学院组建学部的问题。一定程度上,唐文治书院也可以理解为一个新型的学部——是文史哲三个学院基于资源优化进行学科交叉的体现。所以,我们要在主体不动的前提下,遵循有利于人才质量提升,有利于学科交叉融合的原则,开展新的工作。

第三,教师基本工作量。为改变教师不重视教学的现状,激发教师教学、科研和社会工作的热情,完善教师考核和分配激励机制,强化评估考核,明晰基本工资的内涵,人事处、教务处及相关部门加强了教师基本工作量的制定工作。所有教师都要承担一定的基本工作量,包括教学、科研和社会基本工作量。一个教师的基本工作量等于他的教学、科研和社会工作量的总和。教学工作量按小时计量,科研工作量按现有绩点方法进行量化计算。每个人都必须完成基本教学工作量,科研和社会工作则可以有所侧重,教学工作量和科研工作量也可以相互转换。制定基本工作量的目的是围绕着培养人才,而教学、科研和社会工作是培养人才的三个重要方面。教师连续三年达不到基本工作量,基于评聘分开的原则,教授聘为副教授,副教授则聘为讲师。

五、国际交流

第一,完成上级指标要求。国际交流方面,按照教育部和省相关文件要求:本科生比例要大于3%,研究生比例要大于5%。这个指标要分解到各个学院、各个学科,进一步落实研究生与本科生海外学习计划。

第二,"走出去"与"请进来"。

"走出去"工作中首先是办好老挝苏州大学。杨一心、闻曙明等同志及相关职能部门正在负责这方面工作。二是办好孔子学院,办好中加金融学、中英纺织工程教学项目,继续开辟新的项目。

"请进来"方面,一是与加拿大滑铁卢大学合作共建纳米科学技术学院、纳米技术联合研究院,联合培养研究生。二是与加拿大新安东尼大学合作共建同步辐射研究中心。三是和澳大利亚堪培拉大学合作。四是医学部要加强医学留学生教育,做出品牌,提升国际影响力。国际合作交流处要积极指导他们进一步主动与印度有关国家卫生系统沟通。五是办好苏州中美中心,吸引美国的留学生。各学院都要找合作伙伴,至少要与一所国外大学合作。

第三,跟进措施。一是建设一批面向留学生的外语授课品牌专业和课程。材料与化学化工学部、东吴商学院在这些方面做了一些工作,希望条件较好、师资力量较强的物理学院、数学学院加强这方面的工作,开出一些英文班。医学部要争取七年制的全部用英文授课,把外国留学生放在一起教学,进一步加强英语教学,推进国际化。二是加强留学生师资建设、留学生辅导员队伍建设。可以到新加坡、香港、台湾等国家和地区聘请一些能够用外语教学的教师,费用由学校承担。还要设立留学生奖学金,加强宣传,尽早出台学校英文版网站。各学院(部)也要建设英文网站,加强网络通讯建设。教务处留学生科、国际合作交流处与各个学院要事前就学分、项目等事宜进行沟通,共同促进苏州大学的国际交流工作。学校已经完成了教育部一个中非合作项目,同时帮助尼日利亚拉各斯大学建立中文系。

六、和谐校园

第一,学生食堂。后勤管理处一是通过集中采购,降低成本,保证食品质量和安全;二是筹建中心厨房,实行集成化、机器化、营养化、自动化、标准化;三是探索餐厅的多功能化,餐厅在吃饭、休闲外,用于学习,学校已经在进行试点,根据实际情况推广经验。

第二,物业管理。主要工作是保持整洁卫生、安全节能,提供节水服务。推行红楼会议中心模式试点,加强教室管理、教室团队化管理。

第三,学生宿舍。实行社区管理,提高服务质量,改善生活条件。探索从班级模式管理过渡到社区化管理学生,把宿舍作为学生教育的一个重要阵地。

第四,加强校园交通管理。加强安全教育,避免校园交通事故。试行进校刷卡收费制度,实行收支两条线。加强停车场建设,做好校园车辆管理工作。

第五,信息化建设。完善共享数据中心建设、苏大通升级、教师信息化、图书资料数据化工作。在现有图书馆经费条件下,探索图书馆数据联盟模式,加强与各高校的合作,互通有无。

第六,提高教职工的收入待遇。根据党委决策,2006 年以来,教师津贴每年都递增了10%,学校会进一步提高大家的生活幸福感。同时,学校后勤投入了 500 万元,调动了苏州市的 3 000 万元,为校外的若干住宅区进行改造。后勤部门正在积极与苏州市政府进行沟通,逐步扩大改造范围。

七、专项工作

第一,"百年苏医"。希望通过庆祝活动,吸引各种资源,关心和支持苏州大学医学发展。今年还是 1977 届、1978 届学生毕业 30 周年,各学院要主动与校友沟通,举办庆祝活动,学校将给予人员和经费方面的帮助与支持。

第二,唐仲英医学研究院。美国唐仲英基金会捐了 1 000 万美元,苏州工业园区配套了 2 000 万元人民币,目前,我们正在积极向省里争取经费支持。

第三,各项建设规划工作。包括附属第一医院平江新院建设、儿童医院园区总院建设、文正学院扩建、应用技术学院的内涵建设及规划、独墅湖校区的建设和北校区的规划工作等。

同志们,悠悠万事,学生为大。学校培养人才,就依靠在座的各位领导。希望同志们带领大家,共同做好苏州大学各项工作! 谢谢!

立足新起点　把握新机遇
全面开启建设高水平研究型大学新征程

——校长朱秀林在苏州大学六届
三次教职工代表大会上作的工作报告

2012 年 4 月 18 日

各位代表、同志们：

现在，我代表学校向大会报告学校行政工作，请全体代表予以审议。

第一部分　2011 年工作回顾

2011 年，是学校"十二五"开局之年，也是深化改革创新取得丰硕成果的一年。一年来，学校深入贯彻落实科学发展观，按照"抓住方向、把握大局、推动改革、建设队伍、凝聚人心、协调各方"的工作思路，深入推进改革创新，不断深化合作办学，各项事业稳步推进，综合实力显著增强，实现了"十二五"发展精彩开局。下面，我着重报告以下九个方面的工作：

一、谋划学校发展大局，全面推进综合试点改革

2011 年，学校把握国家和江苏省推进高等教育综合试点改革的重要机遇，科学谋划学校发展思路，扎实推进综合试点改革，营造了内和外协、创新发展的良好氛围。

明确学校发展定位。根据省教育厅对《苏州大学"十二五"和至 2020 年中长期改革发展规划》的审核意见，学校对规划相关内容进行了更新和调整，首次明确提出建设"国内一流、国际知名"高水平研究型大学的发展目标，确定了"科学发展上水平、突出重点强文化、分类管理促活力、优化资源增效益"四大发展方针，并对学校发展规模进行相应修订，加快推进教育发展模式转型。

推进综合试点改革。按照顶层设计、突出重点、彰显特色、务求实效的原则，重点推进纳米科学技术学院国家试点学院改革项目，作为江苏高等教育综合改革试点高校承担 13 项改革任务，自主进行书院制改革、"大部制"改革等多个领域改革，同时支持基层单位进行岗位责任制和全成本核算的试点，形成了国家级、省级、校级和基层学院四级联动的试点改革体系，为改革成果的推广奠定了良好基础。

构建现代大学制度。以大学章程起草为契机，按照"党委领导、校长负责、依法治校、民主管理"的原则，探索学校与政府、社会的关系，规范学校行政权力、学术权力的运行机制。经过基础调研、专题研究和制度清理，初步完成了《苏州大学章程（草案）》的起草工作，经过

广泛征求师生员工的意见和建议，本次教代会将进行审议。

二、推进教育教学改革，稳步提高人才培养质量

人才培养一直是学校工作的重中之重。学校坚持“育人为本”教育教学理念，积极探索大众化教育背景下的人才培养模式，努力培养能引领社会发展、适应时代需求、具有国际视野和竞争力的高素质人才。

全面推进教育质量工程。通过实施本科教育质量工程，进一步巩固和加强本科教学的优势和特色。完成了全校 113 个本科专业人才培养方案的制订工作，并在 2011 级学生中实施新的教改方案，实现了由学年制向完全学分制的转变。2011 年获得省级优秀教学成果一等奖 2 项、二等奖 3 项，40 项国家级、38 项省级“大学生创新性实验计划”项目获得立项。

深入开展本科人才培养模式系统化改革。在全省率先启动本科人才培养模式系统化改革的基础上，按照宽口径、厚基础、重能力、求创新的思路，以通才教育为基础，以分类教学为引导，立足学生职业生涯发展规划，在遵循专业教学规律的基础上，制订符合不同类型学生需求的人才培养子方案，同步导入“带薪实习”制、海外实习研修、地方合作培养等模式，为学生提供多样化的成长、成才路径。

积极实施“卓越人才教育培养计划”。纺织工程、软件工程、冶金工程三个专业获批教育部“卓越工程师教育培养计划”，同时制订和实施“卓越人文学者”“卓越医师”教育培养计划。继续推进文科强化班、理科强化班、全英语教学班、法学教改班等教改措施，着力培养一批信念执着、品德优良、基础扎实、知识丰富、专业过硬的高素质拔尖创新人才。

国内首创“带薪实习”计划。为加强本科人才实践能力培养，在昆山花桥国际商务城与地方政府和企业合作成立了苏州大学人才培训合作教育中心，为学生提供实习实训机会，构建起政府、企业、高校、培训机构“四位一体”新机制，实现社会需求与人才培养的有机结合与对接。目前正向周边市、区推广。

成功构建学院—书院协同育人模式。借鉴国际知名高校“住宿制”学院模式，设立了江苏第一所以培养高素质学生为目标的敬文书院。敬文书院注重“第二课堂”教育，部分导师入住书院，加强了学生道德素质、创新能力、团队意识的培养，实现了从班级管理向社区自治管理的转变，以新型学习模式和师生关系的构建，得到了家长和学生的普遍认可。我校第二所书院唐文治书院则注重发挥“第一课堂”教育功能，借鉴传统书院模式开展博雅教育，致力于培养通晓文、史、哲兼及艺术与科学的文科优秀人才。

全面启动国家试点学院改革。作为江苏唯一一个国家试点学院，纳米科学技术学院成为“高等教育改革特别试验区”。学校成立了试点学院工作推进小组，赋予试点学院更多的教学、科研、管理自主权，突出教授治学，强化创新实践，实行管理突破，通过与加拿大滑铁卢大学、苏州工业园区的全面合作，形成了具备国际化特色的教学、科研、产业“三位一体”组织形式。

改革完善研究生培养机制。以建立研究生院为契机，按一级学科全面修订了新的研究生招生和培养方案，试点推行按一级学科“大类招生”制度，实行导师“职岗分离”制度，提高推免生比例，实施硕博连读计划，启动“研究生卓越人才教育培养计划”，实施新的研究生奖助政策，全面抓好招生、教学监控、论文抽检、学位授予等培养环节质量。2011 年，1 篇论文获得全国优秀博士论文提名奖，4 篇论文获江苏省优秀博士论文奖，12 篇论文获江苏省优秀

硕士论文奖,获得"江苏省研究生培养创新工程"各类项目资助125项;建成第四批江苏省企业研究生工作站13家、苏州大学研究生工作站15家;以导师学院为平台,完成130名研究生导师的培训工作。

建立健全招生就业联动机制。在招生方面,加强招生网站和招生咨询服务团队建设,加强外省招生宣传力度,扩大生源范围;通过"专业大类"招生、保送生招生、自主招生等方式,吸引和选拔优秀生源。2011年共录取本科生6 118人,硕士研究生2 979人,博士研究生342人。在创就业方面,积极做好学生职业生涯规划辅导工作,加强学生创就业能力培养,完善就业信息服务系统,并以省"创业示范校"为平台,推动"创业示范学院"建设,共举办16场大型校园招聘会,2011届本科生、研究生就业率在90 %以上。

努力创新学生管理模式。坚持育人为本、德育为先,探索辅导员、辅导员助理和社区辅导员有机结合的学生教育管理新模式;依托苏南地区大学生心理健康教育研究中心和艺术教育中心,加强学生心理健康教育,提升学生艺术修养;通过新媒体教育方式,推进学生立志修身工程。做好本科生与研究生奖学金、助学金、贷学金工作,评定奖学金总额1 763万余元,完成助学金发放1 545万余元,办理国家助学贷款900余万元。

不断取得各类竞赛佳绩。2011年获得"挑战杯"大学生课外学术科技作品竞赛特等奖2项,位列全国第二、江苏第一,并与苏州工业园区联合赢得第十三届"挑战杯"承办权,成为"挑战杯"历史上首家地方大学承办单位。在全国大学生艺术展演、美国大学生数学建模竞赛、世界杯机器人大赛等国内外赛事中,我校学子频频取得优异成绩。东吴艺术团走出国门,首次登上奥地利维也纳金色大厅的舞台。

三、实施人才强校战略,积极汇聚一流人才队伍

学校把高层次创新人才作为建设高水平大学的关键因素,引进与培养并举,大师与团队并进,队伍建设的创新性及后发效应已引起较大反响和关注。

领军人才队伍成绩突出。2011年,共引进教学科研人员154人,其中特聘教授23名;柔性聘用讲座教授、兼职教授等76人。2人入选国家"千人计划",2人入选"青年千人计划";1人成为江苏唯一一位国家高层次留学人才回国资助对象;8人入选省"双创计划",3人成为江苏特聘教授,均为全省第一;3个团队成为省"创新团队";6人获批首批"江苏产业教授";首次获得2项"千人计划配套引智工程"项目资助。由于人才工作成绩突出,学校被中央人才工作协调小组评为国家"海外高层次人才创新创业基地",迄今为止共有17所高校获此殊荣,我校是唯一一所地方高校;并被评为"全省人才强校工作首批试点单位"。

骨干教师培养成效显著。继续推进"东吴学者计划",完成对首批东吴学者的中期考核工作,均取得了可喜的成绩。27人入选省"333工程"培养对象,2人获省"教学名师"称号,1人荣膺"全国五一劳动奖章";44位教师获得国家、省出国项目资助。同时,不断健全教师培养相关政策,完成学校公派出国管理政策、博士后管理文件的修订工作。

创新团队建设持续推进。按照"学术大师+创新团队"模式,组建了功能纳米、血液学、机器人与微系统、免疫学、软凝聚态物理及其交叉研究等20多个创新团队,由院士、"千人计划"学者、"长江学者"和"杰出青年"领军掌舵,面向世界学科前沿开展战略性、前瞻性研究,在国际权威学术期刊上发表多篇亮点论文。

人事制度改革稳步进行。不断深化聘用制改革,做好机构调整、编制核定、岗位设置与

聘用工作;推进教师分类管理,强化教师育人职责,积极探索绩效工资和教师基本工作量改革。全年共有 39 人被聘为正高职务,64 人被聘为副高职务。

四、强化学科专业建设,显著增强学校综合实力

积极发挥学科综合优势,按照"优化结构、突出重点、凸显特色、协调发展"的思路,不断凝练学科方向,推进学科交叉,构筑学科基地,打造专业品牌,使学科专业建设呈现出新的活力。

优势学科建设成绩突出。依托国家"211 工程"和"江苏省高校优势学科建设工程",学校加大了重点学科、优势学科的建设考核力度,培育出一批标志性成果,学科综合实力稳步提升。2011 年,材料科学与技术、微纳光学、血液转化医学等 7 个学科获省优势学科立项,哲学、数学、计算机科学与技术等 12 个一级学科成为省重点学科,位居全省高校前列。化学、材料科学、临床医学、物理学 4 个学科进入全球基础学科排名(ESI)1% 行列。

学科交叉融合力度增强。大力推动基础学科之间、基础学科与应用学科、科学与技术、自然科学与人文社会科学、基础医学与临床医学的交叉、融合与渗透,组建了新能源、新材料等一批学科平台,不仅开拓了新的学科增长点,而且成为区域产业转型升级的重要支撑力量。

学位点建设获得重大突破。2011 年我校新增 18 个一级学科博士点、25 个一级学科硕士点。目前学校拥有一级学科博士点 24 个,一级学科硕士点 47 个,一级学科博士点覆盖率位居全国高校第 3 位、省属高校首位。

专业设置不断得到优化。新增食品质量与安全、播音与主持艺术 2 个本科专业。建立了专业建设评估机制,根据教育部专业改革综合试点要求和招生就业情况,对所有专业进行评估,优化专业布局,调整专业规模,提高教育质量。

五、提升自主创新能力,不断显现重大科研成果

坚持"顶天立地"战略,在项目经费、专利申请与成果等方面都取得了较大突破,科研实力显著增强。

国家级重大重点项目突破明显。自然科学方面,获批国家级项目 235 项,包括重点重大项目 18 项,科研到账经费突破 2 亿元。其中,国家自然科学基金项目 215 项,排名全国高校第 28 位、江苏省高校第 3 位、省属高校第 1 位;"863 首席"和"973 首席"取得零的突破,廖良生教授成为"863 计划"首席科学家,王晗教授成为"973 计划"首席科学家;"国家杰出青年科学基金"2 项,分别由曹永罗教授和陈红教授获得。人文社科方面,获批国家社科基金 23 项,其中重点项目 2 项、省部级项目 44 项;各类立项经费突破 2 600 万元。

科研平台建设成效显著。2011 年获批教育部"创新团队"1 个、"新世纪优秀人才支持计划"1 项;获得江苏省高技术研究重点实验室 1 项、科技公共服务平台 1 项、优秀科技创新团队 1 项;到账总经费 2 200 余万元。另外还获批国家级"高校学生科技创业实习基地"。

科研奖项又有突破。自然科学方面,2011 年共获得各类科技奖 65 项,其中省部级以上奖项 25 项,包括国家科技进步二等奖 1 项、省部级科技进步一等奖 2 项,被江苏省人民政府授予"'十一五'获重大科技成果奖励成绩显著高等学校"称号。人文社科方面,1 项教育部重大攻关项目、2 项国家社科基金项目成果获优秀结项等级,1 项成果入选国家社科基金

《成果要报》并得到中央领导批示;27 项成果获得省哲学社会科学优秀成果奖。

专利申请和论文收录佳报频传。2011 年我校申请受理专利 300 多项,获得专利授权 240 项、软件著作授权 90 项、有偿使用和转让知识产权 21 项,获得省专利金奖 1 项。2010 年度学校发表的论文被国际三大检索收录 1 686 篇,其中 SCI 论文被引用次数位居全国高校机构第 27 位;SCI 学科影响因子前 1/10 的期刊论文 96 篇,名列第 24 位,1 篇论文入选"中国百篇最具影响国际学术论文"。2010 年度学术论文被人大《复印报刊资料》转载量位列全国高校第 24 位,综合指数位居第 23 位。

政产学研用合作不断深化。与相关地方政府共建了张家港工业技术研究院、南通纺织研究院、苏州纳米研究院等事业法人研究院;与地方龙头企业共建了苏州大学—润新生物医药研发中心、苏州大学—澳洋医药信息技术研究中心、苏州大学—盛世华安智慧城市物联网研究所等 7 个校企科研平台,获得经费近 1 000 万元。积极发挥国家级苏州大学科技园的作用,园内企业达到 200 多家,其中孵化型科技企业 67 家,注册资金达到 1.8 亿元,我校参股企业 39 家,2011 年顺利通过了国家大学科技园首次绩效评价;技术转移示范中心成为"国家技术转移示范机构",协助孵化了 16 家拥有自主知识产权的科技型企业,获得"中国产学研合作促进奖"。此外,苏大维格首发申请已经证监会通过,准备在创业板上市。

六、面向社会开放办学,广泛拓展学校空间资源

坚持"以服务求支持、以贡献促发展、以合作谋共赢"的开放办学理念,充分发挥学校的学科、知识、科技、人才和信息优势,积极服务区域经济社会产业发展。

积极拓展办学空间资源。加强与苏州工业园区的合作,进一步做好独墅湖校区发展规划,争取政府更多资源支持。最近,原南京铁道职业技术学院苏州校区并入我校,成为苏州大学阳澄湖校区,为学校的未来发展预留了广阔空间,使学校呈现"一体两翼"的发展格局。进一步完善董事会、校友会和基金会综合信息平台,加强发展专员队伍建设,全年新增董事 169 名,学校教育发展基金会成为江苏省属高校基金会中首家获评"5A"级的社会组织。

不断强化服务地方能力。先后与苏州太仓市、辽宁盘锦市辽滨沿海经济区、云南昆明市签订全面合作协议;与苏州市主要部门共建苏州低碳研究中心、苏州社会建设研究院等机构;基层党建研究所成为"江苏高校人文社会科学校外研究基地",切实发挥高校哲学社会科学的思想库和智囊团作用。

努力探索协同创新模式。以苏州纳米技术产业创新基地为依托,促进科技、教育和产业发展的深度融合,支撑地方经济发展方式转型。学校与苏州工业园区、中国科学技术大学、中国科学院苏州纳米所共同签署了合作协议,推进实验室与基地、学科与产业、人才与公司的无缝对接,获得科技部、教育部和江苏省政府的共同支持。

亮点打造继续教育品牌。以新疆干部培训为突破口,成立干部培训讲师团,全年成功举办包括新疆、广东在内的 11 个省(区)的 58 个干部培训班,新疆自治区委党校、青海省委党校等还在我校设立了干部培训基地。在此基础上,学校与新疆、青海、辽宁盘锦、云南昆明等地签订了教育合作协议,进一步做强做精干部培训品牌,有效提升了我校在全国的知名度。学校先后被教育部评为"高等学校继续教育示范基地建设单位"和"全国高等教育自学考试先进集体"。

七、扩大对外交流合作，切实加快教育国际化进程

坚持“以国际知名推动国内一流”的发展战略，积极“走出去”，努力“引进来”，用国际标准引领学校的改革与发展。

拓展国际交流项目。与加拿大维多利亚大学合作举办金融学专业，与英国曼彻斯特大学合作举办纺织工程专业本科教育项目；与尼日利亚拉各斯大学合作办学。参加由中澳两国教育部门主办的“中澳大学校长领导能力建设项目”，与堪培拉大学实现校领导挂职交流。启动了法国商科联盟、美国阿克隆大学、加拿大滑铁卢大学等 10 个留学项目；与美国慧通国际教育集团和独墅湖科教创新区合作设立苏州中美中心。

推动学生国际交流。实施“江苏-安大略省学生交流”“中美 1-2-1 人才培养计划”“中新 3+2 本硕连读”等校际学生交流项目 42 个，新发展学生出国交流项目 10 个。2011 年暑期，组织了 197 名学生赴美国、加拿大等地高校开展短期研修学习。全年共招收外国留学生 1 800 余人、港澳台籍学生 42 人。大真大学苏州分校、美国波特兰州立大学孔子学院已成为传播中国文化和推广汉语的重要窗口和平台。

加快人才国际化进程。5 人获国家留学基金资助，7 人获教育部留学回国人员科研启动基金，6 人获江苏省首批高校优秀中青年教师和校长境外研修计划资助，12 人获江苏政府留学奖学金资助，14 人获学校公派出国（境）访学资助。全年有 10 个访问团组、150 余批次、400 余名教职工出国（境）访问交流。

建设老挝苏州大学。作为我国第一所在境外办学的高校，老挝苏州大学项目于 2011 年 6 月正式获得教育部批准。学校成立了老挝苏州大学建设工作领导小组，并不断完善内部机构，各项工作顺利推进，将于今年 9 月正式开学。

八、坚持开源节流方针，完善财务管理运行机制

按照“量入为出、突出重点、统筹兼顾”的原则，围绕学校发展目标和中心工作，着力突破资源掣肘，多方筹措办学资金，科学运筹学校财力，不断优化支出结构，服务学校内涵建设，提高资金使用效益，为学校各项事业发展提供了资金保障。

重点项目支出有保证。2011 年全年事业类支出总计 191 693.92 万元。一是注重学校内涵发展，支出公用经费 88 519.99 万元，其中，配合人才培养系统化改革，教学支出 12 256.11万元；配合科研创新体系建设，科研支出 24 577.64 万元；配合人才强校战略实施，人才引进支出 9 830.00 万元；配合学科平台建设，“211 工程”、优势学科等支出 34 905.00 万元。二是注重教职工收入增长，支出在职人员经费 36 671.46 万元，其中校内分配 29 100 万元。三是注重和谐校园建设，对个人和家庭补助支出 28 260.13 万元，其中，离休费 2 494.81万元，退休费 11 286.69 万元，住房公积金和提租补贴 6 276.67 万元，学生奖助学金 6 104.35 万元。四是注重校园优美环境创建，支出学校基本建设经费 38 242.34 万元。

筹集资金渠道多样化。2011 年学校共取得各项教育事业类收入 197 752.52 万元。其中，教育经费等拨款 103 658.46 万元（含中央财政支持地方高校发展专项经费 3 670 万元、中央和省化解基本建设债务专项补助 41 550 万元），比 2010 年增加 32 381.16 万元；科研收入 24 547.91 万元，比 2010 年增加 13 547.91 万元；教育事业收入 35 877.73 万元（含学费、住宿费收入 34 800 万元）；教育发展基金会公益捐赠 12 000 万元（含定向捐赠 4 000 万元）；

其他各类收入 21 668.42 万元。

财务管理制度规范化。加强对国有资产和科研经费的管理,注重财务资源配置,积极探索资源有偿使用机制;修订了一系列财务管理文件,进一步完善内部工作流程,加强内部会计控制,强化预算决算环节,提高财务信息化管理和服务水平。学校被评为省“会计基础工作规范化考核优秀单位”。

审计监督工作日常化。充分发挥了审计监督职能,不断完善对基建工程、仪器设备和图书教材等物资采购、学校经费使用的审计监督工作,建立健全了防治“小金库”长效机制。

九、改善师生工作条件,努力营造民主和谐氛围

坚持以人为本,注重民生和谐,大力提升公共服务水平,不断改善师生员工的工作、学习和生活条件。

广开言路,推进学校民主建设。成功召开了六届二次教代会、特聘教授议校会,完善了学生议校暨校园新闻发布会、学生网上议校平台、校领导接待群众来访等制度,进一步健全了信访工作机制,通过多种渠道,充分听取师生员工对学校改革发展的意见和建议,自觉接受师生员工的监督,积极维护师生员工的权益。学校被授予“江苏省高等学校和谐校园”称号。

以人为本,改善校园环境条件。完善教工餐厅管理机制,不断改善就餐环境与质量;完成全校 8 000 多台空调的安装任务,积极改善学生宿舍和公共场所条件;利用政府资金完成老新村改造工作,做好恩玲学生活动中心建设、生农化楼接建、材料大楼接建、文景路隧道与环路建设等基建工作;深入推进节约型校园建设,被评为“全省节水型高校创建先进集体”“全国高校后勤十年社会化改革先进院校”。

除上述工作外,附属医院事业稳步发展,附属第一医院积极加快平江新院建设,深入推进国家级优质医院创建工作;附属第二医院成功晋升三级甲等医院,不断加强临床教学基地建设;附属儿童医院园区总院开工奠基,积极拓展医疗服务空间与能力。围绕学校中心工作,工会群体工作积极开展,图书馆、档案馆、博物馆工作水平不断提升,援藏援疆任务圆满完成,独立学院工作成绩突出。

各位代表、同志们,过去一年取得的成绩来之不易,凝聚着全体教职员工的智慧和汗水。在此,我代表学校,向各位代表,并通过大家向全校师生员工表示衷心的感谢和崇高的敬意!

回顾过去一年,参照高水平研究型大学建设目标,学校在发展过程中也面临着诸多挑战:一是外部政策制约尚需进一步突破。与部属高校相比,学校在外部体制上受到的束缚较多,试点改革中办学自主权的落实还要进一步争取和努力。二是学校办学经费尚需进一步筹措。学校办学经费依然严重短缺,亟须利用多种平台和渠道,争取政府、社会和大型公益基金的支持。三是持续发展动力尚需进一步挖掘。人才培养中心工作的认识还要进一步深化,学校的改革发展还需要各单位和全体教职工的深层次参与。四是学科建设力度尚需进一步增强。领军人才仍旧缺乏,高水平创新团队建设还要加强,重大科研原创性成果不多,学科综合实力还要提高。五是现代大学制度尚需进一步构建。内部管理体制机制有待进一步理顺,资源配置的科学性、有效性亟待加强。我们要正确对待成绩、清醒面对困难、勇于承担任务,齐心协力、解决问题,共同推进我校高水平大学建设步伐。

第二部分　2012 年主要任务

2012 年是国家和江苏省《教育改革和发展规划纲要》大力推进之年，也是我校“十二五”规划深入实施之年，是学校跨越式发展的关键之年。我们要进一步解放思想，开拓创新，聚焦人才、质量和特色，提升内涵、实力和水平，积极推进学校各项事业的发展。

一、基本思路

以邓小平理论和“三个代表”重要思想为指导，深入贯彻落实科学发展观，认真学习贯彻国家和江苏教育规划纲要精神，以培养人才为根本，以提高质量为核心，以“试点改革”为契机，以协同创新为动力，全面推进学校“十二五”规划目标建设进程，积极开展人才培养、队伍建设、内部管理等领域的改革与创新，加快建设“国内一流、国际知名”高水平研究型大学，以优异成绩迎接党的十八大胜利召开。

二、重点工作

（一）以提升质量为核心，创新人才培养模式

深化本科人才培养模式改革。总结学分制改革成效，继续实施学生分类培养方案；推进“专业综合改革试点项目”工作，完善专业评估制度；积极实施“卓越人才教育培养计划”，推进书院制培养、“带薪实习”等自主性改革；进一步完善国家试点学院改革方案，积极争取配套政策和经费支持。

推进研究生培养模式创新。优化研究生院内部管理机制，加强“江苏省研究生培养创新工程”建设，深化产学研联合培养研究生机制，提高研究生培养质量。

强化继续教育转型特色。创新思路，拓宽市场，统筹协调，规范管理，拓展省外，强化宣传，全面推进“国家继续教育示范基地”建设，积极申办网络教育学院，继续做强干部培训品牌，努力拓展海外培训市场。

拓展留学生招生渠道。充分利用各类奖学金项目，争取更多公费留学生来我校学习，同时加大自费生招生力度，建设一批面向留学生的品牌课程。加强老挝苏州大学和孔子学院建设，鼓励各学院（部）与国外一流大学的院系建立友好合作关系。

做好招生就业工作。完善本科专业“大类招生”、自主招生制度；加大研究生推免生比例，鼓励硕博连读。完善创就业课程化建设，大力推进创就业培训实训和孵化基地建设；充分挖掘校内外资源，为学生提供就业技能指导。

（二）以人才强校为基础，打造一流师资队伍

继续加强人才队伍建设。围绕学校重点学科和重大科技创新平台建设需要，采用团队引进、核心人才带动、高新技术项目开发等多种方式，引进专职教学科研人员。做好“东吴学者计划”第三批项目评审工作，建立教师职业生涯规划和发展制度，争取在“千人计划”、“长江学者”特聘教授等人才工程方面有新突破。

稳步推进人事制度改革。修订学校绩效工资改革方案，制定教师基本工作量、二级单位业绩考核办法；继续完善教师职务分类管理办法，探索重能力、重实绩、重贡献的分配激励机制。适时召开全校人才工作会议，完善人才发展规划和具体措施。

（三）以学科科研为支撑，全面提升学校竞争力

切实做好学科建设和评估工作。开展国家一级重点学科、省重点学科建设和申报的准备工作；对 7 个“江苏高校优势学科建设工程”学科建设项目的实施情况进行中期考核；在“211 工程”三期项目成功通过验收的基础上，做好第三轮学科评估工作，力争取得较好名次。

努力提高承接重大项目能力。积极推进“五个二工程”①，努力实现“五大突破”②。面向国际科学研究前沿、国家重大战略需求和地方经济社会发展中的重大科学问题，科学规划设计主攻方向，开展前瞻性、战略性研究，培育新的科研“增长点”，创造具有国际先进水平的原创性科研成果。

积极发挥科研平台资源效用。加强国家级和省部级重点实验室、中央与地方共建基础实验室以及相关服务平台的建设力度，加强国家、省、市各类科技创新平台和实验教学示范中心的培育工作，积极申报新的政产学研用协同创新体系。推进与国内外知名企业共建联合研究中心，与地方政府共建区域协同创新平台，与企业共建科研合作和成果转化平台，构建社会化、网络化的科技中介服务体系。同时充分挖掘科研“育人”功能，将优质科研资源转化为人才培养资源。

（四）以资源配置为依托，优化学校发展空间

完善校区功能规划。切实做好阳澄湖校区并入后的对接工作，科学制定校区发展规划。围绕“十二五”发展目标，进一步梳理整合学校各校区资源，逐步完成各项基建工作，同时启动建设苏州科技广场。

强化财务资产管理。健全全面预算管理体系，切实提高预算执行效率；做好办学成本测算工作，在实验设备和房产使用方面推进有偿使用机制；加强对专项经费的绩效考核，积极做好多渠道筹措资金和基建债务化解工作。认真做好相关岗位经济责任审计及重大专项经费审计工作，进一步加强对基建维修、物资采购、科研经费、财务管理等重点领域和环节的监管力度。

办好“百年苏医”庆典。以“百年苏医”庆典为契机，按照简约、隆重、和谐、实效的原则，弘扬优良办学传统，宣传百年办学成就，凝聚海内外校友，增强学校医学教育的学术力、影响力、凝聚力，积极促进医学教育在新时期的跨越式发展。

（五）以大学制度为保障，构建校园和谐文化

推进内部治理结构改革。完成《苏州大学章程》的审议与核准工作，借此推进学校治理结构改革，科学设计内部组织框架，明确各管理层级、系统之间的职责权限、管理程序与规则。积极探索学科组织形式和行政部门的“大部制”改革路径，优化资源配置，促进学科交叉，提高管理效能，增强办学活力。

建设现代文化和谐校园。深入挖掘学校深厚的历史积淀和文化内涵，凝练、培育和弘扬苏州大学精神；加强师德师风和学术道德建设，营造崇尚学术、探求真知、兼容并包、鼓励创

---

① 到“十二五”末，特聘教授和东吴学者达到 200 位；理科的国际论文达到 2 000 篇，文科一类论文达到 200 篇，即各占 1/10；国家自然科学基金争取达到 250 项，国家级社科基金争取达到 25 项；把 20 个科技创新平台进一步建设好。

② “十二五”期间，在“973 计划”“863 计划”首席科学家、国家基金重大项目及创新研究群体、国家重点实验室、《科学》《自然》《细胞》等国际著名期刊发表论文、国家科研成果奖项（国家自然科学奖、技术发明奖、科技进步奖）等五个方面实现新突破。

新的学术文化环境;加强文化创新创业,打造名家讲坛,强化热点问题研究和地方特色研究,做强苏州大学品牌。更新学校英文网站,推进信息化校园建设,完善苏州大学"一卡通"功能,启动开发校园物联网系统。每年提高校内分配 10% 左右,切实提高教职工的生活幸福感。

各位代表、同志们,站在新的历史起点上,在科技、教育和人才竞争日趋激烈的今天,迫切需要全校上下凝心聚力、改革创新、锐意进取、把握机遇,全面参与国家教育体制改革进程,为早日实现"国内一流、国际知名"高水平研究型大学目标而努力奋斗!

最后,预祝本次教代会圆满成功!祝各位代表、同志们身体健康、工作顺利、万事如意!

校党委书记王卓君在苏州大学创先争优总结表彰暨学生党员素质工程推进会上的讲话

2012年6月30日

同志们：

刚才，江书记代表学校党委作了创先争优活动总结报告，朱校长宣读了创先争优先进基层党组织、优秀共产党员、优秀党务工作者表彰名单，获表彰的党组织和党员代表作了发言。我注意听了一下，他们的发言虽然都不长，语言也都很质朴，但充分体现了此次受表彰的基层党组织和党员个人，立足本单位、本职工作创先争优，在日常工作和平凡岗位上努力发挥战斗堡垒和先锋模范作用的特点，是全校各级党组织和全体共产党员学习的榜样。在此，在党的生日来临之际，我代表学校党委向获得表彰的先进基层党组织和共产党员表示诚挚的祝贺，并通过你们向所有辛勤工作在学校教学、科研、管理和社会服务岗位上的共产党员们致以节日的问候和衷心的感谢！

明天就是建党91周年的日子，在这样一个特殊的时刻，我们在回顾我们党91年光辉历程的同时，更要对我们党所处的历史方位、所面临的历史任务有清醒的认识，扎实推进新形势下党的先进性和纯洁性建设。要切实抓好学校各级党组织的先进性和纯洁性，通过改革创新干部考核评价体系、选拔任用制度，将优秀干部选拔到领导岗位上来并加强教育、管理和监督；要切实抓好党员领导干部思想上、政治上、作风上的先进和纯洁，加强思想建设、组织建设和作风建设，强化党的宗旨教育，增强党性观念，提高政治修养和道德修养，始终与党中央保持高度一致，弘扬密切联系群众之风和求真务实之风，发扬敢抓敢管、勇挑重担、攻坚克难的精神。希望全校共产党员做保持先进性和纯洁性的表率，争当学习的模范，争当爱岗敬业的模范，争当遵纪守法的模范，争当清正廉洁的模范，开拓创新，扎实工作，为学校的发展做出新的更大贡献。

下面，就推动创先争优常态化长效化，推进大学生党员素质提升工程，讲几点意见。

一、建立健全创先争优长效机制，推动创先争优常态化长效化

学校创先争优活动从2010年6月启动以来已整整两年时间。两年来，在上级党组织的悉心指导和全校广大师生员工的共同努力下，扎实完成了三个阶段的各项任务，并取得了丰硕的成果。刚才江书记从学校开展创先争优活动的基本情况、主要特点及取得的主要成效三个方面进行了全面总结。我就不再一一重复了。从总体上看，通过创先争优活动的开展，有效提高了我校各级党组织的战斗力和党员队伍素质，密切了党群、干群关系，增强了党委

聚精会神抓党建和重视基层、加强基层、服务基层的自觉性和主动性,为创新高校党建工作方式方法提供了许多新的经验和启示。同时,校党委始终坚持围绕推进学校事业又好又快发展这一中心工作来组织开展创先争优活动,将活动有机地融入学校人才培养、科学研究、社会服务、学科建设、队伍建设、和谐校园建设等具体工作中,着力克服"两张皮",避免形式化、走过场,为了活动而活动,搞花架子、形象工程等弊端,实实在在、扎扎实实地推动了工作,锻炼了队伍,解决了一些问题,破解了一些难题,取得了一些实效。应该说,创先争优活动开展的这两年,正是苏州大学进入新世纪第二个十年快速发展的两年,这方面的成绩有目共睹,为学校实现"十二五"乃至到 2020 年发展目标奠定了坚实的基础。

创先争优活动是党的先进性和纯洁性建设的一次生动实践。胡锦涛总书记强调,深入开展创先争优活动,是加强党的基层组织建设的一项经常性工作,也是新形势下加强党的先进性建设的有效载体和有力抓手。因此,创先争优活动有时限,创先争优工作无尽期。下一步,我们将在认真总结活动所取得的阶段性成果和经验的基础上,着力探索建立健全创先争优长效机制,推动创先争优常态化长效化,使创先争优融入基层党组织和党员的日常工作,将活动成效内化为基层党组织和广大党员的价值追求和精神动力。为此,我谈五点意见:

第一,要进一步融入中心工作。要实现创先争优长效化常态化,必须自觉在大局下行动,主动在中心中作为,努力把握学校"好中求快"的发展总基调,促进创先争优与学校事业发展的深度融合。在实际工作中,积极发挥各级党组织的优势,把"组织资源"变成"发展资源";着力改进服务方式,从"幕后保障"走向"服务前台";努力拓展工作领域,重点从"组织覆盖"转为"工作覆盖"。

第二,要进一步彰显示范效应。先进和优秀是中国共产党的特征和追求。创先争优的常态化体现在实际工作中,就是要以"先"和"优"为一贯的目标要求,以"争"和"创"为经常性的行动要求。一方面要放大优秀典型的榜样作用,持续彰显先进人物和先进组织的示范力量;另一方面要努力维持创先争优活动开展过程中,所营造的公平竞争、积极上进的工作氛围和局面,真正使创先进、争优秀成为全校师生员工的价值追求和自觉行动。

第三,要进一步解决实际问题。创先争优活动是本着受人民群众欢迎,使人民群众得实惠的初衷而开展的,我们要把在创先争优各项活动中"具体抓、抓具体,出实招、抓落实"的干劲持续下去,要把广大师生员工的呼声作为第一信号,把师生需要作为第一选择,把师生满意作为第一标准,从师生最需要的地方做起,从师生最不满意的地方改起,使创先争优活动带来的新变化、新气象成为持久的精神面貌和工作状态。

第四,要进一步建立长效机制。坚持不懈创先争优,关键要建立创先争优岗位化、经常化、长效化制度。要在创先争优活动取得的既有效果的基础上,以提升各级党组织和党员干部的工作热情和工作实绩为目标,将"承诺、践诺、评诺"等一系列活动举措选择性地转化为合理的制度设计,进一步提升基层党组织工作规范化、活动经常化和决策科学化水平。同时,各级党委要切实利用好创先争优这一有效载体和有力抓手,不断加强党的先进性和纯洁性建设,围绕今年基层组织建设年的具体部署和要求,认真组织指导基层党支部总结提炼创先争优活动成功经验,建立务实管用的创先争优长效制度,确保创先争优这项党的基层组织建设的经常性工作落到实处、取得实效。

第五,要进一步把握高校党建"着力点"。近日,习近平同志在北京高校调研党建工作,就加强和改进高校党建工作提出了"四个围绕"的指导原则,即紧紧围绕服务大局和促进高等教育事业科学发展这一主题来开展,围绕培养中国特色社会主义事业合格建设者和可靠接班人这一根本来推进,围绕贯彻好党委领导下的校长负责制这一领导体制来加强,围绕抓好基层打牢基础这一重要支撑来深化,为高校改革发展稳定提供坚强保证。"四个围绕"的要求,指明了新形势下加强高校党建工作的方向和"着力点",对于我们推进创先争优常态化长效化具有很强的针对性和指导性,全校各级党组织要认真学习、深刻领会、切实贯彻。当前一个时期,尤其要全力维护学校和谐稳定和师生员工正常的工作、学习、生活秩序,为学校党代会和党的十八大胜利召开营造良好的校园氛围。

二、推进大学生党员素质提升工程,提高我校学生党建工作水平

(一)我校大学生党员队伍建设取得显著成绩

学生党员队伍建设是高校党的建设工作的基础工程,是培养中国特色社会主义事业合格建设者特别是可靠接班人的客观要求,是做好大学生思想政治工作的重要保证,是确保中国特色社会主义事业兴旺发达、后继有人的战略举措。近年来,我校党委特别重视高素质学生党员队伍的培养和造就,在实践中探索形成了发展、教育、管理、服务"四位一体"的工作机制,学生党员队伍充满了生机与活力,也影响和带动了全校学生积极向上、健康成长。

1. 注重先进性,规范化发展学生党员

我校党委坚持质与量并举,以质为先,强化发展标准,规范发展程序,推进民主公开,党员发展在质与量统一中保持适度规模。2007 年以来,全校共发展学生党员近 1.5 万名,年均发展党员稳定在 3 000 名左右。我校现有学生党员 9 769 名,占党员总数的 61.30%。学生党员中研究生 4 421 名,本科生 5 247 名,大专生 101 名。新发展党员中 95% 获得各类奖励和表彰。今年 5 月 7 日,我校发展党员工作的经验在全省大学生党员素质工程推进会上进行了交流,得到与会者的充分肯定。

2. 注重经常性,深化学生党员教育

除了思想政治理论课的普遍教育外,我校还注重对学生党员进行多层次、多渠道、多形式的立体式教育活动,提高学生党员综合素质,增强学生党组织的凝聚力、战斗力、号召力。2007 年以来,苏州大学党校培训了 1.5 余名预备党员、3 万余名入党积极分子。在学习实践科学发展观、创先争优活动中,评选表彰了 100 多个最佳党日活动,其中 9 个活动方案受到了省委教育工委的表彰。

3. 注重动态性,强化学生党员管理

针对学生开放程度高、信息量大、思想变化快、个体意识强等特点,我校积极探索学生党员管理新机制,实现由静态向动态、由孤立向协同、由封闭向开放的转变。2009 年,学校制定了《学生党总支工作条例(试行)》,优化党组织设置,试行公推直选,选优配强学生党支部书记。2011 年,纺织与服装工程学院、外国语学院党委进行了党员出口机制试点,整个过程"突出法理性,做到有据可依;把握渐进性,确保稳妥慎重;遵循程序性,实行规范处理;着眼教育性,扩大整体效果",为进一步扩大试点工作积累了经验。

4. 注重针对性,优化学生党员服务

我校尊重人才培养规律和党的建设规律,健全党内激励、关怀、帮扶机制,从思想、工作、生活上关心学生党员的成长成才。在创先争优活动中,广泛开展"五好""五带头"活动。在"学典型,树人生标杆"活动中,师生网络投票选出了 10 名大学生学习之星、服务之星、创新

之星。医学部丁庆伟同学获评江苏省高校大学生学习之星。2008 年,学校成立了学生党员服务中心和学生党员志愿者服务队,启动了党员宿舍挂牌制,很多学院推行了各具特色的学生党建活动。纺织与服装工程学院的先锋承诺制、文正学院的量化考察、教育学院的新党员答辩制等做法引起《中国教育报》《中国组织人事报》《新华日报》等媒体进行广泛报道。

我校学生党员队伍建设成效显著,涌现出了一批优秀典型。在今年江苏省选调生选拔中,我校有 23 名优秀应届毕业生党员入选,被录用人数居全省各高校之首,占省内"211"高校被录用总人数的近 1/4,充分展示了我校学生党员的风采。

(二)充分认识实施大学生党员素质工程的重要意义

近期,省委组织部和省委教育工委联合下发了《关于深入实施大学生党员素质工程的意见》(苏组发〔2012〕4 号),将提升大学生党员素质提到了当前高校学生党建工作的重中之重高度。大学肩负着人才培养的根本使命,把大学生培养成为党和国家需要的合格人才,把优秀大学生发展成为共产党员,对于确保中国特色社会主义事业后继有人,胜利完成我们党执政兴国的历史使命,具有重大而深远的意义。我们要充分认识新时期实施大学生党员素质工程的重要意义,不断增强责任感、使命感、紧迫感,切实有效地将大学生党建工作不断推向前进。

第一,实施大学生党员素质工程,是新形势下永葆党的先进性和纯洁性的根本举措。当前,我国正处于全面建设小康社会的关键时期和深化改革开放、转变发展方式的攻坚阶段。大学生是青年中最宝贵的人才资源,大学生党员是党员队伍中的生力军,是明天各行各业的骨干力量和管理人才,肩负着实现中华民族伟大复兴的历史重任。实施大学生党员素质工程,努力造就一支政治素质高、学习能力强、作风形象好、群众基础牢的青年马克思主义者队伍,事关构建社会主义和谐社会的全局,事关党的事业后继有人和国家长治久安。我们必须高度重视全面提升大学生党员的综合素质工作,从源头上保持党的先进性和纯洁性。

第二,实施大学生党员素质工程,是提高高等教育人才培养质量的有效途径。当前,我国高等教育已从以数量增长、规模扩大为主的发展阶段,进入了以质量提高、内涵强化为主的发展阶段。人才培养质量作为教育质量最核心最重要的内容,被提到了前所未有的高度。大学生党员队伍建设是高校育人体系的重要组成部分,大学生党员素质高低,直接决定着高校党建工作成效,更关系高校育人工作的成败。实施大学生党员素质工程,就是要创新举措、示范引领,着力建设一支素质领先、能力为重、全面发展的高素质大学生党员队伍,进一步激发大学生党员的责任感、自信心和创造力,影响、带动广大青年学生刻苦学习,进取创新,健康成长成才,从而不断提升学校人才培养工作整体水平。

第三,实施大学生党员素质工程,是加强大学生思想教育工作的有力抓手。长期以来,学校始终坚持育人为本、德育为先,全面加强和改进大学生思想政治教育,切实提高大学生思想政治教育的针对性和有效性。实施大学生党员素质工程,就是要进一步发挥大学生党员思想政治教育的引领和带头作用,教育引导青年学生特别是大学生党员在学好文化知识的同时,自觉加强思想品德修养,努力用中国特色社会主义理论体系武装头脑,胸怀远大理想,陶冶高尚情操,牢牢把握人生正确航向,把个人发展融入祖国和人民的伟大事业之中,把奉献社会作为不懈追求的优良品德,努力创造无愧于青春、无愧于人民、无愧于时代的业绩。

（三）着力将我校学生党员素质提高到新的水平

建设一支高素质的大学生党员队伍，是高校人才培养的重要任务，是党的建设重要的源头工程、基础工程和战略工程。我们要认真总结已有经验，大力弘扬优良传统，结合新形势新任务新要求，着力从提升学生党员发展质量、加强学生党员教育管理、发挥学生党员先锋模范作用、完善学生党员组织和服务体系、提升学生党建工作队伍素质、加强对学生党建工作的领导等方面，深入推进实施大学生党员素质提升工程，不断开创我校学生党建工作新局面。

为深入贯彻落实上级文件精神和工作要求，学校在系统总结近年来学生党建工作所取得的成绩和经验的基础之上，根据我校学生党建工作的具体实际，研究制定了《苏州大学学生党员素质提升"先锋行动"计划》，提出了守护"生命线"——先锋质保行动、关注"延长线"——先锋教育行动、提高"水平线"——先锋管理行动、深入"第一线"——先锋服务行动和展示"风景线"——先锋示范行动等五大行动举措，明确了学校下一步推进学生党员素质工程的具体要求和部署。为确保将文件进一步落到实处，我再提几点要求：一是落实领导责任。建立健全校党委统一领导，党委组织部牵头、具体指导，党委学生工作部、研究生工作部和团委齐抓共管，学院（部）党委贯彻落实的领导体制和工作机制。学院（部）党（工）委书记要带头落实党建工作责任制，切实履行第一责任人职责，坚持书记抓、抓书记，形成一级抓一级、层层抓落实的工作局面。二是加强舆论宣传。充分发挥报刊、广播、橱窗、网络等平台的作用，采取师生喜闻乐见的形式，大力宣传实施学生党员素质提升行动计划的重要意义、目标要求、行动措施，宣传各项行动中涌现出的好经验、好做法和好典型，注重用身边典型教育引导身边人，在全校形成学习先进、崇尚先进、争当先进的良好风气。三是加大保障力度。创造工作条件，落实学生党组织书记待遇，完善激励措施，建立一支专兼结合、业务过硬、素质优良的组织员队伍。按照学生党员年人均不少于50元的标准核定学生党支部工作经费。四是强化督查考核。建立学生党员素质提升行动计划目标管理和督查考核制度，将其纳入学校党建工作综合考评指标体系，学校每两年进行一次考核，评比表彰先进集体和个人。

同志们，推进创先争优常态化长效化，建设一支高素质的学生党员队伍，事关全局，影响深远。让我们以此次会议的召开为契机，以改革的思路、创新的举措、务实的作风，不断建立健全创先争优长效机制，努力提升我校学生党建工作水平，为学校发展做出新的更大贡献，全力开好学校第十一次党代会，以优异的成绩迎接党的十八大胜利召开。

回归大学本位 提高办学质量

——校长朱秀林在苏州大学第三次发展战略研讨会上作的报告

（摘要）

2012 年 8 月 25 日

中国高等教育正进入新一轮调整发展过程，这是新的关键时期。发展是动态的，也是辩证的，并不意味着总是因循一个方向、一种模式，而是包含着对既往问题的发现和调整。符合高等教育规律的转型或回归，只要有利于提高办学质量，就是高校发展的内在要求。

一、为什么要回归大学本位

高校迅速扩招导致教育质量下滑。自 1999 年全国高校开始扩招以来，大学新生从扩招前 1998 年的 108 万人，激升至 2011 年的 675 万人，迅速步入了高等教育大众化阶段。苏州大学在校生也由 2000 年的 25 000 多人上升至 50 000 多人，其中，在校研究生由 1 400 多人增长至 14 000 多人，增长近 10 倍。然而，中国高等教育原本基础薄弱、资源有限、投入不足、欠账较多，特别是扩张迅速、干涉严重，导致师资力量、管理水平、科研能力明显不适应、跟不上、不配套，培养的人才质量不过关，社会不认可，家长意见多，也导致了“钱学森之问”的提出。

对此，国务院参事室在广泛深入调研的基础上，总结了当前高校存在的六个方面的困难、矛盾和问题：一是高等教育在适应现代化建设新形势、新任务的需求方面存在一些差距；二是有的高校存在着重科研、轻教学，教书不育人的现象；三是高校在快速发展的同时，营造良好的校风、学风下功夫不够；四是高校管理存在行政化倾向和形式主义等弊端；五是社会大环境对高等教育造成的某些消极影响不可低估；六是出国留学低龄化，导致人力资源流失。建议的结论是：高校在快速扩张之后，必须有一个喘息、整顿和提高的阶段，正本清源，恢复和完善高校应有的、正常的教学秩序，让教师真正恪尽为师之道，集中精力教书育人，让学生真正厉行求学之责，踏踏实实勤学苦练，从而切实提高本科生、研究生的培养质量。

教育部《关于全面提高高等教育质量的若干意见》（即“高教三十条”）明确提出要“稳定规模，保持公办普通高校本科招生规模相对稳定”。这意味着，中国高校规模扩张时代将落下帷幕，以提高质量为核心的内涵式发展将成为中国高等教育的主旋律。

六年来，我校各方面取得了令人瞩目的成就，特别体现在人才队伍建设和科研方面。教学方面也做了很多的工作，但是，就学校整体而言，对人才培养质量的认识深度和重视程度还不够到位，教师教书育人的积极性和热情度还不够激发，保障教学质量的相关措施还不够给力，教风还不够笃实，学风还不够纯净。“回归大学本位，提高办学质量”将是我校未来 5

至10年的发展主题。

二、什么是大学本位

大学是什么？自19世纪英国著名教育家纽曼提出“大学是传授普遍知识的地方”以来，历经德国洪堡及美国大学的发展，大学的功能逐渐演变为教学、研究和为社会服务三大社会功能。大学的使命是“保存知识”“传播知识”和“创造知识”。进入21世纪，大学更加发生着深刻的变化，一是大学的世界精神、超国界的品格，二是大学越来越“以人为本”和“注重人的全面发展”。

因此，大学的教育不应异化为职业化的训练，而“是通过一种伟大而平凡的手段去实现一个伟大而平凡的目的。它旨在提高社会的益智风气，旨在修养大众身心，旨在提炼民族品味，旨在为公众的热情提供真正的原则，旨在为公众的渴望提供固定的目标，旨在充实并约束时代的思潮，旨在便利政治权利的运用和净化私人生活中的种种交往”（纽曼）。《哈佛通识教育红皮书》提出要培养一种“整全的人”，通识教育的内容包含了人类生活的三个领域，即物质世界、人类共同的生活以及人内在的洞察力和道德准则，这三个领域分别对应了人类的三种知识，即自然科学、社会科学和人文科学。大学教育之下的年轻人，应当既掌握一种谋生的本领，即职业技艺，又掌握作为一个良好公民所需要的素质和能力。

世界一流大学的校长们共同认为，大学应当按照以学生为中心的新思路和新模式，重新组织教学、设置课程，提供更加宽松的学习环境，使学习者拥有更加灵活的受教育的选择权。大学应在固守和变革间保持张力，回归到普遍的知识探索、回归到通识教育、回归到良好公民的培养上。这是大学的本分，也是当代高校的重要使命。

（一）苏州大学的办学理念和宗旨——“学术至上，学以致用，培养模范公民”

1. 学术至上

学术是大学生存和发展的根基，大学是一个崇尚学术的场所。回归学术至上，就要弘扬学术自由，强调探索精神，崇尚科学真理，把学术价值作为基本的价值取向，营造尊重知识、敬畏学术、倡导创造的学术氛围。学术至上是大学的灵魂，其核心是教授治学。

欧洲大学最根本的价值观是自治权和学术自由，人们常把“学术自由、学校自治、教授治校”看成是现代大学普适之精神。大学在本质上是希望减少来自各方面的干预和影响，给教授的学术研究、教学工作以更多、更大的自由空间。从这个意义上讲，“学术自由、学校自治”是培育大学创新精神的具体要求。但是，大学和社会是互动的，任何时候，大学总会受到政治、文化、经济乃至宗教等各方面的影响。因此，“学术自由、学校自治”也只是一种理想的信念和追求，现实生活中只存在着有条件、有约束的学术自由和自治。所以，现代大学精神所包含的学术自由是鼓励学术创新，维护学术的尊严和学术研究的自由，同时也要讲求学术规范、学术责任和科学的道德，提倡“独立之人格、自由之精神、社会之责任”三者的统一。充分的学术自由与学术责任相伴，学术自由是大学的生命所在，学术责任是大学存在的意义所在。学术自由与学术责任是世界一流大学的两大精神传统。

学术自由应包括教师“教的自由”和学生“学的自由”，即教师的学术自由与学生的学习自由两个层面。

（1）教的自由。

学术自由不是教师讲授、讨论或发表任何内容的许可证。学术自由要限定在教师专业能力许可的范围内,以学术才能、责任与绩效为先决条件。教师必须是优秀的教师,同时也必须是优秀的研究者。最好的教师通常是那些有能力和情愿在图书馆和实验室里进行原创性研究的教师,最好的研究者通常是那些同时从事教学并从中赢得同事的鼓励、学生的称赞和公众的注意的研究者。

在学术共同体里面,教师应该尊重其他成员的权利和观点,对其做出客观公正的评价,并承担学术职业赋予的神圣职责;在学科建设方面,教师应该努力探索学科前沿,不断提高自己的学术创新能力,并遵守学术诚信原则;对于学生而言,教师要鼓励并以严格的标准要求学生,与学生保持良好的关系。

(2) 学的自由。

"学的自由"的理念就是对学生进行思辨精神、批判精神、怀疑精神、创新精神、民主精神、合作精神的培养。具体来说,是指学生在教授的正确方法指导下,在专业学习上拥有探讨、怀疑、不赞同和向权威提出批评的自由,有选择教师和决定学习什么的权利,有在教育管理上参与评议的权利。学习自由还包括"选择学什么的自由,决定什么时间学和怎样学的自由,以及形成自己思想的自由"。这是学分制的核心。

由于我国大学生学习自主性的缺乏,"学生还没有自由选择专业的权利,选修课程的权利也不充分,在知识的授受过程中,仍旧是教师、书本、课堂三中心,创造的潜力得不到充分发掘"。因此,创新大学教学制度,建立一套有利于学生学习自由的现代大学教学管理制度体系,是大学教学管理改革的重要任务,是大学制度创新的一项重要内容。

大学教学制度要引入以学习自由为核心价值的理念和机制,保证大学的学术价值追求,克服行政权力对教师学术自由与学生学习自由的干预,要从加强素质教育,有利于培养学生的创造个性与全面发展出发,对不适应时代需要的教学制度进行改革,以创新激活大学教学与管理。

实行弹性学制的学分制,贯彻把学习自由交给学生的原则,可以克服学年制的缺点,使每个学生在达到培养规格的基本要求的前提下,自由而灵活地自主学习。实施弹性学制是我国大学教学制度创新的一场重头戏,但改革的难度也极大。学分制的实行必须以选课制为前提,它要求学校内部教学管理过程的整体优化协调和教学管理手段现代化,同时对教师提出了更高的要求:教师要不断更新自己的知识,开出更多的新课,以利于选课制的真正实现。另外,如果缺少指导,也容易产生学生选课的盲目性,使人才培养的目标和规格难以实现。对此,学校要加强学习方法的指导,还必须建立导师制,配备专门的导师,指导学生根据专业、自身能力和发展方向制订个人学习计划。

实现学习自由,还要创新相应的激励手段、考核办法、监控机制与支持系统。激励手段方面,必须改变传统的学生评价制度,建立既有利于学生学好基础知识又注重自主学习,培养创新思维和创新能力,适应素质教育要求的激励评价制度。考核办法方面,要强调对学生综合能力的测试,通过严格的考试制度和灵活多样的管理办法营造公平、合理的学习自由环境,促进学风和教风建设。可实行学分绩点制,以总学分绩点数衡量学生学习的质和量。监控机制方面,要通过创新教学质量监控制度来建立学习自由的监督机制,坚持教育教学工作一定要有利于培养学生的学习自由,有利于学生获得较高的自主学习和终身学习能力的原则。大学应把对从事教学的教师条件的限定列为教学质量监控的首要内容之一。支持系统方面,必须建立适应学习自由的教学管理信息系统,要求校园网络、数字化平台、教室、图书资料、实验条件、课程、教师等教学资源配置的多样化与之相适应，给予学生不受时间、地点限制的教学服务和自主学习机会。

2. 学以致用

这里的“用”是广义的，不仅仅局限在实际应用。大学学术可分为有形之用和无形之用。有形之用，即根据科技和社会发展需求开展相关学术活动；无形之用，即出于对知识的一种崇敬和热爱之情、对人类心智智慧的追求而开展学术活动，达到启发人类思维和智慧的目的。

大学教育应该突出对学生心智的培养，注重提高学生有效的思考能力、交流思想的能力、做出恰当判断的能力、辨别价值的能力，为学生未来的生活做好准备。学以致用的核心和基础是价值判断，进行价值判断的关键是确定评价标准。由于政府、社会、学校和学生都是评价主体，他们有着不同的价值观，因此对现代大学进行价值判断的评价标准必然是多元的。

3. 培养模范公民

联合国教科文组织提倡，21 世纪的高等教育不仅仅是培养科学家、工程师和企业管理精英，更应注意培养“负责任的公民”。校友、国学大师唐文治先生说：“欲成学问，当为第一等学问；欲成事业，当为第一等事业；欲成人才，当为第一等人才。而欲为第一等学问、事业、人才，必先砥砺第一等品行。”

今天的苏州大学就是要培养具有“独立之人格（道德品质）、卓越之能力（智能情商）、自由之精神（批判精神）、社会之责任（勇于担当）”的模范公民。

（二）苏州大学精神——“养天地正气，法古今完人”

校训“养天地正气，法古今完人”是苏州大学精神的浓缩，与我们的办学宗旨有异曲同工之妙。

“养天地正气”，就是要培养天地间正直坦荡、刚正不阿、坚毅不屈的气节和品性。“天地正气”是力量的源泉。

“法古今完人”，就是要效法古今拥有完美道德的圣贤，追求尽善尽美的个人道德情操，塑造顶天立地之人格。“古今完人”是前进的方向。

什么是完人？毛主席说：“我们大家要学习他毫无自私自利之心的精神。从这点出发，就可以变为大有利于人民的人。一个人能力有大小，但只要有这点精神，就是一个高尚的人，一个纯粹的人，一个有道德的人，一个脱离了低级趣味的人，一个有益于人民的人。”培养完人是一种理想主义的精神向往。从哲学上来讲，理想主义带有彼岸性。也许你永远到达不了“彼岸”，但可以尽可能地接近这个“彼岸”。“虽不能至，却心向往之”，是一种充满理想光辉的崇高追求。

大学的理想主义的精神向往告诉我们理想中的大学应该培养什么样的人。只有确立了自己的精神理想，我们才能做到“祈通中西，以宏慈善”，才能做到“正人心，救民命”，才能做到“笃学尚行，止于至善”，才能做到“朴勤谨诚”，才能做到“人生以服务为目的，社会以教育而光明”。这就是我们的历史使命，也是我校的精神文化，我们必须继承和弘扬。

（三）苏州大学校风——“自由开放，包容并蓄，追求卓越”

从东吴大学创办到今天，我们学校的历史是一部不断合并融合、开放发展的历史，走的是一条中西合璧、内外共生的道路。各前身学校都拥有丰厚的历史而又各具特色，汇聚成苏州大学光照百年的校史,体现出学校勇于开拓、追求卓越的精神,也激励着我们后来者殚精竭虑、负重奋进,以不辱没学校的光荣传统和百年声誉。

"自由开放",是苏州大学历史得以延承的基本内涵,是寻求真理的精神姿态。自由开放意味着解放思想,实事求是,这是大学教育的应有之义。不同民族和国家的教师学生可以相互交流、相互切磋,不同流派、不同观点的学者教授可以自由争辩、自由表述,正因为如此,思想才能交融发展,知识得以传承创新,真理能够传播久远。

"包容并蓄",是苏州大学既往发展过程的如实映照,是为学治事的气度胸怀。苏州大学应该成为一个涵括经典、网罗众家、百花齐放、百家争鸣的场所,对各家历史、各种学术、各个流派持一种宽容的态度,鼓励教师、学生进行独立思考并发出自己的声音。

"追求卓越",是苏州大学人才培养的终极目标,是奋发进取的坚定理想。我们必须要有自强不息、锲而不舍的精神,要有敢为人先、赶超他人的态势,以卓越的人才、卓越的成果、卓越的管理、卓越的文化,引领和服务社会发展。

养成良好的苏州大学校风,最关键的是必须在大学内部坚持以学术权力为基础,尊重教授的学术权力及其在学校的中心地位,要做到这一点,就必须培育以学术自由精神为核心的内在制度。

一要培育学术独立意识。这是大学精神的核心,是学术界的核心价值观。学术独立意识说到底是一种求真意识,对大学而言,求真是压倒一切的主流价值观。培育学术独立意识包括两个方面:一方面,学者要致力于养成超然性的品性,虚静守一,专心致志,唯真理是求;另一方面,要求社会培育学术宽容的精神,尊重学术的独立与尊严。尽管培育学术独立意识需双管齐下,但学术的独立归根到底有赖于学者自觉地维护,学者人格的独立是学术独立的前提,做人的尊严是治学尊严的基础。

二要整治学术道德,重建学术规范。学术失范是当今中国学术界的重大隐忧,侵蚀着学术自由精神。学术失范有两个层面,一为技术层面,即作假、抄袭、贿赂、炒作等表层现象;一为精神层面,即深层次的道德失范。对前者的治理需重建学术规范(学术评审制度及学术奖励制度),对后者的治理有赖于学者的自律。一个人品不正的人,绝不能指望其有良好的学术道德,故培育学术道德绝不能忽视做人的道德的培养。

三要开展正常的学术批评。学术批评是学术繁荣的前提条件,也是抑制学术腐败的有力武器,正常的学术批评乃是学术自由的重要组成部分。发展学术,追求真理,是学术批评的唯一目的。正常的学术批评意味着学术的平等。学术自由与学术平等是密切相关的,没有学术平等便不可能有学术批评的自由。学术平等绝不是少数服从多数,而是多数保护少数。因为只有多数保护少数,才能使学术上的少数派,在平等的民主的气氛中充分地发表自己的意见,推动学术研究不断发展。

四要营造宽容的社会氛围。宽容的社会氛围是学术自由实现的重要条件,宽容作为一种社会心理氛围对学术活动具有特别重要的意义。学术活动是探索未知真理的活动,故常常处于已知与未知的边界,每一个真理的求得都是在千百次失败的基础上达成的,故若没有社会对失败的宽容,学者勇于开拓的创新精神便会窒息,从而危及学术的发展。宽容的精神实质上是一种民主精神。多数容忍少数的民主精神是学术自由精神的基础,唯有宽容的精神才能培育学术自由的精神。

（四）苏州大学学风——“博学笃行，止于至善”

学风有两种含义：一是指学校的治学精神、治学态度、治学原则；二是指学生的行为规范和思想道德的集体表现，是学生在学习过程中所表现出来的精神风貌。有时也特指学生的学习态度和学习风气。影响学风建设的五个关键因素是：学生因素、教师因素、学校因素、家庭因素和社会因素。其中，抓好学生是关键，抓教师的教书育人是根本。学风建设将真正考验我校能否培养德才兼备的人才。

苏州大学历史上的贤达名人，无不是博学之才、笃行之人，无不在求学为人中不断追求、止于至善。因此，苏州大学学风的要义应包含求学与做人的基本道理，应要求理论和实践的有效结合。

“博学笃行”。“博学”，要求学生以学习为根本，对科学知识充满好奇心和求知欲，继而刻苦执著地学习和探索，培养宽广扎实的理论基础和实践能力。“博”还意味着博大和宽容。唯有博大宽容，才能兼容并包，具备世界眼光和开放胸襟，真正做到“海纳百川，有容乃大”。“笃行”，是在学有所得的基础上，努力践行所学，使学有所长，学有所用，做到“知行合一”。无论是学习知识、思考问题，还是明辨是非、做人做事，都要踏踏实实地学会问懂、思辨清楚、身体力行、执着追求。

“止于至善”。专讲修身、齐家、治国、平天下的《大学》中说：“大学之道，在明明德，在亲民，在止于至善。”“大学”即大人之学，亦为未来之栋梁领导天下的必修之学。为学做事，要精益求精，要具有对科学知识执著追求的精神和坚持不懈的毅力，并以至善为最高境界。

苏州大学人才的培养，一方面重在为学，培养具有扎实的理论基础和创新精神的高素质人才；一方面重在明德，以德为先，培养的人才应该是有理想、有道德、有追求的人，具有高尚的情操、宽广的胸怀，为人正直，诚实守信，有爱国之心和报国之志。

三、如何回归大学本位

（一）学术至上——核心在于推进教授治学

一是将学术权力还给学者，让教授在学术活动中拥有决策权。要加强和完善学术组织的建设，切实发挥好三个委员会即学术委员会、学位评定委员会和教学委员会的作用。

二是明确学术责任，每位教师都要承担相应的学术责任。教师要肩负起教书育人、创造知识、服务社会、维护道德的责任。其中，教书育人是教师的首要职责。

三是完善制度，营造良好的学术生态环境。进一步完善学术组织及其议事规则，不断完善教学、科研以及社会服务的评价制度和标准，最大限度地调动和发挥师生员工的积极性、主动性和创造力，让他们自由地思考、自由地学习、自由地研究、自由地发展。

（二）学以致用——首要在于完善课程体系

大学教育是为学生未来的生活做好准备，而非对应某个职业，学生走向社会的职业身份会改变，但他们在大学的所习、所得会帮助他们在任何领域都能取得成功，这就是精英教育的内涵。“精英”，从广义上说是指各种岗位都能做得很好的人，这是我们教育的目标，是学以致用的应有之义。从苏州大学生源来看，大都是“中等生”，只要给予丰富的教育资源，特别是老师的关心、爱护、指导，他们就能够成为我们所说的“精英”。

因此，大学教育应该注重学生能力的培养，包括自主学习能力、组织领导能力、人际交往能力的培养。不仅要有智商，还要有情商，有面对困难的应变能力和转危为安、积极进取的能力。苏州大学的本科毕业生,大部分人都会去考研,但绝大部分人都不会去搞学术。对于这绝大部分学生,我们就要注重能力的培养,在知识能力的广度上下功夫。而对于另1% ~ 5%要成为科学家和研究者的,则要加强深度的培养,即注重全面发展加个性发展。从这方面出发,我们就要以学生能力培养为导向,重新设计完善课程体系,而不是被课时数、工作量、师资、奖金等因素束缚。

哈佛大学通识教育的四个目标是:使学生做好参与公共事务的准备,“成为积极投入地区、国家乃至国际活动的公民”;使学生懂得传统艺术、思想和价值观,能够客观看待文化冲突,懂得如何品读文化和表达艺术;使学生做好面对批判和应对改变的准备,在他们离开哈佛时具备与世界发展步伐相匹配的技能;使学生加深对自身道德空间的理解,获得道德判断的能力。据此在八个领域自主开设通识教育课程:美学和审美;文化和信仰;经验推理;伦理学;生态系统和生命关怀;自然科学;全球社会;全球环境中的美国。

目前我校有113个本科专业,涵盖十二大学科门类,课程体系还没能从大学本位的意义上研究设计,教师和学生并不很满意。我校课程可分为中国特色课程(“两课”、体育等)、通识教育类课程和专业教育类课程。

在中国特色课程设计上,学校要成立中国特色课程建设专家组,进一步改革和完善思想政治课程、体育课程、外语和计算机等公共课程。可以考虑能否开设如“当今世界中的中国”这样的课程,给予学生思考的空间。在时间安排上可以调整至大三、大四开设。在通识教育课程上,学校成立通识教育课程建设专家组,顶层设计我校的通识教育课程。在专业教育类课程上,贯彻分类指导原则,学校成立人文学科、社会学科、理科、工科和医学生命学科5个教育改革小组,顶层设计和完善各学院(部)的课程体系。

(三)培养模范公民——根本在于加强道德教育

模范公民首先要遵章守纪守法。大学不指望解决所有的伦理问题,但要教育学生成为一个维护正气正义的人、遵守伦常纲理的人、重情重义感恩的人、热爱生活生命的人。国家教改办在推进试点学院改革过程中特别强调“做人第一,修业第二”。培养模范公民要坚持“以德为先”的原则,否则我们培养出来的人才最多是“精致的利己主义者”。

一是品德教育和专业教育应该放在同等重要的地位,两手抓,两手都要硬。要加强学生的诚信教育,让学生懂得感恩、懂得回报、有责任心。专业课教师也应该关心学生的思想动向和人格形成。

二是课堂教学要彻底克服空洞说教的陋习,针对学生的现实思想,采取生动活泼的形式,开展有说服力和感染力的教学,引导学生的爱国主义和社会主义核心价值观的形成。同时大力加强学生的社会实践环节,鼓励他们积极参与做志愿者、做义工、勤工俭学等活动,在服务社会、服务他人中增强社会责任感,学会做一个有德有才的文明人。

三是要从严治校,这本身就是德育,而且是具体、生动、有效的德育。针对当前学校的管理,不是失之于严而是失之于宽的现状,必须强调从严治校、肃清学风,对于考试作弊、论文抄袭者,应责令其退学。对学生严格要求并不是不关心爱护学生,相反,正是出于对学生的关爱,才更应该对学生负责,不仅要对学生的学习成绩负责,而且要对学生的思想和成长过程全方位负责。

四是要将岗位工作与育人工作紧密联系起来,特别是政工人员,要有传教士般的精神,发扬利他主义精神,形成一个个德育工作“窗口”,扩大德育工作覆盖面,营造良好的德育环境。

四、如何提高办学质量

在大学本位问题上取得共识之后，我们要研究提高办学质量的具体战略举措。今后若干年，我们将实施五大发展战略：顺天时、乘地利、求人和战略，质量强校战略，人才强校战略，文化强校战略，国际化战略。

（一）顺天时、乘地利、求人和战略

从国家宏观政策环境看，全面贯彻落实国家中长期教育改革和发展规划纲要，全面提高高等教育质量，成为教育改革发展最核心最紧迫的任务。

从高等教育发展趋势看，高等教育在向大众性和普及性方向发展的同时，更多的学校开始关注精英人才的培养，更加注重人文及通识教育，更加注重国际化培养。

江苏省教育已在全国率先实现了高等教育大众化，确立了建设高等教育强省的发展战略，成为高等教育改革的试点省份。

（二）质量强校战略

胡锦涛总书记在清华建校百年庆祝大会上的讲话中提出："不断提高质量，是高等教育的生命线，必须始终贯穿高等学校人才培养、科学研究、社会服务、文化传承创新各项工作之中。"教育规划纲要强调，提高质量是高等教育发展的核心任务，是建设高等教育强国的基本要求。

从实践来看，我们与世界一流大学的差距主要不是在办学规模上，而是在办学质量和水平上。因此，要牢固确立质量是学校生命线的基本认识，实施三大工程：教学质量提升工程、科研质量提升工程、管理质量提升工程。

1. 教学质量

首要的是设置一个规范的制度，促使教师和管理人员高度重视教书育人工作。学校领导的精力、师资力量、资源配置、经费安排和业绩评价都要体现以教学为中心的工作方针，学院（部）院长（主任）必须亲自参与相关教改小组，形成领导重视教学、教师热爱教学、科研促进教学、管理服务教学的有效机制和协同氛围。

一是强化教学秩序。没有好的教风，肯定没有好的学风。生不教，师之过。抓学风，首先要抓师德。

二是专业建设和评估问题。加强对现有专业的评估，优化专业结构，加强专业建设，健全专业预警、退出和进入机制，建立本科专业质量保障体系。强化招生就业联动，注重专业师资准备，科学编制每年的专业招生计划。

三是分类设计的课程体系改革。借鉴哈佛、耶鲁等知名高校的通识教育课程体系，形成一批高水平通识教育核心课程。在教材方面，自编教材和引进国外优秀原版教材相结合，形成苏州大学教材品牌。在课程体系改革基础上，我们就可以建立真正的学分制，每个学生在一进校就可以设计好四年的大学学习计划，每人都有一个个性化的培养方案。

四是教学方法和手段的改革。根据课程特点，注重激发学生兴趣和潜力，改变传统的灌输式教学法，进行以问题为导向的教学，或采用"寓教于研"的教学方式；增强师生互动环节，加强研究型学习、探究型教学和实验教学；完善实践教育教学体系，提高综合性、设计性、创新性实验课程的比例；利用信息化手段增加教学互动的公开性和科学化；加强教研室功能，激发教师的教学热情，鼓励教师切磋交流，开展各种备课讨论和听课评课活动。

五是考试评分制度的改革。

在考试形式上,借鉴国外高校将课程考试"化整为零"的做法,根据教学进程安排,平均两周进行一次测试,强化学生对教学内容的掌握,让学生保持"高强度"的学习状态,有助于学生学习能力的提升和有效学习时间的提升。

在考试内容上,改变侧重于教材和课堂笔记的倾向,借鉴国外高校考试形式,让学生根据自己的特长与兴趣选择自己擅长的题目,考试范围不局限于所学知识,而注重关联知识的考查,鼓励学生深入思考,将理论与实践相结合。

在学业评分上,针对每门课程特点,设计科学合理的评分方法和学业评估的标准。注重评分标准的公开性,有些课程可以探讨网上阅卷评分。可根据统计学中成绩正态分布理论,将学生考试成绩转换成标准正态分值,进行百分位值评价,或者根据课程特点设计 A、B、C、D 的等级分布比例。此外,在评定奖学金时,也要将学生为学校、为社区、为社会提供义务服务作为必要参考条件,增强学生的社会责任意识,引导学生为学校、为社会服务。

六是增加学生有效学习时间。大学四年是学生创新思维最活跃、精力最充沛的时期,借鉴国外大学给学生学习压力的做法,我们要把握这一关键期,适当给予学生一定的学习压力,以增强学习效果。

——实行作业制度。不仅是理工科,包括人文学科,每门课程都要布置课外作业,不要学生死记硬背,而是活学活用、促使学生自己思考分析、提高学生综合能力的那种作业。国外的学生经常做作业做到深夜,而且让学生不断去作报告,这样学生的能力就能逐步提高。

——调整作息时间。学生作息时间要与国际接轨,每节课要安排 50 分钟。就一天来说,早上到晚上都可以安排课程;就一周来说,星期六和星期天也可以安排课程;就一年来说,暑假也要适当安排教学任务,比如一些公共课程和实践课程。这并不是牺牲学生的休息时间,而是适应学分制的调节和安排。

七是完善教学质量监控评估体系。目前我们评职称时把领导评价、同行评价、学生评价的分数加权平均,但没有形成制度,流于形式,而且有一个评分合理性的问题。因此,下一步我们计划邀请相关专家,组建专门的教学质量监控评估小组,专门研究每门课程的教学质量问题,特别是注重教学过程的评估。具体请教学专家来设计。学校、各学院(部)应该每年出一份教学质量报告。

八是推进教改专项工作。全力推进国家试点学院(纳米科学技术学院)在自主招生、教师评聘、专业设置、岗位薪酬、经费管理等方面的综合试点改革工作。积极推进敬文书院、唐文治书院建设,加强学生社区管理与服务,加强师生学术共同体建设,建立起"学院—书院"协同育人新模式。深入落实"卓越人才教育培养计划",推进"卓越工程师""卓越医师""卓越人文学者"的培养,从根本上提高苏州大学本科人才培养在行业发展中的贡献度和影响力。

2. 科研质量

科研工作仍然是学校的主要工作之一,但我们从观念到管理都要有所改变,本着提升科研质量的宗旨,做到三个转变:从重"数量"向重"质量"转变,从重"申报"向重"成效"转变,从重"目标"向重"过程"转变。

一是调整修改科研奖励政策。结合教师基本工作量制度的实施,制定基于岗位的分类考核和奖励政策,在完成基本科研工作量之后才能谈到奖励的问题。

二是建立健全科研质量评价制度。把是否发现新问题、运用新方法、使用新资料、提出新观点、构建新理论、形成新对策等作为衡量研究成果质量高低的主要内容。探索构建完整的分类考核体系，建立多元的评估方式，采用第三方评估、国际评估的办法，客观评价我校科研工作的成效。

三是加强科研过程管理。一方面，加强科研项目前期选题立项、中期实施、结题鉴定、成果报奖的全过程管理；另一方面，加强科学研究各个环节的管理，实验材料取用、实验操作、信息收集、加工、转换、储存、统计和分析等过程都要程序化、规范化，确保实验结果的可重复性和数据的真实性，确保科研成果的有效性、科学性和客观性。

四是发挥研究生的科研主力军作用。研究生培养单位和导师要对研究生加强指导、严格要求，为研究生安排一定的科研工作量。要创造条件让研究生到高水平的大学、实验室去学习交流，参加高水平的学术研讨会。导师要加强内部学术讨论，规定研究生在学习期间作一定次数的专题报告，锻炼其把握和处理科研信息的能力。

3. 管理质量

一是提高管理队伍建设水平。管理人员要加强学习，从不同角度研究世界高水平大学管理问题。学校也将加强对管理人员的培训培养，包括每年暑期分期分批出国学习考察，了解国外大学的先进管理思想和做法。对部门主要负责人则要提出更高的要求，要主动研究高等教育问题，努力成为教育管理专家。

二是完善全方位管理机制。

在学生管理方面，要研究具有中国特色的学生管理工作，研究如何从班级管理转向社区管理，研究把管理人员派到社区的具体模式。

在后勤保障方面，重点实施楼宇质量工程、餐厅质量工程、校园节能工程、环境美化工程、物业管理提升工程，以提升服务水平和质量。

在资源管理方面，要研究有效利用学校资源的问题，如教室资源的利用问题、教师办公室资源的利用问题、实验设备和图书文献资源的共享问题等，可以探讨落实资源有偿使用机制。

（三）人才强校战略

人才资源是决定大学核心竞争力的关键所在。一流高校的强大师资，不仅体现在学术研究上，也体现在教学层面。我们要打造三支队伍：造就一支结构优化、富有创新精神和能力、具有国际竞争力的高水平师资队伍，建设一支富有朝气、业务精、能力强、勤政廉洁的高素质管理队伍，形成一支具有现代教育教学理念、基础扎实、技术先进的高效率支撑队伍。我们要坚持“用好现有人才，稳定关键人才，引进急需人才，培养未来人才”。

一是做好师资储备与高层次人才引进工作。

在高端人才引进方面，进行战术调整：从“好的都要”到“从需要的里面选更好的”；重点培养和引进可以成为“杰出青年”和“大师”的青年人，这是苏州大学的希望；引进和培养一些战略科学家、资深的人文社会学者；引进和培养未来新学科和新科技的储备人才；提供更优质的服务，解决高端人才的后顾之忧。

在优秀教学师资引进方面，做好师资储备。目前学校的师生比严重制约着教学质量的提高。我们也要注重教师队伍的结构性调整，“不拘一格”多种途径聘用优秀师资。例如，可挖掘地方资源，邀请知名企业主管、工程师担任相关课程兼职教师；可根据课程需要返聘退休老教师;可邀请国内外教授、著名学者来校讲学,切不可因缺乏师资而放弃开设课程。我们要从服务学生成长成才出发,多管齐下,建立专兼结合、不求所有、但求所用的教师队伍。

二是加强对现有师资教学科研能力的培养。继续实施"东吴学者计划",加强本土学科领军人才培养力度;继续按照"学术大师+创新团队"模式,打造优秀学科团队。借鉴哈佛大学 Teaching Centre(教学中心)模式,建立教师成长中心或教学发展中心。发挥导师学院平台功能,注重系科教研室传帮带作用。

三是建立服务于人才培养的教师管理体制。

——实施教师基本工作量制度。教师要求完成基本工作量,包括基本教学、科研和基本社会工作。超过基本工作量的部分,学校给予奖励。

——完善教授为本科生授课制度。明确教授主讲本科课程的课时数要求,逐步提高教授上本科生课程的比例,定期开展教授为本科生授课情况专项督查。

——建立助教制度。助教辅助主讲教师教学,帮助批改作业,辅导答疑,进行考试阅卷,以及与学生沟通,等等。青年教师刚工作,应在一定时间内做助教。可以借鉴国外的做法,聘请研究生助教,如果课堂学生人数多,一个教师也可以聘请多个研究生助教。研究生助教择优录用后给予相应的助教津贴。

四是深化教学资源配置和教师收入分配制度改革。强化教学工作量和教学质量在院系资源配置中的权重。建立和完善教师的岗位职责,从教师聘用、晋升和薪酬上确保教师在人才培养方面责任、贡献和收益的统一。在实行教师基本工作量制度后,提高讲课金标准。

(四)文化强校战略

"大学精神、管理制度、人文环境"是大学文化建设的重要内涵。办学理念和宗旨、校风学风特质的呈现是大学文化内涵的精髓;校园环境的塑造,乃至校史名人轶事的流传,是大学丰富文化的展现。

一是营造学术至上文化。在学术研究方面,营造一个先进的学术创新文化环境。学术传统的形成需要长期积累,对大学而言,比几个人才或研究成果重要得多,它属于非物质的和精神层面的东西,通过感化、融化和同化发挥作用。一种好的学术文化能滋润和渗透到所有成员的心灵,使人们自律和提升,并往往胜过行政法规的制约力。

二是发挥文化育人功能。文化本身具有教育、启迪、陶冶、审美、愉悦等功能和作用,苏州大学文化有着鲜明的创新性、先导性、独立性、开放性以及批判性。在人才培养过程中,我们要弘扬"养天地正气,法古今完人"的校训精神,积极营造"自由开放、包容并蓄、追求卓越"的校风,从学术文化、制度文化、管理文化、校园文化等多个角度探索和推动文化育人,使苏州大学毕业生拥有胸怀天下的正气、敢为人先的锐气、勇于担当的豪气。

三是培育苏州大学名师和模范文化。北京大学前校长许智宏先生说:"什么是大学的文化,她就承载于一些名师们的传说和轶事当中。"在我校校史研究文献中的人物有:国学大师唐文治、陈衍、钱仲联,史学家柴德赓,化学家程有庆,教育学家陈礼江,蚕丝专家费达生、郑辟疆,江苏师范学院老院长刘烈人,著名画家、书法家、美术教育家吕凤子,有机和生物化学家潘慎明,等等。同时,我们要积极宣传在职的优秀教师和优秀管理人员,激励大家。

四是构建特色部门文化。各单位要有意识地加强部门文化的建设,要逐步就部门的价值观、行为规范、信念、服务观、责任观、群体观等达成共识、形成特色,使每一个工作单位成为团结、和谐、合作共事的“乐园”。

（五）国际化战略

任何立志成为一流的大学，都不可能将视野和思维封闭在本国范围之内，必须走国际化发展之路。苏州大学坚持“以国际知名推动国内一流”的发展战略，坚持走“以国际化全面推进学校改革”的路径，“走出去”，“引进来”，充分利用国际国内两种资源、两个市场来提升学校的国际知名度和国际影响力。

1. 国际化的内涵标准

大学的国际化战略是为实现学校的长远发展规划和目标服务的，它通过多种对外合作方式在理念、智力、人才、资源等各个方面进行实质性的国际性学术交流，优先引进优质教育资源，推进资源共享。我们在实施国际化战略时，需参考目前国际上通行的标准与规则，从本国本校的利益和实际出发，根据社会发展需求，调整培养目标、调整课程结构和丰富课程内容。

2. 国际化的基本要求

理念先行。我们要借鉴世界上先进的教育理念，进一步确立知识、能力、素质全面发展的人才观，构建融传授知识、培养能力和提高素质为一体的人才培养模式，注重激发学生的兴趣与内驱动力。

质量比照。在研究领域，在考虑可比性的基础上，相关学科可以参考国内外的指标体系，比照差距，重点建设。在教学领域中，缩短与世界一流大学在教学方法上的差距，以求在人才培养质量上有显著提升。在管理实践中，在组织结构、职能管理与服务意识等方面，有效引进国际优势教育资源，不断补充、重组、优化我们的教育资源和要素，培养出在国际上有竞争力的高素质人才。

空间拓展。以国际视野审视学校改革，提升办学思想和活动的开放性；在更广阔的空间里发现优质资源，寻求国际合作，谋求共同发展。在我们智力资源匮乏的情况下，与世界名校或企业建立联合实验室或联合研究中心是我们扩大科研、教学合作空间，获取优质科研、教育资源，提升科研水平和教学水平的有效方法。

资源引进。面向世界遴选优秀人才，有选择地引进发达国家的教育模式，成建制系统地引进优质教育资源，动态系统地引进名校、名学科、名专业办学的成套软件，筛选、引进先进的课程体系，等等。

3. 国际化的具体举措

一是人才队伍国际化。

加大引智力度，积极引进国(境)外高层次人才来校从事教学、科研及管理工作。每个学院都要有相当数量的外聘教师，最后要达到教师总量的10%～20%。

重视教师知识更新和能力培养，鼓励教授利用学术休假赴国外访学交流。组织教师赴国(境)外培训学习，使中青年教师都有在国(境)外大学学习工作的经历。

建立管理干部培训制度，适时进行国际知识、国际礼仪和外语能力的培训。继续组织管理干部赴国(境)外大学学习，提高管理水平和国际交流能力。

二是人才培养国际化。

“走出去”——利用学生出国交流基金，鼓励学生利用“2+2”“1+2+1”等项目出国学习。鼓励研究生出席国际学术会议，积极与国外大学开展研究生共同培养项目。若干年后，使我校50%的毕业生都有海外交流的经历。

“引进来”——大力发展来华留学生教育，提高层次，扩大规模，要有相当比例的留学生攻读学位，使外国留学生总人数达到在校生总人数的10% ~15%。引进国外先进教育理念、教学模式、教学内容和教学方法，特别是引进原版教材，建设一批用双语或全英语教学的课程和专业。今后五年内，理、工、农、医、生命科学、经济学及法学等专业的主干课程要有足够师资开设外语或双语教学课程。

三是科研国际化。采取与国(境)外大学或科研院所合作建立实验室、研究所等形式，搭建国际合作平台，开展国际合作项目，争取获得有国际水平的科研成果。积极利用国外研究成果和资金资源支持，吸收国外科研人员参与研究工作，同时注重科研成果的国际化推广和应用。鼓励并支持举办学术论坛、学术研讨、国际会议等国际学术交流活动，鼓励教师赴国(境)外参加各类国际学术活动。

四是营造良好国际化氛围。加强与海外校友的联络，加强我校海外校友会及海外基金会建设，扩大学校影响。推进校园多元文化建设。在校园硬件设施、宣传材料、各类标识、软件服务等方面国际化，形成环境优美、开放兼容的文化氛围。国际化可局部先行，有些学院(部)和学科可率先走向国际，进而带动全校的国际化进程。加强与地方政府的联系，充分利用苏州市对外开放的信息、资源，将苏州的国际影响引入苏州大学。

综上所述，我们要“强化教师育人职责，促进科研反哺教学，创新协同树人机制，回归大学教育本位”！虽任重而道远，但我们将秉承大学教育的本源精神，注重人才培养质量的不断提升，以我们的信念开启苏州大学新的征程！

校党委书记王卓君在苏州大学第三次发展战略研讨会上的讲话

2012年8月27日

同志们:

为期两天半的学校第三次发展战略研讨会即将结束。这次会议,延续了我们每三年召开一次发展战略研讨会的传统,是在学校落实"十二五"和中长期改革发展规划,积极探索具有苏州大学特色的科学发展之路的新形势下召开的一次重要会议,是在党的十八大和学校第十一次党代会即将召开之际,举行的一次新的解放思想和统一思想的重要会议。

学校党委、行政对开好这次会议十分重视,上学期结束前就开始酝酿、策划召开这次战略研讨会,明确了"深化改革,提高质量"的会议主题。在暑假召开的党代会党委工作报告(初稿)讨论会上,对会议专题调研工作专门进行了研究部署,确立了8个调研课题,拟订了会议方案,组织有关部门、有关人员进行了认真筹备。

在这次会议上,我们请到了教育部学位管理与研究生教育司郭新立司长及国家教育咨询委员会委员、中山大学原党委书记李延保教授专程来校为大家作专题报告。会议还听取了朱秀林校长所作的专题报告,以及8位课题牵头单位负责人作的专题调研报告。大会还进行了分组讨论,刚才9位同志代表所在小组汇报了交流讨论情况。

大会日程安排十分紧凑,同志们也表现出了很好的关注度与参与性、积极性。从这几天会议期间听到的反应以及刚才代表发言的情况来看,本次战略研讨会准备充分、组织严密,主题鲜明、内容充实,会风严谨、成效显著。在研讨过程中,同志们都能够集中精力,围绕主题,积极踊跃,畅所欲言,注重理论与实际相结合,涉及学校改革发展的方方面面,认真分析了学校目前存在的矛盾与问题,提出了解决的方向和建议,充分体现了大家的主人翁责任感和使命感,以及对推进学校改革发展的深入思考和全新认识,很有参考借鉴价值,也充分体现了这次研讨会的收获与成效。可以说,这是一次团结进取、深化认识、解放思想的会议,也是凝心聚力、动员鼓劲、统一思想的大会。在大家的共同努力下,会议取得了预期效果,实现了预期目标。

一、本次会议的主要收获

第一,进一步提升了理论水平,深化了认识。本次会议的3个主报告和8个专题报告,对我国高等教育的重大热点问题以及学校下一步改革发展的方向、思路和举措等进行了系统全面的阐述和解读,使大家深化了对当前高等教育新形势、新任务的了解和掌握,增强了改革创新意识,提高了思想认识水平和理论水平。大家对朱校长的报告讨论热烈。大家一致认为,朱校长的报告较完整地论述了大学本位与人才培养的关系,并结合苏州大学下一步的改革方向和目标,提出了许多富有创见的实践构想,目标清晰,定位准确,思路明确,任务具体,重点突出。许多改革的设想,富有时代性和国际化的特点,这些设想在经过广泛讨论,认真研究,通盘筹划,制订周密的计划,并经过相应的决策程序之后,可以大胆地付诸实施。

第二,进一步明确了目标,开拓了工作思路。研讨会就是广开言路,充分听取各方意见的过程,不能说哪种观点不用讨论就直接认定为正确的,包括我们校领导也是在表述自己的讨论意见。在讨论中许多同志结合本单位改革发展中存在的问题,对管理体制改革、人才队伍建设、分配制度改革、教学改革、学科建设、开放办学、学生管理、校园文化建设、党建和思想政治工作等方面进行了深入思考,提出了很好的意见和建议。有的意见直率尖锐,一语中的,直插软肋;有的意见委婉文雅,酸辣相宜,捧腹之余令人深思;有的意见真挚诚恳,爱校爱生之情溢于言表。许多意见很值得吸收并在下一步改革发展中合理运用。这些都充分反映出通过这次学习研讨,大家的收获不仅在于一般的思想认识层面,而且在于开动脑筋思考问题,着手在实际工作中贯彻落实校党委的决策部署。这样一种上下齐心协力,共谋学校发展大计的良好局面形成,正是我们这次研讨会最大的收获。

第三,进一步认清了形势,更新了观念。这次会议我们专门邀请了高等教育研究、管理领域的领导,通过主题报告的形式,为我们细致剖析了高等教育改革、质量建设的现状与发展方向,深刻讲解了提升研究生培养质量的政策与对策,深入探讨了高校改革发展的成功经验和普遍规律。通过学习,我们既感受到了压力,又增添了信心。大家的思想观念进一步转变,对学校的办学指导思想、办学理念、发展目标、战略定位有了更深入的思考,对我校科学发展、全面提升质量内涵的危机意识、机遇意识与责任意识进一步增强。

二、提高教育质量要处理好的几个重要关系

本次会议的主题是深化改革,提高质量,与会领导、专家和同志们从不同角度对这个问题进行了阐述和解读。我自己在想,如果说我们前六年主要是抓了思想和组织建设、人才队伍、内外部关系协调、资源拓展及发展的外部性等方面的工作,使学校获得了长足的进步,跃上了一个台阶,那么下一步改革的突破口与抓手在哪里?提高质量,提升内涵,真正成为高水平研究型大学,必须深化改革,统筹规划,系统布局,合理设计,分步实施,兼顾各方关系和利益,避免失误,关键是我们要把握和处理好的几个重要关系又是什么?作为研讨会的补充发言,下面谈点想法,供大家参考。

1. 内涵与外延

一所高校办学路径的选择、建设重点的确立,不是盲目和随心所欲的,既取决于自身的办学条件,也受制于外部经济社会和教育事业发展形势,在不同的历史时期都具有明显的阶段性特征。办学条件和各方面支撑都存在一个规模和增长的极限,一味追求外延扩张、乱铺摊子,势必造成干而虚、大而空的局面。而盲目改革,不计后果,也会造成混乱甚至学校长期停滞不前。

去年以来,从胡锦涛总书记在清华百年校庆上讲话到全面提高高等教育质量工作会议的召开以及“高教三十条”“2011 计划”等一系列重大政策举措的出台,标志着我国高等教育已从以数量增长、规模扩大为主的发展阶段进入以质量提高、内涵强化为主的发展阶段。可以说,内涵和质量正是未来较长时间内我国高等教育事业的发展主题和主要任务。哪所高校率先转变,谁就能抢先形成新的核心竞争力,占领未来发展的制高点。苏州大学作为承

担国家试点学院改革任务的高校和江苏高等教育综合改革试点项目高校，作为有志于建成高水平研究型大学的“211工程”重点建设大学，必须紧紧把握高等教育发展方式转变对学校工作提出的新要求、新任务，坚持走内涵式的发展道路。

就我校来说，当前，内涵建设的任务十分繁重，要达到高质量教学、高水平科研、高效益管理、高显示度的社会服务成果，面临一些深层次矛盾的制约，比如以培养高质量创新人才为目标的教育教学改革任务还十分艰巨；学科布局有待完善，新兴学科、应用学科亟待发展，多学科交叉融合和系统集成的功能尚未充分发挥；与建设高水平研究型大学目标相比，大师、拔尖人才缺乏，杰出人才和团队数量还不足；满足国家战略需求、产生重大社会影响的科技成果、社会科学成果、政府决策咨询报告和重大改革成果、著名社会活动家或模范人物等等还有很大的生长空间；财政现状与学校日益增长的改革发展需求不相适应，各项改革中的思想解放、思想统一工作和推进力、执行力需进一步加大，现代大学制度的建立步伐需进一步加快，资源的配置效率、分配瓶颈还有待突破，各个方面的利益协调还需要进一步统筹和优化。

解决这些矛盾的根本出路就在于加快转变发展方式，树立强烈的改革意识，克服不敢改、不愿改、不会改的畏难情绪，摒弃安于现状、小富即安的惰性思维，以改革促转变，抓改革、提质量，推动学校质量提升迈出更大步伐。

2. 教学与科研

教学、科研的质量和水平，直接体现了高水平大学内涵建设的水平。教学是立校之本，科研是强校之路，二者在实践中有其密不可分的互补性。19世纪初洪堡在德国柏林大学倡导“教学与科研相统一”的原则，那时的科研更多的是一种理性思考活动，科研是教学的一种手段，教学与科研的矛盾并不突出。随着科学技术的迅速发展，国家和社会对大学在科学研究上的需求持续加大，期望值日益增高，大学的科研任务不断增加，教学和科研的矛盾开始显现出来，评价指标体系的单向性甚至造成了“科研冲击教学”的倾向，两者的矛盾已成为各高校共同面临的现实问题。

近年来，我校科研成果在项目数量、获得奖项层次、各种排名上都有显著的提升和突破，但对教学来说，在国家级教学名师、教学成果等指标上仍没有明显进展，人才培养质量的真实情况、教授给本科生上课的落实情况，想必大家也都心中有数，昨天朱校长已经分析得很透彻了。教学质量问题尽管是通病，但是也实实在在地成为我校快速发展中一个坚固的堡垒，一个顽疾，始终没有有效的办法和举措来攻破，来治愈。

究其原因，在于教学质量评价标准的模糊性、评价周期的长期性、人才质量的内隐性，无论是学生评价、同行评估还是管理部门的教学评估都缺乏科学、有效和公认的评价标准，形式化倾向严重，同时还容易受到各种工具理性倾向的冲击，并且形成了管理者、教师和学生的惯性轨迹。与此相对，科研的评价已有一套公认的指标体系，科研的成果容易体现，教师从事科研的积极性比较高。这次研讨会上，大家对这个问题展开了深入的讨论，也提出了很多建议。特别是朱校长在报告中提出的改革思路非常有启发性和指导性。

下一步解决的关键是要建立教学和科研相互促进的机制。既坚定不移地把教学放在学校一切工作的中心，同时又要高度认识科学研究对人才培养质量、学校办学实力和办学声誉的重要性。通过政策引导，调整利益关系，改革和完善评估指标体系，把“教学和科研相结合”作为学校内涵建设和教师评价的重要内容之一。不仅强调科学研究成果，而且要重视与所在学科专业的关联性、与教学的结合性,将科研成果引入课堂教学和人才培养全过程,提高人才培养质量的情况等,促进优质科研资源向教学资源的转化,实现教学和科研的双向互动和协调发展。

3. 人才引进与培养

高层次人才的数量和质量决定了学校发展的高度和水平,直接影响着一个学科、一所学校的发展。根据去年 11 月省教育厅对我校《"十二五"和至 2020 年中长期改革发展规划》的审核意见,将苏州大学的发展目标调整为"到 2020 年,将学校建成国内一流、国际知名高水平研究型大学",这对我们是个巨大的挑战。虽然近年来我校人才队伍建设的力度和成效受到了各级领导和高教界、社会各方的肯定和关注,但对比学校发展目标要求与发展现状,分析我校发展与国内一流高校之间的差距,我们强烈地感受到,人才问题,特别是学科领军人才、高水平学科带头人和创新团队紧缺的问题,仍然是今后制约学校发展的瓶颈,我校人才储备与学校事业发展需求之间还存在着矛盾。

关于人才引进与培养的关系问题,其实校内外也有这样那样的议论,对引进人才和本土人才的关系也有一些不同看法。不管是引进人才也罢,本土人才也罢,用好人才、人尽其用,发挥共生效应,实现人才效能的最大化和最优化,为学校办学水平和质量提升做出贡献才是根本目的。为此,我们能不能从整个学校文化生态建设的角度来深化对这一问题的认识?其实,无论是引进人才还是本土人才,都在一个共同的文化生态中工作学习,只要苏州大学有良好的文化生态,自然会"近者悦,远者来",而不是"来了女婿,气走儿子"。要形成优良的文化生态,一是要有科学、公平、合理的制度架构。人才队伍建设是一个长期积累的过程,要有各类人才资源开发的重点布局和规划,根据人才的特点,准确把握其所处的位置和阶段,明确发展方向和培养措施,持续跟进,跟踪培养,充分发挥各类人才资源在学校发展中的基础性、战略性、决定性作用。要改革高层次人才考核、评价体系,完善高层次人才遴选、岗位聘任和学术评价等制度,引入国际化的同行评估方式和以团队为整体单元的周期考核制度,更加注重工作实绩、教学情况、标志性成果和国际学术影响力等考核指标,建立更加科学合理的分学科、分层次的人员考核评价体系。二是要有共同的精神价值追求。如果有的追求教学、科研事业上的成功,有的沉浸在各种名利场中不能自拔,他们之间自然没有共同的话语,进而会相互仇视。现在人们都有一种利益趋向和理想价值追求,如果这两个方面不能协调,则极可能造成人才队伍建设的困难,所以我们在加大投入的同时,要高度重视文化软环境的建设和优化,这就是我们所讲的文化强校战略的内涵。文化体现着一所大学的内在品位和发展境界,体现着学校的育人理念、理想追求和精神风貌,包含着学校的办学理念、教育宗旨、学校传统以及由此凝练成的校风、教风和学风等内容。要把文化建设作为汇聚人才、提升教育质量的重要着力点,强化以人为本的人文精神和人文关怀。我强调人才工作的各个部门、各个院(部)及各级领导,都要"用心、用力、用情",不仅在学校层面,更在于各个直接工作的层面,要做到这三"用",增强人才的认同感、归属感和成就感,深入挖掘学校深厚的历史积淀和文化内涵,加快培育全校师生员工广泛认同的、具有我校特色和气魄的苏州大学精神,以高水平大学建设的共同愿景来凝聚人心。

4. 学术与行政

无论是何种类型的大学,学术与行政的关系都是一个绕不开,需要正视的问题。现代大学既是从事研究的学术机构,同时也是服务社会的知识生产和传播的组织,而要适应外部社会的要求和维持庞大系统的高效运转,必须有相应的行政架构和职业管理人来保证。由此形成了由教师组成的研究教学系统和由行政人员组成的行政管理系统,以及两种权力的共生模式。

从根本上说,学术和行政是大学统一整体不可分割的有机部分,二者相辅相成,共同服务于学校的整体目标,这一点在欧美发达国家的大学也不例外。学术权力的存在确保了大学教学、科研的基本属性,行政权力的作用则在于协调大学内外部各利益相关者之间的相互关系;对行政权力的过分强调必然会影响学者的积极性和创造性,而过分松散的学术权力则将有损于大学效率的提高和整体目标的实现。大学行政管理和学术管理的共同作用,才能保证大学在整体稳定有序的状态下不断发展和提高。

当前我国高等教育正处于快速改革发展的新时期,高校的管理工作面临着更加复杂的新情况,但宏观管理体制改革的滞后,政府与大学关系的固化,行政化管理运行机制的影响仍然非常严重。学校内部管理体制改革虽有所进展,但内外部关系的阻滞还是非常明显。这样,对苏州大学管理干部的素质就提出了更高的要求,需要一支业务水平高,知识面比较宽,思想敏锐活跃,接受新事物快,改革创新意识强,勇于开拓,有一定实际工作经验,想干一番事业的管理队伍。既需要扎实的教育管理专业知识,还需要有先进的管理理念。经过多年的不断探索和完善,我校基本建立了一套比较规范的干部能上能下、充满生机与活力的选人用人机制。一支政治过硬、素质全面、能力突出的优秀干部队伍,有力地推动和保证了学校各项事业的建设和发展。对此,我们要有一个正确的认识。

当然,我校也存在许多不尽如人意之处,特别是在资源短缺的情形下,这些问题就更为突出。目前各个高校普遍存在的问题是学术与行政的界限模糊,这也是教授们意见较大的方面。治学与治校,如何合理分界?有教授身份的行政管理者与有行政职务的教授,又该如何厘清他们的职权和行动责任?实际上这两者经常交织在一起,分工不明,责任不清,导致行政权力与学术权力的相互越位,行政权力泛化、学术权力弱化的现象比较普遍,管理的官僚化、机关化倾向,以行政权力干预或取代学术权力的现象仍然存在。这是我们在下一步改革中需要认真考量和逐步解决的重大问题。

只有合理规范学术权力与行政权力,建立一种有机的分工、合作与制约关系,明确学术和行政各自发挥作用的领域范围,建立依法治校的机制,才能使学校健康高效运行。

一是充分尊重学者与学术组织在学术性事务决策中的作用。确立学术权力在学术管理活动中的主导地位和行政权力在学校的服务保障作用。健全两级学术委员会及各种学术管理制度,确保学者专家参与学术事务决策的权利落到实处。

二是改革管理运行机制。要在激烈的竞争中获得有利地位,必须不断提高应变能力,调整职能部门的职责,变直接管理为间接管理,变过程管理为目标管理,强化咨询和服务功能,实现管理重心下移和扁平化运行,提高效率,减少梗阻。建立和健全以学术与学科为中心,以学院为管理重心的管理运行机制。

三是充分发挥学术权力在决策咨询中的作用。加强学术权力对学校事务的参与,要在体制上为学术权力参与管理定位,让学术权力直接参与到咨询、决策、审议、监督等主要环节,使之制度化和规范化,以避免随意性。

四是必须充分发挥学术人员的主观能动性。提高学术人员的决策能力,加强信息的沟通和对等处理,不断提升学术咨询、决策和监督的效率,与行政权力的运行相互补充,相得益彰。

5. 自我发展与开放办学

学校的发展离不开自身的努力,激发学校自身和内在的发展潜能是学校发展的重要基础。但自我发展,不等于封闭办学,必须要有宽广和开放的视野,既要适应,更要引领,这是高水平大学应有的气魄和能力。大学要致力于实现服务社会和自我发展的良性互动,这一点对于地方性高校而言,尤为重要。社会服务的过程,无论是培养人才,还是输出科研成果,最直接的影响就是促进了学校的教育教学改革,扩充了学校的教育教学资源,提高了学校发展的竞争力。同时,服务社会的过程,有利于锻炼高素质的人才队伍,造就理论联系实际的风气,推动学校形成开放的办学格局。另外,还必须强调大学引领社会的责任,在引领社会的过程中,充分展示学校知识创新、文化传播、精神导引、影响社会风尚和文明程度的能力和成果。

资源问题是学校事业发展的关键要素,资源的吸收和使用能力是办学的核心能力之一。今后一个时期,学校要实现跨越发展需要获得更多的资源支撑。目前从校内资源的使用效益看,主要存在浪费、共享度低、资源整合和优化配置亟待加强等问题,充分证明了"公共牧场原理"的作用。对此,只能深化改革,通过建立办学绩效评价机制、资源共享机制、资源动态配置管理模式和运行机制以及资源有偿使用制度等有力措施,努力将有限的资源真正变成可以支撑学校发展的有效资源。从校外资源的争取和开发情况看,目前主要问题是教育财政拨款严重不足、社会筹资渠道不畅、服务社会争取资源的能力有待提高、对外争取资源的意识不强等。一是要主动出击,争取政府资源。要始终坚持把国家的需要和区域经济社会发展的需求作为学校发展的动力,认真解决国民经济重大科技问题,实现技术转移、成果转化,争取更多的国家专项、政府资源。这几年学校总体上还是争取到了发展资源,但随着教育财政体制的改革,相信我们还有很大的争取潜力和拓展空间。二是要坚持面向市场,发挥优势,以服务求支持,增加开源渠道。要发挥人才和技术的优势,坚持以贡献求发展,在服务区域经济社会发展的同时,增强学校发展后劲。三是积极争取校友支持,进一步完善校、院两级校友工作体系,增强开发海内外校友资源的能力,积极创造学校为校友服务、校友支持学校发展的良好环境。

6. 学校事业与师生民生的关系

当前,高校的民生建设已成为高校内涵建设的一个重要方面,引起了各界广泛关注,比如针对教职工反映强烈的收入待遇问题,许多高校在新的发展规划中都明确提出了收入倍增计划,对我校来说,更是显得尤为迫切。近几年,我校办学成绩得到各级领导和社会各界的高度评价,但受困于身份政策、资源短缺等各方面原因,教职工收入未能实现同步增长,这一点教职工意见比较大,我们应该高度重视。正常的利益追求应充分肯定和理解,但物质的欲望是无止境的,如果让物欲变成大学人最大最高甚至唯一的冲动,则大学危矣,大学人危矣!学校应该尽最大努力为大家谋取正当的利益,大学的成员应为这个自己的家园奉献力量并爱惜它的声誉,这是一个双向协调的理想追求和价值取向,这样大学和它的全部成员才构成一个真正的共同体,这是苏州大学及其全部成员要努力实现的目标。

高校民生有自身的独特性。它是基于基本生活已有相当保障的前提,追求更好的生活品质和发展环境。因此,要坚持把促进人的全面发展作为解决民生问题的核心。学校的办学主旨是一切为了学生的健康成长,这也是学校最大的民生。我们要突出学生综合素质、创新精神和实践能力的培养，从竞争实力、就业指导、市场拓展等方面切实提升大学生就业质量，全面展示苏州大学学生精英与大众化双重角度培养的实际效应。要重视全体教职员工尤其是青年教师的全面发展，从政策、资金、环境等方面给予支持和帮助，实施教职工职业发展规划，为每一位教职工设计不同的跑道和成长路径，实现各类人才资源的协调发展与全面成长。

学校事业发展是民生建设的前提，只有通过发展把"蛋糕"做大，才能为持续改善民生提供坚实物质基础。民生建设还必须与深化改革相匹配，遵循按劳分配的社会主义分配原则。下半年我们将启动校内分配制度改革，做到优劳优酬、绩效激励，把"蛋糕"分得更加公平和合理。要通过构建科学有效的工作机制和考核机制来保障民生建设，比如建立科学合理的收入增长机制、安全稳定机制、帮扶关爱机制、公共服务机制、师生发展成长机制等等，真正把学校事业发展与改善民生紧密结合起来。当然，影响高校民生改善、落实情况的因素很多，其中最为关键和主要的就是政府的政策举措。近一个时期以来，因为退休人员生活补贴标准的地区差异问题，学校面临着各方的压力，党委和行政也做了大量的工作。这些大家也都比较清楚，在此不再多说。

三、关于学校党代会筹备工作

学校党代会筹备工作开展以来，学校各级党组织和广大党员以饱满的政治热情、严肃认真的态度、求真务实的工作精神积极投入筹备工作，取得了一定的阶段性成效。这里我再强调三点意见。

一是加强领导，提高认识。我校即将召开第十一次党代会，这是在我校发展的关键时期召开的一次"总结经验、谋划发展、开创未来"的重要会议，它关系到苏州大学未来五年能否顺利转向新的发展阶段，关系到"国内一流、国际知名"高水平研究型大学的奋斗目标能否顺利实现，具有重要的现实意义。全校各级党组织要迅速行动起来，抓紧时间，分层推进，让每一位党员、干部、师生了解这次党代会的重要意义、基本精神和工作要求，更好地达到凝聚共识的目的，为接下来的各项工作做好充分的思想准备和组织准备。

二是把握进度，强化落实。党代会的各项筹备工作到了最后冲刺的关键阶段。目前还有大量工作需要进一步细化、落实、跟进，会议各筹备小组要全力以赴，振奋精神，毫不松懈，要倒排时间表，一项一项工作抓落实，发现有疏漏的地方要采取措施及时整改，要抓紧落实每一个细节，制订工作预案，明确责任，落实到位。要汇聚全校党员和教职员工的智慧和力量，进一步修改、补充和完善两委工作报告，统筹分析以往工作中存在的不足和差距，据此有针对性地提出可行的、具体的措施，以使形成的报告能够有的放矢、有力地指导下一个五年的工作。要坚持正确导向，营造热烈向上的舆论氛围，在扩大报道声势、加大报道深度、提高报道鲜活性上下功夫，形成亮点纷呈的宣传局面；要重视对外宣传，千方百计增强传播效果，在各级各类媒体上放大苏州大学的声音、树立苏州大学形象，确保圆满完成党代会各项宣传报道工作。要进一步加强信息研判，及时化解矛盾纠纷，做好安全稳定工作，积极营造和谐、稳定的校园环境，为党代会的顺利召开打下坚实的基础。要加强组织观念，严明组织纪律，严格按照程序认真做好党代表的选举和两委委员的酝酿推荐工作。各筹备工作小组既要按照职责分工，积极主动地做好工作，又要善于应对各种新情况、新问题，加强联系沟通，密切配合，齐心协力，共同完成好大会的各项工作任务。

三是统筹兼顾，推动发展。学校新学期开学的各项工作任务非常繁重。日常各项工作需要稳步开展，必须正确处理好党代会筹备和日常工作的关系，做到“两不误、两促进”。既要精神饱满地开好党代会，也要进一步集中心思、集中精力抓好发展，确保全年各项目标任务完成。把党代会的筹备工作与创先争优活动、基层组织建设年等重要活动紧密结合，与学校当前的发展大局紧密结合，与推进学校下一步科学发展、率先发展、创新发展紧密结合，以学校事业发展的崭新业绩迎接党代会的召开，以党代会的召开为契机更好地推动学校事业发展上台阶、上水平。同志们，我们要通过党代会的筹备，统一思想，见于行动，把全校教职员工的思想统一到党委既定的工作思路和工作措施上来，把全校教职员工的思想引导到深化改革、谋划发展、提高质量上来，切实推动学校教学、科研、管理等各个方面上一个新台阶。要把迎接党代会召开的过程，作为进一步树立和落实科学发展观的过程，作为进一步加强党性党纪教育的过程，作为进一步统一思想、凝聚人心、振奋精神、促进工作的过程，作为进一步提高教育教学质量和服务质量、深化内涵建设、提升社会服务水平的过程。

今天的会议结束之后，各个单位各个部门要召开专门会议，传达、学习这次研讨会的精神和有关报告的内容，落实本单位贯彻此次会议精神的工作部署，同时将新学期的各项开门工作做好，以扎实的行动和有效的成绩，迎接党的十八大和学校党代会的胜利召开。

深化改革促发展　提高质量强内涵 为建设高水平研究型大学而努力奋斗

——王卓君同志在中国共产党苏州大学第十一次代表大会上作的报告

2012 年 9 月 26 日

各位代表、同志们：

中国共产党苏州大学第十一次代表大会，是在我校高水平大学建设步入新阶段召开的大会，具有继往开来的重要意义。

大会的主题是：高举中国特色社会主义伟大旗帜，以邓小平理论和“三个代表”重要思想为指导，深入贯彻落实科学发展观，认真学习贯彻胡锦涛总书记“7.23”重要讲话精神，全面总结学校第十次党代会以来的工作，明确今后五年学校发展的指导思想、奋斗目标和主要任务，动员和凝聚全校各级党组织、全体共产党员和广大师生员工，加快推进高水平研究型大学建设，以优异成绩迎接党的十八大胜利召开。

现在，我代表中国共产党苏州大学第十届委员会向大会报告工作，请予审议。

一、过去五年的工作回顾

（一）坚持发展主题，努力提高教育质量

1. 学校发展思路更加清晰

校党委通过定期组织召开发展战略研讨会，科学分析新形势新任务，找准制约学校科学发展的突出问题。认真贯彻落实国家和江苏省中长期教育改革发展规划纲要，积极承担国家试点学院改革和江苏省高教综合改革试点任务，研究制定《学校“十二五”和中长期改革发展规划》，进一步明确了建设“国内一流、国际知名”高水平研究型大学的发展目标。

2. 人才培养质量稳步提升

全面推进学分制和本科人才培养模式系统化改革，探索人才分类培养体系。开展自主招生选拔，设立文、理科强化班，成立敬文书院、唐文治书院，实施“卓越人才教育培养计划”。大力推进创新创业教育，引入“带薪实习”项目，探索应用型人才培养新模式。全校上下质量意识明显增强，在国家和省“质量工程”项目建设方面取得了较好成绩，学生在奥运会、“挑战杯”等竞赛中成绩优异。学校成立研究生院，积极推进研究生培养机制改革，大力加强导师队伍建设，新增全国百篇优秀博士学位论文 2 篇，江苏省研究生创新工程立项数连续三年名列江苏高校前列。各类毕业生就业率稳定在较高水平。

3. 学科和科研工作实现重大突破

发挥学科交叉渗透的整合效应,调整组建医学部、材料与化学化工学部,进一步优化学科布局,顺利通过"211 工程"三期验收,江苏省优势学科和重点学科立项和资助经费居省属高校之首,一级学科博士学位授权点、博士后科研流动站大幅度增加,均位居全国地方高校首位,5 个学科进入全球学科排名 1% 行列。深入实施"顶天立地"的科研发展战略,理顺科研管理运行机制,营造有利于科研创新的良好环境,实现了各类国家重大科研项目、科研创新平台、科研创新团队等方面的重大突破,科研经费总量、高水平成果数量、专利申请和授权数目、科研获奖等级及数量等指标实现了重大跃升,2012 年获批国家级科研项目数排名地方高校第一,江苏高校第二。学校被评为江苏省"'十一五'获重大科技成果奖励成绩显著高等学校""科技工作先进高校""文科科研管理先进单位"。

4. 服务社会能力不断增强

与地方有关部门、企业、高校、科研院所共建研发机构和协同创新战略联盟等高水平政产学研用合作平台,积极加快各类成果产业化。积极推进派驻"科技镇长团"和教授、博士到企业挂职工作。成功申报国家级大学科技园并获批成为"全国大学生科技创业实习基地",学校技术转移中心被认定为"国家技术转移示范机构"。苏大维格成为首家在创业板上市的江苏高校高科技企业。充分发挥高水平应用研究成果在地方转型升级中的思想库和智囊团作用,不断提升我校人文社会科学参与地方决策咨询的层次和水平。推进继续教育办学模式转型升级,在干部教育培训方面打响品牌,扩大了在全国的影响力。各附属医院医疗服务水平不断提升。

(二)坚持以人为本,不断提升办学水平

1. 人才队伍建设成效显著

牢固树立"人才资源是第一资源"理念,积极探索"学术大师+创新团队"的队伍建设模式,大力引进国内外优秀人才,推进"东吴学者计划""博士化工程"等师资队伍培养工程,高层次人才和高水平团队数量稳步增长,师资结构不断优化,人才集聚效应初步显现。学校荣获中组部"海外高层次人才创新创业基地"、江苏省"师资队伍建设先进高校"等称号。

2. 和谐校园建设稳步推进

正确处理改革、发展、稳定的关系,扎扎实实为师生员工服务。不断完善校园民主管理的运行机制,认真听取广大师生的意见和建议。逐步提高教职工福利待遇,完善医疗、体检、保险、救济等制度,建立多元化的学生帮困助学体系,切实解决师生实际困难。高度重视离退休工作,严格按照上级文件规定,认真落实老同志们的政治、生活待遇,妥善处理退休人员反映强烈的相关诉求。重视教育引导和鼓励民主党派成员、无党派代表人士等统一战线成员为学校事业发展建功立业并发挥民主监督的积极作用。工会、团学组织紧紧围绕学校中心工作积极开展活动。校团委荣获"全国五四红旗团委"称号,党委统战部被授予"全省统一战线工作先进集体"称号,工会被评为"全省模范职工之家"。牢牢把握正确舆论导向,积极开展对内对外宣传,营造了和谐奋进的舆论氛围,树立了良好的社会形象。依托博物馆、东吴书画研究院等,大力加强校园文化建设,获教育部"高校校园文化建设"优秀成果奖。深入开展"平安苏州大学"创建工作,建立健全条块结合、分工明确的多校区安全稳定工作责任体系和突发事件预警应急机制。学校被授予江苏省"高等学校和谐校园"称号。

3. 外部开放合作不断扩大

五年来,学校不断拓展校外办学资源,与昆明市、盘锦市等地方政府签订合作协议,深化与苏州市的全面合作,与凤凰卫视、沙钢集团、金螳螂集团、东吴证券等知名企业合作共建相关学院。从多方面凝聚力量支持独立学院改革发展,创建独立学院特色与品牌。通过举办建校110周年和医学教育百年庆祝活动,进一步凝聚校友和社会各方资源。积极完善董事会、校友会和基金会建设,学校基金会在省属高校基金会中成为首家被评为"5A"级的社会组织。通过开展广泛的国际交流与合作,学校师资队伍的国际化程度逐步提高,学生国际交流参与规模逐步扩大,年度招收留学生数量在省内高校中名列前茅。目前,学校与境外100余所高校建立了各种形式的交流合作关系,大真大学苏州分校、美国波特兰孔子学院、苏州中美中心等合作项目积极推进。我国第一所境外高校——老挝苏州大学获中、老两国教育部门批准,开始招生办学。教育援外、外国专家管理等工作继续走在全省高校前列。

4. 发展空间和办学条件日益改善

加快各类办学资源整合,原南京铁道职业技术学院苏州校区并入我校,新校区建设完成阶段性任务,学校办学空间不断拓展。附属第一医院加快建设平江新院,附属第二医院启动原评弹学校地块建设,附属儿童医院园区总院破土动工,各附属医院的医学教研条件不断改善。设立教授工作室、教工餐厅,完成了学生宿舍空调安装工作,加快校园信息化建设,师生工作和学习条件进一步改善。深化后勤改革和节约型校园建设,完善网上预约报账报销、快速报修等服务机制,提升服务师生的效率和水平。以规范管理、防范风险、科学理财为核心,推动资产和财务管理制度创新,加大对公共服务体系的投入,推动大型仪器设备购置、管理与共享等工作。发挥出版社、图书馆、档案馆、学报等学术支持机构的作用,为学校教学科研工作提供了有力支撑。

(三)坚持改革创新,全面加强党的建设

校党委切实以加强党的先进性建设为主线,不断增强党的创造力、凝聚力和战斗力,为学校又好又快发展提供了坚强有力的保证。

1. 加强各级领导班子、干部队伍建设

坚持党委领导下的校长负责制,切实加强领导班子自身建设,探索党委常委会集体调研的工作方式,发挥全委会在重大问题、重要干部任免中的决策和监督作用。修订并严格执行《苏州大学党委全委会、常委会和校长办公会议事规则(试行)》,健全集体领导与个人分工负责相结合的具体制度和办法。

认真贯彻落实上级有关干部工作规定,加强干部队伍建设。一是扩大民主、加强监督,保证干部选拔任用工作的公信度。研究制定并严格执行《苏州大学处级党政干部选拔任用工作条例》,通过民主推荐、严格考察、会议票决、任前公示、试用期制度、纪委监督、群众监督等方式,落实教职工在干部选任工作中的知情权、参与权、选择权和监督权。二是加大竞争力度,增添选拔任用工作活力。通过竞争性选拔的方式面向全校干部、教师开展了处级领导职务干部和处级非领导职务干部的选拔工作。高度重视和认真做好女干部、党外干部选任工作。三是推进任聘期制度,提高干部选任工作的整体效应。在规范做好学院(部)党政领导班子集中换届工作的同时,积极稳妥地开展了机关部门、群直单位处级领导职务干部的任聘工作,增强了干部任聘期意识,推动干部能上能下和轮岗交流,加快了干部队伍年轻化。四是加强干部教育培训工作的制度化、专项化和网络化建设。通过制定干部、党员教育培训规划,举办新上岗处级干部培训班,与国家教育行政学院合作开设苏州大学管理者在线学习中心,探索选送干部到境外培训等方式,有效提升了各级领导干部引领科学发展的能力。

2. 强化思想理论武装

校党委按照马克思主义学习型政党建设的目标要求,深入推进中国特色社会主义理论体系和社会主义核心价值体系的学习、宣传和教育活动,不断增强贯彻落实党的路线、方针、政策的自觉性和坚定性,努力促进各级领导干部、广大教职员工把理论学习成果转化为推进高水平大学建设的能力。学校被省委宣传部确定为"学习型党组织建设示范点"。认真贯彻落实中央加强和改进大学生思想政治教育工作的部署,成立马克思主义学院,加强思想政治理论课主渠道建设,积极推进思想政治理论课"统分结合、人人受益"的实践化教学改革,学校被评为江苏省"高校思想政治理论课建设优秀单位"。构建学生成长成才的引导、保障和服务体系,以典型选树、志愿服务、"惠寒"传承三大工程为抓手,深入开展富有特色的师生精神文明创建活动。学校荣获江苏省"高等学校思想政治工作先进集体"称号,大学生社会实践活动连续 17 年被评为全国先进,出版社等单位多次荣获全国和省、市文明单位称号,学校关工委积极融入"三育人"工作,荣获"全国教育系统关心下一代工作先进集体"称号。

3. 扎实开展学习实践科学发展观活动和创先争优活动

以"坚持科学发展,建设高水平大学"为主题,深入开展学习实践科学发展观活动,党员干部的思想政治素质和推动科学发展的能力得到普遍提高。在创先争优活动中,精心设计活动载体,组织开展"践行师德创先争优、办人民满意教育"、基层组织建设年等主题实践活动,党组织的战斗堡垒作用和党员的先锋模范作用进一步彰显。实施"强基工程",通过学生党建进公寓、创新设置学生党总支、试点支部书记和党总支书记"公推直选"、全面推行"网上党校"等举措,不断增强基层党组织和党员的创造力、凝聚力和战斗力。坚持质量并举、以质为先,强化发展标准,规范发展程序,推进民主公开,五年来共发展党员 14 992 人。学校获全省"十佳组织工作创新创优成果奖""创先争优科学发展争一流先进基层党组织"等荣誉。

4. 不断推进党风廉政建设

一是健全反腐倡廉工作的领导体制和运行机制。认真贯彻落实上级加强党风廉政建设的各项规定,切实执行领导干部"一岗双责"规定,制定《党风廉政建设责任制考核办法(试行)》等文件,每年与各二级单位负责人签订《党风廉政建设责任书》,认真贯彻"三重一大"决策制度,落实纪监审办主任列席校长办公会议的有关规定。二是强化廉政教育,加强廉政文化和作风建设。坚持把反腐倡廉的宣传教育工作纳入学校大宣教工作中整体部署,完善全覆盖的廉洁教育体系,大力开展作风效能建设,营造勤政廉政的良好氛围。三是着力强化"惩防体系"建设。按照"标本兼治、综合治理、惩防并举、注重预防"的方针,不断完善财务、基建、设备、教材、招生等重点领域和环节的监督制度,加强附属医院医德医风建设,开展处级干部集中报告个人有关事项、"小金库"治理和公车治理等专项工作,切实做好职务犯罪的预防工作。四是认真做好信访工作,严肃执纪办案。认真受理各类投诉、申诉,保障党员权利和师生员工的合法利益。高度重视和严肃查处违纪违法案件,切实维护党纪的严肃性。规范校内各类办学主体的行为,公开和规范服务性收费项目。

各位代表、同志们,过去的五年,是苏州大学抓住机遇、加快发展、共创和谐的五年。各项成绩的取得,是上级党委政府正确领导的结果,是社会各界鼎力支持、全校各级党组织和全体共产党员奋发努力、全校师生员工团结奋斗的结果。在此,我谨代表学校十届党委,向关心支持苏州大学发展的各级领导、各界朋友和广大校友,向学校的各位老领导、离退休老同志,向全校共产党员、各民主党派和无党派人士,向全校师生员工,致以崇高的敬意和衷心的感谢!

总结五年来的工作,我们有以下四点深刻体会:

一是必须始终坚持把发展作为第一要务,以科学发展观统领各项工作。苏州大学作为一所地方大学,只有把发展作为解决各种困难和问题的根本着力点,保持和弘扬近年来着力构建形成的领导班子谋大事求发展不遗余力、推改革促和谐兢兢业业的工作状态,干部队伍"想干事、能干事、干成事"的精神面貌,以及学校内和外谐、风清气正的整体氛围,坚持抢抓机遇促发展,解放思想谋发展,凝心聚力抓发展,妥善解决好发展进程中遇到的各种矛盾和问题,才能在前有"标兵"、后有"追兵"的"前后夹击"中抢占"制高点"、赢得"话语权"。

二是必须始终坚持以提高质量作为发展的核心,以深化改革作为发展的动力。教育质量是学校发展的生命线,改革是当前高校发展的根本动力。只有树立强烈的质量意识,紧紧围绕提高人才培养质量这一重中之重,不断将办学体制、人才培养模式、干部人事制度、资源配置制度等重点领域、关键环节的改革引向深入,才能更好地激发学校事业发展的内生动力,使学校始终保持又好又快发展的强劲势头。

三是必须始终坚持以人为本,全心全意依靠师生员工办学。每一位师生员工既是学校事业发展的建设者和参与者,也是学校发展成就的分享者和受益者。只有牢固树立"人人皆可成才"的观念,统筹协调师资、管理、支撑三支队伍建设,坚持"发展为了师生、发展依靠师生、发展成果由师生共享"原则,真心诚意为师生员工解决实际困难,才能有效调动各方面积极因素,把学校的事业不断推向前进。

四是必须始终坚持党对学校工作的领导,不断提高学校党的建设科学化水平。加强党的建设,是促进学校改革发展稳定的根本要求。只有充分发挥学校党委的领导核心作用,坚持党委领导下的校长负责制,不断提高各级领导干部的理论素养、政治素质和领导能力,不断增强各级党组织的创造力、凝聚力和战斗力,不断健全保持共产党员先进性和纯洁性的长效机制,不断汇聚保持学校和谐稳定的强大合力,才能为学校的改革发展提供牢固的思想基础和坚强的政治保证。

以上四个方面是多年来全校师生员工不懈探索和努力实践所得出的宝贵经验,我们要倍加珍惜、长期坚持并在今后的办学实践中不断加以丰富和发展。

在前进的道路上,必须清醒地看到,学校发展还面临不少困难和挑战,主要是:提高办学质量,特别是人才培养质量的任务还很艰巨;顶尖人才和创新团队数量还不多;满足国家战略需求、产生重大社会影响的科技成果、社会科学成果、政府决策咨询报告和重大改革成果等还有很大的增长空间;财政现状与学校日益增长的改革发展需求不相适应,资源的配置效率、分配瓶颈还有待突破。我们必须高度重视存在的问题,采取有力措施逐步加以解决。

二、今后五年发展的指导思想、奋斗目标和主要任务

今后五年,是苏州大学建设高水平研究型大学的关键时期。综观学校所面临的内外部

形势,我们处于可以大有作为的重要战略机遇期,具备在高等教育格局变革与调整中抢占先机的有利条件,同时也面临更加复杂多变的内外部环境,需要应对学校谋求争先进位可能遇到的诸多挑战。为此,我们要牢牢把握国家和区域经济社会发展的新形势,进一步凝聚抢抓战略机遇期的新共识;牢牢把握高等教育发展方式转变的新要求,进一步凝聚提高教育质量的新共识;牢牢把握新时期高校党建的新特征,进一步凝聚加强党的先进性和纯洁性建设的新共识,不断增强机遇意识、忧患意识、发展意识和率先意识,不为任何困难所阻,不为任何风险所惧,不为任何干扰所惑,在新的起点上把学校事业不断推向前进。

(一)指导思想和奋斗目标

1. 指导思想

高举中国特色社会主义伟大旗帜,以邓小平理论和"三个代表"重要思想为指导,深入贯彻落实科学发展观,全面学习贯彻党的十八大精神,坚持走以提高质量为核心的内涵式发展道路,以提高人才培养质量为根本,以高水平人才队伍建设为关键,以深化高等教育综合改革为动力,努力把苏州大学建设成为培养高素质人才、引领社会风尚的坚强阵地和全体苏州大学人共建共享的幸福家园。

2. 奋斗目标

到2017年,学校人才培养质量显著提升,学科建设成效明显,协同创新能力有效增强,高层次人才进一步汇聚,党建创新取得实效,综合办学实力跻身高水平大学行列,成为区域高水平创新人才培养、基础科学研究和高新技术研发、高层次决策咨询、区域文化传承创新的重要基地,为到2020年实现"国内一流、国际知名"高水平研究型大学的奋斗目标打下坚实基础。

(二)今后五年的主要任务

1. 实施教学质量工程,提高人才培养质量

按照"稳定规模、优化结构、强化特色、注重创新、提高质量"的思路,不断完善人才培养质量保障体系,着力提高人才培养质量。

一是巩固本科教学基础地位。切实把本科教学作为学校最基础、最根本的工作。深入实施本科教学质量与改革工程,强化通识教育,着力于专业教育,促进学生知识、能力与素质协调发展,积极探索拔尖创新人才、应用型人才相协调的多元化人才分类培养新模式。健全教学质量监控、评估、激励和保障体系,建立本科专业建设规范,优化专业结构,提高专业建设水平。加强课程教学的过程管理,推进启发式、探究式、讨论式、参与式教学,提高课堂教学质量。大力加强优良学风建设,引导学生勤奋学习、发奋成才。建立教师教学发展中心,开展教学名师、教学团队培育计划,采取有力举措把承担本科教学任务作为教授聘用的基本条件,把"上好课"作为教师职称晋升的重要条件。建立优质学科和科研资源向教学资源转化的新机制,推进重点实验室、研究基地等向优秀本科生开放。

二是推进研究生教育改革创新。大力实施"卓越研究生教育培养计划"和"研究生创新培养工程",进一步深化研究生招生制度改革,加大推免和硕博连读力度,探索导师与学生互选机制。深化研究生教育教学改革,完善研究生分类培养体系,推动产学研联合培养和跨学科指导,加强质量监控与评估,实施合理的研究生培养分流与淘汰制度,加大博士生特别是重点学科及重点研究平台博士生培养力度。完善研究生导师遴选、评估、考核机制以及以科学研究和实践创新为主导的导师负责制及资助制度,依托导师学院加强高水平导师队伍

的建设。

2. 实施重大人才工程,打造高水平人才队伍

大力营造有利于人才快速成长的优良环境,把高端领军人才的引进和培养作为战略重点,坚持引进、培养和使用相结合,形成以人为本、分类引导、人尽其才、才尽其用的良好格局。

一是强化高端人才引进和创新团队建设。借助国家和省各类重大人才工程,设置"人才特区",开通人才引进"绿色通道",实施"特聘教授制度""千名博士进苏州大学计划",采取团队引进、核心人才带动引进、高新技术项目开发引进等方式,在高起点上引进和培育优秀拔尖人才。完善"学术大师+创新团队"模式,打造一批创新能力强、特色鲜明的教学科研创新团队。

二是加强中青年教师队伍建设。实施"卓越人才教育培养计划",汇聚培育一批在国内外有影响的中青年领军人才和学术骨干,在国内同类院校中形成突出的人才比较优势。深入实施"东吴学者计划""教师能力拓展计划",实行青年教师"导师制",完善人才梯队建设和中青年教师的培养培训制度,促进人才的可持续发展。实行博士后年薪制、师资博士后制度,提高博士后科研流动站的建设水平。

三是加强师德师风和学术道德建设。完善教师评价标准,将师德表现作为教师考核、聘用的首要内容,把教学实绩作为教师考核的核心指标,激励教师为人师表、教书育人。净化学术风气,教育和引导师生恪守学术道德,维护学术尊严,加大对学术不端行为的惩治查处力度。

四是加强管理队伍和支撑队伍建设。加强岗位设置管理,进一步完善职员制、聘任制,建立健全符合各类人才成长规律的分类管理和考核评价的长效机制,形成科学合理的竞争激励机制。加强对管理人员的培养、管理、监督和考核,促进管理队伍专业化;关注支撑队伍的建设与成长,改善其学历和知识结构,提高其业务能力和服务水平。

3. 实施学科提升与协同创新工程,增强社会服务能力

抓住国家实施"2011 计划"的战略机遇,面向国家战略和区域发展重大需求,以学科建设为龙头,以提升协同创新能力为突破口,增强服务社会能力。

一是优化学科布局,提升学科的核心竞争力和可持续发展能力。按照"立足前沿、优化结构、突出重点、合理布局、凸显特色、协调发展"的思路,进一步凝练学科方向,重点发展具有良好研究基础、明显地域优势和比较优势的学科,重点扶持对学科整体布局和水平具有重要影响并具有发展潜力的学科和特色学科,重点推进与高新技术密切相关的新兴交叉学科的建设。实施学科提升计划,根据学科建设层次配置资源,使若干学科方向达到国内领先水平,努力接近或达到国际同类学科的先进水平。坚持申报和建设并重,梯次推进一级学科学位点建设,积极争取新一轮的国家级重点学科有所突破。

二是深化科研管理体制改革,提高科学研究质量。打破封闭的基层学术组织模式,推动交叉融合、资源共享和开放流动。构建开放合作、分类考核、运行高效的现代科研管理体制,形成以任务为牵引的团队建设管理制度、以质量与贡献为依据的考评机制、以学科交叉融合为导向的资源配置方式等协同创新机制。构建和完善政产学研用长效合作的有效实现形式,建立广泛的协同战略联盟。对接国家和地方重大科研专项,建立多学科交叉的专项科研大平台和创新团队,力争获取一批有影响的重大项目。实行首席科学家负责制,促进大项目

跨学科、跨单位、跨区域的科研合作,提高联合攻关能力,产出一批有学术影响力和社会影响力的标志性成果。

三是增强服务社会的能力。积极推进"国家—省部—市厅"三级创新平台和人文社会科学重点研究基地建设,逐步形成以知识创新、技术创新与成果转化、公共服务三类平台为主体的创新体系,切实助推国家和区域创新体系建设。完善技术转移中心的社会化、网络化和市场化建设,完善大学科技园孵化功能及其支撑和服务体系。积极整合校内资源,与地方政府、行业部门、龙头企业合作建设高水平咨询研究机构和研发基地。强化干部培训品牌,面向行业和区域探索继续教育培训新模式。加强基础医学与临床医学的结合,整合学校和附属医院资源,做强做优医疗品牌,积极推广医疗新技术,提高疾病防控和诊疗水平。

4. 实施文化传承创新工程,提升学校软实力

把文化建设作为提升办学质量的重要着力点,以加强精神文化、制度文化、行为文化、物质文化建设为抓手,不断增强学校软实力。

一是加强苏州大学精神培育。加强校史校情研究,深入挖掘学校深厚的历史积淀和文化内涵,提炼和阐释全校师生员工广泛认同的苏州大学精神内涵。坚守大学价值追求,大力弘扬科学精神和人文精神,以建设高水平研究型大学的共同愿景凝聚人心,营造追求真理、鼓励创新、宽容失败、团结协作的氛围风尚,构建苏州大学人共有的精神家园。

二是加强校园文化载体和品牌建设。发挥校园媒体和新闻出版、学术期刊等文化传播载体作用,打造体现学校特色、具有影响力的论坛、讲坛品牌,扩大学校学术影响力和文化影响力。充分发挥图书馆、博物馆、档案馆、东吴书画研究院的功能,积极开展文化传统教育,加强大学生文化艺术社团建设,打造校园文化品牌,完善学校形象标识系统,加强各类文化阵地管理,提高师生员工的文化品位和审美情趣。大力开展对外宣传,内聚精神,外塑形象,提升学校的社会美誉度。

三是加强文化辐射与引领。发挥苏州大学文化对城市精神的引领作用,面向社会积极开展哲学社会科学文化普及工作,拓展对吴文化、非物质文化遗产等研究的广度和深度。实施哲学社会科学繁荣计划,启动"东吴智库"建设,围绕国家、行业及区域发展的重大战略问题,开展前瞻性、对策性研究和宏观决策咨询,努力形成一批富有特色的品牌理论文化成果。

5. 实施开放办学工程,推进教育国际化进程

立足国际和国内经济社会发展的大舞台,学习借鉴国内外一流大学的先进理念和办学经验,把提高开放办学水平作为重要抓手和新的增长点,以开放促改革促发展。

一是积极创新办学体制。进一步强化与各级政府、企业、行业和社会的深层次对接与互动,提高对经济社会发展的介入度和贡献率,为学校发展拓展更多的办学资源和营造更好的外部环境。按照"身份在苏州大学,创业在地方"模式,积极参与地方人才项目,构建学校与地方、企业间开放式的人才资源交流共享机制。加强董事会、校友会、基金会建设,健全社会支持和监督学校发展的长效机制。积极融入长三角教育联动发展进程。

二是加快教育国际化进程。紧紧围绕提高教育质量、提升学术水平、扩大国际影响开展全方位、高层次、宽领域的国际交流与合作。通过启动优势学科国际化研究项目、资助国际科技合作项目、举办或承办高层次国际会议等途径推进国际学术交流和科技合作。大力支持师生海外学习和研修,努力打造具有国际视野和水平的教学科研和管理支撑队伍,努力培养能够参与国际事务和国际竞争的高素质人才。进一步扩大留学生规模,规范和创新留学

生管理方式,提高留学生教育质量。稳步发展中外合作办学项目,提升办学层次,引进国际优质教育资源为我所用。借助孔子学院等国际交流平台,积极开展汉语国际推广,面向世界展示苏州大学文化、传播中华民族优秀文化。加快建设老挝苏州大学。积极开展教育援外活动,促进中非教育合作交流。

6. 实施综合改革工程,创新内部管理体制机制

深化改革,加快构建现代大学制度,形成充满活力、富有效率、更加开放的内部治理结构和管理运行机制。

一是推进高等教育综合改革。以承担国家和省高等教育综合改革试点项目为契机,深化纳米科学技术学院的国家试点学院改革,采取特殊政策,实现人才培养和学院管理机制的新突破。深化人事分配制度改革,坚持突出业绩、优劳优酬,建立教师基本工作量制度,完善绩效工资制度,向教学一线岗位、各类骨干人员倾斜,增强薪酬激励性。深化绩效评价基础上的资源配置制度改革,建立以人才培养和学术贡献为主要依据的资源分配和动态投入机制,探索学校资源有偿使用机制。积极推进精细化管理,提高国有资产和经费预算管理水平,确保有限办学资源的合理高效使用。推进"大部制"和"学部制"改革,完善校院两级管理运行体制,适度下移管理重心。

二是完善内部管理运行机制。制定出台《苏州大学章程》,构建苏州大学特色的现代大学制度。坚持和完善党委领导下的校长负责制和学院(部)党政共同负责制,积极探索党委领导、校长负责、教授治学、民主管理的有效路径和方式,推进党务、校务和重大办学信息公开。探索教授治学的有效途径,充分发挥教授在办学中的主动性、积极性,保障教授与学术组织在学术事务决策中的主导作用。加强对独立学院办学的指导和监督,积极协调投资方、地方政府和学校的关系,促进独立学院更加健康发展。

7. 实施民生幸福工程,构建优质高效公共服务体系

切实将师生民生摆在更加突出的位置,不断满足师生员工日益增长的民生需求,切实保障和维护师生权益,努力建设安定有序、民主高效、公平正义、友爱和谐、充满活力的幸福校园。

一是建立科学合理的收入增长机制和师生发展长效机制。进一步做大学校收入分配总量,根据上级有关规定和学校财力增长情况不断提高广大教职工的收入待遇水平,实施教职工岗位津贴倍增计划,认真落实上级关于离退休人员的补贴政策,使教职工收入与国家社会进步和学校事业发展同步增长。适时调整校内分配政策,加大校级投入和统筹力度,减轻各二级单位的创收压力。重视全体教职工尤其是青年教师的长远发展,实施教职工职业发展规划和能力拓展计划。以加大创新创业就业为重点,强化学生职业生涯规划指导,从学生素质、竞争实力、市场拓展等方面切实提升大学生就业质量。

二是完善帮扶关爱和安全稳定机制。调动校内外力量广泛开展献爱心、送温暖、扶贫济困活动,落实完善"经济资助、能力支持和精神关怀"三位一体的帮困助学体系。关心教职工子女入学,办好附属中学、幼儿园,积极争取地方政府支持,采取多种措施改善教职工的住房条件和居住环境。完善离退休人员管理服务工作,积极创造条件使老同志"老有所养、老有所为、老有所乐"。健全安全稳定工作长效机制,完善校内矛盾纠纷处理的申诉及调解制度,加强学校治安防控体系建设和综合治理,深入开展安全教育、心理健康教育和国防教育,打造平安和谐校园。

三是拓展公共服务机制。继续推进后勤管理体制改革和后勤标准化建设,提高服务质量和公益化水平。落实校园建设总体规划,加强基础设施建设,优化美化校园环境,打造环境友好型校园。加大公共服务投入,构建"一站式"服务平台,提供高效优质的公共事务服务。加强档案文献等各类电子资源采集和特色资源数据库建设,实现图书和大型仪器设备等资源共建共享,打造物联网、信息化技术广泛应用的智慧校园。关心师生员工的体质健康,开展群众性体育活动,稳步提高师生员工医疗保障水平,打造健康活力校园。

8. 实施党建创新工程,为高水平大学建设提供坚强保证

面对复杂多变的国内外形势和学校繁重的发展任务,学校党委要按照"抓住方向,把握大局,推动改革,建设队伍,凝聚人心,协调各方"的工作思路,以改革创新精神,扎实推进新形势下党的先进性和纯洁性建设,为高水平大学建设提供坚强保证。

一是坚持把思想理论建设放在首位,着力提高广大党员干部和师生员工的思想政治素质。以推进马克思主义学习型党组织建设为抓手,坚持用中国特色社会主义理论体系武装师生员工头脑,引导师生员工自觉践行社会主义核心价值体系。完善理论学习考核评价体系,坚持把理论学习同学校工作实际紧密结合,不断提高学习效果,教育引导党员领导干部做真学真懂真信真用的表率。强化党的宗旨教育,引导和监督各级党员领导干部不断增强党性观念,提高政治修养和道德修养,弘扬密切联系群众之风和求真务实之风,发扬勇挑重担、攻坚克难的精神。不断增强大学生思想政治教育的针对性和实效性,加强思想政治理论课教师队伍建设,积极探索学生思想政治教育新途径,加强辅导员队伍的专业化、职业化、专家化建设,构建全员育人、全方位育人、全过程育人体系。

二是大力加强领导班子和干部队伍建设,不断提高办学治校和引领科学发展能力。按照社会主义政治家和教育家的要求,以提高办学治校能力为核心,大力加强领导班子建设,不断提高领导科学发展、和谐发展和把握大局的能力。高度重视中层领导班子建设,优化班子配备,增强班子的整体功能和合力,不断提高干事创业能力。坚持党管干部的原则,把选好干部、用好干部、管好干部作为党委的重点工作抓紧抓好。坚持德才兼备、以德为先的用人标准,从政治品质和道德品行等方面加强对干部的考核。坚持正确的用人导向,注重选拔坚持原则、心系群众,眼界宽、思路宽、胸襟宽,有信念、有本领、有担当、有正气的干部。健全民主、公开、竞争、择优的选人用人机制,改进干部选拔任用提名制度,完善差额选拔干部制度,积极推行差额提名、差额考察、差额表决,促进竞争性选拔干部方法制度化、常态化,不断提高选人用人公信度和群众满意度。着眼于优化干部队伍结构,下大力气培养年轻干部,做到精心培育、严格要求,通过定向选拔、破格使用和关键岗位锻炼等举措,促进优秀年轻干部脱颖而出。完善体现科学发展观要求的干部考核评价办法,推进干部考核工作制度化、规范化和科学化。按照"大规模培训干部、大幅度提高干部素质"的要求,构建开放性、多样化的干部培训体系,增强教育培训的针对性和实效性。重视培养女干部和党外干部,认真做好新形势下离退休干部工作。

三是加强基层党组织建设和推进党员素质工程,充分发挥各级党组织的战斗堡垒作用和党员的先锋模范作用。建立健全创先争优长效机制,教育引导教职工党员成为师德楷模、育人标兵、工作骨干,在教学、科研、管理、服务等工作中发挥先锋模范作用。认真贯彻落实《中国共产党普通高等学校基层组织工作条例》,切实发挥院级党组织的政治核心和保证监督作用,积极推动学生党总支建设,不断加强党支部建设,努力使大学生党支部建在班上。

创新党组织活动内容和方式,找准开展活动、发挥作用的着力点,扩大党员参与面,提高活动实效性。改进基层党组织工作考核评价机制,进一步探索基层党组织与社区党组织、非公经济党组织结对共建模式,实现组织共建、资源共享。坚持"规范发展、深化教育、强化管理、优化服务"四位一体的工作机制,进一步加强党员队伍建设。按照"控制总量、优化结构、提高质量、发挥作用"的总要求,处理好党员数量和质量的关系,积极吸收符合条件的青年教师特别是学科带头人和学术骨干加入党组织,积极稳妥地吸收优秀学生入党。深入实施大学生党员素质工程,通过推进质量保障、经常教育、科学管理、服务群众、典型推广等行动计划,努力促进学生党员思想政治素质、道德品行素质、科学文化素质、工作能力素质、身体心理素质等显著提升。落实党员教育培训规划,进一步推进党员教育培训工作。扎实做好党员服务工作,健全党内激励、关怀、帮扶机制。严格党内组织生活,坚持民主评议党员,在试点的基础上逐步推行和执行党员出口机制,及时处置不合格党员,保证党员队伍的先进性和纯洁性。

四是深化民主办学和科学决策,形成齐心协力、共谋发展的良好局面。加强民主集中制建设,完善民主生活会制度,坚持维护班子团结与坚持党性原则的统一,在班子内部充分发扬民主,营造党内不同意见平等讨论的良好氛围,开展积极健康的批评与自我批评。健全党委议事决策机制,扩大党内民主,切实有效地推进民主科学决策。加强全委会建设,进一步发挥全委会的决策和监督作用。切实做好统一战线工作,充分发挥民主党派和无党派人士以及人大代表、政协委员在学校改革发展中的积极作用。坚持党建带群建,加强工会、共青团等群众组织建设,大力发挥教代会、学代会的作用,保障师生员工参与学校民主决策、民主管理和民主监督的权利。加强离退休工作,关心离退休老同志的思想和生活,充分发挥老同志们在学校建设和发展中的积极作用。

五是深入推进党风廉政和作风效能建设,营造风清气正的发展环境。积极构建教育、制度、监督并重的惩治和预防腐败体系,深入落实党风廉政建设责任制,健全领导体制和工作机制,增强党政主要领导干部"一岗双责"的责任意识。加强廉政文化建设,深入开展警示教育,不断增强党员干部廉洁自律和服务群众的意识;完善监控机制,加强对干部的审计监督,增强党员干部拒腐防变和抵御风险的能力,结合深化作风效能建设加大治庸治懒力度,治理干部队伍中存在的不作为、乱作为和慢作为等现象,切实把作风效能转变体现在服务师生、服务教学科研上。全面加强制度建设,提高制度的执行力,努力形成用制度管权、按制度办事、靠制度管人的长效机制。完善权力运行的监督制约机制,拓宽民主监督渠道,确保权力在阳光下运行。认真解决群众反映强烈的突出问题,严厉查处违法违纪案件。

各位代表、同志们,在新的历史起点上全面推进"国内一流、国际知名"高水平研究型大学建设,使命光荣而艰巨。让我们高举中国特色社会主义伟大旗帜,全面贯彻落实科学发展观,认真学习贯彻党的十八大精神,以《国家中长期教育改革和发展规划纲要》为指引,进一步深化教育改革,提高办学质量,求真务实,开拓创新,为苏州大学更加辉煌灿烂的美好明天而努力奋斗!

深入推进反腐倡廉工作 为建设高水平研究型大学提供坚强保证

——高祖林同志代表中国共产党苏州大学纪律检查委员会向中国共产党苏州大学第十一次代表大会作的工作报告

2012 年 9 月 26 日

各位代表、同志们：

我代表中国共产党苏州大学纪律检查委员会向大会报告工作，请予审议。

一、五年来的工作回顾

校第十次党代会以来，校纪委在校党委和上级纪委的正确领导下，坚持以邓小平理论和"三个代表"重要思想为指导，深入贯彻落实科学发展观，坚持"标本兼治、综合治理、惩防并举、注重预防"的方针，围绕学校中心工作、服务改革发展稳定大局，认真落实党风廉政建设责任制，努力构建惩防体系，加强教育、制度、监督、惩处等方面的工作，为学校事业又好又快发展做出了积极的贡献。

（一）认真贯彻落实党风廉政建设责任制，强化反腐倡廉建设组织保障机制

校党委、行政高度重视党风廉政建设工作，将党风廉政建设放在学校工作的突出位置，认真落实党风廉政建设责任制，不断完善领导体制和工作机制。校领导班子对党风廉政建设负全面领导责任，校党政主要领导对党风廉政重要工作亲自部署、重大问题亲自过问、重点环节亲自协调、重要案件亲自督办。班子其他成员切实执行"一岗双责"的规定，认真做好分管范围内的党风廉政建设工作。学校将党风廉政建设纳入"十一五""十二五"和中长期发展规划之中，纳入每年的工作计划，与教学科研工作一起部署、一起落实、一起检查、一起考核。学校出台了《关于党风廉政建设责任制的监督检查规定》等四个文件，对落实党风廉政责任制作出了具体要求。每年召开党风廉政建设工作会议，与各二级单位主要负责人签订《党风廉政建设责任书》，将反腐倡廉工作任务分解到位、责任落实到人。在党务工作例会上，党委听取纪委、纪监审办公室的工作汇报，提出阶段性工作指导意见。校纪委负责党风廉政建设的组织协调工作，遇到重大问题，主动向校党委请示，并通过常委会做出决定。校纪委结合每两年一次的学校党建工作检查考核、领导班子和领导干部年度考核以及党政班子换届工作，加强对二级单位反腐倡廉建设工作的检查和考核。纪委专职纪检干部实行联系学院（部）制度。学校建有一支特邀监察员和党风联络员队伍，各二级党委设有纪检委员。

（二）着力构建惩治和预防腐败体系，提高反腐倡廉建设科学化水平

1. 坚持教育为先，营造廉洁氛围

一是切实加强对党员干部的教育，筑牢拒腐防变思想道德防线。通过中心组理论学习、处级干部培训学习、专题民主生活会、干部在线学习等方式，认真组织学习中纪委全会和胡锦涛总书记重要讲话的精神，邀请领导干部、专家来校作《职务犯罪的特点、成因和自我控制》《正确认识反腐倡廉形势　自觉构筑拒腐防线》等专题报告 8 场次；在学习实践科学发展观活动中，突出党性党风党纪的主题，召开专题民主生活会加强教育；组织观看《大要案聚焦》《国土局长的人生迷途》《人生红绿灯》《防微杜渐、警钟长鸣》等反腐倡廉录像片 8 次，组织新提任的处级领导干部到监狱和看守所接受警示教育；每逢元旦、春节等重大节假日，重申廉洁规定和廉洁自律要求等。

二是开展廉洁文化建设，营造反腐倡廉良好氛围。五年来，校纪委每年组织开展“廉洁文化周”活动。2008 年开展了“我说廉洁”和“给领导干部的一封信”征文比赛、廉洁文化主题演讲比赛、“校园廉洁短信”征集和廉洁广告制作等活动；2009 年纪监审办公室与文学院党委联合组织了廉政小话剧的编写和录制；2010 年开展反腐倡廉美术作品征集活动，征集陶艺雕塑、版画、平面艺术等作品共 17 件，推荐到省教育厅参展；2011 年开展廉洁诗词、摄影、漫画作品的征集和比赛活动，其中 2 件作品获省二等奖。通过积极开展各类廉洁文化建设活动，强化了领导干部的廉洁意识，有效营造了崇廉尚洁的校园文化氛围。

2. 坚持制度为本，夯实工作基础

校党委和纪委通过不断建立和完善反腐倡廉制度，努力用制度管权、按制度办事、靠制度管人。校党委于 2010 年修订了《苏州大学党委全委会、常委会和校长办公会议议事规则（试行）》，进一步健全了民主集中制，规范了决策程序。学校进一步完善了教职工代表大会制度，坚持每年召开一次教代会，充分发扬民主，听取教职工对学校办学的意见和建议，强化民主管理。进一步完善党风廉政建设工作制度，先后制定了《关于党风廉政建设责任制的监督检查规定》《苏州大学学院（部）经费和自有资金审计暂行办法》《苏州大学领导干部任期经济责任审计实施办法》《苏州大学基本建设工程项目施工阶段跟踪审计实施办法》《苏州大学关于贯彻落实中共中央〈建立健全惩治和预防腐败体系 2008—2012 年工作规划〉的实施意见》《苏州大学江苏高校优势学科建设工程专项资金跟踪审计实施办法（暂行）》等 9 个文件。进一步完善重点领域和重点岗位工作规范，制定了《苏州大学岗位设置与聘用暂行办法》《苏州大学处级非领导职务干部选拔任用与管理工作暂行办法》等涉及干部人事、招生、基建和维修工程招投标、设备采购、财务管理、科研经费管理等方面的 12 个规范性文件，进一步规范了用权行为。为了促进制度的贯彻落实，校纪委通过跟踪调研、专项检查、参与具体工作流程、人民来信来访督办等方式不断强化制度的执行力，发现违规情况及时督促纠正。2010 年，对审计所发现问题的整改情况进行了专项检查。

3. 加大监督力度，依法履行职能

一是加强对领导干部的监督。校党委坚持述职述廉、民主评议、民主生活会等监督制度。校纪委一直参与干部提拔任用的考察工作，全程参与了 2010 年度机关、群直单位处级领导干部竞聘和处级非领导职务干部的选拔、2011 年度院级党委和行政班子的换届选举等工作。在校党委选拔任用干部前书面征求纪委意见的过程中，校纪委认真履行职责，实事求是反映情况。坚持领导干部任职前廉政谈话和领导干部离任审计制度，做好领导干部个人

事项报告和收入申报工作，督促领导干部按照《廉政准则》的要求，自觉执行廉洁自律的各项规定。通过干部考察、述职述廉、责任制考核、民主生活会、离任审计、效能监察、信访举报核查等途径了解领导干部廉洁情况，发现苗头性问题，即对相关人员进行诫勉谈话和批评教育。五年来共收到党员、党员领导干部上交的礼金人民币 81 988 元。

二是加强对"三招"工作的监督。纪委每年派员参与各类招生考试的巡视工作，参与全日制本科生、研究生招生录取的监督工作，全程参与 2009—2012 年度学校自主选拔招生工作。参与人事招聘、推免研究生、优秀毕业生选调、教职工职称评定、职务聘任以及各类评奖活动等方面的监督工作，在 2009 年学校岗位聘用申诉工作中，共接待 30 多人次的来访，接到 28 份书面申诉，及时与有关部门和学院沟通处理，化解了矛盾。积极参与基建、维修工程、仪器设备、教材、后勤物资采购等招投标工作的监督，及时处理发现的问题。五年中参与各类招投标共 1 791 次，为学校把好关，节约资金约 1.02 亿元。

三是加强对基本建设工程的监督。五年来，在独墅湖校区建设过程中，校纪委一直派驻纪检、审计干部，参与基建招标，做好跟踪审计等工作，与后勤部门一起，努力保证工程质量，节约资金使用，预防职务犯罪，为新校区建设做出了贡献。针对这几年学校及附属单位基建项目密集、工程量大、资金投入多的情况，校纪委进行了专项调研和督查，与有关单位一起商量完善管理措施。还与市、区检察院合作共建，做好这些项目建设中的预防职务犯罪工作。

四是加强对资金管理的监督。校纪委积极参与学校基金管理领导小组、收费管理领导小组、维修管理领导小组的工作。协助有关职能部门修订了一系列财务管理制度，进一步完善了资金管理办法，加强了对专项资金使用管理的监督力度。严格规范了学校各二级单位创收资金的管理和使用，将其纳入学校统一的账户进行专项管理，改变了原先自存自取的状况，防止了可能出现的风险。制定了科研项目经费使用管理办法和省优势学科建设工程等专项资金跟踪审计管理办法，科研项目经费结题后由审计统一审核。

五是加强审计监督。充分发挥审计监督职能，认真做好干部离任经济责任审计、基建和维修工程审计、科研经费使用与管理和省优势学科建设工程专项资金跟踪审计。五年来，完成干部离任经济责任审计 49 人次，基建、维修工程决算审计送审金额约 18.2 亿元，审计核减约 1.44 亿元。此外，还探索了效能审计，对东吴饭店的经营状况进行审计分析，帮助其完善成本核算制度，堵塞管理漏洞，提高了经济效益。

4. 重视信访办案，严肃党纪国法

校纪委高度重视并认真做好信访工作。协同有关部门修订了《苏州大学信访工作暂行办法》，设立举报箱、公开举报电话，专人受理来信来访，畅通信访举报渠道。坚持信访首访责任制，重点抓好初信初访，对信访反映的问题及时调查处理并认真负责地回复。五年来，共受理信访来件 83 件(不含重复信件)，2010 年查处了一名党员参与赌博的违法违纪案件。

(三) 开展专项治理工作，推进机关作风效能建设

五年来，根据上级党委和纪委的统一部署，开展了集中整治工程建设领域突出问题、清理"小金库"、公务用车等专项治理工作，严格按照上级规定完善制度规范，落实整改措施。积极协助校党委、行政做好成教违规招生处理工作。开展了医德医风和师德教育活动，促进行风进一步好转。认真做好机关作风效能建设办公室工作，设立投诉电话，聘请老同志组成巡视组进行督查，加强了对机关作风效能建设的考核，促进机关部门增强服务意识，改善工作作风，提高服务效能。

（四）积极探索与地方合作新途径，为地方反腐倡廉建设做贡献

积极探索与地方合作新途径，2009 年 9 月与苏州市纪委、监察局合作共建了苏州廉政建设与行政效能研究所。三年来，研究所发挥我校学科、人才优势，围绕地方廉政建设与行政效能建设的热点、难点、重点问题，组织有关专家学者进行专题研究，接受并完成地方委托课题 18 项，总经费超百万，为地方经济社会发展做出了新贡献。

（五）加强自身队伍建设，提升工作能力和水平

校纪委十分重视纪检监察干部队伍自身建设，一方面严格要求、严格管理，安排专职纪检监察干部联系基层、服务群众，努力保证他们自觉遵纪守法，忠实履职、勤奋工作。另一方面安排和支持他们参加培训学习，强化素质，提高业务水平和工作能力。五年来，纪检监察干部参加省、市的各类学习和培训 21 人次。2009 年我校纪委、监察处被省委教育工委、省教育厅授予“全省教育纪检监察先进集体”荣誉称号，2010 年审计处被评为“江苏省教育审计先进集体”，有 1 名同志被中纪委驻教育部纪检组、监察局嘉奖表彰，1 名同志获“全省教育纪检监察先进个人”称号。

在党委坚强有力的统一领导下，经过全校上下的共同努力，我校党风廉政建设取得了良好的成效，有力地促进了党的先进性和纯洁性建设，五年中没有出现严重违法违纪案件，学校保持了良好的廉洁风貌。但在当前反腐倡廉建设形势依然严峻、任务依然繁重和教育领域腐败案件多发高发的大背景下，我校党风廉政建设工作还存在一些薄弱环节和不足之处，主要是一些领导干部对加强党风廉政建设重要性的认识需进一步增强，党风廉政建设的思路和举措需进一步创新，党风廉政责任制考核评价需进一步强化，制度的执行力需进一步提高，一些重点领域和环节的监督需进一步加强，查办案件的力度需进一步加大，专兼职队伍的素质有待进一步提高，等等。

回顾五年来的工作，我们主要有以下三点体会：

一是必须围绕中心、服务大局，在推进学校的建设和发展中彰显反腐倡廉建设的作用和地位。发展是硬道理、硬任务，推动学校更好更快地发展是师生员工的共同意愿。做好纪检监察工作，其目的就是要营造一种风清气正的环境和氛围，保证党的路线方针政策的贯彻落实，保证党委、行政各项决策部署的贯彻执行。因此，必须把反腐倡廉建设放在学校科学发展的大局中去思考、去规划，全面把握反腐倡廉建设工作面临的新形势、新任务、新要求，既要奋发有为地做好各项工作，发挥职能作用，又要努力服务于人才培养的核心任务和教学科研的中心工作。

二是必须坚持党委统一领导、党政齐抓共管、纪委组织协调、群众积极参与的工作机制。面对当前依然严峻的形势，反腐倡廉建设丝毫也不能松懈。纪委要发挥好组织协调作用，做好职责范围内的各项工作。同时，更需要加强党委的统一领导，把反腐倡廉建设纳入学校工作的总体布局之中，真正做到一起部署、一起检查、一起落实。还要充分依靠群众，形成一个强大的覆盖全校的监督网络。只有全校各级党政组织和领导干部都能强化廉洁意识和责任意识，齐抓共管，形成整体合力，才能把反腐倡廉建设不断推向深入。

三是必须坚持标本兼治、重在预防，把反腐倡廉建设作为系统工程来抓。反腐倡廉建设是一项系统工程，教育、制度、监督、惩处四个方面互相作用、互相支撑，构成一个惩防体系，只有抓好每一个环节，才能形成合力，取得实效。同时，反腐倡廉建设又是学校整个工作系统中的一个子系统,与学校方方面面的工作紧密关联,它既作用于外部环境,也受外部环境的影响和制约。如果没有廉洁的文化生态,如果用人制度不完善,用人导向不正,领导干部的思想作风不正,如果没有必要的民主监督而滥用权力,就会更多地滋生腐败。因此,推进反腐倡廉建设,既要不断完善惩防体系建设,更要创造良好的环境条件,纯洁风气,净化土壤,营造氛围,培养廉洁的文化生态,让想腐败的人不能腐败,让不想腐败的人能够不腐败。

二、对今后工作的建议

(一) 总体思路

以邓小平理论和"三个代表"重要思想为指导,深入贯彻落实科学发展观,紧紧围绕"保持党的先进性和纯洁性"这个主题,紧扣学校创建高水平研究型大学的目标和任务,切实增强责任感、紧迫感和使命感,进一步落实和完善党风廉政建设责任制,着力推进惩防体系建设,坚持标本兼治、重在预防,教育、制度、监督、惩治并举,为实现"国内一流、国际知名"高水平研究型大学的奋斗目标提供坚强保证。

(二) 工作任务

1. 围绕中心开展工作,坚定不移地维护学校改革发展稳定的大好局面

要把反腐倡廉建设同学校的改革发展有机结合起来,融入学校的教学、科研等业务工作和管理流程之中,推动反腐倡廉工作与学校各项工作的有机统一、良性互动、协调发展。要坚决维护学校大好的发展局面,坚决维护党纪政纪的严肃性,坚决维护学校风清气正的良好风气和氛围,保证党委、行政各项重大决策的贯彻执行,推动学校各项事业又好又快地发展。

2. 进一步完善党风廉政责任制和惩防体系建设

党风廉政责任制是反腐倡廉建设的一项基础性制度,惩防体系建设在反腐倡廉建设中具有全局性、战略性的意义和作用,必须始终抓紧抓好。不断推进这两项工作是长期的任务,要认真制定好未来五年工作规划,明确目标和任务,落实切实可行的具体措施。其中特别要在两个方面下功夫:一是落实好领导干部的主体责任。领导干部是反腐倡廉建设的领导者和责任主体,所有党员领导干部,特别是校领导和中层领导干部既要严于律己,起好示范和榜样作用,也要切实承担好领导责任,做好各项工作,力保一方平安。二是着力于预防和治本。着力加强廉洁文化建设,从源头上铲除滋生腐败的土壤,培养廉洁的文化生态;着力加强党的先进性、纯洁性和党风廉政教育,强化廉洁自律意识,筑牢反腐倡廉的思想道德防线;着力完善制度,规范权力运行的流程,促进党务公开、校务公开,让权力在阳光下运行;着力完善监督措施,严密监控网络,让腐败行为难逃法眼;着力建立预警机制,对苗头性问题早发现、早提醒、早处理。

3. 进一步加强对重点领域和关键环节的监督,加大查办违法违纪案件的力度

一是把好招生录取关,认真落实国家招生政策,严格执行学校招生录取制度,规范各类招生行为,确保招生工作公开公正公平。二是把好基建项目关,健全并落实基建项目立项论证、项目变更、资金支付等制度,加强基建项目审计和日常监管,确保工程优质安全和干部廉洁。三是把好物资采购关,建立健全学校及直属附属医院内部物资采购制度,对大宗物资设备实行统一采购、公开招标,继续深入做好医药购销领域商业贿赂和医疗服务中不正之风专项治理。四是把好财务管理关,规范教育收费管理、加强预算外资金管理,巩固"小金库"专项治理成果,确保财务管理规范高效。五是把好科研经费关,加强重大科研项目审计,重视

科研项目效益审计,防止虚报冒领、假公济私、奢侈浪费等行为。六是把好校办企业关,提高国有资产使用效益,防止国有资产流失。七是把好学术诚信关,强化学术组织自律,加强思想教育,健全相关制度,维护学术的纯洁和尊严。

要进一步加大查办案件的力度,始终保持惩治腐败的高压态势,切实遏制腐败案件的发生。对于违法违纪案件发现一起查处一起,决不姑息迁就。

4. 进一步加强纪检监察干部队伍建设,不断提高其政治素质和业务能力

加强纪检监察队伍自身建设是推进党风廉政建设的基本保证。要切实加强对纪检监察干部队伍的教育管理,督促纪检监察干部严格遵守政治纪律、工作纪律、办案纪律、保密纪律和廉政纪律。要将政治坚定、公道正派的同志充实到纪检监察队伍中来,改善纪检监察干部队伍的年龄结构,加强纪检监察干部业务培训。要发挥好校党风联络员、特邀监察员的作用,支持二级单位党委纪检委员开展工作。

纪检监察干部要自觉践行"做党的忠诚卫士、当群众的贴心人"的要求,做到政治坚定,对党忠诚,忠实履行纪检监察职责;要牢记党的宗旨,加强党性锻炼,增强政治意识,依法依纪开展工作;要加强学习,加强理论研究,提高思想理论水平和业务能力;要深入基层,密切与师生员工的思想感情,善于从群众中汲取智慧和力量;要自觉增强拒腐防变意识,做到恪尽职守、坚持原则、秉公执纪,自觉接受党组织和师生员工的监督,进一步树立纪检监察干部可亲、可信、可敬的良好形象。

各位代表、同志们,反腐倡廉工作任务艰巨、责任重大、使命光荣。希望新一届纪委在校党委和上级纪委的正确领导下,振奋精神,扎实工作,努力提升我校反腐倡廉建设科学化水平,为建设"国内一流、国际知名"高水平研究型大学而努力奋斗!

牢记使命 不负重托
在建设高水平研究型大学的征程中阔步前行
——王卓君同志在中国共产党苏州大学第十一届委员会第一次全体会议上的讲话

2012 年 9 月 27 日

各位委员、同志们：

刚刚闭幕的中国共产党苏州大学第十一次代表大会，在充分发扬民主的基础上，顺利选举产生了学校新一届党委和纪委。刚才，校十一届党委第一次全体会议选举产生了新一届党委常务委员会委员和书记、副书记，通过了校纪律检查委员会一次全会关于校纪委书记、副书记选举结果的报告，上述选举结果还将报上级党组织批准。在此，我首先代表当选的各位常委，对大家的信任表示衷心的感谢！

中共苏州大学第十一次代表大会，是在学校发展处于新的历史起点、高水平大学建设步入新阶段召开的一次重要会议。会议确定的各项目标和任务，凝聚了全校共产党员的共识，反映了全校师生员工的愿望，这对于在新的起点上推动学校各项事业又好又快发展具有十分重要的意义。

团结带领全校师生员工，全面完成校第十一次党代会确立的目标和任务，实现科学发展、和谐发展、率先发展，加快建设高水平研究型大学，是时代赋予本届党委的光荣使命。我们新一届党委的全体同志，一定要倍加珍惜时代给我们提供的机遇和舞台，倍加珍惜组织对我们的厚爱和重托，倍加珍惜全校党员和师生员工对我们的信赖和期望。大家选举我为校党委书记，这是对我的信任，我深感责任重大。我在这个岗位上已经六年了，深知自己在能力水平方面，在工作方法和作风方面还存在许多不足，为了苏州大学这个我们共同的家园，我个人没有任何左顾右盼的理由和时间，需要自己在高校领导职业生涯的最后一个时期去努力拼搏和全力作为。我们班子全体成员一定要紧紧依靠全校广大党员及师生员工，在省委和市委的正确领导下，在历届党委工作的基础上，以强烈的责任感和紧迫感，恪尽职守、扎实工作，充分发挥全校广大党员和师生员工的积极性、创造性，努力开创学校各项事业又好又快发展的新局面。

同志们，完成党代会确定的目标任务，把苏州大学建设成为党和人民满意、全校师生员工和广大校友自豪的大学，关键在党，关键在人，关键在党委领导班子，关键在我们今天在座的每一个成员。我们要切实加强领导班子的自身建设，努力把领导班子建设成为政治坚定、求真务实、开拓创新、团结和谐、坚强有力、清正廉洁、师生信赖的领导集体。在此，我提几点想法,与大家共勉。

一是要加强学习、提高能力,做政治坚定的表率。党委要发挥领导核心作用,最根本的就是把握正确的政治方向,把握学校工作的大局。我们要按照“社会主义政治家、教育家”的要求,始终坚持坚定的政治信念,牢牢把握正确的政治方向,全面贯彻党的教育方针,以培养社会主义建设者和接班人为己任。要解决好这一根本问题,关键在于学习,要把学习作为一种政治责任、一种精神追求、一种生活方式。要带头学习马列主义、毛泽东思想、邓小平理论、“三个代表”重要思想和科学发展观,准确把握中央和省委提出的一系列重大战略思想和部署,认真学习贯彻即将召开的党的十八大精神,努力提高思想理论素养,全力推动科学发展观在我校的实践;要广泛学习高等教育学、管理学、法学、经济学等相关领域的新知识,拓宽新视野。要坚持向群众学习、向实践学习,注意学习借鉴各兄弟高校和世界一流大学的先进经验,善于总结,学用结合,真正成为高等教育的管理专家,不断提高领导水平,切实提高贯彻科学发展观的能力、驾驭全局的能力、处理复杂利益关系的能力和改革创新的能力。通过党委在学习上的表率作用,带动全校党员、干部,带动全校师生员工形成良好的学习风气。

二是要执政为民、服务师生,做践行宗旨的表率。践行党的宗旨,全心全意为师生服务,是学校一切工作的出发点和落脚点。要始终坚持以人为本,深怀爱民之心,恪守为民之责,多办利民之事。通过深入基层、深入实际、深入师生,吃透校情,了解民情,掌握实情,真心实意地关心师生员工的冷暖疾苦,实实在在地解决师生员工最关心、最直接、最现实的利益问题,使学校事业进步与促进师生员工全面发展紧密结合,在推动学校各项事业健康快速发展的同时,让学校改革发展的成果惠及每一名师生员工,不断提高师生的幸福感和满意度。要始终坚持从群众中来、到群众中去的工作方法,全心全意依靠师生员工办学,充分发挥工会、教代会、团委、学生会、研究生会等群团组织的作用,充分尊重师生员工在学校办学中的主人翁地位,充分尊重离退休老同志和党外知识分子,切实保障师生员工的民主参与、民主管理、民主监督权利。

三是要解放思想、与时俱进,做开拓创新的表率。创新才能发展,守旧没有出路。面对日趋激烈的高等教育发展态势,我们一定不能有小家碧玉、小富即安的思想,要敢于突破不合时宜的陈旧观念,敢于打破束缚创新的惯性思维,把开拓创新作为灵魂、动力和源泉,始终保持清醒的头脑、强化机遇意识,在成绩面前不自满,在困难面前不退缩,在矛盾面前不回避,在机遇面前不犹豫,敢于承担风险,勇于迎接挑战,用创新的思路谋划发展,用创新的精神凝聚力量,用创新的措施破解难题。要坚定不移地深化高等教育综合改革,以提高质量为主题,以改革创新为主线,推进干部人事制度、薪酬分配制度和资源配置制度等领域的改革,更高层次地参与到区域经济社会发展进程之中,主动融入高等教育国际化潮流,努力在观念创新、机制创新、科技创新、文化创新和服务创新等方面取得新进展,实现新突破。

四是要发扬民主、凝聚合力,做团结和谐的表率。团结是党的生命,是党性、修养、境界和智慧的集中体现。领导班子的团结是上级领导之望,学校发展之需,师生员工之幸。我们要以党和人民的事业为重,以学校大局为重,像爱护自己的眼睛一样倍加珍视团结,像挚爱自己的家庭一样悉心维护团结,胸襟宽广,无私无畏,善于沟通,增进理解,相互尊重,相互支持,使领导班子在思想上合心,在工作上合力,在行动上合拍,同心同德、精诚合作、融洽和谐。要始终坚持民主集中制原则,认真贯彻落实党委领导下的校长负责制,坚持重大问题集体决定、班子成员分工负责,进一步健全和完善党委内部的议事和决策机制,充分发挥校党委总揽全局、协调各方的作用,坚持谋全局、把方向、管大事,站高一步、看远一步、想深一步,善谋大事、善控大局、善破难题、善求和谐,着力提高科学决策、民主决策能力。要加强方方面面的团结,调动一切积极因素,以班子和谐促进校园和谐,形成团结一心干事业、齐心协力谋发展、群策群力促和谐的生动局面。

五是要求真务实、真抓实干,做干事创业的表率。求真务实既体现领导作风,也检验领导素质和能力。领导干部只有勤政亲民、贴近基层、多做实事,才会建立威信和形成人格魅力,才能赢得师生员工的拥护和支持。当前学校的发展面临着良好的机遇,但也有许多艰难的任务需要去完成。党代会提出的各项目标和任务,是我们对全校师生员工的郑重承诺,要言必信、行必果,不辜负全校共产党员和广大师生员工的期望。班子的每一位同志,都要弘扬求真务实的精神,不断增强机遇意识、忧患意识、创新意识,以时不我待、只争朝夕的拼劲,紧紧抓住事关全局的重点工作,紧密联系各自的工作实际,带头研究谋划、带头抓好落实、带头督促检查,以更大的决心、更大的魄力、更实的举措,一步一个脚印地把我们的事业推向前进,努力将学校的发展蓝图变为美好的现实。

六是要严于律己、秉公用权,做清正廉洁的表率。公生明,廉生威。一个充满浩然正气的领导班子,才有影响力、凝聚力和感召力,一个没有私欲压身的领导才能够公正地运用权力。我们要始终牢记"两个务必",克己奉公,甘于奉献,以实际行动赢得师生员工的信任和拥护。要带头践行社会主义荣辱观,常修为政之德、常思贪欲之害、常怀律己之心,始终保持坚定的党性和高尚的人格;要带头树立八个方面的良好风气,培养良好的生活作风和健康的生活情趣;要带头执行领导干部廉洁自律的各项规定,自觉加强党性修养,自觉筑牢思想道德防线。要正确对待和行使手中的权力,切实做到堂堂正正做人,清清白白做官,干干净净做事,自觉接受广大师生员工的监督,以一身正气、清正廉洁的良好形象带领师生员工共同奋斗,以良好的党风带动和促进良好的教风、学风的形成。要认真执行党风廉政建设责任制,对本单位、本部门的党风廉政建设要敢抓敢管,把反腐倡廉的各项措施落到实处。

各位委员、同志们,学校事业已进入一个新的发展阶段,时不我待、催人奋进,希望我们全体同志都能牢记使命,不负重托,按照这次党代会的战略部署,深化改革促发展,提高质量强内涵,在建设高水平研究型大学的征程中阔步前行,为苏州大学更加辉煌灿烂的美好明天而努力奋斗!

2012年重要事项

中国共产党苏州大学第十一次代表大会成功召开

2012年9月26日至27日,中国共产党苏州大学第十一次代表大会成功召开。本次大会的主题是:高举中国特色社会主义伟大旗帜,以邓小平理论和"三个代表"重要思想为指导,深入贯彻落实科学发展观,认真学习贯彻胡锦涛总书记"7.23"重要讲话精神,全面总结学校第十次党代会以来的工作,明确今后五年学校发展的指导思想、奋斗目标和主要任务,动员和凝聚全校各级党组织、全体共产党员和广大师生员工,加快推进高水平研究型大学建设,以优异成绩迎接党的十八大胜利召开。

中共江苏省委常委、苏州市委书记蒋宏坤,中共江苏省委教育工委书记、省教育厅厅长沈健专程出席大会并作重要讲话。大会应出席代表346名,实到322名。未当选代表的校十届党委委员、纪委委员和部分中层以上党员干部列席了大会,非中共党员校领导,部分曾担任实职的原校领导,两院院士,全国人大代表,全国政协委员,校各民主党派主要负责人,侨联和台联主要负责人,校学生会、研究生会负责人等应邀参加了大会。开幕式由王卓君同志主持。

朱秀林同志首先致开幕词。他指出,在过去的五年中,苏州大学的办学水平和综合实力得到了显著提高,实现了新的历史性跨越,为创建"国内一流、国际知名"高水平研究型大学打下了坚实的基础。他强调,本次党代会是承前启后、继往开来,迈入新重点、再上新台阶的重要会议,是学校政治生活和事业发展中的一件大事。与会代表要认真履行代表的庄严职责,统一思想、提高认识、同心协力、发扬民主,为学校改革与发展建言献策,努力把本次大会开成凝心聚力、团结奋进的大会。

开幕式后举行了中共苏州大学第十一次党代会第一次全体会议。王卓君同志代表中共苏州大学第十届委员会作了题为《深化改革促发展　提高质量强内涵　为建设高水平研究型大学而努力奋斗》的工作报告。高祖林同志代表中共苏州大学第十届纪律检查委员会向大会作了题为《深入推进反腐倡廉工作　为建设高水平研究型大学提供坚强保证》的工作报告。大会通过无记名投票方式差额选举产生了中共苏州大学第十一届委员会委员25名和苏州大学纪律检查委员会委员9名。大会表决通过了《中共苏州大学第十一次代表大会关于中国共产党苏州大学第十届委员会工作报告的决议》和《中共苏州大学第十一次代表大会关于中国共产党苏州大学纪律检查委员会工作报告的决议》。

王卓君同志在闭幕式上讲话。他指出,中共苏州大学第十一次代表大会是总结过去、谋划未来、统一思想、凝心聚力的大会,是求真务实、与时俱进、民主和谐、团结奋进的大会。各位代表认真审议了校十届党委和纪委的工作报告,充分肯定了校十届党委和纪委在推进学校各项事业又好又快发展方面所取得的成绩,对学校下一步工作提出了许多中肯的意见和建议。大会在充分发扬民主的基础上,顺利选出了校第十一届党委和纪委。大会通过的工作报告及各项决议将对学校未来的发展起到重要指导作用。

他表示,面对今后一个时期学校异常繁重的改革发展任务,校新一届党委和纪委深感责任重大、使命光荣,将一定不辜负上级党组织的重托和全校师生员工的期望,时刻保持清醒的头脑,恪尽职守,戒骄戒躁,不折腾、不动摇、不懈怠,切实加强党的先进性和纯洁性建设,不断提高领导学校科学发展的能力和水平。

他要求,会后全校各级党组织和各位代表要广泛深入地传达好、宣传好、贯彻好大会精神,动员和带领广大师生员工,把大会提出的各项任务落到实处,深化改革促发展,提高质量强内涵,以更加奋发有为的状态迎接党的十八大的胜利召开,为把学校早日建设成为"国内一流、国际知名"高水平研究型大学而努力奋斗!

在庄严的《国际歌》歌声中,中国共产党苏州大学第十一次代表大会胜利闭幕!

学校新增阳澄湖校区

根据《省政府关于同意南京铁道职业技术学院苏州校区并入苏州大学的批复》(苏政复〔2012〕11 号)、省教育厅《关于南京铁道职业技术学院苏州校区并入苏州大学的通知》(苏教发〔2012〕11 号)精神,2 月 29 日上午,省教育厅主持召开实施工作会议,正式宣布"南京铁道职业技术学院苏州校区整体并入苏州大学,原南京铁道职业技术学院苏州校区的教育资源由苏州大学统一调配使用"。同时,学校将此校区更名为苏州大学阳澄湖校区,并组建了校区管理委员会和党委开展工作。

学校顺利通过"211 工程"三期建设项目验收

根据国家发展改革委、教育部、财政部关于"211 工程"三期验收工作的统一部署和《关于做好"211 工程"三期国家验收工作的通知》(211 部协办〔2012〕4 号)要求,受江苏省发改委、财政厅、教育厅委托,以中国科学院院士、复旦大学江明教授为组长的专家组于 3 月 26 日至 27 日对学校"211 工程"三期建设项目进行了全面验收。

专家组经过两天的检查验收工作,在专家反馈意见会上,对学校"211 工程"三期建设项目取得的显著成效给予了充分肯定和高度评价:"通过'211 工程'三期建设,苏州大学的办学质量得到了明显提升,综合实力跃上新台阶,建设水平显著提高;学科建设方向明确,整体布局与结构合理,特色明显,实现了学科建设的跨越式发展;科技创新体系初步形成,取得了一批具有自主知识产权和较高显示度的标志性成果,若干科技成果已经达到国际先进水平",一致同意学校"211 工程"三期建设项目通过验收。同时,专家组在推动学科交叉融合、加强特色学科建设、提高科技创新能力等方面提出了中肯的建议。朱秀林校长对专家组提出的建设性意见表示感谢,他表示,学校将在巩固建设成果的同时努力推动综合办学实力再上新台阶。省教育厅研究生教育处副处长、省学位办副主任蔡华表示,省教育厅将一如既往地关心和支持苏州大学的建设发展,推进学校早日实现"建成国内一流、国际知名高水平研究型大学"的战略跨越。

学校医学教育百年庆祝大会隆重举行

5月18日，来自海内外的校友、社会各界贤达齐聚苏州大学，共同庆祝苏州大学医学教育百年华诞。全国政协副主席、民盟中央第一副主席张梅颖，江苏省政协主席张连珍，江苏省委常委、苏州市委书记蒋宏坤，江苏省政府副省长曹卫星，原国防科工委第一副主任、中国核能协会理事长张华祝，江苏省政协秘书长刘国中等到会祝贺。校党委副书记、副校长江涌主持庆典大会。

校长朱秀林在致辞中对学校医学教育改革发展的情况进行了简要介绍，他说，今天的庆典是苏州大学医学教育承前启后、继往开来、再铸辉煌的新起点。相信在上级政府的正确领导、社会各界和广大校友的鼎力支持、全校师生员工的共同努力下，苏州大学医学教育将以全新的姿态迎接新的百年，续写新的辉煌！

张梅颖在讲话中充分肯定了苏州大学医学教育百年来所取得的辉煌成绩，她希望苏州大学以"百年苏医"庆典为契机，进一步更新医学教育理念，创新人才培养模式，充分发挥综合性大学办医学教育的优势，着力培养具有高尚的医德、精湛的医术、丰富的人文素养、强烈的社会责任感的医学人才，立志服务社会，造福人民。

副省长曹卫星、苏州市副市长王鸿声在大会上作了讲话。

南京医科大学党委书记、校长陈琪，法国医学科学院院士 Jacques CAEN，中国医学科学院、北京协和医学院副校长、中国工程院院士、校友詹启敏，江苏省血液研究所副所长、苏州大学临床医学院副院长、附属第一医院血液科主任吴德沛，也分别在大会上致辞。

学校召开第三次发展战略研讨会

8月25日至27日，学校召开以"深化改革、提高质量"为主题的第三次发展战略研讨会。校党委委员、纪委委员，校级调研员，全校在职副处级及以上干部，院士、校各民主党派主要负责人、离休党工委委员、退协正副理事长、离退休原校领导以及校级科研机构负责人参加了会议。校党委书记王卓君在动员中指出，三年一次的学校发展战略研讨会，已经成为苏州大学人集思广益，共同商讨学校改革发展大计的"例会"。学校召开第三次发展战略研讨会，主要是希望在更高层次上，把握形势，理清思路，谋划学校未来发展之路，同时在更广范围内，解放思想，凝聚智慧，为破解学校改革发展中的诸多难题共商良策。

会议邀请了国务院学位委员会办公室副主任、教育部学位管理与研究生教育司司长郭新立，国家教育咨询委员会委员、中山大学原党委书记李延保分别就提高高等教育质量、大学的改革与发展作了专题报告。

会议听取了校长朱秀林作的题为《回归大学本位　提高办学质量》的主题报告。报告以中国高等教育存在的问题作为切入口，阐述了回归大学本位的重要意义；从大学的特征、大学的理念、苏州大学的办学理念等方面解读了大学本位的内涵；还从推进教授治学、完善课程体系、加强道德教育等三方面分析了如何回归大学本位。报告指出，回归大学本位，提高办学质量，任重而道远。未来几年，学校将秉承大学教育的本源精神，注重人才培养质量的不断提升，以坚实的信念开启苏州大学新的征程。

王卓君在总结讲话中指出，本次战略研讨会准备充分、组织严密，主题鲜明、内容充实，会风严谨、成效显著。在研讨过程中，同志们围绕主题，畅所欲言，注重理论与实际相结合，客观分析了学校目前存在的矛盾与问题，明确提出了解决措施，充分体现了大家对推进学校改革发展的深入思考和全新认识。对于加快建设高水平研究型大学，他强调需要兼顾好内涵与外延、教学与科研、人才引进与培养、学术与行政、自我发展与开放办学、学校事业与师生民生等方面的关系。

老挝苏州大学举行首批本科新生开学典礼

10 月 18 日，老挝苏州大学在万象东都校区迎来第一批本科新生入学。老挝苏州大学的全体员工和 2012 级全体本科新生、第二期汉语培训生代表共计 60 余人参加了开学典礼。

苏州大学代表团团长、国际合作交流处处长黄兴对老挝政府及教育主管部门对老挝苏州大学办学的关心和支持表示感谢，希望老挝国家教育和体育部高教司能继续给予学校政策上的支持和工作上的指导。

老挝国家电视台、《万象时报》英文版、《新万象时报》老文版、中国新华社万象分社到现场进行了采访和报道。

苏州大学音乐学院挂牌成立

11 月 29 日，苏州大学音乐学院在苏州大学独墅湖校区宣布挂牌成立。学院将致力于打造国内外一流、有特色、高水平的音乐教育。

2012 年 3 月，苏州大学正式启动音乐学院筹建活动，特邀美籍华裔著名大提琴家、指挥家吴和坤教授担任音乐学院院长。据介绍，新成立的苏州大学音乐学院由音乐教育系和音乐表演系两个系组成，并将于 2013 年 9 月正式招收本科生及硕士研究生。音乐教育系在原艺术学院音乐教育专业的基础上建成，教师在国内外获得大奖 40 余项，学生获奖 100 余项。音乐表演系为全新的系，共开设 18 个专业，其中包括钢琴、小提琴、中提琴、大提琴、低音提琴、长笛、双簧管、黑管、巴松管、圆号、小号、长号、打击乐、竖琴、古典吉他 15 个演奏专业以及 3 个理论类专业。

学校国家"973计划"项目获重大突破

2012年,学校国家科技部项目取得重大突破,共获得项目(课题)10项。其中,国家重大科学研究计划("973计划")项目1项,重大科学研究计划青年科学家专题项目("青年973")项目1项,"973计划"(含重大科学研究计划)课题7项,国家重点基础研究发展计划("973计划")前期研究专项1项。由生物钟研究中心主任王晗教授作为首席科学家组织申报的国家重大科学研究计划("973计划")项目"生物钟在生殖系统与发育中调节的机制",经过激烈竞争后成功立项,获得资助经费2 400万元。这是我国生物钟研究领域中第一个国家重大科学研究计划项目,实现了学校主持国家"973计划"项目零的突破。

学校国家自然科学基金和国家社科基金立项再创历史新高

学校2012年度国家自然科学基金面上项目、重点项目、优秀青年科学基金项目、青年科学基金项目获批281项,列地方高校首位,首次跃居省内高校次席,首次进入全国高校前20强,科研到账总经费首次突破3亿元,再创历史新高。国家社科基金项目获批23项,其中重大项目1项,重点项目3项,立项总经费突破3 700万元,立项数、立项率均有新的突破,创历史新高。

学校喜获教育部2012年高校校园文化建设优秀成果特等奖

12月19日,教育部公布了2012年高校校园文化建设优秀成果评选结果,经专家严格评审和公示,共评出特等奖10项、一等奖30项、二等奖61项和优秀奖116项。学校申报的"继承百年传统　弘扬'惠寒'文化——苏州大学实施'惠寒'行动,践行社会主义核心价值体系"项目荣获特等奖。这次获评,是学校不断深化校园文化内涵建设、引领和推动社会文化繁荣发展的有力体现。

学校法学专业入选全国首批"卓越法律人才教育培养基地"

在教育部、中央政法委员会联合组织评选的我国首批"卓越法律人才教育培养基地"中,学校王健法学院申报的"应用型、复合型法学人才教育培养基地"成功入选。这标志着苏州大学法学教育与人才培养事业已纳入了国家法治建设与国家教育改革发展层面,也标志着学校已跻身于国内一流法学本科教育行列。

“卓越法律人才教育培养计划”是迄今为止我国法学教育与人才培养领域最高层次的专项计划。该计划以全面实施素质教育为主题,以提高法律人才培养质量为核心,力争经过十年左右的努力,在我国形成开放多样、符合中国国情的法律人才培养体制,并培养造就一批信念执着、品德优良、知识丰富、本领过硬的高素质法律人才。

2012年大事记

1月

5日 △根据江苏省委组织部、老干部局、人力资源和社会保障厅《关于表彰全省老干部工作先进集体和先进个人的决定》(苏人社发〔2011〕575号),学校荣获"全省老干部工作先进集体"称号,是全省高校中唯一获此荣誉的单位。

△校党委印发《关于中共苏州大学附属第一医院委员会换届选举结果的批复》:

一、中共苏州大学附属第一医院第九届委员会由杨向军、杨建平、李德春、沈学伍、陈卫昌、侯建全、徐亚英、葛建一、缪丽燕(按姓氏笔画为序)等9名委员组成。

二、侯建全同志任中共苏州大学附属第一医院第九届委员会书记,葛建一、徐亚英2位同志任中共苏州大学附属第一医院第九届委员会副书记。

三、中共苏州大学附属第一医院纪律检查委员会由孙玉军、杨惠花、李麟元、黄建安、龚卫平(按姓氏笔画为序)等5名委员组成。

四、黄建安同志任中共苏州大学附属第一医院纪律检查委员会副书记(主持工作)。

△学校公布2011年度"主要通识课程十佳教师"网络评选结果。

6日 江苏省委常委、苏州市委书记蒋宏坤一行莅临学校附属第一医院,看望刚刚入选江苏省创新团队的徐智策科研团队。

9日 △学校2011年研究生工作总结会在本部红楼学术报告厅召开。

△根据《苏州大学高等教育自学考试本科毕业生学士学位授予工作实施细则(修订稿)》有关规定,经第八届校学位评定委员会审定,决定授予陈潇滢等1 000名高等教育自学考试本科毕业生学士学位。授予学位时间为2011年12月26日。

10日 △科技部、教育部和江苏省人民政府在南京举行"推动科技教育与经济紧密结合　支撑江苏新兴产业培育和发展"合作签字仪式。苏州市委常委、园区工委书记马明龙代表苏州工业园区与学校校长朱秀林、中国科学技术大学校长侯建国、中科院苏州纳米技术与纳米仿生研究所所长杨辉共同签订了"关于共同推进纳米学院建设合作协议"。

△学校专职团干部挂职工作交流会在东吴饭店会议室召开。

△苏州大学新媒介与青年文化研究中心成立,该研究中心为校级研究机构,挂靠凤凰传媒学院。

△苏州大学本科教学委员会成立,印发《苏州大学本科教学委员会工

作条例》。

11 日 △ 学校 2011 年科研工作总结表彰大会在校本部敬贤堂召开。

△ 国家社科项目申报推进会(青年专场)举行。

12 日 △ 澳大利亚卡佩拉大学校长一行访问学校。

△ 苏州大学学院(部)教学分委员会成立,印发《苏州大学学院(部)教学分委员会工作条例(修订稿)》。

13 日 △ 10日至 13 日,由国防科工局主办、学校承办的亚洲核合作论坛(FNCA)2011 年年会召开,来自中国、日本、韩国、马来西亚、泰国、越南、菲律宾等国家的肿瘤放射治疗领域的著名专家参加论坛会议。

△ 根据江苏省教育厅《关于公布 2010—2011 年度江苏省高等学校和谐校园评选结果的通知》(苏教社政〔2012〕2 号),学校荣获江苏省教育厅授予的"江苏省高等学校和谐校园"称号。

△ 学校印发《关于进一步繁荣发展苏州大学哲学社会科学的实施意见》。

14 日 △ 学校第三轮学科评估和"211 工程"三期项目建设验收工作部署和动员大会在红楼会议中心召开。

△ 学校 2012 年国家自然科学基金杰出青年科学基金、优秀青年科学基金项目申报人员座谈会在红楼召开。

△ 学校公布 2011 年度机关作风效能建设考评结果。

15 日 校党委印发《关于中共苏州大学附属儿童医院委员会换届选举结果的批复》:

一、中共苏州大学附属儿童医院委员会由王晓东、卢祖元、田健美、冯星、朱建兴、汪健、封其华(按姓氏笔画为序)等 7 名委员组成。

二、卢祖元同志任中共苏州大学附属儿童医院委员会书记,王晓东同志任中共苏州大学附属儿童医院委员会副书记。

三、中共苏州大学附属儿童医院纪律检查委员会由王诚、王晓东、严文华、何海龙、窦训武(按姓氏笔画为序)等 5 名委员组成。

四、王晓东同志任中共苏州大学附属儿童医院纪律检查委员会书记。

16 日 学校印发《苏州大学本科学生考试管理细则(修订稿)》。

18 日 △ 经校第八届学位评定委员会审定,张华等 1 395 名成人高等教育本科毕业生符合学士学位授予条件,授予成人高等教育本科毕业生学士学位。

△ 学校印发《苏州大学普通高等教育本科学生学分制学籍管理条例(修订稿)》。

19 日 校党委书记王卓君、校长朱秀林、组织部部长江作军参加江苏省第二十次高校党的建设工作会议。

1 月 △ 学校"纳米技术及相关产业发展战略研究"项目正式启动。

△ 苏州基层党建研究所课题组承担完成的中央组织部党建研究所 2011 年度重点课题"社会阶层构成变化对党的建设影响问题研究"的子课题报告《社会阶层构成变化对党的意识形态工作影响问题研究——以苏州

为案例》荣获中组部党建研究 2011 年度课题成果二等奖；党建所获评“2011 年度江苏高校人文社会科学校外研究基地”和苏州大学 2011 年度科研平台建设贡献奖。

△ 学校教务处荣获“全国高等教育学籍学历管理工作先进集体”称号。

2 月

1 日 江苏省委常委、苏州市委书记蒋宏坤，市委常委、常务副市长曹福龙，市委秘书长王少东，宣传部部长蔡丽新及副市长王鸿声率市财政局、国土局、住建局、规划局和卫生局主要领导莅临学校附属第一医院听取平江新院的建设和发展情况汇报，并举行了新院建设工程推进现场办公会。

2 日 学校东吴大学艺术团携昆曲经典剧目《牡丹亭 · 游园》和民乐演奏《梁祝》首登维也纳金色大厅。

3 日 △ 江苏省教育厅副厅长倪道潜、江苏省教育厅财务处处长王鲁沛和江苏省财政厅科教文卫处副处长蒋云涛一行莅临学校调研。

△ 学校附属第一医院 ASHI 认证实验室揭牌。

7 日 经校学位评定委员会审定，决定授予 BUDIMAN 等 153 名外国本科留学毕业生学士学位。

10 日 苏州大学智能结构与系统研究所成立，该研究所为校级非实体性科研机构，挂靠城市轨道交通学院。

12 日 学校 2012 年度科技产业工作研讨会在张家港召开。

13 日 △ 中国共产党苏州大学第十届委员会第十一次全体（扩大）会议在校本部大礼堂举行。

△ 学校印发《关于党委常委会工作报告》和《苏州大学 2012 年度工作要点》。

14 日 △ 2011 年度国家科学技术奖励大会在京举行，学校与苏州苏大维格光电科技股份有限公司合作项目“大幅面微纳图形织造技术与产业化应用”获国家科学技术进步二等奖。

△ 12 日至 14 日，老挝万象 VITA PARK 免税经济区管理委员会主席西本亨先生及免税经济区管理委员会委员、经济委员会总裁、南伟开发有限公司董事长陈俊成先生一行访问学校。

△ 学校公布 2011 年度苏州大学优秀博士、硕士学位论文名单，共评选出优秀博士学位论文 21 篇，优秀硕士学位论文 41 篇。

15 日 △ 新疆阿图什市委常委、组织部长李蜀疆一行访问学校，对新疆培养班的开班情况进行调研。

△ 经学校研究决定,苏州大学"卓越工程师教育培养计划"工作领导小组成立。

△ 学校印发《苏州大学"十二五"期间本科教学质量与教学改革工程实施方案》。

△ 学校印发《苏州大学卓越工程师教育培养计划实施意见》。

17 日 △ 学校公布 2011 年实验室安全考核结果。

△ 学校成立苏州大学实验动物管理委员会,路建美任主任,熊思东任副主任。

20 日 苏州市委常委、市纪委书记王天琦,市纪委副书记崔可嘉等一行莅临学校,调研苏州廉政建设与行政效能研究所工作。

22 日 苏州大学、加拿大滑铁卢大学、苏州工业园区合作签约暨纳米技术联合研究院揭牌仪式举行。

23 日 △ 20 日至23 日,学校各选区举行人大代表候选人与选民见面会。

△ 21 日至23 日,澳大利亚堪培拉大学副校长 Frances 及 Monique 一行来访。

24 日 学校调整苏州大学全日制本科生就业指导工作委员会成员,王卓君、朱秀林任主任。

25 日 学校完成沧浪区人大代表换届选举。

28 日 △ 根据省政府《关于同意南京铁道职业技术学院苏州校区并入苏州大学的批复》(苏政复〔2012〕11 号)和省教育厅《关于南京铁道职业技术学院苏州校区并入苏州大学的通知》(苏教发〔2012〕11 号),经校党委常委会研究决定:

一、将原南京铁道职业技术学院苏州校区更名为苏州大学阳澄湖校区;

二、成立苏州大学阳澄湖校区管理委员会和阳澄湖校区党委;

三、将原南京铁道职业技术学院苏州校区的所有内设机构均更名为苏州大学阳澄湖校区内设机构。

△ 经校党委常委会研究,决定由以下人员组成阳澄湖校区管理委员会:

主任: 陈一星(兼);

常务副主任: 浦文倜;

副主任: 刘标(兼)、王力、马祥兴、王加华;

主任助理: 邵剑平、徐建中。

2 月 △ 学校获三项国家重点基础研究发展计划("973 计划")课题,分别为功能纳米与软物质研究院孙宝全教授作为课题负责人承担的"硅纳米结构的光伏器件应用的基础研究"课题(课题编号:2012CB932402)、功能纳米与软物质研究院刘庄教授作为课题负责人承担的"界面纳米结构的构筑与生物分子作用机制的研究"课题(课题编号:2012CB932601)、医学部基础医学与生物科学学院秦明德教授作为课题组负责人承担的"干细胞与丝蛋白生物材料在仿生功能性皮肤构建及其运用中的作用机制”课题(课题编号:2012CB722302)。

△ 学校功能纳米与软物质研究院刘坚教授和生物医学研究院张惠敏教授入选中组部第二批“青年千人计划”。

3月

1日 江苏省高校大学生党员队伍建设情况调研组来校调研。

2日 △ 江苏省委第六巡视组完成对学校的巡视工作。

△ 江苏省教育厅关工委主任葛高林一行莅临学校调研。

5日 △ 苏州大学典籍翻译研究中心成立。该研究中心为校级研究机构,挂靠外国语学院。

△ 经学校研究决定,对苏州大学征兵工作领导小组成员进行调整,现将调整后的成员名单公布如下:

组长:江涌;

副组长:邓国林;

成员:党委办公室、校长办公室、党委宣传部、教务处、招生就业处、学生工作部(处)、财务处、保卫部(处)、后勤管理处、团委等单位主要负责人。

校征兵工作领导小组下设办公室于人武部,张镇华同志兼任办公室主任。

△ 学校印发《苏州大学档案工作安全保密规定》《苏州大学纸质档案数字化实施规范》《苏州大学人物档案征集、归档办法》《苏州大学归档文件整理规则》《苏州大学档案借阅、利用办法》《苏州大学档案管理条例》《苏州大学档案工作部门立卷办法》和《苏州大学电子文件归档与管理暂行办法》。

6日 △ 学校在阳澄湖校区召开校区系部主任、书记会议,听取校区工作汇报,部署校区合并后的工作。

△ 根据《教育部关于公布2011年度高等学校本科专业设置备案或审批结果的通知》(教高〔2012〕2号),学校申报的播音与主持艺术、食品质量与安全两个专业通过教育部组织的新设置专业评审,可自2012年起招生。

7日 △ 科技部基础研究司巡视员张国成、教育部科技司副巡视员高润生、江苏省科技厅副厅长夏冰、省科技厅社会发展处处长张晓兵等一行莅临学校,就纳米科学技术学院和功能纳米与软物质研究院科教结合试点工作展开调研。

△ 南京农业大学校长周光宏、副校长陈利根一行访问学校,对学校在发展规划、人事制度、学科建设、科研建设和新校区建设等方面的情况展开

调研。

△ 2012 年援藏支教师生欢送会在红楼会议中心举行。

8 日　△ 接中共江苏省委通知(苏委〔2012〕77 号、78 号):免去张学光同志苏州大学副校长,苏州大学党委常委、委员职务。

△ 经学校研究决定,将计算机科学与技术学院、东吴商学院、纺织与服装工程学院、物理科学与技术学院、文正学院、应用技术学院列为首批“苏州大学大学生创新创业教育示范学院(部)”。

9 日　△ 学校 2012 年度党风廉政建设工作会议在本部大礼堂召开。

△ 学校在创先争优活动中成立基层组织建设年领导小组,江涌任组长。领导小组下设办公室于党委组织部,负责具体组织、指导和协调全校的基层组织建设年工作。

12 日　△ 为全面推进学校国家教育考试标准化考点建设,学校决定成立苏州大学国家教育考试标准化考点建设领导小组、项目工作组,人员组成如下:

一、苏州大学国家教育考试标准化考点建设领导小组。

组长:朱秀林;

副组长:殷爱荪;

成员:党委办公室、校长办公室、纪监审办公室、研究生院、教务处、继续教育处、招生就业处、国际合作交流处、后勤管理处、实验室与设备管理处、财务处、保卫处、网络中心部门负责人。

二、苏州大学国家教育考试标准化考点建设项目工作组。

(一)综合协调组。

组长:校长办公室负责人;

成员:研究生院、教务处、继续教育处、招生就业处、国际合作交流处、后勤管理处、实验室与设备管理处、网络中心负责人。

(二)建设管理组。

组长:教务处负责人;

副组长:网络中心、后勤管理处负责人;

成员:研究生院、教务处、继续教育处、招生就业处、国际合作交流处、实验室与设备管理处、财务处、后勤管理处、保卫处、网络中心有关科室负责人。

(三)监督检查组。

组长:纪监审办公室负责人;

成员:党委办公室、校长办公室、纪监审办公室有关科室负责人。

△ 根据《苏州大学研究生教育质量工程指导委员会工作条例(试行)》及《苏州大学研究生教育质量工程指导委员会换届工作的通知》,经换届选举,成立苏州大学第二届研究生教育质量工程指导委员会,现将名单公布如下:

主任委员:徐青根;

副主任委员:顾仁敖、谭琤培、孙晓飞;

委员：姚鹤鸣、王金福、杜北梁、钱霖、张幼珠、张义盛、陈学基、薛喜堂、陆建德、李采白、黄贤武、黄民柱、黄震、姜德芝、朱江、严春寅、黄强、徐洪军、堵鹤鸣。

13日　学校朱秀林校长与台湾大学李嗣涔校长共同签署“苏州大学与台湾大学学术交流合作协议书”。

14日　省委组织部干部考察组陈国钧一行来校开展党政领导班子换届考察工作，校党委书记王卓君在校本部敬贤堂主持召开全校干部大会。

15日　△ 学校杰出校友，中国现代遗传学奠基人，杰出科学家、教育家谈家桢院士的遗孀邱蕴芳女士来访。

△ 学校印发《〈苏州大学博士后管理工作条例〉的补充规定》。

16日　△ 苏州市副市长、公安局局长、学校兼职教授张跃进来校作“携手新市民，共创新家园”访评宣讲主题活动专场报告。

△ 学校印发《苏州大学档案实体分类办法》。

△ 苏州大学“本科教学工程”“专业综合改革试点”项目遴选结果公布。

18日　△ 学校刘庄教授获第三届“寻找青年科学之星”材料科学银奖。

△ 17日至18日，学校附属第二医院举行江苏省医院管理专家交流会暨等级医院揭牌仪式。

19日　△ 经学校研究决定，调整组建学校民兵专业分队。今年学校民兵总数为200人，分属沧浪区人民武装部（120人）和平江区人民武装部（80人）组建。

△ 学校印发《苏州大学关于江苏高校优势学科建设工程专项资金跟踪审计实施办法（暂行）》。

△ 学校印发《苏州大学中外合作办学本科专业的管理办法》。

20日　学校举行2012年科技目标责任书签约仪式。

21日　△ 全国“两会”精神学习报告会在校本部敬贤堂举行。

△ 第三届全国大学生艺术展演活动总结表彰大会在本部学术报告厅举行。

△ 校党委在红楼会议中心举行基层组织建设年工作推进会。

23日　△ 青海省委党校干部培训班开班典礼暨青海省委党校、青海省行政学院、青海省社会主义学院教学科研实践基地揭牌仪式在校本部红楼学术报告厅举行。

△ 根据江苏省教育厅《关于表彰“2011年度江苏省教育宣传工作先进单位”的通知》（苏教办〔2012〕16号），学校荣获“2011年度江苏省教育宣传工作先进单位”称号。

△ 学校印发《苏州大学继续教育学生工作管理暂行规定》。

25日　学校第二届大学生电影节开幕式暨第十九届北京大学生电影节苏州大学分会场开幕式在独墅湖影剧院举行。

26日　△ 江苏省财政厅副厅长江建平一行莅临学校，调研学校敬文书院、纳米科学技术学院和唐仲英血液研究中心。校长朱秀林陪同调研。

△ 江苏省高校毕业生就业工作检查组来校检查指导,学校在红楼会议中心举行了汇报会。

27 日 根据《关于做好“211 工程”三期验收工作的通知》(211 部协办〔2012〕1 号),受江苏省发改委、财政厅、教育厅委托,以中国科学院院士、复旦大学江明教授为组长的专家组于 3 月 26 日至 27 日对学校“211 工程”三期建设项目进行了全面验收。经过两天的验收检查,专家组对学校“211 工程”三期建设项目取得的显著成效给予了充分肯定和高度评价,一致同意学校“211 工程”三期建设项目通过验收。

28 日 △ 法国驻上海总领事卢力捷率法国商科联盟国际商学院常务副校长 Reis Brandinelli 一行访问学校。

△ 学校与苏州市纤维检验所(纺织丝绸领域)合作签约仪式举行。

△ 学校离退休老同志情况通报会在本部敬贤堂召开。

30 日 △ 苏州大学唐文治书院(简称“文治书院”)成立,院长由文学院院长、社会学院院长、政治与公共管理学院院长轮流兼任。

△ 国家质量监督检验检疫总局党组成员、国家标准化管理委员会主任、党组书记纪正昆访问学校。

31 日 党委书记王卓君、校长朱秀林一行莅临独墅湖校区,就学校后勤管理工作开展调研。

3 月 △ 学校与航天科工集团三院 8358 所签署战略合作协议,并互聘客座专家。

△ 学校与张家港市就科技人才合作项目签约。

△ 纺织工程专业获批国家留学基金管理委员会“2012 年优秀本科生国际交流项目”。

△ 学校数学科学学院杨立坚教授入选国家第七批“千人计划”。

△ 国家“千人计划”入选者迟力峰教授加盟学校。

△ 顾莹惠、黄学贤被民盟中央授予先进个人荣誉称号;民盟苏州大学委员会被民盟江苏省委评为先进集体,姜为民、周宣同志被评为先进个人;民盟苏州大学新校区第四支部被民盟苏州市委评为先进集体,唐天驷、戈志强、王文利、朱桂荣、王莉、计云倩等同志被评为先进个人。

4 月

1 日 △ 苏州大学百森互联网公共服务研究中心成立。该研究中心为校级研究机构,挂靠凤凰传媒学院,聘任芮国强为研究中心主任,俞雷、陈龙、潘公侠为副主任。

△ 苏州大学检察发展研究中心成立。该研究中心为校级研究机构，挂靠王健法学院，聘任常州市人民检察院副检察长李乐平为研究中心主任，胡玉鸿担任副主任。

△ 苏州大学汉语及汉语应用研究中心成立。该研究中心为校级研究机构，挂靠文学院，聘任曹炜为研究中心主任。

7日　学校研究生院挂牌成立。

9日　△ 学校中国电信奖学金签约仪式在红楼会议中心举行。

△ 朱秀林校长一行莅临北校区沙钢钢铁学院，调研沙钢钢铁学院的建设工作。

10日　△ IBM大华东区总经理张少刚一行来访。

△ 校党委在红楼会议中心召开双月座谈会。

△ 苏州茧丝绸发展战略研讨会在校本部红楼会议中心召开。

11日　△ 苏州大学安洁科技助学金签约仪式在苏州安洁科技股份有限公司会议室举行，校党委副书记、副校长江涌等出席仪式。

△ 校党委印发《关于中共苏州大学委员会离退休工作委员会委员调整的批复》：同意中共苏州大学委员会离休工作委员会作出调整。调整后的中共苏州大学委员会离休工作委员会的组成人员是：王春元、韦庆辛、史有才、朱未、刘延祖、江静、陈洁、秦和鸣、徐群祥、翁春林、程扬（按姓氏笔画为序）。

12日　苏州大学波动功能材料实验室成立。该实验室为校级非实体性科研机构，挂靠物理科学与技术学院。

13日　△ 韩国大真大学副校长裴圭汉率团访问学校。

△ 殷爱荪副校长带领学校相关部门负责人到阳澄湖校区进行调研工作。

15日　苏州大学华天亚讯物联社区研究所揭牌成立。

16日　13日至16日，学校师生在第五届全国大学生机械创新设计大赛慧鱼组（2012）竞赛暨第七届全国慧鱼工程技术创新设计大赛上再创佳绩，“智能化集成家用住宅”和“扑克牌自动洗牌机”两组参赛作品均获得二等奖的优异成绩，“多功能墙壁装饰美化装置”获得三等奖。

17日　△ 金螳螂建筑装饰股份有限公司签署捐赠协议，向学校教育发展基金会捐赠1 000万元，设立苏州大学金螳螂建筑与城市环境学院教育发展基金。

△ 苏州大学第九届研究生学术科技文化节开幕。

18日　宁夏教育考察团莅临学校调研。

19日　△ 江苏团省委书记万闻华、团省委办公室主任姜东一行访问学校。

△ 校党委转发江苏省委组织部、省委教育工委《关于在大学生党员中开展“弘扬三创三先　争当校园先锋”主题教育活动的通知》（苏组通〔2012〕29号）。

20日　△ 18日至20日，学校六届三次教职工代表大会在校本部存菊堂召开。

△ 苏州大学—中软国际校企合作签约暨软件服务外包人才培训基地

揭牌仪式在校本部理工楼举行。

21 日 △ 学校建筑学、城乡规划学、风景园林学专业建设发展研讨会在本部红楼会议中心召开。

△ 学校与苏州市科技局联合举办苏州纳米技术及相关产业发展战略研讨会，省科技厅原厅长王永顺，省科技厅副厅长夏冰，中国科学院院士、南京大学教授祝世宁，复旦大学纳米专家沈健教授，东南大学纳米专家顾宁教授，英国诺丁汉大学曹聪教授，中科院苏州纳米所副所长陈立桅教授，中国科学技术信息研究所研究员张泽玉，苏州大学功能纳米与软物质研究院副院长廖良生教授，苏州市科学技术局局长黄戟、副局长潘华露，学校副校长路建美、科学技术与产业部科学技术处负责人等与会。

25 日 △ 日本国立东京农工大学百鬼史训副校长率团访问学校。

△ 根据江苏省外国专家局《关于下达 2012 年度国家教科文卫引智项目计划的通知》（苏外专〔2012〕47 号），学校吴庆宇教授领衔的江苏省高校优势学科血液转化医学入选 2012 年度教科文卫引智项目计划。

△ 经学校研究决定，成立苏州大学与贵阳医学院对口支援合作工作小组，小组成员如下：

组长：熊思东；

副组长：刘标、王家宏、蒋星红；

成员：党委组织部、教务处、科学技术与产业部、人文社会科学院、实验室与设备管理处、人事处、学生工作部（处）、国际合作交流处、财务处、团委、图书馆、网络中心主要负责人及医学部、研究生院相关负责人。

工作小组下设办公室于校长办公室。

27 日 苏州大学东吴哲学研究所成立。该研究中心为校级研究机构，挂靠政治与公共管理学院，聘任李兰芬为研究所所长，米建国（台湾东吴大学）、邢冬梅为副所长。

28 日 江苏省新闻出版局局长徐毅英莅临苏州大学出版社调研。

4 月 根据共青团江苏省委、江苏省委教育工委《关于表彰 2011 年度江苏高校团干部到县级团委挂职工作先进集体和个人的决定》（团苏委联〔2012〕3 号），学校荣获“2011 年度江苏高校团干部到县级团委挂职工作先进集体”称号，计算机科学与技术学院张芸同志、应用技术学院吴磊兴同志被授予“2011 年度江苏高校团干部到县级团委挂职工作先进个人”荣誉称号。

5月

2日　学校纪念建团90周年暨2012年“五四青年奖”表彰大会在本部敬贤堂召开。

3日　△ 学校2012年本科招生宣传工作会议在校本部红楼会议中心召开。

△ 学校印发《苏州大学双学位专业管理规定》。

△ 学校印发《苏州大学国家教育考试标准化考点考场使用和管理规定》。

6日　学校新媒介与青年文化研究中心揭牌仪式暨《新媒介与青年亚文化丛书》首发式在红楼会议中心举行。

7日　△ 校党委王卓君书记出席全省大学生党员素质工程推进会，并以《把好党员入口关，保持党的纯洁性》为题作大会发言。

△ 学校决定将无锡市第九人民医院（无锡市手外科医院）增列为苏州大学附属无锡九院，将高邮市人民医院增列为苏州大学附属高邮医院。

9日　共青团中央学联办主任王良莅临学校，调研第十三届“挑战杯”全国大学生课外学术科技作品竞赛筹备情况。

10日　△ 学校公布历年精品（优秀）课程整改结果。

△ 根据江苏省教育厅《关于公布2011年江苏省普通高等学校本专科毕业设计（论文）评优与抽检结果的通知》（苏教高〔2012〕10号）文件精神，经省教育厅组织专家评审和公示，学校公布苏州大学2011年省级本科生毕业设计（论文）评优与抽检结果。

11日　日本国立教育研究所所长德永保先生率团访问学校。

13日　△ 11日至13日，全国纺织院校2012年工会工作年会在学校召开。

△ 11日至13日，学校在第七届“挑战杯”江苏省大学生创业计划竞赛中勇夺3金1银2铜，金奖数、入选作品数均列全省第一，学校同时获得优秀组织奖。

16日　△ 学校东吴证券第二届奖教金、第十一届奖学金颁奖典礼在财经科学馆二楼学术报告厅举行。

△ 学校附属第二医院举行中法友好医院成立20周年庆典仪式。

△ 由学校纺织与服装工程学院博士生导师陈宇岳教授主持的江苏省高校自然科学重大基础研究项目“以棉纤维为基架的超支化聚合物绿色改性技术”通过江苏省教育厅组织的专家验收。

17日　△ 江苏省经济和信息化委员会副主任戴跃强一行莅临学校调研。

△ 16日至17日，由苏州大学附属第一医院、江苏省血液研究所、卫生

部血栓与止血重点实验室主办的 2012 苏州血小板峰会(Suzhou Summit on Platelets)在苏州大学附属第一医院举行。

△ 学校印发《苏州大学剧毒化学品安全管理办法》。

△ 学校印发《苏州大学标准化考场仪器设备管理实施细则》。

△ 学校印发《苏州大学放射性同位素与射线装置安全和防护管理办法》。

18 日 △ 学校医学教育百年庆祝大会于独墅湖校区炳麟图书馆南草坪隆重举行。

△ 苏州大学化工创新重点实验室成立。该实验室为校级非实体性科研机构,挂靠材料与化学化工学部。

19 日 △ 第四届江苏 MBA 发展论坛暨华东 MBA 创业大赛在学校举行。

△ 团省委副书记沈海斌一行莅临学校调研。

△ 18 日至 19 日,学校召开医学专业校外教学点工作研讨会,来自张家港、昆山、太仓、盐城、连云港、金坛、武进、溧阳、常熟、常州、镇江、宜兴和南通等地的学校医学校外教学点的领导和成教秘书参加了会议。

21 日 为加强对学校绩效工资实施工作的领导,做好绩效工资组织实施的各项工作,经研究决定,成立苏州大学绩效工资实施工作领导小组。领导小组组成人员如下:

组长: 朱秀林;

成员: 陈一星、高祖林、王洪法、刘标、江作军、姜建明、盛惠良。

22 日 △ 美国驻上海总领事葛瑞风率领事馆外联处及签证处官员一行访问学校。

△ 根据《江苏省研究生培养创新工程项目实施与管理办法》的文件精神,学校组织专家对学校 2012 年度研究期满的 52 项"江苏省研究生科研创新计划项目"研究课题进行了结题验收工作,评选出优秀 11 项、合格 41 项。

△ 根据教育部办公厅《关于公布第二批卓越工程师教育培养计划高校学科专业名单的通知》(教高厅函〔2012〕7 号)文件精神,学校申报的计算机技术工程硕士专业顺利通过教育部组织的"卓越工程师教育培养计划"专业评审。

△ 学校组织专家对 2012 年度研究期满的 17 项"优秀博士学位论文选题立项资助项目"研究课题进行了结题验收工作,评选出优秀 4 项、合格 13 项。

23 日 △ 中国科学院院士、放射化学家柴之芳研究员莅临学校医学部放射医学与防护学院参观指导。

△ 学校成立本科生出国(境)交流管理工作协调小组。

△ 学校印发《苏州大学在普教生中开展自学考试自办助学专业本科学历教育工作的管理办法(试行)》。

24 日 由江苏省学习型党组织工作协调小组办公室、省委教育工委有关同志组成的调研组一行来校调研学习型党组织建设工作。

25日 △苏州大学—法国EDIT测控技术国际联合实验室签约仪式举行。

△著名教育家唐文治先生长曾孙唐明博士访问学校。

△国家知识产权局专利复审委员会王桂莲副处长一行来学校开展知识产权调研工作。

△中国共产党苏州大学第十一次代表大会筹备工作领导小组成立，王卓君任组长，朱秀林、江涌、高祖林任副组长。

26日 25日至26日，江苏省财政厅、教育厅关于财政推进省属高校综合改革座谈会在学校召开。

28日 △香港科技大学人文社会科学院院长李中清教授访问学校。

△学校阳澄湖校区对接工作专题会在阳澄湖校区图书馆小报告厅召开。

29日 经校长办公会研究决定：

保卫部(处)增设阳澄湖校区治安科；

阳澄湖校区内设机构为正科级建制，内设机构正职为正科职，副职为副科职。

30日 △学校与贵阳医学院对口支援合作协议签署仪式暨对口帮扶工作例会在红楼会议中心举行。

△26日至30日，由江苏省委教育工委主办、学校承办的全省第十八期高校院(系)党政负责人培训班在学校举办。来自全省89所高校的134名院(系)党政负责人参加了培训，如期结业。

△学校印发《苏州大学阳澄湖校区与校部对接工作实施意见》。

31日 学校与张家港市合作共建的综合性新型产业技术平台——苏州大学张家港工业技术研究院揭牌。

5月 △学校党委被正式确定为首批"全省学习型党组织学习型领导班子建设工作示范点"。

△学校生物钟研究中心主任王晗教授作为首席科学家组织申报的国家重大科学研究计划("973计划")项目"生物钟在生殖系统与发育中调节的机制"成功立项(项目编号:2012CB947600)，实现了学校主持国家"973计划"项目零的突破。

△学校23项课题获准立项国家社科基金项目，其中，重点项目1项，一般项目12项，青年项目10项。

△学校生物医学研究院刘海燕教授和电子信息学院郭述文教授入选中组部第七批"千人计划"。

△根据江苏省教育厅《关于表彰2012年度江苏省高校毕业生就业工作先进集体的通知》(苏教学〔2012〕7号)，文正学院获"江苏省高校毕业生就业工作先进集体"殊荣。

△由学校图书馆馆长、江苏省吴文化研究基地首席专家、苏州大学古典文献研究所所长罗时进教授主持建设的中国高等教育文献保障系统(CALIS)科研项目"吴文化数据库"通过了教育部CALIS专题特色资源数

据库专家组验收,并在评审中荣获一等奖。

△ 根据中国博士后基金会《关于公布第 51 批中国博士后科学基金面上资助获资助人员名单的通知》(中博基字〔2012〕7 号),学校共有 11 人获得第 51 批中国博士后科学基金面上资助,其中 1 人获一等资助,10 人获二等资助,总资助金额 58 万元。

6 月

1 日　△ "纺织之光"2012 年度中国纺织工业联合会科学技术奖评审会在学校红楼学术报告厅举行。

△ 学校第 5 所惠寒学校在江西上饶县挂牌。

3 日　△ 学校与美国波特兰州立大学合作建设的孔子学院成立五周年庆典大会在波特兰州立大学史密斯中心礼堂召开。

4 日　△ 迎接第十一次党代会干部动员大会在本部大礼堂召开。

△ 由江苏省教育厅组织的"全面落实教育规划纲要 · 走进高校"媒体集中采访团来校采访。

△ 学校印发《苏州大学资助优秀本科生出国(境)交流管理办法》。

5 日　△ 江苏省卫生厅厅长王咏红到学校附属儿童医院、附属第一医院视察,江苏省卫生厅副巡视员、医政处处长李少冬,苏州市副市长王鸿声,江苏省卫生厅办公室主任戚兴锋,江苏省卫生厅规财处处长沈敏华,苏州市政府副秘书长张曙,苏州市卫生局局长张月林等领导陪同视察。

△ 学校研究决定,评定出苏州大学 2012 届优秀本科毕业生。

△ 南通市副市长徐辉莅临南通苏州大学纺织研究院调研。

△ 加拿大瑞尔森大学师生参观学校金螳螂建筑与城市环境学院并进行交流研讨。

6 日　△ 交通银行苏州分行党委书记、行长束兰根先生来校讲学。

△ 根据《关于申报第三批苏州大学研究生工作站的通知》(研字〔2012〕29 号)精神,学校各基层研究生培养单位积极与社会各类组织对接协商、合作申报。经专家评审,共有 32 家单位被确定为第三批苏州大学研究生工作站。

7 日　2012 年本科招生宣传外出人员工作会议在凌云楼 9 楼会议室召开。

8 日　△ 苏州大学 · 现代快报地产研究中心成立。该研究中心为校级研究机构,挂靠凤凰传媒学院,聘任袁海兴(现代快报)为研究中心名誉主任,芮国强为主任,王军元、顾梅(现代快报)为执行主任。

△ 学校研究决定,评定出苏州大学 2012 届优秀毕业研究生 479 名。

△ 学校研究决定，评定出苏州大学 2011—2012 学年优秀研究生 178 名，优秀研究生干部 110 名。

10 日 美国斯坦福大学图书馆馆长迈克·凯乐教授应学校图书馆邀请出席 2012 中国高校图书馆发展论坛暨数字图书馆前沿问题高级研讨会。

13 日 △ 9 日至 13 日，2012 年北京谱仪 III(BESIII)国际合作组会议在学校敬贤堂成功召开。本次会议由中国科学院高能物理研究所和苏州大学共同主办，学校物理科学与技术学院承办。

△ 11 日至 13 日，由学校与中国图书馆学会高等学校图书馆分会、中国教育装备采购网、美国霍普金斯大学图书馆及中国图书馆学会数字图书馆专业委员会联合主办的 2012 中国高校图书馆发展论坛暨数字图书馆前沿问题高级研讨班在苏州会议中心召开。

14 日 苏州大学瑞翼奖教金、奖学金签约仪式在苏州瑞翼信息技术有限公司举行。

15 日 医学部樊赛军、张学光教授领衔的教育部"长江学者和创新团队发展计划"课题"辐射损伤效应的分子与免疫机制及其生物救治技术"顺利通过验收。

19 日 △ 诺贝尔奖获得者 Martin Chalfie 教授在学校炳麟图书馆学术报告厅作题为"GFP：Lighting up life"的报告。

△ 学校校友总会分别在本部和独墅湖校区举行了苏州大学 2012 届毕业生校友联络员聘任仪式。

21 日 △ 学校新疆普通高校毕业生培养班结业典礼在独墅湖校区炳麟图书馆学术报告厅举行，共计 53 名学员顺利毕业。

△ 学校研究决定，评选出优秀实习小组 28 个、优秀实习生 81 名、教育实习先进学院 2 个、优秀指导老师 33 名。

△ 学校研究决定，评出优秀毕业设计(论文)216 篇、优秀毕业设计团队 6 个、优秀指导教师 37 名。

22 日 学校 2012 届博士、硕士研究生毕业典礼暨学位授予仪式先后分别在本部钟楼小礼堂和存菊堂隆重举行，220 名博士生、2 902 名硕士生获得相应学位。

24 日 △ 23 日至 24 日，学校 2012 年学士学位授予仪式在本部敬贤堂和独墅湖校区艺术学院音乐厅举行，共计 5 634 名本科毕业生获颁学士学位。

△ 2012"赢在苏州"国际精英欧洲赛区创业大赛决赛暨苏州大学德国校友会成立揭牌典礼在德国法兰克福总工会大厦会议厅举行。

25 日 △ 柴之芳院士受聘学校放射医学与防护学院院长。

△ 苏州大学放射医学及交叉学科研究院成立。该研究院为校级科研机构，挂靠医学部，聘任柴之芳院士为放射医学及交叉学科研究院院长。

26 日 学校印发《苏州大学机关作风效能建设考评办法(试行修订稿)》。

28 日 △ 苏大维格光电科技股份有限公司在深圳证券交易所上市，此乃江苏高校首家上市的创业板公司。

△ 学校赵鹤鸣同志当选新一届苏州市政协副主席，马亚中等 8 名同志当选为常务委员。

△ 学校在红楼会议中心召开阳澄湖校区对接工作会议。

29 日 △ 学校与中国科学院近代物理研究所科技合作框架协议签约仪式在红楼会议中心举行。

△ 学校钱海鑫同志当选新一届苏州市人大副主任，马卫中等 4 名同志当选为常务委员。

△ 经学院（部）推荐、校大学生创新性实验计划专家委员会评议，78 个项目被确定为 2012 年苏州大学“大学生创新创业训练计划”立项项目。

30 日 学校党委荣获“江苏省创先争优科学发展争一流先进基层党组织”称号。

6 月 △ 中组部第二批“青年千人计划”入选者吴涛教授加盟学校。

△ 中国民主同盟江苏省第十一次代表大会、九三学社江苏省第七次代表大会先后在南京胜利召开，会议选举产生了新一届民盟江苏省委、九三学社江苏省委领导班子，学校熊思东同志当选为民盟江苏省第十一届委员会副主任委员，钱海鑫同志当选为九三学社江苏省第七届委员会副主任委员。

7 月

1 日 △ 6 月 29 日至 7 月 1 日，由中华医学会心血管病学分会、《中华心血管病杂志》编辑委员会、苏州大学附属第一医院心内科联合举办的 2012 全国心血管病防治指南与临床实践研讨会召开。

△ 经学校研究决定：

国有资产管理委员会增设 1 个办公室副主任岗位，为副处职。

纪监审办公室设立工程审计科、财务审计科，撤销审计科。

港澳台办公室增设 1 个干事岗位，为正科职。

研究生院招生办公室增设 1 个干事岗位，为副科职。

机电工程学院、沙钢钢铁学院增设 1 个办公室副主任岗位，增设 1 个学生工作办公室副主任岗位。

学科建设办公室、“211 工程”办公室人员编制调整为 5 人。

博物馆人员编制调整为 6 人。

△ 苏州大学·邦城未来城市研究中心成立。该研究中心为校级研究机构，挂靠人文社会科学院，聘任廖金源（新加坡邦城规划顾问有限公司）为研究中心主任，段进军为常务副主任，刘晓平、戴德胜（新加坡邦城规划顾问有限公司）为副主任。

3 日　△ 江苏省教育厅专家组莅临学校检查指导苏南地区大学生心理健康教育研究中心工作,并在红楼会议中心召开座谈会。

△ 苏州大学心血管病研究所成立,为正处级建制。设所长 1 名,行政副所长(作为处级干部管理)1 人,内设办公室,设办公室主任(正科级)1 人。

△ 苏州大学惠寒学校揭牌暨苏州大学东吴商学院与平原小学签约共建仪式在河南省新乡市红旗区平原小学隆重举行。

5 日　△ 学校印发《苏州大学人事代理制人员管理暂行办法》。

△ 学校印发《苏州大学编外劳动合同制职工管理暂行办法》。

△ 学校印发《苏州大学科研助理管理暂行办法》。

10 日　8 日至 10 日,"清华大学百名学子江苏行"夏令营到访我校。

11 日　学校在红楼会议中心 217 召开江苏高校优势学科中期校内评估汇报会,以熊思东副校长为组长的 11 位校内专家对学校建设的 7 个江苏高校优势学科两年来所取得的成果进行了中期检查。

12 日　团中央学校部部长陈光浩一行来学校调研第十三届"挑战杯"全国大学生课外学术科技作品竞赛筹备情况。

17 日　接中共江苏省委通知(苏委〔2012〕337 号、338 号):朱秀林同志继续任苏州大学校长;路建美、江涌、田晓明、陈一星、熊思东同志继续任苏州大学副校长;江作军、杨一心、蒋星红同志任苏州大学副校长,试用期一年;殷爱荪、葛建一同志任苏州大学副校级调研员,免去其苏州大学党委常委、副校长职务;免去王顺利同志苏州大学副校级调研员职务,退休。

18 日　省委第二巡视组一行 7 人在组长韩波的带领下来到学校,就学校教育发展情况进行巡视调研。

20 日　根据省教育厅《关于公布 2012 年度高等学校省品牌特色专业建设点验收结果的通知》(苏教高〔2012〕21 号)文件精神,学校 2010 年立项建设的 3 个省高等学校品牌特色专业建设点通过验收。

21 日　因学校领导人事变动,经校十届党委第 176 次常委会研究,决定对校领导作如下分工:

王卓君:主持校党委全面工作,分管党委办公室(规划与政策研究室)、党委组织部、党校。

朱秀林:主持校行政全面工作,分管教务处、人事处、财务处、老挝苏州大学和群众体育工作。

路建美:协助校长分管科学技术与产业部(含重点实验室、工程研究中心)、实验室与设备管理处、分析测试中心、实验材料供应中心和工程训练中心。

江涌:协助校党委书记和校长分管党委宣传部(新闻中心)、学生工作部(处)、党委研究生工作部、发展委员会办公室、招生就业处(学生职业生涯规划辅导中心)、人武部、团委、艺术教育中心、群团与直属单位党工委和思想政治理论课工作。

田晓明:协助校长分管人文社会科学院、苏州大学出版社有限公司、学报编辑部、东吴书画研究院。

陈一星：协助校长分管校长办公室（对外联络接待办公室、行政事务服务中心）、离退休工作部（处）、继续教育处（成人教育学院）、阳澄湖校区管理委员会和对口援扶工作。

高祖林：主持校党委纪检工作，协助校党委书记和校长分管纪检审办公室、党委统战部、离退休工作部（处）、工会和机关党工委。

熊思东：协助校长分管研究生院、学位评定委员会办公室、学科建设办公室、"211 工程"建设办公室。

江作军：协助校长分管保卫部（处）、图书馆、档案馆、博物馆。

杨一心：协助校长分管后勤管理处（校医院）、独墅湖校区建设和管理委员会、网络中心（含教育信息化工作）和国有资产（含东吴饭店、学校经营性房地产）管理工作。

蒋星红：协助校长分管国际合作交流处（海外教育学院）、港澳台办公室、医学教育和附属医院工作。

26 日 第十一次党代会党委工作报告（初稿）讨论会召开。

29 日 24 日至 29 日，学校主办的"东吴杯"首届全国中学生辩论邀请赛在学校举行。

7 月 △ 老挝苏州大学获得了老挝教育与体育部正式批准颁发的办学许可证。

△ 江苏省侨联第六次代表大会在南京隆重召开，学校党委统战部被授予"江苏省侨联工作先进集体"荣誉称号，陈林森同志被授予"江苏省侨界'十杰'"荣誉称号，梅国祥、顾振纶同志被授予"江苏省归侨侨眷先进个人"荣誉称号。

8 月

7 日 苏州市委常委、苏州工业园区工委书记王翔一行莅临学校作实地调研。

9 日 学校体育学院 2011 级硕士研究生吴静钰蝉联奥运会跆拳道女子 49 公斤级冠军。

10 日 功能纳米与软物质研究学院科研创新团队荣获"中国侨界贡献奖（创新团队）"称号。

11 日 学校 2012 年校友代表会议暨校友工作研讨会在甘肃省天水市召开。

19 日 老挝苏州大学在老挝万象市东都校区会议室隆重举行了首期汉语言培训班结业典礼。

20 日 △ 学校体育学院在苏州市人民政府举行的苏州市奥运健儿表彰大会

上荣获集体二等功。

△ 全国医药卫生系统创先争优活动表彰会在北京会议中心隆重召开，苏州大学附属儿童医院医生丁欣荣获“全国医药卫生系统创先争优活动先进个人”称号。

23日　△ 18日至23日，学校艺术学院学生获“在地文化国际设计论坛”和“在地文化国际创新设计工作坊”金银奖。

△ 由学校作为主要主办单位的第十二届亚洲量子信息科学会议开幕式在苏州会议中心举行。

25日　学校第三次发展战略研讨会于本部大礼堂隆重召开。

27日　△ 25日至27日，学校于本部大礼堂隆重召开以“深化改革、提高质量”为主题的第三次发展战略研讨会。

△ 学校印发《苏州大学关于授予具有研究生毕业同等学力人员硕士学位实施细则》。

△ 学校印发《苏州大学硕士、博士学位授予工作细则》。

30日　△ 全省高等教育综合改革现场推进会代表团考察学校。

△ 学校印发《苏州大学推荐优秀应届本科毕业生免试攻读硕士学位研究生工作实施办法》。

9月

1日　8月30日至9月1日，苏州基层党建研究所“信息化对基层党建工作创新的挑战与对策研究”课题组代表、研究所副所长、学校政治与公共管理学院博士生导师方世南教授，研究所兼职研究员、副教授姚剑文博士出席了中组部在黑龙江鸡西市召开的基层党建工作创新经验交流暨课题成果研讨会。

2日　1日至2日，学校导师学院在本部敬贤堂举办第三期导师培训班。

3日　△ 学校召开下半年科技产业工作会议。

△ 校党委书记王卓君到金螳螂建筑与城市环境学院调研工作，校党办主任王洪法陪同调研。

△ 根据江苏省教育厅、江苏省财政厅《关于开展“十二五”高等学校重点专业建设工作的通知》（苏教高〔2012〕16号）和省教育厅《关于公布“十二五”高等学校重点专业名单的通知》（苏教高〔2012〕23号）精神，经学校推荐、省教育厅评审，我校共有16个专业被确定为江苏省“十二五”高等学校重点专业。

4日　日本神户大学副校长、主管国际交流事务理事、中国事务处所长中村千春先生访问学校，随行的有该校国际部国际企划课课长芦田寿先生及中国事务处工作人员。

5 日 4 日至 5 日，江苏高校优势学科建设研讨会在南京召开，“血液转化医学”项目负责人阮长耿院士、熊思东副校长、学科办吴雪梅主任及各优势学科项目负责人参加。

6 日 朱秀林校长出席中日大学校长双边论坛及“绿色与创新”学术研讨会，并作了题为《实施国际化战略，培养高素质人才》的主题演讲。

10 日 2012 年教师节庆祝暨表彰大会在本部敬贤堂举行。

11 日 △ 医学部放射医学与防护学院院长聘任暨放射医学及交叉学科研究院揭牌仪式在独墅湖校区炳麟图书馆学术报告厅举行。

△ 受中共江苏省委组织部选派，学校附属第一医院副院长陈卫昌成为我省第七批援藏干部，启程赴藏担任拉萨市人民医院院长，执行为期 3 年的医疗援藏任务。

△ 老挝苏州大学组织全体员工及国内派出的 2 位汉语教师围绕培训班及本科生汉语教学进行了研讨。

13 日 △ 2012 级本科生开学典礼暨军训汇报大会于东校区操场举行。

△ 江苏高校优势学科“地方政府与社会管理”重点研究基地揭牌仪式在山西省阳泉市举行。

△ 苏州大学本科课程改革与建设领导小组、苏州大学《本科教学质量报告》编制工作小组成立，蒋星红任组长，殷爱荪任顾问。

14 日 △ 学校与新加坡邦城规划顾问有限公司共建的苏州大学·邦城未来城市研究中心在红楼学术报告厅举行揭牌仪式。

△ 11 日至 14 日，由学校和中国科学院长春应用化学研究所、苏州工业园区和苏州工业园区生物产业发展有限公司共同主办的第二届新型高分子材料与控制释放国际会议（SIPCD 2012）在苏州举行。

15 日 △ 敬文书院 2012 级新生开学典礼在本部钟楼礼堂举行。

△ 中国工程院院士、解放军防化研究院第一研究所研究员杨裕生一行莅临苏州大学张家港工业技术研究院考察并指导相关工作。

17 日 △ 学校 2012 年自考助学专业新生开学典礼举行。

△ 学校与苏州市新诚氏电子有限公司联合共建的苏州大学—新诚氏新材料联合研发中心签约暨揭牌仪式在红楼会议中心举行。

18 日 △ 学校运动员、教练员在第九届全国大学生运动会中共获得 5 金 6 银 9 铜，破 2 项大运会纪录，学校以全国高校第 7 名的成绩荣获“校长杯”奖。

△ 苏州大学附属无锡九院隆重揭牌。

△ 校党委书记王卓君就第十一次党代会筹备工作，分别召开了离退休老同志和各民主党派负责人参加的两个情况通报会。

△ 学校朱栋霖教授荣获中国曲艺牡丹奖理论奖。

21 日 △ 苏州大学心血管病研究所成立揭牌。

△ 王振义院士、陆道培院士访问学校唐仲英血液学研究中心。

△ 苏州市高校就业创业指导站揭牌暨创业模拟实训班开班仪式举行。

△ 苏州广告研究所成立。该研究所为校级研究机构,挂靠凤凰传媒学院,聘任刘海东(苏州工商行政管理局)为研究所名誉所长,芮国强为所长,陈栋贤(苏州工商行政管理局)、陈龙为副所长。

△ 苏州大学网络舆情分析与研究中心成立。该中心为校级研究机构,挂靠社会学院,聘任周毅为主任。

25日 苏州大学手性化学实验室成立。该实验室为校级非实体性科研机构,挂靠材料与化学化工学部,聘任杨永刚为实验室主任,顾宏伟为副主任。

27日 △ 血液和血管系统疾病诊疗药物技术教育部工程研究中心顺利通过验收。

△ 26日至27日,中国共产党苏州大学第十一次代表大会在本部敬贤堂召开。会议选举产生了中国共产党苏州大学第十一届委员会委员、纪律检查委员会委员,通过了《中共苏州大学第十一次代表大会关于中国共产党苏州大学第十届委员会工作报告的决议》和《中共苏州大学第十一次代表大会关于中国共产党苏州大学纪律检查委员会工作报告的决议》。

28日 △ 浙商银行苏州分行助学捐赠暨开业仪式举行,校长朱秀林、学校受助贫困生代表参加仪式。

△ 共青团苏州大学第十四届委员会第九次全体(扩大)会议在校团委会议室召开。

△ 应校档案馆之邀,学校杰出校友、著名遗传学家谈家桢院士的遗孀邱蕴芳女士访问学校,并出席谈家桢先生史料展览活动。校党委书记王卓君、副校长江作军亲切会见了邱女士一行。

9月 △ 校研究生会获"江苏省高校十佳研究生会"称号。

△ 学校获265项国家自然科学基金项目,其中国家杰出青年科学基金项目1项,重点项目2项,优秀青年科学基金项目5项,面上项目144项,青年科学基金项目105项,海外及港澳学者合作研究基金项目2项,专项基金项目3项,国际(地区)合作与交流项目3项。

△ 国家科技部公布了关于"863计划"新材料技术领域促进产业升级的纳米材料及应用主题项目的文件通知及15个主题项目名单,学校纺织与服装工程学院陈宇岳教授主要参加的主题项目"纳米功能化纺织材料关键技术的研究"(项目编号:2012AA030313)成功立项。

△ 老挝苏州大学常务副校长闻曙明参加了9月17日至21日在贵州贵阳召开的第五届"中国—东盟教育交流周"大学校长论坛,并作了主题发言。

△ 第三届中国抗癌协会、美国抗癌协会、亚洲癌症研究基金会优秀青年学者奖评选结果揭晓。苏州大学药学院张熠老师因在科研方面的新发现从众多竞争者中脱颖而出,获得美中抗癌协会(USCACA)和亚洲癌症研究基金会(AFCR)联合颁布的第三届USCACA-AFCR优秀青年学者奖。

△ 江苏省商务厅和财政厅联合发布了《关于认定第三批江苏省国际服务外包人才培训基地的通知》(苏商外包〔2012〕1005号),批准学校应用技

术学院正式成为"第三批江苏省国际服务外包人才培训基地",使学院成为首家获批"江苏省国际服务外包人才培训基地"的独立学院。

10 月

11 日 经校党委常委会研究决定:

一、成立教务部,撤销教务处。教务部为正处级建制,人员编制暂定 33 人。设部长 1 名,副部长 2 名。

二、教务部下设综合办公室、教学运行处、教学质量与资源管理处、教学改革与研究处。

(一) 综合办公室为副处级建制,设主任 1 名,为副处职。

(二) 教学运行处为正处级建制,设处长 1 名、副处长 2 名。内设学籍管理科、课程与考试科、通识教育与大类培养科、专业设置与实践教学科,均为正科级建制。

(三) 教学质量与资源管理处为正处级建制,设处长 1 名、副处长 1 名。内设教学质量管理科、教学资源管理科,均为正科级建制。

(四) 教学改革与研究处为正处级建制,设处长 1 名、副处长 1 名。内设教学改革科、特色(创新)培养科、科研训练与对外交流科,均为正科级建制。

三、成立教师教学发展中心,挂靠教务部。中心设主任 1 名,由教务部部长兼任;设副主任 1 名,由教务部副部长兼任。

12 日 △ 苏州大学出版社建社 20 周年庆典举行。

△ 学校与英国斯旺西大学、苏州生物纳米园签约,合作成立健康材料与技术协同创新中心。

△ 学校与苏州生物纳米园签约,合作建立健康化学与先进材料联合实验室。

△ 苏州市委常委、市纪委书记王天琦来校指导苏州廉政建设与行政效能研究所工作。

△ 苏州市第十八次团员代表大会候选人选举会议在红楼学术报告厅召开。

△ 2012 年苏州大学学生创就业工作研讨会在独墅湖校区召开。

△ 在苏州大学出版社召开 20 周年庆典活动之际,由苏州大学出版社承办的 2012 全国地方综合性大学出版社年会在学校红楼会议中心召开。

13 日 △ 国家科技部纳米药物战略研讨会在学校召开。

△ 党校秋季班开学典礼暨建设马克思主义学习型政党专题报告会在

校本部存菊堂举行。

16 日 △ 江苏省“全面提高高等学校人才培养质量”工作会议在南京举行，学校荣获“江苏省教学工作先进高校”称号。

△ 昆明市与苏州大学合作项目签约仪式在学校红楼会议中心成功举行。

△ 学校新疆普通高校毕业生培养班开班典礼在独墅湖校区社会学院学术报告厅举行。

△ 经校党委常委会研究决定：

一、成立唐仲英医学研究院，英文名 Cyrus Tang Medical Institute（简称 CTMI），为正处级建制。设院长 1 名，副院长若干名。

二、成立唐仲英医学研究院党委，设党委书记 1 名。

三、自即日起，撤销唐仲英医学研究院筹建领导小组及其工作组。

17 日 △ 16 日至 17 日，江苏省高等教育综合改革调研检查组莅临学校调研。

△ 经学校研究决定，对校学科建设领导小组、“211 工程”建设领导小组的人员作如下调整：

组长：朱秀林；

副组长：熊思东；

成员：路建美、田晓明、蒋星红、杨一心、刘标、王家宏、姜建明、朱巧明、陈忠、唐忠明、黄兴、盛惠良、陈永清、吴雪梅；

秘书：邱鸣。

△ 学校印发《〈苏州大学特聘教授制度实施办法〉的补充规定》。

△ 学校印发《苏州大学本科生转专业实施办法（试行）》。

△ 学校印发《苏州大学本科辅修专业管理办法》。

△ 学校印发《关于加强本科生课程学习管理的补充意见》。

18 日 △ 老挝苏州大学首批本科新生开学典礼举行。

△ 接中共苏州市委批复（苏委〔2012〕325 号），学校公布中共苏州大学第十一次代表大会和中共苏州大学第十一届委员会、纪律检查委员会第一次全体会议选举结果。

一、中共苏州大学第十一次代表大会选举结果。

中共苏州大学第十一届委员会委员（按姓氏笔画排序）：王尧、王安列、王卓君、王洪法、王家宏、邓敏、田晓明、朱巧明、朱秀林、刘标、江涌、江作军、杨一心、张国华、陈一星、陈进华、陈国强、郎建平、侯建全、姜忠、姜建明、高祖林、唐忠明、蒋星红、路建美。

中共苏州大学纪律检查委员会委员（按姓氏笔画排序）：卢祖元、刘枫、李翔、肖平、吴昌政、施亚东、闻曙明、高祖林、霍跃进。

二、中共苏州大学第十一届委员会、纪律检查委员会第一次全体会议选举结果。

王卓君、朱秀林、江涌、高祖林、路建美、田晓明、陈一星、江作军、杨一心、蒋星红、邓敏为中国共产党苏州大学第十一届委员会常务委员会委员。

王卓君同志任党委书记,朱秀林、江涌、高祖林同志任党委副书记。

高祖林同志任中共苏州大学纪律检查委员会书记,施亚东同志任纪委副书记。

19 日 △ 中国科学院"百人计划"入选者、国家杰出青年基金获得者张忠平教授受聘为学校放射医学及交叉学科研究院副院长。

△ 学校在独墅湖炳麟图书馆举行放射医学及交叉学科研究院副院长聘任仪式。

△ 经校党委常委会研究决定:老挝苏州大学设立招生与就业办公室,与教学与学生事务办公室合署办公。招生与就业办公室主任由教学与学生事务办公室主任兼任,增设招生与就业办公室副主任(副处职)1 名。

△ 学校印发《苏州大学卓越工程师培养计划专项资金管理暂行办法》。

21 日 △ 中国医学科学院、北京协和医学院校长曾益新院士访问唐仲英血液学研究中心。

△ 2012 年国家自然科学基金预防医学学科发展战略研讨会在学校举行。

△ 20 日至 21 日,第五届全国高等学校计算机实践教学论坛在学校举行。

22 日 △ 学校与苏州阿特斯阳光电力集团共建的苏州大学—阿特斯光伏研究院签约仪式在红楼会议中心举行。

△ 苏州大学城市·建筑·艺术研究院成立。该研究院为校级研究机构,挂靠金螳螂建筑与城市环境学院。

24 日 △ 22 日至 24 日,英国皇家科学院院士、哥斯拉大学 Foo Yew Liew 教授来学校访问讲学。

△ 23 日至 24 日,由学校政治与公共管理学院主办的第七届中韩国际学术研讨会"社会管理创新比较与借鉴"举行。

26 日 △ 校党委书记王卓君一行莅临南通苏州大学纺织研究院,对研究院建设情况进行了调研。

△ 尼日利亚驻上海总领事 Ayo Otepola 先生一行来校访问。

27 日 13 日至 27 日,中非高校"20 + 20"伙伴合作计划友好学校尼日利亚拉各斯大学教学与科研副校长 Babajade Alo 一行访问学校。

28 日 △ 王健法学院举行恢复法学教育 30 周年庆典大会。

△ 经研究决定,在苏州大学本科教学委员会下设立本科专业建设委员会,负责本科专业的建设工作。本科专业建设委员会实行任期制,与校本科教学委员会同步换届。本届组成人员为:

主任委员:朱秀林;

委员:路建美、江涌、田晓明、熊思东、蒋星红,教务部、研究生院、人事处、招生就业处、学生工作部(处)、实验室与设备管理处、财务处、国际合作交流处主要负责人,各学院(部)院长(主任)(医学部内各学院院长,包括直属临床医学院院长),有关校级科研机构的负责人。

29日　韩国大真大学校长李根永来访。

31日　金螳螂建筑与城市环境学院科研创新平台启动仪式在学院大厅隆重举行。

10月　△ 全国哲学社会科学规划办公布了2012年度国家社科基金重大项目(第三批)招标评审结果,学校文学院王尧教授主持的"百年来中国文学海外传播研究"(项目编号: 128ZZD161)获批立项。

△ 金螳螂建筑与城市环境学院吴永发教授荣获"世界华人住宅与住区设计大奖"。

11月

1日　由苏州大学和拜耳医药保健公司联合举办的"血液转化医学与新药研发"论坛在学校唐仲英血液学研究中心举行。

2日　△ 江苏省委常委、苏州市委书记蒋宏坤来学校作形势政策报告。

△ 2日至5日,学校第五十届学生体育运动会暨第十九届教工体育运动会举行。

6日　"超越与跨界:2012苏州国际设计论坛暨第五届ANDB亚洲联盟超越设计展"开幕仪式在艺术学院601幢展厅前露天广场举行。

7日　△ 江苏省教育厅"大学生创业教育示范建设"验收工作组一行来学校检查指导。

△ 苏州大学古典文献研究所名誉所长傅璇琮先生的受聘仪式在本部图书馆隆重举行。

△ 苏州大学学生科技协会第十次代表大会在本部敬贤堂隆重召开。

8日　学校当选江苏省中青年人才创业促进会第一届理事会理事单位。

9日　△ 科技部副部长陈小娅一行来校调研。

△ 8日至9日,老挝苏州大学闻曙明常务副校长参加教育部境外办学工作座谈会。

△ 学校党委印发《关于中共苏州大学医学部公共卫生学院委员会选举结果的报告》和《关于中共苏州大学医学部公共卫生学院委员会委员分工的报告》:

一、中共苏州大学医学部公共卫生学院委员会由沈月平、张永红、钟宏良、徐勇、缪世林(按姓氏笔画为序)等5名委员组成。

二、缪世林同志任中共苏州大学医学部公共卫生学院委员会书记。

12日　△ 加拿大西安大略大学副校长Janice Deakin率团访问学校。

△ 苏州大学数学与交叉科学研究中心成立。该中心为校级非实体性

科研机构,挂靠数学科学学院。聘任鄂维南院士为该中心主任,岳兴业同志为该中心常务副主任,柳春同志为该中心副主任。

13 日　△ 经学校研究决定,成立苏州大学-西安大略大学同步辐射联合研究中心。聘任 T. K. Sham 教授为该中心主任,孙旭辉同志为该中心副主任。

△ 加拿大滑铁卢大学技术转移办公室主任 Scott Inwood 一行来访。

14 日　美国韦恩州立大学副校长 Ahmad M. Ezzeddine 率团访问学校。

16 日　△ 经校十一届党委第六次常委会研究决定,浦文倜同志配合有关校领导协管阳澄湖校区工作;王家宏同志配合有关校领导协管体育工作、研究生教育和学科建设工作。

△ 经校党委研究决定,成立苏州大学 2011—2012 年基层党建工作(党校工作)、学生工作考核领导小组。其成员构成如下:

组长: 王卓君;

副组长: 江涌、高祖林;

成员: 党委办公室、纪监审办公室、党委组织部、党委宣传部、党委统战部、党校、学生工作部(处)、党委研究生工作部、团委的主要负责人。

20 日　△ 江苏省委教育工委高校党建工作调研组来学校调研。

△ 学校印发《苏州大学学院(部)学生工作综合考评方案(2012 年修订稿)》。

21 日　学校在本部敬贤堂举行了科学道德和学风建设宣讲教育第二场报告会。

23 日　△ 21 日至 23 日,第七届计算机科学与技术前沿国际会议在学校召开。

△ 由学校实验动物中心承办,江苏省实验动物协会、江苏省动物学会实验动物专业委员会、苏州市科学技术协会联合主办的第二十四届高校、科研院所实验动物科学管理学术研讨会暨实验动物产业论坛在苏州阳山举行。

△ 经校学位评定委员会审定,决定授予陈玮嘉等 7 078 名 2012 届普通高等教育本科生学士学位。

△ 经校学位评定委员会审定,决定授予董康宁等 338 名学生双学士学位。

△ 经校学位评定委员会审定,决定授予朱家豪等 277 名成人高等教育本科毕业生学士学位。

△ 经校学位评定委员会审定,决定授予闻浩等 311 名高等教育自学考试本科毕业生学士学位。

26 日　△ 第十三届"挑战杯"全国大学生课外学术科技作品竞赛组委会第一次全体会议在学校召开。

△ 24 日至 26 日,以江苏省教育厅副厅长朱卫国为团长的江苏省高等教育代表团一行六人访问老挝,并专程赴老挝苏州大学了解办学情况。

△ 校党委决定成立学习宣传贯彻党的十八大精神宣讲团。

27 日　△ 经校学位评定委员会审定,决定授予 KIM JI HUN 等 88 名海外本科留学毕业生学士学位。

△ 23日至27日,处级干部学习贯彻党的十八大精神培训在本部大礼堂举行。

28日 △ 第二批江苏省大学生创业教育示范校评估验收工作研讨会在学校红楼会议中心召开。

△ 2012—2016年苏州大学建行奖教金签约仪式在红楼会议中心举行。

△ 南通苏州大学纺织研究学院揭牌暨产学研对接交流会于南通科技园举行。

△ 苏州大学、常熟博物馆签约合作共建。

△ 23日至28日,学校组织处级干部专题培训班暨新上岗处级干部培训班。

29日 △ 学校音乐学院揭牌仪式暨周氏教育科研奖、第十二届音乐创作奖颁奖音乐会在音乐报告厅举行。

△ 苏州大学—华盛能源材料研究院成立。该研究院为学校与地方合作共建的科研平台,挂靠物理科学与技术学院、能源学院。聘任沈锦良为研究院名誉院长,郑洪河为研究院院长,沈鸣、张先林、张力为研究院副院长。

△ 苏州大学—阿特斯光伏研究院成立。该研究院为学校与地方合作共建的科研平台,挂靠物理科学与技术学院、能源学院。聘任章灵军为研究院名誉院长,沈明荣为研究院院长,苏晓东为研究院常务副院长,王栩生为研究院副院长。

11月 △ 化学电源研究所被工信部评为"工业(化学电源)产品质量控制和技术评价实验室"。

△ 由中国文联主办的第八届中国文联文艺评论奖颁奖典礼在云南昆明举行,学校朱栋霖教授撰写的《经典〈雷雨〉:从话剧到苏州评弹——纪念曹禺百年诞辰》获得文章类特等奖。这是江苏省首次获得此项国家级文艺评论奖项特等奖。

△ 学校功能纳米与软物质研究院何耀教授作为首席科学家申报的国家重大科学研究计划青年科学家专题项目("青年973")"荧光硅纳米结构的设计、生物学效应及其用于生物荧光成像的基础研究"(项目编号:2013CB934400)获科技部立项。

△ 学校现代丝绸国家工程实验室荣获第十四届中国国际高新技术成果交易会国家发改委主题展览优秀展示奖。

△ 王家宏教授主持的国家软科学项目"我国公共体育服务体系研究"(项目编号:2012GXS4B058)喜获国家科技部2012年软科学计划项目立项,实现了学校在国家软科学研究计划项目上新的突破。

12 月

1 日　△ 文正学院国际交流学院成立。

△ 江苏省法学会刑法学研究会 2012 年年会在学校召开。

2 日　1 日至 2 日，台湾东吴大学校长潘维大、国际与两岸学术交流事务处处长姚思远访问学校。

4 日　学校印发《苏州大学基本建设项目管理办法(试行)》。

5 日　苏州大学 ASIC 芯片设计与集成系统研究所成立。该研究所为校级非实体性科研机构，挂靠电子信息学院。聘任乔东海同志为该研究所所长，张骥同志为该研究所副所长。

6 日　△ 由《中国社会科学》杂志社主办、学校承办的“全球化进程中的国家认同”学术研讨会举行。

△ 教育部政策法规司巡视员刘自成一行来学校调研。

7 日　苏州大学美麟奖学金签约及颁奖仪式在纺织与服装工程学院行政楼大会议室举行。

8 日　△ 江苏省发改委在学校组织现代丝绸国家工程实验室项目竣工验收会。经审议，该项目已完成国家批准的建设任务，达到了预定目标，同意通过竣工验收。

△ 根据教育部、卫生部《关于批准第一批卓越医生教育培养计划项目试点高校的通知》(教高函〔2012〕20 号)文件精神，经学校申报，省教育厅、省卫生厅推荐，教育部、卫生部组织专家审核，学校获批成为五年制临床医学人才培养模式改革试点高校。

△ 根据《关于开展“十二五”普通高等教育本科国家级规划教材第一次推荐遴选工作的通知》(教高司函〔2011〕204 号)和《教育部关于印发第一批“十二五”普通高等教育本科国家级规划教材书目的通知》(教高函〔2012〕21 号)文件精神，经学校申报、省教育厅推荐、教育部评审，学校教师主编的 4 种 6 部教材入选第一批“十二五”普通高等教育本科国家级规划教材。

△ 经校长办公会研究决定，对苏州大学体育运动委员会委员进行调整。调整后的委员名单如下：

主任：江涌；

执行主任：王家宏；

副主任：唐忠明、王安列、张国华、雍明；

委员(按姓氏笔画为序)：马卫中、王政、王健、王尔东、王成奎、王全法、王剑敏、邢光晟、刘标、刘鲁庆、芮秀文、严冬生、李伟文、沙丹丹、沈云彩、宋清华、张卫、张健、陆岸、陆升汉、陈进华、陈国风、季晶、袁晶、袁昌兵、徐建荣、唐文跃、陶培之、曹金元、龚雪锋、盛惠良、常青伟、董娜、蒋青芳、黎春红、霍跃进；

办公室主任：王全法、陈亦红；

办公室秘书：徐建荣、钱志强。

9 日 8 日至 9 日，由中国政治学会主办、学校承办的中国政治学会 2012 年年会暨“坚持社会主义政治制度与创新社会管理”学术研讨会在学校召开。

11 日 △ 学校孙立宁获高校 2012 年度省第四期“333 工程”第一层次资助科研项目，郎建平、高晓明获高校 2012 年度省第四期“333 工程”第二层次资助科研项目，孙旭辉、毛新良获高校 2012 年度省第四期“333 工程”第三层次资助科研项目。

△ 学校印发《苏州大学关于实施“东吴讲席教授”制度的暂行规定》。

12 日 △ 省委宣讲团成员、省委教育工委书记、省教育厅厅长沈健来学校宣讲党的十八大精神。

△ 9 日至 12 日，香港中文大学新亚书院陈新安副院长、刘国强教授、莫家良教授一行访问学校，商谈两校书院合作与交流项目。

△ 根据江苏省教育厅《关于表彰第四届（2010—2011 年度）江苏省科技工作先进高校的决定》（苏教科〔2012〕21 号），学校被授予“江苏省科技工作先进高校”称号。

14 日 △ 苏州大学学术道德规范工作领导小组成立，王卓君、朱秀林任组长。

△ 经校长办公会议审议通过，决定成立苏州大学学术道德规范工作领导小组，统一领导和部署学校的学术道德规范工作。

组长：王卓君、朱秀林；

副组长：江涌、熊思东；

成员：王家宏、袁勇志、吴雪梅、陈进华、姜建明、朱巧明、陈忠、唐忠明、张国华、俞伟清、金薇吟、唐建新。

苏州大学学术道德规范工作领导小组办公室设在研究生院。

15 日 △ 14 日至 15 日，学校 2012 年继续教育工作总结大会召开。

△ 江苏省哲学社会科学界第六届学术大会“法学、政治学和国际关系”论坛在学校召开。

△ 学校迟力峰、吴和坤、马楠、张惠敏、刘坚、李建明、邹贵付、沈纲祥等 8 人入选 2012 年省“双创计划”。

17 日 根据《征兵工作条例》和教育部、总参谋部、总政治部参字〔2011〕4 号文件精神，学校陆蒙超等 5 名同学积极响应国家号召，被征兵办批准入伍。

18 日 商务部茧丝绸产业公共服务体系建设项目启动会在学校召开。

19 日 △ 因学校人事变动，根据《苏州大学教育发展基金会章程》的有关精神，经基金会二届三次理事会研究决定，对苏州大学教育发展基金会理事会、监事会组成人员进行调整，现将调整后的人员组成公布如下：

理事长：王卓君；

副理事长：朱秀林、江涌；

理事（按姓氏笔画为序）：马卫中、王卓君、王洪法、王家宏、田晓明、朱巧明、朱秀林、仲宏、刘标、江涌、江作军、杨一心、张洁、张海洋、陈一星、姜建明、袁勇志、唐忠明、黄兴、盛惠良、蒋星红、路建美、熊思东、薛辉；

秘书长：薛辉；

副秘书长：张洁、张海洋；

监事（按姓氏笔画为序）：肖平、张建生、施亚东、高祖林。

△ 学校印发《苏州大学硕士研究生录取工作办法》。

△ 学校印发《苏州大学研究生学术道德规范条例（试行）》。

21日 △ 学校与苏州艾迪尔医疗器械有限公司共建研发平台签约暨揭牌仪式在张家港艾迪尔医疗器械有限公司隆重举行。

△ 老挝苏州大学应邀参加先进教学设备应用推广会并受老挝教育与体育部副部长接见。

22日 苏州大学食品药品检验检测中心成立。该中心为校级科研机构，挂靠医学部。

23日 中国共产主义青年团苏州大学第十五次代表大会在校本部敬贤堂召开。

24日 △ 学校印发《苏州大学发展工作考评奖励办法（试行）》。

△ 学校印发《苏州大学教育发展基金会医学教育发展基金管理办法（试行）》。

23日 中国共产主义青年团苏州大学第十五次代表大会在校本部敬贤堂隆重召开。

27日 "苏州纳米技术及相关产业发展战略研究（一期）"验收会在学校召开。

28日 经第八届校学位评定委员会综合学部第十一次会议讨论，决定授予2012届第二批全日制研究生王成等5人博士学位；授予专业学位研究生王伟等6人博士学位。

经第八届校学位评定委员会综合学部第十一次会议讨论，决定授予2012届第二批全日制研究生蒋丽等38人硕士学位；决定授予专业学位研究生史磊等997人硕士学位；决定授予高校教师周爽等8人硕士学位；决定授予同等学力人员刘元军等31人硕士学位。

29日 △ 根据教育部办公厅、中央政法委员会办公室《关于公布首批卓越法律人才教育培养基地名单的通知》（教高厅函〔2012〕47号）文件精神，经学校申报，省教育厅推荐，教育部、中央政法委组织专家通讯评审和会议评审，网上公示，学校成功入选教育部首批"应用型、复合型法律职业人才教育培养基地"。

△ 学校印发《关于中共苏州大学医学部基础医学与生物科学学院委员会换届选举结果的报告》和《关于中共苏州大学医学部基础医学与生物科学学院委员会委员分工的报告》：

一、中共苏州大学医学部基础医学与生物科学学院委员会由王国卿、朱旻、贡成良、杨雪珍、邱玉华、陶陆阳、黄瑞(按姓氏笔画为序)等 7 名委员组成。

二、黄瑞同志任中共苏州大学医学部基础医学与生物科学学院委员会书记。

31 日　△ 教育部高教司综合处韩筠处长莅临学校调研国家试点学院建设。

△ 老挝苏州大学与万象市自然资源与环境厅在老挝万象市隆重举行了老挝苏州大学建校用地协议签约暨土地证颁发仪式。

△ 1 月 1 日至 12 月 31 日,学校共面向社会公开招聘 69 次,共接受 5 000 人次应聘。经过笔试、面试等环节,最终以人事代理方式录用 112 人。其中,辅导员 17 人,党政管理人员 41 人,实验技术、教辅人员 54 人。以科研助理方式录用 11 人。以编外合同方式录用 18 人。

12 月　△ 学校获"全国高校节能监管平台建设示范单位"称号。

△ 根据江苏省军区司令部、江苏省教育厅《关于印发〈江苏省学生军训工作先进单位和先进个人评选办法〉的通知》(司学〔2012〕28 号),学校被授予"2010—2011 年度学生军训工作先进单位"称号,人武部张镇华同志被评为先进个人。

△ 根据江苏省教育厅《关于中国大学生体育协会跆拳道分会对突出贡献单位及个人进行表彰的决定》(大跆协〔2012〕48 号)以及省教育厅、省体育局团省委《关于表彰第九届全国大学生运动会江苏代表团突出贡献单位优秀运动员优秀教练员和先进个人的决定》(苏教体艺〔2012〕26 号),学校被授予"突出贡献单位"称号,林向前等 16 名运动员被授予"优秀运动员"称号,陈钢等 5 名教练员被授予"优秀教练员"称号,王家宏等 3 人被授予"先进个人"称号。

△ 第六届胡绳青年学术奖评选结果在中国社会科学院揭晓,学校艺术学院郑丽虹副教授著《苏艺春秋——"苏式"艺术的缘起和传播》荣获"胡绳青年学术奖 · 苏州研究特别奖"。

△ 由中国文联、中国书法家协会主办的第四届中国书法兰亭奖在浙江绍兴评审揭晓,学校艺术学院博士生导师华人德教授荣获中国书法兰亭奖艺术奖。

△ 学校文学院周秦教授主讲的"昆曲艺术"和外国语学院王腊宝教授主讲的"英语经典美文"成功入选教育部 2012 年"精品视频公开课建设计划"。

△ 教育部在广东召开"中国高校哲学社会科学发展论坛 2012",对"十一五"期间我国高校社科管理工作突出的集体和个人进行表彰。学校人文社会科学院荣获"高校哲学社会科学研究管理先进集体"称号。

△ 艺术学院刘昌明教授的油画作品《网 · 鱼》获首届中国美术家协会会员油画精品展优秀奖。

△ 金螳螂建筑与城市环境学院室内设计系钱晓宏老师的设计作品"烟台五彩文化广场——艺术中心公共空间"获第三届中国国际空间环境艺术设计大赛(筑巢奖)金奖。

△ 功能纳米与软物质研究院何耀教授获 2012 年度中国化学会青年化学奖，为学校科研工作者首次获得该奖项。

△ 学校申报的“继承百年传统　弘扬‘惠寒’文化——苏州大学实施‘惠寒’行动，践行社会主义核心价值体系”项目荣获教育部 2012 年高校校园文化建设优秀成果特等奖。

△ 第二批国家“千人计划”入选者陈晓东教授正式加盟学校。

2012 年　学校 2012 年录取博士研究生 331 人，硕士研究生 3 127 人；临床医学专业录取 183 人；港、澳、台地区录取 14 人（其中，博士 2 人，硕士 12 人）；录取在职攻读硕士学位研究生 997 人。

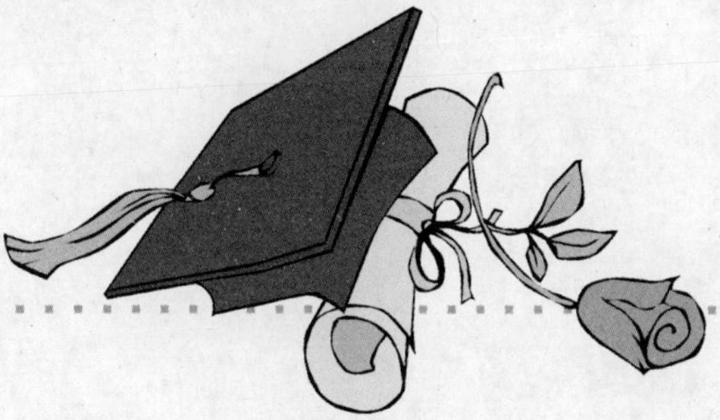

各类机构设置、机构负责人及有关人员名单

苏州大学党群系统机构设置

苏州大学党群系统机构设置一览表

<table>
<tr><th>序号</th><th colspan="2">党群部门、党委、党工委名称</th><th>所属科室名称</th><th>备 注</th></tr>
<tr><td>1</td><td colspan="2">中共苏州大学委员会</td><td></td><td></td></tr>
<tr><td>2</td><td colspan="2">中共苏州大学纪律检查委员会</td><td></td><td></td></tr>
<tr><td rowspan="3">3</td><td>党委办公室</td><td rowspan="3">合署办公</td><td>综合科</td><td rowspan="3"></td></tr>
<tr><td rowspan="2">规划与政策研究室</td><td>文秘科</td></tr>
<tr><td>机要科</td></tr>
<tr><td rowspan="4">4</td><td colspan="2" rowspan="4">纪监审办公室</td><td>综合科</td><td rowspan="4"></td></tr>
<tr><td>纪检监察科</td></tr>
<tr><td>工程审计科</td></tr>
<tr><td>财务审计科</td></tr>
<tr><td rowspan="3">5</td><td>党委组织部</td><td rowspan="3">合署办公</td><td>干部科</td><td rowspan="3"></td></tr>
<tr><td>党校</td><td rowspan="2">组织科</td></tr>
<tr><td>社会主义学院</td></tr>
<tr><td rowspan="2">6</td><td colspan="2" rowspan="2">党委宣传部</td><td>理论教育科</td><td rowspan="2"></td></tr>
<tr><td>宣传科</td></tr>
<tr><td>7</td><td colspan="2">党委统战部</td><td></td><td></td></tr>
<tr><td rowspan="7">8</td><td colspan="2" rowspan="7">保卫部(处)</td><td>综合科</td><td rowspan="7"></td></tr>
<tr><td>调查研究科</td></tr>
<tr><td>校本部治安科</td></tr>
<tr><td>东校区治安科</td></tr>
<tr><td>北校区治安科</td></tr>
<tr><td>独墅湖校区治安科</td></tr>
<tr><td>交通消防科</td></tr>
<tr><td rowspan="3">9</td><td>学生工作部(处)</td><td rowspan="3">合署办公</td><td>综合科</td><td rowspan="3"></td></tr>
<tr><td rowspan="2">人武部</td><td>思想教育科</td></tr>
<tr><td>管理科</td></tr>
<tr><td rowspan="3">10</td><td colspan="2" rowspan="3">离退休工作部(处)</td><td>综合科</td><td rowspan="3"></td></tr>
<tr><td>离休科</td></tr>
<tr><td>退休科</td></tr>
<tr><td>11</td><td colspan="2">机关党工委</td><td></td><td></td></tr>
</table>

续表

序号	党群部门、党委、党工委名称	所属科室名称	备 注
12	群团与直属单位党工委		
13	党委研究生工作部		与研究生院合署办公
14	苏大教服公司党委		
15	后勤党委		
16	离休党工委		
17	工会	综合科 联络部	
18	团委	组宣部 创新实践部	
19	图书馆党委		
20	化学电源研究所党工委		
21	文学院党委		
22	凤凰传媒学院党委		
23	社会学院党委		
24	政治与公共管理学院党委		
25	东吴商学院党委		
26	王健法学院党委		
27	外国语学院党委		
28	教育学院党委		
29	艺术学院党委		
30	音乐学院党委		2012 年 10 月 18 日成立
31	体育学院党委		
32	数学科学学院党委		
33	物理科学与技术学院党委		
34	材料与化学化工学部党委		
35	纺织与服装工程学院党委		
36	计算机科学与技术学院党委		
37	电子信息学院党委		
38	机电工程学院党委		
39	医学部党工委		
40	医学部基础医学与生物科学学院党委		
41	医学部放射医学与防护学院党委		
42	医学部公共卫生学院党委		
43	医学部药学院党委		

续表

序号	党群部门、党委、党工委名称	所属科室名称	备　注
44	医学部护理学院党委		
45	医学部第一临床医学院党委		
46	医学部第二临床医学院党委		
47	医学部儿科临床医学院党委		
48	金螳螂建筑与城市环境学院党委		
49	城市轨道交通学院党委		
50	纳米科学技术学院党委		
51	应用技术学院党委		
52	文正学院党委		
53	附属第一医院党委		
54	附属第二医院党委		
55	附属儿童医院党委		

苏州大学行政系统、直属单位机构设置

苏州大学行政系统、直属单位统机构设置一览表

序号	行政部门、学院(系)名称		所属科室名称	备注
1	苏州大学			
2	校长办公室	合署办公	综合科	
			文秘科	
	对外联络接待办公室		接待科	
			信息科	
3	行政事务服务中心			挂靠校长办公室
4	独墅湖校区建设和管理委员会		综合办公室	
			教务办公室	
			学生工作办公室	
			总务与保卫办公室	
5	发展委员会办公室		联络发展部	
			校友部	
			基金会(董事会)管理部(综合科)	
6	新闻中心			与党委宣传部合署办公
7	教务处		综合科	2012年10月11日撤销
			教务科	
			注册与选课中心	
			教学研究与评估科	
			实践教学科	
			留学生教学管理科	
	教务部	综合办公室		2012年10月11日成立
		教学运行处	学籍管理科	
			课程与考试科	
			通识教育与大类培养科	
			专业设置与实践教学科	

续表

序号	行政部门、学院(系)名称		所属科室名称	备 注
7	教务部	教学质量与资源管理处	教学质量管理科	2012.10.11 成立
			教学资源管理科	
		教学改革与研究处	教学与改革科	
			特色(创新)培养科	
			科研训练与对外交流科	
	教师教学发展中心			挂靠教务部
8	招生就业处		综合科	
			招生科	
			学生就业指导科	
	学生职业生涯规划辅导中心			挂靠招生就业处
9	科学技术与产业部			
	综合办公室			
	科学技术处		项目管理办公室	
			平台建设办公室	
			成果与知识产权办公室	
	军工处(军工保密办公室)		军工科技管理办公室	
			军工监管办公室	
	科技产业处(国家大学科技园管理中心)		地方合作办公室	
			科技园管理办公室	
			产业园管理办公室	
10	人文社会科学院		综合管理办公室	
			项目管理办公室	
			基地建设办公室	
			成果管理办公室	2012 年 11 月 26 日由成果推广办公室更名
11	实验室与设备管理处		综合科	
			实验室管理科	
			实验室安全科	
			设备科	
12	人事处		综合科	
			人事科	
			师资科	
			劳动工资科	
			人事信息与档案管理科	
			博士后工作管理办公室	
			人才开发办公室	

续表

<table>
<tr><th>序号</th><th>行政部门、学院(系)名称</th><th colspan="2">所属科室名称</th><th>备　注</th></tr>
<tr><td rowspan="12">13</td><td rowspan="7">研究生院</td><td colspan="2">综合办公室</td><td rowspan="7"></td></tr>
<tr><td colspan="2">招生办公室</td></tr>
<tr><td rowspan="3">培养科</td><td>教学管理科</td></tr>
<tr><td>质量监控与评估科</td></tr>
<tr><td>国际交流科</td></tr>
<tr><td rowspan="2">研究生管理科</td><td>教育与管理科</td></tr>
<tr><td>就业指导科</td></tr>
<tr><td>学科建设办公室</td><td colspan="2"></td><td rowspan="4">挂靠研究生院</td></tr>
<tr><td>“211 工程”办公室</td><td colspan="2"></td></tr>
<tr><td rowspan="2">学位评定委员会办公室</td><td colspan="2">学位管理科</td></tr>
<tr><td colspan="2">导师管理科</td></tr>
<tr><td>导师学院</td><td colspan="2"></td><td>挂靠研究生院</td></tr>
<tr><td rowspan="7">14</td><td rowspan="7">保卫处(部)</td><td colspan="2">综合科</td><td rowspan="7"></td></tr>
<tr><td colspan="2">调查研究科</td></tr>
<tr><td colspan="2">校本部治安科</td></tr>
<tr><td colspan="2">东校区治安科</td></tr>
<tr><td colspan="2">北校区治安科</td></tr>
<tr><td colspan="2">独墅湖校区治安科</td></tr>
<tr><td colspan="2">交通消防科</td></tr>
<tr><td rowspan="3">15</td><td rowspan="3">学生工作处(部)</td><td colspan="2">综合科</td><td rowspan="3"></td></tr>
<tr><td colspan="2">思想教育科</td></tr>
<tr><td colspan="2">学生资助管理中心</td></tr>
<tr><td rowspan="5">16</td><td rowspan="4">国际合作交流处(海外教育学院)[两块牌子、一套班子]</td><td colspan="2">综合科</td><td rowspan="4"></td></tr>
<tr><td colspan="2">外事科</td></tr>
<tr><td colspan="2">学生交流科</td></tr>
<tr><td colspan="2">留学生管理科</td></tr>
<tr><td>港澳台办公室</td><td colspan="2"></td><td>挂靠国际合作交流处</td></tr>
<tr><td rowspan="3">17</td><td rowspan="3">离退休工作处(部)</td><td colspan="2">综合科</td><td rowspan="3"></td></tr>
<tr><td colspan="2">离休科</td></tr>
<tr><td colspan="2">退休科</td></tr>
</table>

续表

序号	行政部门、学院(系)名称	所属科室名称	备注
18	财务处	综合科	
		会计科	
		预算管理科	
		收费管理科	
		独墅湖校区财务科	
		稽核科	
		国有资产管理科	
		科研经费管理科	
19	继续教育处(成人教育学院)	综合科	
		教学管理科	
		培训科	
	自学考试办公室		挂靠继续教育处
20	后勤管理处	综合科	
		校产管理科	
		维修管理科	
		医保与计划生育管理科	
		计划科	
		施工管理科	
		幼儿园	
		托管资产管理科	
		膳食管理科	
		物业管理科	
		招标管理科	
	宿舍管理办公室		挂靠后勤管理处
	校医院		挂靠后勤管理处
21	江苏苏大投资有限公司	苏州中核华东辐照有限公司	
		苏州明世光学有限公司	

续表

序号	行政部门、学院(系)名称	所属科室名称	备注
21	江苏苏大投资有限公司	苏大视光配镜中心	
		苏州华绸科技有限公司	
		苏州苏大赛尔免疫生物技术有限公司	
		苏州苏大雷克科技有限公司	
		苏州苏豪生物材料科技有限公司	
		江苏苏州大学科技创业园有限公司	
		苏大维格数码光学有限公司	
		苏州凯罗尔手性化学有限公司	
		苏州苏大卫生与环境工程有限公司	2012 年 5 月 11 日成立
22	出版社有限公司(简称出版社)	社长办公室	
		总编办公室	
		出版科	
		财务科	
		营销部	
		读者服务部	
		数字出版部	
		审读与质检中心	
		职教策划部	
		基教策划部	
		高教策划部	
		大众策划部	
		书稿加工中心	
23	学报编辑部	办公室	
		哲学社会科学版	
		自然科学版	
		工科版	
		医学版	
24	档案馆	办公室	
		文书档案室	
		科技档案室	
		教学档案室	
		技术管理室	

续表

序号	行政部门、学院(系)名称	所属科室名称	备注
25	博物馆	办公室	
26	图书馆	办公室	
		系统技术部	
		信息咨询部	
		文献建设部	
		校本部读者服务部	
		东校区读者服务部	
		北校区读者服务部	
		炳麟馆读者服务部	
		阳澄湖读者服务部	
		古籍特藏部	
		数字化建设部	
27	分析测试中心		
28	网络中心		
29	工程训练中心		
30	实验动物中心		
31	实验材料供应中心		
32	化学电源研究所(正处级建制)		
33	现代光学技术研究所(正处级建制)		
34	现代丝绸国家工程实验室(正处级建制)		
35	骨科研究室(正处级建制)		
36	神经科学研究所(正处级建制)		
37	张家港工业技术研究院(正处级建制)	办公室	2012 年 7 月 5 日设立办公室
38	马克思主义学院(正处级建制)		
39	南通纺织研究院(正处级建制)		
40	艺术教育中心(正处级建制)		
41	文学院		
42	凤凰传媒学院		
43	社会学院		

续表

序号	行政部门、学院(系)名称	所属科室名称	备 注
44	政治与公共管理学院		
45	东吴商学院(财经学院) 东吴证券金融学院		
46	王健法学院		
47	外国语学院		
48	教育学院		
49	艺术学院		
50	音乐学院		2012 年 10 月 18 日成立
51	体育学院		
52	数学科学学院		
53	物理科学与技术学院　能源学院		
54	材料与化学化工学部	综合办公室	
		教学办公室	
		学科建设办公室	
		学生工作办公室	
		实验室管理办公室	
55	功能纳米与软物质研究院(正处级建制)		
56	纳米科学技术学院(正处级建制)		
57	纺织与服装工程学院		
58	计算机科学与技术学院		
59	电子信息学院		
60	机电工程学院		
61	沙钢钢铁学院		
62	医学部	党务行政管理办公室	
		教学办公室	
		学生工作办公室	
		科研办公室	
		研究生办公室和发展办公室	
63	医学部基础医学与生物科学学院		
64	医学部放射医学与防护学院		
65	医学部公共卫生学院		
66	医学部药学院		

续表

序号	行政部门、学院(系)名称	所属科室名称	备　注
67	医学部护理学院		
68	医学部第一临床医学院		
69	医学部第二临床医学院		
70	医学部儿科临床医学院		
71	金螳螂建筑与城市环境学院		
72	城市轨道交通学院		
73	敬文书院		
74	唐文治书院(简称文治书院)		
75	应用技术学院		
76	文正学院		
77	老挝苏州大学	综合办公室	
		教学与学生事务办公室	合署办公
		招生就业办公室	
		人力资源与财务办公室	
		校园建设与管理办公室	
78	附属第一医院		
79	临床医学研究院(正处级建制)		挂靠附属第一医院
80	附属第二医院		
81	附属儿童医院		

注：根据苏大人〔2008〕67号文件通知，学院内设办公室、学生工作办公室、团委等三个科级机构，直属单位内设办公室。

苏州大学中层及以上干部名单

1. 校领导

党委书记：王卓君
校　　长：朱秀林
党委副书记：朱秀林
　　　　　江　涌
　　　　　高祖林
副校长：殷爱荪　2012 年 6 月免
　　　　张学光　2012 年 2 月免
　　　　葛建一　2012 年 6 月免
　　　　路建美
　　　　江　涌
　　　　田晓明
　　　　陈一星
　　　　熊思东
　　　　江作军　2012 年 6 月任
　　　　杨一心　2012 年 6 月任
　　　　蒋星红　2012 年 6 月任
校长助理：杨一心
　　　　　浦文倜　2012 年 10 月任
　　　　　王家宏　2012 年 10 月任

2. 校级调研员

副校级：王顺利　2012 年 6 月免
　　　　殷爱荪　2012 年 6 月任
　　　　葛建一　2012 年 6 月任

3. 纪律检查委员会

书　记：高祖林

副书记：施亚东

4. 党委办公室

主　任：王洪法
副主任：周玉玲　2012年10月免
　　　　姚　炜
　　　　查晓东　2012年5月任
　　　　茅海燕　2012年10月任
副调研员：马龙剑　2012年11月任

规划与政策研究室（与党委办公室合署办公）
主　任：王洪法（兼）
副主任：姚　炜（兼）

5. 纪监审办公室

主　任：施亚东
副主任：肖　平（调研员）
　　　　徐昳荃
　　　　鲍　卫　2012年5月任
正处级纪检员：朱锁龙　2012年9月免
　　　　　　　袁晓通
　　　　　　　高　玲
副处级纪检员：夏西冰
　　　　　　　王苏平
　　　　　　　戴璇颖
　　　　　　　郑　庚　2012年10月免
　　　　　　　陈德斌　2012年10月任
　　　　　　　陈　敏　2012年11月任
调研员：朱汉华　2012年4月免
　　　　朱彦云　2012年9月免
　　　　徐建中
副调研员：徐龙兴　2012年5月任
　　　　　　　　　2012年9月免

6. 党委组织部

部　长：江作军　2012年7月免

邓　敏　2012 年 7 月任
副部长：邓　敏
查佐明
周玉玲　2012 年 10 月任
调研员：陆霞明
副处级组织员：李全义
唐宇宏

党　校(与党委组织部合署办公)
校　长：王卓君(兼)
常务副校长：薛　凡
副校长：江作军(兼)　2012 年 7 月免

7. 党委宣传部

部　长：陈进华
副部长：孙宁华
吴　江

新闻中心(与党委宣传部合署办公)
主　任：陈进华(兼)
副主任：冯　一
孙宁华(兼)

8. 党委统战部

部　长：吴建明
副部长：刘海平
调研员：张雪根

9. 保卫部(处)

部(处)长：霍跃进
副部(处)长：曹培培(调研员)
余宏明
副调研员：倪学友
严家江　2012 年 11 月任

10. 学生工作部(处)

部(处)长：张国华
副部(处)长：董召勤
陈　平(2012 年 11 月任调研员)
段永锋　　2012 年 11 月任

人武部[与学生工作部(处)合署办公]
部　长：邓国林

11. 离休党工委

书　记：徐群祥
副书记：秦和鸣
史有才

离退休工作部(处)
部(处)长：徐群祥
副部(处)长：史有才
陈　洁
调研员：程积春　　2012 年 1 月免
副调研员：石　健

12. 机关党工委

书　记：邓　敏　　2012 年 10 月免
周玉玲　　2012 年 10 月任
副书记：茅海燕　　2012 年 10 月免

13. 群团与直属单位党工委

书　记：蒋剑平
副书记：陈向民
副调研员：刘炳喜　　2012 年 11 月任

14. 校工会

主　席：王安列

副主席：陈亦红(调研员)
冒维东
张筱明 2012 年 5 月任
调研员：秦 红 2012 年 9 月免
沈美媛
副调研员：许惠英
谢 玲
谢 健 2012 年 5 月任

15. 校团委

书 记：王尔东
副书记：肖甫青
程晓军
朱 今 2012 年 11 月任

16. 校长办公室

主 任：刘 标
副主任：于毓蓝
吴小春
洪 晔
副调研员：杨雪珍 2012 年 4 月免

对外联络接待办公室(与校长办公室合署办公)
主 任：刘 标(兼)
副主任：薛 辉(兼)
曹 健(兼)
姜建明(兼)
孙建娅
沈振亚(兼)
吉 伟
闻曙明(兼)

行政事务中心(挂靠校长办公室)
主 任：丁 瑶

老挝苏州大学
校 长：朱秀林(兼)

常务副校长：闻曙明
校长助理：吴小春
　　　　　谭玉坤

综合办公室
副主任：陈　美(主持工作)　　2012年3月任

教学与学生事务管理办公室
主　任：倪沛红　　2012年3月任

校园建设与管理办公室
副主任：顾建忠(主持工作)　　2012年3月任

17. 发展委员会办公室

主　任：薛　辉
副主任：张　洁
调研员：杭晓平
副调研员：王培钢
　　　　　刘志敏

18. 教务处(2012年10月撤销，苏大委〔2012〕33号)

处　长：唐忠明
副处长：洪国云(调研员)
　　　　晏世雷
　　　　钱振明
　　　　刘方涛　　2012年5月任
调研员：王哲唯
副调研员：于竞红
　　　　　杨　柳　　2012年10月免

教务部(2012年10月成立，苏大委〔2012〕33号)
部　长：唐忠明　　2012年10月任
副部长：钱振明　　2012年10月任
　　　　洪国云(兼，调研员)　　2012年10月任

综合办公室
主　任：杨　柳　　2012年10月任

教学运行处
处　长：周　毅　　2012 年 10 月任
副处长：刘方涛

教学质量与资源管理处
处　长：晏世雷　　2012 年 10 月任
副处长：陆　丽　　2012 年 10 月任

教学改革与研究处
处　长：王剑敏　　2012 年 10 月任
副处长：季　进　　2012 年 10 月任
副调研员：于竞红
　　　　蒲曼莉　　2012 年 11 月任

19. 招生就业处

处　长：马卫中
副处长：王　清
　　　　翟惠生

学生职业生涯规划辅导中心(挂靠招生就业处)
主　任：马卫中(兼)
副主任：黄文军

20. 科学技术与产业部

部　长：路建美(兼)
常务副部长：朱巧明

下设：
综合办公室
主　任：刘海燕

科学技术处
处　长：郁秋亚
副处长：许继芳
　　　　钱福良
　　　　邹贵付　　2012 年 8 月任

军工处(军工保密办公室)

军工处

处　长:沈志清　　2012年3月任

副处长:沈志清(主持工作)

　　　赵一强

军工保密办公室

主　任:路建美(兼)

常务副主任:沈志清(兼)

副主任:赵一强

　　　周玉玲(兼)　　2012年10月免

　　　茅海燕(兼)　　2012年10月任

科技产业处(国家大学科技园管理中心)

处长(主任):蒋敬东

副处长(副主任):仇国阳

　　　　　　　糜志雄

副处长:周　村(兼)

副调研员:周玉成　　2012年11月免

21. 人文社会科学院

院　长:田晓明(兼)

常务副院长:袁勇志　　2012年2月免

副院长:陈　忠(兼)

中国特色城镇化研究中心

主　任:陈　忠

副主任:林　萍

22. 实验室与设备管理处

处　长:陈永清

副处长:黄　平

　　　仇玉山

副调研员:夏永林　　2012年11月任

23. 人事处

处　长:姜建明

副处长：孙德芬　　2012 年 12 月免
王云杰
何　峰
闫礼芝　　2012 年 5 月任

24. 研究生院

院　长：熊思东（兼）
常务副院长：王家宏

下设：

综合办公室
主　任：王杰祥

招生办公室
主　任：章晓莉

培养办公室
主　任：唐建新

研究生管理办公室
主　任：俞伟清

党委研究生工作部
部　长：袁勇志　　2012 年 2 月任

学位评定委员会办公室（挂靠研究生院）
主　任：王家宏（兼）
副主任：金薇吟

学科建设办公室、"211 工程"办公室（挂靠研究生院）
主　任：吴雪梅
副主任：邱　鸣

导师学院
院　长：熊思东（兼）
副院长：王家宏（兼）

25．国际合作交流处（海外教育学院）

处（院）长：黄　兴
副处（院）长：唐凤珍　　2012年6月免
　　陆惠星
　　袁　晶　　2012年6月任
　　谭玉坤（兼）
调研员：刘宇琴
保留副处职待遇：露　兵

港澳台办公室（挂靠国际合作交流处）

主　任：黄　兴（兼）
副主任：茹　翔
调研员：吴晓园　　2012年10月免

孔子学院

中方院长：顾佩娅

26．财务处

处　长：盛惠良
副处长：孙琪华
　　姚永明
　　朱　彦　　2012年11月任
副调研员：薛　晋

国有资产管理委员会办公室

副主任：陈中华　　2012年10月任

27．继续教育处（成人教育学院）

处　长：曹　健
副处长：吴建军（调研员）
　　赵小苓
　　胡龙华　　2012年5月任
调研员：李毓平　　2012年2月免
副调研员：沈文英　　2012年11月任

28. 后勤党委

书　记：严冬生

后勤管理处

处　长：仲　宏
副处长：范肖锋
　　　　王凤英
　　　　王　东
　　　　顾明高
　　　　朱火金　　2012 年 5 月任
副调研员：梁奎峰（享受副处职待遇）
　　　　沈雅英
　　　　顾建忠（省委扶贫工作队队员，享受副处职待遇）　　2012 年 3 月免
　　　　邵　健
　　　　王振明　　2012 年 11 月任
　　　　庄建英　　2012 年 11 月任

学生宿舍管理办公室（挂靠后勤管理处）

主　任：顾明高（兼）

校医院（挂靠后勤管理处）

院　长：杨秀丽
常务副院长：李克夏（副处级）

独墅湖校区建设和管理委员会

主　任：仲　宏（兼）
副主任：范肖锋（兼）
　　　　朱彦云（兼）　　2012 年 9 月免
综合办公室主任：顾明高
教务办公室主任：龚　政（兼）
建设办公室副主任：季永才（副处职待遇）

29. 艺术教育中心

主　任：吴　磊
副主任：宋海英

30. 图书馆

党委书记：周建屏　　2012年4月任
馆　长：罗时进
副馆长：周建屏
　　　　石明芳
　　　　李　峰
　　　　徐　燕　　2012年10月任
副调研员：周惠琴

31. 档案馆

馆　长：钱万里
副调研员：蔡月芬

32. 博物馆

馆　长：张朋川(兼)
常务副馆长：黄维娟(副处职,2012年11月任调研员)
副馆长：廖　军(兼)

33. 分析测试中心

主　任：张　勇

34. 工程训练中心

主　任：卢　伟(2012年11月任调研员)

35. 网络中心

主　任：杨季文
副主任：张　庆(副处级)

36. 实验材料供应中心

主　任：魏永前

37. 出版社有限公司

社　长：张建初
总编辑：耿曙生
调研员：高　敏　　2012 年 4 月免
副调研员：张凤阳
　　　　王建珍　　2012 年 9 月调入

38. 学报编辑部

主　任：陈　忠
副主任：康敬奎

39. 东吴饭店

调研员：张荣华　　2012 年 11 月任
副调研员：张荣华
　　　　何卫星

40. 化学电源研究所

党工委书记：韩良军
所　长：郑军伟
副所长：董浩然
　　　汝坤林

41. 张家港工业技术研究院

副院长：金　苗

42. 文学院

党委书记：王六一
党委副书记：张　健(兼副院长)
院　长：王　尧
副院长：逢成华
　　　黄镇伟

43. 凤凰传媒学院

党委书记：赵　阳
党委副书记：常青伟（兼副院长）
院　长：芮国强
执行院长：潘公侠
副院长：陈　龙
　　　　徐国源　　2012 年 11 月辞职
调研员：王苏光

44. 社会学院

党委书记：刘志明
党委副书记：董　娜（兼副院长）
院　长：王卫平
副院长：周　毅　　2012 年 10 月免
　　　　陈德斌　　2012 年 10 月免
　　　　郑　庚　　2012 年 10 月任
　　　　高　峰　　2012 年 11 月任
副调研员：夏敏杰

45. 政治与公共管理学院

党委书记：张才君
党委副书记：邢光晟（兼副院长）
院　长：金太军
副院长：车玉玲
　　　　姜建成（兼）
　　　　潘晓珍　　2012 年 3 月任
　　　　钮立新　　2012 年 5 月任
副调研员：沈　磊　　2012 年 6 月免

马克思主义学院

院　长：姜建成

46. 东吴商学院（财经学院）　东吴证券金融学院

党委书记：陈晓强

党委副书记：唐文跃（兼副院长）
院　长：王则斌
副院长：陆少杰（调研员）
　　　　袁建新
　　　　孙文基
　　　　任少华（兼）
调研员：吴利亚

47. 王健法学院

党委书记：胡亚球
党委副书记：陆　岸（兼副院长）
院　长：胡玉鸿
副院长：黄学贤
　　　　周国华（调研员）

48. 外国语学院

党委书记：王　欣
党委副书记：王　健（兼副院长）
院　长：王腊宝
副院长：孙倚娜（正处级）
　　　　刘海鸿
　　　　朱新福
副调研员：刘亚东
　　　　　赵　红　　2012 年 11 月任

49. 教育学院

党委书记：蒋晓虹
党委副书记：宋清华（兼副院长）
院　长：许庆豫
副院长：母小勇
　　　　陈炳亮
副调研员：王　青　　2012 年 11 月任

苏南地区大学生心理健康教育研究中心
办公室主任：许庆豫
办公室副主任：王　静（副处职，2012 年 11 月任调研员）

50. 艺术学院

党委书记：宁正法
党委副书记：陶培之（兼副院长）
名誉院长：张道一
院　长：李超德
副院长：姜竹松
　　　　顾德学

51. 体育学院

党委书记：朱建刚
党委副书记：李伟文（兼副院长）
院　长：王家宏　　2012 年 10 月免
　　　　陆阿明　　2012 年 10 月任
常务副院长：戴福祥　　2012 年 9 月免
副院长：陆阿明
　　　　雍　明
　　　　陶玉流　　2012 年 10 月任
　　　　王全法　　2012 年 10 月任
调研员：王坤泉　　2012 年 10 月免
副调研员：朱　慧
　　　　　刘卫民　　2012 年 11 月任

52. 数学科学学院

党委书记：金　中
党委副书记：蒋青芳（兼副院长）
名誉院长：姜礼尚
院　长：曹永罗
副院长：陈　敏　　2012 年 11 月免
　　　　黄毅生　　2012 年 11 月免
　　　　秦文新　　2012 年 11 月任
　　　　史恩慧　　2012 年 11 月任
　　　　潘洪亮　　2012 年 11 月任
副调研员：王建珍　　2012 年 9 调出

53. 物理科学与技术学院

党委书记：李　翔　　2012 年 10 月免
　　　　　沈明荣　　2012 年 10 月任
党委副书记：沙丹丹(兼副院长)
名誉院长：薛鸣球
院　长：沈明荣　　2012 年 10 月免
　　　　马余强　　2012 年 10 月任
常务副院长：沈明荣　　2012 年 10 月任
副院长：高　雷
　　　　陶　智
　　　　刘　军
　　　　郑洪河(兼)

能源学院

副院长：郑洪河

现代光学技术研究所

所　长：王钦华
常务副所长：余建军

高技术产业研究院

院　长：陈林森

54. 材料与化学化工学部

党委书记：郎建平
党委副书记：龚学锋(兼副主任)
主　任：陈　红
副主任：倪沛红　　2012 年 3 月免
　　　　黄志斌
　　　　戴礼兴
　　　　姚建林　　2012 年 4 月任
副调研员：胡培荣

55. 纳米科学技术学院

党委书记：季　晶　　2012 年 12 月任

党委副书记：季　晶（主持工作）
院　长：李述汤
副院长：孙旭辉（兼）
　　　　程振平（兼）

56. 纺织与服装工程学院

党委书记：孙庆民
党委副书记：王成奎（兼副院长）
院　长：陈国强
副院长：潘志娟
　　　　严　俊
　　　　周正华（兼）
调研员：毛新华
副调研员：司　伟

现代丝绸国家工程实验室

执行主任：陈国强
副主任：裔洪根

南通纺织研究院

常务副院长：周正华

57. 计算机科学与技术学院

党委书记：胡新华
党委副书记：沈云彩（兼副院长）
院　长：杨季文
副院长：朱艳琴
　　　　陆伟中
　　　　李凡长
　　　　凌　云　　　　2012 年 5 月任
调研员：费卫星

58. 电子信息学院

党委书记：杨礼富
党委副书记：芮秀文（兼副院长）
　　　　　　黄远丰　　　　2012 年 5 月任

名誉院长：潘君骅
院　长：赵鹤鸣
副院长：刘学观
　　　　马国平
调研员：季锦诚　2012 年 11 月任
副调研员：刁爱清
　　　　　季锦诚

59. 机电工程学院

党委书记：王永山
党委副书记：刘鲁庆(兼副院长)
　　　　　　赵　峰　2012 年 5 月任
院　长：孙立宁
常务副院长：石世宏　2012 年 10 月免
副院长：钮秀山
　　　　冯志华
　　　　尤凤翔　2012 年 5 月任
　　　　徐汇音　2012 年 5 月任
　　　　陈　瑶　2012 年 11 月任
副调研员：张志红　2012 年 11 月任

沙钢钢铁学院

院　长：董元篪

60. 医学部

党工委书记：戴荣明
党工委副书记：陈　赞　2012 年 4 月免
　　　　　　　解　燕
　　　　　　　姜海燕(兼)
名誉主任：阮长耿
　　　　　杜子威
主　任：蒋星红　2012 年 10 月免
　　　　吴庆宇　2012 年 10 月任
副主任：龚　政
　　　　缪世林
　　　　曹建平(2012 年 6 月保留正处职待遇)
　　　　王建荣

高晓明(兼)
调研员：丁　林
办公室主任：席拥军
教学办公室主任：钟　慧
科研办公室主任：徐小乐
研究生办公室主任：夏超明
发展办公室主任：徐　娴
学生工作办公室主任：黎春虹

实验中心
主任：陈乳胤
副主任：孟华敏(副调研员)

实验动物中心
主　任：薛智谋　　2012 年 4 月免
王建荣(兼)　　2012 年 10 月任

61．医学部基础医学与生物科学学院

党委书记：黄　瑞
院　长：高晓明
副院长：戈志强
杨雪珍　　2012 年 4 月任
副调研员：张荔英

医学生物技术研究所
常务副所长：时文彪(正处级)　　2012 年 9 月免
副所长：王金香(正处级)

62．医学部放射医学与防护学院

党委书记：陈　赞　　2012 年 4 月任
党委副书记：陈　赞(主持工作)
院　长：曹建平　　2012 年 6 月免
柴之芳　　2012 年 6 月任
副院长：许玉杰

63．医学部公共卫生学院

党委书记：缪世林　　2012 年 4 月任

党委副书记：缪世林(主持工作)
院　长：张永红
副院长：徐　勇

64. 医学部药学院

党委书记：龚　政
副理事长：顾振纶
院　长：镇学初
副院长：张学农
调研员：唐丽华　　2012年9月免

65. 医学部护理学院

党委书记：姜海燕
院　长：薛小玲　　2012年12月免
　　　　李惠玲　　2012年12月任
副院长：李惠玲
　　　　王海芳　　2012年12月任
　　　　蒋银芬(兼)　　2012年12月任
　　　　阐玉英(兼)　　2012年12月任

神经科学研究所

所　长：刘春风
副所长：田启明

骨科研究所

所　长：杨惠林
副所长：杭雪花

心血管病研究所(2012年7月成立,苏大人〔2012〕54号)

所　长：沈振亚　　2012年9月任
副所长：殷为民　　2012年9月任

66. 金螳螂建筑与城市环境学院

党委书记：邹学海
党委副书记：陈国凤(兼副院长)
院　长：吴永发

副院长：尤东晶
　　　　茆汉成
　　　　王　琼(兼)
　　　　张文英(兼)

67. 城市轨道交通学院

党委书记：杨　清
党委副书记：曹金元(兼副院长)
　　　　　　丁新红　　2012 年 5 月任
　　　　　　田　雷　　2012 年 5 月任
名誉院长：王　炜
院　长：汪一鸣
副院长：戴佩良(2012 年 11 月任调研员)
　　　　朱忠奎
　　　　李晓村　　2012 年 5 月任
　　　　蒋志良　　2012 年 5 月任
调研员：高伟江
副调研员：阴　浩(省委 2012—2013 年度帮扶工作队队员，享受副处职待遇)
　　　　　　2012 年 3 月任
　　　　　金菊华　　2012 年 11 月任

68. 附属第一医院

党委书记：侯建全
党委副书记：葛建一(兼)
　　　　　　徐亚英
　　　　　　陈　赞(兼纪委书记)　　2012 年 4 月任
院　长：葛建一(兼)
常务副院长：杨建平
副院长：钱海鑫(兼)
　　　　陈卫昌(兼)
　　　　侯建全(兼)　　2012 年 1 月免
　　　　沈学伍
　　　　陈　亮
　　　　缪丽燕
总会计师：贲能富
党委办公室主任：黄恺文(调研员)
人事处处长：丁春忠(保留副处职待遇)

调研员：吴爱勤
张建中
郁申华 2012 年 1 月任
副调研员：于曙东
欧阳琴
徐亚英 2012 年 1 月免
许　津
郭亚男 2012 年 11 月任

血液研究所

副所长：叶明昌 2012 年 10 月免

医学部第一临床医学院

院　长：陈卫昌
副院长：侯建全(兼) 2012 年 1 月免
胡春洪 2012 年 11 月任

临床医学研究院

院　长：钱海鑫
常务副院长：侯建全
副院长：杨惠林
吴德沛
沈振亚
杨向军

69. 附属第二医院(核工业总医院)

党委书记：姜　忠 2012 年 10 月免
王少雄 2012 年 10 月任
党委副书记：姜　忠 2012 年 11 月任
施　诚(兼纪委书记)
院　长：姜　忠
副院长：王少雄 2012 年 10 月任
刘春风
孙光夏
张国庆
徐　博

医学部第二临床医学院

院　长：姜　忠(兼)
常务副院长：刘春风(兼)

70. 附属儿童医院

党委书记：刘高金	2012年1月免
卢祖元	2012年1月任
党委副书记：卢祖元(兼纪委书记)	2012年1月免
王晓东(兼纪委书记)	2012年1月任
院长：冯　星	
副院长：朱建兴(调研员)	
汪　健	
田健美	
调研员：刘高金	2012年1月任

医学部儿科临床医学院

院　长：王晓东

71. 医学部第三临床医学院

院　长：何小舟(兼)
副院长：吴昌平(兼)

72. 医学部第四临床医学院

院　长：程之红(兼)
副院长：魏福祥(兼)

73. 敬文书院

名誉院长：朱恩馀
院　长：江　涌(兼)
副院长：王剑敏

74. 应用技术学院

党委书记：刘　枫
院　长：高祖林(兼)

常务副院长：傅菊芬
副院长：朱　跃
　　　陈建军
副调研员：张　卫
　　　　王苏红　　　　2012 年 11 月任

75. 文正学院

党委书记：吴昌政
院　长：殷爱荪(兼)
常务副院长：徐子良
副院长：施盛威
　　　蒋　峰
赵小和(保留正处职待遇)
调研员：杨林江
　　　宋晓萍
副调研员：杜　明
　　　　王宗善
　　　　钱伟超
　　　　唐凤珍　　　　2012 年 6 月任
　　　　蔡　琳　　　　2012 年 11 月任

76. 社会服务系(宿迁学院)

主　任：吴奇俊
副主任：黄水林

77. 苏州苏大教育服务投资发展有限公司

总经理：韦曙和
副总经理：陈爱萍(调研员)
　　　　吴小霞
　　　　朱剑峰
副调研员：薛顺华　　　　2012 年 1 月免

苏州苏大教育服务投资发展有限公司党委

书　记：陈爱萍(兼)
副书记：王丽晓
　　　朱剑峰

注：根据苏大委〔2004〕28 号文件精神，学校事业编制人员在被公司借用期间，学校保留其原身份和职级。

78. 苏州大学附属苏州工业园区娄葑中学党支部

李建军(正处级)

79. 阳澄湖校区管理委员会(2012 年 2 月成立,苏大委〔2012〕6 号)

党委书记:	浦文倜	2012 年 2 月任 2012 年 10 月免
	李　翔	2012 年 10 月任
党委副书记:	王　力	2012 年 2 月任
主　任:	陈一星(兼)	2012 年 2 月任 2012 年 10 月免
	浦文倜	2012 年 10 月任
常务副主任:	浦文倜	2012 年 2 月任
副主任:	刘　标(兼)	2012 年 2 月任
	王　力	2012 年 2 月任
	马祥兴	2012 年 2 月任 2012 年 5 月免
	王加华	2012 年 2 月任
	邵剑平	2012 年 5 月任

80. 唐仲英医学研究院(2012 年 10 月成立,苏大委〔2012〕34 号)

党委书记:	叶明昌	2012 年 10 月任
院　长:	吴庆宇	2012 年 10 月任

81. 音乐学院(2012 年 10 月组建,苏大委〔2012〕36 号)

党委书记:	孙德芬	2012 年 12 月任
党委副书记:	胡晓玲(兼副院长)	2012 年 11 月任
院　长:	吴和坤	2012 年 10 月任
副院长:	刘跃华	2012 年 11 月任
	顾志勇	2012 年 11 月任

苏州大学工会委员会及各分工会主席名单

苏州大学工会委员会名单

主　席：王安列

副主席：陈亦红 冒维东 张筱明(2012 年 5 月任)

委　员：王永山　王全法　王丽晓　王国卿　王建军

邓国林　刘　军　刘亚东　吴奇俊　吴建军

吴雪梅　宋晓萍　张天星　张友九　陈国凤

金　华　金振华　金菊华　金慧敏　闻振卫

夏敏杰　黄小波　眭建华　阎　力　翟　洁

苏州大学各分工会主席名单

机关分工会：邓国林

群团与直属单位分工会：金振华

后勤管理处分工会：庄建英

苏州苏大教育服务投资发展有限公司分工会：王丽晓

图书馆分工会：金　华(2012 年 12 月换届)　李正伟

化学电源研究所分工会：邵　敏(2012 年 6 月换届)　王　晴

文学院分工会：王建军

凤凰传媒学院分工会：王苏光

社会学院分工会：夏敏杰

政治与公共管理学院分工会：章小波

东吴商学院(财经学院)、东吴证券金融学院分工会：俞雪华

王健法学院分工会：上官丕亮

外国语学院分工会：刘亚东

教育学院分工会：阎　力

艺术学院分工会：张天星

体育学院分工会：王全法

数学科学学院分工会：闻振卫

物理科学与技术学院、能源学院分工会：刘　军(2012 年 4 月换届)　朱利平

材料与化学化工学部分工会：沈理明

纳米科学技术学院分工会：邵名望(2012 年 3 月成立)
纺织与服装工程学院分工会：眭建华
计算机科学与技术学院分工会：翟　洁
电子信息学院分工会：金慧敏
机电工程学院、沙钢钢铁学院分工会：张茂青
医学部分工会：谢根甫
医学部基础医学与生物科学学院分工会：王国卿
医学部放射医学与防护学院分工会：张友九
医学部公共卫生学院分工会：李建祥
医学部药学院分工会：崔京浩
金螳螂建筑与城市环境学院分工会：陈国凤(2012 年 3 月换届)　吴德建
城市轨道交通学院分工会：金菊华
应用技术学院分工会：何　为
文正学院分工会：杜　明
阳澄湖校区分工会：张筱明(2012 年 5 月成立)

苏州大学共青团组织干部名单

（院部团委书记以上）

校团委

书　记：王尔东
副书记：肖甫青
　　　　程晓军
　　　　朱　今　　　　2012 年 11 月任

研究生团工委

书　记：胡海峰

校部团总支

书　记：席　建（兼）
副书记：钟　静（兼）

群团与直属单位团总支

书　记：顾　清（兼）

图书馆直属团支部

书　记：丁长荣（兼）

文学院团委

书　记：胡　萱

凤凰传媒学院团委

书　记：宋　智

社会学院团委

书　记：郝　珺

政治与公共管理学院团委

书　记：尹婷婷

东吴商学院(财经学院)　东吴证券金融学院团委

书　记：丁良超
副书记：于潜驰

王健法学院团委

书　记：孙　磊

外国语学院团委

书　记：薛　曦
副书记：黄　鹂

教育学院团委

书　记：陈贝贝

艺术学院团委

书　记：虞　岚

体育学院团委

书　记：丁海峰

数学科学学院团委

书　记：彭晓蓓

物理科学与技术学院　能源学院团委

书　记：龚呈卉
副书记：黄冠平　2012 年 11 月任

材料与化学化工学部团委

书　记：王美珠
副书记：黄郁健

纺织与服装工程学院团委

书　记：潘爱华

计算机科学与技术学院团委

书　记：张　芸
副书记：邝泉声　2012 年 5 月任

电子信息学院团委

副书记：朱颖康（主持工作）

机电工程学院　沙钢钢铁学院团委

书　记：高玮玮
副书记：顾正磊　2012 年 4 月免

医学部团委

书　记：解　笑
副书记：郑　蕾
舒洪灶
胡　洋

金螳螂建筑与城市环境学院团委

城市轨道交通学院团委

书　记：顾雁飞
副书记：钱成一　　2012 年 11 月任

敬文书院团委

书　记：孟玲玲

应用技术学院团委

书　记：查伟大　　2012 年 9 月免
张　宗　　2012 年 9 月任
副书记：吴磊兴　　2012 年 7 月调离
洪林宝　　2012 年 9 月任
夏　青　　2012 年 9 月任
燕　君　　2012 年 9 月任

文正学院团委

书　记：祈素萍
副书记：孙兰镇
袁　艳

附属第一医院团委

书　记：刘笑明

附属第二医院团委

副书记：胡明娅（主持工作）

附属儿童医院团委

副书记：时秋芳（主持工作）

纳米科学技术学院团委

苏州大学有关人员在各级人民代表大会、政治协商委员会、民主党派、归国华侨联合会、台属联谊会、无党派知识分子联谊会担任代表、委员名单

全国、省、市、区人大代表

第十一届全国人大代表	钱海鑫
第十一届江苏省人大代表	顾莹惠
第十五届苏州市人大副主任	钱海鑫
第十五届苏州市人大常委	钱海鑫　马卫中　黄学贤　邢春根　吴　磊
第十五届苏州市人大代表	钱海鑫　马卫中　黄学贤　邢春根　吴　磊　姜为民　王德山　路建美　杨一心
姑苏区第一届人大常委	尤海章
姑苏区第一届人大代表	尤海章　吴雨平　戚海涓　刘海燕　陆　明　傅菊芬　朱　谦　李晓强　陈红霞　杨季文　葛建一　崔京浩　钱孟尧　吴昌政　姜　忠　冯　星
相城区第三届人大代表	浦文倜

全国、省、市、区政协委员

第十一届全国政协委员	杨海坤　杨世林　熊思东
第十届江苏省政协委员	周幽心　赵鹤鸣　朱栋霖　金太军　陈林森　朱秀林
第十三届苏州市政协副主席	赵鹤鸣
第十三届苏州市政协常委	赵鹤鸣　傅菊芬　叶元土　钱振明　王宜怀　杨同其　李亚东　陈红霞　马亚中
第十三届苏州市政协委员	陈永珍　钱玉英　傅菊芬　田　野　沈振亚　冯志华　叶元土　钱振明　姜竹松　明志君　夏春林　袁　牧　王宜怀　杨同其　徐建英　陆士奇　赵鹤鸣　张永泉　李亚东　陈红霞　金太军　王俊华　许　星　陆　芹　季　伟　浦金贤　文万信　马亚中　王腊宝　刘跃华

陶新华　陈　红　李晓明　吴建明

姑苏区第一届政协常委　刘　海　朱学新　杨俊华　王加俊　董启榕

姑苏区第一届政协委员　刘　海　朱学新　杨俊华　王加俊　董启榕　李明忠　王文利　郭盛仁　吴　倩　张力元

在各民主党派全国、省、市组织任职

民革十届苏州市委副主委　马卫中

民革十届苏州市委常委　姚传德

民革十届苏州市委委员　刘　海

民盟十一届江苏省委副主委　熊思东

民盟十一届江苏省委委员　曹永罗

民盟十二届苏州市委副主委　黄学贤

民盟十二届苏州市委常委　傅菊芬

民盟十二届苏州市委委员　冯志华　姜为民　田　野　戈志强

民建八届江苏省委委员　叶元土

民建十三届苏州市委常委　叶元土

民进十三届中央委员　吴永发

民进九届江苏省委委员　姜竹松

民进十届苏州市委副主委　钱振明

民进十届苏州市委常委　明志君

民进十届苏州市委委员　王伟明　夏春林　吴玲芳　蒋庭波

农工十四届中央委员　杨世林

农工十一届江苏省委委员　邢春根　周幽心

农工十二届苏州市委副主委　周幽心　邢春根

农工十二届苏州市委常委　王宜怀

农工十二届苏州市委委员　刘继贤　杨同其　倪才方　李建国

致公党五届江苏省委常委　赵鹤鸣

致公党五届苏州市委主委　赵鹤鸣

致公党五届苏州市委副主委　吴　磊

致公党五届苏州市委委员　张永泉

九三学社十三届中央委员　钱海鑫

九三学社七届江苏省委副主委　钱海鑫

九三学社七届江苏省委委员　金太军

九三学社九届苏州市委主委　钱海鑫

九三学社九届苏州市委副主委　戴　洁

九三学社九届苏州市委常委　李亚东　王俊华

九三学社九届苏州市委委员　许　星　陈红霞　季　伟　文万信　陆　芹　顾宗江　浦金贤

在省、市台属联谊会以及归国华侨联合会、无党派知识分子联谊会任职

江苏省台属联谊会第五届理事	张宏成
苏州市台属联谊会第五届常务理事	张宏成　张　凝
苏州市台属联谊会第五届理事	王文沛
江苏省归国华侨联合会第六届委员	沈振亚
苏州市归国华侨联合会第七届常委	沈振亚　顾振伦　樊赛军
苏州市归国华侨联合会第七届委员	詹月红　张志琳
苏州市归国华侨联合会第七届顾问	王声愿
江苏省无党派知识分子联谊会理事	陈林森
苏州市无党派知识分子联谊会会长	陈林森
苏州市无党派知识分子联谊会副会长	马亚中
苏州市无党派知识分子联谊会顾问	杨海坤

在校各民主党派基层组织和校归国华侨联合会、台属联谊会、归国学者联谊会、无党派知识分子联谊会任职

民革苏州大学总支部

主　委	马卫中
副主委	姚传德　刘　海
委　员	陈卫东　陈永珍　吴雨平　谢思明

民盟苏州大学委员会

主　委	黄学贤
副主委	曹永罗　冯志华　戈志强　姜为民　李明忠　田　野　朱　斌　朱　谦
委　员	王俊敏　田海林　朱桂荣　郭凌川　陶　金　龚建平
秘书长	周　宣
副秘书长	钟慎斌

民建苏州大学支部

主　委	叶元土
副主委	段　昆　陈志强
委　员	杨　哲　郑晓玲　杨佩俐

民进苏州大学委员会

主　委	钱振明
副主委	朱仲羽　夏春林　孙俊英　姜竹松　吴玲芳
委　员	王伟明　张天星　张纪平　范存莲　明志君

农工苏州大学委员会

主　委	王宜怀

副主委　周幽心　倪才方
委　员　刘一之　陆士奇　徐建英　王春雷　尤海章　郭盛仁

致公党苏州大学总支部
主　委　吴　磊
副主委　张永泉　薛　群
委　员　王加俊　陈志伟　徐苏丹　詹月红

九三学社苏州大学委员会
主　委　戴　洁
副主委　文万信　许　星　陈红霞　浦金贤
委　员　华人德　许裕生　季　伟　李亚东　陆　芹　黄　坚

苏州大学归国华侨联合会
名誉主席　陆匡宙　顾振纶
主　席　沈振亚
副主席　张昌陆　詹月红　张志琳　倪沛红　王钦华
秘书长　倪沛红
理　事　吴雪映　席于玫　姚　祥　叶守恩　王振欣　陈　方
徐苏丹　黄　源　沈百荣　徐艳辉　李　斌

苏州大学台属联谊会
名誉会长　周　岱
会　长　张宏成
副会长　王文沛　廖　军　李以明　陈作章
理　事　彭大真　徐秀雯　金秀珏　沈园园　金璐曼　周金良
张　凝　吴　荃

苏州大学归国学者联谊会
会　长　王腊宝
副会长　郎建平　沈振亚
秘书长　刘海平
常务理事　石　平　陈宇岳　贡成良　秦正红　蒋星红

苏州大学无党派知识分子联谊会
会　长　陈林森
副会长　杨季文　郁秋亚
秘书长　刘海平
理　事　刘　文　孙　萌　李凡长　吴荣先　吴翼伟　姚林泉
牛美娥　俞雪华　钱　流　郭辉萍　屠一锋　梁君林
黄毅生　傅戈燕　董启榕　潘　晟

苏州大学有关人员在校外机构任职名单

苏州大学有关人员在校外机构任职情况一览表

（据 2012 年不完全统计，按院部排列，按姓氏笔画排序）

姓　名	机构名称及职务
1. 文学院	
王　宁	中国俗文学学会理事
	中国戏曲学会理事
王　尧	中国当代文学研究会理事
	江苏省文艺评论家协会副主席
	江苏省当代文学研究会副会长
王建军	江苏省语言学会常务理事
	江苏省中华成语研究会副会长
方汉文	中国比较文学学会理事
	江苏省比较文学学会副会长
朱栋霖	中国话剧历史与理论研究会副会长
	江苏省现代文学研究会副会长
	江苏省昆剧研究会副会长
刘锋杰	中国文艺理论学会常务理事
	中国中外文艺理论学会理事
汤哲声	中国俗文学学会常务理事
	中国现代文学学会理事
	江苏省现代文学学会常务理事兼副秘书长
汪卫东	江苏省鲁迅研究会副会长
张玉来	中国音韵学研究会理事
杨海明	中国韵文学会常务理事
	中国词学研究会常务理事
	中国宋代文学学会副会长
范培松	江苏现代文学研究会副会长
周　秦	中国昆曲研究中心常务副主任
曹惠民	中国世界华文文学协会副会长
	江苏省台港暨海外华文文学研究会会长

续表

姓　名	机　构　名　称　及　职　务
鲁枢元	中国文艺理论学会副会长
	中国作家协会理论批评委员会委员
2. 凤凰传媒学院	
杜志红	中国高等院校影视学会青年研究会理事
陈　龙	中国传播学研究会理事
	江苏传媒艺术研究会常务理事
张　健	中国高等教育学会新闻学与传播学专业委员会理事
杨新敏	中国新媒体研究会理事
倪祥保	中国高教影视教育专业委员会理事
	中国电影家协会委员
	中国电视艺术家协会委员
	中国电影评论学会委员
	长三角地区高校影视戏剧研究会常务理事
	江苏传媒艺术研究会常务理事
曾一果	世界华文文学学会会员
3. 社会学院	
王　铭	江苏省高校秘书学研究会副会长
吴建华	中国社会史学会常务理事
王卫平	教育部高校历史学科教学指导委员会委员
	中国地方志协会学术委员会委员
	中国社会史学会常务理事
	中国经济史学会理事
	日本广岛史学会海外评议员
	江苏省历史学会常务理事
	江苏省太平天国史学会副会长
	江苏省农史学会副会长
	江苏省经济史学会副会长
	江苏省地域文化研究会副会长
朱从兵	中国太平天国史研究会副秘书长
	中国近现代史史料学会理事
	江苏省太平天国史研究会副秘书长
池子华	中国太平天国史研究会常务理事
	中国会党史研究会理事
	中国社会史学会理事
	江苏省太平天国史学会副秘书长

续表

姓　名	机 构 名 称 及 职 务
余同元	中国人天观研究会副会长
	中国朱元璋研究会副会长
	中国近现代史史料学会理事
	中国明史学会理事
	江苏省郑和研究会常务理事
张　明	中国社会思想研究会理事
	中国社会学会理事
	江苏省社会学会副会长
张照余	教育部档案学科教学指导委员会委员
	中国档案学会基础理论委员会委员
	中国档案学会理事
金卫星	中国美国史研究会常务理事
周　毅	中国档案学会基础理论委员会委员
姚传德	中国日本史学会理事
高芳英	江苏省世界史学会副会长
高　峰	中国社会学会理事
	中国城市社会学会理事
	江苏省社会学会常务理事
臧知非	中国秦汉史研究会常务理事
	中国农民战争史研究会副会长
	江苏省高校历史教学研究会秘书长
魏向东	江苏省旅游学会副会长
4. 政治与公共管理学院	
王俊华	中国卫生法学学会理事
方世南	中国马克思主义哲学史学会理事
	全国人学学会理事
李兰芬	全国伦理学会常务理事
乔耀章	教育部政治学学科教学指导委员会委员
	中国政治学会理事
	中国行政管理学学会理事
	中国公共政策科学学会理事
吴声功	中国国际经济合作学会理事
	中国管理科学研究会理事
	中国政治学会副秘书长

续表

姓　名	机构名称及职务
金太军	全国政策科学研究会副会长
	中国政治学会理事
	中国行政管理学会理事
	江苏省机构编制改革研究会副会长
姜建成	中国未来研究会理事
潘桂明	中国宗教学会理事
5. 东吴商学院(财经学院)　东吴证券金融学院	
万解秋	中国金融学会理事
	中国经济学年会理事
	江苏省金融学会常务理事
	江苏省经济学会常务理事
张雪芬	中国会计学会政府及非营利组织会计专业委员会委员
乔桂明	江苏省经济学教学指导委员会主任委员
6. 王健法学院	
卜　璐	中国国际私法学会理事
上官丕亮	中国法学会比较法学研究会理事
	中国法学会宪法学研究会理事
王克稳	中国法学会行政法学研究会常务理事
	江苏省行政法学研究会副会长
	江苏省律师协会行政法业务委员会主任
方新军	中国民法学研究会理事
	江苏省法学会民法学研究会常务理事
艾永明	教育部法学教育指导委员会委员
	中国法律史学会常务理事
	江苏省法学会法律史研究会会长
史浩明	中国法学会民法学研究会理事
	江苏省法学会民法学研究会副会长
朱　谦	中国法学会环境法研究会常务理事
	中国环境科学学会环境法分会常务理事
	中国法学会证券法研究会理事
孙　莉	中国法学会法理学研究会理事
	中国行为法学会理事
	中国法学会立法学研究会理事
	中国法学会比较法学研究会理事
	江苏省法学会法理学、宪法学研究会副会长

续表

姓　名	机 构 名 称 及 职 务
李洪欣	中国犯罪学研究会理事
	全国外法史研究会理事
李小伟	中国版权协会理事
李晓明	国际刑法学协会中国分会理事
	中国犯罪学研究会常务理事
	中国刑法学研究会理事
	中国青少年犯罪研究会犯罪学基础理论专业委员会常务理事
	中国预防犯罪专业委员会副主任
	中国监察学会金融检察专业委员会理事
	中国未成年人法制教育专业委员会副主任
	江苏省刑法学研究会副会长
杨海坤	中国行政法学会副会长
	中国法学教育研究会理事
	江苏省行政法学会会长
	江苏省哲学社会科学联合会常务理事
	江苏省法学会常务理事
沈同仙	全国劳动法学会理事
	中国法学会社会法学研究会理事、副秘书长
	江苏省法学学科教学指导委员会秘书长
	江苏省劳动争议处理研究学会副会长
张成敏	中国逻辑学会法律逻辑专业委员会副会长
	江苏省刑事诉讼法研究会副会长
张永泉	中国民事诉讼法学研究会常务理事
	江苏省民事诉讼法学研究会常务理事
张利民	中国法学会国际私法学研究会理事
陈立虎	中国国际法学会理事
	中国国际经济法学会常务理事
	江苏省国际法学研究会会长
	江苏省法学会常务理事
周永坤	中国法学会法理学研究会常务理事
	江苏省法理学研究会副总干事
胡玉鸿	国家司法考试命题委员会委员
	中国法学会法理学研究会理事
	江苏省法学会法理学、宪法学研究会副会长
	江苏省法学会副会长

续表

姓　名	机构名称及职务
胡亚球	中国民事诉讼法学研究会常务理事
	中国法学教育研究会理事
	江苏省民事诉讼法研究会副会长
高积顺	中国法律史学会理事
黄学贤	中国法学会宪法学研究会理事
	中国法学会行政法学研究会理事
	江苏省行政法学研究会副会长
	江苏省法学会港澳台法律研究会副会长
章志远	中国法学会行政法学研究会理事
	江苏省行政法学研究会常务理事
董炳和	中国法学会知识产权研究会理事
焦艳鹏	中国环境资源法学研究会教学委员会副主任
	中国环境科学学会环境法分会理事
7. 外国语学院	
王　军	中国认知语言学研究会常务理事
	中国语言与符号学研究会常务理事
	江苏省外国语言学会副秘书长
王　宏	中国典籍翻译研究会副会长
	江苏省翻译协会常务理事
王腊宝	全国外国文学学会英语文学研究分会理事
	中国澳大利亚研究会理事
	江苏省高校外国语教学研究会副会长
	江苏省外国文学学会副会长
王　宇	中国英语教学研究会语音专业委员会理事
朴明淑	韩国口碑文学研究会国际理事
朱新福	全国美国文学研究会常务理事
	江苏省外国文学研究会常务理事
孙倚娜	教育部大学外语教学指导委员会委员
	江苏省外语教学研究会常务理事
陆　洵	全国法语教学研究会理事
	全国法国文学研究会理事
苏晓军	全国语言与符号学会秘书长
	中国语言与符号学研究会秘书长
	中国认知语言学研究会常务理事
	中国外语博士论坛理事会常务理事
	中国外语界面研究会常务理事

续表

姓　名	机构名称及职务
苏晓军	中国文体学研究会常务理事
	江苏省外国语言学会副会长
施　晖	教育部留学回国人员科研启动基金评审专家
赵爱国	中国俄语教学研究会常务理事
	中国语言与符号学研究会常务理事
	中国俄罗斯东欧中亚学会理事
高鹏飞	中国日语教学研究会江苏分会副会长
徐　卫	日中对比语言学会中国分会常务理事
顾佩娅	中国英语教学研究会教师教育与发展专业委员会常务理事
	中国教育学会外语教学专业委员会委员
贾冠杰	中国教育语言学研究会常务理事
	中国语言教育研究会常务理事
	全国神经语言学研究会副会长
	全国二语习得研究会理事
8. 教育学院	
母小勇	中国教育学会课程专业委员会理事
	中国教育学会科学教育分会理事
	江苏省高等教育学会教师教育分会常务理事
吴继霞	全国人格心理学会专业委员会委员
	江苏省心理学会普通心理学与实验心理学分会副理事长
刘电芝	全国心理学会理事
	全国心理学会心理学教学工作委员会副主任
	全国课程专业委员会常务理事
	全国人格心理学会专业委员会委员
	江苏省心理学会副理事长
周　川	中国高等教育学会常务理事
	全国高等教育学研究会常务理事
	全国院校研究会副理事长
黄启兵	中国高等教育学会高等教育学专业委员会理事
范庭卫	中国教育学会杨贤江教育思想研究分会常务理事
	中国心理学会理论心理学与中国心理学史专业委员会理事
崔玉平	全国教育经济学会理事
曹永国	中国教育学会中青年理论工作者分会理事
彭彦琴	中国心理学会理论心理学与中国心理学史专业委员会委员
童辉杰	国际中华应用心理学会常务理事
	中国社会心理学会常务理事
	江苏省社会心理学会副会长

续表

姓名	机构名称及职务
9. 艺术学院	
刘佳	文化部青年联合委员会美术工作委员会副秘书长
	中华全国青年联合委员会委员
许星	中国服装设计师协会学术委员会委员
李明	中国民俗学会理事
李超德	亚洲时尚联合会中国委员会理事
	教育部纺织服装专业指导委员会委员
	教育部服装教学指导委员会副主任
	教育部服装表演专业指导委员会主任
	教育部高校美术教学指导委员会委员
	中国服装设计师协会学术委员会主任委员、理事
	中国美术家协会服装艺术委员会副主任
吴磊	中国教育学会音乐教育委员会委员
沈建国	中国工艺美术学会雕塑专业委员会委员
张大鲁	中国包装联合会设计委员会委员
张朋川	中国工艺美术学会理论委员会常务理事
皇甫菊含	教育部高等学校高职高专表演艺术类专业教学指导委员会副主任
	中国纺织教育协会时装表演艺术委员会副秘书长
徐百佳	中国流行色协会教育委员会委员
徐海鸥	中国科普作家协会理事
姜竹松	中国流行色协会教育委员会委员
诸葛铠	国务院学位委员会艺术专业硕士指导委员会委员
雍自鸿	中国流行色协会教育委员会委员
10. 音乐学院	
刘跃华	中国声乐家协会理事会副主席
冒小瑛	中国教育学会音乐教育专业委员会会员
11. 体育学院	
王家宏	国务院学位委员会第六届学科评议组体育学组成员
	全国高等学校体育教学指导委员会委员、技术学科组组长
	全国学校体育专业委员会副理事长
	全国高等教学学会学术委员会委员
	全国体育专业学位研究生教育指导委员会委员
	全国博士后管理委员会专家组评审专家委员
	国家社会科学基金学科评审组专家委员
	中国篮球协会科研委员会副主席
	中国大学生体育协会篮球分会副主席

续表

姓　名	机构名称及职务
王家宏	中国大学生体育协会网球分会副主席
	江苏省高等教育学会高校体育研究会名誉理事长
	江苏省体育科学学会高校体育专业委员会名誉理事长
	江苏省教育学会第七届理事会体育专业委员会理事长
	江苏省体育教育指导委员会副主任委员
	江苏省高校体育研究会名誉理事长
	江苏省跆拳道协会副主席
	江苏省篮球协会副主席
	江苏省社会学会体育专业委员会副理事长
	江苏省体育科学学会副理事长
吴明方	江苏省体育科学学会运动医学专业委员会副主任委员
张　林	North America Medical Education Foundation 常务理事
	全国高校运动人体科学专业委员会常务委员
	中国体育科学学会运动生理与生化学会委员
	中国体育科学学会运动医学委员会委员
	中国生理学会运动生理学专业委员会委员
	中国老年学会骨质疏松学会理事
	中国保健学会骨与关节病学会理事
	江苏省生物医学工程学会常务理事
	江苏省运动医学工程专业委员会主任委员
	江苏省运动生理与生化学会副主任委员
陆阿明	中国体育科学学会运动生物力学分会委员
	中国高等教育学会体育专业委员会教师教育研究会副理事长
	江苏省体育科学学会运动生物力学分会副主任
	江苏省高等教育学会体育研究会常务理事
邰崇禧	全国高等院校体育教学训练研究会副理事长
	全国高校田径理论研究会委员
	江苏省田径协会裁判委员会副主任
罗时铭	东北亚体育运动史学会理事
	中国体育科学学会体育史分会常务委员
	江苏省体育科学学会体育管理专业委员会主任委员
董新光	中华全国体育总会个人委员
	中国体育发展战略研究会委员
	国家体育总局全民健身专家委员会委员
雍　明	江苏省体育科学学会体育产业分会副理事长
	江苏省空手道协会副会长

续表

姓　名	机　构　名　称　及　职　务
熊　焰	中国体育科学学会运动训练学专业委员会委员
12. 数学科学学院	
唐　煜	中国数学会均匀设计分会理事
殷剑兴	中国组合与图论学会常务理事、秘书长
曹永罗	中国数学会常务理事
	江苏省数学会副理事长
13. 物理科学与技术学院　能源学院	
宁兆元	中国力学学会等离子专业委员会委员
朱士群	教育部高等学校物理与天文教学指导委员会非物理基础课程教学指导分委会委员
	中国物理学会量子光学专业委员会委员
李振亚	中国物理学会凝聚态理论与专业委员会委员
狄国庆	全国电磁学教学委员会常务理事
顾济华	江苏省物理学会副理事长
宋瑛林	美国光学学会会员
	教育部留学回国人员科研启动基金评审专家
	宇航学会光电子专业委员会委员
沈明荣	中国材料研究会理事
晏世雷	江苏省物理学会副秘书长
陶　洪	中国教育学会物理教学专业委员会理事
魏　琪	江苏省工程热物理协会常务理事
14. 材料与化学化工学部	
马桂林	中国硅酸盐学会固态离子学分会秘书长
白同春	中国化学会化学热力学和热分析专业委员会委员
陈　红	中国生物材料学会理事
严　锋	中国化工学会离子液体专业委员会委员
郎建平	中国化学会无机化学学科委员会委员
	中国化学会晶体化学专业委员会委员
	第五届中国晶体学会理事
姚建林	中国物理学会光散射专业委员会委员、副秘书长
顾宏伟	江苏省化学化工学会应用化学专业委员会副主任委员
屠一锋	中国仪器仪表学会电化学仪器专业委员会委员
	江苏省化学化工学会分析化学专业委员会副主任委员
蔡远利	中国化学会第二十八届理事会高分子学科委员会委员
	教育部环境友好化学与应用重点实验室学术委员会委员
	科技部国际科技合作计划评价专家

续表

姓　名	机　构　名　称　及　职　务
戴礼兴	中国仪器仪表学会仪表功能材料分会理事会常务理事
15. 纳米科学技术学院	
孙旭辉	中国物理学会同步辐射专业委员会常务委员
刘　庄	中国化学会纳米化学专业委员会委员
李述汤	中国科学院物理研究所客座研究员
	中国科学院长春光学精密机械与物理研究所客座研究员
李有勇	中国化学会计算化学委员会委员
16. 计算机科学与技术学院	
马小虎	江苏省计算机学会 CAD&CG 专业委员会副主任
王宜怀	中国软件行业协会嵌入式系统分会理事
	江苏省计算机学会嵌入式专业委员会常务副主任
朱巧明	中国计算机学会理事
	中国计算机学会系统软件专业委员会委员
	中国计算机学会电子政务与办公自动化专业委员会委员
刘　全	中国计算机学会委员
	全国石油和化学工业信息技术委员会委员
	全国石油和化学工业通信技术委员会委员
李凡长	中国计算机学会理论计算机科学专业委员会委员
	中国计算机学会人工智能与模式识别专业委员会委员
	中国人工智能学会理事
	中国人工智能学会粗糙集与软计算专业委员会常务委员
	中国人工智能学会知识工程专业委员会委员
	中国人工智能学会智能系统工程专业委员会委员
	中国人工智能学会机器学习专业委员会常务委员
	中国人工智能学会机器感知与虚拟现实专业委员会委员
	江苏省计算机学会人工智能专业委员会副主任委员
张广泉	中国计算机学会软件工程专业委员会委员
	中国计算机学会系统软件专业委员会委员
	中国计算机学会理论计算机科学专业委员会委员
	中国计算机学会协同计算专业委员会委员
	全国高等学校计算机教育研究会理事
	江苏省计算机学会软件与教育专业委员会委员
张　莉	中国计算机学会高级会员
	IEEE 会员
	中国人工智能学会机器学习专业委员会委员
	中国人工智能学会粗糙集与软计算专业委员会委员

续表

姓　名	机构名称及职务
杨季文	江苏省计算机学会体系结构专业委员会副主任
	江苏省计算机学会高性能计算专业委员会副主任委员
姚望舒	江苏省计算机学会人工智能专业委员会委员
钟宝江	中国人工智能学会机器学习专业委员会委员
钱培德	中国计算机学会理事
	中国中文信息学会常务理事
	江苏省计算机学会副理事长
徐汀荣	中国高等院校计算机教育研究会理事
	中国微型计算机应用协会理事
黄　河	中国计算机学会无线传感网络专业委员会委员
崔志明	中国计算机学会开放系统专业委员会委员
龚声蓉	全国计算机继续教育研究会江苏分委员会理事
	全国石油和化学工业信息技术委员会委员
	全国石油和化学工业通信技术委员会委员
	中国计算机学会教育专业委员会委员
	中国通信学会云计算专家委员会委员
樊建席	江苏省计算机学会云计算专业委员会委员

17. 电子信息学院

王明湘	IEEE 高级会员,IEEE 南京分部电子器件与固态电路联合分会副主席
刘学观	中国通信学会电磁兼容委员会委员
	高等学校电磁场教学与教材研究会委员
沈百荣	中国运筹学会计算系统生物学分会副理事长
	中国医药生物技术协会生物医学信息技术分会理事
	中国生物化学与分子生物学会分子系统生物学专业委员会委员
	中国细胞生物学学会功能基因组信息学与系统生物学分会委员
沈纲祥	IEEE 光与无线集成(FiWi)技术委员会秘书
	中国通信学会高级会员
	IEEE 高级会员
	2012 亚洲光通讯会议(ACP)光网络分会 TPC 共同主席
	2012 第一届中国国际通讯会议(ICCC)光网络分会 TPC 共同主席
	INFOCOM 技术委员会成员
	GLOBECOM 技术委员会成员
	ICC 技术委员会成员
赵鹤鸣	全国信息与电子学科研究生教育委员会委员
	中国人工智能学会神经网络与计算智能专业委员会委员
	江苏省电子学会常务理事
	江苏省电子学会 SMT 专业委员会主任委员

续表

姓　名	机　构　名　称　及　职　务
18. 机电工程学院	
石世宏	中国计量测试学会理事
	中国机械工程学会特种加工分会常务委员
19. 纺织与服装工程学院	
白伦	中国茧丝绸产业公共服务体系丝绸工业科技转化平台专家委员会主任
陈国强	国务院学位委员会第六届学科评议组(纺织科学与工程)委员
	中国丝绸协会副会长
	中国印染专业委员会秘书
胡征宇	中国丝绸协会缫丝分会理事
赵建平	中国丝绸学会印染专业委员会秘书长
	中国印染协会理事
	教育部轻工专业指导委员会委员
	国家茧丝绸协调办公室评审委员
20. 医学部基础医学与生物科学学院	
卞士中	《中国司法鉴定》杂志理事
	中国法医学高等教育指导委员会委员
王国卿	中国中西医结合学会时间生物医学专业委员会秘书长
叶元士	中国水产学会水产动物营养与饲料专业委员会副主任委员
	中国畜牧兽医学会动物营养分会理事
	全国饲料工业标准化技术委员会水产饲料分技术委员会委员
	江苏省动物营养研究会副会长
冯一中	江苏省医学会病理学分会副主任委员
	江苏省医学会病理医师分会副主任委员
	江苏省抗癌协会病理专业委员会副主任委员
吴士良	中国生物化学与分子生物学会复合糖专业委员会常务委员
	中国生物化学与分子生物学学会医学分会理事
	江苏省生物化学与分子生物学会副理事长
吴开云	中国解剖学会人体解剖学专业委员会委员
邱玉华	中国病理生理学会第七届免疫专业委员会委员
沈颂东	中国藻类学会常务理事兼副秘书长
沈卫德	中国蚕学会常务理事
	江苏省蚕学会副理事长
沈百荣	中国运筹学会计算系统生物学分会副理事长
	中国医药生物技术协会生物医学信息技术分会理事
	中国生物化学与分子生物学会分子系统生物学专业委员会委员
	中国细胞生物学学会功能基因组信息学与系统生物学分会委员

续表

姓　名	机构名称及职务
贡成良	中国蚕学会病理学组副主任委员
	江苏省蚕学会常务理事、病理学组主任委员
张焕相	中国细胞生物学学会理事
	江苏省细胞与发育生物学学会副理事长
	江苏省生物技术协会副理事长
张洪涛	中国细胞生物学学会理事
张学光	中国免疫学会常务理事
	中华医学会微生物与免疫学分会常务委员
	中华医学会江苏微生物与免疫学分会主任委员
	江苏省免疫学会理事长
陈永珍	中国解剖学会组织胚胎学专业委员会委员
	中国细胞生物学学会医学细胞生物学分会理事
徐世清	中国中西医结合学会时间生物医学专业委员会常务委员
	江苏省昆虫学会常务理事
凌去非	江苏省水产学会常务理事
夏超明	中国动物学会寄生虫学专业委员会理事
	江苏省预防医学会寄生虫学专业委员会副主任委员
夏春林	江苏省解剖学会副理事长
高晓明	江苏省免疫学会常务理事
诸葛洪祥	中国预防医学会寄生虫学分会常务理事
黄　瑞	中国微生物学会理事
	江苏省微生物学会常务理事、学术委员会副主任、医学微生物学专业委员会主任委员
	江苏省微生物与免疫学会常务理事
黄鹤忠	中国海洋生物工程研究会常务理事
蒋星红	教育部高等学校医药学科教学指导委员会委员
	中国生理学会理事
	江苏省高等学校医药教育研究会副理事长
	江苏省高等学校医学学科教学指导委员会副主任委员
	江苏省生理科学学会副理事长
谢可鸣	江苏省病理生理学会副理事长
傅文青	中国心理卫生协会心理咨询与治疗专业委员会委员
	中国高教学会医学心理学分会理事
	中国心理学会医学心理学分会理事
缪竞诚	中国微生物学会干扰素专业委员会委员

续表

姓 名	机 构 名 称 及 职 务
21. 医学部药学院	
王剑文	中国植物学会植物化学与资源专业委员会委员
王光辉	中国神经科学会神经发育专业委员会委员
李笑然	中国中医药文献学研究会常务理事
张洪建	中国药理学会药物代谢专业委员会理事
张学农	中国药学会高级会员
	世界中医药学会联合会中药新剂型专业委员会常务理事
陈大为	世界中医药学会联合会中药新剂型专业委员会副会长
	中华中医药学会制剂专业委员会副主任委员
	中国中药研究促进会中药制剂分会副主任
	中国中西医结合学会中药专业委员会委员
	中国药学会药剂专业委员会委员
	中国新医药博士论坛联谊会理事
杨世林	亚太传统医药网专家组执委会主席
	中药固体制剂制造技术国家工程研究中心主任
	中国中医药研究促进会常务副会长
	中国中医药信息研究会新药开发专业委员会主任
	中国 GAP 学会副会长
	中国中医药学会理事
	中国保健协会理事
	中国实验动物学会常务理事
	中国中药协会常务理事
	中国实验动物学会青年科技协会主任
	中国药典委员会委员
崔京浩	世界中医药学会联合会中药新型专业委员会常务理事、副秘书长
	西南民族药新型制剂国家地方联合工程研究中心主任
郝丽莉	中国针灸学会临床分会委员
秦正红	中国药理学会理事
	中国药理学会生化与分子药理委员会委员
	中国药理学会神经与精神药理委员会委员
唐丽华	江苏药学会常务理事
谢梅林	中国老年学学会衰老与抗衰老科学委员会委员
	中国药理学会抗炎免疫药理专业委员会委员
	江苏省药理学会中药药理专业委员会副主任委员
	江苏省药理学会常务理事
梁中琴	江苏省药理学会教学委员会副主任委员

续表

姓　名	机 构 名 称 及 职 务
镇学初	中国药理学会神经精神药理学会副主任委员
	中国神经科学学会理事
	江苏省药理学会副理事长
22. 医学部放射医学与防护学院	
王春雷	江苏省核学会辐射技术与加速器委员会副主任委员
文万信	中国核学会辐射研究与辐射工艺学会委员
	中国核学会辐射防护学会理事
许玉杰	全国核能标准化技术委员会放射性同位素分技术委员会委员
	中国核学会同位素分会委员
刘芬菊	中国核学会辐射研究与辐射工艺学会常务委员
杨占山	中国毒理学会放射毒理专业委员会委员
张友九	中国核学会同位素分会委员
	中国同位素与辐射行业协会副主任委员
张保国	教育部高等学校教学指导委员会(核科学与工程)委员
周如鸿	美国科学促进会会士
	美国物理学会会士
	Telluride 科学研究中心董事
赵宇亮	中国毒理学会纳米毒理学专业委员会主任委员
	国家纳米科学中心副主任
	中国科学院纳米生物效应与安全性重点实验室主任
涂　彧	江苏省预防医学会放射卫生与防护委员会副主任委员
柴之芳	国家自然科学基金委员会重大仪器研制专项专家组成员
	中国核学会常务理事
	科技部重大仪器开发咨询评审领导小组成员
	国家自然科学基金委员会重大研究计划“先进核裂变能的燃料增殖和嬗变”专家组副组长
	国家自然科学基金委员会国家杰出青年科学基金评审委员会副主任、化学科学部国家杰出青年科学基金和创新研究群体科学基金评审专家组组长
	英国皇家化学会会士
	IUPAC 领衔委员
	International Committee of Nuclear Analytical Methods in Life Sciences 委员
	International Committee of Modern Trends in Activation Analysis 委员
曹建平	国际原子能机构亚洲核合作论坛核医学项目中国负责人
	中国毒理学会放射毒理专业委员会委员
	中华医学会放射医学与防护学分会青年委员
	江苏省预防医学会放射医学与防护专业委员会委员

续表

姓　名	机构名称及职务
23. 医学部公共卫生学院	
田海林	中国环境科学学会环境医学与健康分会理事
安　艳	中国环境诱变剂学会活性氧生物学效应专业委员会委员
朱圣陶	江苏省营养学会常务理事
张永红	江苏省预防医学会流行病学专业委员会副主任委员
张增利	中国毒理学会放射毒理专业委员会委员
	中国毒理学会免疫毒理专业委员会委员
	中国骨质疏松学会常务委员
李建祥	中国毒理学会生化与分子毒理学专业委员会委员
	中国环境诱变剂学会第五届致癌专业委员会委员
徐　勇	中华预防医学会儿少卫生专业委员会常务委员
	全国爱国卫生专家委员会委员
	卫生部卫生标准委员会委员
	江苏省儿少卫生学会副主任委员
高　歌	中国现场统计研究会委员、生物与医学统计分会副主任委员
	中华预防医学会社会医学分会委员
	中国卫生信息学会统计理论方法分会委员
曹　毅	中国毒理学会遗传毒理学专业委员会委员
	中国毒理学会神经毒理学专业委员会委员
傅春玲	江苏省营养学会常务理事
童　建	国家原子能机构专家组成员
	中国毒理学会理事
	中国中西医结合学会时间生物医学专业委员会主任委员
	中国核学会理事
	中国高等教育学会理事
	江苏省诱变剂学会副理事长
24. 医学部护理学院	
李惠玲	江苏省护理学会第八届理事会常务理事、副理事长
	中华医学会骨科学分会第九届委员会护理学组副组长
	江苏省护理学会科普工作委员会副主任委员
	江苏省护理学会健康教育专业委员会主任委员
	中国医院协会护理管理专业委员会委员
薛小玲	教育部科技发展中心科研基金和科技奖励评审专家
	卫生部科教司护理科研项目专家库专家
	江苏省护理学会常务理事
	江苏省医院协会护理管理专业委员会委员
钮美娥	江苏省护理教育专业委员会副主任委员

续表

姓　名	机构名称及职务
25. 金螳螂建筑与城市环境学院	
王　琼	中国饭店协会设计装饰专业委员会常务理事
	中国建筑学会室内设计分会第六届理事会理事
	中国建筑装饰协会设计委员会副主任委员
	江苏省勘察设计协会建筑装饰及环境艺术设计专业委员会副主任委员
吴永发	全国高等学校建筑学专业指导委员会委员
	中国绿色建筑专业委员会绿色校园学组副组长
	安徽省人大常务委员会委员
蔡　平	中国园艺学会理事
	中国农学会理事
	中国昆虫学会理事
26. 城市轨道交通学院	
陈　甦	江苏省岩土力学与工程学会常务理事
27. 附属第一医院	
王庆才	江苏省中医药学会肿瘤专业委员会常务委员
于曙东	江苏省中西医结合学会外科分会副主任委员
王　中	江苏省医学会第七届神经外科学分会副主任委员
	江苏省中西医结合学会神经外科专业委员会常务委员
车建丽	江苏省针灸学会器材专业委员会副主任委员
方　琪	江苏省医学会微循环学分会第五届委员会副主任委员
邓迎苏	江苏省中西医结合学会风湿病专业委员会常务委员
甘建和	中华医学会感染病学分会第八届委员会肝衰竭与人工肝专业学组副组长
	江苏省医学会第八届感染病学分会副主任委员
	江苏省中西医结合学会肝病专业委员会副主任委员
	江苏省中医药学会肝病专业委员会常务委员
兰光华	江苏省中西医结合学会精神卫生分会副主任委员
卢国元	江苏省医学会肾脏病学分会第七届委员会常务委员
	江苏省中西医结合学会肾病专业委员会常务委员
成兴波	江苏省医学会第二届糖尿病学分会副主任委员
刘一之	欧洲介入放射学会会员
阮长耿	中华医学会血液学分会第八届委员会前主任委员
	中华医学会血液学分会第七届委员会血栓止血学组组长
	江苏省医学会第六届血液学分会名誉主任委员
	江苏省医学会第九届理事会常务理事、副会长
乔美珍	江苏省护理学会医院感染管理专业委员会副主任委员
孙俊英	江苏省中西医结合学会骨伤科分会副主任委员
	江苏省医学会骨科学分会骨关节学组副组长

续表

姓　名	机　构　名　称　及　职　务
杨惠林	国际脊柱功能重建学会中国分会(CCSAS)副主席
	亚太脊柱微创学会会员
	国际华裔骨研学会会员
	国际矫形外科与创伤学会会员
	美国骨科医师学会会员
	国际脊柱创新发展学会会员
	北美脊柱学会会员
	世界华裔骨科学会会员
杨惠林	江苏省医学会骨科学分会第三届脊柱学组组长
	中华医学会骨科学分会第九届委员会微创外科学组副组长
	江苏省医学会骨科学分会第三届创伤学组组长
	江苏省医学会第九届理事会常务理事
	中华医学会骨科学分会第九届委员会常务委员
杨向军	心律协会会员
	江苏省医学会第五届心血管病学分会副主任委员
	江苏省医学会第七届心血管病学分会副主任委员
杨同其	第五届华裔骨科学会关节外科分会理事
杨子良	江苏省中医药学会医疗美容分会常务委员
	江苏省中西医结合学会皮肤科专业委员会常务委员
杨振贤	江苏省医学会第五届影像技术分会副主任委员
	江苏省中西医结合学会影像技术专业委员会荣誉副主任委员
杨卫新	江苏省医学会第七届物理医学与康复医学分会副主任委员
杨俊华	江苏省医学会第七届超声医学分会超声心脏学组副组长
杨建平	江苏省医学会第八届麻醉学分会副主任委员
	江苏省医学会第九届理事会常务理事
杨炳华	江苏省中西医结合学会实验医学分会常务委员
何广胜	中华医学会血液学分会第八届委员会红细胞疾病学组委员兼秘书
肖根生	江苏省医学会第七届耳鼻喉科学分会副主任委员
	江苏省中西医结合学会耳鼻喉科分会副主任委员
吴翼伟	中华医学会核医学分会第八届委员会常务委员
	江苏省医学会第六届核医学分会名誉主任委员
	中华医学会核医学分会第八届委员会临床专业学组组长
吴爱勤	中华医学会心身医学分会第四届委员会副主任委员
	江苏省中西医结合学会精神卫生分会名誉主任委员
	江苏省医学会第六届行为医学分会名誉主任委员
	江苏省医学会第七届精神病学分会副主任委员

续表

姓　名	机构名称及职务
吴德沛	美国血液学年会会员
	中华医学会血液学分会第八届委员会委员、副秘书长
	中华医学会血液学分会第七届委员会造血干细胞应用学组副组长
	江苏省医学会第六届血液学分会主任委员
	江苏省医学会内科学分会第六届委员会副主任委员
沈宗姬	江苏省医学会围产医学分会副主任委员
	江苏省医学会妇产科学分会第八届委员会副主任委员
	江苏省医学会围产医学分会第四届委员会副主任委员
	江苏省中西医结合学会第三届生殖医学分会常务委员
沈振亚	美国胸外科医生学会会员
	国际心肺移植学会会员
	江苏省医学会第七届胸心血管外科学分会副主任委员
	中华医学会医学工程学分会干细胞工程专业委员会副主任委员
沈海林	江苏省医学会放射学分会第八届委员会磁共振学组副组长
张洪涛	江苏省医学会第七届骨科学分会足踝外科学组副组长
张　玮	江苏省医学会第七届核医学分会副主任委员
	中华医学会核医学分会第八届委员会临床专业学组成员兼秘书
	中华医学会核医学分会第九届委员会功能显像学组委员兼秘书
张　玲	江苏省中西医结合学会肾病专业委员会常务委员
	江苏省中医药学会肾病专业委员会常务委员
	江苏省中西医结合学会妇产科专业委员会常务委员
	江苏省中医药学会肾病专业委员会常务委员
李惠玲	江苏省护理学会第八届理事会常务理事、副理事长
	中华医学会骨科学分会第九届委员会护理学组副组长
	江苏省护理学会科普工作委员会副主任委员
	江苏省护理学会健康教育专业委员会主任委员
	中国医院协会护理管理专业委员会委员
李建中	江苏省中医药学会老年医学专业委员会副主任委员
何广胜	中华医学会血液学分会第八届委员会红细胞疾病学组委员兼秘书
何　军	美国组织相容与免疫遗传学会会员
宋建平	江苏省中西医结合学会心血管专业委员会副主任委员
陆士奇	江苏省中西医结合学会急诊医学专业委员会副主任委员
	江苏省医学会急诊医学分会第一届复苏学组副组长
陆培荣	江苏省医学会眼科学分会第八届委员会副主任委员
	江苏省中西医结合学会眼科专业委员会常务委员
	江苏省中医药学会眼科分会常务委员
苗正英	江苏省中西医结合学会护理分会常务委员
金　钧	江苏省医学会重症医学分会第二届委员会常务委员
陈子兴	中华医学会血液学分会第七届委员会实验诊断学组副组长

续表

姓　名	机构名称及职务
陈卫昌	江苏省医学会第七届消化病学分会副主任委员
陈志伟	第一届中国中西医结合防治风湿病联盟常务委员
	江苏省中医药学会风湿病专业委员会常务委员
	江苏省中西医结合学会风湿病专业委员会副主任委员
陈爱明	江苏省中西医结合学会皮肤科学分会副主任委员
陈友国	江苏省中西医结合学会妇产科专业委员会常务委员
陈爱平	江苏省中医药学会肾病专业委员会常务委员
	江苏省中医药学会基础理论与文献研究专业委员会常务委员
周菊英	江苏省医学会第七届放射肿瘤治疗学分会副主任委员
欧阳俊	江苏省中西医结合学会泌尿系统专业委员会常务委员
胡春洪	江苏省医学会第二届放射学分会磁共振学组副组长
	江苏省医学会放射学分会第一届心胸乳腺学组组长
	江苏省医学会放射学分会第八届委员会副主任委员
胡建铭	江苏省中医药学会妇科分会常务委员
侯建全	美国组织相容与免疫遗传学会会员
	江苏省医学会第一届泌尿外科学分会肾移植学组组长
	江苏省医学会第九届理事会常务理事
	江苏省医学会第五届医学科学研究分会副主任委员
	江苏省医学会第八届泌尿外科学会副主任委员
	江苏省医学会第五届医学科学研究分会副主任委员
赵　宏	江苏省中西医结合学会大肠肛门病专业委员会常务委员
唐天驷	江苏省医学会第八届骨科学分会名誉主任委员
	中华医学会骨科学分会专家会员
倪才方	欧洲介入放射学会会员
	江苏省医学会第八届放射学分会介入放射学组组长
顾美华	江苏省中医药学会风湿病专业委员会常务委员
顾国浩	江苏省中西医结合学会实验医学分会常务委员
	江苏省医学会第八届检验学分会副主任委员
	江苏省医学会第六届微生物与免疫学分会副主任委员
钱海鑫	江苏省医学会外科学分会第六届委员会副主任委员
钱齐宏	江苏省中西医结合学会皮肤科学分会银屑病学组副组长
	江苏省中西医结合学会皮肤科专业委员会常务委员
	江苏省中医药学会皮肤科分会常务委员
徐建英	江苏省中医药学会妇科分会常务委员
陶　敏	江苏省中西医结合学会肿瘤专业委员会常务委员
袁苏徐	江苏省中西医结合学会肿瘤专业委员会常务委员
	江苏省中医药学会肿瘤专业委员会常务委员

续表

姓　名	机 构 名 称 及 职 务
黄建安	江苏省医学会第七届呼吸病学分会副主任委员
夏　飞	江苏省医学会第七届超声医学分会超声妇产学组副组长
凌春华	江苏省中西医结合学会呼吸系统专业委员会常务委员
董万利	江苏省中西医结合学会疼痛专业委员会副主任委员
	江苏省中西医结合学会脑病专业委员会常务委员
温端改	中华医学会江苏分会第八届常务理事
	江苏省医学会第八届泌尿外科学会名誉主任委员
温晓持	江苏省中西医结合学会消化系统专业委员会常务委员
程宗琦	江苏省中医药学会药学专业委员会常务委员
惠建华	江苏省中西医结合学会口腔疾病专业委员会荣誉副主任委员
葛建一	江苏省医院协会第七届理事会副会长
	江苏省医师协会副会长
葛自力	江苏省中西医结合学会口腔疾病专业委员会常务委员
缪丽燕	江苏省中西医结合学会临床药学专业委员会常务委员
	江苏省中医药学会药剂管理专业委员会常务委员
	江苏省药学会第七届医院药学专业委员会副主任委员
熊佩华	江苏省中西医结合学会第七届理事会常务理事、肾病专业委员会副主任委员
	江苏省中医药学会内科分会常务委员
薛　群	国际神经修复协会第二届委员会委员

28. 附属第二医院

姓　名	机 构 名 称 及 职 务
王培吉	中国残疾人康复协会肢残委员会委员
兰　青	中国抗癌协会神经肿瘤专业委员会常务委员
田　野	江苏省医师协会第二届肿瘤放疗医师分会副主任委员
	江苏省医学会放射肿瘤治疗专业委员会副主任委员
庄志祥	江苏省免疫学会第一届肿瘤免疫专业委员会常务委员
	江苏省抗癌协会肝癌专业委员会副主任委员
陈　锐	中国睡眠研究会青年工作委员会青年委员
	中国中西医结合学会生物医学专业委员会青年委员
	江苏省医学会呼吸疾病学分会睡眠呼吸障碍学组副组长
单玉喜	江苏省医学会男科学分会副主任委员
李晓强	江苏省医学会外科学分会血管外科组组长
赵天兰	江苏省中西医结合学会医学美容学分会副主任委员
赵合庆	江苏省抗癫痫协会第一届理事会常务理事
施敏骅	江苏省医学会呼吸病学分会肺部肿瘤及内镜学组副组长

续表

姓　名	机构名称及职务
徐又佳	中华医学会骨质疏松和骨矿盐疾病分会常务委员
	江苏省康复医学会修复与重建专业委员会副主任委员
唐　军	中国医学装备协会核医学装备与技术专业委员会委员
董启榕	江苏省医学会骨科分会关节镜外科学组副组长
董　军	中国抗癌协会神经肿瘤专业委员会青年委员
蒋国勤	中国抗癌协会乳腺病专业委员会常务委员
薛波新	中华医学会泌尿外科学分会国际交流委员会委员
29. 附属儿童医院	
丁云芳	中华医学会微生物与免疫学分会支原体、衣原体学组委员
	亚洲微生物与免疫学支原体学会委员
王晓东	中华医学会小儿外科学会骨科学组委员
	江苏省医学会骨科学分会委员
	江苏省医学会小儿外科学分会委员
	江苏省中西医结合学会骨伤科分会副主任委员
卢　俊	中国抗癌协会小儿肿瘤专业委员会青年委员会委员
冯　星	中华医学会儿科学分会常务委员、新生儿学组委员
	江苏省医学会常务理事、儿科学分会主任委员
	江苏省医院协会儿童医院分会副主任委员
古桂雄	中华医学会儿科学分会儿童保健学组委员
	中华预防医学会儿童保健分会常务委员兼秘书长
	江苏省儿童保健分会副主任委员
	江苏省中西医结合学会精神卫生专业委员会常务委员
孙庆林	中华医学会小儿外科学分会第七届委员会肝胆外科专业学组委员
	中华医学会小儿外科学分会第七届委员会内镜外科专业学组委员
	江苏省医学会小儿外科学分会副主任委员
	江苏省中西医结合学会大肠肛门病分会常务委员
刘高金	江苏省康复医学会儿童康复专业委员会常务委员
	江苏省中西医结合学会儿科专业委员会常务委员
刘殿玉	江苏省中西医结合学会儿科分会常务委员
李晓忠	中华医学会儿科学分会第十五届委员会青年委员、肾脏学组委员
	中国医师协会儿科医师分会儿童风湿免疫学组委员
	江苏省医学会儿科学分会委员、肾脏学组副组长
	江苏省医学会风湿病学分会委员
李　岩	中华医学会儿科学分会神经学组委员
	中国抗癫痫协会第一届理事会理事
汪　健	中华医学会小儿外科学分会委员、新生儿学组委员
	中华医学会肠外肠内营养分会委员

续表

姓　名	机　构　名　称　及　职　务
汪　健	江苏省医学会小儿外科学分会副主任委员
	江苏省中西医结合学会外科分会常务委员
严文华	江苏省中西医结合学会心血管分会常务委员
张锡庆	江苏省医学会小儿外科学分会名誉主任委员
张　亚	江苏省中西医结合学会实验医学专业委员会常务委员
张瑞宣	江苏省中西医结合学会儿科分会副主任委员
肖志辉	江苏省医学会围产医学分会副主任委员
陈临琪	江苏省医学会儿科学分会小儿内分泌学组副组长
武庆斌	中华预防医学会微生态学分会儿科学组副组长
	中华医学会儿科学分会消化学组委员
	江苏省医学会儿科学分会消化感染组组长
	江苏省中西医结合学会消化系统专业委员会常务委员
周　珉	江苏省中西医结合学会影像诊断专业委员会常务委员
周　云	中华医学会小儿外科学分会小儿泌尿外科专业学组委员
	江苏省医学会外科分会常务委员
	江苏省中西医结合学会外科分会常务委员
季　伟	中华医学会儿科学分会呼吸学组委员
	江苏省医学会儿科学分会呼吸学组副组长
封其华	江苏省中西医结合学会风湿病专业委员会常务委员
胡绍燕	中华医学会儿科学分会药理学组委员
郝创利	中华医学会儿科学分会免疫学组委员
	中国哮喘联盟委员
柴忆欢	中华医学会儿科学分会血液学组委员
徐洪军	中华小儿心血管协会委员
倪　宏	中华医学会行为医学分会青年委员会秘书长
阐玉英	江苏省中西医结合学会护理专业委员会副主任委员
盛　茂	江苏省医学会放射学分会儿科学组副组长
谢敏慧	江苏省医学会儿科学分会小儿急救学组副组长

30. 现代光学技术研究所

姓　名	机　构　名　称　及　职　务
余景池	中国光学学会先进光学制造分会副主任委员
	中国空间光学学会委员
沈为民	中国宇航学会空间遥感专业委员会副主任委员
	中国光学学会红外、光电器件专业委员会委员
袁　孝	中国光学学会激光专业委员会委员
钱　煜	中国光学学会光学测试专业委员会委员
	中国宇航学会空间遥感专业委员会委员

续表

姓　名	机 构 名 称 及 职 务
潘君骅	光电信息控制和安全技术重点实验室学术委员会委员
薛鸣球	中国光学学会理事
31. 信息光学研究所	
陈林森	中国光学学会全息与光信息处理专业委员会主任
	全国纳米技术标准化技术委员会委员
	中国民营科技企业家协会副会长
	江苏省微纳加工与微纳制造产业创新战略联盟副理事长
吴建宏	中国光学学会光电技术专业委员会委员
32. 化学电源研究所	
马扣祥	全国电池材料标准化技术委员会副秘书长
	中国电池工业协会技术委员会秘书长
王金良	全国电池材料标准化技术委员会副主任、秘书长
	中国电池工业协会副理事长、技术委员会主任委员
林佩云	全国原电池标准化技术委员会秘书长
郑军伟	全国电池材料标准化技术委员会副主任
	中国电池工业协会副理事长
33. 机关与其他部门	
马卫中	中国近代文学学会副会长
	中国南社与柳亚子研究会副会长
王卓君	中国高等教育学会地方大学研究分会副会长
王英志	中国古代文学理论学会理事
邓国林	江苏省高等教育学会国防教育研究分会副秘书长
	中国高等教育学会国防教育研究分会理事
	江苏省高校国防教育指导委员会委员
卢　伟	华东高校工程训练教学学会副理事长
朱秀林	江苏省化学化工学会第十届理事会副理事长、高分子专业委员会主任委员
华人德	中国书法家协会隶书委员会副主任
	中央文史研究馆书画院研究员
江　涌	中国高等教育学会学生工作分会副理事长
	中国学生定向运动协会副主席
	江苏省高等教育学会学生管理委员会副理事长
	江苏省高校思想政治教育研究会副会长
	江苏省大学生心理健康教育专家委员会副主任委员
江作军	江苏省学校党建研究会副秘书长
仲　宏	江苏省高校后勤研究会副秘书长
孙琪华	江苏省教育会计学会教育分会常务理事

续表

姓　名	机构名称及职务
沈美媛	中国职业技术教育学会职业技术师范教育委员会理事
	中国高等职业技术教育研究会理事
	全国本科院校高职教育协会理事
吴培华	中国编辑学会理事
	中国图书评论学会常务理事
	江苏省编辑学会副会长
	中国新闻出版研究所苏州基地主任
	国家出版职业资格考试专家组成员
	国家出版基金评审专家
张　庆	江苏省高等学校网络专业委员会副理事长
	江苏省高等学校教育技术研究会第八届理事会副秘书长
张建初	中国出版协会理事
	中国教育会计学会理事
	江苏省印刷协会常务理事
陈永清	江苏省第五届高校实验室研究会副理事长
陈兴昌	江苏省发行协会常务理事
罗时进	中国唐代文学学会副会长
周建屏	江苏省图书馆学会常务理事
	全国纺织服装信息研究会副理事长
查佐明	中国村社发展促进会大学生村官专家委员会委员
	江苏省大学生村官研究所特约研究员
耿曙生	中国大学出版社协会维权工作委员会理事
	江苏省钱币协会常务理事
高　敏	中国高等教育学会教育信息化分会第五届理事会理事
	江苏省印刷协会副会长
殷爱荪	教育部全国高等教育质量保障与评估机构协会常务理事
	中国国际私法学会常务理事
	江苏省现代教育技术协会名誉理事长
	江苏省大学生体育协会副主席
	江苏省法学学科教学指导委员会主任
	江苏省教育学科教学指导委员会副主任
	江苏省高等教育学会副会长
盛惠良	中国教育会计学会地方综合大学分会常务理事
	中国教育会计学会高等师范院校分会常务理事
盛惠良	江苏省教育会计学会教育分会常务理事、副秘书长
	江苏省教育会计学会高校苏南片分会常务副会长

续表

姓　名	机构名称及职务
谢志余	华东高校工程训练教学学会秘书长
蒋星红	教育部教学指导委员会(基础医学类专业)委员
	江苏省高等学校医学学科教学指导委员会副主任委员
	江苏省高等学校医药教育研究会副理事长
	江苏省生理科学学会副理事长
	江苏省医学会常务理事
路建美	全国微波化学专业委员会委员
	江苏省化学化工学会常务理事、应用化学专业委员会主任
	江苏省化工行业协会副会长
霍跃进	中国高教保卫学会学术部副部长
	江苏省高等教育学会保卫学研究委员会副理事长
薛　辉	全国高校校友工作研究会常务理事

党政常设非编制机构

苏州大学学院(部)关心下一代工作委员会

苏大委〔2012〕51号 2012年12月24日

文学院
主　任：王六一
副主任：张　健
成　员：纪金平　胡　萱　李明敏　姚鹤鸣
凤凰传媒学院
主　任：赵　阳
副主任：常青伟　梅升平　徐世浩
成　员：王苏光　徐　冉　宋　智
社会学院
主　任：刘志明
副主任：谭铮培
成　员：马竞飞　夏敏杰
政治与公共管理学院
主　任：张才君
副主任：邢光晟　丁家钟
成　员：谢燕兰　尹婷婷　孔　川　蒋　慧　陈晓刚　沈　磊
教育学院
主　任：蒋晓虹
副主任：宋清华　黄　震
成　员：王　静　阎　力　王　青　杨　炯　陈亦强
东吴商学院(财经学院)　东吴证券金融学院
主　任：唐文跃
副主任：张凤琴
成　员：吴利亚　赵人鹏　刘进才　李　季
王健法学院
主　任：胡亚球
副主任：王志良　陆　岸
成　员：凌爱珠　张炳文　杨洪源　沈静元　钱春芸　孙　磊

外国语学院
主　任：王　欣
副主任：王　健　李开伦
成　员：赵　红　蒋莲艳　刘亚东　王跃汉
金螳螂建筑与城市环境学院
主　任：邹学海
副主任：苪汉成　陈国凤
成　员：蔡振秋　成　龙　孙　觉
数学科学学院
主　任：蒋青芳
副主任：丰世富
成　员：陈　敏　彭晓蓓　吴坤明　金　贤
物理科学与技术学院　能源学院
主　任：刘　军　沙丹丹
副主任：赵云发　李忆馥
成　员：朱利平　龚呈卉　黄冠平　张振华　戴　晓
材料与化学化工学部
主　任：郎健平
副主任：龚学锋
成　员：蔡　琪　郭文娟　解维红
纳米科学技术学院
主　任：季　晶
副主任：程振平
成　员：曹　凯
计算机科学与技术学院
主　任：胡新华　杨季文
副主任：沈云彩　姜存禄
成　员：翟　洁　张　芸　高　珊　陆建德　徐炽康
电子信息学院
主　任：杨礼富
副主任：杨德生　芮秀文
成　员：刘田康　朱鹤生　刁爱清　金慧敏　袁冬梅　朱颖康
机电工程学院　沙钢钢铁学院
主　任：王永山
副主任：刘鲁庆　潘瑞华
成　员：樊一骅　余一峰　黄民柱　施重威　张志红　顾正磊　高玮玮　黄宗杰
陈江璋
纺织与服装工程学院
主　任：陈国强　孙庆民

副主任：王成奎　黄水慕
成　员：眭建华　朱俊芳　程万里　潘爱华　马书明
城市轨道交通学院
主　任：杨　清
副主任：曹金元
成　员：金菊华　顾雁飞
体育学院
主　任：朱建刚
副主任：李伟文　周佳晔
成　员：刘卫民　程战铭　何菊生
艺术学院
主　任：宁正法
副主任：陶培之
成　员：倪敏玲　束霞平　虞　岚　张天星　薛企荧　沈辛炼
医学部
主　任：戴荣明　何寿春
副主任：解　燕　姜海燕
成　员：蒋星红　龚　政　陈　赞　缪世林　黄　瑞　席拥军　黎春虹　时文彪
姜德智　张同成　刘根元　方慧麟　徐乃元　荀连英　徐　仑
文正学院
主　任：吴昌政
副主任：袁昌兵
成　员：邢　超　宋　丹　陈　波　吉成元　张毅驰
应用技术学院
主　任：刘　枫
副主任：张　卫　李恩秀
成　员：张　宗　夏　青　洪林宝　燕　君　吴晓宇

苏州大学国家教育考试标准化考点建设领导小组、项目工作组

苏大〔2012〕17 号　2012 年 3 月 12 日

一、苏州大学国家教育考试标准化考点建设领导小组
组　长：朱秀林
副组长：殷爱荪
成　员：党委办公室、校长办公室、纪监审办公室、研究生院、教务处、继续教育处、招生就业处、国际合作交流处、后勤管理处、实验室与设备管理处、财务处、保卫处、网络中心部门负责人

二、苏州大学国家教育考试标准化考点建设项目工作组
（一）综合协调组
组　长：校长办公室负责人

成　员：研究生院、教务处、继续教育处、招生就业处、国际合作交流处、后勤管理处、实验室与设备管理处、网络中心负责人

（二）建设管理组

组　长：教务处负责人

副组长：网络中心、后勤管理处负责人

成　员：研究生院、教务处、继续教育处、招生就业处、国际合作交流处、实验室与设备管理处、财务处、后勤管理处、保卫处、网络中心有关科室负责人

（三）监督检查组

组　长：纪监审办公室负责人

成　员：党委办公室、校长办公室、纪监审办公室有关科室负责人

苏州大学体育运动委员会

苏大〔2012〕38 号　2012 年 12 月 14 日

主　任：江　涌

执行主任：王家宏

副主任：唐忠明　王安列　张国华　雍　明

委　员（以姓氏笔画为序）：

马卫中　王　政　王　健　王尔东　王成奎　王全法
王剑敏　邢光晟　刘　标　刘鲁庆　芮秀文　严冬生
李伟文　沙丹丹　沈云彩　宋清华　张　卫　张　健
陆　岸　陆升汉　陈进华　陈国凤　季　晶　袁　晶
袁晶兵　徐建荣　唐文跃　陶培之　曹金元　龚雪锋
盛惠良　常青伟　董　娜　蒋青芳　黎春红　霍跃进

办公室主任：王全法　陈亦红

办公室秘书：徐建荣　钱志强

2012 年苏州大学及各地方校友会主要负责人情况

苏州大学校友会理事会成员名单

名誉会长：李政道
会　　长：朱秀林
副 会 长：王卓君　江　涌　张学光
秘 书 长：薛　辉
副秘书长：杭晓平　丁春忠　张　洁
常务理事（以姓氏笔画为序）：
丁春忠　马卫中　王尔东　王卓君　王洪法　王家宏　刘　标
朱秀林　江　涌　江作军　吴建明　张　洁　张国华　张学光
陈进华　杭晓平　钱万里　曹　健　黄　兴　黄维娟　薛　辉
理　　事（以姓氏笔画为序）：
丁春忠　马卫中　王尔东　王卓君　王洪法　王家宏　白　伦
石福熙　刘　标　朱秀林　江　涌　江作军　吴建明　吴小春
张　洁　张国华　张学光　沈关生　沈雷洪　陈少英　陈进华
杭晓平　林　冈　金琇珏　徐回祥　徐惠德　秦和鸣　袁少卿
钱万里　钱培德　顾圣成　顾念祖　曹　健　黄　兴　黄维娟
薛　辉　薛守贤

苏州大学校友会各学院（部）分会

文学院
会　长：张　健
秘书长：纪金平

凤凰传媒学院
会　长：赵　阳
秘书长：常青伟

社会学院
会　长：刘志明

秘书长：王　栋

政治与公共管理学院
会　长：张才君
秘书长：陈晓刚

教育学院
会　长：许庆豫
秘书长：薛卫军

东吴商学院(财经学院)　东吴证券金融学院
会　长：陆少杰
秘书长：李　季

王健法学院
会　长：胡亚球
秘书长：朱春霞

外国语学院
会　长：王腊宝
秘书长：王　健

金螳螂建筑与城市环境学院
会　长：邹学海
秘书长：陈国凤

数学科学学院
会　长：曹永罗
秘书长：王建珍

物理科学与技术学院　能源学院
会　长：沈明荣
秘书长：朱利平

材料与化学化工学部
会　长：黄志斌
秘书长：耿静漪

纳米科学技术学院
会　长：孙旭辉
秘书长：周迎春

计算机科学与技术学院
会　长：杨季文
秘书长：沈云彩

电子信息学院
会　长：赵鹤鸣
秘书长：马国平

机电工程学院　沙钢钢铁学院
会　长：王永山
秘书长：钮秀山

纺织与服装工程学院
会　长：孙庆民
秘书长：司　伟

城市轨道交通学院
会　长：杨　清
秘书长：曹金元

体育学院
会　长：陆阿明
秘书长：周佳晔

艺术学院
会　长：李超德
秘书长：倪敏玲

海外教育学院
会　长：黄　兴
秘书长：谭玉坤

医学部
会　长：缪世林
秘书长：徐　娴

医学部基础医学与生物科学学院
会　长：戈志强
秘书长：朱　旻

医学部放射医学与防护学院
会　长：曹建平
秘书长：朱本兴

医学部公共卫生学院
会　长：张永红
秘书长：钟宏良

医学部药学院
会　长：镇学初
秘书长：黄小波

医学部护理学院
会　长：薛小玲
秘书长：钮美娥

应用技术学院
会　长：刘　枫
秘书长：陈建军

文正学院
会　长：吴昌政
秘书长：王　森

老挝苏州大学
会　长：吴小春
秘书长：陈　美

苏州大学各地校友会

北美校友会	会　长	肖　鹏	
新疆校友会	会　长	张自力	乌鲁木齐市科学技术协会主席
陕西校友会	会　长	刘曼丽	陕西省纺织协会副秘书长
	秘书长	张志安	陕西德鑫隆物资贸易有限公司
广东校友会	会　长	柯惠琪	广东省丝绸纺织集团总经理
	秘书长	张秀萍	广州医学院附属肿瘤医院放疗科主任

苏州校友会	会　长	王少东	苏州市委常委、秘书长
	秘书长	程华国	苏州市人力资源与社会保障局局长
日本校友会	会　长	郭试瑜	日本昭和大学医学部教授、中国留日同学总会会长
	秘书长	杨　涛	日本日立电线株式会社
四川校友会	会　长	陈祥平	四川省丝绸科学研究院院长
	秘书长	刘季平	四川省丝绸科学研究院
山东校友会	会　长	高亚军	山东省丝绸集团总公司总工程师
	秘书长	何　斌	山东广润丝绸有限公司董事长
北京校友会	会　长	何加正	中国互联网新闻中心、新闻传媒联盟顾问主席、前总裁,人民日报社高级记者、高级编辑
	秘书长	陈昌文	现代教育出版社教育教材分社
上海校友会	会　长	熊月之	上海社会科学院院长
	秘书长	余建新	上海市纺织集团公司党校
辽宁校友会	会　长	于有生	辽宁省丹东丝绸公司总经理
	秘书长	张　夏	辽宁辽东学院高职教育处处长
南京校友会	会　长	葛韶华	原江苏省委宣传部副部长、江苏省老龄协会常务副会长
	秘书长	陈建刚	江苏省委副秘书长、江苏省委研究室主任
盐城校友会	会　长	谷汉先	盐城市教育局
	秘书长	盛同新	盐城市政府接待办副主任
淮安校友会	会　长	荀德麟	淮安市政协副主席、市地方志办公室主任
	秘书长	秦宁生	淮安市委党校副校长
镇江校友会	会　长	尹卫东	句容市人民政府市长
	秘书长	徐　萍	镇江市体育局局长
广西校友会	会　长	刘炽雄	南宁振宁资产经营有限责任公司工业投资管理有限责任公司总经理
	秘书长	邓新荣	广西产品质量监督检验院高级工程师
扬州校友会	会　长	颜志林	扬州市广播电视局局长
	秘书长	周　彪	扬州市老干部活动中心主任
江西校友会	会　长	刘琴远	南昌解放军第94医院肛肠外科主任
	秘书长	郭　斌	南昌大学第二附属医院骨科主任
常熟校友会	会　长	殷东明	常熟市教育局局长
	秘书长	顾伟光	江苏省常熟中学校长
徐州校友会	会　长	刘　相	原徐州市人大副主任
	秘书长	宋农村	徐州工程学院副院长
南通校友会	会　长	娄炳南	南通市人大常委会副秘书长
	秘书长	景　迅	南通市人大研究室副主任
吴江校友会	会　长	张　莹	原吴江市副市长,吴江市行政管理学会会长
	秘书长	朱金兆	吴江市政府副秘书长、法制办主任

无锡校友会	会　长	周解清	无锡市人大常委会主任
	秘书长	任明兴	原无锡市滨湖区城市管理局局长
常州校友会	会　长	冯国平	常州纺织与服装职业技术学院院长
	秘书长	李沛然	常州市人民政府副秘书长、市级机关事务管理局局长
连云港校友会	会　长	钱　进	连云港师范高等专科学校校长
	秘书长	龚建华	连云港市纪律检查委员会办公室主任
泰州校友会	会　长	周书国	泰州市政协副主席、市委统战部部长
	秘书长	曹学赋	泰州市文化局副局长
太仓校友会	会　长	邱震德	太仓市人民政府副市长
	秘书长	陈　伟	太仓市委党校常务副校长
内蒙古校友会	会　长	红　胜	内蒙古锡林郭勒职业学院副院长
	秘书长	吴和平	内蒙古锡林郭勒盟医院院长
浙江校友会	会　长	李建华	浙江万事利集团总裁
	秘书长	周　颖	浙江丝绸科技有限公司
安徽校友会	会　长	陶文瑞	安徽省天彩丝绸有限公司总经理
	秘书长	张　颖	安徽省天彩丝绸有限公司综合处处长
张家港校友会	会　长	钱学仁	原张家港市政协主席
	秘书长	张明国	张家港市政府副秘书长
湖北校友会	会　长	朱细秋	湖北省武汉女子监狱
	秘书长	王克作	湖北省纤维制品检测中心专职主任、高级工程师
湖南校友会	会　长	彭卫平	长沙市第三人民医院内科主任
	秘书长	刘卫平	中铁建电气化局四公司经理
甘肃校友会	会　长	张义江	兰州石化总医院院长
	秘书长	米泰宇	兰州市第二人民医院普外科副主任医师
天津校友会	会　长	崔笑飞	天津市塘沽开发区检察院副检察长、反贪局局长
	秘书长	孟令慧	天津市电信公司四分公司副总经理
山西校友会	会　长	常学奇	中国辐射防护研究院副院长
	秘书长	赵向南	山西日报社政法部
重庆校友会	会　长	梁列峰	西南大学纺织服装学院副院长
	秘书长	张　玲	重庆市纤维织品检验所科长
福建校友会	会　长	苏庆灿	厦门眼科中心董事长
	秘书长	叶　玲	中国农业银行厦门市分行个人业务处经理
河北校友会	会　长	刘立文	中国联通河北省分公司
	秘书长	石　嵘	石家庄市医疗保险管理中心运管五处处长
宿迁校友会	会　长	贡光治	原宿迁市政协副主席、市教育局督导员
	秘书长	刘立新	宿迁市政府办公室副主任
爱尔兰校友会	会　长	汪江淮	UCC 医学院外科学教研室主任
	秘书长	陈　刚	都柏林大学附属医院临床外科研究室博士、教授
英国校友会	会　长	叶　兰	QUB 国际合作交流处对外联络负责人

	秘书长	卜庆修	QUB 法学院博士
法国校友会	会　长	陆肇阳	蒙彼利埃大学医学院血液研究所副主任、教授、博士
黑龙江校友会	会　长	冯　军	哈尔滨医科大学附属肿瘤医院
	秘书长	邵玉彬	哈尔滨绢纺厂
河南校友会	会　长	李晓春	河南工程学院副院长
	秘书长	陶建民	河南农业大学教务处副处长
新西兰校友会	会　长	王小选	奥克兰 Brand Works 公司
	秘书长	范士林	新西兰华文文化沙龙理事、总编辑
云南校友会	会　长	余化霖	昆明医学院第一附属医院微创神经外科主任、博士生导师
	秘书长	谢新松	中共昆明市委副秘书长、办公厅主任
澳大利亚校友会	会　长	陈宝南	阿德莱德大学医学院
	秘书长	殷建林	悉尼大学医学院
贵州校友会	会　长	赵继勇	遵义市红花岗区科技局
	秘书长	李　钦	遵义市红花岗区财政局政府采购科
海南校友会	会　长	孙　武	海口市科学技术工业信息化局
	副会长	李一帆	海口市琼山区大园路153号
	秘书长	魏承敬	海南千家乐贸易有限公司
德国校友会	会　长	王文利	苏州大学纺织与服装工程学院副教授

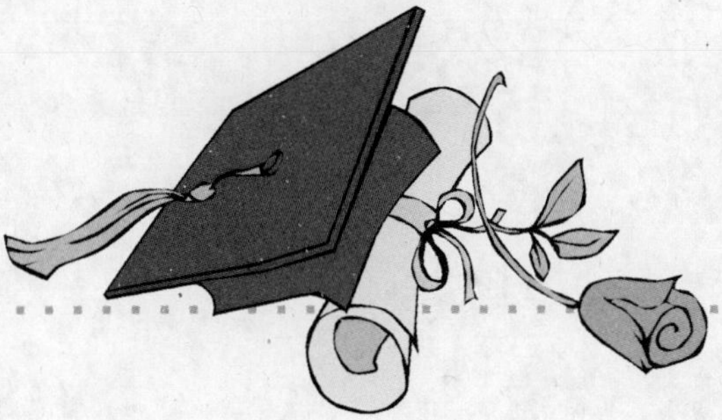

院（部）简介

文 学 院

一、概况

学院拥有汉语言文学、汉语言文学(师范)、汉语言文学(基地)、汉语国际教育4个本科专业(专业方向),设古代文学教研室、现当代文学教研室、文艺学教研室、比较文学与世界文学教研室、语言学教研室和文秘教研室,同时还设有比较文学研究中心、明清诗文研究中心、通俗文学研究中心、国际合作交流中心及文学研究所等学术科研机构。学院拥有1个国家文科基础学科人才培养和科学研究基地,1个国家特色专业,1个博士后流动站。博士生导师29人,硕士生导师34人。在读本科生848人,本科留学生45人;博士生75人;在读学术性硕士研究生198人,全日制专业硕士国内学生126人,专业硕士留学生65人,在职攻读教育硕士研究生195人。

学院设有中国语言文学一级学科博士点,在中国古代文学、中国现当代文学、文艺学、语言学与应用语言学、汉语言文字学、比较文学与世界文学、中国通俗文学研究、戏剧影视文学等10个方向招收博士研究生和硕士研究生,同时在美学、课程与教学(语文)等方向招收硕士生,在学科教学(语文)教育硕士点和汉语国际教育专业硕士点招收专业硕士研究生。中国现当代文学、中国古代文学和文艺学均为江苏省重点学科,中国语言文学一级学科为江苏省国家级重点学科培育点。汉语言文学专业为江苏省品牌专业和国家特色专业建设点,学科基础课程多为省级以上优秀课程,"中国现当代文学"为国家精品课程。

二、教学工作

(1) 调整研究生招生结构,增加专业学位学生的招生规模。调整本科专业设置,确定中国语言文学大类新增秘书学专业方向。截至2012年12月,2012届研究生、本科生就业率均在90%以上。

(2) 顺应学校改革发展需要,支持唐文治书院的建设,探索书院制的办学模式。

(3) 通过高水平的学术讲座提升研究生的科研水平以及本科生学习的兴趣和积极性。高度重视研究生论文的质量,严格执行研究生论文盲审、抽查和预答辩制度。鼓励和支持研究生在核心刊物上发表科研论文。

(4) 实施"专业综合改革试点项目"。重点加强专业、课程、教材、实践基地建设与申报工作,加大精品课程、双语教学课程、精品视频公开课的建设力度。周秦教授主讲的"昆曲艺术"成功入选教育部2012年精品视频公开课,成为学校首个上线的精品视频。

三、科研工作与学术交流

(1) 学院特别重视加强中青年骨干教师的创新能力培养工作,积极组织教师申报各类课题、留学基金和其他项目,完善教师职业道德规范和考核管理制度,加速学院师资队伍的建设,打造出了一支适应学校发展的高水平人才队伍。王尧教授主持的项目"百年来中国文学海外传播研究"获批2012年度国家社科基金(第三批)重大项目立项,鲁枢元教授、方汉文教授主持的项目获批重点项目立项。一般国家社科科研项目立项7项,省部级科研项目10项,其他省、市级以上项目13项;全院教师发表核心刊物论文84篇(其中一类核心刊物论文13篇),一般论文93篇,出版专著44部。

(2) 2012年学院教师获得省社科成果奖10项,其他各类奖项17项。例如,王尧教授获得江苏省第四届紫金山文学奖之散文奖、江苏省第二届文学评论奖一等奖;朱栋霖教授获得中国曲艺牡丹奖理论奖、第八届中国文联文艺评论奖文章类特等奖;马亚中教授领衔整理的《陆游全集校注》获浙江省政府树人奖一等奖;朱子南教授的《中国报告文学史》获首届报告文学理论奖大奖;范伯群教授主持编写的《中国近现代通俗文学史》入选新闻出版总署第三届"三个一百"原创作品工程。

(3) 加强学术交流,通过联合举办学术会议、教学活动和支持教师海外进修等方式,拓宽教师的国际视野,鼓励教师到一流大学访学。2012年学院举办了文艺理论、比较文学和汉语国际教育等学科的学术会议3次。教师应邀出席海外重要学术交流活动达12人次,朱建刚老师获国家留学生基金资助在莫斯科大学进修,王耘老师到美国进修,黄轶等6位老师分别被派往日本、老挝和我国港台等地开展教学与科研合作。所有这些工作,不仅开拓了学院教师学术研究的新视野和新方法,也提高了学院的知名度。

(4) 顺利通过了"211工程"三期项目的验收工作,受到验收专家的好评。组织相关学科参与第三轮学科评估工作,加强各学科间的协调,并以此为契机,提升教育教学质量,及时总结经验教训,为下一轮的国家重点学科申报做好准备工作。

四、学院特色与重大事项

学院坚持科学发展方向,弘扬求真务实精神,倡导以人为本理念,始终努力创建和谐院系,并积极响应学校国际化发展的号召,拓展国际合作与交流。

(1) 学院充分发挥"苏州汉语国际教育网"和"海外汉学研究中心网站"及学院网站的作用,加强学院的对外联络工作,提升学院的国际知名度。

(2) 接待新加坡理工学院、新加坡淡马锡理工学院师生来苏进行文化沉浸和实习实践交流活动;承办国台办第二届台湾籍海外留学生文化沉浸活动"忆江南——海峡两岸学生交流营活动";承担香港教育学院小学荣誉学士沉浸课程,接收对方33名学生来学校进行为期2个月的普通话和文化方面的沉浸;承接马来亚大学语言学院中文系学生在学校为期1个月的中国语言文化的沉浸课程。

(3) 根据学校统一部署,积极筹措在老挝苏州大学、尼日利亚拉各斯大学建立中文系,承担老挝苏州大学的汉语培训课程。

(4) 此外,与法国国立东方语言文化大学签署合作协议,与西班牙内布礼哈大学、美国国际教育委员会、美国俄亥俄州立大学等高教机构进行密切接洽,探索多种形式的海外合作。

(黄晓辉)

凤凰传媒学院

一、概况

凤凰传媒学院是苏州大学与香港凤凰卫视集团共同合作组建的直属公办学院。学院充分利用双方的资源优势和品牌影响力,以先进办学理念为指导,坚持高起点、高标准、应用型、国际化,推进传媒人才培养模式改革,致力于建设具有产学研一体化特色的国际化教育基地,以提升中国传媒教育软实力。

凤凰传媒学院的历史可上溯至1929年成立的江苏省教育学院、1941年成立的国立社会教育学院。1995年苏州大学在文学院设立新闻传播系,2005年发展调整为文学院·新闻传播学院,2009年组建凤凰传媒学院。在凤凰传媒学院的前身文学院·新闻传播学院的历史上,著名思想家和教育家章太炎、吴梅、周谷城、朱东润、许国璋等人曾在此执教,当代著名新闻学家方汉奇先生曾在此就读。

学院现有博士点1个:媒介文化,涵盖传媒与文化产业、传媒与大众文化两个研究方向;一级学科硕士点2个:新闻传播学、戏剧与影视学;专业硕士学位点1个:新闻与传播学。本科专业与方向共5个:新闻学、广告学、广播电视新闻学、广告学(会展方向)、播音与主持艺术。新闻学现为学校特色专业,新闻传播学为校级优秀课程群,新闻学概论、广告设计为校级精品课程。近十几年来,学院秉持面向传统、面向社会、面向学生的宗旨,依托在苏州的世界500强企业以及苏州市国家级文化产业园基地、科教创新区产学研一体化平台的强大影响力和辐射力,为各级政府机关、媒体和长江三角洲众多企业输送了一大批合格的新闻传播人才,他们中有很多已成为新闻和其他各条战线的骨干。学院现有在校全日制学生900余人,其中本科生700余人,硕士、博士研究生近200人;各类成人教育学生400多人。

学院坚持"人才强院"战略,已逐步形成了一支以高学历、高职称、科研和教学能力较强的教师为主体的师资队伍。学院现有教职员工50余人,其中,教授11人(含博士生导师4人),副教授11人,高级实验师3人;拥有江苏省"333工程"中青年科技带头人1人、培养对象第二层次人选1人,江苏省"青蓝工程"中青年学术带头人1人、优秀骨干教师1人。学院还聘请了20多位海内外知名的新闻传播学者和业界人士担任学院的兼职教授或兼职导师。近年来,学院教师承担了国家和省级科研项目20多项,获得国家、省级科研奖励8项,并出版了教育部"十一五"国家级教材3部,在新闻传播学界产生了广泛的影响。

学院建有江苏省省级实验教学示范中心——传媒与文学实验教学中心。该中心教学实验设施齐备,拥有先进的摄影棚、大型演播厅、摄影暗房、教师电视节目制作室、报刊编辑实验室、播音主持语言实验室、电视摄像实验室、计算机图文设计实验室、电视鉴赏实验室、非线性编辑实验室、动漫游戏制作实验室,以及数码艺术、网络与新媒介、影视艺术3个工作室,总使用面积达4 000多平方米,实验设备885台(套),设备总资产1 162万元。学院在新华日报报业集团、苏州广播电视总台、人民网等各类新闻媒体和广告公司建立了20余个大学生创新创业教育实践基地,在政府部门和传媒单位建立了11个研究生工作站,每年度举办苏州大学生电影节暨北京大学生电影节分会场活动,并创办了凤凰论坛,定期聘请学界知名学者和业界资深人士来校举办专场讲座,拓宽师生视野。

学院深入落实国际化战略,先后与美国密苏里大学、美国特洛伊大学、美国匹兹堡大学、澳大利亚邦德大学、台湾世新大学、香港城市大学、澳门科技大学等建立了交流合作关系,促进师生的交流与访学。

二、教学工作

1. 本科生教学工作

2012年,学院1人获建行教学奖,1人获校级青年教师课堂教学竞赛一等奖,1人获评优秀毕业论文指导老师,4篇毕业生论文获评校优秀本科毕业论文,其中1篇获评省级优秀本科毕业论文,2名毕业生获评优秀实习生,出版教材4部。

学院获得"大学生创新性实验计划"项目8项,其中国家级1项、省级3项、校级4项,并获得大学生课外科研学术基金重点项目4项、一般项目25项。

2. 研究生教学工作

2012年,学院与优化科技(苏州)有限公司合作建设了学院第一个省级企业研究生工作站,在常熟日报社、张家港市凤凰镇、姑苏广告传媒有限公司、苏州工商行政管理局、福纳科技文化股份有限公司、苏州市文明办、吴江市吴风越韵新闻文化信息传播有限公司、张家港市纪律检查委员会、常熟市广播电视总台等设立校级研究生工作站。

三、科研工作与学术交流

1. 科研项目与成果

2012年,学院教师在核心期刊发表论文38篇,其中一类核心刊物论文4篇、二类32篇、三类2篇;出版专著14部;承担国家社科基金项目1项、省部级项目2项,教育部重点项目子项目1项,市厅级6项,承担横向科研项目37项;获得省部级科研奖项1项、市厅级17项。

2. 国内外学术交流情况

2012年,学院先后邀请中央外宣办、国务院新闻办原主任,中国人民大学新闻学院院长赵启正,国务院学位委员会新闻传播学科评议组召集人尹韵公,南京大学新闻传播学院副院长段京肃,美国布法罗纽约州立大学传播系教授、哈佛大学费正清中国研究中心研究员、马萨诸塞大学传播与可持续发展研究中心高级研究员洪俊浩,南京大学国际传媒研究所所长、澳门科技大学人文艺术学院副院长潘知常,美国密苏里大学新闻学院孙志刚,美国圣地亚哥加州大学张英进,中国传媒大学传媒研究院副院长陈卫星,郑州大学传媒发展研究中心主任、穆青研究中心主任、教育部新闻学学科教学指导委员会委员董广安,中国电影艺术家协会秘书长许柏林与《电影艺术》杂志主编吴冠平,著名剧作家、《中国电视》高级编辑李跃森,经典武侠电影《新龙门客栈》出品人、香港著名导演吴思远,上海广播电视台著名主持人、朗诵家、全国广播主持人"金话筒"奖获得者陆澄,凤凰网副总裁陈志华,中央电视台体育频道主持人、解说员王涛,昆山电视台台长吴忠等国内外知名专家学者和业界精英来学院作学术讲座20余场次。学院注重加强与国内外学术界的交流与合作,举办了"新媒介·新青年·新文化"高峰论坛、“新时期苏州青年精神的内涵”圆桌会议、“都市空间与开放社会”学术研讨会,与常熟日报社联合举办了报业创新发展座谈会。科研平台建设取得根本性突破,自主建设了内生型的校级研究机构新媒介与青年文化研究中心,与有关单位合作共建了百森互联网公共服务研究中心、现代快报地产研究中心、广告研究所等3个外生型校级研究机构。

四、学院特色与重大事项

2012年3月2日,播音与主持艺术专业获教育部批准。

2012年4月13日,学院吴辛夷被评为2012年省级优秀学生干部,2009级新闻班被评为2012年省级先进班集体。

2012年4月,凤凰传媒学院《大学新闻》社在2012中国(江苏)高校传媒联盟年会上荣获“十佳校园媒体”光荣称号,汪可、王舒娅、冯晓晓、刘钦瑶、李向南的《如何面对夭折的青春》及刘振远、沈雪婷的《最后的全程见证者——访东吴老校友高文彬》两篇报道荣获十佳新闻作品奖,主编刘振远斩获最佳运营奖。

2012年5月6日,苏州大学新媒介与青年文化研究中心揭牌仪式暨《新媒介与青年亚文化丛书》首发式在红楼会议中心举行。同日还举行了“新媒介·新青年·新文化”高峰论坛。

2012年5月6日,苏州大学新媒介与青年文化研究中心与共青团苏州市委签署合作协议,中心将为苏州市青年文化建设的相关政策、项目提供智力支持。同日还举行了主题为“新时期苏州青年精神的内涵”的圆桌会议。

2012年5月25日,苏州大学新媒介与青年文化研究中心网站正式上线,网址是:http://mycs.suda.edu.cn。

2012年6月12日,学院党委书记赵阳与新华报业传媒集团签订了共建苏州大学实习基地的合作协议。

2012年6月15日,学院与吴江电视台战略合作签约仪式在吴江市文广新局举行。

2012年6月20日,苏州大学·现代快报地产研究中心签约暨成立仪式在相城区在水一方大酒店举行。

2012年6月24日,学院学生自编自导自演的90分钟校园电影《22》在独墅湖影剧院正式上映。

2012年8月15日,苏州大学常熟日报社研究生工作站揭牌仪式在常熟中汇戴斯大酒店举行。

2012年8月16日,学院与苏州工商行政管理局正式签署“促进广告业发展全面合作协议”,共同建立苏州市广告研究院(苏州广告研究所)、苏州大学研究生工作站、苏州大学创就业实习基地、苏州市广告业管理人才教育培训基地,以充分发挥学院和学校的人才、学科、智力和信息优势,推动苏州广告业的科学发展、创新发展。

2012年10月21日至22日,应中国现代文学馆的邀请,学院新闻学系副主任曾一果教授成为该馆第二批客座研究员。

2012年12月13日,学院与吴江日报社签署全面合作协议,苏州大学创新创业教育实习基地和苏州大学研究生工作站同时揭牌。

(徐　冉)

社会学院

一、概况

社会学院是苏州大学下属的二级学院之一。其前身可以追溯到东吴大学时期。1953年江苏师范学院设立历史专修科，1955年著名历史学家柴德赓教授受命创建历史学系，1995年历史学系更名为社会学院。

学院现设历史学系、档案与电子政务系（含档案学、图书馆学、信息资源管理）、社会学与社会工作系（含社会学、社会工作）、旅游管理系、劳动与社会保障系共5个系、8个本科专业。学院现有中国史一级学科博士点，历史学博士后流动站，中国史、世界史、社会学、图书情报与档案管理4个一级学科硕士点，中国近现代史、专门史、世界史、社会学、中国古代史、档案学、情报学、社会保障、旅游管理等9个二级学科硕士点以及学科教学（历史）、社会工作2个专业硕士学位点。中国史是江苏省一级重点学科，历史学是江苏省品牌专业，档案学是国家级特色专业。江苏省人文社科重点研究基地吴文化研究基地、江苏红十字运动研究基地以及苏州大学（苏州市）人口研究所、苏州大学吴文化国际研究中心、社会与发展研究所等省、校级科研机构附设于本院。

学院现有教职工95人，其中专任教师80人。学院具有副高以上技术职务者47人（教授25人，副教授22人），正、副教授占专任教师比例近60%；有博士生导师9人，硕士生导师32人。学院还聘任多位国内外著名的专家学者为兼职教授。

二、教学工作

2012年，图书情报与档案管理专业被确定为江苏省"十二五"高等教育重点专业；1项教学成果获苏州大学教学成果一等奖；档案专业被列入"十二五"校级综合改革试点项目；新立项"苏州大学教材培育计划"项目1项；1人获苏州大学建行教学奖；1人获苏州大学第十一届青年教师课堂教学竞赛三等奖。新立项国家级"大学生创新性实验计划"项目4项、省级4项、校级3项。学院教师出版及参与编写了24部专著、教材。教职工获奖人数众多，1人获江苏省第十二届哲学社会科学优秀成果二等奖，1人获江苏省第十二届哲学社会科学优秀成果三等奖，2人获江苏省第八届哲学社会科学研究优秀成果二等奖，3人获江苏省第八届哲学社会科学研究优秀成果三等奖。1人被评为苏州大学2012届毕业设计（论文）优秀指导教师，3人被评为苏州大学2012届优秀实习指导教师。

三、科研工作与学术交流

（1）国家社科基金项目又有收获。在国家社科基金项目的申报方面，学院表现仍然突出，获批4项，另有3个国家社科项目顺利结项。

(2) 发表论文情况。在一类权威期刊发表论文10篇,SSCI论文1篇,在二、三类以上核心刊物发表论文近100篇。

(3) 承担国家、省部级、市厅级科研项目近30项,获得各项奖励10余项。

(包　军)

政治与公共管理学院

一、概况

政治与公共管理学院是1995年由苏州大学政治系与苏州大学马列部合并组建而成的一个综合性二级学院。其办学历史比较悠久,最早可追溯到20世纪20年代东吴大学创办的政治学科(东吴政治学)。随着苏州蚕桑学院、苏州丝绸工学院、苏州医学院相关系科专业先后并入,学院在全国211高校的同类院系中,堪称师资力量雄厚,现有的126名专业教师中,教授29人,副教授53人,讲师43人,具有博士学位的中青年教师占70%以上。在29位教授中,二级教授与三级教授数量居全校各院系前列。学院设有哲学(政治)、社会科学、公共管理、管理科学4个系科,共有哲学、思想政治教育、管理科学、人力资源管理、行政管理、公共事业管理、城市管理、物流管理等8个本科专业,马克思主义研究院等8个研究院(所、中心),哲学、政治学、公共管理学、管理科学与工程等4个一级硕士学位授予点和16个二级硕士点以及公共管理(MPA)等2个专业硕士学位点,哲学、政治学2个一级学科博士授权点(可涵盖14个二级学科博士点),以政治学一级学科为主要依托的地方政府与社会管理是江苏省高校优势学科,哲学是江苏省一级学科重点学科;在读全日制本科生1 100多人,研究生(博士、硕士、专业学位)1 200多人,基本形成了研究型学院的发展态势。

学院的优势学科主要涉及三大学科领域:

在哲学领域,已形成哲学一级学科博士点与博士后流动站以及省一级重点学科的雄厚学科实力。其中,马克思主义哲学对哲学原理及发展哲学、管理哲学等方面的研究,中国哲学关于儒学、道学、佛学等方面的研究,伦理学关于原理研究、管理伦理、生命伦理、发展伦理等方面的研究,外国哲学在俄罗斯哲学、西方科学哲学、日本哲学等方面的研究,均在全国有一定的影响和地位。

在政治学和公共管理学领域,学院有作为江苏省高校优势学科的地方政府与社会管理,有政治学一级学科博士点与博士后流动站以及学校"211工程"重点建设学科公共管理学科。在中国特色社会主义政治文明与权力结构、政治体制改革与政府发展、基层政权建设和区域治理、政府理论与公共政策、地方政府与危机管理等研究方向逐步形成了学科优势和科研特色。特别是近年来一批青年学者已逐步成长起来,形成了极富发展潜力的学术梯队。

在马克思主义理论领域,学院以马克思主义基本原理、思想政治教育2个博士点为支撑,结合中国特色社会主义在苏南的创造性实践,特别注重从马克思的环境思想中寻找建构生态社会主义的智慧,从生态哲学、生态文化、生态教育学与生态政治学联姻、合流的角度研究生态社会主义理论体系建构问题,从基层党组织设置与职能的改革以及城乡基层党建新格局等角度研究基层党建问题,出版了一系列高水平的著作。

学院在人才培养与社会服务领域也取得了突出成绩,为国家与社会培养了数以万计的大学生与研究生,其中有相当一部分成为各条战线的中坚力量,其中不乏党政高层领导、高校知名教授与企业家。学院还为党政机关与企事业单位承担了大量委托研究任务,撰写的研究报告成为有关部门与单位决策的重要依据,受到中央与省、市各级领导的重视。学院教师还指导学生先后荣获"挑战杯"全国大学生课外学术科技作品竞赛一等奖与特等奖。

二、教学工作

1. 本科生教学工作

2012 年,学院行政管理专业成功申报江苏省综合改革试点重点专业。两课教师主持的"思想政治理论课实践教学课程化改革创新研究"荣获苏州大学教学成果奖一等奖。11 月,顾宏松老师在首届长三角思想政治理论课《思想道德修养与法律基础》教学比赛中获得一等奖。方世南教授获得苏州大学第二十一届周氏教育科研优异奖,金太军教授获得苏州大学第二十一届周氏教育优秀奖。张晨获得 2012 年苏州大学建行教学奖,黄建洪、张建英、蒋慧 3 位老师获得 2012 年苏州大学交行教学奖。

2. 研究生教学工作

2012 年,有 9 位博士生获江苏省研究生创新工程项目资助,2 位博士生获得校优秀博士论文奖,3 位硕士生获得校优秀硕士论文奖。

三、科研工作与学术交流

1. 科研项目与成果

2012 年,学院共承担国家社科重点项目 1 项,国家级一般科研项目 4 项,省部级科研项目 10 项,市厅级 4 项,各级各类横向科研项目 43 项,累计获得科研经费 551.28 万元;共发表学术论文 192 篇,其中在核心期刊上发表论文 109 篇,出版著作 16 部。获得省部级、市级各类科研成果奖励共 26 项。其中,金太军教授主持在研国家社科基金重大项目"应对重大突发公共事件的政府协调研究",其中间成果"中国海外公民安全的形势及对策建议"入选全国哲学社会科学规划办《成果要报》,取得了一定的社会影响。金太军、田芝健(排名第二)获省哲学社会科学研究优秀成果一等奖,邢冬梅、陈忠获二等奖,袁勇志、高祖林获三等奖。学院在成功申请哲学和政治学一级学科博士点的基础上,进一步明确了学科特色和学科研究方向。目前已形成哲学博士后流动站、政治学博士后流动站和马克思主义理论博士后流动站。2012 年度顺利通过"211 工程"第三批检查评估并获得较高评价,顺利完成了教育部政治学、哲学专业的评估申报工作。学院地方政府与社会管理成功申报江苏省优势学科。

2. 国内外学术交流情况

2012 年 7 月,学院承办全国部分高校思想政治理论课骨干教师考察活动。10 月,学院主办了第七届苏州大学韩国蔚山大学国际学术交流会,进一步提升了学校在业界的影响力。11 月,学院主办城市哲学论坛。12 月,学院与《中国社会科学》杂志共同举办"全球化进程中的国家认同"学术研讨会;学院承办中国政治学会 2012 年年会暨"坚持社会主义政治制度与创新社会管理"学术研讨会,提高了学校在业界的知名度和美誉度。

四、学院特色与重大事项

2012 年,学院认真落实学校的各项决策部署,紧紧依靠全院师生员工办学,学院各项工作取得了新的进展。

在全院教职员工的共同努力下,学院哲学学科被评为江苏省一级重点学科;由金太军教授组织申报的苏州大学地方政府与社会管理学科被评为江苏省优势学科;于 2012 年 3 月创办的政治与公共管理学院学术大讲坛,迄今已开设 26 次,邀请的国内外专家覆盖学院各学科,取得较为显著的学术效应。

服务社会方面:在继续巩固成人学历教育和自学考试助学班规模、规范管理行为的基础上,学院积极拓展教育培训市场,充分利用学院学科现有优势,发掘自身特色,积极开拓新的培训项目,不断提升学院社会服务的水平。一是继续推进政府机关部门培训。2012 年 7 月,学院与无锡宜兴工商局和无锡惠山工商行政管理局共同举办青年干部培训班,并进行青年干部培训基地的揭牌仪式。10 月,举办了东莞党校第二期青年干部培训班。11 月,学院与昆明市委宣传部共同举办宣传干部培训班等。二是主动开拓海外教育培训市场,韩国、澳大利亚、法国等高校的海外交流合作项目在稳步推进。2012 年韩国蔚山大学已有 30 名学生在学院圆满完成学习任务。

党的建设方面:建立健全学院有关管理制度与机构,制定和修订《党政联席会议制度》《学院党政领导议事规则》《学院关于加强民主集中制建设的规定》等规章制度。调整完善党员领导干部、党委委员联系学生党支部制度,召开学生党建研讨会,举办党建论坛,推动了学生党建工作的新发展;精心策划、周密部署、扎实推进以“科学发展上水平,特色强院创一流”为主题、以“四个示范、四个过硬”为主要内容的创先争优活动,在党内民主建设、党员作用发挥、服务师生员工方面取得了新成效。作为校流动党员出口机制第二批试点单位,学院党委积极落实流动党员出口工作。2012 年 6 月,学院党委被学校评为创先争优先进基层党组织,田芝健被评为苏州大学优秀共产党员,钮菊生被评为苏州大学优秀党务工作者。方世南被评为苏州市优秀共产党员。

学院团委被评为 2012 年苏州大学优秀分团委,荣获社会实践活动优秀组织奖等,学院的统战工作、老干部工作、关工委工作都取得了新的进展。

(陈晓刚)

教育学院

一、概况

教育学院建于1999年,下设教育学系、心理学系、小学教育系、课程与教学系、苏南地区大学生心理健康教育研究中心、教育科学研究院、高等教育研究所、应用心理学研究所、教育科学研究中心、中央与地方高校共建实验室、江苏省高校教学示范中心实验室、教育学一级学科博士后流动站、高等教育学博士点、教育学一级学科硕士点、心理学一级学科硕士点、教育硕士专业学位授权点、应用心理学专业学位授权点、本科专业教育学、本科专业应用心理学、本科专业教育技术学,以及教育学和应用心理学本科第二学士学位专业点。学院现有教职工75人、学生962人。

学院已形成了从本科到博士的完整的人才培养序列,并承担全国骨干教师培训、江苏省骨干教师培训、教育与心理职业技能培训等。

二、教学工作

1. 本科生教学工作

学院现有教育学、应用心理、教育技术学3个本科专业。学院根据社会需求,及时更新和调整了本科生人才培养方案,确保毕业生在德、智、体全面发展的同时又具备相关的专业理论知识和技能以适应现代社会对人才的需求。2012年学院继续加强了本科教学与日常管理,如进行了中青年教师教学大赛、"明日之师"教学技能大赛,组织教授集体开设《教育科学与人生》课程等。

学院成立了学院专业改革和发展工作小组、学院课程改革和建设工作小组以及学院教学质量工作小组。

9月初,学院组织全体教师召开教学工作专题会议,认真贯彻学校本科教学工作会议精神,严格规范教学秩序,鼓励全体教师集中精力,认真教学。组织教学水平优秀的教师开设公开课,要求相关课程教师听课交流。

学生就业率超过85.5%,在全校各学院中排名第七。

2. 研究生教学工作

推进了研究生人才培养方向和培养方案的调整和实施。新设的临床心理学、工业组织与管理心理学、职业技术教育学、学前教育学、比较教育学二级学科硕士点开始招生,丰富了研究生的培养方向,拓宽了一级学科的培养口径。新设教育经济学博士研究生人才培养方向完成了各种程序。2012年全年1人被评为优秀研究生学生干部,获江苏省"研究生科研创新计划"项目8项、江苏省研究生教育教学改革研究与实践课题1项、校研究生"卓越人才教育培养计划"项目2项。

三、科研工作与学术交流

1. 科研项目与成果

2012 年度共获得国家级课题 4 项、省部级项目 5 项、教育厅重大项目 1 项、国家博士后基金项目 1 项、教育厅重点项目 1 项、江苏省体育局项目 1 项、市厅级项目 9 项、横向项目 9 项,各项项目经费累计 240 多万元。在一类期刊发表学术论文 15 篇,在二类期刊发表论文 38 篇,在三类期刊发表论文 25 篇,在普通期刊发表论文 50 篇,合计发表论文 128 篇;出版学术著作 12 部;获得省部级以上奖励 5 项。11 月下旬,学院专门组织召开中青年教师科研工作会议,促进教师相互交流科研方法和感受,交流课题申报的技术与规范。田晓明副校长专门到会讲话并且提出建议。

学院本年度实施《教育学院科研奖励办法》,同时修改并规范执行《教育学院华英科研奖奖励条例》,鼓励全体教师积极参与学术研究。

2. 国内外学术交流情况

与澳大利亚堪培拉大学教育学院签署了本科生交流项目、研究生交流项目和教师交流项目,组织澳大利亚堪培拉大学教育学院 14 位教师来学院开设讲座,与澳大利亚堪培拉大学教育学院联合召开学术交流会议,形成了 11 个科研合作项目。

2012 年 7 月,与日本立命馆大学人间科学学科互派学生交流,在教育学院历史上首次通过学院之间的学术交流,向学生免费提供去国外学习的机会。2012 年,学院共派出教师海外学习 9 人次,学生免费国外学习 2 人。

2012 年度开始实施《教育学院教师出国资助办法》。

四、学院特色与重大事项

通过国家教育部组织的对教育学和心理学两个一级学科的评估验收;通过“211 工程”建设项目“生态型区域治理中的第三部门责任及成长路径研究”与“和谐社会视野下的弱者权益保障”的评估验收工作,形成两套专著(计 10 本)和一批高水平学术论文,并支撑了一批科研项目的申请;通过江苏省教育厅组织的高校教学示范中心实验室建设验收工作,并被评为优秀等级;通过江苏省教育厅组织的对苏南地区大学生心理学健康教育研究中心的评估检查工作,获得优秀成绩。

积极参与国家教育部组织的全国骨干教师培训资格申报,在全国 600 余所高校的竞争中,我校成功申请国家级骨干教师培训资格,成为全国 75 所具有国家级骨干教师培训资格的高校之一。一年来,学院承担国家级骨干教师培训项目 4 个,比上年增加 2 个,承担西部国家级骨干教师培训项目 2 个,实现了零的突破。成功申请了江苏、西藏、新疆、山西、山东、河南、浙江、广东、云南、四川、重庆、安徽等省、市的骨干教师培训项目。培训对象遍布全国除台湾、香港和澳门之外的所有省、市、自治区,扩大了学校的影响和学校师范教育的知名度,初步形成了骨干教师培训的品牌效应。

2012 年全年申报大学生课外科研学术基金项目重大项目 1 项、重点项目 4 项、一般项目 15 项,获得“大学生创新性实验计划”项目国家级 1 项、省级 1 项、校级 3 项。连续 10 年承办“明日之师”活动。

2012 年“苏州大学教材培育计划”有 2 人入选,在苏州大学第十一届青年教师课堂教学竞赛中 1 人获三等奖,2 人获苏州大学 2012 年教学奖。

(王　青)

东吴商学院(财经学院)
东吴证券金融学院

一、概况

东吴商学院(财经学院)成立于1985年6月,是经江苏省人民政府批准,由江苏省财政厅参与直接投资建设的经济管理类学院,也是苏州大学建立最早的二级学院。2002年更名为苏州大学商学院。2010年4月苏州大学与东吴证券股份有限公司签订协议共建苏州大学商学院,更名为苏州大学东吴商学院。

学院下设经济系、财政系、金融系、经贸系、工商管理系、会计系、电子商务系7个系科,乡镇经济研究所、世界经济研究所、财务与会计研究所3个研究所以及企业创新和发展研究中心、MBA中心。学院现有博士后流动站1个(应用经济学),一级博士授权点1个(应用经济学),二级博士授权点4个(金融学、财政学、区域经济学、企业管理学),硕士点15个(金融学、财政学、企业管理、世界经济、区域经济、政治经济学、产业经济学、国际贸易、会计学、农业经济管理、工商管理硕士、会计专业硕士、金融专业硕士、税务专业硕士、国际商务专业硕士)。学院拥有金融学、财政学、会计学、经济学、工商管理、财务管理、电子商务、国际经济与贸易、市场营销9个本科专业和国际会计(CGA)专业方向;2011年经国家教育部批准开设金融学(中外合作)本科专业。金融学为省级重点学科、省级品牌专业,会计学专业为省级特色专业。

学院现有教职工163人,其中教师121人,博士生导师15人,教授24人,副教授61人,讲师47人,取得博士学位和正在攻读博士学位的教师28人,享受国务院特殊津贴的专家2人,入选教育部"新世纪优秀人才支持计划"1人,江苏省"333工程"培养对象6人,入选"东吴学者高层次人才计划"1人,江苏省"青蓝工程"培养对象4人,并聘请国内外30多名专家、学者为兼职教授。目前在读全日制本科生2 500多人,第二学位学生400多人,在籍博士、硕士研究生1 000多人。

二、教学工作

1. 本科生教学工作

2012年,学院获苏州大学本科教学工程专业综合改革试点项目1项(会计学),获江苏省重点专业1个(工商管理类);获得苏州大学高等教学成果二等奖1项(王丹萍);2名教师获得学校交行教学奖(蒋珠燕、周俊),1名教师获得学校建行教学奖(朱冬梅),2名教师获得全校青年教师课堂教学竞赛二等奖(李晶、沈能),3名教师被评为学校教学工作先进个人(杨天翔、陈志强、王俊)。

学院整合了会计学、财务管理、工商管理、市场营销4个专业，申报工商管理类江苏省重点专业(类)，获得批准。

2012年，学院1名学生获江苏省本科生优秀毕业论文奖，1名学生获选参加世界教室活动(全校3人)，3个项目获推荐申报江苏省2012年大学生实践创新训练计划项目，2名学生成为2012年筹政学者，4名学生获教育部港澳台及华侨学生奖学金，9名学生获教育部本科生海外交流奖学金(全校99人)；2名学生分获江苏省高校第十一届高等数学竞赛一等奖、二等奖。

在认真开展各项教学工作、完成繁重教学任务的同时，全院教师积极开展教学科研工作，出版教材7部，发表教学论文10余篇。

2. 研究生教学工作

注重研究生教学工作，在教学过程中，要求任课老师采用案例教学、课堂讨论等多种形式组织教学活动，以提高教学效果；为了保证教学质量，聘用研究生督导对任课老师进行随机听课；为提高毕业论文质量，将开题时间提前并对所有论文进行盲审。1篇论文被评为江苏省优秀硕士论文。

为了提高研究生培养质量，举办多场面向研究生的学术讲座，积极组织研究生申报各类研究课题和创新计划，4名学生成功申报"江苏省普通高校研究生科研创新计划"项目。

成立苏州大学税务、金融、会计、国际商务专业硕士学位研究生教育指导委员会，积极引导研究生参与导师科研项目并进入研究生工作站进行实习和科学研究。

三、科研工作与学术交流

1. 科研项目与成果

在一类核心刊物发表论文33篇，在二类核心刊物发表论文42篇。获得横向科研项目39项、纵向科研项目43项，其中国家级3项、省部级17项、市厅级23项。

2. 国内外学术交流情况

成功举办2012年苏州信托商学大讲坛，邀请国内外知名专家学者作学术讲座；台湾东吴大学、台湾台中科技大学、悉尼大学商学院、澳大利亚蒙纳什大学、澳大利亚堪培拉大学、美国马里兰州 Towson University 商学院、加拿大毅伟商学院等高校来学院交流访问。同时，学院派出教师到南开大学商学院、天津大学管理与经济学部、台湾东吴大学商学院、芬兰阿尔托大学、澳大利亚迪肯大学等高校进行学术交流。

(李　季)

王健法学院

一、概况

王健法学院坐落于素有天堂之称的古城苏州,已有百年的办学历史。深厚的法学文化积淀与现代的法律学术追求相结合,使苏州大学法学院成为当代中国法学教育与法学研究的重要基地之一。

1915 年,以东吴大学为本,于上海创设东吴大学法学院。学院教学突出英美法内容,专以讲授比较法为主,其明确的专业意识与科学的培养目标,使东吴大学的法学教育在当时饮誉海内外,时有“南东吴,北朝阳”之美称,又被誉为“华南第一流的而且是最著名的法学院”。国内现代法学大师中,王宠惠、吴经熊、盛振为、丘汉平、董康、孙晓楼、王伯琦、杨兆龙、李浩培、倪征日奥、潘汉典等诸位先生,或执教东吴以哺育莘莘学子,或出身东吴而终成法学名宿。1952 年全国院系调整时,东吴大学改名为“江苏师范学院”,法学院也随之并入他校。1982 年经国务院批准,江苏师范学院易名为“苏州大学”,同年恢复法学教育,设法律系,是全国最早恢复法学教育的院校之一;1986 年经江苏省政府批准扩建为苏州大学法学院。2000 年 5 月,百年校庆期间,毕业于东吴大学法学院的王健先生重返母校,关心法学教育发展,其子王嘉廉先生捐巨资支持法学院建设,苏州大学法学院更名为王健法学院,成为全国第一个由海外专项基金资助的公办法学院。

目前法学院共有教职员工 77 人。其中专任教师 64 名,包括教授 22 名,副教授 24 名。博士生导师 12 人,硕士生导师 41 人。教师队伍学历层次高,绝大部分具有海内外名校博士学位,年龄结构合理,形成了老中青有机搭配的梯队。法学院教师热爱教学事业,教学态度端正,教学效果优良,以研促教,关注前沿,形成了良好的教研氛围。法学院行政管理人员与图书资料等教研支撑人员业务素质高,业务能力强,为教学科研事业提供了良好的保障。

法学院分别于 1992 年和 1998 年获得硕士、博士学位授予权,法学教育体系完备。法学院现设有法学和知识产权 2 个本科专业,拥有法学一级学科硕士点及法学一级学科博士学位授予权,目前在法学理论、法律史、宪法学与行政法学、刑法学、民商法学、知识产权法学、诉讼法学、经济法学、环境与资源保护法学、国际法学 10 个二级学科硕士点招收学术型硕士研究生;在法学理论、法律史、宪法学与行政法学、刑法学、诉讼法学、国际法学 6 个二级学科博士点招收博士研究生。学院拥有法学一级学科博士后流动站。同时,王健法学院也是我国较早开展法律硕士教育的单位,招收全日制法律硕士(法学)、全日制法律硕士(非法学)及在职法律硕士等各种类法律硕士专业学位学生。目前在校学生 2 000 余人。

苏州大学法学学科为江苏省高等学校品牌专业和江苏省一级重点学科。宪法学与行政法学为江苏省重点学科,法理学为国家精品课程,法学理论为省级优秀课程群,公法研究中心为江苏省高等学校哲学社会科学重点研究基地,并建有江苏省知识产权(苏州大学)培训基地,东吴公法与比较法研究所、检察发展研究中心为苏州大学校级科研机构。学院内部还设有比较法研究所、英美法研究中心、人权研究中心、政府法制研究中心等10余个院级研究机构。法学院教师具有较强的研究能力,积极为法治国家建设献计献策。新世纪以来,先后承担了包括国家社科基金重大招标项目在内的国家级科研项目近30项,省部级项目70余项,发表各类学术论文1 000余篇。根据中国法学创新网统计,王健法学院教师2012年度发表的法学类核心刊物(CSSCI)论文他发数数量位居全国法学类院(系、校)第9位。

在东吴大学原校址上兴建的王健法学楼建筑面积达16 000平方米,教室装备一流,设有中式和英式模拟法庭、国际学术会议厅等,全体教师均配备有独立的工作室。法学院图书馆面积达3 600平方米,现有各类藏书6万余册,中外文期刊600多种,电子图书30多万册,学院在收藏、保留港澳台地区法学期刊、图书及文献资料方面独具特色。

自1982年以来,法学院已为我国培养博士生、硕士生、本科生、专科生等各类层次的专门人才15 000余人,成为重要的法学人才培养基地,许多校友已成为国家政法部门和法学教育的中坚力量。

二、教学工作

1. 本科生教学工作

2012年共招收本科学生182人,双学位学生54人,教改班2人。完成499名本科生论文答辩工作(包含法学院、文正学院、宿迁学院及双学位学生)。在全院师生的共同努力下,本科生司法考试通过率达60.12%,创历年最高水平,其中400分以上有42人。在有条不紊地开展常规工作的同时,学院也加快改革创新的步伐,加强本科专业建设。2012年法学专业入选江苏省"十二五"重点建设专业,成为"苏州大学本科教学工程综合改革试点项目";在原法学(知识产权方向)的基础上申报知识产权专业,并通过学校评审;按照学校要求,积极申报老挝苏州大学法学本科专业。

2. 研究生教学工作

2012年共招收博士研究生9人,各类全日制硕士研究生212人。完成449名各级各类研究生的论文答辩工作。同时,学院积极推进研究生教学质量与教学改革工程,既稳定研究生招生数量,更狠抓研究生的科研质量,连续第6年举办学院研究生论文发布会,并于2011年首次举办青年教师论文发布会,有效带动了师生共同科研的学术氛围。

三、科研工作与学术交流

1. 科研项目与成果

2012年成功申报国家社科基金项目5项,立项数列全国第7位;承担教育部项目3项,列全国第14位;承担中国法学会部级项目5项,立项数列全国第9位。一项成果入选国家哲学社会科学成果文库,成为江苏省第一部法学类作品入选的成果。其他省部级、市厅级项目9项,横向项目27项,科研经费总计为385.5万元。

本年度出版专著23部,创下了历史新高。其中8部由我国台湾地区最大的法律出版单位元照出版公司出版,扩大了学校法学研究成果在台湾地区的影响;发表论文300余篇,其中一类权威刊物论文6篇,二类44篇,三类24篇,在海外地区发表10篇。在中国法学会列举的15种"中国法学核心科研评价来源期刊"中,学校法学类论文发表数(他发数)列全国法律院校第12位。

5项成果获江苏省第十二届哲学社会科学优秀成果奖奖励,其中一等奖、二等奖各1项,三等奖3项;获江苏省高校第八届哲学社会科学奖和苏州市哲学社会科学奖共11项,其中一等奖2项,二等奖3项,三等奖6项。

2. 国内外学术交流情况

承办了以纪念宪法颁布30周年为主题的"宪法视野下的检察制度"全国性研讨会。与管理学院共同承担了江苏省哲学社会科学大会的法学、政治学专场的研讨。60余人次的教师参与了国内外重大的学术交流活动,多篇论文作为大会主题论文在会议上宣读。

组织以公法研究为主的教师走访台湾大学法学院,并在台湾大学开设了6场学术讲座;接待了东吴大学、辅仁大学、政治大学等台湾高校的法律学者20余人,与台湾大学、台湾东吴大学、台湾中国文化大学、台湾成功大学法学院等签署了合作协议。

接待了参与中美法学教育的美国法学院院长、教授40余名,参加了中澳、中欧法学院院长联席会议,接待来自世界各地的著名法学教授20余名,与多所国外知名大学形成了合作意向。

四、学院特色与重大事项

2012年4月14日至15日,院第六届研究生论文发布会暨第二届青年教师论文发布会成功举行。共有21名博士和硕士研究生、8名青年教师与会,来自《法学》《法律科学》《现代法学》等多家杂志的主编、编辑担任评审。共有11名学生与3名教师获奖。

2012年4月21日,主题为"裁判理由和规范的形成"的第九期"判例研读沙龙"在学院举行。

2012年5月12日,学院与东吴公法与比较法研究所共同举办"《侵权责任法》解释论"研讨会,会议邀请国内侵权责任领域素有研究的18名专家共同探讨《侵权责任法》的解释论问题。

2012年8月,学院法学专业入选江苏省"十二五"高等学校重点专业。为了全面落实国家和省教育规划纲要,引导高校主动适应国家战略和地方经济社会发展需求,优化专业结构,加强专业内涵建设,创新人才培养模式,大力提升人才培养水平,省教育厅、财政厅决定开展"十二五"高等学校重点专业建设工作。在竞争十分激烈的情形下,学院以强劲实力申报成功。重点专业的入选既是对学院各方面成绩的肯定,同时也对我们在教学、科研、人才培养、管理等领域全面提升质量提出了更高要求。

2012年10月28日,王健法学院恢复院恢复法学教育30周年庆典在东吴大讲堂隆重举行。王卓君书记、江作军副校长亲临会议并作重要讲话。1982级、1983级校友重返母校,振叶寻根,共襄盛举。

2012年11月24日,学院召开首次本科教学工作会议。就进一步深化法学本科教育教学改革,加强内涵建设,提高教学质量等问题进行了探讨与研究。对于理清本科法学教育现状,拓展法学教育发展路径,明确法学教育发展方向具有重要的意义。

2012年12月,学院法学专业入选全国首批"卓越法律人才教育培养基地"。教育部、中央政法委员会联合下发《关于公布首批卓越法律人才教育培养基地的通知》,公布了由国家教育部、中央政法委员会联合组织评选的我国首批"卓越法律人才教育培养基地",学院申报的“应用型、复合型法学人才教育培养基地”成功入选，这标志着苏州大学法学教育与人才培养事业已纳入了国家法治建设与国家教育改革发展层面，也标志着学校已跻身于国内一流法学本科教育行列。

2012 年 12 月 1 日，江苏省法学会刑法学研究会 2012 年年会在学院召开。来自省法院、省检察院、南京大学、南京师范大学、东南大学等全省理论和实务界的专家学者 120 余人参加了本次年会。

2012 年 12 月 15 日，由中共江苏省委宣传部与江苏省哲学社会科学界联合会共同主办，苏州大学承办的江苏省哲学社会科学界第六届学术大会“法学、政治学与国际关系”专场在学院东吴大讲堂成功召开。来自江苏省以及各周边省市的各大高校、研究机构的 300 多位专家学者和研究人员参加了此次会议，40 多位学者围绕着“全球化视野下的政治文明与法治建设”的会议主题进行了发言。

（朱春霞）

外国语学院

一、概况

学院现有在职教职工 242 名,其中教授 21 名,副教授 69 名,拥有博士学位的教师 50 余名,每年聘请外籍专家 20 余名;学院现设英(设 3 个方向,含师范和翻译)、日、俄、法、韩、德、西班牙等 7 个语种专业。英语专业为江苏省特色专业,俄语(俄英双语)专业为苏州大学特色专业。2012 年,学院英语专业入选江苏省"十二五"高等学校重点专业。学院英语语言文学学科连续在"九五""十五""十一五"期间被评为江苏省重点学科,2003 年始设博士学位点。2010 年,外国语言文学学科整体获批一级学科博士点和一级学科硕士点。一级学科博士点下设英语语言专业、俄语语言专业、外国语言学及应用语言学和翻译学等 4 个二级学科博士点,一级学科硕士点下设英语语言文学、外国语言学与应用语言学、翻译学、俄语语言文学、日语语言文学、教育专业学位、翻译专业学位(口译及笔译)等二级学科硕士点。2011 年,学院外国语言文学一级学科整体升格为江苏省重点学科,现设博士后流动站,常年对外招收博士后研究人员。学院现有全日制本科专业在校生1 100多名,各类在读博士、硕士研究生近 400 名。

学院现设 8 个专业系和 1 个大学外语部,同时设有苏州大学英语语言研究所(校级)、苏州大学典籍翻译研究中心(校级)、澳大利亚研究中心、外国文学研究所、语言学研究所、翻译研究所、计算机辅助外语教学研究所、外语教学研究所等研究机构。学院现为中国语言与符号学研究会秘书处挂靠单位。近 5 年来,学院教师先后承担国家社科基金项目 12 项,省部级科研项目 30 余项,出版学术专著 40 多部、译著 50 余部、教材 20 多套(部),在国内外权威期刊和核心期刊上发表学术论文 300 多篇。学院每年承办大型国际性或全国性的学术会议。

二、教学工作

1. 本科生教学工作

2012 年,英语专业顺利获得江苏省"十二五"高等学校重点专业立项,该专业同时获准成为苏州大学"十二五"专业综合改革试点专业。王腊宝教授成功申请并完成教育部国家精品视频公开课程一门("英语经典美文:从培根到伍尔芙")。高永晨教授主持的"全球化背景下大学生跨文化交际能力培养的教学创新"研究获江苏省教育成果二等奖。《日语语言文化》《美国文学选读》《写作教程 2》等 3 部教材被遴选为苏州大学教材培育项目。本年度,学院教师共出版教材 8 部(含《媒体英语阅读》《英语学术论文写作实用教程》《新编日语听力教程　第二册(教师用书)》《新编日语听力教程　第二册(学生用书)》《日语语法教程(讲义与练习)》《中华文明与地方文化英文实用手册》《跨文化交际与地球村民光盘》等)。

陶丽、王晓伟 2 名教师分获“外教社杯”青年教师讲课比赛一、二等奖。夏天、曹艳红 2 名教师分获第三届“外教社杯”全国高校外语教学大赛(江苏赛区)综合组和听说课组一、二等奖。张卓、黄婷 2 名教师获指导老师奖。周升干老师获首届江苏省日语专业青年教师教学基本功大赛三等奖。张卓、张莉等负责的一项成果获得苏州大学高等教育教学成果一等奖。王腊宝教授被评为苏州大学教学名师。曹艳红、高燕红 2 名教师获苏州大学 2012 年度交行奖教金。衡仁权、徐卫、朱彦、冷洁 4 名教师获苏州大学 2012 年度建行奖教金。王鼎、李冬梅 2 名教师被评为苏州大学 2012 届毕业论文优秀指导教师。高明强、王海贞、孙少华、陆洵 4 名教师被评为苏州大学 2012 届优秀实习指导教师。

2. 研究生教学工作

2012 年,王宇老师成功申报江苏省研究生教育教学改革研究与实践课题 1 项(“翻译专业学位研究生(MTI)培养模式的探索与实践”);贾冠杰教授等 2 名教师分别被全国教育专业学位教育指导委员会评为“第三届全国教育硕士优秀教师”和“第三届全国教育硕士优秀管理者”;王腊宝教授主持的“当代西方文学理论”研究获得“高水平新课程子项目”立项;此外,在王腊宝、苏晓军和王宏教授的指导下,文学、语言学和翻译三个方向的研究生成功申报“苏州大学研究生高水平学术交流中心学术活动项目”3 项。

2012 年,学院博士、硕士研究生成功申报苏州大学“江苏省普通高校研究生科研创新计划”项目 9 项、“卓越研究生访问交流子项目”2 项、“卓越人才教育培养计划学术新人奖”1 项、“优秀博士学位论文选题项目”1 项。

本年度,学院接受了研究生院督导组的期中检查,相关工作得到了研究生院督导组专家的充分肯定。此外,本年度学院 6 名研究生获得国家奖学金,3 人获得朱敬文奖学金,22 人获得苏州大学优秀奖学金,30 余名研究生获得校级“优秀研究生”“优秀研究生干部”荣誉称号;1 篇硕士论文被评为“第三届全国教育硕士专业学位优秀论文”,1 篇硕士论文被评为江苏省优秀硕士论文。

三、科研工作与学术交流

1. 科研项目与成果

2012 年外国语学院成功申报国家项目 3 项、教育部项目 5 项、省社科项目 2 项、省社联项目 2 项、教育厅项目 7 项,以及各类横向项目和其他省市级项目 10 余项。学院教师在国内外专业核心期刊上共发表论文 40 余篇,发表其他各类论文近百篇,出版各类书籍、译著近 20 部。在科研成果获奖方面,学院教师共获得省高校哲学社会科学优秀成果奖 2 项、苏州市哲学社会科学优秀成果奖 5 项。

2. 国内外学术交流情况

2012 年,继续拓展对外学术交流,支持教师外出参加各类各级学术活动 60 余次;邀请中外著名学者 20 多人次来学院讲学;成功举办文体学国际研讨会、江苏省日语教学研讨会以及全国翻译高层研讨会等大型学术研讨会,日语专业成功举办了建系 30 周年庆典活动。本年度,继续加强对外联系合作,除了保持与英、美、日、俄、法、韩等国的联系外,大力拓展与德国和西班牙等国的交流,取得较为显著的成果。先后接待 SKEMA 商盟代表、法国高等教育署(上海中心)代表、澳大利亚高等教育部代表、阿根廷驻沪领事馆文化领事代表、法国驻华领事馆代表、墨西哥州立大学代表团等来学院访问和考察;接待广西师范大学、南通大学、南京林业大学、东北大学、中央民族大学、广西师范学院等6所大学的外国语学院代表团来访。

四、学院特色与重大事项

2012年,外国语学院英语专业被评为江苏省“十二五”高等学校重点专业。学院王腊宝教授主讲的国家精品视频公开课程“英语经典美文:从培根到伍尔芙”在国家教育部“爱课程”网站(http://www.icourses.edu.cn)全部上线;学院孟祥春博士撰写的英文《留园印记》获评2012年度“中国最美的书”;面向全校学生开设公益性英语口语“影视大讲堂”;成功举办了2012年(第四届)文体学国际研讨会暨第八届全国文体学研讨会、2012年中国日语教学研究会江苏分会年会暨学术研讨会、2012年全国翻译高层研讨会。

为进一步推动高校外语教师专业发展,提升外语教师的专业化水平,使外语教师更好地驾驭教材和课堂教学,搞好教学研究,学院连续举办了7场教师发展系列工作坊,邀请资深美籍英语专家Bruce Applebaum和Tony Newman先生主讲。

2012年,王腊宝教授接受《姑苏晚报》人物周刊访谈;王宏教授主持翻译的《梦溪笔谈》英文全译本首发,被《苏州日报》报道;学院客座教授Jennifer Boyden(白漪)接受《苏州日报》专访;中央电视台法语频道节目摄制组在苏州录制节目,学院2008级法英双语专业曹志同学受院系推荐为央视此次的拍摄任务担任陪同翻译;学院博士生朱玲同学接受中央电视台新闻频道专访;单冬丽同学应国际台球与斯诺克联合会的邀请,于年底同中国国家代表队一同赴保加利亚索菲亚参与赛事的翻译和组织工作;学院学生蔡丽雯担任中非民间论坛志愿者。

(蒋莲艳)

金螳螂建筑与城市环境学院

一、概况

金螳螂建筑与城市环境学院坐落在风景优美的苏州大学独墅湖校区,其前身是创建于2005年5月的苏州大学城市科学学院,是苏州大学利用综合性大学的学科优势和文化底蕴,依托长三角经济发达的地域优势,为主动适应21世纪中国城市发展需求而成立的新兴学院,培养建筑学、城市规划、室内设计、风景园林、园艺等方面的高级应用型人才。

2007年底,为深化高等教育体制改革,探索校企合作办学的新模式,苏州大学与苏州金螳螂建筑装饰股份有限公司签订合作协议,在原苏州大学城市科学学院的基础上,共建苏州大学金螳螂城市建设学院(学院公有性质不变,仍为苏州大学公办二级学院)。学院在办学体制、管理体制等方面试行全新的改革模式,成为学校教育管理体制改革的"试验区"。2008年9月,学院更名为苏州大学金螳螂建筑与城市环境学院。

学院现设有建筑学、建筑学(室内设计)、城市规划、风景园林、园艺5个本科专业,拥有风景园林学(工学、农学)一级学科硕士点、农业昆虫与害虫防治二级学科硕士点,以及城市建筑设计及理论、建筑艺术设计2个硕士专业方向,招收设计学专业博士研究生。

学院现有在校全日制本科生630人,研究生80人。在学院近70名教职工中,有专业教师52人,具有博士学位或博士学位在读教师占60%;有国外工作、学习经历的教师占35%;教授8人,副教授15人,并聘有兼职教授10多人。

学院现拥有一幢现代化的办公教学实验楼,建筑面积达15 000余平方米,教学设施齐全,条件优越。实验室包括建筑模型实验室、光环境实验室、数字与测量实验室、摄影实验室、材料与构造实验室、古建营造技艺展示室、园林景观生态工程实验室、植物保护实验室、生物技术实验室以及图书分馆等,学院现有江苏省建筑与城市环境实践教育中心、苏州市建筑与城市环境重点实验室、苏州园林遗产保护研究所等科研平台,共建联合国教科文组织亚太地区世界遗产培训与研究中心、教育部中国特色城镇化研究中心、苏州市建筑绿色装饰装修工程技术研究中心,与苏州金螳螂建筑装饰股份有限公司共建博士后流动站,设有4个研究生工作站和多个本科生实习基地。

在人才培养方面,注重学生的过程教学,强化设计的思维过程和职业训练。在专业建设上,将相关专业放在苏州这座古城的历史文化背景下进行特色建设,注重加强在城市设计、建筑设计、室内设计、园林设计、观赏园艺等方面的研究,培养具有文化底蕴和人居环境理念的高级应用型人才。学院注重办学的国际化,已与香港城市大学、意大利多莫斯学院、加拿大瑞尔森大学、台湾东海大学等境内外知名院校签署了合作交流协议,学生定期赴港澳及欧美地区考察研修。学院各专业学生的就业率均在90%以上。

学院的目标是建设产、学、研一体化的高水平设计学院。近年来,学院在人才培养方式、校企合作模式、专业建设思路等方面进行了一系列创新。学院将进一步深化校企合作的内涵,与境内外专业设计公司建立多层次合作平台,在人才培养方面更加贴近社会的需求与形势的发展,着力构建具有特色化与国际化的办学模式,重质量、创品牌,不断提升办学水平。

二、教学工作

1. 本科生教学工作

全年引进教师12人,其中副教授以上职称4人,博士7人,有2名青年教师考取在职博士。还有几个学术带头人正在商讨中。一支结构合理、充满活力的师资队伍正在逐步形成。

学院完成五年制建筑学专业、五年制城乡规划专业、风景园林学专业新专业申报计划,并参与申报本三新专业,若审核通过,将于2013年按照新专业进行招生。

学院教师教案及学生作业参加全国高校建筑学专业指导委员会主办的优秀教案和作业评比,获得2个教案优秀奖及6个作业优秀奖的好成绩。另获1项全国高校城市规划专业指导委员会主办的优秀作业评比的三等奖。在2012年"四校四导师环艺专业毕业设计实验教学暨第四届中华室内设计优才计划奖"的评选中,学院喜收硕果,取得了1个二等奖、4个三等奖、2个佳作奖的好成绩。

学院申报的校级建筑学专业"卓越工程师教育培养计划"及建筑学(室内设计)专业"卓越工程师教育培养计划"顺利获得学校审批。同时,为确保学院2个"卓越工程师教育培养计划"的顺利实施,经学校教务部对苏州金螳螂建筑装饰股份有限公司、苏州设计研究院股份有限公司、苏州工业园区设计研究院股份有限公司和九城都市建筑设计有限公司的实地考察,学校决定与苏州金螳螂建筑装饰股份有限公司、苏州设计研究院、苏州工业园区设计研究院分别共建校级工程实践教育中心,与九城都市建筑设计有限公司共建校级教学实习基地。

2. 研究生教学工作

2012年,学院与苏州金螳螂建筑装饰股份有限公司深化合作,协助公司成功申报了博士后流动站,吴永发院长任导师,刘晓平教授成为第一个进站工作的博士后人才。与苏州金螳螂建筑装饰股份有限公司、苏州市建筑设计研究院深化合作,成功申报了2家省级企业研究生工作站;与苏州市园林设计院、南通市白蚁防治所、苏州苏农园艺景观有限公司合作成功申报了3家校级企业研究生工作站。企业研究生工作站的建立,为学院二、三年级研究生参与企业课题、提高实践能力、就业等提供了有利条件。

考虑到学院现有专业布局和导师发展、硕士研究生人才培养需要,在艺术学院设计学一级学位点上增设了建筑与城市设计方向,在艺术设计(专业学位)学位点上,增设了建筑与艺术设计方向。学院现有1个风景园林学一级硕士点、1个农业昆虫与害虫防治二级硕士点。目前学院有博士生导师2名,硕士生导师26名,在校硕士生56名,博士生2名。2013年,风景园林学一级硕士点将分工科、农科分别招生。

三、科研工作与学术交流

1. 科研项目与成果

2012年举行了学院科研创新平台启动仪式,揭牌的7个科研创新平台为江苏省建筑与城市环境设计实践教育中心(与苏州金螳螂建筑装饰股份有限公司、苏州市建筑设计研究院联合申报)、苏州市建筑与城市环境重点实验室(与苏州市建筑设计研究院联合申报)、联合国教科文组织亚太地区世界遗产培训与研究中心(与苏州市园林管理局联合共建)、苏州市建筑绿色装饰装修工程技术研究中心(与苏州金螳螂建筑装饰股份有限公司联合共建)、苏州园林遗产保护研究所(与苏州市园林管理局联合共建)、中国特色城镇化研究中心(经学校同意参与共建的教育部人文社科基地)、苏州大学城市·建筑·艺术研究院。科研创新平台的启动,是学院充分发挥校企合作的优势的成果,并势必为学院的进一步发展奠定良好的科研基础。学院将在此基础上充分发挥带头人的学术引领作用,凝练研究方向、整合校内外资源,打造2~3个特色研究团队,力争把学院科研的"蛋糕"做大做强,将平台做得更高。

2012年学院新增纵向项目14项,到账经费75.8万元;新增横向项目7项,与3项在研横向项目一起共到账横向科研经费146.1万元。2011年发表三大检索期刊论文3篇,2012年发表三大检索期刊论文17篇,国内核心期刊论文67篇,国内普通期刊论文44篇,专著作品及编著作品8部。参与制定国家标准1项。获得苏州市人民政府三等奖1项,苏州市社科联三等奖1项,中国美协优秀奖1项。3项国家发明专利、10项实用新型发明专利获授权。

2. 国内外学术交流情况

鼓励并支持各种学术交流活动,活跃学术氛围,设立学院外事办专门管理学术交流活动,学生出国研修学习制度化、规模化。与意大利多莫斯设计学院、加拿大瑞尔逊大学以及国内外设计企业合作交流不断深化与延伸。学院全年共邀请国内外专家学者作各类学术报告近20次,安排1个代表团赴台湾考察,2个代表团出国(境)研修,营造了良好的科研学术氛围,2012年已开始招收外国留学生。

四、学院特色与重大事项

4月17日,苏州金螳螂建筑装饰股份有限公司签署捐赠协议,向苏州大学教育发展基金会捐赠1 000万元,设立苏州大学金螳螂学院教育发展基金,支持学院的学科建设、人才培养等教育事业。

4月21日,由学院主办的苏州大学建筑学、城乡规划学、风景园林学专业建设发展研讨会在苏州大学本部顺利举行。中国工程院院士、同济大学建筑与城市规划学院名誉院长戴复东教授,中国工程设计大师、同济大学建筑与城市规划学院吴庐生教授,南京大学鲍家声教授,南京林业大学王浩教授,东南大学仲德崑教授,清华大学朱文一教授、杨锐教授,重庆大学赵万民教授,同济大学吴长福教授等30多位知名建筑院校专家,住建部专业人才与培训处处长何志方,省教育厅高教处处长徐子敏,苏州大学党委书记王卓君出席开幕式,市有关政府部门、设计单位和校相关职能部门领导,以及学院教师代表参加会议。

暑假期间,在苏州金螳螂建筑装饰股份有限公司的资助下,学院组织了54名师生赴香港、澳门进行为期6天的专业研修,13名师生赴欧洲进行为期14天的研修学习。这是苏州金螳螂建筑装饰股份有限公司连续第3年资助学院学生出境研修,旨在让学生接触世界先进的建筑技术,增强学习动力,在实践交流中进一步提高艺术欣赏能力和规划、装饰、景观设计能力。

学院组织建筑与城市规划系、风景园林系、室内设计系老师进行新专业课程体系改革,全面调整了本科各专业的教学计划,编写本科教学质量报告,并于12月26日成功召开学院本科教学工作会议。

(吴德建)

数学科学学院

一、概况

数学科学学院创建于1952年。现设有国家理科基础科学研究和教学人才培养基地(数学),数学博士后流动站,数学、统计学2个一级学科博士点,另有课程与教学论(数学)硕士点,应用统计、金融工程、学科教育(数学)3个专业硕士学位点。数学和统计学均为江苏省一级重点学科,整个数学学科被列为"211工程"重点建设和立项的学科。数学基础课程群教学团队被评为"国家教学团队"。"数学分析与习题课"被评为国家精品课程,数学与应用数学专业被教育部批准为"第六批高等学校特色专业建设点"。

学院现有教职工130人,其中专任教师111人,教授35人(含博士生导师21人),副教授39人。专任教师中有69人具有博士学位。现有国家级教学名师奖获得者1人,国家自然科学杰出青年基金获得者1人,国家"千人计划"入选者1人,全国优秀教师2人,国家级有突出贡献的中青年专家3人,享受国务院政府特殊津贴的8人,教育部"新世纪优秀人才支持计划"入选者2人,江苏省教学名师1人,江苏特聘教授1人,江苏省"双创人才"2人,省级有突出贡献的中青年专家2人,江苏省"333工程"青年骨干教师2人,江苏省"青蓝工程"骨干教师4人,江苏省"青蓝工程"学术带头人1人,江苏省普通高校优秀青年骨干教师4人。作为国际组合设计领域的领军人物之一的学院朱烈教授,获得了2004年度国际组合数学终生成就奖——"欧拉奖",是第一位获此殊荣的华人科学家。截至2012年底,在校博士生33人,硕士生325人(其中教育硕士109人),本科生747人。

二、教学工作

1. 本科生教学工作

按照学校《提高人才培养质量,全面推进本科人才培养模式的系统化改革方案》的指导思想,在教务处给出的实施框架下制订学院3个本科专业的人才培养方案。经过对全院教职工进行动员,各专业教师集体形成初步实施方案,院教学委员会和学位委员会两次开会审议,并对各专业的人才培养方案提出了修改意见,最终确定学院3个本科专业的人才培养方案:数学与应用数学(师范)专业方向的人才培养方案分为学术型和应用型两种模式,数学与应用数学(基地)专业方向为学术型一种模式,信息与计算科学专业分为学术型、复合型和应用型三种模式,其中学术型偏计算数学研究方向,复合型偏计算机类研究方向并强调具有扎实的数学基础,统计学专业包括学术型和应用型两种培养模式,应用型更强调统计在金融方面的应用。

与本科人才培养模式的系统化改革方案相呼应的是,经过几年的实践,学院重要基础课程"数学分析""高等代数"和"解析几何"实施的分层次教学体系改革取得了初步成效:逐步形成既适合苏州大学生源的实际情况，又面向高素质数学教学和数学研究人才培养的基础课程教学体系和教学规范；建设了一支较为稳定的、以活跃在科学研究一线且具有丰富教学经验的中青年博士生导师为主体的基础课程教学团队；逐步建设了这 3 门重要基础课程各个层次的课程教材，学院谢惠民、沐定夷等教授编著的《吉米多维奇数学分析习题集学习指引》(全三册)，总字数为 150 万字，已由高等教育出版社出版。

2012 年在教学方面获得多项奖励和荣誉。其中，钱定边教授获苏州大学第五届教学名师奖，王金才、张大庆老师获 2012 年度苏州大学交行奖教金，程东亚老师获 2012 年度苏州大学建行奖教金，王萍萍老师获苏州大学第十一届青年教师课堂教学竞赛二等奖，周超老师被评为苏州大学 2012 届毕业实习优秀指导教师。2012 年学院共出版 2 部著作——科学出版社出版的杨凌教授合作编写的《生物分子网络的构建和分析》、浙江大学出版社出版的周超老师合作编写的《数学资优教育》，2 本教材——高等教育出版社出版的游宏教授和朱广俊老师合作编写的《线性代数》、江苏大学出版社出版的戴中寅老师编写的《高等数学及其应用(财经类)》。

学院学生参加 2012 年美国建模比赛，获得一等奖 3 个、二等奖 7 个；在第三届全国大学生数学竞赛决赛中，喜获二等奖 2 个；在 2012 年第四届全国大学生数学竞赛数学专业组江苏省赛区的比赛中，取得了一等奖 3 名、二等奖 6 名、三等奖 6 名的好成绩。

2009 级数学与应用数学(基地)班被评为省级先进班集体。

2012 届毕业生中，58 人攻读硕士研究生，其中 11 人被国内中科院和"985"高校录取，12 人被新加坡国立大学、美国密歇根州立大学录取。在所有攻读硕士研究生的毕业生中，进入世界 200 强学校的占毕业生总数的 8%。

在校生中，参加国家级"大学生创新训练计划"2 项、省级"大学生实践创新训练计划"2 项，籍政学者 1 名。

2. 研究生教学工作

学院非常重视全日制研究生和教育硕士的招生、过程管理和培养工作。2012 年学院 1 篇论文获评校优秀博士论文。7 月，学院共毕业博士生 10 名、学术型硕士生 55 名；12 月，毕业在职教育硕士 48 人。全年共招收全日制学术型硕士生 49 人、专业硕士 12 人、博士生 10 人、在职教育硕士 39 人。

三、科研工作与学术交流

1. 科研项目与成果

2012 年，学院共获得国家自然科学基金项目 15 项，其中国家优秀青年科学基金项目 1 项，省部级项目 5 项，省高校基金项目 1 项。科研成果也有一定收获，2012 年共发表论文 93 篇，其中 SCI 检索论文 67 篇，一区论文 1 篇，二区论文 13 篇。

2. 国内外学术交流情况

为推进学院教学、科研的进一步发展，保持与世界数学界一流大师的对话与交流，学院领导以及教授们将世界一流数学大师邀请到学院讲学。2012 年 11 月学院成立了由中国科学院鄂维南院士担任主任的数学与交叉科学研究中心。著名数学家、天文学家、美国西北大学讲座教授夏志宏先生已先后多次来学校讲学，并被学校聘为数学研究所所长。学院特聘教授杨立坚邀请了近 20 位国内外统计学领域专家来学院讲学和指导研究生。据不完全统计,2012 年学院邀请了 50 多位国内外专家来学院讲学;学院教师到国外讲学、参加学术交流,以及赴国外作高级访问达 30 多人次。

四、学院特色与重大事项

(1) 2012 年 11 月 16 日至 18 日,学院本科教学工作会议在镇江碧榆园宾馆召开,院教学委员会、学位委员会、学术委员会、各系部主任、各教研室主任以及党政领导班子成员参加。

(2) 2012 年 11 月,学院行政领导班子换届,成立了新的行政班子,曹永罗同志为院长,秦文新、史恩慧、潘洪亮同志为副院长。

(3) 2012 年 11 月,数学与交叉科学研究中心成立,聘请中国科学院鄂维南院士担任中心主任。

(4) 2012 年 12 月 1 日至 2 日,学院大学数学教学研讨会在太仓市娄东宾馆召开,学院领导及全体大学数学部教师参加。

(5) 2012 年,学院共获得国家自然科学基金项目 15 项,其中,季利均教授获国家优秀青年科学基金项目 1 项。

(6) 根据学校的安排,校本部原校史展览馆调整分配给学院作为理工大楼内数学实验室搬迁和院资料室用房,学校立项安排专项经费进行改造。

(丰世富)

物理科学与技术学院　能源学院

一、概况

物理科学与技术学院、能源学院坐落于风景秀美、景色宜人的苏州大学本部校区，前身为东吴大学物理系，经过近百年的发展，学院在学科建设、人才培养、科学研究和社会服务等方面取得了良好的办学声誉。

学院现有物理学系、光电技术系、能源与人工环境工程系、大学物理部与物理实验中心、物理教育研究所等内设机构。苏州大学软凝聚态物理及交叉研究中心挂靠在学院。苏州大学现代光学技术研究所与信息光学工程研究所为学院的学科建设、科学研究和人才培养提供了有力支撑。

学院师资力量雄厚，近年来从海内外引进40余名高水平的教授和博士，并选送具有培养潜力的青年教师赴海外学习工作。现有在职教职工153名，其中，教授及研究员42名，副教授及副研究员47名，具有博士学位教师95名。教育部"长江学者奖励计划"特聘教授1人，国家杰出青年科学基金获得者1人，人力资源与社会保障部"百千万人才工程"培养对象（国家级）1人，中组部"青年千人计划"入选者1人，教育部"跨（新）世纪优秀人才支持计划"入选者2人，江苏省"高层次创新创业人才引进计划"入选者2人，江苏特聘教授4人，30余名教师分别获得省级和校级各类教学奖。

学科方面，现有物理学、光学工程2个博士后流动站，光学工程一级学科博士点，物理学一级学科博士点（含光学、凝聚态物理、理论物理、等离子物理等8个二级学科博士点），物理学一级学科理学硕士点（含8个二级学科硕士点），材料物理与化学、光学工程、检测技术与自动化装置3个工学硕士点，课程与教学论（物理）教育学硕士点，光学工程、学科教学（物理）专业学位硕士点。光学工程为江苏省重点学科。现代光学技术实验室为教育部（暨江苏省）重点实验室、国家重点实验室建设点。薄膜材料实验室为江苏省重点实验室。现有物理学、物理学（光伏科学与技术方向）、物理学（师范）、电子信息科学与技术、光电信息科学与工程、测控技术与仪器、能源与动力工程、建筑环境与设备工程、新能源材料与器件等9个本科专业（方向）。物理实验教学中心为国家级实验教学示范中心。物理学专业为国家特色专业及"十二五"重点专业。基础物理（实验）教学团队为国家级教学团队。学院还承担中国教育学会物理教学专业委员会会刊、全国中文核心期刊《物理教师》杂志的编辑出版工作。

二、教学工作

1. 本科生教学工作

为进一步深化教育教学改革，优化人才培养过程，形成多元化的本科人才培养模式，提高本科人才培养质量,根据学校的部署,学院进一步进行本科人才培养模式系统化改革,修改学分制本科人才培养方案,制订了9个专业、21个方向的本科人才培养方案。

学院在"本科教育质量工程"建设方面,在实验教学示范中心、双语教学示范课程、精品课程、物理学特色专业、基础物理教学团队等5个"国字头"项目基础上,继续深化物理本科质量工程建设,促进教学改革与人才培养质量提高。

学院十分重视学生专业学习兴趣的激发和创新能力的培养。2012年,学院学生在全国第四届大学生物理教学技能大赛、全国电子专业人才设计与技能大赛、江苏省高等数学竞赛、江苏省高校第九届大学生物理及实验科技作品创新竞赛等竞赛中均取得优异成绩。各专业就业面广,就业情况好,毕业生实际就业率在98%以上。

学院坚持开放的办学理念,注重国内外交流,先后与新加坡国立大学和加拿大滑铁卢大学等签订联合办学协议,每年选拔优秀学生参加"3+2"项目学习,符合双方相关授予学士学位和硕士学位条件的,获得苏州大学学士学位和对方大学硕士学位。

2. 研究生教学工作

研究生工作方面,根据学校工作部署,进一步修订物理学一级学科研究生培养方案,"江苏省研究生培养创新工程"项目取得新进展。本年度共获全国教育硕士专业学位优秀论文1篇,"江苏省普通高校研究生科研创新计划"立项资助5项,江苏省企业研究生工作站4个,有2名学生进入"国家建设高水平大学公派研究生项目"推荐候选人名单。

三、科研工作与学术交流

1. 科研项目与成果

近年来先后承担了国家"973"和"863"项目以及总装备部、教育部、国家和江苏省自然科学基金项目等一大批科研项目。2012年度获国家自然科学基金项目28项,物理学进入基本科学指标ESI全球排名前1%。纵向、横向科研经费2 000多万元。学术论文方面,在SCI源核心一区和二区期刊发表论文60余篇。

学院积极服务地方经济发展,2012年先后成立苏州大学常熟低碳应用技术研究院、苏州大学阿特斯光伏研究院、苏州大学华盛新能源研究院,与捷美、松下、曦煜等10余家公司共建校企联合实验室,直流变频空气源热泵、动力与储能电池、黑硅太阳能技术等教师科研成果实现产业化,进入市场。

2. 国内外学术交流情况

学术交流活动方面,积极开展学术活动,营造良好学术氛围。2012年学院共组织学术报告50余次。上半年举行了一次特聘教授科研工作汇报会,12月份特聘教授、特聘副教授进行了期中、期满考核汇报会,加强了学院教师间的学术交流,营造了很好的科研氛围,更好地促进学院的科研工作发展。3月18日至20日,主办第一届东亚统计物理研讨会,会议邀请了中、日、韩三地近90名该领域杰出的理论学家和实验学家进行为期3天的研讨,其中包括龚昌德、于渌、陶瑞宝3位院士,6位"千人计划"教授,8位"杰出青年"。本次会议是中、日、韩三国统计物理会议的第一届,对于统计物理在东亚地区,特别是中国的发展发挥了积极的推动作用。6月9日至13日,承办2012年北京谱仪III(BESIII)国际合作组会议,来自全球36个BESIII国际合作组成员单位的200多名代表参加了会议。8月23日至26日,主办2012亚洲量子信息科学国际会议(AQIS),会议汇聚了来自全球欧洲、北美、澳洲和亚洲

20 多个国家和地区的 30 余名国际顶尖专家,以及国内量子信息科学领域的 4 名中国科学院院士。11 月 9 日至 11 日主办江苏省高校第九届大学生物理及实验科技作品创新竞赛。全省共有 35 所高校递交了 239 个参赛项目,经复审有 210 个本科生项目进入决赛。共评出一等奖 24 项、二等奖 53 项、三等奖 75 项、优秀奖 58 项,优秀指导教师 91 名,优秀组织奖 11 个。本次竞赛决赛的项目数和水平创历届竞赛之最,竞赛取得了圆满成功。此外,还主办了第一届新颖纳米材料和器件国际研讨会。

四、学院特色与重大事项

10 月 11 日,经校十一届党委第一次党委会研究决定,李翔同志任阳澄湖校区党委书记,沈明荣同志任物理科学与技术学院党委书记,免去李翔同志物理科学与技术学院党委书记职务。

10 月 18 日,经校十一届党委第一次党委会研究决定,聘任马余强同志为物理科学与技术学院院长,沈明荣同志为物理科学与技术学院常务副院长(兼),免去沈明荣同志物理科学与技术学院院长职务。

(朱利平)

材料与化学化工学部

一、概况

材料与化学化工学部由苏州大学原化学化工学院和原材料工程学院的材料科学与工程学科组建而成。原化学化工学院历史悠久,源远流长,其前身是东吴大学化学系,创建于1914年。它的创始人是东吴大学第一位理科教师、美国生物学家祁天锡教授(美国范德比尔特大学毕业硕士)和东吴大学第一位化学教师、美国化学家龚士博士(1913年来自美国范德比尔特大学)。1917年,龚士博士指导的两名研究生获得化学硕士学位,是东吴大学的第一批硕士研究生,也是迄今为止能够确定的中国第一批化学硕士。

学部涵盖化学、材料科学与工程、化学工程与技术3个一级学科,拥有化学、材料科学与工程、化学工程与技术3个博士后流动站,化学、材料科学与工程一级学科博士点以及应用化学二级学科博士点。化学一级学科为江苏省重点学科和江苏省一级学科国家重点学科培育建设点,无机化学和有机化学为江苏省重点学科,材料科学与技术是江苏高校优势学科建设项目。学部设有化学、化学工程与工艺、应用化学、化学教育、环境工程、无机非金属材料与工程、材料科学与工程、高分子材料与工程、材料化学、生物功能材料等10个本科专业,其中化学专业为江苏省高等学校品牌专业,化学工程与工艺专业为江苏省高等学校特色专业,化学实验教学中心为江苏省实验示范中心。

学部在职教职员工212人,其中博士生导师46人,教授71人,副教授56人;“长江学者”特聘教授1人,国家杰出青年基金获得者3人,国家“青年千人计划”入选者2人,教育部“新世纪优秀人才支持计划”入选者2人。目前在校本科生、研究生总人数为2 000余人。

二、教学工作

1. 本科生教学工作

材料与化学化工学部努力推动教学改革,促进人才培养模式改革新变化。完成苏州大学本科生实验、实践等部分教学大纲的修订,编制年度培养方案。推动“大学生创新性实验计划”的组织管理工作,推动建设本科生实习基地10余家。化学专业获批为“苏州大学本科质量工程专业综合改革试点项目”,化学类(含化学、应用化学、化学工程与工艺)获批成为江苏省“十二五”高等学校重点专业建设点,材料科学与工程专业及高分子材料与工程专业被列入江苏省“卓越工程师教育培养计划”。“公化教材改革”获苏州大学高等教育教学成果二等奖。

学部结合学科优势特点,加强教学质量建设。2012年本科毕业论文取得省优秀二等奖1篇、省优秀三等奖1篇、校优秀13篇的好成绩。1支团队获省优秀团队二等奖,1支团队被评为校优秀团队。组织申报"大学生实践创新训练计划",获批 4 项推荐国家级项目、4 项省级项目。

2. 研究生教学工作

材料与化学化工学部紧抓研究生培育与管理,细化招生培养各环节,成功举办了全国优秀大学生秋令营活动,开创了学部研究生招生的新局面。学部注重研究生培养质量,获省优秀博士论文 2 篇,优秀硕士论文 1 篇;获得研究生"卓越人才教育培养计划"资助项目 1 项,获得 "江苏省研究生培养创新工程"立项 13 项。

三、科研工作与学术交流

2012 年学部成功获批科技部项目 2 项,国家自然科学基金项目 35 项(其中包括国家杰出青年科学基金项目 1 项,重点项目 1 项),省部级项目 18 项,市厅级项目 11 项,各类纵向科研经费超过 3 500 万元。共发表 SCI 论文近 400 篇,其中一区论文约 60 篇。申请专利 110 余项,获授权专利60 项。

学部承办了第二届新型高分子材料与控制释放国际会议,第八届全国高聚物分子与结构表征学术讨论会,第六届全国结构化学学术会议,RSC 苏州大学研讨会,斯旺西大学—苏州大学研讨会和第四届北京大学、复旦大学、浙江大学、苏州大学四校高分子学术讨论会等国内外学术交流会议,组织了 60 余场国内外学者的学术报告,加大了科研前沿信息的交流力度,营造了良好的学术氛围。

四、学院特色与重大事项

材料与化学化工学部党政领导班子始终坚信发展是硬道理,坚持以人文本,努力构建高标准、国际化的人才培养高地。2012 年郎建平教授被选为教育部"长江学者奖励计划"特聘教授,钟志远教授获得国家自然科学基金委国家杰出青年基金资助,陈红教授获"江苏省优秀科技工作者"荣誉称号和江苏省青年科技奖,陈红教授团队入选"江苏省创新团队"。引进了中组部"青年千人计划"入选者马楠教授和吴涛教授,他们的加盟必将推动学部相关学科更快更好地发展。

2012 年 6 月 29 日下午,苏州大学材料与化学化工学部与太仓市科技局签订了全面合作协议。

2012 年 9 月 11 日至 14 日,第二届新型高分子材料与控制释放国际会议在苏州大学召开。美国、加拿大、荷兰、德国等 18 个国家和地区的 418 名代表参会。会议研讨课题涉及新型纳米靶向抗癌药物载体、多功能纳米基因药物载体、新型疾病诊断体系、水凝胶用于蛋白质和细胞的控制释放、生物组织工程材料等技术领域。

2012 年 9 月 24 日至 27 日,由中国化学会高分子学科委员会主办,苏州大学材料与化学化工学部承办的第八届全国高聚物分子与结构表征学术讨论会在苏州举行。来自全国高校、科研院所、政府部门和企业界的代表约 250 人参加了此次研讨会,研讨会共收到论文 176 篇。与会代表们围绕高聚物分子与结构表征,高分子溶液、溶胶及凝胶,高分子表面和界面及高聚物结构性能关系等四个主题进行了充分而热烈的交流。本届大会专门设立了学生专场。

2012 年 10 月 12 日上午,与英国斯旺西大学、苏州生物纳米园合作成立的健康材料与技术协同创新中心,与苏州生物纳米园共建的健康化学与先进材料联合实验室在炳麟图书馆学术报告厅举行了签约暨揭牌仪式。

2012 年 10 月 22 日至 26 日,由中国化学会、国家自然科学基金委员会、中国科学院主办,苏州大学、中国科学院福建物质结构研究所和结构化学国家重点实验室承办的第六届全国结构化学学术会议在苏州举行。来自全国高校、科研院所和企业界的代表 560 多人参加了会议,其中有中国科学院院士 7 人,国家杰出青年科学基金获得者 32 人,中国科学院"百人计划"入选者 15 人,来自美国、欧洲、新加坡及我国香港地区的代表共 10 人。与会代表们围绕原子团簇化学、晶体生长与设计、超分子化学、功能化合物的合成与结构、纳米材料的结构与性质、生物过程中的结构化学、催化过程中的结构化学、结构化学研究的实验及理论方法等主题进行了热烈的交流。

2012 年 11 月 23 日至 26 日,第四届北京大学、复旦大学、浙江大学和苏州大学四校高分子学术讨论会在苏州举行。四所高校的高分子系教师共计 50 余人参加了本次会议。与会代表围绕高分子合成主题,就新型聚合物合成反应、新型聚合物结构的设计和制备、功能性聚合物的合成和聚合物合成方法学等问题进行了广泛和深入的交流。

(蔡　琪)

纳米科学技术学院

一、概况

纳米科学技术学院成立于2010年12月,是苏州大学、苏州工业园区政府和加拿大滑铁卢大学携手共建的一所高起点、国际化的新型学院,坐落于风景秀美、设施一流的苏州大学独墅湖校区。2011年10月,学院成功获批为教育部首批设立的17所试点学院之一,成为高等教育体制机制改革特区之一。

纳米科学技术学院是根据国家产业转型升级和苏州工业园区大力发展纳米产业的需求,依托苏州大学功能纳米与软物质研究院、材料与化学化工学部等学院(部)雄厚的科研和师资基础组建的国内第一家以培养纳米专业人才为主要目标的公办二级学院。目前,学院和2008年成立的苏州大学功能纳米与软物质研究院、2011年成立的苏州大学-滑铁卢大学纳米技术联合研究院构建了教学、科研、产业化三位一体的组织形式,为学院集聚科技、知识、人才、产业等多方面的资源提供了有利的条件,形成了从本科生至硕士研究生、博士研究生全系列的纳米专业人才培养体系。学院现有学生467名,其中,博士后4名,博士生39名,硕士生205名,本科生219名。

学院由世界著名纳米与光电子材料学家、中国科学院院士、发展中国家科学院院士李述汤教授担任院长,由加拿大皇家科学院院士、加拿大滑铁卢大学纳米技术研究院执行院长亚瑟·卡堤(Dr. Arthur Carty)担任名誉院长。同时,学院凝聚了一支学术声望高、专业理论水平扎实、实践教学经验丰富的精英师资队伍。学院现有教职工63人,28位核心成员中有中国科学院院士1人、国家"千人计划"入选者2人、"青年千人计划"入选者6人、"青年拔尖人才支持计划"入选者1人、中国化学会青年化学奖获得者1人、杰出青年基金获得者(B类)1人、优秀青年基金获得者3人、人力资源和社会保障部"高层次留学人才回国资助对象"1人、教育部"新世纪优秀人才支持计划"入选者1人、"863计划"首席科学家2人、"青年973计划"首席科学家1人、外籍教授2人(分别为德裔和美裔)。

二、教学工作

1. 本科生教学工作

2012年,纳米科学技术学院在学校的领导下,在各学院和各部门的通力协作下,紧扣培养拔尖创新人才,大力推进本科教育教学改革,提高人才培养质量。英语课程实行小班化教学,专业课程实行双语教学和全英文教学;思政类课程改变上课方式,实行三分之一实践教学、三分之一网络教学、三分之一课堂教学,教学内容得到了学生的一致认可。

通过师生的共同努力,学院2012年度在教学方面取得了一些初步成果。程振平教授入选苏州大学“东吴学者”,获得苏州大学第五届教学名师奖。郭震宇老师获得苏州大学第十一届青年教师课堂教学竞赛三等奖。此外,学院师生获得的奖项包括:苏州大学高等教育教学成果奖二等奖1项,2012级军训优秀学员6名,苏州大学第十三届“挑战杯”大学生课外学术科技作品竞赛特等奖2名,苏州大学第十三届“挑战杯”大学生课外学术科技作品竞赛一等奖3名,苏州大学第十三届“挑战杯”大学生课外学术科技作品竞赛三等奖3名,“籍政学者”项目入选者2名,第十四批大学生课外学术科研基金项目6项,苏州大学2012年度“大学生创新创业训练计划”项目国家级、省级、校级各1项。

2. 研究生教学工作

研究生是科研的主力军。目前,研究院已培养在读博士研究生39人,硕士研究生205人。为吸引优质生源,功能纳米与软物质研究院于2010年起设立了“新生奖学金”,对于报考研究院的优秀硕士生和博士生进行奖励。2012年获得研究院“新生奖学金”一等奖的有博士生3人、硕士生3人,获得二等奖的硕士生5人,获得硕士推免生奖的15人。同时,研究院还自筹经费,为科研能力突出的学生发放“科研成果奖学金”,对他们为研究院做出的贡献进行奖励。2012年,研究院对发表于SCI一区、二区期刊的论文以及影响因子大于4的尚未分区的新期刊论文提高了奖励标准。本年度研究院学生发表的论文中影响因子超过10的高水平文章有20篇。

研究院除了注重学生科研能力的培养以外,思想政治教育也没有放松,除了日常的各类文体活动之外,研究院还组织了“创先争优迎十八大”趣味知识竞赛、嘉兴南湖党员宣誓等有意义的活动。研究院特别重视对学生国际化视野的扩展。在2012年度已有10名学生以国家留学基金资助或联合培养的方式前往美国、澳大利亚、德国、英国等国家的高校攻读博士或进行学术交流。研究院的研究生培养质量不断提高,已得到社会的初步认可,2012年度学院研究生就业率为100%。

三、科研工作与学术交流

1. 科研项目与成果

2012年以功能纳米与软物质研究院为第一单位共发表SCI论文127篇,其中一区论文48篇,二区论文40篇,其中影响因子大于10的论文13篇,特邀综述3篇,封面论文6篇。研究院获批各类纵向科研项目30项,其中国家级项目20项,含“973计划”青年科学家专题项目1项,“973计划”项目课题2项,“863计划”项目课题1项,国家自然科学基金优秀青年基金项目3项,重大研究计划重点支持项目1项,重大研究计划培育项目2项,获批总经费超过3 500万元。申请发明专利22项,获授权发明专利4项。

2. 国内外学术交流情况

在2012年,学院共承办和参与举办了3次双边学术研讨会,分别为第二届中加纳米研讨会、海峡两岸尖端纳米材料与元件应用研讨会及苏州大学-西安大略大学同步辐射联合研究中心第一届研讨会。邀请国内外专家作学术报告30余场。日常科研工作中,一方面加强与国内中国科学院系统和重点高校的联系与合作,另一方面也正在寻求与美国、加拿大、欧洲、以色列、日本、韩国、新加坡以及台湾、香港等地区内的相关院校或研究所进行科研合作及交换学生,积极准备申请美国、加拿大、欧盟、新加坡等地的联合基金项目。

四、学院特色与重大事项

2012年2月，学院与加拿大滑铁卢大学联合成立了苏州大学-滑铁卢大学纳米技术联合研究院。联合研究院第一批双边合作科研项目启动，"2+2"博士生联合培养、"3+1+1"本硕联合培养、"2+2"本科生联合培养及本科生4个月短期交流等项目启动，标志着学院与滑铁卢大学在科学研究、学生培养等方面已形成了稳定的合作关系。

2012年11月，学院与加拿大西安大略大学联合成立了苏州大学-西安大略大学同步辐射联合研究中心。中心的宗旨是联合两校相关科研资源，加强同步辐射研究方面的交流与合作，提升双方同步辐射研究的攻关能力，为两校各研究团队的同步辐射表征提供技术支持，利用同步辐射大型科学装置为培养学生提供多学科交叉研究的平台。

（周迎春）

计算机科学与技术学院

一、概况

苏州大学计算机专业创建于1984年,是江苏省较早建立的计算机专业之一。计算机科学与技术学院成立于2002年9月,其前身是建立于1987年的苏州大学工学院计算机科学与工程系。经过20多年的发展,学院目前拥有计算机科学与技术、软件工程2个一级学科博士点,计算机科学与技术、软件工程、管理科学与工程3个一级学科硕士点,以及计算机技术、软件工程2个硕士专业学位点,同时拥有计算机科学与技术博士后科研流动站。计算机科学与技术、软件工程2个一级学科均为江苏省重点学科。

学院目前设有计算机科学与技术、信息管理与信息系统、软件工程、网络工程、物联网工程和软件工程(嵌入式软件人才培养方向)6个本科专业,其中,计算机科学与技术、软件工程、网络工程、物联网工程4个本科专业为江苏省重点专业,软件工程专业为国家特色专业建设点,同时也是教育部"卓越工程师教育培养计划"专业,物联网工程专业为国家首批战略性新兴产业相关专业。

学院积极应对区域经济的蓬勃发展,加强建设高水平的科研机构和产学研平台。学院拥有计算机信息处理技术江苏省重点实验室以及融合通信、智能信息处理及应用、嵌入式技术及应用3个苏州市重点实验室,并拥有纵横汉字信息技术研究所、信息技术研究所、多媒体应用技术研究室、高性能计算与应用研究所、嵌入式仿生智能研究所、盛世华安智慧城市研究所、华天亚讯物联社区研究所等校级科研机构,并组建了苏州大学又松软件开发中心、苏州大学澳洋医药信息技术研究中心等校企合作创新实验室。

学院师资力量雄厚,结构合理。至2012年12月,共有教职工156人,其中专任教师115名,包括学术性学位博士研究生指导教师12名、学术性学位硕士研究生指导教师37名、硕士专业学位研究生指导教师2名,教授26名,副教授(含高工、副研)42名,专任教师拥有博士、硕士学位的比例达到87%;同时,学院还聘请了国内外知名学者15人为兼职教授。在专任教师中,有1人是国家级有突出贡献的中青年专家,2人是省级有突出贡献的中青年专家,有2人是国务院特殊津贴获得者,有1人为江苏省高等学校教学名师,1人是苏州市优秀教育工作者,有6人次是江苏省"333工程"跨世纪学术带头人培养对象,有10人次是省"青蓝工程"培养对象,1人为"六大人才高峰"项目资助对象,有1人是姑苏创新创业领军人才,1人是"江苏省新长征突击手"。

长期以来,学院秉承"宽口径、厚基础、重实践"的人才培养理念,结合区域优势和学校办学特色,以培养高素质应用型创新人才为宗旨,建立了强化优化教学方案、教学内容、教学方法,强化学生创新意识、实践能力和综合素质的"三强三优"人才培养模式,先后被评为"江苏省高等学校人才培养模式创新实验基地""江苏省产学研培养研究生基地"和"江苏省服务外包人才培养试点高校”。至2012年12月,学院各类全日制在校生达1 650人,其中,博士研究生28人,全日制硕士研究生240人,全日制本科生1 382人。

二、教学工作

1. 本科生教学工作

立足原有专业优势,整合资源,明确发展重点,通过建设与申报,计算机类(含计算机科学与技术、软件工程、网络工程、物联网工程4个专业)被列为江苏省重点专业类。

认真开展“教学质量与教学改革工程”项目。计算机科学与技术专业被列为校级“专业综合改革试点专业”;实施“卓越工程师教育培养计划”,组建了2011级“卓越计划”试点班;对2010年立项的17个苏州大学计算机教学改革项目的研究工作进行了结题验收;开展了“C语言程序设计”课程的综合教学改革试点,全面加强了该课程的教学过程管理,取得了良好效果。1篇本科毕业论文被评为江苏省优秀毕业论文;2位教师被学校评为毕业设计优秀指导教师;11篇本科毕业论文被评为校优秀毕业论文,还获得1项“优秀毕业设计团队”荣誉;获得学校教学成果一等奖1项和二等奖1项。

与清华大学出版社共同承办了由教育部高等学校计算机科学与技术教学指导委员会、国家级实验教学示范中心建设单位联席会计算机学科组主办的第五届全国计算机实践教学论坛,有效促进了学院与国内计算机业界关于教学实践的交流。

积极推进学生课外科研活动,共成功申报“大学生创新创业训练计划”项目6项、课外学术科研基金项目34项,本科生发表学术论文24篇,获软件著作权7项。

2. 研究生教学工作

根据学院实际情况,调整招生方向,优化招生复试方案,进一步完善招生程序;加强交叉联合培养机制,计算机技术工程硕士专业获批为国家第二批“卓越工程师教育培养计划”专业;新增8家省企业研究生工作站;1篇论文被评为江苏省优秀硕士论文,2篇论文被评为校优秀硕士论文;6位学生获校“优秀研究生”称号;获“江苏省普通高校研究生科研创新计划”项目2项、研究生“卓越人才教育培养计划”资助项目2项。

三、科研工作与学术交流

以落实项目申报规划和指导专家为抓手,做好各级各类科技项目的申报工作。全年共获得“863计划”子课题1项,获得国家自然科学基金项目15项、省部级项目4项、市厅级项目7项,纵向项目经费合计超1 000万元,超额完成目标任务;横向项目到账经费为586万元;学院教师2012年共发表SCI一区论文1篇、二区论文3篇、三区和四区论文15篇;此外,获授权发明专利5项、新型实用专利13项,获软件著作权登记66项;成功增设计算机科学与技术博士后科研流动站;与苏州华天亚讯科技有限公司联合成立了物联社区研究所,推动了应用型科研开发;获得苏州市科技进步奖1项。

共邀请海内外20多位专家、学者到学院访问和讲学;成功承办2012年计算机科学与技术国际前沿会议(FCST2012),对学院提高国际影响力和促进计算机学科的发展产生积极影响;继续积极鼓励教师参加学术交流,有12人次参加了相关领域的顶级学术会议;鼓励研究生参与国际交流,有4名研究生到境外交流。

四、学院特色与重大事项

修订完成《计算机科学与技术学院绩效及奖励分配管理条例》《计算机科学与技术学院岗位聘用和考核实施细则》和《计算机科学与技术学院奖励条例》,并根据条例,完成了新一轮聘岗工作。

软件工程被列为江苏省重点学科。

计算机类(含计算机科学与技术、软件工程、网络工程、物联网工程4个专业)被列为江苏省重点专业类。

紧紧抓住国家开展第八批新增设博士后科研流动站的机遇,认真总结经验,积极组织申报,成功增设计算机科学与技术博士后科研流动站。

学院党委顺利通过2011—2012年学校基层党建工作(含党校工作)考核,获得考核优秀的成绩。

(顾闻钟)

电子信息学院

一、概况

电子信息学院始建于1987年的苏州大学工学院电子工程系，随着学科发展和规模扩大，2002年7月更名为电子信息学院。

学院涵盖信息与通信工程以及电子科学与技术两个一级学科，下设通信工程、信息工程、微电子工程、电子工程4个系和总实验室；建有江苏省电工电子实验教学示范中心，生物医学电子技术和射频与微波毫米波2个苏州市重点实验室，以及光网络技术、射频与无线通信、语音与图像技术、智能信息处理与控制系统、微纳传感技术、ASIC芯片设计与集成系统、新型平板显示器件、生物医学信息与工程研究中心及系统生物学中心9个研究机构。

学院现拥有2个博士点：信号与信息处理、生物医学电子信息工程；2个一级学科硕士点：信息与通信工程、电子科学与技术（含6个硕士点：通信与信息系统、信号与信息处理、电路与系统、电磁场与微波技术、物理电子学、微电子与固体电子学）；2个专业硕士学位点（工程硕士点）：电子与通信工程、集成电路工程；5个本科专业，通信工程、信息工程、电子信息工程和微电子科学与工程被列为“十二五”江苏省高等学校重点专业，通信工程为江苏省特色专业（2011年被确定为“江苏省卓越工程师培养试点专业”），微电子科学与工程为校特色专业。

现有在职教职工106人，其中，教授15人（含特聘教授6人，其中，中组部“千人计划”入选者1人，“青年千人计划”入选者2人，江苏省“双创人才”1人，中国科学院“百人计划”1人），副教授近40人，专任教师85人。有讲座教授5人，博士生导师12人，硕士生导师30多人，外聘院士3人，兼职教授20多人，中国工程院院士潘君骅先生任学院名誉院长。学院现有全日制本科生992人，博士研究生17人，全日制硕士研究生191人，在职工程硕士研究生187人。

学院现拥有光纤通信、数字通信、微波、无线通信辐射测试、电子测量、嵌入式教学实验系统（ARM）、电子设计自动化（EDA）、数字信号处理（DSP）、集成电路设计（IC设计）、器件模型与模拟、器件分析等一批适应现代通信、电子信息技术发展的专业实验室，并与多家高新技术企业建立了8个联合实验室，为培养学生掌握适应信息技术发展的专业知识提供了良好的学习条件。学院大力推进与企业的科研合作和人才培养，在中外高科技企业和研究机构中建立了20多个校外实习基地。

二、教学工作

1. 本科生教学工作

2012年，学院在“教学质量工程”项目方面取得了一系列成果。获得了“十二五”专业综合改革试点项目1项,全国高校学生工作优秀学术成果二等奖1项,江苏省优秀毕业设计团队奖1项,校教学成果一等奖1项、二等奖2项,出版教材2部,推进了"卓越工程师教育培养计划",有4位教师获得苏州大学建行奖教金,1位教师获得苏州大学交行奖教金,1位教师获得苏州大学周氏教育教学类优胜奖。

学院积极组织学生参加学科竞赛,提高学生的实践和创新能力。在2012年的江苏省大学生电子设计竞赛("TI杯")、全国电子专业人才设计与技能大赛、德州仪器DSP及嵌入式大奖赛等各类学科竞赛中再创佳绩。在江苏省大学生电子设计竞赛中荣获一等奖4项、二等奖2项;在"TI杯"全国大学生电子设计竞赛模拟电子系统设计专题邀请赛中荣获三等奖2项;在全国电子专业人才设计与技能大赛中荣获全国一等奖2项、二等奖3项、三等奖3项,同时第4次荣获"优秀组织单位奖";在德州仪器DSP及嵌入式大奖赛中获得二等奖1项、三等奖1项。

学院注重培养本科生参与科研项目,2012年本科生公开发表学术论文1篇。

学院积极组织参加并实施大学生创新计划,2012年已结题国家级大学生创新项目1项、省级1项、校级1项;新申请创新项目11项,其中国家级2项,省级3项,校级6项。

2. 研究生教学工作

2012年,学院研究生获得5项江苏省创新项目,1人获得江苏省优秀硕士论文奖,获得1项苏州大学高水平新课程子项目。特聘教授沈纲祥指导的研究生魏越的论文"Span Restoration for Flexi-Grid Optical Networks under Different Spectrum Conversion Capabilities"(第一作者),在匈牙利布达佩斯举行的第九届构建可靠通信网络会议(DRCN)上发表并获最优论文提名(Best paper nomination);沈纲祥指导的研究生李泳成在光网络重要期刊*IEEE/OSA Journal of Optical Communications and Networking*(JOCN)发表的论文"Impact of ROADM Colorless, Directionless, and Contentionless (CDC) Features on Optical Network Performance",在2012年12月下载量位列整个期刊热门下载前十(第6位);讲座教授王汝海指导研究生余倩完成的学术论文"DTN Licklider Transmission Protocol (LTP) over Asymmetric Space Channels"被高水平国际刊物*IEEE Aerospace and Electronic Systems Magazine*(AES-M)录用。

三、科研工作与学术交流

1. 科研项目与成果

2012年,学院与兵器214所、上海交通大学等联合申报总装项目5项,获得NSF项目7项,教育部博士点基金项目1项,江苏省自然科学基金项目4项,江苏省高校自然科学基金项目2项,苏州市科技局项目1项,横向项目22项,科研经费接近1 000万元。新增3个江苏省企业研究生工作站。授权、申请发明专利10多项,软件著作权7项。2012年学院教师发表论文97篇,其中核心期刊论文83篇,在国际权威的IEEE会刊上发表多篇论文,学院覆盖的2个一级学科均在国际权威刊物上展示了高水平的成果。另外,2011年学院老师发表的论文中有47篇被SCIE、EI、ISTP收录。

2. 国内外学术交流情况

学院在加强教学及科研工作的同时注重国内外的学术交流活动,邀请了加拿大滑铁卢大学何品翰教授、美国爱荷华大学Milan Sonka教授、中佛罗里达大学刘俊杰教授、东南大学曹进德教授等国内外20多位知名专家学者来院为师生作学术报告。

学院有 2 位老师分别被德国和我国香港的大学聘任为兼职教授，并短期讲学、讲课。

学院与美国、加拿大、澳大利亚、新加坡、韩国等国的多所高校和相关科研机构建立了紧密的合作关系。

四、学院特色与重大事项

学院大力推进与企业的科研合作和人才培养，在中外高科技企业和研究机构中建立了 20 多个校外实习基地。在苏州市委、市政府的大力支持下，由工业园区管委会发起，联合了包括摩托罗拉、诺基亚、安德鲁电信等 10 多家在苏著名通信电子信息类外资企业，成立了苏州大学 IT 企业指导委员会，在此基础上，于 2011 年成立了苏州大学 EE 校企合作联盟。学院依托苏州大学 EE 校企合作联盟，紧紧围绕国家产业结构调整和产业转型升级的要求及高等学校创新型人才培养的使命，在校企科技合作、"卓越工程师"人才培养、研究生工作站建立、冠名资助学科竞赛活动、吸收优秀学生到企业工作等方面均取得了一系列的成绩。

2012 年 5 月，中组部"千人计划"专家郭述文教授加盟电子信息学院。

2012 年 5 月，作为承办单位，举办美国德州仪器 DSP 及嵌入式大奖赛。

2012 年 6 月，特聘教授陈新建加盟电子信息学院。

2012 年 10 月，IEEE 会士、美国爱荷华大学教授 Milan Sonka 受聘为苏州大学讲座教授。

2012 年 11 月，"青年千人计划"专家常春起教授加盟电子信息学院。

2012 年 11 月，召开电子信息学院 2012 年教学工作会议。

2012 年 12 月，电子信息学院在苏州大学党建、学生工作和分党校工作考评中被授予"学生工作综合奖"和"红旗分党校"称号。

2012 年，特聘教授陈新建入选中组部第四批"青年千人计划"。

沈纲祥教授入选江苏省"双创计划"。

（刁爱清）

机电工程学院

一、概况

机电工程学院是苏州大学建院较早、实力较强的工科学院之一,其前身是始建于1977年的苏州丝绸工学院机电系,1978年、1980年分别设置纺织机械、工业电气自动化本科专业,1978年开始招收硕士研究生。1997年7月,苏州丝绸工学院并入苏州大学,原苏州丝绸工学院机电系与原苏州大学工学院合并重组成立新的苏州大学工学院。随着办学形势的发展,1999年底,苏州大学工学院划分成机电系、电子系、计算机系等3个独立系。2001年,苏州大学机电系更名为苏州大学机电工程学院。几十年来,为国家培养了大批经济建设急需的高级工程技术人才。

学院现有教职工188人,其中,专任教师139人,在岗正高职21人,副高职51人,教授和副教授占专任教师总人数的51%以上,教师中具有博士和硕士学位的人数比例达90%,拥有中组部第六批"千人计划"入选者1人,"长江学者奖励计划"特聘教授及国家杰出青年科学基金获得者1人,苏州大学特聘教授6人,享受国务院政府津贴者2人,江苏省"333工程"培养对象(第一层次、第三层次)2人,苏州市新世纪高级青年专业人才1人,校级优秀青年骨干及优秀中青年教师7人,学院还聘请了中国工程院卢秉恒院士等5位知名学者和10多名跨国公司的总经理及企业家为兼职教授。

2012年新申报自设了激光制造工程、数字化纺织与装备技术、智能机器人技术等3个二级学科博士点。拥有机械工程、仪器科学与技术2个一级学科硕士点以及控制理论与控制工程、冶金工程和工业工程3个二级学科硕士点,拥有机械工程、控制工程等2个工程硕士点。现有机械工程及自动化、机械电子工程、电气工程与自动化、工业工程、材料成型及控制工程、冶金工程等6个本科专业和机械工程及自动化(冶金过程装备及控制)、材料科学与工程(冶金过程自动化)等2个本科专业方向,其中,机械工程及自动化专业为省级特色专业;形成了新型纺织技术与装备、激光加工与表面技术、超精密加工与检测技术、机械系统动力学及控制、信息检测与处理技术、传感与测控技术等具有特色的研究方向,并开辟了生物制造、智能机器人和微纳制造等新的研究方向。目前在校全日制本科生900多名,在校研究生300多名。

学院下设机械工程系、自动化工程系、工业工程系等3个系和1个院级中心实验室,建有生物制造研究中心、机器人与微系统研究中心、激光制造技术研究所和人工心脏研究所等校级科研机构。院中心实验室含机械基础实验室、先进制造技术实验室、激光加工与快速成型实验室、动态测试与分析实验室、微机电与生物芯片实验室、人因工程实验室、物流工程实验室、SMT实验室、电机拖动实验室、PLC控制实验室、创新设计实验室、生物制造实验室、机器人实验室和微纳制造实验室等,其中,先进机器人技术实验室获批江苏省重点实验室,机械基础实验室为江苏省高等学校实验教学示范中心,先进制造技术实验室为苏州市重点实验室,SMT 实验室的设施条件位于国内高校同类实验室前列。

2012 年 4 月,根据学校的统一规划,阳澄湖校区机械工程系和自动控制系共 56 人并入机电工程学院。

学院继承与发扬"厚基础、重实践、求创新"的办学传统,以能力培养为目标,融入现代设计、现代技术理念,着力进行学科专业课程体系改革,培养出的学生具有扎实的学科基础和宽厚的专业知识,动手能力及创新能力强。长期以来,应届学生就业率名列学校前茅,应届毕业生年底就业率近 100%,学生在"挑战杯"全国大学生课外学术科技作品竞赛、电子设计大赛以及江苏省机器人大赛等学科竞赛中屡获大奖。

学院近年来积极开展国际间交流与合作,与英国、德国、日本、法国、加拿大等多个国家和地区的大学建立了长期稳定的交流关系,开展教师进修和学生交流等合作项目;与江南嘉捷(SJEC)、东南电梯(DNDT)、旭电(伟创力)(Flextronics)、英飞凌(Infineon)、无锡格莱德等众多知名企业建立合作关系,成立共建实验室和学生实践基地,为学生的学习和发展提供更广阔的空间。

二、教学工作

1. 本科生教学工作

2012 年编写教材 1 部,撰写教改论文 8 篇,获得各类教改项目 3 项。圆满完成了 2008 级本科生的各项教学工作,毕业率达 86.0%,学位授予率达 81.0%。对 2010 级机械类大类学生的专业进行了分流。进一步改革了 6 个本科专业人才培养方案。机械工程及自动化专业通过江苏省特色专业建设的验收。电气工程与自动化、冶金工程专业入选"卓越工程师教育培养计划"并按计划实施。机械类(机械工程及自动化、机械电子工程、材料成型及控制工程)专业被列入江苏省"十二五"高等学校重点专业。新增金属材料工程专业,2013 年招生。

2. 研究生教学工作

新建省级研究生工作站 4 个,校级研究生工作站 2 个。

依托导师队伍、研究生党支部、研究生分会三个平台,在四方面开展研究生教育管理工作——以理想信念为核心,推进思想政治教育;以规范教学管理为保障,提升科技创新能力;以实践活动为依托,增强实际动手能力;以文体活动为载体,促进研究生全面成长。突出一个重点——心理健康教育,立足防患于未然,收到很好的效果。

学院专门聘请了有丰富教学和管理经验的导师担任研究生督导工作。

三、科研工作与学术交流

1. 科研项目与成果

2012 年获得国家自然科学基金项目 13 项,江苏省杰出青年基金项目 1 项,江苏省产学研项目 2 项,江苏省高校基金项目 2 项,苏州市项目 7 项,授权专利 42 项,SCI 论文 16 篇,EI 论文 69 篇,累计到账经费已经突破 1 700 万元。机电工程学院荣获"苏州大学 2012 年科技工作学术论文最佳进步奖"。

2. 国内外学术交流情况

在与德国福特王恩大学、英国兰卡斯特大学、美国代顿大学等学校进行合作交流的基础上,与日本工学院大学签订了合作协议,开展学生交流培养,促进办学国际化。经学校批准,学院组团赴日本工学院大学参加120周年校庆活动并进行交流合作,扩大了我校和学院的国际影响。2012年举办和承办学术会议2次:2012 International Symposium on Intelligent Agricultural Equipment and Robotics和2012 International Conference on Optofluidics。邀请长春理工大学王作斌教授、上海大学罗均教授、日本立命馆大学马书根教授、中国科学院沈阳自动化研究所刘连庆教授、UMEMSME of AIST前田龙太郎教授、UMEMSME of AIST鲁健高级研究员、日本茨城大学王东方副教授、香港城市大学申亚京助理教授、意大利理工学院陈翡研究员等来校作学术报告。

四、学院特色与重大事项

院党政统一思想,以"突出重点,坚持发展,营造和谐"为工作思路,打造宽容的人文环境和宽松的学术环境,着力解决影响和制约学院科学发展的教师队伍、专业特色、科学研究三大突出问题,在学院的发展进程中较好地发挥了领导核心作用,学院的凝聚力显著增强,呈现出前所未有的和谐融洽、积极向上的工作氛围,各项工作取得显著成绩。

在创先争优活动中,院党委被评为先进基层党组织。院党政联合召开学科建设和科研工作研讨会,全面落实"4321"的三年发展目标,学科建设取得显著成绩。学院新申报自设了3个二级学科博士点、2个硕士点。

2012年引进14名海内外高层人才(含特聘副教授1人)。1人被聘为教授,5人被聘为副教授。鼓励中青年教师积极攻读博士学位和进行博士后研究,多名优秀教师到国内外重点高校或研究机构参加短期课程进修、业务培训或做访问学者。孙立宁当选国家"十二五""863计划"微纳制造技术主题专家组专家、国家科技部服务机器人重点科技专项总体组专家,荣获2012年度"江苏省有突出贡献中青年专家"称号;汝长海获得江苏省杰出青年基金,被评为江苏省"青蓝工程"中青年带头人;李浩莹入选江苏省"双创计划";王振华入选张家港市"领军型创业创新人才计划"。

2012年院学生工作以机电科技文化节为主线,以学生课外科技训练营为平台,着力实施学生科研能力培育、志愿爱心奉献、团队协作体验等三大工程,开展了近16项科技类活动,申报各类大学生科研项目19项,荣获第五届全国大学生机械创新设计大赛二等奖,在第三届国际仿人机器人奥林匹克大赛等诸多赛事中获得多项奖励,60多人次在国家、省(部)、校(市)级大学生科技创新类比赛项目中获奖。学生申请专利1项,公开发表论文11篇。2012年学院应届本科毕业生的签约(升学)率为95.47%,协议就业率居全校首位。

创收工作稳中有进,院党政齐心协力提高成教办学效益,将继续教育工作纳入学院整体工作,实现管理服务全覆盖。2012年新招收成教学生300人、自考新生401人,目前成教与自考在校学生规模达到1 500人,在服务社会的同时,对改善教师生活水平、调动教师积极性、推动学科发展起到了积极作用。

院领导带头参加学校组织的各种比赛,学院取得了校第二十七届"健康杯"教工排球赛第1名、第四届教工羽毛球比赛第1名、校第七届教工"三人制"篮球赛第3名、教工乒乓球比赛团体第4名的好成绩,组织教工暑期赴港澳参观旅游等。学院通过这些活动,进一步加强了沟通,增进了友谊,凝聚了人心,增强了学院的团队凝聚力。

(张志红)

沙钢钢铁学院

一、概况

沙钢钢铁学院是苏州大学与世界500强企业江苏沙钢集团合作共建的苏州大学二级公办学院，是目前国内第一家校企合作创办的新型钢铁学院。

2008年，根据苏州大学朱秀林校长和江苏沙钢集团董事局沈文荣主席等领导的共同商议，达成了关于建设苏州大学沙钢钢铁学院的意向。2010年4月8日下午，苏州大学与沙钢集团隆重举行合作办学签字仪式，朱秀林校长与刘俭总经理代表双方签订合作办学协议，正式成立苏州大学沙钢钢铁学院。

2010年5月18日，苏州大学110周年校庆当天，苏州大学沙钢钢铁学院隆重举行揭牌仪式。原中共江苏省委书记、原江苏省人大常委会主任陈焕友，中共江苏省委常委、苏州市委书记蒋宏坤，江苏沙钢集团董事局主席、总裁、党委书记沈文荣及苏州大学党委书记王卓君共同为沙钢钢铁学院揭牌。江苏省人民政府副省长曹卫星，中华全国工商联冶金业商会名誉会长赵喜子，江苏省政府副秘书长、办公厅主任李一宁，江苏省教育厅厅长、省委教育工委书记沈健，苏州市政协主席王金华等出席揭牌仪式，朱秀林校长主持仪式。

学校特聘原安徽工业大学校长董元篪教授担任沙钢钢铁学院院长。董元篪教授多年来一直从事钢铁冶金工艺理论和冶金资源综合利用的研究，在含砷铁矿冶炼脱砷、金属熔体的热力学、铁合金脱磷和冶金二次资源综合利用等领域取得了开创性的成果。

沙钢集团为沙钢钢铁学院的建设提供了强有力的资金和技术支持。一方面，沙钢集团赞助3 000万元用于学院的建设，其中2 000万元用于实验设备的购置，专款专用；1 000万元作为“沙钢奖教·奖(助)学基金”，用于奖励为学院建设和发展做出突出贡献的团队和个人、有志于为沙钢集团服务的优秀学生以及资助有意向去沙钢集团工作的贫困学生顺利完成学业。另一方面，学院和沙钢集团合作成立了大学生工程实践能力与素质教育工作小组、“卓越工程师教育培养计划”专家指导委员会，还聘请沙钢集团的总工程师陈少慧和张晓兵为苏州大学的兼职教授，邀请沙钢集团培训中心校长张修成等多位具有丰富工程实践经验的技术人员担任兼职教师，更好地为学生传授工程实践知识。通过充分发挥校企合作办学的优势，整合与企业的各种合作资源，力争培养出适合国家经济建设发展战略需要、综合素质高、有社会责任感、有明显特色的高级冶金工程应用型人才。

学院现有冶金工程、机械工程及自动化(冶金过程装备及控制)、材料科学与工程(冶金过程自动化)3个专业(方向)，本科生145人，研究生6人。苏州大学作为国家教育部批准的第二批加入“卓越工程师教育培养计划”的高校，特别将冶金工程专业列为苏州大学“卓越工程师教育培养计划”实施试点专业。

学院现有教职工18人，全部具有硕士及以上学位。其中，专任教师全部具有博士学位，行政人员和实验室人员全部具有硕士及以上学位,教师中教授的人数比例达到33%,学缘结构和学历结构优势明显。2012年,学院教师共申报国家自然科学基金项目4项,获批2项;申报江苏省自然科学基金项目1项,获批1项;获得横向项目1项,完成学术论文8篇,SCI已收录6篇,其中SCI一区、二区各1篇。

二、教学工作

冶金工程专业已正式招收研究生,体现改革创新的冶金工程等2个专业的人才培养方案已制订完成。学院已建成适用"卓越工程师教育培养计划"的校内实验、实习、实训基地与有特色的科研实验室。"冶金工程专业校内基地建设的研究与实践""冶金类专业控制理论与控制工程系列课程和实验的改革与实践"等教改项目在学校获得立项,其中"冶金工程专业校内基地建设的研究与实践"荣获苏州大学教学成果二等奖。

学院现下设冶金工程和冶金自动化2个院级实验室,实验室面积共3 600平方米。2010年6月,在学校的大力支持下,冶金工程实验教学中心项目成功申请到中央财政支持地方高校发展专项资金1 000万元,用于冶金工程实验室的建设,2012年资金已到位并已投入实验室建设。

苏州大学沙钢钢铁学院的建立,开创了我国优秀民营钢铁企业与著名高等院校携手合作之先河,是钢铁企业充分发挥品牌优势和综合实力,优化教育资源配置,构建高层次产学研合作平台的成功实践,是苏州大学工科专业与学科调整的需要,同样也是发挥苏州大学全国地方性高校排头兵作用的需要。沙钢钢铁学院将遵循高起点、高水平办学的理念,在新的人才培养体制下,在苏州大学和沙钢集团的校企合作平台下,力争培养出比同类工科院校学生基础更扎实、工程意识更强、实践能力和创新能力更突出的高级工程应用型人才。

(黄宗杰)

纺织与服装工程学院

一、概况

纺织与服装工程学院(兼丝绸科学研究院)成立于2008年7月,由原材料工程学院纺织科学与工程一级学科单独组建而成。至2012年年底,学院设有纺织工程系、轻化工程系、服装设计与工程系,并设有丝绸科学研究院、现代丝绸国家工程实验室、国家纺织产业创新支撑平台、江苏省丝绸技术公共服务平台、江苏省纺织印染节能减排清洁生产工程研究中心、丝绸工程江苏省重点实验室、苏州市生物组织工程材料与技术重点实验室、苏州市丝绸文物测试与复制技术重点实验室、苏州大学纺织经济信息研究所、学院中心实验室、《现代丝绸科学与技术》编辑部、纺织与服装设计国家级实验教学示范中心、纺织服装省级实验教学中心等科研教学平台。纺织工程是国家重点学科、江苏省省级重点学科和品牌专业。学院现有一级学科博士点1个(纺织科学与工程),二级博士点4个(纺织工程、纺织材料与纺织品设计、纺织化学与染整工程、服装工程与设计),硕士点4个(纺织工程、纺织材料与纺织品设计、纺织化学与染整工程、服装工程与设计),纺织工程领域工程硕士点1个,高校教师在职攻读硕士学位专业硕士点4个(纺织工程、纺织材料与纺织品设计、纺织化学与染整工程、服装工程与设计),以及纺织科学与工程博士后流动站和江苏省一级重点学科。学院共有教职工100名,教授26名(其中校特聘教授4名),副教授41名(其中博士生导师22名,硕士生导师25名),国家引进海外高层次人才"千人计划"入选者3名。学院在仪征化纤股份公司和江苏吴中集团设有2个江苏省产学研联合研究生培养基地。至2012年年底,学院在册全日制本科学生1 016人,博士、硕士研究生326人,在职专业学位硕士研究生38人。

二、教学工作

1. 本科生教学工作

纺织与服装工程学院设置纺织工程、轻化工程、服装设计与工程、非织造材料与工程以及纺织工程(国际班)5个本科专业。根据学校《关于实施本科人才培养模式系统化改革方案》的要求,学院对2012级本科人才培养方案、实验教学大纲进行了修订,制订了纺织工程"卓越工程师教育培养计划"人才培养方案,在浙江嘉欣丝绸集团公司建立了工程实践教育中心,同时以该单位为依托申请了国家级大学生实践教学基地。纺织类专业(包括纺织工程、轻化工程、服装设计与工程、非织造材料与工程4个专业)获批江苏省重点类专业。纺织工程成为江苏省教育体制改革试点项目"首批省级卓越工程师教育培育点"。邢铁玲、尚笑梅、龙家杰老师指导的3个项目获批入选国家"大学生创新性实验计划"。纺织科学与工程教学团队获得苏州大学交行奖教金集体奖,刘国联老师获得苏州大学交行奖教金个人奖。眭建华、冯岑等获苏州大学教学成果二等奖2项,陈雁荣获"纺织之光"奖教金。

2. 研究生教学工作

纺织与服装工程学院设置纺织工程、纺织材料与纺织品设计、纺织化学与染整工程、服装设计与工程4个全日制硕士、博士点。学院完成了纺织科学与工程一级学科硕士、博士研究生培养计划的修订工作,确定了一级学科大类课程和专业课程及各课程的教学大纲。参加了江浙地区纺织院校研究生四校联谊活动。新增省级研究生工作站7个,校级研究生工作站4个,入选2012年度"江苏省普通高校研究生科研创新计划"项目7个(立项资助4个,立项不资助3个),江苏省研究生教育教学改革研究与实践课题1项,江苏省优秀硕士论文1篇。学院依托纺织科学与工程研究生教育创新平台,建立研究生督导制度,推进研究生课程建设、培养计划改革、优秀教材建设等。建立江苏省企业研究生工作站,为全日制专业学位硕士的培养提供了条件。研究生督导积极召开学院研究生导师、研究生等各个阶层的座谈会进行调研、征求意见,对研究生的教学、考核各个环节进行监督,并提出改革意见。研究生的课程设置着力使硕士研究生能掌握该领域内主要的基本理论,具备运用基础理论解决实际工程问题的能力,使博士生能掌握扎实和宽广的该领域基本理论,了解该领域内取得的前沿科研成果和发展动态以及跨学科的理论知识。

三、科研工作与学术交流

1. 科研项目与成果

2012年度纺织与服装工程学院共获得国家自然科学基金等纵向到账经费750多万元,横向项目到账经费720万元。到账科研经费比2011年增长一倍以上。获批包括"十二五"国家高技术研究发展计划("863计划")项目在内的国家级项目7项。发表SCI收录论文149篇,EI、ISTP等收录论文58篇。申请专利51项,获得授权国家发明专利13项。获2012年度国家科技进步二等奖1项,中国纺织工业协会科学技术进步奖一等奖1项、二等奖3项、三等奖2项,市厅级奖1项。完成江苏省科技厅立项的江苏丝绸技术公共服务平台省级公共服务平台的建设任务并通过专家验收;通过了国家发改委立项的现代丝绸国家工程实验室的验收,参加在深圳由国家发改委举办的第十四届中国国际高新技术成果交易会,选取了实验室建设三年来所取得的10项标志性成果参展,相关组织及科技成果获得了与会领导及专家的充分肯定和较好评价,并荣获第十四届中国国际高新技术成果交易会国家发改委主题展览"优秀展示奖",扩大了对外影响。完成了苏州市丝绸文物测试与复制保护重点实验室的验收工作。

2. 科技合作与社会服务

纺织与服装工程学院始终坚持立足纺织行业背景,坚持为地方经济建设和社会发展服务,完善服务体系,构建服务网络,相互协作,实现共赢,打造一流的产学研服务平台,努力扩大在行业内的影响力和话语权。按照苏州市重振丝绸发展的需要,4月份成功主办召开了苏州茧丝绸发展战略研讨会;12月,商务部茧丝绸产业公共服务体系建设项目启动会成功召开。纺织与服装设计国家教学实验示范中心通过验收,现代丝绸国家工程实验室检测中心获得CNAS国家认证资格,南通苏州大学纺织研究院揭牌暨产学研对接交流会成功举行,极大地改善和提升了学院教学科研硬件条件和实验室管理水平,形成了较为完善的学科平台支撑体系和人才培养条件支撑体系,国内纺织行业一流的科学研究平台和社会服务平台雏形已现。

3. 国内外学术交流情况

学院始终坚持立足国内,放眼海外,加强交流,争取在高层次和具有实际应用价值的课题立项上有大的突破,在更高层次上形成学院发展的特色和品牌,增强在世界纺织领域内的知名度。与英国曼彻斯特大学的国际合作办学项目纺织工程(中外合作)获批。优秀本科生赴英国曼彻斯特大学交流项目被评为国家留学基金管理委员会2012年"优秀本科生国际交流项目"。欧盟联合培养博士项目SMDTex落户我校。从2013年到2017年,该项目每年全球招聘8名纺织等相关专业博士研究生,欧盟国家3名,其他国家5名。学制4年,在法国、瑞士、罗马尼亚、意大利、中国等国家的5所大学中的3所完成学业和论文,全额奖学金资助。这为学院的学科对接国际前沿,培养高素质、国际化人才,改善办学环境都会有很大帮助。

四、学院特色与重大事项

2012年,纺织与服装工程学院各项工作成绩斐然,获苏州大学"学生工作综合奖""党建工作创新奖""科技工作知识产权最佳进步奖",被评为"校园综合治理工作先进集体""年度发展工作先进集体"。

2012年引进教师4人,补充师资队伍。

(司　伟)

城市轨道交通学院

一、概况

城市轨道交通学院是学校坚持地方性综合大学为地方经济建设服务发展理念,顺应中国现代化建设,特别是现代化城市发展的趋势,为适应长三角地区,尤其是苏州城市轨道交通建设的发展需要,在苏州市政府的支持下,于 2008 年 5 月成立的应用性工科学院。学院成立 4 年多来,充分利用苏州大学强大的教学资源和苏州市得天独厚的区域优势,重点建设和发展轨道交通相关专业,力争成为全国地方性高校轨道交通专业的领头羊。9 月,学院入驻阳澄湖校区,与原南京铁道职业技术学院的轨道系和建工系合并,师资力量加强,目前有教职工 92 名。

学院共拥有车辆工程、交通运输、工程管理等 6 个本科专业和专业方向,现有全日制本科生 4 届总计 1 277 人。拥有车辆工程、测试计量技术及仪器和管理工程与科学 3 个硕士点,现有全日制硕士生 30 名。申报的自主设置博士点二级学科智能交通科学与技术已在教育部备案,拟于 2013 年开始招生。

学院目前设有交通工程系、车辆工程系和校级科研机构苏州大学交通工程研究中心(中心有 3 个下属研究所,分别是车辆动力学与控制研究所、交通运输规划研究所、地下工程研究所)以及苏州大学智能与结构研究所。

学院目前拥有专任教师 71 人,其中拥有正高职称的 8 人,拥有博士学位的 28 人,海外学成归来的 5 人。专业领域涉及交通工程、工程力学、交通规划、通信信号、车辆工程和土木工程等。

现有包括车辆工程实验室、电气工程实验室等在内的共计 3 000 平方米实验场地和相应的实验设备,各项专业实验教学已陆续开展。在 450 万元中央财政资金和江苏省财政资金的支持下,实验室建设初具规模。

二、科研工作与学术交流

1. 科研项目与成果

学院在 2012 年获得国家自然科学基金项目 5 项,江苏省科研项目 3 项,承接了包括“苏州市轨道交通 2 号线东延、4 号线及其支线工程可行性客流预测”等纵向或横向课题 30 多个,本年度到账项目经费近 1 200 万元。学院与国内多家著名交通院校和科研院所建立了紧密的教学科研合作关系,为学科建设和人才培养奠定了坚实的基础。

2. 国内外学术交流情况

对外合作进展顺利,继续实施与韩国又松大学合作的“2 + 2”项目,共有 3 批学生赴韩交流,进行为期 2 年的学习,首届学生已完成学业,获得中韩双学位。与韩国又松大学进一步合作,谈妥了"中日韩三国学生短期夏令营交流"项目。学院还举办了第三届中日交通问题研讨会,15 位中外专家进行了交流。

三、学院特色与重大事项

学院发展的战略定位是,以打造长三角地区轨道交通建设相关专业人才基地为主要目标,以培养应用型技术和管理人才为主要任务,以地方交通尤其是城市轨道交通为主要阵地,力争在"十二五"期间将学院建成服务于正在兴起的轨道交通产业链,立足苏州及长三角地区,提供城市轨道交通各类应用型专门人才的培养基地。

(金菊华)

体育学院

一、概况

体育学院至今已有近90年的办学历史。1924年东吴大学始办体育专修科,1926年招收本科生,1952年院系调整时创办体育系,1997年改建为体育学院。学院现有体育学博士后流动站、体育学一级学科博士点、体育学一级学科硕士点、体育硕士专业学位授权点以及体育教育、运动人体科学、民族传统体育和运动训练等4个本科专业;设有体育教育训练学研究中心、运动科学研究中心、体育文化与奥林匹克研究中心、武术与民族传统体育研究中心等4个研究中心和体育系、运动训练系、运动人体科学系、民族传统体育系、社会体育部、公共体育部等6个系、部;拥有国家体育总局体育社会科学重点研究基地和机能评定与体能训练重点实验室。体育教育训练学是江苏省重点学科、国家重点学科培育点;体育教育专业是江苏省普通高校品牌专业;运动人体科学专业是江苏省特色专业。学院同时设有国家体育总局体育文化科研基地、中国篮球文化研究中心、国家皮划艇队科研基地、奥星田径俱乐部等机构,被国际奥委会确认为奥林匹克研究合作伙伴。

学院现有专任教师127名,其中教授18名,副教授66名,讲师41名。目前有博士生导师14名,硕士生导师54名,国际级裁判员3名,国家级裁判员10名。

二、教学工作

1. 本科生教学工作

本年度,招收本科生156名。教学工作中,以提高本科教学质量为根本,狠抓教学规范,积极组织开展形式多样的教研活动,创新教学工作理念,确保落实教学质量监督机制。贯彻落实学校本科人才培养系统化改革方案,完成体育学院专业人才培养计划与学校公共体育课程改革方案的制订工作。加强对学院实习、实践课程的梳理,制定了本科专业实习、实践和实验课程的教学大纲,组织完成了学生的实习、实践工作。尝试建立青年教师评优课的常态化机制。老教师为青年教师开设了展示课,带动了青年教师上好课的积极性。

积极实施公共体育教学改革。公体部不断深化体育教学改革,坚持以培养学生体育兴趣、锻炼能力和习惯为课程教学目标,以突出健身、淡化竞技和着眼未来为教改方向,注重实际、讲究实效,在选项课教学、课外体育俱乐部等方面继续进行改革和实践,完善结构,优化体系。充分利用现有的场地器材和人力资源,最大限度地满足学生的教学需求。在完成教学工作的同时,积极参加课外体育俱乐部的工作,保证了俱乐部活动的顺利有序开展,收到了较好的效果。

本年度,罗丽老师的1篇论文被SCI收录,实现了学院被SCI收录论文零的突破。李龙成为江苏省"青蓝工程"中青年学术带头人培养对象,陈瑞琴获得新苗体育奖;钟华获得建行奖教金,陈瑞琴、鲍捷、王文军3位教师获得交行奖教金。获苏州大学教学成果二等奖1项,入选教育部"十二五"普通高等教育本科国家级规划教材1部。

本年度2009级体育教育专业本科生参加了江苏省部分高校体育教育专业学生基本功测试,获得总分第3名的成绩。2009级学生刘菲菲、张荣莉代表学校参加了江苏省教育厅举办的首届江苏省师范生教学基本功大赛,分别获得一等奖和二等奖的好成绩。

2. 研究生教学工作

本年度招收博士研究生8名,硕士研究生86名,2011级体育硕士专业学位学员95名。2012年共毕业博士9名,全日制硕士83名,在职硕士93名。20多人次的研究生参与国内外学术会议。获得2012年度"江苏省普通高校研究生科研创新计划"项目9项,1篇论文被评为"江苏省2012年度优秀博士论文",王家宏教授指导的魏磊的博士论文2012年被评为"全国百篇优秀博士论文"。

三、科研工作与学术交流

以加强科研团队和教学团队建设为抓手,注重青年教师科研教学能力的培养;制定了《解决部分技术课教师短缺的办法》,以完善教师队伍的衔接问题;鼓励教师参加学术活动,提高学术影响力。做好教师职称申报等工作,并修订了《教师职称评审条例》上报学校。本年度1名教师晋升教授,7名教师晋升副教授。

加大宣传发动力度,积极申报各级各类体育社会科学研究课题。本年度,获得国家社科基金项目3项,国家软科学研究项目1项,国家体育总局哲学社会科学项目3项,教育部人文社科项目1项,市厅级研究项目21项,并获得横向研究项目10项(项目经费达250余万元)。同时加大督促检查力度,切实提高课题的结项率(7项省部级研究项目、3项横向项目以及15项市厅级项目顺利结项)。学院教师出版2部专著;在核心期刊上公开发表学术论文69篇,其中1篇论文被SCI收录,4篇论文被ISTP收录。

四、学院特色与重大事项

学院党委充分发挥党的思想工作优势,弘扬社会主义核心价值观,加强师德建设。激发党员爱党、爱祖国、爱教育事业的热情,涌现了"教学实践与公益服务结合,长期服务残疾儿童康复"等师德建设工作典型案例和"关爱贫困生,关注学生心理健康"等大学生思想政治教育优秀案例,涌现了护城河边勇救2名落水游客的本科生党员谭睿同学、克服各种困难赴藏支教的姚阳老师等先进典型。6月,院党委被评为校"创先争优先进基层党组织"。11月,学院全体党政领导、党委委员、支部书记赴张家港举行党建工作研讨会暨中心组学习扩大会。校长助理王家宏、校党委组织部副部长查佐明出席了会议。

竞赛工作与群体工作方面,积极为学校争光,在国际比赛中获得优异成绩。有4名学生代表国家参加伦敦奥运会,吴静钰蝉联跆拳道女子49公斤级金牌。张华获跆拳道"世界杯"团体赛冠军。8月,苏州市人民政府隆重举行苏州市奥运健儿表彰大会,表彰和奖励在伦敦奥运会上取得优异成绩的运动员、教练员和优秀集体,学院荣获集体二等功。本年度学院学生参加亚洲大学生跆拳道锦标赛,2人获得冠军。在国内比赛中也取得历史性突破,全国大学生运动会上,学校运动员共获得5金6银9铜,破2项大运会纪录,获"校长杯"奖第7名,创学校历史最好成绩。参加第十四届全国救生锦标赛、"光荣行杯"全国大众跆拳道锦标赛、江苏省大学生游泳锦标赛、第十五届 CUBA 中国大学生篮球联赛江苏省预赛、江苏省高校“省长杯”足球比赛等，均取得了较好的比赛名次。

作为江苏省高校的体质测试试点单位之一，在 8 个学院的各个专业中，筛选 2 440 个样本，圆满完成了测试任务。圆满完成了第 50 届苏州大学学生运动会和第 29 届苏州大学教职工运动会的组织、裁判工作。完成了男女学生四人制篮球比赛、排球比赛的组织工作，以及第四届网球团体比赛和第八届单项协会比赛、男女学生乒乓球比赛的组织工作，参加的学生人数近 2 000 人。举办第六届阳光体育节冬季长跑启动仪式。稳妥有序地发展学生体育社团和协会，让更多的学生参与到体育活动中来。

本年度，首次接收了尼日利亚访问学者。柔性引进海外专家，促进学院学科建设和研究生教学工作。与捷克帕拉斯基大学体育学院签订合作协议备忘录。

（周佳晔）

艺术学院

一、概况

艺术学院始创于1960年,至今已有52年的历史,经过几代人的不懈努力与奋斗,已发展为师资力量雄厚、专业方向比较齐全的综合性艺术院系。目前,艺术学院由6个系1个部组成:艺术学系、染织艺术系、服装艺术系、环境艺术系、视觉传达系、美术系和艺术设计基础部;设有校级非物质文化遗产研究中心、艺术设计研究所、金太阳纺织设计研究中心、创意产业与设计研究所、梦兰设计研究所、艺术教学实验中心和中国美术家协会苏州粉画创作中心。

艺术学院现有教职工108人,其中专任教师81人,博士生导师10人,硕士生导师45人,教授19人,副教授26人,江苏省教学名师1名。目前博士研究生、硕士研究生、本科生和成人教育学生约3 750人。

学院拥有良好的实验设施,设有计算机、陶艺、染织、服装、数字动画、版画等实验室和工作室,纺织与服装设计实验中心为国家级实验教学示范中心,艺术设计实验教学中心为江苏省实验教学示范中心。学院拥有设计艺术学一级学科博士授予权和博士后科研流动站;拥有设计学、美术学、艺术学理论3个一级学科硕士授予权,以及艺术硕士(MFA)和工程硕士专业学位授予权。2010年,艺术学被批准为江苏省首批优势学科建设项目;艺术设计专业现为教育部、财政部批准的"全国艺术教育类人才培养模式创新实践区"、江苏省品牌专业、江苏省"十二五"高等学校重点专业建设点。

多年来,艺术学院通过深化教学改革,已形成了"重创造性思维培养、知识面较宽、基础扎实、专业和适应性强"的教学体系,在艺术设计史论、图案、染织、服装、服装表演等教学研究领域已形成鲜明特色,教学质量跨入同类院校前列,在兄弟院校中具有较高的知名度,教学质量不断提高。

50多年来,艺术学院培养了大批优秀的艺术与设计人才,毕业生遍及海内外。在全国"十佳服装设计师"评选中,历届毕业生中共有10人次入选,并有多人荣获"全国染织花样设计能手"和"染织艺术设计大师"称号,马可、吴简婴、王新元、赵伟国、邱昊、何平等一批设计师已经在国际设计界展露风采,孙菲菲等学生正活跃于国际时装表演舞台,还有不少在校师生在国内外美术展览、设计大赛中屡获殊荣。

近年来,学院不断扩大对外交流,加强国际合作,与法国、韩国等国家的高校建立了常态的论坛、交流生、工作坊等多种国际交流与合作机制。

二、教学工作

艺术学院设有艺术设计学、艺术设计、美术教育3个本科专业。艺术设计专业现为教育部批准的首批“全国艺术教育类人才培养模式创新实践区”、江苏省特色专业。纺织服装实验教学示范中心建设点(与纺织学院共建)、艺术设计实验中心现为江苏省实验教学示范中心建设点。由学院教师编、著的《设计美学》等5部教材被列入“十一五”国家规划教材,1部被列为“十一五”部委级规划教材。其中,艺术设计专业分染织艺术设计、服装艺术设计、装潢艺术设计、环境艺术设计、数码媒体艺术设计和时装设计及表演等6个方向。

艺术学院目前有艺术设计学、美术学2个硕士点,艺术设计学于1985年开始招收硕士生,1993年获得硕士授予权。现有硕士生导师45人。2003年获得美术学硕士学位授予权。2009年获得设计学博士后流动站。艺术学院目前有设计学博士学位点,2001年开始招收新生,已招收博士生12届共90人。现有博士生导师9人(含外挂4人)。设计艺术历史和理论研究是这一学科的研究特色,研究成果在国内外有较大影响。

三、科研工作与学术交流

1. 科研项目与成果

学院本年度科研项目获各类科研经费资助总额为188.5万元,其中横向科研项目经费为136.7万元,纵向科研项目经费为51.8万元;发表学术论文180篇,其中在一类核心刊物上发表论文(作品)11篇,在二类核心刊物上发表论文(作品)40篇,在三类核心刊物上发表论文(作品)17篇;出版学术专著、教材、画册21部。获各级科研项目成果奖共20项,其中省级5项,市(厅)级15项。

2012年取得中国博士后科学基金第5批特别资助项目1项,中国博士后科学基金第52批面上资助二等资助项目1项,“江苏省普通高校研究生科研创新计划”项目5项(其中省立省助3项、省立校助2项),江苏省研究生教育教学改革研究与实践课题1项,苏州大学研究生高水平学术交流中心学术活动项目2项。1篇论文被评为苏州大学优秀博士毕业论文,2篇论文被评为苏州大学优秀硕士毕业论文。

2. 国内外学术交流情况

2012年1月13日,澳大利亚堪培拉大学校长、艺术学院院长等人来访。2月21日,法商科联盟Ivon等教授来学院访问,学院与法国商科联盟签订全面合作协议。3月23日,中国矿业大学艺术与设计学院院长一行来学院访问。3月23日,中南民族大学美术学院罗彬来学院交流。4月23日,新西兰 Whitecliffe 学校院长一行来学院交流。4月2日至28日,西班牙巴塞罗那华金詹切教授来学院访问并讲学。6月28日,郑州大学美术学院来学院交流访问。9月6日,天津师范大学艺术学院来学院交流。9月22日,学院吴门艺术研究所主办的“吴门艺术”研究课题及系列丛书推进工作会议如期举行,近30位国内高校相关专家参加了此次活动。10月12日,南京艺术学院薛荣春教授来学院作“艺术史研究与E考据”学术讲座。11月28日,山东艺术学院设计学院来学院交流访问。12月12日,淮海工学院艺术学院来学院交流。12月18日,西北大学艺术学院来学院交流。

四、学院特色与重大事项

1月18日,学院召开国家第三批学科评估会议。田晓明副校长、学院领导及学科带头人、系主任等出席会议。2月23日,熊思东副校长、学校各职能部门负责人来学院调研艺术学优势学科建设工作情况。6月至10月,学院顺利通过艺术学优势学科中期检查验收。7

月，学院横向科研项目取得新突破，地铁2号线形象工程设计方案中标。10月，学院吴晓兵教授获得由中国纺织工业联合会颁发的“纺织之光”教师奖。10月，学院钱流教授喜获“时代风采——2012中国百家金陵画展(油画)”金奖。11月5日至7日，“超越与跨界:2012苏州国际设计论坛暨第五届ANBD亚洲超越设计展”在学院举行，国内外设计专家约40人出席活动。11月14日，韩国大邱大学造型艺术学院金永浩等30名师生来学院交流，学院全体领导出席，并于当天举行2012年第二届中韩视觉设计国际交流展示会开幕式。

（倪敏玲）

音乐学院

一、概况

苏州大学音乐学院是一个新建学院,于 2012 年 10 月成立,由著名大提琴家、指挥家吴和坤博士担任首任院长,是一所引领表演艺术、作曲艺术、学术研究和音乐教育的现代音乐学院。

学院紧密结合苏州大学的多样化学术氛围,力图与国际先进的音乐学院接轨,培养具有全面艺术修养的高水平音乐专业人才。以音乐专业课程为核心,紧密结合苏州大学的多样化学术氛围,培养学生独立思考、全面感悟艺术的能力,使其成为"完全的音乐人才"。

学院设有音乐学(音乐教育)专业,本科学制 4 年,授予艺术学学士学位;正在积极申报音乐表演专业,将于 2013 年开始招生。拥有音乐与舞蹈学一级学科硕士点,授予艺术学硕士学位。另外,学院即将开设演奏家文凭与专业进修项目。

学院拥有一支由一流的演奏家、作曲家、理论家和教育家组成的教师队伍,其中教授 7 名,副教授 1 名,讲师 6 名,助教 3 名。音乐表演专业的钢琴、管弦乐器、打击乐、作曲理论和音乐史学等科目的师资正在通过全球招聘,来自国际顶尖大学和音乐学院(如美国耶鲁大学、斯坦福大学、茱莉亚音乐学院、新英格兰音乐学院、南加利福尼亚大学、纽约州立大学、法国巴黎国立高等音乐学院、德国科隆音乐学院等)的高材生或在职教授踊跃应聘,到 2013 年学院将招聘 18 个方向的 20 名左右教师。音乐学(音乐教育)已有 15 年的办学历史,目前拥有钢琴、声乐及音乐理论的师资,多位教师曾在美国印第安纳大学、法国巴黎高等师范音乐学院及德国卡尔斯鲁厄国立音乐学院等学校学习深造。

学院具备完整独立的教学设施,包括现代化音乐厅、教学楼、琴房和音乐图书馆。在音乐学院的建筑群内,1 400 座的多功能音乐厅和 400 座的专业音乐厅由世界著名声学家丰田泰久设计。丰田泰久曾与当今世界最为著名的设计师之一法兰克 · 盖瑞合作多次,他的主要作品有日本三得利音乐厅、洛杉矶迪斯尼音乐厅、圣彼得堡马林斯基剧院等。目前音乐学院的楼群正在建设中,预计 2 年内竣工。

学院配备一个专业的音乐图书馆。由曾在美国费城公立图书馆工作多年的汪镇美女士担任音乐图书馆馆长。音乐图书馆将向全校师生提供国内外最新、最全面的音乐研究资料,并通过馆藏的乐谱、文献、电子数据库及其他各类资料等,成为学院的信息中心。学院音乐图书馆将成为全国综合性大学中最具特色的专业音乐图书馆之一。

二、教学工作

1. 本科生教学工作

学院在原有音乐学(音乐教育)专业的基础上,积极申报音乐表演专业。学院教师和学生积极参加各级各类比赛，获得全国大学生艺术展演声乐专业二等奖、江苏省大学生艺术展演小合唱专业特等奖、江苏省茉莉花合唱比赛铜奖等。

2. 研究生教学工作

学院拥有音乐与舞蹈学一级学科硕士点，2012 年首次独立招生，共招收硕士研究生 5 名。

三、科研工作与学术交流

学院获得国家社科艺术规划一般项目 1 项（"玉韵清曲胜天籁——苏州评弹音乐研究"），实现音乐学科国家级项目零的突破；获得江苏省社科一般项目 1 项（"太湖流域民间山歌的调查与研究"）；获得第三届孔雀奖全国高等艺术院校声乐大赛银奖。多名教师赴美国、日本、韩国和我国台湾地区开展学术交流。

四、学院特色与重大事项

2012 年 10 月学校发文成立音乐学院，11 月 29 日举行了学院成立仪式。学院与美国巴德学院商谈合作，准备创办 5 年制双学位双专业合作培养项目。

（胡　旸）

医学部

一、概况

苏州大学医学部是学校医学和生命科学教育管理的实体单位。其前身为创立于1912年的私立南通医学专门学校,1956年更名为南通医学院,1957年迁址苏州后更名为苏州医学院,隶属核工业部,2000年苏州医学院并入苏州大学后,成立苏州大学医学院,2008年组建苏州大学医学部。

医学部现有基础医学与生物科学学院、放射医学与防护学院、公共卫生学院、药学院、护理学院等5个学院,实验中心(教学、科研)和实验动物中心2个中心,还有17家附属医院(其中包括3家直属医院)。现有在校研究生2 800多名,本科生4 700多名,外国留学生近500名,在读成教生2 000多人。

医学部现有教职工1 418人,包括教授176人,副教授290人,讲师682人,助教270人。其中,工程院院士1人,科学院院士1人,中组部"千人计划"入选者1人,中组部"青年千人计划"入选者2人,中国科学院"百人计划"入选者2人,人力资源与社会保障部"百千万人才工程"培养对象2人,教育部"长江学者奖励计划"特聘教授2人,教育部"新世纪优秀人才支持计划"入选者2人,教育部"跨世纪优秀人才培养计划"入选者1人,国家自然科学杰出青年基金获得者4人,江苏省"双创人才"9人,江苏特聘教授4人,江苏省"青蓝工程"学术带头人40人,江苏省"333工程"培养对象44人,江苏省"六大人才高峰"入选者14人,国家和江苏省有突出贡献的中青年专家24人。

经历近百年风雨沧桑历程,苏州大学医学部作为国内创办最早的医学院校之一,首批获得博士学位授予权。拥有博士后流动站6个,一级学科博士点6个,一级学科专业学位博士点1个,二级学科博士学位点60个;一级学科硕士点10个,二级学科硕士学位点76个,专业学位硕士点6个。有国家级重点学科3个,国家重点临床专科6个,国防科工委重点学科2个,省部级重点学科4个,省一级学科重点学科4个,江苏省优势学科2个。有博士生导师128名,硕士生导师381名。

现有教育部创新团队2个,教育部工程技术研究中心1个,省级高校科技创新团队2个,省部级重点实验室5个,省级科技公共服务平台1个,市重点实验室9个,市级科技公共服务平台3个,校级科研创新团队4个,校级科研机构24个。

医学部现有本科专业14个,专业方向5个。其中,国家级特色专业建设点1个,国家重点学科3个,国防科工委重点建设专业2个,江苏省一级重点学科4个,江苏省优势学科2个,国家级双语教学示范课程2门,江苏省精品课程1门,江苏省精品教材4部。有省级实验室教学示范中心3个,附属医院17家(其中直属附属医院3家),教学实习点100多个。

医学部积极开展国际学术交流与合作,先后与美国、英国、法国、德国、日本、韩国、澳大利亚、新加坡等国家及我国香港、台湾等地区的高校、科研机构建立了长期的合作关系。

二、教学工作

1. 本科生教学工作

本年度,医学部配合学校人才培养模式系统化改革的总体部署,领会改革精神,以"通才教育、分类教学"为原则,结合学部、学院实际情况,加大医学教育改革力度,特别是创建"卓越医师"教改班,努力提升人才培养质量。

(1) 2012 年,医学部获校级教学成果一等奖 1 项,二等奖 12 项;刘春风、王国卿 2 位老师获苏州大学"教学名师"称号;5 本教材获校级教材培育。在苏州大学教务部举办的全校青年教师授课竞赛中,有 2 位教师获一等奖,12 位教师获二等奖。有 11 位教师获得捐赠类教学奖。

(2) 锐意推进医学生培养方式的改革。《"卓越医师教育培养计划"实施方案》已于 2011 年 9 月正式颁布,并自 2011 级临床医学专业五年制开始施行。2012 年已成为教育部、卫生部批准的第一批"卓越医生教育培养计划"项目试点高校。目前,从 2011 级、2012 级学生中,每年级选出 30 名学生,独立编成"卓越医师"教改班。根据"保证七年制办学质量""早期接触科研"等原则,进一步完善了七年制教学管理工作。

(3) 在专业建设方面,临床医学专业被评为江苏省高等学校重点专业。

(4) 大力鼓励并支持学生课外科研活动项目。2012 年,医学部获"大学生创新性实验计划"项目 41 项,其中重点项目 11 项,一般项目 5 项,指导项目 4 项,校级项目 21 项。医学部 9 名学生获"箬政基金"项目;3 名学生参加暑期交流,其中 2 名赴台湾清华大学,1 名赴复旦大学。

2. 研究生教学工作

(1) 顺利完成了研究生课程体系及培养方案改革的总体调研报告,开展医学部学术型研究生培养方案的修订和学位课程教学大纲制定工作,于 2011 年 9 月开始实施。

(2) 2012 年度"江苏省研究生培养创新工程"工作取得较好成绩。获得"研究生科研创新计划"项目 39 项。2 篇论文被评为江苏省优秀博士论文,3 篇论文被评为江苏省优秀硕士论文。公派留学生名额 3 名。

(3)"研究生培养质量工程"建设与管理取得了一定的成果。获批高水平新课程项目 1 项,获得博士研究生学术新人奖 1 项。

(4) 为提高研究生生源质量,做好研究生的招生宣传工作,介绍各位导师的学科专长、研究特色、科研获奖等情况,对医学部导师信息及时进行添加和更新,并开展了一系列医学部招生宣传活动。特别要提出的是,医学部暑期组织了夏令营活动,从全国重点大学招募了一批热衷科学探索、热爱学术研究的青年大学生,通过深入的氛围体验、学术交流、思维互动,启迪大学生们作未来发展规划,通过与医学部的亲密接触,激发了他们继续在此深造的兴趣与决心,为医学部的优质生源提供了良好的储备。

三、科研工作与学术交流

1. 科研项目与成果

(1) 纵向科研经费总量首次突破亿元。2012 年度医学部共获得立项支持的各级各类科研项目201项,纵向立项科研经费9 191.8万元,较2011年增长56%。其中国家级项目经费8 331.8万元,省部级项目经费543万元,市厅级项目经费299万元。获批团队平台经费1 250万元。纵向科研经费总量1.044亿元。

(2)"973首席"首次实现突破,国家级重点重大科研项目继续保持良好增长势头。2012年获批"973计划"项目1项,国家自然科学基金重点项目1项,优秀青年项目1项;承担"973计划"预研及子项目4项,"863计划"子项目3项。2012年国家级重点重大项目经费数达1 850万元,较2011年增长80%。

(3)国家自然科学基金项目和经费数额再创新高。2012年度获批国家自然科学基金项目130项(全校共计280项,占46.43%),总经费6 862.5万元(全校共计14 870万元,占46.15%)。项目数较2011年增长27.5%,经费数额增长35.1%。

(4)省部级及市厅级项目继续保持较高资助率。2012年获批教育部博士点基金项目3项,新教师基金项目3项,江苏省杰出青年基金项目1项,江苏省自然科学基金项目9项,江苏省农业科技支撑项目4项,江苏省自然科学基金资助率为52.9%(限项申报17项,获批9项);获省教育厅项目资助17项,其中重大项目2项;获批苏州市项目17项。

(5)科技成果继续取得新成绩。2012年共申请专利120项(其中发明专利87项,国际专利3项),专利授权54项(其中授权发明专利34项);2012年在SCI检索源期刊共发表SCIE论文491篇,其中一区17篇,二区86篇(一、二区论文数量较2011年增长47%);2011年SCI论文总计235篇,其中一区14篇,二区34篇。获得江苏省科技进步奖7项(其中参与1项),高校科学研究优秀成果奖1项,国防科技进步奖1项,市科技进步奖22项。此外,获得中国纺织工业协会科学技术奖1项,江苏医学科技奖5项,中核集团科技奖3项,香港桑麻基金会纺织科技奖1项。

(6)科技基础设施建设继续稳步推进。3位教授继续获得"十二五"国家蚕桑技术体系科学家岗位资助,当年累计资助210万元;获批苏州市重点实验室1个,资助经费40万元;获批产学研联合创新基金重大创新载体建设项目"苏州大学唐仲英医学研究院建设",资助经费1 000万元。吴庆宇教授领衔的教育部工程中心、樊赛军教授任带头人的教育部创新团队和杨世林教授牵头的江苏省科技创新团队顺利通过验收。

(7)科研业绩点总量继续实现大幅度攀升。2012年医学部科研业绩点总分值为108万分,较2011年增长53.8%。在科研项目、科技成果、基地建设等考核指标上都较好完成了2012年度学校科技目标责任书下达的各项指标任务。

2. 国内外学术交流情况

(1)2012年1月10日至13日,由国防科技工业局委托苏州大学医学部放射医学与防护学院承办的亚洲核合作论坛2011年肿瘤放疗年会在苏州西交利物浦国际会议中心召开。来自孟加拉国、中国、印度尼西亚、印度、日本、韩国、马来西亚、蒙古、斯里兰卡、菲律宾、泰国、巴基斯坦、越南等13个亚洲核合作论坛成员国的27位代表和日本核安全研究协会官员以及国际原子能机构观察员出席会议。本次会议主要围绕亚洲宫颈癌和鼻咽癌肿瘤放化疗临床标准化随访资料、肿瘤放化疗质量保证和质量控制以及放疗新技术和新方法进行交流和讨论。

(2)2012年2月19日至22日,由曹建平院长带领的放射医学与防护学院和公共卫生学院访问团应邀赴日本广岛大学参加福岛核灾害性事故恢复国际研讨会暨广岛大学原爆放射线医科学研究所50周年纪念庆典以及第一届放射性灾害暨凤凰国际领导人教育计划研讨会。

(3) 2012年5月26日至27日,医学部药学院举办的"新药发现与药学研究"国际学术会议在独墅湖校区炳麟图书馆学术报告厅举行。来自中国、日本、韩国的6所大学药学院的专家及教师、研究生共200余人参加会议。

(4) 2012年10月21日,2012年国家自然科学基金预防医学学科发展战略研讨会在我校召开。本次研讨会由国家自然科学基金委员会医学科学部主办,苏州大学承办。国家自然科学基金委员会医学部预防医学处处长张作文,以及来自全国27所高校的预防医学学科专家参加了研讨会。学校副校长蒋星红、科学技术与产业部相关领导、医学部及医学部公共卫生学院党政领导等也出席了会议。

四、学部特色与重大事项

(1) 精心部署,启动"百年苏医"庆典各项工作。周密部署,积极宣传,在学校的大力支持下,苏州大学医学教育100周年庆典筹备工作全面启动,各工作小组分工明确,并召开多次专题会议部署、指导筹备工作进程,各项工作有条不紊地进行。先后完成"百年苏医"LOGO评选、庆典志愿者招募和培训等工作。最终于5月18日,苏州大学医学教育百年庆祝大会成功拉开帷幕,并于当日成功举办"百年苏医"医学教育院士论坛和"百年苏医"庆典文艺晚会。

(2) 医学部一贯高度重视人才队伍建设,努力强化人才强部思想,根据学科发展需要,继续加大高层次学科带头人的引进力度,创新人才引进模式。2012年,医学部引进人员72人,其中教授11人(特聘教授8人),副教授12人,学部特聘教授已达到39人。特聘教授在学部教学科研活动中的领头羊作用越发凸显。2012年,中组部"千人计划"入选者1人,"青年千人计划"入选者2人,江苏特聘教授1人,均为特聘教授。

(3) 医学部的学位点实现了跨越式的发展。2012年医学部共有临床医学、公共卫生与预防医学、药学和护理学4个一级学科博士点参与了评估;药学、特种医学、畜牧学等3个博士后流动站成功获批,博士后流动站已达6个。

(4) 学科建设工作取得了较大的突破。通过资源整合和积极组织协调,血液转化医学和特种医学2个省级优势学科发展势头良好,护理学成功获批江苏省一级重点学科(立项),医学部现有6个省一级重点学科,学科建设总体水平已跃上一个新的台阶。

(席拥军)

医学部基础医学与生物科学学院

一、概况

基础医学与生物科学学院于2008年初由苏州大学基础医学系和生命科学学院合并组建而成,承载着基础医学、生物学、畜牧学、生态学等4个一级学科的建设任务。

学院重视师资队伍建设,积极引进高层次学科学术带头人,大力倡导在职培养。2012年共引进特聘教授4名,高聘教授1名,特聘副教授1名。截至2012年年底,学院在编教职工188名,专任教师159人。其中,杰出青年基金获得者2人,教育部"长江学者奖励计划"特聘教授1人,"青年千人计划"入选者1人,教育部"新世纪优秀人才支持计划"入选者2人,特聘教授6人;教授40人(博士生导师27人,硕士生导师57人),副教授67人,讲师52人;获得博士学位者103人,获得硕士学位者39人,师资队伍总体结构得到了优化。

学院现设有法医学、生物科学、生物科学(师范)、生物技术、生物信息学、食品质量与安全、生物科学(应用生物学)、生物技术(免疫工程)等8个本科专业(方向)。作为基础医学和生物学教学的重要基地,学院承担着学校所有临床医学(五年制和七年制及儿科医学方向)、法医学、放射医学、预防医学、核医学、医学影像学、护理学、口腔医学、医学检验、生物学等专业本科生、研究生基础课程的教学任务,以及基础医学、生物学、畜牧学、生态学等四大学科博士、硕士研究生的培养工作,并指导博士后研究工作。

学院现有博士后科研流动站2个(基础医学、畜牧学),一级学科博士点1个,二级学科博士点10个(含自主设立4个),一级学科硕士点4个,二级学科硕士点23个,学位授权点已覆盖医学、生物学、畜牧学、水产等多个学科门类,参与1个国家"211工程"重点学科建设项目,拥有1个江苏省一级学科重点学科(基础医学)、1个江苏省一级学科重点学科培育点(畜牧学)、2个江苏省二级学科重点学科(免疫学、特种经济动物饲养)。学院下设14个系以及10个校级科研机构。

2012年4月,学院王晗教授的"生物钟在生殖系统与发育中的调节机制"课题获国家重点基础研究发展计划("973计划")资助,王晗教授成为学院首位"973首席科学家"。8月,学院癌症分子遗传学实验室成为苏州市重点实验室。目前学院拥有1个国家"211工程"重点建设实验室(基础生物实验室),4个江苏省重点实验室(江苏省干细胞研究重点实验室、江苏省水产动物营养重点实验室、江苏省干细胞与生物医用材料省部共建重点实验室、江苏省感染免疫重点实验室),3个苏州市重点实验室(苏州市疼痛基础研究与临床治疗重点实验室、苏州市蚕丝生物技术实验室、苏州市癌症分子遗传学重点实验室)。

二、教学工作

1. 本科生教学工作

作为医学部最大的学院,学院承担了大量的本科课堂教学任务,2012 年全年完成的课堂教学时达 22 000 学时。为进一步提高本科教学质量,将"科研反哺教学"机制落到实处,2012 年学院邀请了学校神经科学研究所、唐仲英血液研究中心和生物医学研究院的特聘教授、PI 担任学院兼职教授,请他们承担部分本科生课程,让更多的学生接触新的理念、知识与科研领域,进一步培养并提升学生对学习、科研的兴趣及实践操作能力,共同探索学生"早进实验室,早进课题,早进团队"的新机制。

学院现已建成 2 个国家级双语教学示范课程、1 个省级精品课程,有 1 个江苏省品牌特色专业和国防科工委重点建设专业点(生物技术)及 1 个江苏省和苏州市共建产学研研究生联合培养基地(苏州生物医药产学研研究生联合培养基地),建成 2 个省级实验教学示范中心。

2012 年教师参与编写正式出版的各类教材或参考书共 12 本,发表教学论文 17 篇;获苏州大学教学成果二等奖 3 项,在苏州大学青年教师授课比赛中获得一等奖、三等奖各 1 项;学院还获得 1 项"苏州大学本科教学工程专业综合改革试点项目"、1 项苏州大学生继续教育教改研究课题、5 项苏州大学"箬政学者"项目以及 17 项苏州大学"大学生创新性实验计划"项目。

卫功元老师作为指导教师指导的毕业论文获得了江苏省教育厅授予的苏州大学 2011 年省级本科生毕业设计(论文)三等奖,洪法水、李兵 2 位老师被评为苏州大学 2012 届毕业设计(论文)优秀指导教师,宋学宏老师被评为苏州大学 2012 届优秀实习指导教师,4 人(李义、王琳辉、孙丙耀、王大慧)获 2012 年交行奖教金;彭广大、蔡静薇同学获苏州大学优秀毕业设计(论文)奖项,两组学生获得苏州大学优秀实习小组荣誉,3 人获得优秀实习生称号。

食品质量与安全为学院 2012 年新设立专业,为切实加强专业建设,提高人才培养质量,学院多次召开相关工作会议,加快人才引进与培养力度,优化课程体系,多为学生提供实习实践机会,切实培养学生的各方面能力。学院加强了与相关企事业单位的合作,已与苏州市产品质量检验所、苏州市农产品检测中心和苏州市疾病控制防治中心签订了设立实习基地和开展全面合作的协议,为专业建设发展和学生实习就业提供了保障。

2. 研究生教学工作

2012 年,学院研究生共获"江苏省研究生科研创新计划"项目 11 项(其中博士生项目 9 项,硕士生项目 2 项),其他校级奖励 54 项;1 篇论文获江苏省优秀博士论文奖,2 篇论文获江苏省优秀硕士论文奖,2 篇论文获苏州大学优秀硕士论文奖;43 人获校优秀奖学金,4 人获杜子威奖学金,6 人获朱敬文奖学金,3 人获朱敬文助学金,1 人获周氏奖学金。

2012 年共招收博士和硕士研究生 159 人,其中博士生 26 人,硕士生 110 人,同等学力及专业学位硕士生 23 人。2012 年共毕业研究生 223 人,其中博士 32 人,硕士 141 人,农业推广、生物教育专业硕士 29 人,同等学力硕士 21 人。目前学院在校研究生总数约 565 名,其中博士研究生 98 人,硕士研究生 357 人,各类在职(同等学力或专业学位等)研究生 110 人。

为加强研究生教学质量管理,学院专门聘请了退休专家担任教学督导,定期对研究生的课程教学进行跟踪督查。

三、科研工作与学术交流

1. 学科建设

2012 年,基础医学作为一级学科申请参加了第三次评估,成为排名在 30% 内的唯一医学学科。学院是江苏省优势学科建设的积极参与者:学院的基础医学与生物学为省优势学科血液转化医学的重要支撑学科,高晓明和张学光教授分别是血液免疫学与血液干细胞方向的带头人。学院沈卫德教授及其所领导的团队是省优势学科纺织科学与工程(蚕丝生物工程方向)建设的主要承担者。除此之外,学院承担着江苏省一级学科重点学科基础医学及江苏省一级学科重点学科培育点畜牧学的建设任务。为了更好地建设 2 个一级学科,学院适时召开学科建设推进会及学院发展研讨会,出台了《基础医学与生物科学学院学科建设经费使用办法》,充分调动广大教师的积极性。学院注重整合资源,推进学位点和博士后流动站的申报,2012 年度学院获准新设畜牧学博士后科研流动站。同时,因学科调整,基础医学博士后科研流动站再次被确认。

2. 科研项目与成果

2012 年获批的国家级科研项目如下:"973 计划"项目 1 项,国家自然科学基金面上项目 14 项,青年基金项目 3 项,"973"项目子课题 1 项,"973"项目预研项目 1 项,"863 计划"合作项目 2 项,科技部农业科技成果转化基金合作项目 1 项。上述民口纵向项目立项总经费超过 2 000 万元。其中,由王晗教授作为首席科学家获得的"973 计划"项目"生物钟在生殖系统与发育中调节的机制"的资助总经费为 2 400 万元。这是我国生物钟研究领域中第一个国家重大科学研究计划项目,同时也实现了苏州大学主持"973 计划"项目的突破。

2012 年学院教师共发表 SCI 论文 121 篇,其中一区论文 9 篇,二区论文 27 篇,三、四区论文 85 篇;徐世清教授获江苏省科技进步一等奖,虞晓华教授获教育部科技进步二等奖,李兵副教授获中国纺织工业联合会科技进步二等奖;26 项发明专利获授权。

3. 国内外学术交流情况

学院积极开展学术交流和合作,以院长论坛的形式邀请国内外知名专家来校作讲座。2012 年成功举办了 8 次院长论坛,其中不乏诺贝尔奖得主 Martin Chalfie 教授、英国皇家科学院院士刘富友教授等学术大师。学院还积极安排教师出国访问交流,派遣 6 名教师出国访问、留学进修,参加国际会议交流达 20 人次,努力营造良好的科研学术氛围。

四、学院特色与重大事项

2012 年 5 月,杨雪珍出任学院行政副院长,新院长的加盟对学院各项工作的开展起了很大的帮助和促进作用。学院党政领导同心同德、紧密合作,使各项工作迈上新的台阶。

2012 年 12 月,学院党委召开换届选举党员大会,差额选举产生了新一届院党委委员。学院新一届党委由王国卿、朱旻、贡成良、杨雪珍、邱玉华、陶陆阳、黄瑞(按姓氏笔画排列)7 名同志组成。学院新一届党委将正视困难与挑战,在党的十八大精神的引领下,为推进学院和谐建设、科学发展奉献力量。

2012 年 10 月,学院获准新设畜牧学博士后科研流动站。

学院徐世清教授获江苏省科技进步一等奖,虞晓华教授获教育部科技进步二等奖,李兵副教授获中国纺织工业联合会科技进步二等奖，为学院科研成果添上浓墨重彩的一笔。

学院配合医学部积极做好苏州大学医学教育百年庆典返校校友及嘉宾接待工作，接待嘉宾及校友100多人，达成了一些捐资助学、科研合作、人才培养等意向。

（朱　旻）

医学部放射医学与防护学院

一、概况

放射医学与防护学院的前身是创建于1964年、隶属于原核工业部的苏州医学院放射医学系。经过近50年的建设，学院已成为适应国防、核事业发展战略需求，培养放射医学专业人才和开展放射医学科学研究的重要教学、科研基地。放射医学已成为具有鲜明"核"特色的优势学科，是目前我国放射医学领域中唯一的国家重点学科，同时也是江苏省重点学科、国防科工委重点学科和"211 工程"重点建设学科。学院是目前国内高等院校中唯一一个专门从事放射医学与防护人才培养的学院。拥有江苏省放射医学与防护重点实验室，教学团队多次被授予"省部级优秀学科梯队"称号，研究团队在2009年获得教育部"长江学者和创新团队发展计划"创新团队称号。2011年获得江苏省高校优势学科建设工程"特种医学"一期建设项目，为放射医学国家重点学科建设，以及为实现将特种医学建设成为国家一级重点学科和将放射医学与防护省级重点实验室建设成为国家重点实验室培育点两大突破奠定了基础。

放射医学专业是国家特色专业建设点、江苏省特色专业和苏州大学品牌专业。放射医学专业已形成从本科到博士后乃至就业后继续教育的完整培养体系。已为国防、环保、核电、军队、医疗卫生等部门培养了一大批既具有医学知识又具有放射医学与防护知识的专业人才。

学院师资涵盖放射化学、核物理、电离辐射剂量学、辐射检测技术、医学放射生物学、放射毒理学、辐射防护、辐射技术应用等多专业、学科。学院具有博士学历的教师以及拥有副高以上职称的教师均占教师总数的71%，45岁以下教师占学院人数的65%。20名专家在国家学术团体、学术期刊中兼职。学院聘请潘自强院士担任名誉院长，柴之芳院士为院长，同时学院还聘请了国际辐射防护委员会(ICRP)主席、国家级实验室主任等10多名专家为兼职教授和客座教授，他们在引领学科建设方向等方面发挥重要作用。近年，学院从哈佛大学、牛津大学等国际著名高校引进了一批年富力强、奋勇争先的青年学者。

二、科研工作与学术交流

学院的科研主要面向核工业、国防事业、医疗卫生事业和经济建设。积极加强与基础医学、临床医学、生命学科和环境学科的相互融合、渗透和促进，目前已形成5个稳定的科研方向，即医学放射生物学机理研究，放射性核素内照射毒理学研究，辐射剂量估算体系、环境放射性测评与防护，同位素和辐射技术在医学和生物材料中的应用，放射损伤基础和临床救治。

学院拥有江苏省放射医学与防护重点实验室，为学院的建设和发展构建了高水平的技术平台。实验室建筑面积 3 000 多平方米,现有的仪器设备和功能设置能够满足放射医学与防护的科研和人才培养的需要。放射医学与防护省级重点实验室与苏州大学附属第二医院(核工业总医院)的中国核工业辐射损伤医学应急中心合作,共同承担着国防科工局和核工业总公司的科研任务。学院正努力将放射医学与防护省级重点实验室建设成为国家重点实验室培育点。学院已经取得 CNAS 实验室认可、CMA 计量认证、江苏省职业卫生技术服务机构资质证书等,在进行科学研究的同时,积极开展对外科技服务。

学院搭建了全方位、国际化的合作交流平台,与国际原子能机构(IAEA)、国际辐射防护委员会、世界卫生组织(WHO)等国际组织保持着密切联系,与美、德、日、法、加等国的研究机构建立了人员互访和合作研究渠道。同时也积极推进与国内放射医学主要科研教学机构的联系与合作,促进我国放射医学与防护事业的进步与发展。

(朱本兴)

医学部公共卫生学院

一、概况

公共卫生学院是在原苏州医学院1964年创建的放射医学系基础上发展而成的学系，1985年筹建预防医学系，1986年经国家教委批准招收第一批五年制预防医学专业学生，1991年正式成立预防医学系，2000年并校，成为苏州大学核医学院预防医学系，2002年更名为苏州大学放射医学与公共卫生学院预防医学系，为适应公共卫生事业和学科发展的需要，学校于2011年6月决定成立医学部公共卫生学院。目前，学院已发展成为国内公共卫生与预防医学的主要教学、科研和人才培养基地。学院下设6个系（流行病与卫生统计学系、卫生毒理学系、职业与环境卫生学系、营养与食品卫生学系、儿童与妇幼卫生学系、社会医学与健康教育学系）、1个中心实验室和1个卫生发展研究中心。现有教职员工48人，其中苏州大学特聘教授1名、教授13名，苏州大学特聘副教授2名、副教授14名，博士生导师7名、硕士生导师21名。学院是全国时间生物医学专业委员会的主任委员单位和挂靠单位。学院教师在国家和省级学术团体担任主任委员、副主任委员和委员，在学术期刊担任常务编委、编委等职务。学院聘请了国内外10多名专家作为学院的兼职教授和客座教授。

二、教学工作

公共卫生与预防医学专业已形成从本科到博士后乃至就业后继续教育的完整培养体系。

1. 本科生教学工作

学院现有预防医学五年制本科专业，该专业为苏州大学特色专业。2012年学院完成本科生教学2 936学时，完成了2008级预防专业的下点工作和2007级预防医学专业47名学生的毕业工作；完成了预防医学专业学生的毕业课题和毕业论文答辩工作，其中1名毕业生的论文获2012届校优秀论文毕业设计（论文）奖，1名教师（傅春玲）被评为校优秀指导老师，一个团队（马亚娜）被评为苏州大学优秀毕业设计团队；1名青年教师获苏州大学第十届青年教师课堂教学竞赛三等奖（张欢）；完成国家级“大学生创新性实验计划”项目1项，实践苏州大学“大学生创新性实验计划”项目1项。

2. 研究生教学工作

2012年学院完成硕士、博士、公共卫生专业硕士学位（MPH）课程教学810学时。按照培养方案完成了31名硕士、4名博士生的毕业答辩和毕业工作，MPH的40名学员也顺利通过专业学位的答辩。学院招收MPH学员（2011级）60名。2名研究生被评为苏州大学优秀研究生，5名研究生被评为苏州大学优秀毕业研究生，1名研究生被评为优秀研究生干部。

三、科研工作与学术交流

1. 学科建设

学院现有公共卫生与预防医学博士后流动站、公共卫生与预防医学一级学科博士授权点、公共卫生与预防医学一级学科硕士授权点和公共卫生硕士专业学位授权点。学院成功举办了2012年全国时间生物医学基础与前沿学习班。

2. 科研项目与成果

继续抓好国家、省自然科学基金以及省高校基金等项目的申报工作。2012年学院获得国家自然科学基金项目8项,其中面上项目4项,青年基金项目3项,专项基金项目1项;获"973计划"子项目1项;获WHO—中国合作研究项目1项;获省自然科学基金项目4项;获教育部高校博士点专项基金项目1项;获省属高校自然科学基金面上项目1项;获苏州市项目3项;横向科研项目19项(经费190.79万元);2012年到账经费584.49万元。全年发表论文184篇,三大检索论文29篇,其中SCIE/EI/ISTP论文56篇,核心期刊论文74篇,普通期刊论文25篇;编写专著2部;获省级科技进步奖二等奖1项、三等奖1项;获批专利4项,其中,发明专利1项,实用新型专利3项。

3. 国内外学术交流情况

学院积极开展国际学术交流与合作,2012年接待了美国张卫国博士,美国疾病预防控制中心(CDC)董晨博士,美国食品药物管理局(US-FDA)研究员张乐帅博士,美国Texas Health Science Center教授、国际生物电磁学会理事Vijayalaxmi教授,加拿大《毒理与环境卫生杂志》主编Sam Kacew教授,加拿大蒙特利尔大学骆忠诚博士,美国衣阿华大学Jingzhen Yang博士,美国马里兰中国学者培训班专业英语教师Richard Harlaw先生以及美国杜兰大学流行病学系主任何江教授等专家学者的学术来访。

四、学院特色与重大事项

学院按照学校党委的部署,通过各支部民主协商、民主推荐,自上而下、由下而上的方式推荐出首届党委候选人,于2012年11月7日举行了党员选举大会,选举产生了首届党委委员会,并进行了分工,进一步健全和完善了学院党委委员会这一级组织,完成了学院党委工作班子的搭建。

2012年10月20日至22日,学院成功地承办了国家自然科学基金委主办的2012年预防医学发展战略研讨会,来自全国27所高等院校和科研院所的预防医学学科专家参加了本次研讨会,与会专家从不同角度探讨了队列研究对预防医学发展的作用,对2013年队列研究重大项目指南草案进行了修改,并在国家自然科学基金对队列研究资助工作的建议等方面积极献计献策,本次研讨会对预防医学的发展起了积极的作用,同时提升了学院预防医学专业的学术地位,学院教师全程参与并听取了专家的研讨。

学院进一步加强与地方政府部门的联系,积极开展科研合作,2012年12月17日首家公共卫生与预防医学专业苏州大学研究生工作站(苏州市太仓疾病预防控制中心)正式揭牌,该工作站为太仓市慢病研究国家示范基地提供技术支撑,为国家慢病防治工作提供决策依据。

2012年10月26日至28日,学院成功举办了2012年全国时间生物医学基础与前沿学习班,全国各地青年学者、研究生共计50余人参加了本次会议。本次会议聘请了国内时间生物医学研究领域的知名专家、教授来苏进行授课,为国内更多时间生物医学工作者(尤其是中青年学者)和研究生提供了一个学习、交流的平台。

进一步加大人才引进力度,2012年引进特聘教授1名、教授1名、特聘副教授2名和博士生4名、硕士生1名,充实了师资队伍。

(钟宏良)

医学部药学院

一、概况

苏州大学药学院是一所立足国家学术前沿，致力于新药研究、优秀药学人才培养的研究型药学院。学院设有药学、中药学、生物技术(生物制药)等3个本科专业(方向)。拥有药学一级学科博士学位授权点和一级学科硕士学位授权点，拥有药学硕士专业学位授权点和工程硕士(制药工程领域)专业学位授权点，设有药学博士后科研流动站。药学学科为江苏省一级重点学科，药学专业为校特色专业。

学院现有教职工86名，专任教师71人，其中，享受国务院特殊津贴专家1人，国家杰出青年基金获得者1人，中组部“青年千人计划”入选者1人，江苏特聘教授1人，中国科学院“百人计划”入选者2人；教授25名，副教授25名，博士生导师18人，硕士生导师38人。在读学生892人。

二、教学工作

1. 本科生教学工作

学院切实贯彻“回归大学本位”的教育理念，竭力提升药学本科人才培养质量。2012年学院共举行教学观摩20次，开展不满5年教龄教师教学试讲18次；出版《健康与药物通识》《中药药理学》《生物工程制药学》等教材3部；获校级教学成果奖3项，校级教学奖4项，青年教师课堂教学竞赛二等奖1项；校优秀实习指导教师、校毕业设计(论文)指导教师各2人。

2012年，学院本科生毕业论文获江苏省2012届优秀毕业设计(论文)一等奖和二等奖各1项，5篇论文被评为校级优秀毕业论文；获“大学生创新性实验计划”国家级项目7项、省级项目4项、校级项目7项；校优秀毕业实习生3人，校“箬政学者”2人，参加“箬政学者”访学交流活动2人。此外，学院生物制药本科新专业的申报工作正有序进行中。

2. 研究生教学工作

学院积极搭建研究生培养新平台，扎实推进“江苏省研究生培养创新工程”建设。2012年，继成功举办药学院第一届研究生学术论坛后，学院第二届研究生学术论坛顺利举行。新建了1个苏州大学研究生工作站、3个江苏省研究生工作站并设立了1个研究生奖学金“中联化学制药奖学金”，多渠道培养研究生自身学术素养与创新能力。学院共有江苏省研究生工作站、苏州大学研究生工作站各6个。

2012年度，学院1篇论文被评为江苏省优秀博士论文，1篇论文被评为江苏省优秀硕士论文，3篇论文被评为校优秀毕业论文，6项课题获2012年度“江苏省研究生培养创新工程”立项。

三、科研工作与学术交流

1. 科研项目与成果

2012 年,学院累计获得各类纵向科研项目 32 项。获准立项的国家自然科学基金项目 21 项,包括国家"973 计划"课题 1 项,"863 计划"子课题 1 项,重大培育项目 1 项,面上项目 11 项,青年基金项目 6 项,"国家科技支撑计划"子课题 1 项,省自然科学基金项目 3 项,省高校自然科学基金面上、自筹项目各 1 项,苏州市应用基础(医疗卫生)项目 3 项。全年教师累计发表论文 140 篇,其中三大检索源期刊论文 83 篇,影响因子 3.0 以上的 39 篇。申请发明专利 36 项,获授权专利 11 项。

2. 国内外学术交流情况

学院高度重视国内外学术交流活动。2012 年全年邀请包括美国科学院院士 Istvan Mody 等海外高层次人才在内的专家作学术报告共 18 场次。学院于 2012 年 5 月 26 日至 27 日成功举办了"新药发现与药学研究"国际学术会议(The International Symposium on Drug Discover and Pharmaceutical Sciences, ISDDPS 2012),会议期间与韩国庆北大学签署了联合培养研究生合作协议。安排 7 名教师在剑桥大学、哈佛大学等国际知名大学和研究机构开展国际人才交流合作。学院教师积极参加国际性学术会议,镇学初教授受邀在瑞典召开的 2012 国际神经精神药理学会议(2012 CINP)上作大会报告,秦正红教授出席了在西安召开的第 7 届海内外华人神经科学家研讨会,杨金铭教授和张熠老师共同出席了在北京召开的第七届中国肿瘤学术大会暨第十一届海峡两岸肿瘤学术会议(CCO 2012),崔京浩教授出席了在韩国光州举办的 2012 KSPST,等等。

四、学院特色与重大事项

2012 年 3 月,学院张学农教授"去甲斑蝥素乳糖化修饰物制备及其肝靶向抗肿瘤新药研发"项目喜获 2012 年江苏中医药科学技术二等奖。

2012 年 5 月 26 日至 27 日,由药学院主办的"新药发现与药学研究"国际学术会议在独墅湖校区炳麟图书馆学术报告厅顺利举行。来自中国、日本、韩国等国家的 6 所大学药学院的专家及教师、研究生共 200 余人参加了会议。会议期间学院与韩国庆北大学签署了联合培养研究生合作协议。

2012 年 8 月 16 日上午 8 点,学院王光辉特聘教授在云轩楼办公室接受了 *Science* 杂志子刊 *Science Signaling* 的电话采访,相关采访录音和文字报道发表在 8 月 28 日的 *Science Signaling* 上。

2012 年 8 月,中组部公布第三批"青年千人计划"入选者名单,学院特聘教授许国强入选。

2012 年 9 月 8 日至 9 日,药学院第二届发展战略研讨会在苏州春申湖大酒店举行。

2012 年 9 月,张熠老师喜获由美中抗癌协会(USCACA)与亚洲癌症研究基金会(AFCR)联合颁布的第三届 USCACA-AFCR 优秀青年学者奖。

2012 年 9 月,学院获准新设药学博士后科研流动站。

2012 年 9 月,国家自然科学基金委员会正式发布 2012 年批准立项的国家自然科学基金项目,学院共获立项资助项目 21 项,包括国家"973 计划"课题 1 项,"863 计划"子课题 1

项，重大培育项目 1 项，面上项目 11 项，青年基金项目 6 项，“国家科技支撑计划”子课题 1 项。

2012 年 11 月 6 日，学院与苏州园区医药企业产学研交流会在园区中小企业服务中心举行。

2012 年 11 月 14 日，学院的江苏省高校“现代天然药物的研究与开发”优秀科技创新团队通过江苏省教育厅验收。

2012 年 11 月 18 日，杨一心副校长率后勤管理处一行到学院调研，并就云轩楼扩建作指示。

2012 年 11 月，学院张真庆教授成功入选第三批江苏特聘教授。

2012 年 11 月 21 日，学院与苏州药品检验所共建的苏州生物医药检测技术研究中心举行揭牌仪式。苏州大学校长助理、研究生院常务副院长王家宏，研究生院培养办主任唐建新，学院领导镇学初、秦正红等出席揭牌仪式。

2012 年 12 月 15 日，药学院第二届研究生学术论坛在独墅湖校区炳麟图书馆报告厅隆重举行。

（彭　蓓）

医学部护理学院

一、概况

护理学院(原护理学系)始建于1997年(筹),同年招收三年制专科学生60名,1999年开设本科护理专业,学制五年,2009年始招收四年制学生,现有在校本科生200名,已毕业本科生295名。

护理学院虽然成立较晚,但发展甚快,这既依托于苏州大学、医学部深厚的教学资源和人文底蕴,也有赖于护理学院具有丰富的师资和雄厚的实习基地,于2005年被批准为苏州大学特色专业建设点并通过验收。2009年被批准为江苏省成人高等教育特色专业建设点并通过验收。2008年被批准为江苏省教育厅特色专业建设点。2006年9月被批准设立护理学硕士学位点。2011年通过教育部护理学一级学科硕士点、博士点资格审定,现为江苏省特色专业、重点学科,国家卫生部临床护理学重点专科。

护理学院设有护理学基础教研室、内科护理学教研室、外科护理学教研室、护理人文教研室、妇儿教研室和护理技能教研室,拥有专职、兼职教师45名,客座、讲座教授9名,其中具有副高以上职称的28名,硕士以上学历的37名,现有临床实习医院11个,均为江、浙、沪一带的三级医院,这些医院拥有丰富的教学资源,科研气氛浓厚,教师中有2位资深护理专家为国际南丁格尔奖章获得者,9位分别在中华护理学会的省、市分会中担任重要职务,著作颇丰,曾获全国护理科技进步一等奖及省、市科技项目的多项奖项。

护理学院自建立以来,积极开展教学改革,逐渐形成了"注重素质培养,紧密与临床实践结合"的教学特色,形成了鲜明的专业特色和就业优势,学生就业率达100%。

护理学院对外交流活跃,已聘请香港理工大学汪国成教授和彭美慈教授、台湾"国立"大学赵余玉眉教授、美国麻省医药学院詹林教授、澳门理工大学殷磊教授、美国普渡大学苏惠明教授、台北医学大学护理学院院长邱艳芬教授、英国贝尔法斯特女王大学 Linda Johnston 教授、首都医科大学吴瑛教授担任客座、讲座教授,并选送多名教师赴美国、加拿大、英国、日本及我国香港等地进修学习。2004年、2010年成功举办苏州国际护理学术会议,并与香港理工大学护理学院结成姐妹学院。2010年成功举办世界卫生组织"青少年健康与发展"暑期课程培训班。2007年率先在国内举办临床专科护理国际论坛,将护理教育向专科护理建设方向又推进了一步。历年来,与新加坡、日本、美国、法国等国家和香港、台湾地区的多所院校建立了院校交流、合作关系,先后派出数名教师出国进修,为提高教学质量奠定了良好的基础。

护理学院还依托护理学会理事长单位的优势,与苏州市卫生局联合举办危重症监护专科护士培训班、急诊急救专科护理培训班、护士长管理知识培训班以及国家级和省级继续教育项目,将教学研产业作为系统工程统筹规划和建设,达到教学相长、资源共享的目标。

经过多年的建设，苏州大学护理学院已初步形成颇具本专业特色和市场竞争力的专业，学院将继续本着"质量兴院、人才强院、创新活院、特色办院"的方针，进一步加强与国内外著名院校的合作与交流，努力创建具有一流教学水平与科研环境的特色化、国际化的教学研究型护理学院。

二、教学工作

1. 本科生教学工作

(1) 顺利完成四年制见习、实习大纲及实习考核表的修订。

为进一步规范实践教学工作的管理，积累和总结实践教学环节的教学经验，促进实践教学质量的不断提高，同时为适应学校本科人才培养模式系统化改革和完全学分制的要求，学院积极响应教务处的号召，于2012年5月召开教学会议，讨论并布置了四年制护理学专业见习、实习大纲的修订任务，各教研室按照要求认真研究并重新修订了所负责课程的见习大纲，同时办公室也根据四年制学生实习的安排，修订了四年制实习大纲及实习考核表，从而使见习、实习大纲与实习考核表更切合护理学专业的人才培养目标和要求，更好地体现社会对护理人才的要求。

(2) 改革实践教学模式，强化学生临床胜任力的培养。

自2011年学院苏州大学高等教育教学改革课题立项研究项目"'实践情境教学'在临床模拟病房中的应用"被批准为江苏省高等教育教改课题以来，在改革传统教学模式的前提下进行教学手段和教学方法的改革，不断修订教学计划和课程标准。目前已成功编写2005、2006、2007、2008、2009级护理本科生的情境教学指导手册，发表相关教学论文3篇，已于2012年起在本校护理学专业实习前的见习阶段试行新的实践教学方案，并取得了满意的效果。

(3) 加强日常教学管理，保证教学有序进行。

根据学校的工作方针，学院努力搞好日常的教学工作，提高教学质量。在全院教师的共同努力下，护理学院日常教学工作进展顺利，完成了各项教学工作，包括教学任务的安排，教材的更新，课程介绍和教学大纲的编写，首开课、新开课教师的资格审查与试讲听课等工作。在全院教职工的共同努力下，学院较好地完成了各类教学任务和管理工作，全院没有发生一起教学事故。学期中，认真开展期中教学检查与反馈，检查思路明确，检查措施到位。学期末，重点抓好各级各类课程的考核与成绩评定工作，以及2007级护理毕业班学生毕业论文与毕业实习的布置、实施与总结工作。苏州大学附属第一医院的总带教童淑萍老师被评为校优秀实习指导教师，上海第六人民医院实习小组被评为校优秀实习小组，2007级实习生杨静同学被评为校优秀实习生。

2. 学科建设

(1) 认真完成全国第三轮一级学科评估工作。

护理学院于2011年9月被批准为一级学科博士学位、一级学科硕士学位授权点。2012年1月教育部学位与研究生教育发展中心启动了第三轮全国学科评估工作。评估工作正式启动后，学院领导自始至终把此项工作作为全院工作的重中之重，给予了高度的重视，多次召开座谈会，并与相关部门负责人共同商讨解决评估材料准备过程中遇到的问题，反复核实填报的材料与数据。评估材料已于3月底上交，正在等待评估结果。

(2) 积极完成江苏省高校“十二五”规划重点专业申报工作。

专业是高校人才培养的载体,是高校推进教育教学改革、提高教育教学质量的立足点,其建设水平和绩效决定着高校的人才培养质量和特色。2012 年 5 月,省教育厅、财政厅决定开展“十二五”高等学校重点专业建设工作,学院接到学部通知后,立即着手准备申报工作。在学校、医学部的大力支持与帮助下,在时间紧、任务重的情况下,领导挂帅,办公室牵头,反复讨论、修改,终于顺利完成了重点专业申报表与附件证明材料的准备、提交工作,现正等待申报结果。

3. 研究生教学工作

(1) 不断完善护理学专业研究生的培养方案。

根据学校启动新一轮研究生培养方案的修订(制订)工作的有关精神,在医学部的统一组织下,学院按学校的调研提纲进行了广泛的调研工作。针对学校的研究生培养方案修订(制订)调研提纲和医学部研究生课程体系改革方案(讨论稿)进行讨论,在广泛听取各位导师意见及积极调研全国知名护理院校培养方案的基础上,最终完成了学院研究生培养方案的修订工作,推进了学院研究生教育的发展,提升了研究生教育的质量和水平。

(2) 注重研究生科研能力培养,成果显著。

加强研究生工作的管理,保证研究生人才培养质量。在上级部门的领导下,学院进一步规范了研究生的管理工作,完成了 2010、2011 级专业课程的管理工作。注重研究生培养的过程管理和护理学专业课程师资队伍的培养与建设。此外,邀请客座教授(如英国女王大学 Linda 教授、台湾马偕医学院护理教授邱艳芬等)来校讲学,并对硕士研究生进行课题指导。研究生发表 SCI 论文 3 篇,在《中华护理杂志》《护士进修杂志》等护理核心期刊上发表论文 30 余篇;2 名研究生的论文首次在 2012 年悉尼 International Society of Hypertension 会议上进行交流。研究生的 9 项专利通过国家授权,3 项专利被受理;在校第十三届“挑战杯”课外学术科技作品竞赛中,获 1 个一等奖、4 个二等奖、8 个三等奖。毕业论文涉及临床护理、护理管理和实验研究等多个方面,得到了答辩委员会的高度评价,毕业生就业率达到了 100%。

三、科研工作与学术交流

1. 科研项目与成果

科研方面,尽管学院规模小,科研条件和基础相对薄弱,但在迅速成长中。2012 年是学院历史上立项课题数量及发表论文数量最多的一年,各类项目 11 项,发表论文 33 篇,其中 32 篇发表于核心期刊。在 2012 苏州市自然科学论文评比中,获得 3 个二等奖、3 个三等奖,属历史最好成绩。虽然立项课题的级别有待提高,但相信这些课题的完成将为今后申报更高层次的科研项目奠定良好的研究基础。

2. 国内外学术交流情况

(1) 举办了国家级继续教育项目“护士核心能力的培养与提高”讲习班、江苏省继续教育项目“护士临床思维能力的训练与培养”讲习班、重症监护专科护士培训班等学习班,收到了良好的社会效益,提高了学院的知名度。特别是在“护士核心能力的培养与提高”讲习班上,学院邀请了香港护士管理局护理总监、南丁格尔奖章获得者冯玉娟教授,世界健康基金会徐丽华教授,上海长海医院博士生导师叶文琴教授,北京大学护理学院郭桂芳教授等知名学者前来讲学。他们不仅在护理学术界享有盛名，且具有很高的理论水平和非常丰富的实践经验，为各位学员带来了一场学术盛宴。共有来自本省及北京、上海、香港、重庆、西安等27个城市50多个单位的护理管理者、护理骨干、护理教师等参加了讲习班，提高了学校和学院的知名度，又达到了培养护理师资的目标。由苏州大学附属第一医院举办、苏州大学护理学院和市护理学会协办的第四届苏州国际护理论坛在苏隆重举行，来自海内外的近400名国内外护理学专家及337名学员共聚苏城，探讨优质护理与有专科内涵的护患沟通，在论坛上分享了最新护理科学研究和创新成果，学员们热情高涨，希望能将所学的知识和信息用于临床护理实践，为患者提供更为专业有效的服务。

举行庆祝护士节的系列活动，包括开展护士节暨授帽仪式、社区志愿者服务、天使才艺展、天使礼仪比赛等。

(2) 学院教师积极参与国际会议，共有3人次主持和参加国际会议，4人次在国家级会议上作专题报告，李惠玲老师进行公益讲座达24场次，同时她2012年被中华医学会选为中华医学会骨科学分会护理学组副组长。

(3) 2007级护理本科生郭慧以优异的成绩考取英国贝尔法斯特女王大学护理学硕士研究生，并获得了该校的全额奖学金资助。

(4) 初步与英国南安普顿大学在师生互访、学术交流、科学研究等方面达成合作意向。

(5) 2012年共组织13名护理教师、7名护理研究生赴香港、澳门进行短期的访问与交流学习。此次活动不仅让学院增强了与香港理工大学、香港东华大学、澳门镜湖学院、澳门理工大学等学校之间的友谊，了解了香港、澳门高等护理教育的发展，更使老师们体会到先进的教学理念和教学方法，为今后更好地开展教学工作拓宽了视野。

四、学院特色与重大事项

重视党政领导班子的思想作风建设和党风廉政建设，定期召开院办公会议和党政联席会议，讨论工作计划与安排，民主决策重大事务。党政一把手与学校签订了《党风廉政建设责任书》。

加强护理学院研究生党支部建设，定期开展党员学习和教育活动。

重视学院文化建设。美化、绿化学院。学院文化布置充分体现护理专业文化与思想，使全体师生在潜移默化中接受教育。

协助医学部做好2012年苏州大学党工委基层党组织建设工作。

（钮美娥）

敬文书院

为积极推进人才培养改革,苏州大学借鉴剑桥大学、哈佛大学等国外著名大学的住宿学院制以及香港中文大学的书院制等管理模式,结合学校实际情况,于2011年6月成立了全校首个以香港爱国实业家朱敬文先生名字命名的书院——敬文书院。

作为江苏省首家培养高素质学生的住宿学院,敬文书院坐落于粉墙黛瓦、绿树葱郁、古韵悠然的苏州大学本部校园东北侧。书院汇聚不同学科专业背景的学生和导师,共建一个师生亲密互动的社区共同体。目前,书院在各学院中选拔了近200名学生在读,有常任导师5名、学业导师57名、助理导师2名、社区导师1名。至2015年,书院学生规模将达到400人左右。

书院以培养研究型、国际化、高素质创新人才为目标,提出"育人为本、德育为先、个性培养、全面发展"的理念,以"为国储材,自助助人"的敬文精神为院训,倡导"明德至善、博学笃行"的院风。

经过两年的建设,敬文书院彰显了以下特点:

1. 学者社区,温馨家园

作为一个学者的社区,敬文书院学生的学习与生活融为一体,师生亲密互动,共同营造家的氛围。在书院社区内,除了学生宿舍外,还有供书院师生研讨、导修、活动、生活的各类场所,如导师办公室、图书阅览室、咖啡吧、谈心室、自修室、活动室、健身房、洗衣房、厨房等。书院以多元、兼容、开放为特征,通过小组研讨和文化聚会等特色活动,为学生提供了心灵交流、思维碰撞、潜能拓展的平台。细节的关怀彰显书院对学生的关爱浓情,集体生日会、中秋团圆节等活动中师生之间的亲密互动,更是体现了书院一家亲的温馨和谐。

敬文书院既是一个学者的社区,又是一个充满活力的温馨之家,每一名学生在书院都会感受到家的温暖。

2. 文理渗透,学科交叉

学校每年从天赐庄校区相关学院的本科新生申请者中选拔优秀学生加盟书院。书院每间宿舍都经过精心设计改造,由不同专业的学生入住。每一个被选拔进书院的学生都有双重身份:他们既是敬文书院的学生,也是所在专业学院的学生。其"第一课堂"的专业学习主要由各自所在学院负责,"第一课堂"以外的学习和生活,包括党团组织生活和学生活动的开展等主要由书院负责。不同学科专业背景的学生在书院组建了一支卓越的团队——敬文书院学生会。他们立足书院、联合学院、走出学校、辐射社会,通过开展丰富多彩、独具特色的活动,互相学习交流,不断拓宽视野,共同促进提高。目前,近200名书院学生中已有150余人次在"第二课堂"各类比赛中获得校级及以上奖项,从而彰显了书院文理渗透、学科交叉的育人功能。

3. 教授博士,领衔导师

书院实行导师制。常任导师、社区导师、助理导师常驻书院办公,部分导师与学生同住,与学生零距离接触，为学生的成长成才提供全天候、个性化的指导和服务。此外，学业导师作为书院导师队伍的核心力量，由学校选聘教学工作突出、研究能力较强，具有高级职称或博士学位的优秀在职教师和知名退休教师担任。公共基础课学业导师常驻书院推行小班化、个性化辅导；其余学业导师每两周至少与学生互动一次，在大学适应、课程学习、生涯规划、课外阅读、文献查阅、论文写作、学科竞赛、科研项目、就业创业等方面为学生作有效而切实的指导，帮助学生增进知识、提高素养、培养人文情怀。通过导师制的有效实施，书院教育打破了传统教育中渐行渐远的师生关系，在高层次上重构了亲密互动、教学相长、和谐相容的新型师生关系。

4. 通识教育，塑造全人

书院通过精心设计通识教育课程，倡导全人教育理念，鼓励学生认识专业以外的领域，拓宽学生知识视野，培养学生的人文素养与科学精神，使之成为具有健全人格和高度责任感的社会公民。书院邀请和组织校内外名家开设了系统化通识教育课程，主要包括经典会通、文化传承、艺术审美、创新探索等内容，每一位书院学生必须修读一定学分的通识教育课程方能毕业。由此，书院教育打破了传统教育中科学教育与人文教育分割的格局，彰显了既重学科、重专业，又重人文、重情智的特色。

5. 科研创新，立项资助

书院充分发挥导师制的作用，通过科研立项不断促进研究型人才的培养。为鼓励学科交叉的创新，书院启动了"3I 工程"项目建设工作。截至目前，共有 105 名学生获得"3I 工程"第一期项目资助。得益于"3I 工程"项目的孵化，书院学生成功申报了各级各类科研项目，并在各类学科竞赛中取得了较好的成绩：入学两年来，在苏州大学第十四、十五批大学生课外学术科研基金资助项目中，书院学生共成功申报了 30 个项目，远远超出其他学院；有 4 名学生入选苏州大学 2013 年度"箬政学者"；有 30 人次参与国家级、省级"大学生创新创业训练计划"；9 人次在国家级、省级的创业计划大赛和学科竞赛中获奖；4 人在省级以上学术刊物发表论文。其突出表现，极受钦羡。

6. 海外研修，奖助优先

书院不断完善海外研修奖助体系，设立专门的奖学金，鼓励和支持优秀学生出国（境）交流。目前，书院已经有 23 名学生获得海外研修的机会，分别前往英国伦敦政治经济学院、曼彻斯特大学和美国杜克大学等国际名校研修交流、留学深造。书院已经与香港中文大学敬文书院、新亚书院分别建立了长期合作交流机制，每年暑假将选拔优秀学生参与项目交流。书院成立以来，还邀请了澳大利亚堪培拉大学、美国巴德大学的多位教授访问书院，开设相关专业课程，同时强化英语口语、雅思、托福和 GRE 的培训，普及第二外语，拓宽学生的国际视野，提升其国际竞争能力。学生加盟书院后，将能优先获得各类奖（助）学金支持，获得更多的出国、出境交流、访问机会。

总之，书院就是一个充满活力的温馨之家。书院生活涵盖了各种学习、交流活动。每一名学生在书院都会感受到家的温暖。依托苏州大学百十余年形成的精神文化和综合优势，站在全新的发展起点上，敬文书院这个年轻的生命体，正以前所未有的勇气在高素质创新人才培养模式的探索中前行……

（孟玲玲）

唐文治书院

为进一步推进苏州大学"卓越人文学者教育培养计划",苏州大学借鉴剑桥大学、哈佛大学等国外著名大学的书院制,参照西方文理学院的本科培养模式,于2011年成立了唐文治书院(简称文治书院)。书院以著名教育家唐文治先生(1865—1954)的名字命名,建立全新的研究型教学模式,探索本科教育和研究生教育的有机结合,体现现代大学制度的基本精神,突出民主办学、敬畏学术、教学相长、自我发展的特征,以培养复合型、学术型的高端文科人才为目标。目前书院已招收2届学生,学生人数近60人。

1. 全新的人才培养方案,培养复合型与学术型文科人才

书院优化配置教学科研资源,设计了全新的人才培养方案与教学计划。课程设置打通文史哲,回到文史哲专业的基本面,回到中国文化的"原典",强调经典研读,从传统出发并对传统进行创造性的转换,以现代的立场阐释经典。除部分通识课程外,主体课程都是单独编班授课。

书院采取教授联合授课的方式,聘请一流师资承担教学任务,并延聘海内外著名教授主持常设性的讲座课程,哈佛大学的李欧梵教授、台湾大学的张小虹教授、捷克查理大学的罗然教授、德国海德堡大学的瓦格纳教授等都亲自为书院学生授课。

书院注重发挥学生的学习自主性,训练学生处理和研究问题的动手能力,除课堂教学外,特别重视阅读、讨论、作业等环节,部分课程采取以学生为主体的专题报告、课题讨论等方式,强调学生自主性的发挥。第一学年特别设置每周10节的英语课,强化英语训练,使学生真正掌握听、说、读、写英语的能力。

书院学生原则上均可获得研究生推免资格,实行本硕连读。学生毕业时可同时获得原学院的毕业文凭和唐文治书院的毕业文凭。

2. 独特的学生管理模式,打造卓越人文学者的摇篮

书院从2013级文史哲三个专业的新生中,择优选拔30名学生。被书院录取之后,学生学籍即转入书院,由书院集中管理。

在生活方面,书院实行集中住宿制度,学生享有相对独立、十分优越的住宿条件,男女生宿舍区各有专门的活动中心、阅览中心、生活间等。书院还聘请专职教师与学生们一起食宿,更好地为书院学子提供服务。

在学习方面,每一届学生均拥有固定的教室,享有优先获得各类奖(助)学金、各类课外科研项目的机会,学校对书院给予了特别的优惠。仅2011级即有2名学生成功入选苏州大学2013年度"箬政学者",有4个课题团队的项目入选第十五批大学生课外学术科研基金资助项目重点项目,有2个课题团队获得国家级和省级"大学生创新创业训练计划"资助,2名学生入选省政府资助出国交流项目,各类项目学生参与比例在80%以上。书院还设立专项资金,资助学生的学术交流活动,并推荐部分优秀生到国外一流大学研修。

3. 强大的师资阵容，引导学生扬帆远航

书院以高薪聘请文史哲的一流师资为书院学生授课，以小班授课、小班研讨为特色，师生之间互通无间。同时，书院实施全程导师制，由书院选聘具有高级职称或博士学位的文史哲专业优秀教师担任学生四年的学业导师。学业导师会定期地与自己所带的学生进行学术交流与探讨，为学生的学业发展给予最直接的指导。书院为每一级学生选聘了一名班主任，负责引导学生养成良好的学习习惯和健康的生活方式。书院还配备了一名专职辅导员，负责学生的思想政治工作和管理工作。这样三位一体的师资阵容，从学术上、生活上以及日常管理上为学生们带来全方位的保障，引导学生们扬帆远航。

4. 丰富的学习与活动资源，为学生成长搭建平台

书院有自己固定的教室、会议室、学术沙龙、海外客座教授研究室以及"文治读书角"等场所。书院的学生不仅可以借阅学校图书馆的各类藏书，还可以自由借阅文学院、社会学院和管理学院的图书。"文治读书角"还特别为书院的学生配备了大量的藏书，尤其是经史子集类的必读书，完全可以满足学生的学习需求。书院正在组织编撰大型的《唐文治书院经典导读丛书》，形塑学生纯正的人文素养与人文关怀。书院大力鼓励与资助学生举办各类读书沙龙、文化参访、郊游踏青、社团活动、暑期社会实践活动等，大大丰富了学生的业余生活，拓展了学生的社会视野。由学生主编的《文治学刊》已成为展示学生风采、沟通师生思想的开放园地。所有这些，都为学生的成长提供了极好的平台。

我们热忱期待更多有志于学术研究的学生加入唐文治书院。书院全新的培养方案、独特的管理模式、强大的师资阵容和丰富的学习资源，将让你体验不一样的大学生活，创造不一样的精彩人生。

（季　进）

文正学院

一、概况

苏州大学文正学院是在我国高等教育大变革、大发展背景下应运而生的。她是苏州大学积极推进教育创新、大胆探索和实践高等教育多元化发展新路径的产物。经过十几年的发展壮大,学院在教育主管部门视野里具有示范意义,在兄弟院校办学过程中具有借鉴价值,在学生、家长面临选择时具有优先地位。

学院始终坚持以"科学定位、创建品牌"为前提,以"规范管理、稳健发展"为保障,以"吸纳资源、改革创新"为动力,以"以培养学生为中心、尊重学生个性发展"为宗旨,以"通才、实用,强调综合素质和创新能力"为办学特色,以"自强、博学、弘毅、拓新"为院训,充分依托苏州大学的优质资源以及苏南地区的区位优势,根据社会经济发展需求实行人才的多样化培养。

学院现设有 42 个本科专业(方向),涵盖法学、文学、经济学、管理学、理学、工学等多个学科;各类教学设施完备,图书馆、实验室、运动场、学生公寓等功能齐全。学院注重培养学生的自我管理能力、科研创新能力和社会活动能力。

学院坚持走国际化办学之路,注重借鉴国外先进的管理模式,着力强化学生的国际化意识,突出培养学生的创新能力。学院先后与德国、美国、日本、韩国、加拿大、澳大利亚等国家及我国香港、台湾等地区的 10 多所高校建立了良好的合作关系,每年均有为数众多的学生前往交流和学习。

二、教学工作

2012 年,学院顺利完成由江苏省教育评估院组织的会计学专业建设抽检工作,学院的管理模式、教育教学、学生管理等各项工作均得到了专家组的充分肯定。同年,学院成立了首届学士学位评定委员会,并为 2012 届毕业生独立颁发了毕业证书和学士学位证书。

学院教育教学基础工作在平稳中实现了质的提升。教学任务认真落实,考务工作细致安排,学籍管理工作严格到位,教材管理精心组织,学生成绩及时公布,"文正讲坛"内涵丰富,证书发放准时到位;同时,积极做好信息工程(汽车电子)新专业以及会计学、通信工程重点建设专业的申报工作,坚持教学质量监测的常态化,努力做好学生考研的服务工作,建立健全教学规章制度。

学院积极拓展实践教学新思路,联合共建学院在 2012 级信息工程等 4 个专业中挑选优秀学生开设电路、信号与系统实验课程教改班,与专业学会以及企业合作开设具有实战价值的课程,与凤凰传媒学院共同举办新闻传播人才培养模式改革与创新研讨会。

三、科研工作与学术交流

学院设立专项经费鼓励员工开展高等教育管理改革课题研究,课题内容涉及独立学院生存与发展、教育教学、学生管理、信息化建设等各个方面,并在2012年取得丰硕成果。其中,《构建以激励引导为特征的大学生行为量化评价新体系》获得首届全国民办高校党的建设和思想政治工作优秀成果评选优秀奖,《大学生职业发展与就业创业指导》(主编吴昌政,现代教育出版社,2012年9月版)获得2012年全国高校学生工作优秀学术成果特等奖。丰硕的理论成果为学院发展提供了强大的智力支持。

2012年,学院继续深入探索专业共建模式,面向社会需求增设了电子科学与技术、物联网工程、艺术设计(空乘)等3个新专业,招生情况良好。

7月,学院设立国际合作交流处,为学生出国留学创造条件、搭建渠道和提供专业咨询。12月1日,学院成立国际交流学院,这标志着学院在探索国际化复合型人才培养模式的道路上迈出了更为坚实的一步。学院先后与美国加州州立大学、澳大利亚邦德大学、韩国又松大学、日本兵库县立大学等9所国外知名高校达成合作办学意向,这又为学院学生参加国际交流提供了更多、更好的机会。

四、学院特色与重大事项

5月19日,学院举办以"热爱公益、志愿服务"为主题的第二届学生成长成才展示日活动,展示了广大同学组织参与的各类志愿服务活动和先进事迹以及优秀个人、学生社团、学生组织,鼓励和号召广大学生在实践中锻炼自我、奉献自我、回报社会,向家长和社会宣传文正学子热爱公益、奉献社会的精神。

6月17日,学院隆重举行2012届毕业典礼暨学士学位授予仪式,首批1 756名学生获得由学院独立颁发的学士学位证书,并对获得院级优秀毕业生称号和院长特别奖的学生进行表彰。

6月21日,苏州大学文正学院教育发展基金会经江苏省教育厅、民政厅等部门批准正式成立,并召开第一届第一次会议,会议通过了理事会、监事会人员名单,并确立了基金会的相关工作规范。

8月1日,学院成功由民办非企业登记为事业法人单位。同时,也是省内第一家领取事业法人证书的独立学院。

11月9日,学院组织召开党建工作研讨会。会议内容主要是围绕学院中心制改革现实背景,扎实做好大学生思想政治教育工作,学习贯彻校党委两次支部书记培训等有关会议、文件精神,并结合学院《学生党支部工作考核实施细则(试行)》把好学生党员入口和出口关,做好各阶段、各环节学生党员的培养、考察和发展工作。党委书记吴昌政、常务副院长徐子良、副院长蒋峰、院长助理袁昌兵等党委委员以及全体兼职组织员、各党支部书记等一同参加了会议。副院长施盛威应邀出席会议,党委书记吴昌政主持会议。

12月1日,学院隆重举行国际交流学院成立仪式,教育部国际司涉外教育监管处处长陈跃,江苏省教育厅教育国际交流服务中心副主任魏巨龙,苏州大学党委书记、文正学院理事长王卓君,苏州大学副校长、文正学院理事杨一心,学院院长殷爱荪以及国际友好院校代表等出席成立大会。

2012年,学院在做好校园布局整体规划的基础上,各项基础设施建设有序推进。地下人行通道取代过路天桥,15号宿舍楼竣工投入使用,艺术中心建成启用,为学院培养高层次人才提供了基础条件。

目前,学院近6 000平方米的新教学楼建设已进入招投标程序;26 000平方米的综合大楼建设和信息中心大楼建设已正式立项;为整治校园周边环境、维护校园安全稳定,学生服务广场的改造计划已于5月份启动;新征的百亩用地已进入围栏期,学术交流中心和国际交流学院即将由蓝图变为现实。

在新的一年,学院将继续以办人民满意教育为宗旨,以创建国内一流独立学院为目标,以服务学生成长成才为诉求,夯实基础工作,培育潜力工作,推进重点工作,做好特色工作。

(杨　帅)

应用技术学院

一、概况

苏州大学应用技术学院成立于1997年11月,当时名为苏州大学职业技术学院。2002年3月改制为公有民办二级学院,2003年8月迁至周庄,同年11月18日,正式更名为苏州大学应用技术学院。2005年5月经教育部批准为首批独立学院。学院地处昆山周庄镇旅游区西北2公里处,占地580亩。学院总建筑面积近21万平方米,其中教学楼52 843平方米,学生公寓95 264平方米,教师公寓5 771平方米,实训大楼22 991平方米,图书馆11 059平方米,食堂10 589平方米,艺术中心2 352平方米,运动场地约3.19万平方米。

学院秉承、发扬苏州大学百年老校的优良传统,坚持"加强理论、注重应用、强化实践、学以致用"的人才培养模式,建设"双师型"教师队伍,倡导"双证制"毕业,逐步形成了"依托行业,强化应用,开放办学,高效管理"的办学特色。

学院目前有在校生7 153人,其中普通本科生6 420人,专转本学生733人;有教职工99人,其中专任教师52人,具有正高级职务的2人,具有副高级职务的13人,具有硕士及以上学位的35人,专任教师中获得国家职业资格证书的占75%。学院现有机电工程系、电子信息系、服装艺术系、旅游系、财会系、经贸系、外语系等7个系,1个职业技术教育研究所,1个国家职业技能鉴定所。学院是江苏省职业教育师资培养培训基地。

根据《教育部关于公布2012年度普通高等学校本科专业设置备案或审批结果的通知》(教高〔2013〕4号),学院现设置27个本科专业:机械工程(原设专业:机械工程及自动化)、机械电子工程、测控技术与仪器、电气工程及其自动化(原设专业:电气工程与自动化)、电子信息工程、通信工程、电子信息科学与技术、计算机科学与技术、会计学、财务管理、国际经济与贸易、应用心理学、市场营销、物流管理、工商管理、旅游管理、广告学、服装设计与工程、视觉传达设计(原设专业:艺术设计)、服装与服饰设计(原设专业:艺术设计)、英语、日语、朝鲜语,新增软件工程、物联网工程、酒店管理、车辆工程4个专业,撤销信息与计算科学、对外汉语2个专业。

二、教学工作

学院以加强内涵建设为目标,进一步修订和完善与系统化改革配套的管理条例,制定并推行了创新人才试点班、优秀学生专业任选、学业预警和创新奖励学分等4项制度。2012年启动了全面提高人才培养质量工作,成立领导小组及工作小组,制订了工作计划,已出台学籍管理、考试管理、听课制度等规范性文件,落实了听课制度,坚持开展学生网上评教工作,并成立了学生教学信息中心。

根据区域经济发展需求以及学院办学定位和自身优势,调整、完善专业结构。2012年完成了7个新专业的申报和24个现设专业的整理工作。同时,以昆山、园区发展服务外包产业为契机,将计算机科学与技术、英语、日语和物流管理等专业调整为以培养服务外包人才为目标,2012年9月学院被江苏省商务厅和财政厅批准成为“江苏省国际服务外包培训基地”。

坚持以重点专业建设为龙头,深化专业内涵和特色建设。出台学院重点专业建设实施意见和重点专业建设负责人制度;通过评审推荐服装设计与工程、电子信息工程专业申报江苏省重点专业。不断优化课程体系设计,加强了完全学分制下的课程资源建设和专业核心课程建设,推出了一批跨专业选修课程、企业项目化课程、全英文国际课程,建设网络课程74门,搭建了在线实验教学平台。扎实推进质量工程项目建设,对学院首批立项建设的7门校级精品课程完成了中期检查。

强化了校企深度合作融通的办学特色。探索实践了嵌入式课程、冠名班、订单培养等教育模式,以设立实验室、联合申报课题、合作产品开发等推进合作深度,以讲座报告、举办专业竞赛、设立企业奖(助)学金等加强校企文化交流,使人才培养更贴近行业企业需求。2012年3月,学院与宜兴陶瓷工作室签订合作协议;4月与中软国际集团签订全面合作协议,并在学院设立中软国际软件工程实验室;6月与江苏华佳控股集团公司签订共建服装新品开发联合研究室协议;10月与苏州新源传媒股份有限公司签订校企全面合作协议。

按照专业建设规划,调整、优化、引进骨干教师,进一步建立和完善兼职教师网络。2012年学院教师1人被列为江苏省高校“青蓝工程”中青年学术带头人培养对象,1人获全国高校外语教学大赛江苏赛区一等奖,1人获苏州大学交行教学奖,1人获得苏州大学青年教师课堂教学竞赛三等奖,5人获评校级毕业论文优秀指导教师,1人获批实用新型专利1项,获苏州大学高等教育教学成果一等奖1项。

鼓励在校生参加职业技能鉴定,2012年组织了服装制版工、数控车床、加工中心、电子、电工、导游等工种的培训、鉴定,共计1 130多人次,合格率达85%。

拓宽国际交流与合作,旧金山大学本硕连读合作项目第一期7位学生顺利升入圣约瑟夫大学攻读硕士研究生。5月份,学院与美国西南视觉艺术大学签订了合作协议。

以博雅人才培养为试点,加强人文精神培育;积极开展“学风建设月”“专业活动月”“高雅艺术进校园”等主题教育活动,以落实行为学分管理、早晚自习管理、优化奖惩制度、鼓励学生考研考证、加强诚信教育等狠抓学风、考风、班风建设,取得良好效果。2012年大学英语四级通过率达73.68%,2012届毕业生中43人考取硕士研究生。

2012年学院毕业生1 581人。为2012届毕业生颁发苏州大学应用技术学院毕业证书和学位证书。2012届本科毕业生学位授予率达85.25%。

2012届毕业生就业率98.74%,签约率96.08%,再创历史新高。其中,出国深造的13人,自主创业的9人,考取公务员、事业单位、村官的58人。

加强大学生科技创新能力、职业能力培养,营造良好的专业学习环境和浓厚的学术氛围。2012年学院获批江苏省“大学生创新性实验计划”项目15项,登记软件著作权1项,并在全国大学生沙盘经营模拟大赛、全国导游服务技能大赛、全国大学生外贸跟单(纺织)职业能力大赛、全国电子专业人才设计和技能大赛、江苏省高等学校高等数学竞赛、江苏省工科院校先进制造技术实习教学与创新制作比赛、江苏省大学生职业规划比赛等大赛中屡获佳绩,累计在全国性比赛中获奖7项,获江苏省一等奖3项、其他省级奖50余项。

以奖、助、勤、贷、补为保障，继续加大对困难学生的帮困力度，2012 年学院共计发放奖(助)学金 500 余万元。

三、科研工作与学术交流

2012 年学院成功获批江苏省产学研联合创新资金项目 1 项、江苏省基础研究计划(自然科学基金)面上项目 3 项、江苏省自然科学基金青年基金项目 4 项、市厅级科研项目 2 项。学院教师公开发表论文 92 篇，其中，SCI、EI 收录 3 篇，文科二类以上核心期刊论文 2 篇，一般核心期刊论文 8 篇，出版专著、教材 2 部。

四、学院特色与重大事项

健全行政问责、绩效考核等工作机制，完善和制订、修订了财务资产管理、教学改革、学生培养等方面的制度。加强财务预算管理与成本核算，根据江苏省教育厅、财政厅关于独立学院财政补助资金和学费监管账户的有关规定，加强资金管理。

稳步实施校园信息化建设项目。全面更新和改造了学院监控系统、广播系统；租赁网络光纤、购买安装硬盘录像机、进行中心机房 UPS 双路建设、引进服务器集群思科 UCS 系统，确保网络通畅和数据安全；完成了标准化考场、高清教学系统建设的前期调研和建设方案的技术论证，并完成了试点教室的建设。

配合学院全面提高人才培养质量工作的进程，制定了新增工科专业实验室和各类文科专业实验室建设规划，投入近千万元对现有实验室进行了升级改造，更新实验设备和实验软件，逐步向智能化管理、特色化建设方向努力迈进。至 2012 年年底，学院实验实训室已达 43 个，教学仪器设备固定资产总值达 5 295.76 万元，全年图书资料投入经费达 99.29 万元，当年新增图书 4.6 万余册。

2012 年在成功获批学士学位授予单位及 18 个专业学士学位授予权的基础上，学院成立了第一届学位评定委员会，于 6 月 12 日召开了学位评定委员会会议，完成对 2012 届本科毕业生的学位评定工作。6 月 17 日，举行了学院学士学位授予仪式。

积极拓宽就业渠道，2012 年举办了花桥国际商务城招聘专场、苏州工业园区招聘专场、经贸系招聘专场及旅游系招聘专场等招聘会和 2 场秋季大型校园招聘会，共有 209 家企业参会，提供了 3 000 多个实习就业岗位。加强创就业指导工作，至 2012 年与苏州市人力资源和社会保障局合作开办的创业模拟实训班已成功举办 4 期。2012 届 6 位毕业生取得“自主创业证”，学院毕业生朱维煦自主创业的经历得到媒体关注和《扬子晚报》的报道。学院创就业工作得到了上级部门的肯定，2012 年 3 月学院被评为“苏州大学首批大学生创新创业教育示范学院”，在江苏省高校毕业生就业工作检查中获得优秀等次。

拓宽生源类别，圆满完成了 2012 年江苏省五年一贯制高职专转本考试及招生工作。丰富招生宣传和咨询形式，择优建立稳定生源基地 95 家。2012 年举办了第二届中学校长论坛、校园开放日、招办主任座谈会等活动，招生宣传成效显著。2012 年学院实际录取新生 2 107名，其中五年一贯制专转本学生 191 名，普通专转本学生 207 名，普高类学生1 709名。在江苏省的文理科投档线分别超出江苏省本科第三批最低控制线 24 分和 22 分，录取平均成绩为 300.8 分。

不断拓展校地、校企、校际合作，与苏州工业园区组织人事局合作开展了一系列对接活动。2012 年,组织了苏州工业园区领军企业产学研活动,与 18 家企业开展深度洽谈。

加大校园安全监控和网络监控,做好突发事件的应急处理,在学校和地方政府的支持下确保校园安全稳定。高度重视后勤保障工作,确保教学秩序的稳定和师生权益。

学院党委坚持"加强基层组织、发挥党员作用、注重人文关怀、服务师生员工、促进学院发展"的党建工作思路,深入推进创先争优活动,不断加强组织建设和党员队伍的先进性建设,收到较好效果。2012 年,服装艺术支部主题党日活动获得"苏州大学最佳党日活动优秀奖""江苏省高校最佳党日活动优胜奖";学院被授予"苏州大学创先争优先进基层党组织"称号,在 2011—2012 年党建评估工作中获得优秀等次。

(王　冰)

老挝苏州大学

老挝苏州大学是老挝政府批准设立的第一所外资大学,也是中国政府批准设立的第一所境外大学,校址位于老挝首都万象市。

2006 年 11 月 19 日,中国国家开发银行与老挝国家计划与投资委员会签署协议在老挝首都万象建设经济开发区,学校应苏州工业园区之邀参与该项目建设。

老挝苏州大学自 2007 年开始筹建,经过实地调研、启动两国政府申报程序,前后历时 5 年,终于获得中、老两国教育部的支持和批准。2009 年 1 月,我校顺利获得老挝国家计划与投资委员会颁发的"老挝苏州大学设立许可证";2009 年 4 月完成工商注册和税务登记,基本完成老挝方面的法律程序。与此同时,学校积极进行国内咨询申报工作,于 2011 年 6 月,中国教育部正式下达《教育部关于同意设立老挝苏州大学的批复》,同意学校在老挝设立老挝苏州大学。

2011 年 7 月,苏州大学组建了老挝苏州大学建设工作领导小组,搭建了老挝苏州大学内部管理框架,正式启动老挝苏州大学建设工作。

根据中国教育部批复精神及我校专业建设规划,老挝苏州大学将参照中国高校标准和模式,举办全日制本科和研究生(硕士和博士)教育,其中本科教育学制 4 年,研究生教育学制 3 年,同时开展中文及其他各类高级技能培训。学历教育的专业设置、课程设置和教学计划均参照苏州大学的标准并兼顾老挝教育部规定制定,对完成学业且成绩合格的学生,授予老挝教育部核准的老挝苏州大学毕业文凭和学位证书。

根据规划,经过 10～20 年建设,学校将发展成为一所在校生规模为 5 000 余人,具有本科生、研究生学历教育,拥有汉语言培训及其他技能培训体系,开设与老挝经济、社会发展相适应的专业,建设有临床医院,在老挝国内及东南亚处于领先水平的一流综合性大学。

学校建设初期,生源围绕湄公河地区,以老挝及周边国家学生为主,逐步拓展,最终形成以亚洲国家学生为主,并延伸至欧美国家的多元学生群体。学校将通过积极与当地中小学洽谈接触,设立附属中小学和幼儿园等,努力开拓生源渠道。学校将为中国、老挝和东南亚及相关国家和地区的经济、社会发展培养通晓中文以及相关专业知识和技能的国际化人才。

为加快办学进程,老挝苏州大学于 2012 年初租用了老挝民营学校(凯文学院)校舍作为临时办学场所,可容纳在校生 300 人。

2012 年 7 月 2 日,老挝苏州大学获得国际经济与贸易、国际金融、汉语言培训的办学许可,开始招生。2012 年 10 月,首届本科新生已在临时办学场所入学并接受教育。

老挝苏州大学的创办,显示了苏州大学的雄厚实力和超前意识,也为中国高校走出国门开创了先河,积累了成功的经验,标志着中国高等教育实现了从引进向输出、从开放向开拓的战略转型。一方面,老挝苏州大学为中国企业"走出去"提供了一个全面、深入了解老挝及东南亚地区经济社会发展的窗口,并提供人才和技术支持,以沟通融畅的交流平台来推动中资企业与老挝及周边国家经济、贸易等诸多领域的合作;另一方面,老挝苏州大学的创办,对促进老挝及东南亚国家学生来华留学将起到直接的推动作用,为发展留学生教育建立了新的增长点。

老挝苏州大学是在老挝注册并由苏州大学控股的独立法人高校,立足于在学校主体独立的条件下,争取政府支持,吸纳社会、企业资金共同建设。学校实行董事会领导下的校长负责制,苏州大学派骨干人员负责运作及管理,同时招聘本地员工参与日常运营管理。

为加快发展步伐,抢占国际教育发展先机,我们热切欢迎有远见卓识的政府机关、高校、企事业单位和业界精英与我们携手合作,努力开拓国际办学市场和学生生源市场,共同推进高等教育国际化交流与合作!

(陈　美)

附属医院简介

苏州大学附属第一医院

一、概况

苏州大学附属第一医院始创于1883年(清光绪九年),时称“博习医院”,1954年6月易名为苏州市第一人民医院,1957年成为苏州医学院附属医院,2000年苏州医学院并入苏州大学,医院更名为苏州大学附属第一医院。1994年医院通过江苏省首批卫生部三级甲等医院评审,并成为苏南地区医疗指导中心。2011年,医院再次以优异成绩顺利通过三级甲等医院复审。医院系江苏省卫生厅直属的集医疗、教学、科研、预防为一体的综合性医院,并被设为卫生部国际紧急救援网络中心医院,2012年被确认为江苏省省级综合性紧急医学救援基地。苏州大学第一临床医学院(含医学影像学系)和口腔医学专业设在医院,江苏省血液研究所也挂靠在医院。

医院本部坐落于古城区东部十梓街188号,占地面积64 960平方米;医院南区(人民路地块、竹辉路地块、沧浪宾馆地块)占地面积93 754平方米;规划中的平江新院坐落在苏州城北平江新城内,占地面积约201.9亩,核定床位3 000张,将分两期建设,其中一期规划床位1 200张,建筑面积20.16万平方米;二期规划床位1 800张,建筑面积21.84万平方米。

一年来,医院牢固树立“以病人为中心”的服务理念,围绕“基础医疗做大做强,医改任务逐步突破”,规范临床路径管理,重视护理床位文化,加强抗菌药物整治,转作风、提效能,推进“三好一满意”活动,连续四年获得省厅综合目标管理考核一等奖,荣获卫生部2012医院改革创新奖、苏州市文明单位标兵、苏州市委“争创群众满意窗口服务单位先进基层党组织”称号等荣誉,成功申报为国家首批“中国健康促进基金会健康管理示范基地”,为苏州市唯一获此殊荣的医院。在复旦大学医院管理研究所发布的中国最佳医院排行榜中连续两年进入前50强,并在首届中国地级医院100强排行榜中跻身前三甲。

二、医疗工作

2012年完成诊疗总量217.3万人次,同比增加12.7%;出院6.8万人次,同比增加14.1%;手术2.36万例,同比增加2.7%;病床周转次数41次,同比增加3.1次;平均住院日9.7天,同比下降0.6天;平均术前住院天数2.3天,与同期持平;甲类手术率28.7%,同比增加0.4%;危重病人抢救成功率91.6%,同比下降2.0%。医院总收入23.22亿元,再创历史新高,药占比为44.39%。

医院把医疗质量与安全作为医院生命线去抓,让过硬的医疗质量成为医院服务优势和显著标志。在2012年6月份省厅组织的“三基”抽考中,名列全省50家三级综合医院第9位,合格率为100%。发挥医疗质量管理委员会、质控组织的监督作用,安全监管到床单元,严防医疗事故;坚持“重点学科成果巩固、普通学科上等争位”的目标,呼吸内科成功纳入国家临床重点专科建设项目,妇产科、泌尿外科、急诊科和免疫科 4 个专科以高分通过省级临床重点专科复核,组织申报泌尿外科、骨关节疾病、大血管疾病、肺部肿瘤、肿瘤放射治疗及代谢性疾病 6 个专科诊疗中心。推荐普外科、肿瘤科进入苏州市医学重点学科行列。2012 年,作为江苏省医疗卫生系统仅有的 2 家代表之一,受邀参加卫生部"全国构建和谐医患关系 建设平安医院研讨会",介绍了医院在"平安医院"创建方面的经验。继续做好对口支援陕西富县,江苏海门、灌云以及吴江等地 4 家医院的卫生支农工作,累计派出业务骨干 57 人次,援助资金、设备 50 余万元,解决疑难杂症 800 人次,诊治患者 500 余人次,免费接受进修人员 45 人次。两位医师获得"延安市对口支援工作先进个人"称号,1 位获得"富县对口支援先进个人"称号。陈卫昌副院长赴藏担任拉萨市人民医院院长,彭根大主任持续助力伊犁妇幼保健院发展。组建以医院职工为主要成员的中国第十期援圭亚那医疗队赴圭,展现了医务人员良好的精神风貌。

三、教学工作

医院承担了 41 个班级 9 个专业的教学任务,圆满完成理论教学 6 120 学时,见习带教 9 288 学时。接受 250 名实习生及 37 名海外留学生进入临床通科实习,举办实习前培训 3 次。全年共组织开展观摩示范教学 3 次,开展教学行政联合查房 2 次,召开学生及教师代表座谈会 4 次;组织对 528 名任课老师的课堂教学质量进行评价打分,选送 2 位青年教师赴台湾交流学习,5 位青年教师参加第八届医学专业双语教学骨干教师高级研修班,3 位青年教师参加第二届亚太地区 PBL 联合学生研讨会,37 位青年教师参加洪恩英语培训班,唐天驷、蒋文平、汪康平、张志德、丁乙等 5 位专家被聘为学校临床医学教育督学。通过师资队伍建设、临床教学质量管理,进一步推动了床边教学、PBL 教学、CBL 教学及临床模拟教学。

四、科研工作与学术交流

医院落实科研鼓励政策,认真做好各类项目成果鉴定、申报组织、质量把关工作。全年获得国家自然科学基金资助项目 31 项,经费 1 472 万元;国家科技部"973 计划"项目 1 项,经费 253 万元,实现在该领域零的突破;获"国家科技支撑计划"项目 1 项,江苏省科技厅项目 13 项,其中生命健康科技专项 5 项、江苏省社会发展项目 1 项;江苏省自然科学基金项目 7 项,其中杰出青年项目 1 项,经费 3 730 万元;市厅级项目 43 项,资助经费 192 万元。共获得中华医学科技奖 2 项,江苏省科技进步奖 3 项,江苏省医学科技奖 4 项,江苏省医学新技术引进奖 6 项,苏州市科技进步奖 14 项。在北图核心期刊和统计源期刊发表论文 530 篇,其中 SCIE 收录文献 155 篇,论文 121 篇。获 2010—2011 年度苏州市自然科学优秀学术论文奖 24 篇。

深化人事制度改革,试行岗位设置工作,对全院专技、管理、工勤各类人员进行聘任;实施人才倍增计划,全年举行专场招聘会 9 场,录取毕业生共计 231 人,其中博士生 29 人(占 9.4%)。选派 13 人赴国外交流、研修,推荐吴德沛教授遴选卫生部有突出贡献中青年专家;推荐沈振亚教授申报政府特殊津贴专家;推荐 27 人申报"六大人才高峰"第九批高层次人才项目。截至目前,医院引进江苏省"双创人才"2 人,引进海外高层次人才 3 人,聘任海外主任 4 人、海外客座教授 12 人、海外兼职教授 14 人,引进享受政府特殊津贴专家 15 人。

实施科教兴院战略,开展"独当一面"人才专项培训,抓好研究生、进修生和住院医师规范化培训，形成独具特色的培训管理评价体系。截至11月，共安排院内培训讲座40场，其中“独当一面”人才专项讲座14场，院外专家讲座12场，中层干部培训讲座3场。全年共派出进修人员20名，接受进修人员201名，其中对口帮扶单位进修人员20名。外出参加各类学术会议约300人次，赴境外研修学习和参加学术交流154人次，其中受“江苏省卫生国际交流支撑计划”项目资助的出国研修人员11名。2012年获批国家、省、市级继续教育项目80项。成功申报国家级全科医生临床培养基地建设项目，获得项目资助1 100万元，为下一步开展全科医生规范化培训奠定了基础。

五、平江新院工作

2012年，省委常委、苏州市委书记蒋宏坤两次带领相关部、委、办、局，深入调研并主持召开现场办公会，将平江新院建设发展列为“苏州市社会事业发展的一号工程”，并纳入“十二五”苏州市医疗卫生发展重大项目。医院先后与市委市政府、姑苏区政府、卫生局等多个部门召开了6次大型协调会，积极争取政策、资金扶持。医院在原定市财政4.8亿元支持的基础上，再次向市委市政府争取到连续五年、每年3 000万元的贴息补贴，并向省政府申请到财政补助1亿元。同时，制作面向社会、面向职工的专题网站，向社会征集意见，制作每半月1期的工作简报，通报项目阶段性工作，加大宣传，集思广益，广泛收集员工意见。目前，平江新院建设已经开始地面工程，完成一期门急诊、医技楼5层施工，门诊、医技楼(裙房)结构封顶。

(部　翀)

苏州大学附属第二医院

一、概况

苏州大学附属第二医院,又名核工业总医院、苏州市第六人民医院、中法友好医院,创建于1988年12月30日,由中国核工业集团公司前身中国核工业部投资兴建。医院系部属综合性教学医院,集医疗、教学、科研、预防为一体,师资和科研力量雄厚,医疗设备先进。医院被设为中国核工业辐射损伤医学应急中心、秦山核电核事故应急医疗中心、苏州市创伤抢救中心、苏州大学医学院临床医学二系,并设有苏州大学神经科学研究所。2002年11月被国家核事故应急办公室列为国家级核事故应急后援单位。2010年,医院以优异成绩通过省卫生厅三级医院评审;多次获苏州市文明单位及江苏省文明单位等荣誉称号,并被命名为省级"平安医院"。医院坐落于苏州市三香路1 055号,占地面积7.6万平方米,现建筑面积17.5万余平方米,职工人数1 884名,其中卫技专业人员近1 568名,开放床位数达到1 350张。

二、医疗工作

医院设有一、二临床科室30个,医技辅助科室22个,教研室15个,研究室9个。医疗设备齐全先进,2012年年底医院设备总值3.77亿元。医院拥有CT、DSA大型血管造影机、核磁共振检查仪、直线加速器、SPECT检查仪等价值万元以上设备,设备总值3.61亿元,共计1 889台(套)。

2012年主要医疗工作情况:2012年医院门急诊人次1 359 193人次,其中门诊1 247 709人次,急诊111 484人次。2012年出院人数48 709人次,病床使用率为93.7%,床位周转次数为36.6次,病人住院天数为9.4天/人,出院人均费用14 224.01元,治愈率47.9%,好转率47.9%,死亡率0.4%。2012年抢救病人总数4 925人次,抢救成功人数4 422人次,抢救成功率89.78%。2012年手术44 814人次,其中门诊27 356人次,住院17 458人次。2012年门诊与出院诊断符合率99.90%,入院与出院诊断符合率99.90%,手术前后诊断符合率99.90%。2012年院内组织大会诊98次,接待特诊病人6 167人次,海外旅行保险病人629人次,老干部门诊病人2 146人次。便民门诊病人38 376人次。门诊参保结算费用26 291.10万元,占全部病人门诊结算总费用的58.02%;住院参保结算总费用44 312.84万元,占比63.86%。

三、教学工作

医院临床医学二系、科教处、护理部三个部门分别承担相应的教学任务。临床医学二系承担苏州大学医学院本专科生临床教学任务,设有内科、外科、诊断、外总、妇产科、神经病、中医、眼科、耳鼻喉、口腔、影像、放射损伤临床、放射治疗、核医学、医学检验等15个教研室。

2012 年医学二系完成课时数 7 811 课时，其中教学 3 544 课时，带教 4 267 课时。同时承担研究生、省内外进修生和大中专院校实习生培训教学以及在职职工继续教育任务。研究生教学设有临床医学博士后流动站、内科学与外科学 2 个二级学科(含 16 个三级学科)博士点、18 个三级学科硕士点。2012 年在读研究生总数 595 人，其中，博士生 133 人，硕士生 426 人。大中专院校实习生教学方面，医院是省内外近 10 余所学校的实习基地；进修生培训方面，每年吸纳各科进修生百余名；职工继续教育方面，除对本院职工外，医院神经外科、神经内科和普外、骨外、泌外等专科还分别承担国家与省下达的继续教育任务。2012 年对院内职工举办学术讲座 109 次，举办国家级、省级、市级继续医学教育学习班共 58 项。护理部设有苏州大学护理学院的护理教研室，承担护理学院本专科生的护理临床教学任务，对护理人员进行继续教育，并承担省内外护理专业实习生、进修生的教学培训任务。

四、科研工作与学术交流

2012 年有各级科研课题 274 项，其中本年度获新立项课题 97 项，另 177 项为往年立项的续研课题。课题中，有国家自然科学基金项目 19 项，省自然科学基金课题 5 项，省医学科技专项项目 1 项，卫生部项目 1 项，市科技局项目 25 项(其中指导性项目 11 项)，市卫生局“科教兴卫”青年科技项目 8 项。2012 年度获得各类科研成果奖项 38 项，其中国防科技奖 1 项，中核集团科技奖 3 项，省科技奖 1 项，省厅新技术引进奖 7 项，市科技进步奖 2 项。2012 年度出版主编、参编专著 10 部；在专业期刊发表学术论文 383 篇(其中护理类论文 76 篇)，其中，中华级核心期刊 86 篇，国外期刊 59 篇；参加国内外学术会议交流的论文 235 篇，其中，全国学术会议论文 41 篇，省级学术会议论文 194 篇。2012 年，医院共有 57 人次在各级社会学术团体任职。

(姚志刚)

苏州大学附属儿童医院

一、概况

苏州大学附属儿童医院(苏州市儿童医院)建于1959年,在原苏州医学院附属第一医院儿科基础上独立组建。经过50余年的发展,现已成为一所集医疗、教学、科研、预防为一体的三级甲等综合性儿童医院,隶属于江苏省卫生厅。

医院本部占地面积1.8万平方米,建筑面积4.5万平方米,在建总院位于苏州工业园区,占地5.9万平方米,建筑面积9万平方米(不含地下室)。结合医院总院项目,2012年省厅核定床位共1 500张,目前实际开放床位800张;2011年医院门急诊量约100万人次,出院病人约3.5万人次,手术近6 500台;现有在职职工1 000余名,其中卫生专业技术人员占85%以上。

医院不仅具备先进的医疗设备、完善的基础设施、雄厚的技术力量,同时拥有一批高层次人才,近五年来有省"科教兴卫工程"医学领军人才与创新团队1个,省"135工程"重点医学人才5名,省"333工程"培养对象7名,省"双创计划"引进人才1名,省"六大高峰人才"2名。

医院坚持"科教兴院、人才强院"的发展战略,拥有苏州大学校级儿科医学研究所及苏州市重点实验室儿童发育脑损伤防治研究实验室等科研机构,儿科学为"十二五"江苏省医学重点学科。近五年来,医院先后承担国家、省市各级各类课题100余项,荣获省市科技进步奖近20项,省市医学新技术引进奖40余项;每年举办国家级、省级继续教育学习班8~10次,发表科研论文200多篇,其中SCI论文10多篇。作为苏州大学教学医院,医院拥有儿科学博士点、急救医学硕士点,有博士生导师8名,硕士生导师36名,每年承担本科生、研究生以及海外学生的教学任务。

医院秉承"博学、求精、协进、仁爱、感恩"的服务精神,坚持"关爱儿童、呵护生命"的服务宗旨,贯彻"家、学校、乐园"的服务理念,以创建优质医院为契机,在强化内涵的同时,拓展延伸服务,多次被评为省、市文明单位,并被卫生厅评为"平安医院""实施患者安全目标合格医院",多次获省卫生厅综合目标管理考核一等奖,其"无假日""夜间"专家门诊特色服务被评为苏州市卫生行业文明服务品牌。

改革开放以来,医院先后与美国、英国、加拿大、日本、丹麦、以色列等国家和我国香港、台湾地区的医院建立友好协作关系,聘请多位外籍专家担任客座教授,派遣中青年专家赴国外进修访问。"十二五"期间,医院将继续以科学发展观为指导,以建造儿童医院总院为发展契机,把儿童医院建设成为国内一流、国际知名的现代化儿童医院,为社会提供优质的医疗服务。

二、医疗工作

医院专科齐全，拥有23个临床专业科室、5个医技科室，涵盖儿科诸领域。其中新生儿科、骨科、血液科、普外科为江苏省临床重点专科，神经科和肾脏科是江苏省临床重点专科建设单位，普外科、肾脏科、呼吸科、神经科为苏州市临床重点专科。

2011年，医院完成诊疗总量98.8万人次，同比增长12.2%；出院3.44万人次，同比增长9.1%；手术6 674例，同比增长8.6%；平均住院日8.3天，同比下降0.1天；危重病人抢救数1 650人次，同比增加13.7%；危重抢救成功率94.3%，同比增加1.8%；全年实现总收入4.36亿元，同比增长12.29%，药占比48.34%。

2011年度，医院共收治手足口病人1 810例，其中危重症患者572例。配合公安部门、民政部门做好弃婴诊治工作，共为63名弃婴提供体检及医疗救治。少儿医保工作有序开展，新农合前期准备工作基本完成，医院成立新农合办公室并由专人负责，目前已与49个地方的合管办签订了救治协议，2012年共有33名来自全省各地的新农合白血病患儿在医院就诊。

医院继续深入对口支援沭阳县人民医院及苏州高新区人民医院，共派出医务人员20人次。与伊犁妇幼保健院正式签订对口支援合作协议，建立"一对一"结对帮扶关系。全年医院共派出医疗、护理、医技专业12名医务人员参与援疆，协助该院建成伊犁首家新生儿重症监护室，目前该院新生儿科已成为伊犁新生儿救治中心。医院选拔1名医生参加省厅援助圭亚那医疗队。

三、教学工作

研究生教学：根据《国家中长期教育改革和发展规划纲要》要求，提高人才培养质量，更新人才培养观念，创新人才培养模式，在学校研究生院和医学部的统一部署下，对学术型研究生培养方案进行了修订，并制定了医院硕士、博士5门课程的教学大纲。申报学术性博士生导师1名，专业学位博士生导师4名，硕士生导师8名。共招研究生43名，其中，学术型硕士21名，专业学位硕士18名；学术型博士2名，专业学位博士2名。积极准备开设对海外研究生的英文儿科学教学。认真规范做好各类研究生的毕业答辩工作和学位授予工作，毕业研究生44名。

本科生教学：本年度儿科临床医学院共承担17个班级、12门课程的教学任务，其中包括临床七年制、放射医学七年制及2个海外留学生班。共完成课堂教学516课时，见习课时4 662人次。全日制学生人数669人，其中，海外留学生116人。全年共接收实习生382人，其中海外留学生142人。开设了"儿童保健学精要"及"医学营养学"两门选修课程。高级职称教师授课率在80%以上。对全年开设课程进行学生评教，各课程均达优秀等级。多媒体课件授课率达100%。针对精品课程存在的问题，进行了"儿科学（双语）"及"儿科学"课程全体授课教师的集体备课，要求对授课的课件、教案和试题重新建设。加强课程网站建设，不断更新及丰富网站内容，医院课程网站建设圆满通过了医学部网站建设检查。古桂雄老师获得周氏教学奖，冯星教授申报了《儿科学》（第八版）副主编，古桂雄教授申报了《儿科学》（第八版）编委。

四、科研工作与学术交流

"儿科学"被列为江苏省医学重点学科,"新生儿脓毒血症的早期预警"研究团队被列为江苏省医学领军人才与创新团队,胡绍燕、倪宏及吕海涛等3位人员被列为江苏省医学重点人才;获国家自然科学基金项目2项,获国家科技重大专项课题(重大新药创制)1项,为医院首次获得该类科技项目;获省自然科学基金项目5项,创历史新高,获省社会发展项目1项;获省教育厅项目1项;获"苏州市科技计划"项目15项(含5项指导性项目),创历史新高。截至目前,获得预期科研经费首次突破千万元大关。儿童发育脑损伤防治研究重点实验室被列为苏州市重点实验室,获市拨款经费30万元。全年发表SCI论文10余篇,发表中华牌论文21篇,较以往有了明显提高。根据江苏省医学会儿科分会的安排,顺利完成了江苏省《临床技术操作规范》和《临床诊疗指南》儿科学分册的师资培训工作,参会人数达历史之最,参训人员均为省内各市儿科专家和各市的儿科培训师资。

(肖 翔)

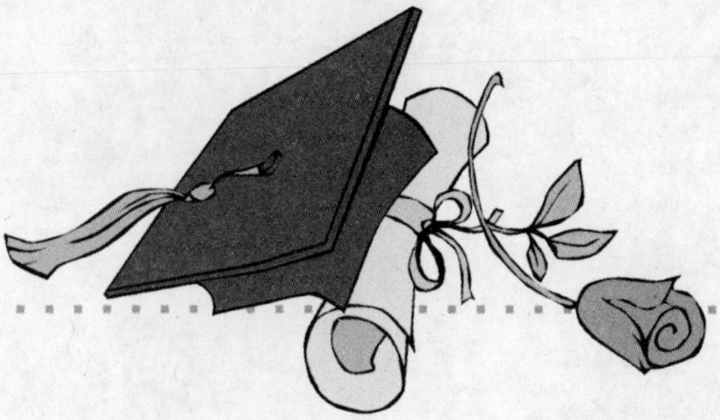

表彰与奖励

2012年度学校、部门获校级以上表彰或奖励情况

2012年度学校、部门获校级以上表彰或奖励情况一览表

受表彰、奖励的集体	被授予的荣誉称号与奖励	表彰、奖励的单位与时间
苏州大学	江苏省高校红十字会第三届“博爱青春”暑期志愿服务项目优秀奖	江苏省红十字会、江苏省精神文明建设指导委员会办公室、江苏省教育厅等 2012年11月
苏州大学	2010—2011年度江苏省高等学校和谐校园	江苏省教育厅 2012年1月
苏州大学	2011年度江苏省教育宣传工作先进单位	江苏省教育厅 2012年3月
苏州大学	第四届(2010—2011年度)江苏省科技工作先进高校	江苏省教育厅 2012年12月
苏州大学	2012年江苏省教育人才工作先进单位	江苏省教育厅 2012年12月
苏州大学	2011—2012年度江苏高校思想政治教育工作先进集体	江苏省教育厅 2013年2月
苏州大学	2011年度江苏高校团干部到县级团委挂职工作先进集体	团省委、江苏省委教育工委 2012年2月
苏州大学	江苏省首届大学生安全知识竞赛优秀组织奖	江苏省教育厅办公室 2012年12月
苏州大学党委	2010—2012年苏州市创先争优先进基层党组织	苏州市委 2012年6月
苏州大学	苏州市第十三届体育运动会群众体育工作先进集体	苏州市政府 2012年10月

续表

受表彰、奖励的集体	被授予的荣誉称号与奖励	表彰、奖励的单位与时间
苏州大学	苏州市创建国家节水型城市工作先进集体	苏州市政府 2012 年 2 月
苏州大学	全市侨务工作先进集体	苏州市政府 2012 年 7 月
苏州大学	苏州市 2010—2012 年度预防职务犯罪工作先进单位	苏州市预防职务犯罪工作领导小组 2012 年 12 月
苏州大学党委	全市"祝福寄语十八大"活动优秀组织奖	苏州市委组织部、苏州市邮政局 2012 年 11 月
附属第一医院	2012 医院改革创新奖	卫生部医管司等 2012 年 12 月
离退休工作处	全省离退休干部统计工作优秀集体	江苏省委老干部局 2012 年 12 月
离退休工作处	2012 年度全省老干部工作部门信息工作先进集体三等奖	江苏省委老干部局 2013 年 3 月
文正学院党委	江苏省高校创先争优先进集体[院系级党委(总支)]	江苏省委教育工委 2012 年 6 月
文正学院	2012 年度江苏省高校毕业生就业工作先进单位	江苏省教育厅 2012 年 5 月
功能纳米与软物质研究院科研创新团队	第二届江苏侨界贡献奖(创新人才)	江苏省科技厅、江苏省侨联 2013 年 1 月
附属第一医院心脏大血管外科、心内科 附属第二医院神经外科 附属儿童医院心内科	2011 年度江苏省优质护理服务先进病区	江苏省卫生厅 2012 年 2 月
附属第一医院血液科护理组	江苏省卫生系统护理专业巾帼文明岗	江苏省卫生厅等 2012 年 4 月
附属第一医院药学部	2011 年度江苏省三级医院规范药房	江苏省卫生厅等 2012 年 8 月
附属第一医院检验科	江苏省卫生系统 2010—2011 年度青年文明号	江苏省卫生厅 2012 年 11 月
附属第一医院	2012 年度江苏省医疗计量工作先进单位	江苏省卫生厅等 2012 年 12 月

续表

受表彰、奖励的集体	被授予的荣誉称号与奖励	表彰、奖励的单位与时间
附属第一医院	陕西省2009—2012年省际城乡医院对口支援工作先进集体	陕西省卫生厅 2012年12月
档案馆	苏州市档案工作先进集体	苏州市委、市政府 2012年2月
附属第一医院 附属第二医院 附属儿童医院	2010—2011年度苏州市医药卫生工作先进集体	苏州市委、市政府 2012年3月
人口研究所	2009—2011年度苏州市人口和计划生育工作先进集体	苏州市委、市政府 2012年6月
出版社 附属第一医院	苏州市2009—2011年度文明单位标兵	苏州市委、市政府 2012年12月
附属第一医院	争创群众满意窗口服务单位先进基层党组织	苏州市委等 2012年12月
附属第一医院	苏州市2009—2011年度文明单位标兵	苏州市委等 2012年12月
社会公共文明研究所	2009—2011年度苏州市全国文明城市建设长效管理工作先进集体	苏州市委 2012年1月
附属第一医院党委	2010—2012年苏州市创先争优争创群众满意的窗口服务单位先进基层党组织	苏州市委 2012年6月
附属第二医院	苏州市2009—2011年度文明单位	苏州市精神文明建设指导委员会 2012年11月
组织部	苏州市2010—2011年度组织工作先进集体	苏州市委组织部 2012年1月
材料与化学化工学部	2011年度自然科学科研工作先进单位(科技项目最佳进步奖)	苏州大学 2012年1月
医学部	2011年度自然科学科研工作先进单位(学术论文最佳进步奖)	
机电工程学院　沙钢钢铁学院	2011年度自然科学科研工作先进单位(知识产权最佳进步奖)	
材料与化学化工学部	2011年度自然科学科研工作先进单位(综合科技最佳进步奖)	

续表

受表彰、奖励的集体	被授予的荣誉称号与奖励	表彰、奖励的单位与时间
功能纳米与软物质研究院	2011 年度自然科学科研工作先进单位(科技项目突出贡献奖)	苏州大学 2012 年 1 月
材料与化学化工学部	2011 年度自然科学科研工作先进单位(学术论文突出贡献奖)	
现代光学技术研究所 信息光学工程研究所	2011 年度自然科学科研工作先进单位(科技奖励突出贡献奖)	
医学部	2011 年度自然科学科研工作先进单位(综合科技突出贡献奖)	
科学技术与产业部科学技术处	2011 年度自然科学科研工作先进单位(最佳组织奖)	
政治与公共管理学院	2011 年度人文社科科研工作先进单位(科研项目贡献奖)	苏州大学 2012 年 1 月
政治与公共管理学院 文学院	2011 年度人文社科科研工作先进单位(科研成果贡献奖)	
政治与公共管理学院 社会学院	2011 年度人文社科科研工作先进单位(科研服务地方贡献奖)	
中国特色城镇化研究中心 苏州基层党建研究所	2011 年度人文社科科研工作先进单位(科研平台建设贡献奖)	
外国语学院	2011 年度人文社科科研工作先进单位(科研项目最佳进步奖)	
体育学院	2011 年度人文社科科研工作先进单位(科研成果最佳进步奖)	
王健法学院 东吴商学院(财经学院) 东吴证券金融学院	2011 年度人文社科科研工作先进单位(科研工作组织奖)	
凤凰传媒学院团委 社会学院团委 政治与公共管理学院团委 东吴商学院(财经学院) 东吴证券金融学院团委 外国语学院团委 物理科学与技术学院 能源学院团委	2011 年度“红旗团委”	苏州大学 2012 年 4 月

续表

受表彰、奖励的集体	被授予的荣誉称号与奖励	表彰、奖励的单位与时间
材料与化学化工学部团委 医学部团委 应用技术学院团委 文正学院团委 附属第一医院团委 附属第二医院团委	2011 年度"红旗团委"	苏州大学 2012 年 4 月
政治与公共管理学院党委 物理科学与技术学院 能源学院党委 计算机科学与技术学院党委 机电工程学院党委 纺织与服装工程学院党委 体育学院党委 应用技术学院党委 附属第二医院党委 后勤党委 电子信息学院学生党总支 文学院 2010 级研究生第一党支部 凤凰传媒学院 2009、2011 级本科生党支部 社会学院 2010 级研究生党支部 东吴商学院(财经学院) 东吴证券金融学院学生第一党支部 王健法学院本科生第二党支部 外国语学院行政党支部 金螳螂建筑与城市环境学院园林与园艺党支部 数学科学学院第一党支部 材料与化学化工学部化工教工党支部 城市轨道交通学院交通运输学生党支部 艺术学院本科生第二党支部 医学部学生第一党总支第一党支部 医学部基础医学与生物科学学院生理学系、神经生物与医学心理学系党支部	苏州大学创先争优先进基层党组织	苏州大学 2012 年 6 月

续表

受表彰、奖励的集体	被授予的荣誉称号与奖励	表彰、奖励的单位与时间
医学部药学院药学系教工党支部 阳澄湖校区机关第二党支部 附属儿童医院第四党支部 图书馆第四党支部 教服公司物业第三党支部 离休党工委南校区第一党支部 机关党工委人事处党支部 群团与直属单位党工委出版社党支部	苏州大学创先争优先进基层党组织	苏州大学 2012 年 6 月
数学科学学院 教育学院	苏州大学 2012 届教育实习先进学院	苏州大学 2012 年 6 月
体育学院	第九届大学生运动会先进集体	苏州大学 2012 年 10 月
纺织与服装工程学院纺织科学与工程教学团队	2012 年交行奖教金获奖集体	苏州大学 2012 年 11 月

2012年度教职工获校级以上表彰或奖励情况

2012年度教职工获校级以上表彰或奖励情况一览表

受表彰者姓名	被授予的荣誉称号与奖励	表彰、奖励的单位与时间
周　超　贾冠杰　洪　芳　袁海泉　尹艳秋	全国第三届教育硕士专业学位优秀教师	全国教育专业学位教育指导委员会　2012年9月
王　青　王晓燕　王　宇	全国第三届教育硕士专业学位优秀教学管理工作者	
陈　红	第十三届江苏省青年科技奖	江苏省委组织部、江苏省人社厅、江苏省科协　2012年8月
韦庆辛	2012年度全省老干部工作部门信息工作先进个人	江苏省委老干部局　2013年3月
殷雪群	第二届江苏省优秀志愿者	江苏省文明办2011年12月
芮国强　杨惠林	江苏省高校优秀共产党员	江苏省委教育工委　2012年6月
邬学海　邓　敏	江苏省高校优秀党务工作者	
王　俊	江苏省高校创先争优先进个人	
陈　罡	江苏省卫生系统2010—2011年度青年岗位能手	江苏省委教育工委等　2012年11月
吴磊兴　张　芸	2011年度江苏高校团干部到县级团委挂职工作先进个人	团省委、江苏省委教育工委　2012年2月
孙　磊	江苏省首届高校辅导员职业技能竞赛二等奖	江苏省教育厅　2012年5月
廖良生	第二届江苏侨界贡献奖（创新人才）	江苏省科技厅、江苏省侨联　2013年1月
陈林森	江苏省侨界“十杰”	江苏省侨联、江苏省政府侨务办公室　2012年7月

续表

受表彰者姓名	被授予的荣誉称号与奖励	表彰、奖励的单位与时间
徐 香 顾 洁 王 新	2011 年江苏省优质护理服务先进个人	江苏省卫生厅 2012 年 2 月
郝永刚	2012 年江苏省卫生应急比武竞赛一等奖	江苏省卫生厅等 2012 年 8 月
叶建新 倪建强	陕西省 2009—2012 年省际城乡医院对口支援工作先进个人	陕西省卫生厅 2012 年 12 月
董启榕	江苏省百名医德之星	中共江苏省卫生厅直属机关委员会 2012 年 9 月
陈林森	2011 年度苏州市优秀民营企业家	苏州市委、市政府 2012 年 2 月
张彦彬	2010—2011 年度苏州市医药卫生工作先进个人	苏州市委、市政府 2012 年 3 月
沈志荣	2009—2011 年度全国文明城市建设长效管理工作先进个人	苏州市委 2012 年 1 月
方世南	2010—2012 年苏州市创先争优优秀共产党员	苏州市委 2012 年 6 月
丁 欣	2010—2012 年苏州市创先争优争创群众满意的窗口服务单位优秀共产党员	苏州市委 2012 年 6 月
张寿华 沈慧廉	苏州慈善楷模	苏州市政府 2012 年 2 月
曹永罗 彭根大 陈勇兵 丁 欣	2012 年苏州市劳动模范	苏州市政府 2012 年 4 月
肖 平	苏州市 2010—2012 年度预防职务犯罪工作先进个人	苏州市预防职务犯罪工作领导小组 2012 年 12 月
廖良生	2011 年度自然科学科研工作先进个人(重大项目杰出贡献奖)	苏州大学 2012 年 1 月
曹永罗 陈 红	2011 年度自然科学科研工作先进个人(杰青项目杰出贡献奖)	

续表

受表彰者姓名	被授予的荣誉称号与奖励	表彰、奖励的单位与时间
陈林森	2011 年度自然科学科研工作先进个人(科技奖励杰出贡献奖)	苏州大学 2012 年 1 月
金太军 陈 忠	2011 年度人文社科科研工作先进个人(个人杰出贡献奖)	苏州大学 2012 年 1 月
昝金生 孙锡平 李 瑾 张镇华 邓国林 滕冬梅 赵承良 朱琴玉 虞 虹 薛明强	2011 年度主要通识课程十佳教师	苏州大学 2012 年 1 月
刘跃华	苏州大学教学先进个人	苏州大学 2012 年 3 月
尹艳秋 李佩霞 陈志强 陈克潜 杨天翔 张橙华 倪均强 唐 斌	2012 年苏州大学五四青年奖特别感谢奖	苏州大学 2012 年 5 月
宋 智 王卫平 钮菊生 王 静 孙 磊 赵 红 金 中 钱 煜 胡新华 袁冬梅 李婉婷 王成奎 曹金元 张鑫华 虞 岚 席拥军 黄小波 司马杨虎 朱 跃 卞海勇 黄远丰 龚卫平 王 宇 衣同晔 章 洁 顾明高 朱剑峰 徐群祥 于毓蓝 姚 炜	苏州大学创先争优优秀党务工作者	苏州大学 2012 年 6 月
宋 智 孔 川 王美珠 朱颖康 解 笑 顾雁飞 孟玲玲 查伟大 祁素萍 时秋芳	2011 年度苏州大学优秀专职团干部	苏州大学 2012 年 6 月
艾立中 杨旭辉 张小洪 陈向澜 王 芹 蒋亚奇 王 晗 陆 洵 孙少华 王海贞 高明强 周建军 马建桥 雍自鸿 蔡文林 许 星 周 超 朱桂荣 桑芝芳 沈理明 肖卫兵 孙玉钗 宋学宏 李 晖 刘 健 贵春山 孙雄华 潘 江 童淑萍 陈 洁 郭茂凤 李 双 陈卫潭	苏州大学 2012 届优秀实习指导教师	苏州大学 2012 年 6 月

续表

受表彰者姓名	被授予的荣誉称号与奖励	表彰、奖励的单位与时间	
江学旺 陈一 张晨 韩焕忠 徐芳 李冬梅 王鼎 李琼舟 邰崇禧 朱广俊 高雷 李伟 朱冬琴 魏玉娃 付亦宁 刘纯平 章晓芳 陈蕾 汝长海 王家善 李战雄 傅春玲 李兵 洪法水 严茹红 章良 陈大为 马建武 张勇 王作山 姚英明 范丽娟 吴新宇 刘咏清 彭静玉 丁建强 刘和剑	2012 届毕业设计(论文)优秀指导教师	苏州大学	2012 年 6 月
丁欣 宋言奇	2011 年度苏州大学王晓军精神文明奖先进个人	苏州大学	2012 年 9 月
陈钢 徐建荣 陆升汉 张君贤 方勇	第九届大学生运动会优秀教练员	苏州大学	2012 年 10 月
王青 朱冬梅 朱彦 许宜申 冷洁 张晨 李明 杨旭辉 肖湘东 陆湘怀 陈一 陈雪勤 陈蕾 姚林泉 钟华 黄燕敏 程东亚 蒋小岗 樊建芬 衡仁权	2012 年建行奖教金教学奖	苏州大学	2012 年 11 月
吉伟 宋海英 李全义 芮秀文 居民 姚建萍 胡新华 徐娴 曹金元 龚学锋	2012 年建行奖教金管理奖		
羊箭锋 严大香 张庆 张炜 李冰燕 李峰 沈安东 姚志刚 徐加英 钱万里	2012 年建行奖教金学术支撑奖		
陈志强 杨天翔 王俊 王宜怀 伏玉琛 吴瑾 王国和	苏州大学教学先进个人	苏州大学	2012 年 12 月
方世南 刘庄 陈苏宁	2012 年周氏教育科研奖(科研奖优异奖)	苏州大学	2012 年 12 月
王青 张学农 金太军	2012 年周氏教育科研奖(科研奖优秀奖)		

续表

受表彰者姓名	被授予的荣誉称号与奖励	表彰、奖励的单位与时间
陈　廷　孟凤华　秦立强	2012年周氏教育科研奖（科研奖优胜奖）	苏州大学　2012年12月
吕海涛　朱琴玉　俞一彪	2012年周氏教育科研奖（教学奖优胜奖）	
王云杰　吴　鹏　辛　华　徐小乐	2012年周氏教育科研奖（卓越管理奖）	
张　鹏　刘国联　曹艳红　汪小华　付亦宁　卢　朗　黄建洪　杨　哲　昝金生　吴　莹　辛　煜　王朝晖　蒋珠燕　周晓京　李　义　王金才　徐　卫　陈瑞琴　张建英　高燕红　何志勇　蒋银珍　张丽芬　周　俊　张大庆　汪维鹏　鲍　捷　王琳辉　王文军　孙丙耀　吴铁钧　刘　扬　胡丹峰　王大慧　张　健　朱天淳　杨宏兵　蒋　慧	2012年交行奖教金获奖个人	苏州大学　2012年11月
刘　丹　王　清　王兴旺　陈　良　陈　胜　刘立民	苏州大学第十一届青年教师课堂教学竞赛一等奖	苏州大学　2012年12月
李　晶　于　颖　顾　婷　沈　能　倪锦根　潘明强　仲兆准　王萍萍　侯文杰　张　熠　张郦君　尹　勇	苏州大学第十一届青年教师课堂教学竞赛二等奖	
吴　松　谢正阳　张　珊　毛秋瑾　孙剑冰　周军华　曹灿明　彭彩霞　李　燕　张　瑾　张　伟　朱晓旭　肖仲喆　潘姝雯　罗喜召　郭震宇　汤恒亮　朱永进　赵良平　张方芳　钱宇锋　杜　军　张　欢　张舒羽　徐春明	苏州大学第十一届青年教师课堂教学竞赛三等奖	
钱定边　李成金　钱振明　张　林　王国卿　刘春风　汤哲声　王腊宝　程振平	苏州大学第五届教学名师奖	苏州大学　2013年1月

2012 年度学生集体、个人获校级以上表彰或奖励情况

2012 年度学生集体、个人获校级以上表彰或奖励情况一览表

受表彰、奖励的集体、个人	被授予的荣誉称号与奖励	表彰、奖励的单位与时间
苏州大学青年志愿者协会	江苏省青年志愿服务行动组织奖	团省委、江苏省志愿者协会 2012 年 3 月
应用技术学院 IT 事业部	江苏省高校百佳学生社团	团省委、江苏省学联 2012 年 8 月
医学部"欣长征,彩虹行"贵州支教团队	2012 年苏州大学五四青年奖敬业奉献奖	苏州大学 2012 年 5 月
教育学院凝爱志愿者 附属第一医院药学部青年文明号	2012 年苏州大学五四青年奖文明风尚奖	
文学院江苏省常熟中学实习小组 文学院江苏省前黄高级中学实习小组 政治与公共管理学院昆山震川高级中学实习小组 社会学院江苏省常熟中学实习小组 外国语学院江苏省常熟中学实习小组 外国语学院江苏省溧阳高级中学实习小组 艺术学院江苏省常熟中学实习小组 艺术学院无锡高等师范学校实习小组 体育学院太仓中等专业学校实习小组 体育学院苏州市第六中学实习小组 数学科学学院苏州实验中学实习小组	苏州大学 2012 届优秀实习小组	苏州大学 2012 年 6 月

续表

受表彰者姓名	被授予的荣誉称号与奖励	表彰、奖励的单位与时间
数学科学学院江苏省栟茶高级中学实习小组 物理科学与技术学院　能源学院江苏省常熟中学实习小组 材料与化学化工学部江苏省木渎高级中学实习小组 教育学院如皋高等师范学校实习小组 教育学院苏州工业园区星港学校实习小组 医学部上海市第六人民医院影像实习小组 医学部苏州出入境检验检疫局实习小组 医学部复旦 IBS 实习小组 医学部苏州大学附属第一医院实习小组 医学部常州市第一人民医院实习小组 医学部复旦附属金山医院实习小组 医学部上海市第六人民医院护理学实习小组 医学部苏州大学附属第二医院实习小组 医学部上海市第十人民医院实习小组 医学部苏州大学附属儿童医院实习小组 城市轨道交通学院苏州轨道交通有限公司实习小组 金螳螂建筑与城市环境学院苏州金螳螂建筑装饰股份有限公司实习小组	苏州大学 2012 届优秀实习小组	苏州大学　2012 年 6 月
东吴商学院(财经学院) 东吴证券金融学院惠寒·诚信小店 计算机科学与技术学院“身边的雷锋——助李麟青团队” 电子信息学院青年志愿者协会 医学部“医行大别山”暑期支医支教团	2011 年度苏州大学王晓军精神文明先进集体	苏州大学　2012 年 9 月

续表

受表彰者姓名	被授予的荣誉称号与奖励	表彰、奖励的单位与时间
胡宗棠 徐 驰 尚明明 汪嘉敏 金 娇 刘若晨 夷 臻 黄钰炫 毕宇洪 陈沐阳	第八届"挑战杯"中国大学生创业计划竞赛金奖	团中央、中国科协、教育部、全国学联等 2012年11月
赵楚楚 许琰彬 沈皓辰 胥茜娅 宋伟江 王 云 洪 岩 刘 昕 龚梦雪 管 明 刘兆庆 王 露 沈 阳 姚海璐 吴雄剑 张 健 郭莉莉 臧 蒙 季秋怡	第八届"挑战杯"中国大学生创业计划竞赛银奖	
胡宗棠 徐 驰 尚明明 金 娇 王 露 沈 阳 姚海璐 吴雄剑 刘沁园 许 超 张 洁 卢星凝	第八届"挑战杯"中国大学生创业计划竞赛网络虚拟运营专项竞赛二等奖	
赵楚楚 许琰彬 沈皓辰 胥茜娅	第八届"挑战杯"中国大学生创业计划竞赛网络虚拟运营专项竞赛三等奖	
李麟青	2011年度中国大学生自强之星	团中央、全国学联 2012年5月
吴超杰	江苏省优秀大学生共产党员	江苏省委教育工委 2012年6月
石梦婕	大学生国防演讲知识竞赛二等奖	江苏省军区政治部、江苏省教育厅等 2012年8月
张 健 龚梦雪 姚海璐 张梅花 李 攀 曹 宇 张荷萍 任伊凡 谢丹彭 计镇南 刘兆庆 王 露 沈 阳 臧 蒙 徐 瑾 陈 坤 周芝琦 孙冬琴 季秋怡 赵楚楚 许琰彬 沈皓辰 胥茜娅 王 云 宋伟江 洪 岩 刘 昕 黄 洋 管 明	"仙林科学城·挑战杯"第七届江苏省大学生创业计划竞赛金奖	团省委、江苏省科协、江苏省教育厅、江苏省学联 2012年

续表

受表彰者姓名	被授予的荣誉称号与奖励	表彰、奖励的单位与时间
胡宗棠 尚明明 汪嘉敏 徐驰 夷臻 李潇潇 黄钰炫 金娇 毕宇洪 陈沐阳	“仙林科学城·挑战杯”第七届江苏省大学生创业计划竞赛银奖	团省委、江苏省科协、江苏省教育厅、江苏省学联 2012 年
项健 吴雄剑 何漪 刘纯 胡韫赟 郭莉莉 周瑾 严祺 王雪岑 颜露瑶 沈浩 李合怡 刘若晨 李梦雪 张森 陈佩雯 严璐 黄奕 陈曹鑫	“仙林科学城·挑战杯”第七届江苏省大学生创业计划竞赛铜奖	
陆晓琳 王晟昊 王波	江苏省优秀青年志愿者	团省委、江苏省志愿者协会 2012 年 3 月
谭睿	苏州市第二十一届(2012 年度)道德模范·精神文明建设十佳新人提名奖	苏州市精神文明建设指导委员会 2013 年 1 月
沈妍 范舟 蒋鹏	2012 年苏州大学五四青年奖勤勉自强奖	苏州大学 2012 年 5 月
张芸	2012 年苏州大学五四青年奖敬业奉献奖	
杨欣欣 吴超杰	2012 年苏州大学五四青年奖创新创业奖	
丁欣	2012 年苏州大学五四青年奖文明风尚奖	
徐星星 李尤 陆翩翩 顾秋红 王庆庆 杨琪 赵丹 于帅 吴帅 宋兵超 章鹏 姜禹同 黄亚琼 刘行 周晴丽 高雅晶 柳飞 江董玉 高汝全 刘康怡 殷志伟 方芳 严韵致 周婷婷 曹荣 王慕洁 张琦 马景东 徐宝宁 贺艳方 张瑞 赵翎雅 黄哲 黄逸莲 李晶 李萍 高胤 王媛 李丹华	苏州大学 2012 届优秀实习生	苏州大学 2012 年 6 月

续表

受表彰者姓名	被授予的荣誉称号与奖励	表彰、奖励的单位与时间
丁乔 刘赫 陈霄晓 顾一菲 王秋鸣 刘洋 张惜君 邢璐倩 万里耘 杨亚 王力骏 袁宜珣 史隽 王艳 陈英 夏伟 钮方强 丁娟 汤颖 邬涛涛 杨杉 郗艳 唐崭 杨天杰 韩洪伟 王子腾 杨露 王业东 邹红军 施远 曾娟 王雯 黄旻旻 吴建锋 杨静 杨银杰 高丽 吴林国 马燕鸿 袁莺 章钦 金诚	苏州大学 2012 届优秀实习生	苏州大学 2012 年 6 月
吴静钰	校长特别奖	苏州大学 2012 年 9 月
任伊凡 王波 鲍清 胡沁心 蔡丽娜 徐大鹏	2011 年度苏州大学王晓军精神文明奖先进个人	苏州大学 2012 年 9 月
葛小宝 黄月月 李彪 刘紫晗 汪明华 张玉茜 黄佳 承珠凤 蒋婷婷 林向前 陆斌 倪洋 沈浩 王姣 许美玲 易洁琼 黄小虎 王雪梅 魏海玲 邢玉婷 边雨霏 陈庆省 陈雨剑 葛媛媛 姜泽堃 刘维佳 孟祥祎 邱晨 邵伟文 王亚雯 吴量 顾晓伟	第九届大学生运动会优秀运动员	苏州大学 2012 年 10 月
齐祥佩 卞泽群 姚依然	苏州大学 2012 年新生校长特别奖	苏州大学 2012 年 10 月
张慧 陶珺 项英 薛艳秋 赵淑芸 陆安捷 熊羽佳 陈娇贤 徐思远	苏州大学 2012 年新生优秀奖	

2012 年度苏州大学暑期社会实践活动先进集体和先进个人名单

一、优秀组织奖(12 个)

社会学院
政治与公共管理学院
王健法学院
外国语学院
教育学院
物理科学与技术学院　能源学院
材料与化学化工学部
纺织与服装工程学院
机电工程学院　沙钢钢铁学院
医学部
金螳螂建筑与城市环境学院
文正学院

二、优秀小分队(58 支)

文学院新媒体背景下大学生传统文化教育研究团队

文学院“印象芙蓉国”——遍访红色足迹、调研湖湘文化地域性、传播爱心教育实践团队

凤凰传媒学院“魅力喀纳斯,环保自由行”小分队

凤凰传媒学院在火车站公共卫生间寻找城市形象实践团队

社会学院“御窑金砖”暑期实践小分队

社会学院应急救护知识普及情况调查小分队

政治与公共管理学院南宁市上林县大学生村官期满再就业调研团队

政治与公共管理学院艺海小学支教团队

东吴商学院(财经学院)　东吴证券金融学院河南支教小分队

东吴商学院(财经学院)　东吴证券金融学院苏中社会实践小分队

王健法学院关注未来的希望——由台湾《少年事件处理法》引发的对大陆少年司法制度的思考小分队

王健法学院素履之往,惠泽至寒——湘西农村小学支教及免费午餐项目实践小分队

外国语学院践行垃圾分类,圆我绿色之梦——苏州地区垃圾分类管理情况调查暑期社会实践团队

外国语学院在生命的尽头绽放——走进遗体捐献暑期社会实践团队

教育学院“亲近环卫”暑期社会实践团队

教育学院“片言之赐,沐我之心”苏州市中学名师经验访谈暑期社会实践团队

艺术学院惠寒支教与文化宣传志愿服务团黑龙江小分队
艺术学院惠寒支教与文化宣传志愿服务团岳阳小分队
体育学院江苏田径队建设优势特征及其可持续发展的研究团队
体育学院“3 +3”组合
数学科学学院苏州市志愿服务激励机制的实践服务团
数学科学学院“构建科学地铁模型　提升地铁服务质量”小分队
物理科学与技术学院　能源学院“诚信之水”暑期社会实践小分队
物理科学与技术学院　能源学院科学商店之科普惠民行小分队
材料与化学化工学部新时代“五四精神”实践团队
材料与化学化工学部“微承诺,大力量”情系富川党团共建帮扶支教实践团队
纺织与服装工程学院黄河三角洲服饰文化遗产的保护与开发——苏纺科协黄河小分队
纺织与服装工程学院“追寻红色足迹,展望幸福生活”实践小分队
计算机科学与技术学院“百年惠寒,愿禾向阳”实践团队
计算机科学与技术学院昆山张浦现代化农业服务实践团队
电子信息学院电子海归人才创业调查小组
电子信息学院 E 行苏州实践小分队
机电工程学院　沙钢钢铁学院舌尖上的苏州实践小分队
机电工程学院　沙钢钢铁学院轻轨开通对旅游业影响调查小组
医学部“欣长征,彩虹行”西部科技文化服务团队
医学部“医行大别山”暑期社会实践小分队
医学部情系姑苏,爱洒吴门——苏州市急救知识普及小分队
医学部“科技支农”医学部研究生南京六合区社会实践团队
金螳螂建筑与城市环境学院苏州大学“公益社区,绿行太湖”绿色营实践团队
金螳螂建筑与城市环境学院欧洲、港澳专业研修团队
城市轨道交通学院点燃爱的烛光,孕育爱的希望——江苏泗阳“惠寒”实践团队
城市轨道交通学院图文解析阳澄湖校区团队
应用技术学院“爱·芽”团队暑期社会实践小分队
应用技术学院苏州公共自行车的使用情况及市民的满意程度调查小分队
文正学院赴美交流团队
文正学院贵州支教团
文正学院“红蜻蜓”暑期社会实践小分队
文正学院文化产业团队
敬文书院“敬文知道”学生服务创新团队
敬文书院走进职场专业实践团队
阳澄湖校区“惠民蔬菜”走进苏州社区活动推广情况考察团队
阳澄湖校区 SPEED 实践团队
阳澄湖校区智农通达实践团队
学生职业生涯规划辅导中心“魅力沿海行,卓越人生路——江苏沿海开发战略与大学生职业发展”实践团

学生工作处美国唐仲英基金会苏州大学爱心学社暑期实践团队

苏州大学学生社团联合会社团调研实践团队

苏州大学学生科技协会从城市农民工子女学校教育看如何更好地解决教育公平问题——以苏州市立新小学为例调研小分队

苏州大学创业人社区大学生职业化素养与入职能力现状调研小分队

三、优秀指导教师(52 人)

胡　萱　纪金平　杜志红　于莉莉　郝　珺　李　亮　尹婷婷　甄　勇　刘江岳
阎　力　段进军　于潜驰　焦艳鹏　孙　磊　黄　鹂　薛　曦　陈红霞　彭晓蓓
杨诚成　辛　煜　邝泉声　卢维亮　朱颖康　袁冬梅　李丽红　高玮玮　马书明
殷姗姗　刘爱霞　丁海峰　杨　超　郑　蕾　舒洪灶　汤恒亮　王　晖　顾雁飞
刘　洪　燕　君　祁素萍　杨天翔　王翠华　沈院生　黄郁健　俞仁琰　虞　岚
孟玲玲　徐海洋　顾荣庆　姜　明　钟　静　徐美华　孙　絮

四、先进个人(283 人)

文学院

杭　佳　金　冬　徐　阳　朱静波

凤凰传媒学院

卢怡沁　张思静　郑元雪　祝仁涛

社会学院

吉顺权　李冰轮　苏晓建　谢晓萍　徐致远　朱　桦

政治与公共管理学院

黄晓蕾　葛弘斐　徐霖婧　蔡黎君　黄　辉　王习习

东吴商学院(财经学院)、东吴证券金融学院

陈少柏　戴　畅　丁　荻　丁星辰　胡　迪　黄嘉成　季　节　李　玥　骆　咪
沈　阳　谭嘉禛　王　旭　魏瑞瑶　严　祺　郑立人

王健法学院

陈沐阳　冯　璐　彭　敏

外国语学院

陈若馨　石曼薇　冯思嘉　孙志敏　王　倩　严梦莹

教育学院

孔洁莉　刘　伟　徐勤梦

艺术学院

赵湖婷　方江甜　李登科　谢　婧　郑柳柳　蒋艳俐

体育学院

金　蕾　李秋梦　陆　韬　沙　丽　张晓晓

数学科学学院

韩文波　刘红月　刘晓静　王艺霏　杨　雪

物理科学与技术学院　能源学院

陈　莹　陆　奎　吴　磊　余理涛　张　莹

材料与化学化工学部

鲍　清　黄炳睿　缪　磊　宋豪杰　邢振华　张艳梅　周凯达

纺织与服装工程学院

孙志宇　王大鹏　王宇阳

计算机科学与技术学院

常尤为　葛延航　胡心宇　蒋丽娜　张　宇　赵效峰　周　鑫

电子信息学院

常四营　刘诗璇　马崇琦　谢海成　赵静怡

机电工程学院　沙钢钢铁学院

吉　鹏　郭晓洁　刘　波　倪劲成　彭华臣

医学部

徐艳红　王亮亮　金　宏　孟红委　曹宜人　何际洲　李琳圆　戴金峰　李祥兰
郭晓斌　易　琳　燕晓天　季　鹏　张家珅　莫凌萱　沈　序　奚倩兰　顾骋圆
谢　磊　马辰莺　胡仁萍　徐宇轩　陈　叶　陈芳元　刘明月　张韵律　唐小婕
焦琛琛　崔恒力

金螳螂建筑与城市环境学院

冯玉青　杨晓轩　王志飞

城市轨道交通学院

常佳艺　高荣烛　宋仁志　肖　扬　尤　嘉　周凡容　朱力权

应用技术学院

陈思怡　孙彦琪　周宇婷　赵　敏　李　玲　胡　婷　卜雨辰　黄海昊　杨崇秋
陈　群　苏　君　许海祥　陈　潼　马晓虹　史　婕　胡倩雯　许月圆　孙明娟
陈丽薇　吴萧娴　唐　笑　秦　榛　朱　双　严庆路　肖　阳　章忆萍　魏俊东
刘　晶　许文静　秦　晓　朱思悦　孙　杰　王　月　周岚妹　姚佳云　陶　磊
刘晓彤　姚宇峰　徐以华

文正学院

鹿茹茹　冯倩倩　胡海艳　晏家峰　张　飘　李牧雨　李　慧　王瑶墨　杨宇博
孙陆诗雨　孙亚飞　杨金飞　王志亮　王玉婷　吴淳清　盛佳乐　郭佳敏
李　威　吴世元　葛潇莹　胡叶丹　何皎月　徐　燕　王　雨　薛　婷　刘　敏
盛　峥　刘彦杉　纪　艳　张雨萌　袁楚云　仇佳佳　花丽斐　张正妍　陈金晶
许　静　谈莉蔚　魏洁钦　赵　悦　金　珠　马诗颖　张凯丽　张　蕊　冯钰杰
周雪丹　徐梦霞　叶　丹　周　姚　吴　灏　徐　盛　丁　超

敬文书院

徐叶昕　季家欢　殷路安

阳澄湖校区

丁希望　李林林　张　坤　李　飞　郭中荣　蒋大康　刘　明　徐宏庚　胡　鹏
孙　松　吴飞跃　杨　森　何志伟　李元元　宋晓庆　冯宏伟　王　凤　吴　宪

朱培统　李　青　鲍道军　史迎晨　俞　悦　高宇琛　唐奇芹　尹笠寒　范　梦

学生工作处

王仕国

学生职业生涯规划辅导中心

蓝子淇

苏州大学创业人社区

张　聪

苏州大学学生社团联合会

金　程

苏州大学学生科技协会

梁佳卉　王宇琪　张嘉炜　吴　笙　马凯南　倪维苹　高屹璇

苏州大学青年志愿者协会

汪　炜

“校媒看实践”记者团

姜　妍　周　楠　王雅妮　周　茜　朱　洁　骆秀芹　陈艺滢　贾西贝　马珺婷

任晓月　谢　宁　朱壮丽　左靖娴　蔡罗蕊　管　乐　卢思琦

苏州大学团校

李　晶

五、优秀社会实践活动基地(39 个)

文学院

苏州喜游网络技术有限公司

凤凰传媒学院

苏州日报报业集团

新华报业传媒集团

社会学院

连云港灌南县委组织部

宿迁泗阳县委组织部

苏州市红十字会

政治与公共管理学院

广西南宁市上林县城关中学

东吴商学院(财经学院)　东吴证券金融学院

平原小学

西街小学

王健法学院

苏州市沧浪区法律援助中心

外国语学院

何家塔社区居民委员会

相城区社会福利中心

教育学院

苏州市沧浪区横街社区

苏州市工业园区湖西社区

艺术学院

苏州大学驻凯马婚纱摄影公司实践基地

体育学院

苏州大学体育科技文化有限公司

数学科学学院

常州市第一中学

苏州市木渎镇外来人员子女中心小学

物理科学与技术学院　能源学院

苏州大学附属儿童医院血液科

苏州好又多百货商业有限公司

材料与化学化工学部

富川瑶族自治县福利镇政府

苏州市小动物保护志愿者协会

纺织与服装工程学院

江苏国泰国华实业有限公司

科德宝·宝翎无纺布(苏州)有限公司

计算机科学与技术学院

苏州市葑门街道联青社区

方正国际软件有限公司

电子信息学院

沈阳工业大学信息科学与工程学院

医学部

苏州市吴门桥街道润达卫生服务中心社会实践基地

安徽省金寨县沙河乡沙河中心学校

苏州大学医学部"医行水乡"安丰中圩卫生院实践基地

贵州省遵义市凤冈县团县委

泗洪洪医集团大学生社会实践基地

金螳螂建筑与城市环境学院

苏州金螳螂建筑装饰股份有限公司

城市轨道交通学院

苏州军分区第二干休所

江苏中科智能工程有限公司

应用技术学院

苏州汽车北站

云南昆明市禄劝彝族苗族自治县翠华乡汤郎箐小学

文正学院

苏州市金阊区人民法院

学生工作处

美国唐仲英基金会苏州大学爱心学社吴江社会实践基地

六、优秀社会调查报告(97 篇)

文学院

“印象芙蓉国”——文学院遍访红色足迹、调研湖湘文化地域性、传播爱心教育社会实践

汉语国际教育专业发展现状解析及前景展望

苏州市无偿献血调查报告

非遗市场化,探寻新出路——“传统民族技艺传承发展”的调查报告

新媒体背景下大学生传统文化教育思路探索——基于部分江苏大学的调查问卷分析

凤凰传媒学院

高校网络舆情引导初探

江苏省“失独群体”调查报告

苏州地铁文化墙文化传播实践团队调查报告

记忆如水,邂逅年华——两代人的交流碰撞

探究媒体“走转改”存在的问题及对策

社会学院

大学生村官社会管理创新行为研究——基于苏北三县市的调查

基于社会保障视角的农民工城市融入研究——以吴江市松陵镇为例

苏州工业园区非公企业青年生存与发展状态研究

苏州孤残儿童社会融入调查

在服务项目开发中引导社会管理创新——以苏州公益组织孵化园为个案

政治与公共管理学院

应对大学生自杀问题的体制路径探究

短零就业人群社会保障问题调查报告

公共管理视域下食品安全监管的社会公众参与机制研究——基于江苏三地城市公民调查

东吴商学院(财经学院)　东吴证券金融学院

公平贸易产品的销售状况调查研究——以苏州绿咖啡为例

关于提高苏州大学生志愿服务质量的调研报告

企业社会责任报告——以南通为例

农业生态休闲旅游发展与对策研究——以苏州地区为例

广东南海政经分离农村改革模式调研及其对苏南农村改革的启示

王健法学院

素履之往,惠泽至寒——湘西农村小学支教活动与免费午餐公益项目实践

非物质文化遗产保护方式的思考——以北京名人故居挂牌保护方式为例

国际学校与农民工学校教育比较实践报告——以苏州为例

大秦之声寻踪之旅——探究秦腔的传承与保护

外国语学院

关于苏州大学"久久流远"大学生昆曲传承工程的调查报告

关于苏州地铁一号线使用满意度情况的调查

关于探究家乡东台发绣发展的调查报告

教育学院

城乡学生课余生活的调查与分析——以贵州山区凤冈县为例

肥胖刻板印象研究

情系环卫工人,关注城市美容师——苏州市环卫工人工作、生活满意度调查调研报告

外来务工人员对其子女教育态度分析

体育学院

江苏田径队建设优势特征及其可持续发展的研究

苏南苏北地区城乡公共健身娱乐场地调查

苏州市区老年人体育休闲方式调查与研究

数学科学学院

绿色优出行 ——苏州大学生自行车使用情况调研

苏州市志愿服务激励机制调研

飞信、微博等即时通讯工具对高校团学组织建设影响力研究报告

2012 暑期社会实践调查报告——常熟市蒋巷村

物理科学与技术学院　能源学院

从"塔尖"效应到"塔基"工程探索与实践调研报告

关注苏州行乞者暑期社会调查报告

大学生创业环境调研总结报告

大学生价值取向和高校价值观教育调研及"三角形"体系的搭建

材料与化学化工学部

对苏州高校青年团员志愿服务意识的调研

苏州市现代化建设中提高市民科学素养可行性途径研究

纺织与服装工程学院

"黄河三角洲"服饰非物质文化遗产调查报告

新农村村民幸福感与建设成果调研报告

社会对大学生的能力要求调查报告

站在被爱的角度去看——关于"山区教育与社会志愿服务错位现象"的调研

计算机科学与技术学院

计算机学院惠寒爱心支教暑期社会实践团队调研报告

从足球腐败看社会职业尊严的维护与建立

"科技支农,智慧民生"——昆山张浦暑期实践团队调研报告

泰州新农业——生态农业与物联网农业

校园网满意度调查实践团队调查报告

电子信息学院

电子类微型企业发展现状及瓶颈分析——以苏州地区为例

独生子女政策调研报告

社会信任度调研报告

苏州市废旧家电的科学处理

机电工程学院　沙钢钢铁学院

关于苏州地铁开通对城市居民出行方式以及其他交通工具的影响的调查报告

关于苏州老城区老新村改造满意度的调查报告

浅谈国企煤矿的现状与未来——以徐矿集团为例

浅析苏州市区公厕改革成就及现状分析

关于校周边社区居民生活水平的调查报告

医学部

集大爱之力量,关注花儿成长

关于苏州地区医患沟通现状的调查报告

苏州市吴门桥街道居民亚健康状态调查报告与干预路径

基本公共卫生服务均等化——老年人保健发达与欠发达城市实施情况的调查

联合你我之力,关爱失足少年

金螳螂建筑与城市环境学院

香港的城市绿化和植物配置

有关太湖水污染及治理的调查报告

商业展示空间的设计原理与方法

作为生态方式的立体绿化在建筑设计中的应用研究

城市轨道交通学院

苏州轨道交通一号线换乘设施调研

基于以太网的铁路远程通信监控系统探索——以徐州铁路通讯机房通信系统为例

关于苏北农村生态环境保护情况的调查

211 高校"速食爱情"的起因及影响

应用技术学院

苏州公共自行车的使用情况及市民的满意程度调研报告

大学生支教公益活动成效研究调研报告

关于实名制车票二维码信息安全的调研报告

苏州地区国际青年旅舍现状研究及分析调研报告

文正学院

苏州老字号品牌发展现状

"他们的世界,不同的生活"——调研不同阶层对西部地区儿童课余生活的认识偏差

安徽省金寨县希望小学现状

家族企业任人唯亲与任人唯"亲"的平衡研究 ——以苏州地区为例

关于现在电影票价是否过高的研究调查

敬文书院

法科学生毕业方向调查分析报告

"高校郊区化"对大学生成长的影响调查报告

阳澄湖校区

农村新政策,发展新动力

改革开放后经济新引擎城市轨道交通对人们生活方式的影响——以长江三角洲为例

关于"惠民蔬菜"的调查分析报告

学生职业生涯规划辅导中心

大学生职业发展的政策环境分析——以江苏沿海开发战略为例

苏州大学学生科技协会

探究高校学术型学生组织的现状及发展思路——以苏州大学学生科技协会为例

从城市农民工子女学校教育看如何更好地解决教育公平问题——以苏州市立新小学为例

苏州大学学生社团联合会

从商业化对高校社团的影响看中国高校社团发展道路——以苏州地区为例

苏州大学创业人社区

大学生职业化素养与入职能力的现状调研及完善措施

2012年度江苏省高校省级三好学生、优秀学生干部、先进班集体名单

一、江苏省三好学生(12人)

殷　利　沈　妍　蒋　鹏　周　雯　曾　晶　许琰彬　邵文武
聂　妍　刘　昊　孙妍珺　郭美村　王妤岌

二、江苏省优秀学生干部(27人)

吴辛夷　施振南　陈　希　杨　帆　刘婧娇　陆　珀　李嘉程
汪　蓉　董　元　胡咏月　高颖佳　薛　舟　沈　亮　王敬驰
李芝隆　杨斯迪　刘金樱　刘　遥　征　鹏　徐　倩　余　兰
李　娟　张婷婷　胡仁萍　汤　霏　封叶馨　邹黎君

三、江苏省先进班集体(16个)

文学院	2009级文秘班
凤凰传媒学院	2009级新闻班
政治与公共管理学院	2009级人力资源管理班
东吴商学院(财经学院)　东吴证券金融学院	2009级CGA班
王健法学院	2009级法学3班
外国语学院	2009级朝鲜语班

教育学院	2009 级教育学(师范)班
数学科学学院	2009 级数学与应用数学基地班
物理科学与技术学院　能源学院	2009 级物理学(师范)班
材料与化学化工学部	2008 级化学班
纺织与服装工程学院	2009 级服装设计班
计算机科学与技术学院	2009 级软件工程班
电子信息学院	2008 级通信工程班
机电工程学院　沙钢钢铁学院	2009 级机械工程及自动化班
医学部	2009 级临床医学三班
城市轨道交通学院	2009 级控制工程班

苏州大学 2011—2012 学年校级三好学生标兵、优秀学生干部标兵、先进班集体名单

一、校级三好学生标兵(24 名)

文学院	王希宇
凤凰传媒学院	仲钇霏
社会学院	石庆龄
政治与公共管理学院	毛华峰
东吴商学院(财经学院)　东吴证券金融学院	张思琪　季　节
王健法学院	沈雨竹
外国语学院	程颖洁
教育学院	张　弘
艺术学院	高安琪
体育学院	宋祺晨
数学科学学院	沈　菲
物理科学与技术学院　能源学院	周思阳
材料与化学化工学部	傅　裕
纺织与服装工程学院	赵楚楚
计算机科学与技术学院	范林鹏
电子信息学院	李兆辉
机电工程学院　沙钢钢铁学院	李丹云
医学部	郭凯琳　王　慧　苏君菊　丁　凯
金螳螂建筑与城市环境学院	王志飞
城市轨道交通学院	罗　璨

二、校级优秀学生干部标兵(25 名)

文学院	朱　丹

凤凰传媒学院	崔思瑶
社会学院	龚　静
政治与公共管理学院	胡　蕊
东吴商学院(财经学院)　东吴证券金融学院	沈皓辰　丁星辰　王逸伦
王健法学院	程隽怡
外国语学院	严梦莹
教育学院	吴甜甜
艺术学院	曹　宇
体育学院	蒋晓青
数学科学学院	汤晨瑶
物理科学与技术学院　能源学院	卢兴园
材料与化学化工学部	缪克松
纺织与服装工程学院	杨慕莹
计算机科学与技术学院	胡心宇
电子信息学院	曹兆源
机电工程学院　沙钢钢铁学院	陈　恺
医学部	俞振佳　陈　奕　金　宏　潘晓宇
金螳螂建筑与城市环境学院	王海滔
城市轨道交通学院	邵思羽

三、校级先进班集体(23 个)

文学院	2010 级汉语言文学(师范)1 班
凤凰传媒学院	2010 级新闻班
社会学院	2010 级档案学班
政治与公共管理学院	2010 级哲学班
东吴商学院(财经学院)　东吴证券金融学院	2010 级国际会计班
外国语学院	2010 级英语师范班
教育学院	2010 级应用心理学班
艺术学院	2011 级服装表演与时装设计班
体育学院	2010 级运动人体科学班
数学科学学院	2010 级数学与应用数学基地班
物理科学与技术学院　能源学院	2010 级光伏班
材料与化学化工学部	2009 级高分子材料与工程班
纺织与服装工程学院	2010 级轻化工程班
计算机科学与技术学院	2010 级软件工程 2 班(嵌入式软件人才培养方向)
电子信息学院	2009 级通信工程班
机电工程学院　沙钢钢铁学院	2010 级机械班
医学部	2009 级预防医学班

金螳螂建筑与城市环境学院
城市轨道交通学院
学生工作处

2009 级临床医学(本硕连读)班
2010 级中药学班
2010 级医学检验班
2010 级园林(城市园林)班
2010 级通信班
美国唐仲英基金会苏州大学爱心学社

2011—2012 学年苏州大学三好学生名单

文学院(18 人)

任　春　王纬纬　任伊凡　林　云　王云洲　杭　佳　汪　澄
商博宇　朱　丹　谭明月　薛艳超　史爽爽　王　雪　景如月
孙　薇　陈晶晶　朱花蕾　许钇宸

凤凰传媒学院(15 人)

俞　欢　谢　雯　杨　东　宇尼加　崔思瑶　汪　可　许琳怡
臧　玉　仲钇霏　李怡君　孙凯侠　徐文娟　仲凡凡　刘晓芸
王　丹

社会学院(25 人)

蒋丽君　李　玲　卜　旻　孙梦丹　温　荣　强大双　邢梦婷
丁正祥　沈　妍　徐子理　石庆龄　朱束滢　陈嘉俐　蓝子淇
柏爱荣　龚　静　曹丽江　戴炜轶　王逸伦　朱　强　蔡梦玲
魏　臻　陈晓梅　刘　智　严　昕

政治与公共管理学院(29 人)

徐　琪　顾　一　何　沁　施文洁　张　喆　汤　悦　张　慧
姚　静　祁竹莉　胡　蕊　毛华峰　马倩云　王新宇　陈海楠
王　蕊　王　璺　朱培培　付　冰　王刁刁　田海翼　钱　枫
陆雨楠　王晓芳　贾　琼　张　洁　郑如心　杨　然　毛煜茗
潘伟佳

东吴商学院(财经学院)　东吴证券金融学院(58 人)

单　成　张思琪　黄　洋　刘若晨　王　欣　周琳娜　黄　奕
宋伟江　严　璐　夏亚华　何水凝　陈伊薪　王晓洋　郭　靖
赵晨仪　陆心渊　潘志惠　封钦尧　王汶波　钱云仙　李　玥
刘沁园　丁星辰　马怀柯　沈　阳　张　一　王逸伦　姜梦雪
苏　丹　骆　咪　王　燊　沈　婧　胡　菊　张怀洋　李硕航

季　节	杭　叶	王　鹏	宋　芳	潘东方	陈姝予	朱君妍
望如届	唐子捷	陆奕豪	陆喻心	尤　绮	王敬慈	陈　晓
陈　璇	李露旻	毛　晟	赵　哲	韩　冰	丁　荻	苏　畅
蒋　艺	武安邦					

王健法学院(16人)

聂　森	程隽怡	沈雨竹	吴从亚	高颖佳	安　冉	罗　睿
徐继旺	孙金兰	钱雨婷	朱琰婷	吴诗琪	许雅璐	唐思佳
潘昀茜	应　童					

外国语学院(26人)

袁　琳	曹　志	叶　青	吴怡丹	顾菲儿	陈益舟	沙晶晶
刘　奕	刘梦迪	蔡丽雯	沈星辰	严玲玉	严梦莹	李　晓
张晓羚	徐宇欣	唐　巧	周　丽	许梦圆	葛盛晓	李孟琦
沈晓彤	周　俐	刘　颖	余桂芳	吴珺逸		

教育学院(10人)

孙　婷	张　弘	沙小晃	吴甜甜	黄　颖	张涵碧	申文萍
徐文玥	林文静	顾梦婷				

艺术学院(25人)

蒋　鹏	郑天琪	胡沁心	李巧彬	张国胜	王润泽	胡小燕
曹　宇	史文勋	蒋梦婕	马小芳	高安琪	李登科	杨　秋
刘　涵	彭　静	黄敏捷	袁思雨	朱英芹	宋清芸	黄　信
田雅凝	骆江萍	吴羽尘	宋洋秋歌			

体育学院(17人)

张越凡	刘菲菲	陶　蓉	李雨晴	曹郁英	李秋梦	蒋晓青
张晓晓	付　翔	宋祺晨	徐　菁	沈婷婷	赵　辰	赵雨阳
史昊田	易洁琼	王　姣				

数学科学学院(17人)

朱秋霞	李仲昆	孔娟娟	王　慧	华文娜	李　越	李　洁
沈　菲	汤晨瑶	韦恺华	仲文杰	孙　娅	李　蒙	孙雨澜
花　卉	陈雨佳	赵宇飞				

物理科学与技术学院　能源学院(23人)

包　悦	韩守保	戎　晨	林　鹏	吕　楠	许瑞鹏	王玉生
秦　楠	周思阳	方立波	马普娟	曾　曌	胡火岩	姚忠琦

张丽亚 吴　磊 尤　剑 王　旭 王　焱 苏　颖 胡金萍
乔　磊 王章俊

材料与化学化工学部(28人)

厉芙伶 张春玉 王成城 赵　伟 汤文洁 王晓慧 傅　裕
王　宏 缪克松 祁淑云 赵　琳 张思敏 张艳梅 王　莉
王高男 庄　涛 刘　琦 李晓娜 鲍　清 侯凯鹏 俞小彤
陶杨青 杨　超 叶永鑫 马张翼 韩　含 薛　辉 巢　宇

纺织与服装工程学院(21人)

孙婉莹 王　云 陈思宇 杨　敏 黄建益 张佳平 李青松
郑茹月 张岳峰 蔡佳东 范雪雅 杨慕莹 孙晓旭 王宇阳
沈家力 赵家琳 李莎莎 王礼民 赵丹丽 肖　尧 周　宓

计算机科学与技术学院(29人)

许　丹 朱　珠 刘伟佳 陈亚东 孙冬琴 夷　臻 顾玉磊
范宁宁 周谊成 李国俊 胡　盾 范林鹏 姚文强 卢星凝
王绍丹 马禹骞 于　婧 石　碧 胡心宇 张　诚 罗　朋
魏慧慧 李　洋 蒋　婷 张博华 何云成 李嘉伟 王小宁
王　颖

电子信息学院(21人)

黄燕飞 曹兆源 孔　亮 李　想 刘　洋 吴慧玲 李逸宁
龚　俊 邵　尉 师雪姣 李兆辉 盛　斌 尤永永 曹　毅
孙汉文 顾立豪 赵　阳 施　炜 陶　翔 秦祎繁 聂　琦

机电工程学院　沙钢钢铁学院(21人)

于海博 于亚萍 陈　杰 项家希 周　飞 徐凯华 姜付兵
陈　恺 王　聪 倪劲成 李丹云 马　杰 陆玉琴 陈玮烨
张李文 潘钥玲 刘维超 彭华臣 周玲玲 相银堂 刘民毅

医学部(109人)

傅蕴婷 许　鹿 单青婷 陈　茜 蒋　玮 赵康全 蔡文治
曹钰兰 米　辰 查婷婷 蔡建政 刘　璐 陈　程 高晨慧
刘　静 陈　意 沈晨天 赵天旺 杨　鹏 陈冬梅 朱　敏
叶子优 张　萍 刘安琪 翟天航 刘　玲 张琇雯 张　静
顾玲莉 李思玥 朱俊佳 郑亚杰 范　纯 张　森 刘清清
王　益 赵燕南 俞振佳 陈　彤 杨斯迪 刘　婷 王大权
陈　龙 江雯烨 王　濯 刘　昊 王　慧 赵晓骏 苏君菊

王冬冬	郑田甜	朱　周	陈青建	丁　凯	赵春华	袁　媛
易　琳	沈旖云	仇　静	金　宏	安　东	顾季春	吉　芃
徐　娟	陈迪康	谢伊瑜	韩琳琳	朱　婕	唐陈月	潘　瑶
余佳佳	丁小凤	江　梦	李　硕	崔恒力	李舒雯	张聚斌
唐建芬	潘晓宇	易玉兰	曹　丹	徐若烊	李婷婷	伊淑平
俞佳丽	陈敏吉	刘　梅	沈　峰	邹玲玲	王　微	曾妮美
宋　一	吴俊成	王海艳	左乔竹	陆静波	俞冬梅	杜　方
任　洁	芮文婷	林　瑶	许新颜	刘　洋	汤正婷	潘文举
庄　圣	施慧萍	顾思婧	邹心炜			

金螳螂建筑与城市环境学院(14 人)

陶　莎	曾　友	刘萌霞	张英姿	王海滔	汪凯丽	王志飞
赵　静	陶一倍	王莉姗	冯玉青	丁　洁	杜　扬	肖　笛

城市轨道交通学院(29 人)

罗　璨	秦梦阳	周海洋	邵思羽	王　伟	周小华	刘道海
丛　姗	吾晨晨	蔡　露	孙　奥	王晨钢	张永萍	杨　鹭
裴永磊	胡统号	顾睿洋	耿艺琳	汤若天	高晓钰	苏　君
刘　蕊	祁玉梅	洪亦非	卞　楠	金学健	朱文艳	杨越思
蔡春杰						

纳米科学技术学院(4 人)

殷鹏辉	朱文文	刘　宇	陈昱延

2011—2012 学年苏州大学优秀研究生干部名单

文学院(7 人)

孙　薇	胡芳芳	陆　彦	崔　俊	徐丽丽	高　雅	史雪媛

凤凰传媒学院(5 人)

浦颖娟	张佳一	征　鹏	华　乐	李姗敏

社会学院(4 人)

马爱芳	徐　娜	李　超	顾　辰

政治与公共管理学院(5 人)

崔苏妍	吴　杰	汤　霏	苏　蔚	孙乐艳

东吴商学院(财经学院)　东吴证券金融学院(8人)

丁赋慧　徐　倩　孙　迪　韦雪娇　陈冰磊　周凤英　杨　慧
陶静媛

王健法学院(7人)

张　腾　赵　艺　高　正　俞莉雅　王义贞　何书中　刘　阳

外国语学院(4人)

李　培　钱若昀　康贝贝　孙正嘉

教育学院(7人)

戴　惠　刘金光　周　恺　李　娟　张盛强　程昊旸　张　睿

艺术学院(4人)

刘剑伟　李　静　谭　颖　余　兰

体育学院(3人)

孙　强　丁　青　相银芝

数学科学学院(2人)

陆家康　王　翔

物理科学与技术学院　能源学院(2人)

刘芳敏　孙文业

材料与化学化工学部(6人)

胡小琳　张　浩　陈菲菲　肖　燕　朱　睿　李　森

纳米科学技术学院(2人)

潘科明　魏怀鑫

纺织与服装工程学院(5人)

房　迪　杨云星　徐思聪　朱云朋　刘　遥

计算机科学与技术学院(5人)

曹　进　苏　艳　李海鸥　徐　霞　张　健

电子信息学院(2人)

王媛媛　黄　星

机电工程学院　沙钢钢铁学院(2 人)

赵锦荣　陈一波

医学部基础医学与生物科学学院(6 人)

朱占胜　束梅影　胡仁萍　陶　卉　王　瑶　张振龙

医学部放射医学与防护学院(1 人)

韩祥增

医学部公共卫生学院(1 人)

蔺　瑶

医学部药学院(2 人)

贝永燕　张庆青

医学部护理学院(1 人)

卢　珏

金螳螂建筑与城市环境学院(2 人)

王　蕾　王　桦

城市轨道交通学院(1 人)

顾　超

金融工程研究中心(1 人)

宋家鑫

信息光学工程研究所(1 人)

吴　尚

附属第一医院(5 人)

蔡成森　田　霞　李永存　路　鑫　巫绍汝

附属第二医院(3 人)

苏　朋　余　伟　刘如璐

附属儿童医院(1 人)

刘　尧

附属第三医院(1 人)

何兰兰

附属第四医院(1 人)

汪正伟

上海六院(1 人)

戴 淼

北京第二炮兵总医院(1 人)

金 奎

上海东方肝胆医院(1 人)

李 军

2011—2012 学年苏州大学优秀研究生名单

文学院(8 人)

章 颜 张星星 储 雯 巴 亮 黄慈翔 刘 芊 周 游
郭 媛

凤凰传媒学院(3 人)

王 莉 彭 莉 李亚蕾

社会学院(6 人)

秦智美 潘艳艳 张红阳 陈青青 孙 帅 陈莉莉

政治与公共管理学院(8 人)

李阳阳 邢 燕 许小雷 范 瑞 叶 俊 陆 扬 马伟玲
郑彦之

东吴商学院(财经学院) 东吴证券金融学院(15 人)

王 伟 孔媛媛 丁 涛 顾晓伟 柯 征 王 琳 仲宇翔
杨 萌 张婷婷 臧 蒙 黄丽华 李合怡 沈 正 姚 香
范一鸣

王健法学院(14 人)

顾勤芳 鲍燕娇 余文斌 程 晟 王灵娟 邓国敏 蔡煜庭

白宝龙　张艳阳　黄睿嘉　胡晓虹　毛金玲　吴夏兵　赵　鹏

外国语学院(6 人)

宁　娟　林文韵　陈春红　邓漪涟　闫春晓　朱逸雯

教育学院(5 人)

王珍珍　黄　颀　孙建群　刘隽颖　庄晓萍

艺术学院(6 人)

渠丹丹　张德胜　张羞月　周京艳　崔　璨　李安叶

体育学院(5 人)

王文江　王晓舟　缪小琴　张　颖　郑小凤

数学科学学院(4 人)

杨珊珊　赵群涛　王江艳　盛伟唯

物理科学与技术学院　能源学院(4 人)

周　权　邢丽燕　吴倩楠　叶　菲

材料与化学化工学部(15 人)

林本才　邵明艳　姚　洵　邱金水　时二波　徐　元　朱　研
刘召军　仇　波　庄　伟　陈小健　彭颖静　邓之俊　潘从涛
姜　坤

纳米科学技术学院(4 人)

刘长海　陈　磊　王晓婧　张恒超

纺织与服装工程学院(6 人)

窦　皓　张晓夏　吕　恒　田　龙　张野妹　柯天宇

计算机科学与技术学院(6 人)

李良友　张　侃　王　颖　冒九妹　郑　征　范冀成

电子信息学院(4 人)

周晓梁　刘　蒙　刘　璇　衡　杰

机电工程学院　沙钢钢铁学院(4 人)

黄　星　朱　萍　徐亚鑫　吴云霞

医学部基础医学与生物科学学院(10 人)

王玉磊　高学仁　梁雅婷　牟佩佩　程　哲　朱　琳　方　妍
程冬梅　董雯雯　赵　娟

医学部放射医学与防护学院(1 人)

李　磊

医学部公共卫生学院(2 人)

黄泽宇　陆维晨

医学部药学院(5 人)

魏　霖　豆兴茹　张法丽　朱巧玲　王姝之

医学部护理学院(1 人)

仇静波

金螳螂建筑与城市环境学院(1 人)

王彩晨

城市轨道交通学院(1 人)

孙晓洁

信息光学工程研究所(2 人)

刘凤娇　陈根华

系统生物学研究中心(1 人)

汤溢飞

金融工程研究中心(1 人)

陆　霖

附属第一医院(13 人)

贺继刚　胡计烨　路钰夏　平娜娜　颜燕红　查国春　陆宣平
宋　歌　陈　昊　王霄鹏　解　昕　阮程华　陶荷花

附属第二医院(7 人)

欧阳涵　邓晔坤　谢佳明　裴爱杰　魏长娜　秦思明　赵志龙

附属儿童医院(2人)

张明瑛　余　敏

附属第三医院(2人)

侯学伶　彭宏君

附属第四医院(1人)

赵　琦

上海六院(2人)

吴　华　温自强

上海肺科医院(1人)

刘海舰

北京第二炮兵总医院(1人)

梁　霄

上海东方肝胆医院(1人)

张存圳

苏州大学2012届优秀毕业研究生名单

文学院(23人)

王　强	刘　峰	余夏云	陶春军	邓晶晶	杨昕茹	赵玉平
刘小青	曹守平	路　晓	朱　铭	王昆仑	陆　琴	裴　颖
闫　雪	陈　琢	唐　诗	乐　佳	仲明明	李良子	娄晶汝
赵中艳	张　影					

凤凰传媒学院(7人)

邵丹丹	诸丽琴	曹陈观	刘　浏	马晓伟	郑　璐	张梦晗

社会学院(28人)

代　华	董　强	原立士	李风啸	孙秀兰	黄晓燕	束江涛
王凝萱	傅　亮	朱凌佳	邢金哲	金　飞	王翊安	蔡雨泉
张凌晨	郭亚南	安　琳	卢升亮	左宏媛	姚金利	冯弓蓓
孟明娟	卢　君	常　雯	周　娜	杨倩雯	贾金鹏	阮斐清

政治与公共管理学院(33人)

刘长庚	韩丽华	王　豪	赵　菲	周凤全	刘彩玲	冉　然
卜谦祥	吴　凯	夏　燕	王　怡	林润静	严田田	曹　顺
卢元芬	秦冷冷	袁鑫鑫	黄　宇	成　龙	王军洋	胡　渠
彭燕东	陆文静	沈小雯	张顶浩	柏　雪	范博园	夏舒燕
何　飞	白　晶	李　庆	王静静	曹梦雪		

东吴商学院(财经学院)　东吴证券金融学院(17人)

刘焕蕊	于海云	陈冬冬	汪婷婷	万一梅	王　慧	郑蓬辰
江春玲	李丹丹	陆　艳	袁　希	杨　芸	施禹仰	李效林
左田园	万　敏	胡翠华				

王健法学院(34人)

吕尚敏	葛先园	张　顺	曾雪莹	姜灵芝	刘立平	郭寅枫
陈　琳	安丽娜	张开俊	刘　莎	孟凡壮	黄　娟	赵林卫
朱志杰	何　星	尹　婕	张　青	刘　青	耿　晶	刘　琦
王友云	贾文婷	缪丹丹	金　迪	阮文俊	耿昊东	邢　婧
李　力	杨晓玉	王　璇	李文燕	隋钰南	李勤通	

外国语学院(15人)

吕丹丹	赵　婷	李　莹	陈胜龙	徐品品	袁　琳	李加贝
李淑尧	胡泽华	李　培	沈静宇	王碧荣	孙昕昕	毛慧青
骈柯圻						

教育学院(20人)

刘　晶	李　云	赵建辉	胡　彬	杜　晶	徐圆圆	刘礼艳
肖　玉	张　琳	肖　婷	武　燕	胡美娟	魏秋江	傅　强
王先辉	田　青	张　倩	陈　波	宋　雅	徐　飞	

艺术学院(24人)

王文广	李元雪	吴明艳	李　欣	盖广慧	卢海栗	王　昀
姚笑坤	翟晴晴	马　骄	宋　敏	高　正	王　欣	崔木子
杨国梁	王晓晖	赵洁茹	万　晶	薛　颖	郑　重	李玲斐
刘伟辉	沙　莎	伍雯婷				

体育学院(18人)

席亚健	方　亮	徐金彩	陈克梦	陈金鳌	李成玥	张智辉
孙绪贵	刘　军	徐小建	尹明坤	孟庆波	邱　林	马　瑞

刘　鑫　杨莹莹　朱永飞　刘盼盼

数学科学学院(6 人)

曹　阳　谭中权　史　册　从　品　林迪迪　王红星

物理科学与技术学院　能源学院(10 人)

杨旭敏　邹　帅　余江舟　钱　霞　孟庆权　刘小波　张丽娜
吉亮亮　王　飞　朱国斌

材料与化学化工学部(40 人)

郑爱霞　赵　杰　张素银　陈冬赟　胡　磊　陈　西　杨　舟
杨志杰　崔燕峰　赵　晶　慕文琴　罗　稳　张　旭　怯小旭
史　征　余志敏　周梦云　沈晓冬　吴　斌　屈孝铭　胡　宇
李廷义　孙　芳　周　蓉　任芳芳　邵海燕　张进朝　张　琴
周丽丽　刘　萍　常健飞　张志勇　吕　娟　梅　啸　曹岑慧子
李　庆　周银霞　张培培　吴　军　厉世能

纺织与服装工程学院(17 人)

胡　绮　严宏军　周婷婷　刘　海　罗　霄　钟天翼　许　川
唐　慧　张　云　董　雪　李　鹏　史亚鹏　顾冰菲　孔海燕
朱佳妮　王　萱　吕　恒

纳米科学技术学院(6 人)

程　亮　赵翠平　钟旖菱　明　海　杨金彭　徐仔全

计算机科学与技术学院(16 人)

冯艳卉　杨旭东　高　聪　狄浩军　石慧娟　陈　明　王步康
李　娇　汤佳惠　姚丹丹　李翠霞　李修志　宁　春　杨　凯
刘丽丽　李麟青

电子信息学院(14 人)

李亦清　陆晓伟　李晶晶　钱晓红　陈　伟　赵月明　廖小情
沈彩凤　于　卉　余　耀　赵雄鹰　郭晓雯　孙　燃　栗晶晶

机电工程学院　沙钢钢铁学院(12 人)

刘丁丁　沈玲琳　储呈媛　赵　凯　何祥明　马明智　唐银萍
徐爱琴　万东东　瞿明智　陈　婷　王天锋

医学部基础医学与生物科学学院(34 人)

古彦铮　刘仍允　胡文婷　孔　丽　王　磊　赵　婷　张益铭

赵斯斯　季卫丹　宋晓雪　王惠荟　桂　江　刘　林　胡水君
龚晓兰　崔亚玲　王元净　刘先明　姜　岚　文丽君　张雪琨
朱耿超　黄赛男　姚　红　王　征　张凤娟　张彦军　郑　健
方朝东　郭明凯　张　丹　陈　芳　姜玉婷　孙英英

医学部放射医学与防护学院(5 人)

刘海燕　汤新星　刘蕴莹　陈　勇　胡群超

医学部公共卫生学院(5 人)

骆文书　赵　瑶　高　昕　邬志薇　张敏婕

医学部药学院(8 人)

钟　文　王庆琳　徐　敏　廖　立　段文文　胡　文　管　敏
牟红元

金螳螂建筑与城市环境学院(3 人)

李　颖　孙　悦　姜丽丽

信息光学工程研究所(5 人)

朱晓军　洪小苗　刘世新　王　浩　李　丹

金融工程研究中心(2 人)

张亮亮　史欣欣

附属第一医院(38 人)

杨淑丽　赵彩明　陈　练　姜海涛　李雪峰　李恩春　何宋兵
王琛琛　许乐乐　张东营　石森森　李先敏　吴春晓　方宝枝
苏　楠　孙　鑫　贾莎莎　高亚丽　王冬艳　张敏鸽　刘　冬
徐　磊　洪　晗　陆玉长　刘　丰　李吉良　于志华　陈雄辉
胡　斌　马　超　王利瑞　张启新　唐　兴　张文朋　郑小艳
陈　成　李云龙　王丽娜

附属第二医院(20 人)

麻育源　邢玉斐　尤　涛　韩　侨　曹丽丹　卢艳丽　庞小娇
贾　鹏　李光飞　王新宏　刘　明　朱　辉　孙春光　王礼平
郑达理　唐东方　戴婷婷　廖岩森　初　学　佘高明

附属儿童医院(6 人)

蔡利红　林　强　缪　珀　展世宏　孙慧明　乔淑敏

附属第三医院(5 人)

孙冠星　张丽娜　卢海涛　梁　斌　朱春华

附属第四医院(1 人)

叶曙明

上海六院(4 人)

沈　莺　赵佑山　何　煜　蒋梁华

上海肺科医院(1 人)

倪铮铮

北京第二炮兵总医院(2 人)

常青青　史延锋

苏州大学 2012 届优秀本科毕业生名单

文学院(23 人)

毛新荣　朱　菲　赵惠俊　辛亭亭　潘　莉　乔紫霄　李晓涛
蒋　薇　师婧婧　张　翔　黄　迅　陆　瑶　王菲尔　阮海蓉
钱　雨　马　骁　邓　楚　赵　莹　刘　芳　夏　晶　孙梅婷
张　军　陆翩翩

凤凰传媒学院(17 人)

丁亦佳　许恬甜　席云竹　朱艳文　马天驰　郭苏妍　刘沐阳
韩　旭　蔡祎洲　徐　晴　吴媛媛　张　燕　郭晓丹　林　薇
肖　金　周　艳　于　乐

社会学院(27 人)

黄肖添　杜　晓　纪　兰　袁　晶　钱　骏　吴颖卓　李　倢
霍妍琳　杨　行　陆彩女　于利华　张　菁　张　玲　顾彬彬
武　姗　戴鑫滨　李晓颖　龚宇倩　熊祎玮　薛晓娟　蒋　蔚
闵　婕　刘娟华　谈唯佳　魏新龙　刘康怡　姜正明

政治与公共管理学院(30 人)

周晴丽　孙颖玉　孔　雁　顾　爽　吴念慈　郭雪莲　张振波
宋兵超　王　洁　来昊非　王　莉　朱　玥　黄亚琼　宋景行

周启成	樊　晶	李晓敏	邱苗苗	顾小超	季程远	顾　茜
朱明俐	徐濛澂	王　丹	李　忠	施倩倩	张　瑶	殷静洁
宗春红	尚丽娟					

东吴商学院(财经学院)　东吴证券金融学院(55人)

徐　娟	徐迎洋	洪美娟	甄潇潇	黄时敏	陈　露	孙　艳
徐　丹	陈庭卉	陈　妍	赵　晨	杜　云	陈　婧	徐蕙卿
王秋鸣	顾一菲	高珊珊	丁　佳	王一帆	黄　林	陈彦羽
查　瑾	王力骏	袁宜珣	吴中平	周　妍	顾　莹	王　峥
唐　丽	赵　莉	陈洁琼	赵晨曦	蒋小惠	高　敏	唐香香
金　兆	柴珊珊	朱凌青	刘　超	高玲淋	王　琳	王　璐
夏扬扬	蒋舒聪	靖　静	陈　蒙	崔湾湾	杨亚威	王春芝
陆　健	张霄雪	张馨怡	孟　雨	赵园园	胡　瑞	

王健法学院(16人)

吴至诚	赵文君	帅红兰	吕　平	董税涛	梁宜萱	陆甜甜
王　韵	韩　笑	金　晨	李　洁	杨　昕	李金萍	王妮妮
史　隽	李少汝					

外国语学院(28人)

徐　淼	周　倩	陈丽丽	卫少梅	王　涵	华　玺	周　良
陆小翠	蔡昕叶	张遐蓉	曹　驰	顾邀雪	潘　娜	张　菁
陈　露	严韵致	宋双双	王一晨	姜程栩	杨丽珠	余　琪
王秋萍	郑玲玲	华杏红	周伯易	曹　荣	孔　月	吕小丹

教育学院(9人)

朱佳红	沈　忱	杨　帆	郎　昀	凌笑笑	方志海	屠荣荣
周昕怡	董筱文					

艺术学院(26人)

武　源	罗淑娇	谷琼韬	孟东杰	张　萌	罗文涛	石珊珊
随逍笑	王一会	王　雨	王颖翘	张　尧	宋晓楠	王若皙
葛菁璐	柳振阳	闫　琳	赵一蔚	解影驰	季　凡	朱梦笛
田思杨	马清越	宋　青	王若楠	刘倩倩		

体育学院(16人)

陈陆欢	孙　雪	李嘉程	陈　光	江之源	邵晓芳	王婷婷
顾莉华	秦　琴	杨蒙蒙	吴　艳	杨　栩	李　鹏	韩　政
刘　睿	王建龙					

数学科学学院(21 人)

刘春能	王振民	倪晓雯	包兴	季园园	张亚运	唐小龙
陈亚	黄冬华	陈燕	黄逸莲	王璐	丁佳音	曹茂宏
陈怡	吕剑	高鹏	丁延	徐惠	陈城	顾金

物理科学与技术学院　能源学院(23 人)

夏冰	蒋泳森	吴斌	高胤	陈连东	王媛	陈伟
王玉青	徐静	徐欢	徐靖	孙佳嵩	薛亚运	周亚
顾燕	刘丽	马永健	秦琴	黄磊	赵超	戴大鹏
夏周慧	梁舰					

材料与化学化工学部(41 人)

潘璠	许玮昶	单玉亮	吴文挺	褚雪强	曹佳佳	沃翔
李云龙	张洪新	李向东	黄福实	葛丹华	杜向阳	王晖
陈素芳	顾瑜尉	李飞	蒋斌	王帆	吕纯宁	彭倩
魏双花	戴缘	陆莹	朱艳菁	韩璐	周秀峰	王泽轩
焦一成	朱小玲	赵春正	丁玲	陈云	周年云	谢寿雷
王童星	褚慧春	李旭东	钱坤	王志发	刘衿因	

纺织与服装工程学院(18 人)

韦龙锁	吴超杰	庄亚丽	吴林	诸燕	谢光彬	聂妍
刘兵	李浩	赵露	谢琦	费冬冬	潘剑文	贲晓晨
杨杉	俞璐	顾品荧	陈婷			

计算机科学与技术学院(38 人)

戴晓璐	戴维	周玥枫	魏永康	徐朋飞	黄超超	杨帆
吴江	孙乐天	朱锦明	漆延	周建秋	朱涛	成凯
张飞	保亚运	高平	夏佩佩	赵琳	李承超	袁媛
林卉	眭昊天	陆正阳	曹凯	栾啸天	张婷婷	周美辰
单慧如	黄丹	周青	吴剑峰	袁颖泉	杨昕	徐凉凉
王鑫	沈雷	王婧				

电子信息学院(25 人)

漆玉婷	吉春雨	薛阳阳	王蕾	张燕	黄锦松	史明星
冯思为	顾毅	韩艳	陈俊	王晓	李永成	扈发广
祝建军	王志娟	殷泽亮	赵倡申	胡建兵	周建国	吕勇建
彭超	张萍萍	花伟圆	沈杨			

机电工程学院　沙钢钢铁学院(23人)

邓亚运	马　群	陆春意	桑　璇	张倩茹	吴国银	季月明
丁豪杰	沈姣姣	夏　楠	孙　慧	李　杰	吴茜茜	葛翠翠
冯　潇	陈　奎	张均峰	吴广壮	王　星	薛红兵	何　东
韩鑫鑫	陈　密					

医学部(97人)

沈丝丝	赵　澜	凌　萍	何斌斌	张　昊	曹婧媛	杨苾雯
郭　宇	陈远远	刘　佳	华晨辰	戴玲珑	刘佳佳	刘胜莉
嵇卫星	朱　航	张汝婷	刘　雪	张　琪	于　淼	单翔翔
贾　茹	崔　丹	孙燕依	邵　丽	王　鑫	李　威	缪江芳
袁　琦	刘　菲	孙　倩	陈　怡	施　远	吴　声	王韵茜
朱莹莹	徐　炜	顾苏娜	王　鹏	薛立奇	王媚瑕	李　淼
王　楠	蒋　琳	汤家奇	王　雯	卞馨妮	沈　俊	曹　丽
王　婷	张新星	赵今朝	王尚明	张星星	金　桐	程筱雨
顾秀玲	蒋梅花	徐　慧	陈小艳	樊沙静	杜　清	陈汉帮
贾列妮	张　力	陈吉华	郃　萍	卢克敏	潘　晖	刘冬梅
刘　俭	赵　越	薛成文	顾红蕾	葛芝莉	俞　洋	蒋　潇
周彬彬	李　玲	李晓艳	胡米莎	张春歌	韩　霜	马一丹
孙美玲	李佳俊	李　洁	陈　琴	张　怡	张雅晨	陈　思
万方方	张　倩	陆智伟	韩洪伟	邱丽萍	唐　崭	

金螳螂建筑与城市环境学院(14人)

赵　璨	卞冬梅	李　曙	马　成	李枷霖	虞芳银	潘魏松
朱　燕	冯雅林	绪杏玲	李　昊	葛倍辰	杨丽渤	邹宇俊

城市轨道交通学院(43人)

胡飞跃	吴林国	苗　青	解成明	张秀梅	马燕鸿	周宇平
徐文君	张鸣杰	江靖楠	陈咏梅	胡文强	袁　莺	顾凤祥
陆芳燕	周克才	李海霞	刘雅云	张鹏飞	丁　冉	庄兴云
高　丽	蔡东昇	张　剑	张　雷	胡睢宁	薛　驰	赵　阳
李　芮	刘　立	韩　玮	吴冬兰	朱诚琳	孙　欢	姜文秀
龚舒文	成雅菲	杜黄荣	施苏芪	王好岌	王俪静	顾玉牧
储　燕						

苏州大学 2011—2012 学年各学院(部)获人民奖学金、捐赠奖学金、三好学生奖奖金情况

苏州大学 2011—2012 学年各学院(部)获人民奖学金、捐赠奖学金、三好学生奖奖金情况

单位:元

学院(部)名称	人民奖	捐赠奖	三好生奖	小计
文学院	367 950	42 000	5 200	415 150
凤凰传媒学院	328 000	35 000	4 000	367 000
政治与公共管理学院	578 050	64 000	8 200	650 250
社会学院	519 600	59 000	7 200	585 800
教育学院	179 100	29 000	2 600	210 700
外国语学院	552 050	115 000	8 000	675 050
艺术学院	495 800	57 000	6 600	559 400
体育学院	312 350	39 000	4 400	355 750
数学科学学院	325 700	125 500	4 600	455 800
物理科学与技术学院　能源学院	460 950	66 000	6 400	533 350
材料与化学化工学部	680 350	89 000	8 000	777 350
东吴商学院(财经学院) 东吴证券金融学院	962 725	238 600	15 000	1216 325
王健法学院	340 850	47 200	4 600	392 650
计算机科学与技术学院	686 250	104 000	8 400	798 650
电子信息学院	452 250	85 500	5 600	543 350
机电工程学院　沙钢钢铁学院	455 500	135 500	5 600	596 600
纺织与服装工程学院	399 000	102 000	5 600	506 600
医学部	2 197 900	257 000	28 000	2 482 900

续表

学院(部)名称	人民奖	捐赠奖	三好生奖	小 计
金螳螂建筑与城市环境学院	255 550	35 000	3 600	294 150
城市轨道交通学院	702 250	82 500	8 400	793 150
纳米科学技术学院	43 250	14 500	800	58 550
合计	11 295 425	1 822 300	150 800	13 268 525

重要资料及统计

办 学 规 模

教学单位情况

教学单位一览表

院　部
文学院
凤凰传媒学院
社会学院
政治与公共管理学院
东吴商学院(财经学院)　东吴证券金融学院
王健法学院
外国语学院
教育学院
艺术学院
音乐学院
体育学院
数学科学学院
物理科学与技术学院　能源学院
材料与化学化工学部
纳米科学技术学院
纺织与服装工程学院
计算机科学与技术学院
电子信息学院
机电工程学院
沙钢钢铁学院

续表

院部	
医学部	基础医学与生物科学学院
	放射医学与公共卫生学院
	药学院
	护理学院
	第一临床医学院
	第二临床医学院
	儿科临床医学院
金螳螂建筑与城市环境学院	
城市轨道交通学院	
敬文书院	
唐文治书院	
应用技术学院	
文正学院	
海外教育学院	
老挝苏州大学	

成教医学教学点情况

成教医学教学点一览表

医学教学点名称	专业名称
宜兴卫校	临床医学
	护理学
张家港卫校	临床医学
	护理学
昆山卫校	临床医学
	护理学
太仓卫校	临床医学
	护理学
	医学检验
常熟职教中心	临床医学
	护理学
南通体臣卫校	护理学
武进卫校	临床医学
	护理学
	药学

续表

医学教学点名称	专业名称
常州卫校	护理学
金坛卫校	临床医学
	护理学
溧阳卫校	临床医学
	护理学
镇江卫校	护理学
连云港医药中专	临床医学
	护理学
	药学
盐城卫校	护理学
	医学影像学

全校各类学生在校人数情况

全校各类学生在校人数情况一览表

类别		人数
研究生	硕士研究生	12 303
	博士研究生	1 594
全日制本科生		25 148
外国留学生		2 070
成教	函授生	1 803
	业余	7 316
	脱产	0
合计		50 234

研究生毕业、入学和在校人数情况

研究生毕业、入学和在校人数情况一览表

	毕业生数	授学位数	招生数	在校研究生数
博士生	281	292	333	1 594
硕士生	2 648	3 917	4 319	12 303
总计	2 929	4 209	4 652	13 897

全日制本科学生毕业、入学和在校人数情况

全日制本科学生毕业、入学和在校人数情况一览表

毕业生数	招生数	在校学生数
6 203	6 033	25 148

注：全日制本科毕业生数为实际毕业人数。

成人学历教育学生毕业、在读人数情况

成人学历教育学生毕业、在读人数情况一览表

在读学生数			毕业生数		
合计	本科	专科	合计	本科	专科
9 119	9 119	0	3 759	3 759	0

注：此表中成人学历教育学生数未包括自学考试学生。

2012 年各类外国留学生人数情况

2012 年各类外国留学生人数情况一览表

总人数	男	女	国家、地区数	高级进修生	普通进修生	本科生	硕士生	博士生	短期生
2 070	828	1 242	50	0	1 147	584	94	6	239

2012 年毕业的研究生、本专科（含成人学历教育、含结业）学生名单

2012 年毕业的博士生名单

文学院

中国古代文学(10 人)

沈吟龙　曾小霞　江　瀚　白帅敏　刘　峰　苗　丽　许菊芳
李志国　尹玲玲　刘荣丽

中国现当代文学(4人)

李　刚　　黄　诚　　令狐兆鹏　赵永刚

比较文学与世界文学(3人)

贺爱军　　岳　峰　　余夏云

汉语言文字学(3人)

陶家骏　　曹莉亚　　宋　青

文艺学(6人)

刘康凯　　马治军　　罗　伟　　王　强　　邢红静　　陈　朗

语言学及应用语言学(4人)

曹晓燕　　阮咏梅　　黄　亮　　刘存雨

戏剧影视文学(1人)

华　昊

中国通俗文学(4人)

胡明宇　　孙士生　　张乃禹　　陶春军

社会学院

中国近现代史(4人)

曹建林　　朱　煜　　代　华　　董　强

政治与公共管理学院

马克思主义哲学(9人)

华冬萍　　陶培之　　詹敬秋　　刘长庚　　李　梅　　孙　琳　　田　丰
王　成　　田　坤

马克思主义基本原理(10人)

周力辉　　许劲松　　李明桂　　张　琳　　赖　风　　唐强奎　　顾习龙
王　豪　　张兴亮　　史春燕

政治学理论(3人)

孙悦良　　张成林　　袁建军

中国哲学(6人)

张俊波　　罗时光　　杨汉民　　韩丽华　　顾　梅　　张源旺

思想政治教育(7 人)

焦玉玲　李　瑾　朱晨静　王明霞　宋振超　陈启林　王继全

东吴商学院(财经学院)　东吴证券金融学院

财政学(5 人)

施劲华　金晓扬　陈　群　李建强　朱长胜

金融学(14 人)

卜　亚　李松峰　林水金　宣锦栋　郝雨时　李　勇　张传新
王劭佑　刘益诚　张世奇　陈韵如　尹　煜　林太泉　蒋屏法

企业管理(5 人)

杨　扬　汪晓媛　刘焕蕊　于海云　崔庆军

王健法学院

宪法学与行政法学(11 人)

陆　岸　刘靖华　彭秀坤　崔进文　吴志红　班克庆　吕尚敏
梁　玥　王永杰　葛先园　朱剑宇

外国语学院

英语语言文学(3 人)

李　燕　佘　军　杨雪芹

教育学院

高等教育学(6 人)

肖卫兵　李　利　孙崇勇　田晓明　朱　跃　顾月华

艺术学院

设计艺术学(7 人)

高纪洋　范鸿武　王文广　施　茜　张　磊　齐　慎　刘剑伟

体育学院

体育教育训练学(10 人)

潘慧雯　王艳丽　钱志强　沈勇伟　张嘉六　李明达　李爱春
杨峻峰　冯宝忠　陆　柳

数学科学学院

基础数学(1 人)

贺　飞

应用数学(3人)
黄丹君　　史　册　　梁　淼

概率论与数理统计(4人)
董迎辉　　董英华　　程东亚　　谭中权

计算数学(1人)
曹　阳

运筹学与控制论(1人)
高　炜

金融工程研究中心

金融数学(1人)
胡凤清

物理科学与技术学院　能源学院

凝聚态物理(2人)
杨旭敏　　倪亚贤

信息光学工程研究所

光学工程(3人)
浦东林　　吴　峰　　朱晓军

材料与化学化工学部

分析化学(2人)
程宏英　　于春梅

高分子化学与物理(3人)
何金林　　赵　杰　　郑　蒙

有机化学(7人)
万大维　　姜　冉　　李文博　　李文艺　　张兴敏　　朱雪华　　许崇杰

无机化学(3人)
王洪涛　　朱　霞　　郑爱霞

物理化学(1人)
邹文君

应用化学(5人)

陶永新　陈冬赟　胡　磊　储富强　林本才

化学生物学(1人)

曲春香

材料学(3人)

兰向军　范丛斌　张素银

功能纳米与软物质研究院

凝聚态物理(1人)

宋　涛

应用化学(3人)

卓淑娟　程　亮　阙荣辉

纺织与服装工程学院

纺织工程(4人)

詹葵华　冯　岑　张　强　刘　涛

服装设计与工程(2人)

陈敬玉　刘咏清

纺织材料与纺织品设计(5人)

陈志华　眭建华　王耀武　张玉惕　何　斌

纺织化学与染整工程(1人)

温贻芳

计算机科学与技术学院

计算机应用技术(3人)

张广铭　吴　健　鲜学丰

医学部基础医学与生物科学学院

人体解剖与组织胚胎学(10人)

蔡琴华　黄　镇　蒋茂荣　姜声扬　张志军　张　琦　陆健花

贺倩茹　李浩明　施海燕

病原生物学(5人)

王　瑜　　李莉华　　何培彦　　郭俊杰　　吕　杰

免疫学(5人)

李　芳　　张光波　　汪小华　　古彦铮　　刘仍允

病理学与病理生理学(4人)

施建华　　徐　岚　　刘　珺　　姜　智

特种经济动物饲养(4人)

邵爱华　　韩宏岩　　张鹏杰　　王燕红

法医学(2人)

包海军　　闫　骏

胚胎生理与围产基础医学(2人)

李世刚　　曹　莉

系统生物学研究中心

系统生物学(1人)

李　粤

医学部公共卫生学院

劳动卫生与环境卫生学(1人)

刘仁平

流行病与卫生统计学(3人)

彭延波　　张耀东　　濮翔科

卫生毒理学(1人)

孙　静

医学部放射医学与防护学院

放射医学(4人)

顾红英　　王利利　　郁春景　　冯　爽

医学部药学院

药理学(3人)

陈　蓉　　张　熠　　徐海东

附属第一医院(医学部第一临床医学院)

内科学(10人)

邵雪君　季　成　雷　伟　何志松　杨淑丽　赵彩明　吕胜祥
卜梓斌　陈　成　刘　强

外科学(19人)

刘志伟　李　健　朱文焕　葛锦峰　毛海青　张春明　王全明
邵　强　陈　练　姜海涛　李雪峰　刘　飞　李恩春　何宋兵
范仁根　李云龙　王丽娜　俞生林　徐卫华

附属第二医院(医学部第二临床医学院)

外科学(11人)

谢宗刚　张　积　言湛军　胡艾君　杜彦李　朱建兵　徐　炜
麻育源　万政强　张力元　宋长志

附属儿童医院(医学部儿科临床医学院)

儿科学(3人)

张　奇　黄顺根　郭万亮

2012 年毕业的硕士生名单

文学院

文艺学(8人)

黄　河　吴　婕　杨昕茹　陈　芬　刘　铭　赵玉平　霍　伟
牛国静

汉语言文字学(15人)

刘小青　王　佳　周　博　杨　翠　曹守平　李睢云　路　晓
奚潇凌　张　赫　韩晓川　赵玉艳　王晓红　裴欢欢　骆莉萍
胡清远

中国古代文学(17人)

刘　静　陆　英　徐　婷　朱　铭　陈慧丽　罗紫鹏　潘静如
周　洁　朱　平　鞠　婷　黄建林　何　抗　田韦君　周翠萍
李婷婷　丁文群　王昆仑

中国现当代文学(17人)

许松盛　陆　琴　裴　颖　吴梦雅　闫　雪　陆　怡　杨　樨

朱君青　尹　苗　牛绿洲　王　辉　邓江江　刘克叶　蔡　超
陈　琢　孙　霖　夏相婷

比较文学与世界文学(12 人)

朱晓敏　杨佼佼　唐　诗　杨昇华　朱敏雅　庄　颖　乐　佳
郭秀丽　张　敏　仲明明　葛宝华　许红敬

课程与教学论(4 人)

尹继兰　杨丽丽　郑园园　张明明

美学(4 人)

张丽娟　江棋棋　陶斯敏　邓晶晶

戏剧戏曲学(10 人)

李良子　孙雁北　周立言　金　仁　娄晶汝　王　静　吴　琨
尹秀华　闫　昕　李　峰

凤凰传媒学院

传播学(20 人)

刘爱粉　袁苏立　顾　燕　宋金玮　韦玉婷　郑　璐　杨　洁
薛　铃　姜　如　沈鸿昌　尤静芳　张梦晗　张　颖　周　正
李思蓓　何启洲　彭公勋　谈国鹏　邱天娇　裘兆远

新闻学(16 人)

施琳玲　郑文一　邵丹丹　诸丽琴　曹陈观　刘　浏　刘　瑞
张玉洁　许方亮　马晓伟　黄晟昱　汪　慧　张林力　李一龙
尹雪川　王赛男

社会学院

档案学(10 人)

储　蕾　左宏媛　姚金利　冯弓蓓　冯　洁　果　越　姜　超
亓秋景　郑姗姗　王　新

社会保障(9 人)

何可凝　张凌晨　张　艳　郭亚南　孟晓丽　谭　卉　张宝宝
赵可可　蔡尚坤

社会学(15 人)

江玉珠　魏　晶　原立士　程　悦　陈　欣　庄晓丹　李风啸

王美景　王李兵　吕　伴　杨玉娟　刘秀雪　吕　英　陈　昕
孙秀兰

中国古代史(9人)
束江涛　王凝萱　王少林　叶瑞宾　杨　柳　孙　达　聂倩倩
刘玉斌　张　磊

专门史(4人)
刘　杰　吴　瑞　黄晓燕　钟金才

中国近现代史(14人)
黄　鹏　傅　亮　赵建文　解　晶　朱升芹　朱凌佳　刘　粉
张智清　丁英顺　谢良平　金　明　呙盼盼　张修震　焦　明

世界史(7人)
武晓静　王振声　王　琪　王　萍　吴大伟　邢金哲　金　飞

旅游管理(5人)
王翊安　蔡雨泉　宋玉芹　邵炎　王丽芳

情报学(8人)
安　琳　卢升亮　耿　辉　吉　祥　刘　丹　季秋睿　刘玉霞
李加才

政治与公共管理学院

马克思主义哲学(9人)
赵　菲　周凤全　顾　晓　掌海啸　周　欢　周　曦　刘彩玲
尹堂艳　曾小莉

伦理学(4人)
夏　颖　李　敏　徐　嘉　范利平

马克思主义基本原理(3人)
张凯星　麻盼盼　周一红

思想政治教育(19人)
曹　晨　曹　顺　丁淑彦　封　丹　蒋　丽　林润静　卢元芬
孟　雪　秦泠泠　宋　艳　孙淑慧　王　怡　伍其凤　夏　燕
薛俊跃　严田田　杨利君　袁鑫鑫　张　鑫

中国哲学(6人)

吴玉成	王春艳	黄巍魏	王子瑞	陈富余	姜亚刚

外国哲学(3人)

冉 然	詹 笑	陈 亮

国际关系(6人)

卢 涛	吴 凯	罗月娥	李 志	安 睿	曹 丹

土地资源管理(5人)

钱 璐	王婷婷	孙小妮	李启建	高广宇

管理科学与工程(3人)

成 龙	尚艳婷	王林杰

政治学理论(9人)

卜谦祥	宋 森	任 超	孙静宜	武文英	汪 菲	丁姝婷
李宪军	潘 超					

科学技术哲学(1人)

王劲松

课程与教学论(1人)

黄 宇

行政管理(49人)

蔡文胤	程 慧	程 倩	邓合松	狄梦华	丁 远	董 薇
杜文甫	房 晨	甘 乐	胡 渠	胡少飞	李金钢	李 冉
李兆萍	刘文彪	陆文静	陆 芫	吕承文	马 波	马海棠
潘露蕾	彭燕东	秦 婷	沈小雯	孙雪芹	孙永娟	唐民云
唐玉青	王晶晶	王静燕	王军洋	王永将	王雨燕	王志勇
吴 洁	夏舒燕	徐晓娟	颜 雷	杨荔发	杨书房	杨小旭
杨 颖	展 政	张顶浩	张士威	张帅帅	张园园	钟延红

逻辑学(1人)

刘文娟

社会医学与卫生事业管理(6人)

柏 雪	周 奇	章月芳	范博园	邓建华	樊建花

中共党史(1人)

严　晗

东吴商学院(财经学院)　东吴证券金融学院

财政学(含税收学)(8人)

卞贤琦　刘益君　李川玉　吴　斌　徐瑞东　黄露露　黄丽娅
李　娟

会计学(11人)

郭萍萍　范　玲　杨　芸　吴　佳　莫一芳　常　昀　濮　敏
施禹仰　安纪娟　路　仙　唐露茜

金融学(含保险学)(17人)

汪婷婷　陈　峰　陈冬冬　董甜甜　郑　倩　万一梅　胡二军
毛克娟　邱金丹　张振华　沈思猛　王　慧　王庆山　胡现文
周　营　姜　斐　钱远昌

企业管理(16人)

李效林　左田园　张　燕　朱　敏　臧秋实　万　敏　张欣欣
卢奎兰　杜　莉　胡翠华　于晓霏　李建华　李万军　岳梦琪
张晓燕　刘晶晶

区域经济学(5人)

陈培培　宗　鑫　王加军　张　琳　黄　亮

农业经济管理(2人)

徐　鹏　徐　怡

世界经济(2人)

张圆圆　汪　泓

政治经济学(1人)

唐晓东

产业经济学(4人)

郑蓬辰　邵　犇　江春玲　徐玲玲

国际贸易学(4人)

李丹丹　陆　艳　袁　希　邹晓丽

王健法学院

国际法学(22人)

阮文俊	吴　娅	黄林枫	茹艳爽	黄　婕	于　珂	孙楚楚
吴文娟	徐腾飞	周　杰	任　彦	吕钧泽	熊　丽	侯　蕾
骆莹莹	杨　柳	张　颖	毛海龙	耿昊东	谢颖颖	马　倩
曹　瑛						

法学理论(23人)

胡小娟	张　顺	刘建东	刘桂红	吴皓月	曾雪莹	姜灵芝
邓力学	高小芳	高　凭	谢淑芳	袁　亮	刘立平	孙　骞
闫洪磊	梁鹏飞	谢夫志	何　骏	王立新	归雪梅	周　强
王亭亭	张　蕾					

宪法学与行政法学(28人)

高文祥	安丽娜	王　姣	刘春香	王皓石	杨志华	张静静
佟艳秋	李　洁	张开俊	肖　迹	刘凤琪	刘　慧	付康康
孟凡壮	朱元华	朱学峰	陈　婷	刘江波	黄　娟	赵林卫
张　静	陈　亮	洪善伦	刘贺立	朱志杰	胡秀玲	薛　颖

民商法学(14人)

王宗强	张文娟	刘　青	茆倩娣	曲辉静	王　璐	沈夏明
王丹丹	吴铭晖	周梦楠	王玉佳	张　腾	张　坤	刘　娜

刑法学(10人)

张　未	顾　磊	何　星	陈　立	尹　婕	张　青	孙建山
杨　平	翟梦晓	梁　娟				

诉讼法学(15人)

韩　洁	姚　洁	薛晓慧	耿　晶	刘　琦	王　玭	朱　强
夏晨超	杨梦玉	刘倩文	郭　磊	费　湛	王友云	李　丹
陈　方						

经济法学(17人)

贾文婷	陈建忠	黄银君	毛晓波	缪丹丹	袁红燕	朱慧虹
刘永胜	赵　睿	刘　强	李晶雨	李　琳	张　燕	周　进
施圣婷	刘维强	陈　飞				

法律史(14 人)

田 原 郭寅枫 陆 璐 霍 丹 韩 静 虞春玉 黄 媛
童梦琳 陈 琳 汪明君 何 非 梁 艳 董金艳 唐杨静

环境与资源保护法学(6 人)

陈静亚 金 迪 韩 冰 张晓慧 刘 莎 高 正

外国语学院

英语语言文学(18 人)

李 莹 张凌然 陈超艳 王 维 陈 晓 高燕琴 孙 璐
周婉莹 陈胜龙 汪小霞 杨丽梅 高熹微 徐品品 王荣萱
王丽霞 林 琳 郭长娣 孙昕昕

俄语语言文学(5 人)

于苗苗 袁 琳 孙晓佳 沈 洁 艾 娇

外国语言学及应用语言学(37 人)

李 培 沈静宇 朱晶莹 王碧荣 胡 晓 黄婉冬 秦丽超
张磊磊 黎娅婷 张 扬 杨 玲 虞 佳 赵金香 张春阳
陈孟清 蔡 勉 程 慧 毛慧青 付玉珊 王永双 杨梅丽
张 萃 骈柯圻 乔盼盼 张 曼 李 倩 胡兴波 于红梅
高鹏飞 高敏娟 曹艳红 罗媛媛 杨秀焕 茅芹芹 王兰兰
马红丽 邓妮娜

课程与教学论(8 人)

吕丹丹 张玉康 钟兰颖 柯 爽 王 欣 邵 静 赵 婷
刘晓云

日语语言文学(9 人)

和晓洁 丁 玲 李加贝 李淑尧 俞梦娇 左俊楠 胡泽华
侯世莲 孙 亮

教育学院

课程与教学论(8 人)

张小飞 刘 晶 裴 霞 李 雪 苏婷婷 史玉玲 杨玉娟
张 丹

高等教育学(8 人)

李 云 杨伟娜 周 三 宋 珂 吴东照 沈国彬 赵建辉

尹雪林

应用心理学(37 人)

蔡妩萍　蔡咏梅　陈艳青　段　蕊　樊　静　傅　强　郭娜娜
胡　欢　姜　艳　金玲玲　孔　瑜　蓝　屾　李　霁　李艳敏
刘　学　孟　莉　芮玲芝　苏　欣　孙　飞　孙晓瑨　唐　玉
田　红　田　青　田婷婷　王　丹　王先辉　王雪宁　魏秋江
吴佳时　吴苗苗　武　琦　闫　晗　杨　柳　张　倩　周　丽
周　冉　周玉叶

基础心理学(9 人)

胡　彬　杜　晶　沈建丹　尹　鸾　徐圆圆　王漪兰　耿会玲
赵　欣　宋静雯

发展与教育心理学(24 人)

陈　翠　顾　艳　陈洁琼　梁　晨　刘礼艳　肖　玉　张辰毅
王小娜　刘婉清　张　琳　胡　娜　黄燕萍　张秋菊　肖　婷
赵衍翠　武　燕　张慧民　廉富蕊　黄　阳　张群华　朱　彦
杨美玲　胡美娟　李　杨

教育学原理(4 人)

许念英　王玉超　乔　撼　陆福荣

教育经济与管理(9 人)

陈　波　姜平华　姜玉明　周靖一　邓　清　许跃华　宋　雅
徐　飞　张英磊

艺术学院

设计艺术学(39 人)

陈思聪　宋　敏　张熙茹　王　昭　盖广慧　卢海栗　孙媛媛
王　昀　姚笑坤　翟晴晴　王　欣　王美玉　韩菲菲　程　歌
徐文杰　程　馨　郭诗遥　刘　培　刘　霞　马　骄　王心莹
王亚男　杨功珊　诸曼华　王　汀　李小茹　宋　博　霍光瑛
段瑞雪　高　正　师文雅　司俊男　石亚凤　杨　飞　赵　曦
李　娟　刘彦伶　李　静　王　兰

美术学(9 人)

李元雪　温素红　吴明艳　张　瑜　李　欣　张小妮　张迎新
王婷婷　习　惠

课程与教学论(3 人)

李　燕　崔木子　丁　娜

体育学院

运动人体科学(20 人)

丁晓青　范育飞　娄海波　武晓莉　张佑磊　左弯弯　于渤洋
郭静洁　申晋波　洪　安　乔同岭　方　亮　李新录　刘　真
徐金彩　陈克梦　孙普庆　陈金鳌　张　延　付　强

民族传统体育学(4 人)

孙鸿志　朱永飞　郑　媛　杨代国

体育人文社会学(10 人)

朱肖璟　殷荣宾　席亚健　李　贺　崔　力　张玉明　侯雪洁
彭秋林　陈　方　冯　娜

体育教育训练学(29 人)

常　芹　丁　伟　胡长歌　姜盛泽　蒋海浪　李成玥　李　毅
李之鹏　刘　军　刘溪文　刘　鑫　马　瑞　孟庆波　邱　林
孙绪贵　王　雪　邬　娴　徐小建　许玉香　严永伟　杨术林
杨莹莹　尹明坤　岳红丽　张　斐　张　青　张　全　张智辉
郑泽蒙

数学科学学院

课程与教学论(4 人)

从　品　周姝姝　卢伟玲　林迪迪

基础数学(20 人)

金建军　李春雷　邵永存　邢　玲　张莉梅　李　珍　杭　程
陈　彬　龚广义　邱　崇　瞿荣微　邵凌云　李　云　沈　瑜
徐美松　张雪利　杨　培　王政阳　赵　钰　徐秀秀

概率论与数理统计(9 人)

卢封亦　周桂霞　黄　洁　李明花　王红星　何　伟　汪　乐
周国兵　张文海

计算数学(5 人)

徐　锐　魏春志　行凯歌　王胜强　郭　靖

应用数学(12人)

程晓俊 钱美芳 乔 治 田志伟 王立杰 殷 龙 蒋苏芳
孙连杰 孙晓敏 梁秋利 沈 蕊 陈 艳

系统生物学(1人)

李永成

运筹学与控制论(4人)

卞 凯 梁江娜 肖 俊 黄 明

金融工程研究中心

金融数学(7人)

张亮亮 吴思圆 俞维思 钱云剑 刘 平 肖 剑 史欣欣

物理科学与技术学院 能源学院

理论物理(2人)

严 密 陈晓霞

凝聚态物理(17人)

毕研明 陈家洛 陈李清 董尧君 顾庆钊 金 霞 罗晓东
梅光全 孟庆权 钱 霞 王寒猛 吴 雷 吴廷渊 杨晓鸾
杨亦赏 余江舟 赵 亮

光学(14人)

刘小波 李 晨 徐 芳 蒋莉莉 陈 雅 陈家波 程发龙
杜 雯 张丽娜 程 明 汪单单 葛莉蓉 周 磊 肖瑞华

材料物理与化学(6人)

吉亮亮 王 飞 周 坤 马 超 刘芳敏 张 晖

检测技术与自动化装置(8人)

梅金燕 徐婷婷 许 峥 廖启鹏 马心儒 沈 燕 周成燕
莫丽花

等离子体物理(3人)

袁 颖 陈 天 邹 帅

信息光学工程研究所

光学工程(19 人)

陈明辉　丁海鹏　房春环　葛建平　洪小苗　李　丹　李　烨
刘世新　沈婷婷　孙　昊　王福亮　王　浩　夏小斌　肖　伟
谢　佩　徐　莉　於陈慧　袁晓峰　张　杰

材料与化学化工学部

课程与教学论(2 人)

王丽丽　盛永娟

无机化学(28 人)

陈　西　孙　莎　钱　新　杨　舟　杨志杰　杨丽娟　李传虹
徐忠林　杨晓娟　陈文倩　张红敏　崔燕峰　肖　佳　冯志强
赵　晶　胡　凯　梁晶晶　王海鹏　林淼水　慕文琴　罗　稳
常玉洁　苗利利　韩琼花　万黎敏　张　旭　怯小旭　史　征

有机化学(29 人)

沈晓冬　吴　斌　周　鹏　李　志　崔　华　胡小琳　季云飞
潘　杰　屈孝铭　严丽娟　袁春香　郝　艳　胡　宇　刘国桂
王　璐　宗成龙　陈书林　魏　伟　李庆岩　徐艳超　李廷义
李宝霞　夏　莹　黄　洁　孙　芳　陈江华　赵彦伟　李梅秋
邓海宁

物理化学(14 人)

赵小梅　杨凤珠　周　蓉　张彩萍　董玉培　王园园　翁亚娜
岑　敏　李亚彬　刘　可　李　智　任芳芳　张　淼　桓佳君

应用化学(27 人)

叶高洁　梅　啸　朱　巍　曹岑慧子　李　庆　李巍巍　陆海峰
史全全　王　栋　张岳广　周银霞　陈辉军　张培培　李世贤
罗　志　陈　伟　唐　录　徐凌云　鲁英杰　赵广东　盛宝强
张　茜　柳晓姗　郭志强　叶正茂　吴　军　李少科

高分子化学与物理(34 人)

李道光　吴亚丽　杜银锋　缪　洁　张　浩　魏　甜　袁　亮
王怀超　薛　珍　刘　旭　魏荣冉　刘亚晗　王海瑞　禾文静
沈　巍　曹金鑫　吴丽敏　赵　伟　高金龙　邵海燕　沈　琼
孙　妍　肖　敏　张进朝　潘晓娣　黄桂贤　李晓菲　张　琴

周丽丽　张燕娜　王　伟　郭伟伟　贺诗词　朱高华

分析化学(12 人)

刘文娟　孙玲莹　余志敏　洪莉萍　汲中玲　戎晓龙　万明怡
周梦云　林媛媛　杜　建　孙芳荣　张　娇

材料学(27 人)

刘　萍　张满成　赵　松　李良海　常健飞　顾成龙　王佳宇
张志勇　秦　健　王　陈　张　强　蔡东旦　戴春华　高玉雯
柳燕华　徐玲妍　王强强　曾　历　谢　暖　吕文峰　郭家哲
郭新爽　黄　梅　廖文娟　吴虹佚　刘　洋　朱　曦

材料加工工程(2 人)

吕　娟　李志虎

功能纳米与软物质研究院

有机化学(5 人)

刘小文　于　行　张建明　赵翠平　刘　明

材料学(7 人)

秦建丽　刁晓军　谷　威　徐红艳　朱　虹　朱钧钧　雷晓飞

高分子化学与物理(6 人)

蔡诗端　陈　涛　潘科明　吴仲伟　杨金彭　徐仔全

凝聚态物理(1 人)

蔡　勇

微电子学与固体电子学(1 人)

闫　岩

无机化学(3 人)

张　帅　张玉霄　薛军威

物理化学(2 人)

钟旖菱　明　海

细胞生物学(6 人)

陶惠泉　曹东跃　谭晓芳　姜自云　金丽玲　田　博

纺织与服装工程学院

服装设计与工程(12 人)

顾冰菲　孔海燕　李改行　黄亚南　丁　佳　朱佳妮　王　飞
王　萱　刘雪林　陈洪倩　赵小雯　石　锐

纺织工程(24 人)

胡　绮　严宏军　周婷婷　杨承帅　盖芸瑚　顾莹莹　陶　然
万　琼　夏震然　陈　梅　刘　海　鲁星星　陆　鹏　潘珏璟
裔婷婷　张　骛　吴锡龙　李　佳　孟广利　李燕雯　吕　红
成林锋　钱　静　仝晓婷

纺织材料与纺织品设计(19 人)

焦宇虹　吕琳琳　陈华君　罗　霄　肖坤楠　陈艳华　黄阳阳
车春玲　李婷婷　王秀霞　高艳菲　毛　丽　刘喜梅　唐　强
张　层　钟天翼　刘志武　潘芳良　许　川

纺织化学与染整工程(27 人)

唐　慧　张　云　董　雪　胡　凯　李　鹏　缪培培　孙海建
杨玉梅　袁　京　张海玲　朱　杨　史彩云　樊　丹　陈邦家
陈婷立　范　敏　廖银琳　刘　洁　麻伍军　王　丽　肖国栋
郑　满　楚　珮　史亚鹏　孙锡涛　陈君扬　周　峰

计算机科学与技术学院

计算机软件与理论(11 人)

董梦璇　王　晶　冯艳卉　杨旭东　高　聪　狄浩军　李　硕
王仁喜　郭建兵　王　成　石慧娟

计算机应用技术(68 人)

曹　阅　陈爱兵　陈　浩　陈　明　陈　明　陈沙沙　陈兆华
代大明　戴美银　方　静　费兰英　高俊伟　韩志远　侯立斌
胡　欣　华　松　华秀丽　黄荣跃　金晓丽　孔晓莉　李翠霞
李　娇　李　瑾　李　军　李晓华　李修志　刘　桢　缪大俊
宁　春　庞　磊　钱　玥　秦保波　秦凯伟　苏金玲　谭延琪
汤佳惠　王步康　王怀超　王荣洋　王三虎　王士鑫　王铁成
王兴宝　王中卿　温琼翡　翁东良　徐桂彬　徐海东　徐　华
徐志斌　杨　凯　杨欣欣　杨艳艳　姚丹丹　余建飞　张　慧
张剑峰　张居涛　张　骏　张　宁　张维维　张小倩　赵传敏
赵雅英　郑　阳　周见光　周　杰　周心林

管理科学与工程(7人)

花　岭　全佳妮　陈翼鹰　朱旭东　张　悦　陆栋梁　李　斯

电子信息学院

通信与信息系统(24人)

李晶晶　吴　慧　何　赛　胡晗之　张　旭　周阿转　朱银忠
陈　熹　董　叶　钱晓红　陈　伟　刘振华　石　军　费好云
张　琪　王　东　高　杨　赵开权　李　力　史迩冬　张学斌
王春燕　赵月明　曾　光

微电子学与固体电子学(8人)

李亦清　陆晓伟　李　雷　李少君　孙　恺　胡黎斌　周　锋
杨翠军

信号与信息处理(15人)

袁　磊　廖小情　沈彩凤　于　卉　余　耀　赵雄鹰　王　涛
陈　聪　王端青　严德春　董福强　黄明亮　卢慧英　魏志国
徐明义

机电工程学院　沙钢钢铁学院

机械电子工程(15人)

吕立立　张　飞　陈　新　许　佳　孙　伟　张万里　龚海健
陆小明　沈　剑　韦　宏　王　飞　钟以波　陈　辉　乔冬冬
马明智

机械设计及理论(8人)

唐银萍　徐爱琴　张　辉　顾艳君　杨全超　李金涛　谭保辉
蔡　伟

机械制造及其自动化(16人)

刘丁丁　夏　瑜　沈玲琳　王　晨　赵锦荣　储呈媛　唐朋飞
赵　凯　何祥明　汤克震　熊宝星　孙后顺　杨茂盛　姚立忠
李洪远　杨浩金

控制理论与控制工程(12人)

陈　婷　陈一波　崔智慧　周小雨　王陈燕　范　腾　杨　慧
王阿敏　翁振明　于　彪　葛　峰　王天锋

精密仪器及机械(3人)

赵　明　　瞿明智　　李左凌

车辆工程(4人)

万东东　　焦　猛　　汪洪文　　邱哲峰

医学部基础医学与生物科学学院

病理学与病理生理学(8人)

眭怡群　　何　进　　付华辉　　黄敬敬　　涂　健　　李玉玲　　张　华
侯艳丽

植物学(3人)

王　晓　　牛　佳　　胡文婷

水生生物学(4人)

徐升宝　　王　磊　　王婷婷　　贾一何

动物学(4人)

范兴娟　　孔　丽　　黄尚辉　　郭　强

病原生物学(3人)

陈建才　　张　静　　仇思婕

特种经济动物饲养(4人)

曹雅琪　　鲍忠赞　　苏保锦　　陈鸿俊

发育生物学(5人)

季明明　　龙菲菲　　何　雄　　张彩霞　　周炳卿

水产养殖(5人)

朱　磊　　郭明凯　　胡显琼　　宋　亮　　姚仕彬

生物物理学(6人)

龚晓兰　　崔亚玲　　王元净　　闫倩倩　　刘先明　　徐敏锐

细胞生物学(13人)

吕静雅　　刘斯斯　　冯　琦　　康乃馨　　王　亮　　刘晨晨　　陈叶冰
王　璐　　郑　兵　　张　建　　王惠荟　　林中姮　　张　昊

微生物学(6人)

冯泽华　柏文娟　朱鹏飞　郭　睿　赵　婷　董颖颖

遗传学(9人)

赵斯斯　卢　芳　张昊堃　季卫丹　宋晓雪　彭　然　张淑青
杨舒婷　岳　娜

神经生物学(4人)

戴友爱　周媛媛　张益铭　卜　凡

免疫学(29人)

徐　健　姜　岚　李淑湘　衡　磊　王　辉　文丽君　杨　鹏
张雪琨　朱耿超　黄赛男　姚　红　俞云会　王　征　张凤娟
高利娟　张彦军　郑　健　方朝东　付文哲　袁　桦　刘艳平
房　鹏　丁子轩　李　扬　李振平　陈书坤　高　犁　冯宇锋
邱桥成

人体解剖与组织胚胎学(6人)

刘　凯　刘　娟　王全英　施　月　邵　杰　董　楠

生理学(2人)

赵红芬　施　展

生物化学与分子生物学(16人)

施爱萍　桂　江　姚金美　刘瑞芳　孙海洪　周　斌　彭景琨
杨　飞　成红霞　郑　磊　邹士涛　刘　林　胡莹莹　胡水君
黄中开　朱雪梅

法医学(8人)

张　丹　赵理想　陈　芳　杨美玉　刘小琴　姜玉婷　戴定坤
孙英英

胚胎生理与围产基础医学(2人)

周安稳　何　睿

医学心理学(2人)

刘　楠　李　泾

病原生物学(1人)

廖　莉

课程与教学论(1人)

胡楠楠

医学部放射医学与防护学院

放射医学(18人)

汤新星　王慧宇　刘蕴莹　魏召阳　陈　娜　陈　勇　肖海楠
韩祥增　夏小春　翟小刚　陈　洁　孙军霞　武　书　杨百霞
胡群超　马　亮　郭玲玲　申琳棱

生物医学工程(4人)

詹　蔚　田小梅　孙彦泽　冯贞贞

医学部公共卫生学院

劳动卫生与环境卫生学(4人)

夏海玲　刘静容　姜　旭　张玉富

流行病与卫生统计学(10人)

王　磊　胡文斌　刘景超　刘　雯　骆文书　赵　瑶　刘　洋
高　昕　张晓龙　梁　辉

营养与食品卫生学(3人)

邬志薇　吴　琳　董加毅

卫生毒理学(8人)

冯晓青　朱胜男　刘　建　王大朋　周　振　刘华清　胡志勇
陈志海

儿少卫生与妇幼保健学(1人)

张敏婕

社会医学与卫生事业管理(4人)

吴　燕　张　玲　孙延祯　秦雅楠

医学部药学院

药物化学(18人)

李　雯　廖　立　舒　展　周　舟　尹　伟　吴双庆　李兆春

王虎成　贾　丹　孙　群　李海霞　杨圣伟　段文文　李　楠
胡　文　樊　洁　张苗苗　谭蓓蓓

药物分析学(6人)
金　舒　吴再珍　张　斌　唐建华　牟红元　钮小英

药理学(17人)
钟　文　周　峰　高　博　龙林梅　王伟大　王俨如　王庆琳
徐　敏　仲　蕾　葛建彬　杨　磊　朱扣柱　杨　波　刘晓媛
蔡　健　王茂伟　周　艳

药剂学(10人)
丁信园　管　敏　丁肖梁　胡晓波　张雯雯　耿丽娟　王通艳
周　琳　崔向磊　王晓青

微生物与生化药学(2人)
袁亚菲　董　婷

生药学(2人)
梁　慧　韩晓娜

医学部护理学院

护理学(4人)
韩燕霞　李　晴　牛凤琳　倪志红

金螳螂建筑与城市环境学院

农业昆虫与害虫防治(3人)
李　颖　陶　娟　王廷良

园林植物与观赏园艺(14人)
方剑娟　徐梦萤　孙　悦　姜丽丽　王树锋　周丽丽　徐小莲
姚　松　张　辉　耿士均　刘　振　王永亮　徐文斐　赵　歌

附属第一医院(医学部第一临床医学院)

妇产科学(5人)
冯兰兰　陆　宁　曹　慧　杨丹丹　孙丽华

急诊医学(4人)
徐　颖　孙海伟　陈中珍　王卫广

精神病与精神卫生学(1人)

刘小溪

康复医学与理疗学(1人)

陈庆梅

麻醉学(2人)

郑小艳　殷　伟

内科学(48人)

胡凤霞　石翠翠　潘林林　李　燕　周二叶　章懿婷　张子洲
王佳佳　徐　华　董　云　王琛琛　徐文超　张　磊　亢宁苏
陈慧敏　徐德宇　周红娜　许乐乐　张　伟　林　勇　郭　芳
王书亚　刘建云　王彩虹　徐　鹏　夏林虎　徐　琼　罗　刚
叶加宝　张东营　王　娜　康浩飞　孙延黄　赵　波　万文婷
周莉莉　石森森　李先敏　田　竑　吴春晓　方宝枝　田孝鹏
胡璐萍　董莎莎　谷红丽　王瑞娟　周倩兰　汪　娟

外科学(65人)

潘　俊　黄永丰　汤志兵　丁春劲　朱法豪　陈一南　金　晔
曹　成　徐　磊　汪　强　操志海　王呈庆　胡　海　钱　明
郑鸿鸣　刘晓忠　张学锋　夏生俊　张　辉　邱振伟　王　深
文小波　洪　晗　王　刚　於恩桥　朱明杰　陆玉长　王　雷
黄之龙　纪　辉　孙君君　刘　丰　栾俊伟　张亚军　刘　亮
黎尉浩　谢安庆　余　亮　周佳杰　丁云林　李吉良　钱春辉
于志华　曹　洁　陈雄辉　梅鹏金　陈金明　胡　斌　任庆先
曹海波　宋志旺　孟成杰　苏作鹏　马　超　王利瑞　丁英龙
胡守军　程义金　章传凯　张启新　张　强　郭　建　刘廷兴
唐　兴　王卫峰

临床检验诊断学(3人)

张　静　李亚辉　王菲菲

皮肤病与性病学(2人)

杨长志　高亚丽

老年医学(3人)

庄乾淑　苏　楠　戴桂丽

神经病学(8 人)
张群英　江选飞　李会霞　刘伟丽　孙　鑫　薛利敏　贾莎莎
王　辉

耳鼻咽喉科学(1 人)
孙　朋

眼科学(4 人)
张文朋　孙正太　戴春燕　周文娟

影像医学与核医学(10 人)
王冬艳　夏　青　郝红军　韩世龙　蔡红法　张敏鸽　马新星
刘　冬　孙　琪　王芳芳

中西医结合临床(1 人)
俞立强

肿瘤学(7 人)
宋　丽　龚　唯　赵　真　胡文杰　贺汝燕　刘美琴　彭　钦

附属第二医院(医学部第二临床医学院)

妇产科学(5 人)
黄素花　潘小虹　许　玲　赵亚娴　王星星

急诊医学(2 人)
朱建良　张　艳

麻醉学(3 人)
胡小玲　佘高明　王敏欢

内科学(16 人)
柏发蕊　邢玉斐　王永滨　史　蕾　庞东岳　史晓苹　田　功
张文文　龙春梅　刘子声　尤　涛　徐　峰　李　晖　张蕴玉
高灵素　李晓赟

神经病学(9 人)
韩　侨　卢涛声　王雨刚　曹丽丹　马召玺　郑丽霞　张　慧
刘　娟　高　建

外科学(37 人)

刘晓峰	袁利群	郝红伟	贾　鹏	李光飞	张　磊	王新宏
刘　明	刘　伟	孙　斌	刘洪鹏	朱　辉	谢　亮	孙春光
周聚普	刘志远	章　华	岳明宗	孙承文	侯传胜	王礼平
郑晓杰	冯同胜	唐献金	周汝航	未　艳	陈　营	赵广亮
赵　彬	王玉鹏	康　涛	郑达理	唐东方	段善州	冀　宇
徐子寒	唐军建					

影像医学与核医学(8 人)

郝丽君	许袁琦	陈红栓	卢艳丽	庞小娇	邹金钊	郭明风
金　丹						

眼科学(2 人)

徐涛涛　　翟红艳

皮肤病与性病学(2 人)

陈小建　　谢立夏

临床检验诊断学(1 人)

郭忠燕

中西医结合临床(1 人)

李海勇

肿瘤学(10 人)

周　喜	孙　锐	宗天舟	姜　楠	戴婷婷	廖海红	李　欣
徐利本	廖岩森	初　学				

附属儿童医院(医学部儿科临床医学院)

儿科学(28 人)

蔡利红	林　强	缪　珀	张晓红	张艳兰	孙晓燕	张　倩
李蓓荃	展世宏	孙慧明	周晓飞	吴水燕	谢　敏	贾文燕
张晓敏	任守芸	黄　薇	乔淑敏	张雪媛	韩玉杰	李军军
张海港	李　莹	丁粤粤	陈情情	秦志强	白艳辉	吴崇昊

附属第三医院

内科学(12 人)

胡银秀	郑善翠	庄少华	吴宝利	郑晓丽	刘媛媛	贺　骞
彭　静	曾　梅	孙冠星	张丽娜	李　曼		

外科学(9人)

樊友亮　方晓辉　梁　斌　覃建迪　姜　鹏　罗子俨　屈　振
王宗春　朱春华

肿瘤学(1人)

程　贵

神经病学(2人)

吴东青　吴　瑞

眼科学(1人)

韩　蔚

影像医学与核医学(2人)

卢海涛　孙　军

皮肤病与性病学(1人)

周来来

附属第四医院

儿科学(1人)

张婷婷

妇产科学(2人)

黄小艳　潘　敏

外科学(8人)

叶曙明　韦学昌　饶　敏　陈　伟　王英杰　赵曙光　汪正伟
刘广军

肿瘤学(4人)

张　燕　王晓艳　杨　雪　沈　玲

耳鼻咽喉科学(2人)

屈宏扬　宋红毛

上海肺科医院

麻醉学(1人)

张洪军

内科学(6人)

张　露　　张　艳　　高　丽　　闫景霞　　张小刚　　李宝民

外科学(3人)

倪铮铮　　鲍　方　　张　辉

影像医学与核医学(2人)

刘　丽　　杨　洋

上海六院

耳鼻咽喉科学(1人)

陈玉芹

妇产科学(1人)

谢燕丽

临床检验诊断学(2人)

王欣慧　　杨婉薇

中西医结合临床(1人)

杨绪枫

内科学(8人)

沈　莺　　李瑞霞　　胡文秀　　蒋宏伟　　樊　静　　吴彦彦　　张　普
赵佑山

外科学(9人)

陈　明　　陈　强　　蒋梁华　　李　旭　　程邦君　　刘永志　　霍守俊
翟茂东　　钟春林

影像医学与核医学(2人)

柴　红　　何　煜

麻醉学(1人)

祁爱花

神经病学(1人)

褚秀丽

眼科学(1 人)

刘　林

上海东方肝胆外科医院

麻醉学(1 人)

张成密

外科学(8 人)

樊　啸　钱光阳　袁　博　何勇勇　李志庆　陈绪涛　李晓峰
肖宏生

系统生物学研究中心

系统生物学(3 人)

谌　标　胡扬帆　许　超

北京第二炮兵总医院

内科学(4 人)

沈惠峰　臧宗美　杨　莹　常青青

神经病学(1 人)

史延锋

外科学(4 人)

王　辉　方晶晶　毕京鹏　张　涛

肿瘤学(2 人)

罗庆斌　梁小芳

海外教育学院

国际贸易学(1 人)

BOUNTHANOME VANNACHOMCHANH

内科学(2 人)

SHAIKH FARHAN
AGUSTINUS WIJAYA

区域经济学(1 人)

SOUKKESONE XAYSOMPHOU

行政管理学(1 人)

PHONESOUTHONE LILAVONG

影像医学与核医学(3 人)

GUDURU HARSHA

SYED SHAREEF FAHAD

SHIVANAND LOKANNAVAR HARISH

2012 年毕业的同等学力研究生名单

文学院

语言学及应用语言学(1 人)

屠家洵

中国现当代文学(1 人)

金　翼

政治与公共管理学院

行政管理(1 人)

束建华

思想政治教育(1 人)

顾　园

东吴商学院(财经学院)　东吴证券金融学院

金融学(3 人)

黄　兵　　姚建萍　　周　爽

企业管理(12 人)

程晋伦　　冯　勇　　顾菁菁　　胡国栋　　陆丽萍　　罗书林　　沈轶君
王震宇　　姚晓琼　　张海晴　　张　佳　　张利敏

会计学(5 人)

李项南　　陆　茜　　陆永清　　石春英　　朱　祯

王健法学院

宪法学与行政法学(1 人)

张道中

国际法学(1人)

王耀华

民商法学(1人)

刘元军

刑法学(1人)

芦吉权

教育学院

高等教育学(2人)

王剑锋　　张璠争

课程与教学论(2人)

李旻明　　卢　玮

艺术学院

设计艺术学(3人)

胡　琳　　刘　鹏　　许　洁

体育学院

体育教育训练学(6人)

梁　凯　　沈金花　　史小龙　　孙　坤　　王　涛　　王卫东

信息光学工程研究所

光学工程(1人)

王小羊

纺织与服装工程学院

纺织材料与纺织品设计(1人)

耿静漪

服装设计与工程(2人)

张君浪　　张苗苗

材料与化学化工学部

分析化学(1人)

孙　磊

计算机科学与技术学院

计算机应用技术(3人)

陈　真　　金丽君　　周　洁

医学部基础医学与生物科学学院

法医学(2人)

高　变　　张建华

病原生物学(1人)

郑　霞

免疫学(5人)

问亚锋　　石　旦　　史　菊　　唐佩军　　朱　艳

人体解剖学与组织胚胎学(3人)

刘　利　　石　恒　　苏　琦

病理学与病理生理学(10人)

高福平　　刘金艳　　沈恒山　　岳　承　　赵剑雯　　郑庆玲　　周汝娟

陈爱梅　　胡　敏　　任　燕

医学部药学院

药理学(4人)

黄勤杰　　李利娜　　许　莉　　张　炎

附属第一医院(医学部第一临床医学院)

妇产科学(3人)

董　婕　　马　新　　朱丽霞

麻醉学(3人)

陈佩军　　李　南　　徐　凯

皮肤病与性病学(2人)

陆燕洪　　钟华杰

精神病与精神卫生学(2人)

陈浙丽　　李建华

内科学(5人)

嵇　冰　　金　燕　　刘晓斌　　孙士梅　　郁昊达

外科学(9人)

陈　磊　　陈正楼　　胡颜江　　李　鹏　　祁　洁　　王建宇　　王　文
严　广　　张　立

神经病学(2人)

尤一萍　　袁庆芳

眼科学(2人)

潘旭斌　　夏　蔚

影像医学与核医学(3人)

钱海峰　　杨健安　　诸一吕

肿瘤学(1人)

陈晓萍

附属第二医院(医学部第二临床医学院)

神经病学(1人)

邵建锋

麻醉学(2人)

王　华　　袁志国

外科学(5人)

曹　泽　　姜　宇　　马　波　　毛永强　　宋锦程

妇产科学(3人)

王　艳　　吴宏宇　　周　玲

附属儿童医院(医学部儿科临床医学院)

儿科学(2人)

胡雨生　　金忠芹

附属第三医院

影像医学与核医学(1人)

张　凌

肿瘤学(1人)

王　月

外科学(2人)

法镇中　沈黎明

附属第四医院

肿瘤学(1人)

过雪丹

外科学(1人)

葛晓明

上海六院

老年医学(1人)

郑红芳

内科学(1人)

彭雪莲

妇产科学(2人)

陆　欢　秦广益

外科学(5人)

黄燕峰　彭军良　邬叶锋　姚林亚　何晓云

影像医学与核医学(1人)

赵培荣

2012年取得专业学位的研究生名单

博士专业学位

附属第一医院(医学部第一临床医学院)

临床医学(11人)

芦北极　阮中宝　吴广洲　夏　敏　薛万江　岳文伟　周　海
李鸿雁　倪一虹　王　鹏　王　伟

附属第二医院(医学部第二临床医学院)

临床医学(5人)

王培吉　魏秀娥　吴卫江　孙登群　于大海

硕士专业学位

文学院

教育硕士(96人)

沈志坚　陆　红　戴刘平　顾晓俊　何　琴　黄珊珊　倪彩英
田　艳　吴国琴　谢艳芳　俞艳芳　张　扬　邱爱平　何春梅
黄慈翔　王晓鹰　李培培　孙永登　赵中艳　张　影　周巧粉
徐飞云　张丽华　李　美　顾振伟　王　瑾　刘　璟　傅　健
蔡　璐　王　健　於燕华　张　奕　李　敏　唐　琴　王玲巧
周　玥　朱国红　邹静宜　王　婧　陈丽菊　陈卫华　陈　瑜
程　洁　崔金侠　丁绪文　范　桦　冯金美　冯　许　高海华
高　华　高妍薇　葛月琴　巩　颖　顾雪霞　郇　静　蒋洪钰
蒋骏珺　金　菊　李桂宏　刘　丽　刘晓琴　刘　臻　马　维
毛现玲　梅震宇　潘　艳　沈冬妹　史美华　王　芳　王　敏
王文玉　王小峰　王　勇　王珍汇　薛刘亚　薛智颖　姚春红
曾文彦　张菲菲　张　莉　张夏敏　赵林林　郑　诚　郑红进
郑俊昊　郑　燕　周凤娟　周　婕　周来香　周丽芳　朱春健
朱泉辉　朱　瑜　郭丽丽　杭　英　许霞萍

汉语国际教育硕士(55人)

刘婷婷　陈　蓓　杨协姣　张之光　安玲玲　董　欣　李文慧
李　靓　高绥苑　樊珈池　吴玲玲　杨　茜　杨元珺　黄旻纯
孙梦珣　王　微　丁嘉懿　蒋辰超　汪海燕　汪美姣　王　雪
陈　原　许玲淋　万　琼　张雪迪　桑　萍　葛　静　杨　蕾
苏雪婷　刘金凤　胡瑞杰　郭新亚　钟江燕　马　婧　冉迅迅
张云帆　殷漫漫　丁杰琳　杨亚新　金　湉　欧元婷　李园香
李　衡　邓明珠　鲍菁菁　王红斐　王晓林　金　鹏　杨莹莹
卞梦娜　徐　菡　陆　雨　王　珊　张　超　邱　庆

社会学院

教育硕士(36人)

陆赛楠　白　爽　金　花　邱芳芳　吴　泰　许萍娟　张　彪
卞张芳　曹　芸　陈　姣　黄　敏　黄鲜英　季　芳　孔陈萍
李秦苏　李素梅　林　坤　罗雅君　毛雪花　秦启军　邵静雯
沈建利　宋海颖　汪湘贵　王　静　王子慧　翁正雷　夏　怡

徐　瑾	徐茂祥	由凤丹	俞秀萍	张建秋	周　密	朱海蓉
朱　婕						

社会工作硕士(44 人)

王晓旦	马　佳	陈杏利	李　娜	张玲玲	耿亚楠	苗青清
孙泽红	张　煜	郭宏伟	林　莉	郭振飞	曾　妍	付美珍
孙　蒙	王　旺	孟明娟	胡书盼	舒振宇	武银平	卢　君
常　雯	谢　杨	陈青青	田克迪	周　娜	刘　娟	周宏霞
李倩倩	张秋娟	余　泳	蔡文星	胡　月	荣　云	邵　琦
张菲菲	吴冠磊	杨倩雯	杨　静	贾金鹏	李京芳	阮斐清
王　翔	李　洁					

政治与公共管理学院

公共管理硕士(105 人)

陆　啸	沈志新	何　佳	顾竹江	江　枫	马继光	武　倩
杨　雪	于海云	唐敏毅	鲍　蕾	卞卫红	蔡　涛	蔡小江
曹　欣	车盛军	陈　青	陈晓敏	储剑武	丛春秋	戴　露
单立娟	单煜颖	董莉莉	葛大可	龚丽萍	顾柳芳	郭海兵
杭　芸	郝秀娟	胡　卉	胡　晶	胡玲芝	黄　衡	蒋　侃
刘红凤	刘　佳	刘念东	刘银官	陆建良	罗　霄	马　艳
毛莉莉	倪乐平	彭晓庆	钱　波	秦　峰	邵　辉	邵景岚
沈　琦	沈　朔	宋文利	苏　丰	孙　虎	孙会梅	孙　亮
孙　昱	万荣宝	王婧怡	王　伟	王　盈	巫　梅	吴品婷
吴　涛	吴　英	徐　琴	杨　艳	杨　赟	殷利平	袁任其
张　晶	张玲仙	张凌伟	张小芳	张　晔	赵　忻	赵志鹏
郑海萍	周　刚	周雯君	周云华	朱　炼	朱敏涵	朱效迅
蔡星媛	陈如丹	单剑峰	杜　预	黄秋粪	金　虹	刘　贤
梅永扬	秦建华	冉　娜	侍爱彬	王　晋	谢瑞林	徐　广
徐正兴	严学军	张小宁	金国浩	王舞燕	张　宗	朱利萍

教育硕士(68 人)

肖丽琴	徐流奇	何　飞	白　晶	何　云	伊　扬	许　敏
张　凡	申冬生	杨秀云	王苗苗	宫　鑫	李　庆	李　娟
刘　龙	王静静	蒙贤秀	彭　琼	张玲娟	汤佳琪	刘金炎
司书丽	丁　霞	苏　蓉	邢雅楠	王康秀	石　磊	杨　含
刘　芳	周娜娜	刘　畅	曹梦雪	田东东	赵　娣	顾　单
张黎青	汤国贤	徐冬敏	常筱晔	高　洁	葛民建	胡成亚
黄音花	居海燕	刘桂珍	刘黎雯	陆向红	沈东明	孙桂娟
童　艳	王乃晶	吴霙斐	吴　婷	夏九芳	邢莉花	徐　霞

许永华	严亚琴	杨建平	杨利俊	杨 艳	张晓莎	张晏华
张月春	张月琴	赵洪琴	赵小娟	周贵才		

东吴商学院(财经学院) 东吴证券金融学院

工商管理硕士(156人)

何宏兵	吴奇岷	陈 建	朱 洁	张 蕾	丁 睿	顾 平
黄 健	孔 芳	刘国成	孙先强	王 伟	吴 瀚	徐娅莎
杨 柳	张志祥	吴政霖	耿继宇	李 娟	施广大	史家太
王理研	熊 巍	杨 东	殷子文	张奎军	周江平	周 涛
穆 明	王 苑	徐苏宁	杨 军	陈凌燕	陈仕考	陈 云
戴 鹏	耿 辉	顾 斌	韩 春	何永文	黄 帆	黄佳音
黄之晏	季春华	贾秀娟	蒋 娟	金祖笑	居维华	李 辉
李 珂	娄 欣	缪 森	倪青松	潘亚伦	钱燕娟	申自彪
帅婷婷	宋迎春	孙建春	唐 慧	童晓峰	王立春	王 玲
王智权	文国有	吴长伟	吴敏敏	夏魁领	杨 军	杨 凯
姚静兰	于 惠	于 强	喻建明	曾 凤	张 轼	张正春
张志东	赵大安	周建民	周万成	周 燕	朱洁华	宗国庆
解金城	董 骏	陈为强	周建学	楼 麟	曹 彬	高天山
季 颖	陶金栋	朱 敏	王娟娟	赵 飞	蔡宗元	陈柏谊
陈 秦	陈羽裳	陈云刚	单平安	费 峰	冯如建	管斯维
郭柏宇	郝亚萍	胡永超	黄 璜	嵇存海	江运昌	蒋 陈
蒋一璐	李 峰	李建军	李忠艳	凌 震	陆红波	陆文龙
宋正卫	苏正义	孙慰灵	王 芳	王 戬	王健荣	王敏志
王 晰	王 兴	王雅琴	王 琰	吴锋兵	席瑜浩	夏 斌
须文渊	徐朝祺	徐近龙	徐 宇	许秋秋	杨志军	杨中蔚
姚红美	姚慧琴	殷 冯	袁 全	张 黎	张天娇	张 雯
张 哲	赵 存	郑咏翔	周新一	朱风涌	丁财君	黄越骅
李江平	韦 东					

王健法学院

法律硕士(283人)

李贻德	杨 扬	王 琛	陈 毅	顾 彧	顾永刚	纪 晶
舒 蓉	孙秉银	孙大为	王 琛	王 莹	夏祥林	许 蓓
周 伟	周文杰	周小羊	朱磊磊	殷 明	邢 婧	张 静
范会波	许瑞芸	马 越	李 力	王丽熔	马 青	范小宇
肖莹莹	闫琼琳	陈小丽	李智慧	毛 矛	苗 蕾	冯 艳
袁 敏	朱 琪	胡文娟	徐 鉴	王德生	王新丽	张 军
刘 杨	井凯丽	刘 淼	于瑞钦	褚宏状	王 丹	杨晓玉
王 璇	王敏金	徐红静	张治权	王 芳	周 亮	周书文

李　涛	李文燕	杨　柳	杨秀梅	朱巧玲	王泽熙	查苏生
朱方圆	王　琼	范丹丹	李　杰	徐　宇	严海静	张纪红
杨　炀	彭　玉	沈　洁	徐　进	许春晓	韦　昊	沈丽萍
姜　静	许晓燕	孙　雨	王雅静	杨　瑞	邹文静	张　敏
金　晴	张笑笑	王　倩	孙筱丰	周红梅	王　燕	姜　娜
黄中杰	胥小丹	俞莉雅	刘成萍	汤子高	王　娜	李军伟
杜玉兰	王筱筠	薛　丹	张　卉	王莉莉	于志丹	罗　强
张叶娟	谢　飞	郭文婷	王　媛	秦丽静	胡　兵	李芹芹
相　杨	张曦恬	章冠宇	章骁震	张馨云	刘　堃	周梦笔
高　城	段　婵	王崇斌	张苗苗	徐　进	邢　冲	隋钰南
肖　月	葛洪涛	刘　菲	李勤通	方明星	盛杨子	缪　苗
史　磊	张　纾	徐　贞	周　涛	徐　佼	孙永峰	张志伟
朱晓燕	吴婉瑾	刘松波	朱书流	邹克霆	杨　亮	崔恒春
杜新珍	谷　玲	李庆松	潘　渊	王红红	向丽君	殷天华
韦　安	步青芸	蔡锦山	蔡　萌	蔡鸣春	曹文龙	陈吉强
陈　杰	陈　梅	陈　尧	陈　忠	冯燕芳	高　红	耿晔兄
顾亮亮	顾秋艳	郭成祥	郭　娜	胡亮亮	黄浩杰	季金华
贾　超	姜吉峰	靖芳芳	康　燕	李　兵	李德安	李　涛
李蔚晶	郦盱阳	栗雪松	林　杰	刘　录	刘晓璐	刘　宇
卢　欢	陆　球	陆　扬	鹿海彬	吕　虹	罗祖智	马亦乐
茅小红	糜志刚	潘　超	潘丽莉	潘曙光	钱晓萍	钱一豪
沈　广	施爱华	施勤学	施熠文	施兆军	宋　炜	宋文涛
孙　超	孙　健	孙艳艳	唐　颖	田　娟	王　冰	王冬冬
王　峰	王　辉	王　江	王黎曼	王琳玲	王梅玲	王　珊
王少华	王　胜	王祥政	王正和	魏宏溥	魏　炜	温玉平
沃　近	吴　然	谢　群	辛　靓	徐　辉	徐　健	徐　宁
杨咏梅	姚　聪	叶　涛	殷立忠	余细华	袁　坚	张德国
张莉霞	张　爽	张　松	张雪莲	张　燕	赵莉华	赵勤勤
赵　阳	郑锋林	周而辉	周慧婷	周　洁	周李君	周　溧
朱剑媚	朱　雳	朱　亮	朱培文	朱　伟	朱艳萍	朱　玉
祝逦芫	郝　月	蒋　蕾	孟宪涛	史　菁	王　力	王　琦
徐　兵	张　旭	赵文晓	周晓佳	朱庆华	陈晓清	徐　琳
袁文婷	徐良辉	李　瞻				

教育学院

教育硕士(75 人)

潘丽芳	孔冰清	王　阳	黄菊平	顾　筠	葛红辉	何　雯
金中丽	林丽明	马吉翠	聂　萍	潘田芬	王　杰	王　婷
谢加丽	朱红芹	薛　锋	蔡如云	蔡　颖	曹秋桦	曹艳文

查人韵	陈　洁	陈丽娜	陈　艳	戴晨燕	高　强	高学珍
黄小辉	黄　婴	蒋　琴	金昌蒋	孔静芳	李敏毓	刘美兰
陆　彪	陆虹清	陆纪燕	陆　茜	陆玉华	缪　骅	倪恩兰
庞永清	彭乐雨	阙净燕	饶　燕	任彩芳	施葛英	施玉琛
史菊芳	孙小木	孙燕红	王艾荣	王冬莉	王　栋	王建芬
王　亮	王　亚	吴金辉	吴敏敏	吴淑菊	吴艳华	徐娟娟
徐姗姗	许淼淼	许　嫣	杨海燕	杨利华	杨明媚	殷　明
尹兴桃	张　辉	张丽菊	葛凤梅	居小云		

艺术学院

艺术硕士(113人)

李　欣	黄晓红	李玲斐	孔　阁	白　俊	王雅珊	蒋竹鸣
幸坤勇	杨　天	刘　凌	张晓丽	马艳红	时美丽	杨　昆
杨国梁	王晓晖	詹小宁	张志远	王　霞	赵洁茹	吴玉东
丁　南	刘洋洋	李　明	柏云霞	陈　静	丁文月	房丹丹
胡睿玥	雷　絮	李　宁	齐　彦	田　燕	万　晶	王　丽
薛　颖	张　艺	周　锐	任瑞金	龚　露	左　元	陈　娜
陈羿州	黄　懿	朱艳辉	杨园园	张亚菲	杨　钢	付信茹
刘芳君	邓文伟	饶振邦	严　翼	于　杉	张晶暄	郑　重
郝西汀	刘伟辉	沙　莎	唐文正	王佳佳	吴　欢	伍雯婷
庄晓腾	陈姝雅	戴家峰	范丽芳	刘　粟	刘　洋	毛红军
钱慧敏	吾冬妮	徐　颖	尹乃军	张　蕾	章一而	钟锦芳
周　立	单雯琪	段笔耕	胡　昺	黄　卜	黄之芯	蒋　霄
蒋运生	金啸峰	李　方	李时颖	刘小雷	刘晓峰	刘　星
鲁子祺	马丽丽	宋　灵	田美玲	汪维山	王旭东	吴冬玲
熊伟翔	徐潇潇	严谧莞	张兴刚	赵俊韬	周赟莹	周　蓓
周　瑾	周　勤	周　薇	王　凯	沈　兰	耿冰璐	蒋辉煌
邱　卓						

外国语学院

翻译硕士(40人)

顾　然	闫丽玉	张　静	金　璇	周韦玮	厉　艳	刘　岩
束庆娟	张克燕	马　帅	赵柯檬	朱　宏	莫舒棋	杨　斐
蒋　娇	王　婷	曾小玲	何秋花	姚　艳	刘建玉	曾　艺
刘倩倩	沈　倩	刘玉菁	陈　颂	曹烨娇	江　敏	崔永胜
孙妍雯	薛　飞	余　亮	陆燕燕	聂秋慧	郝晓佳	杨田田
洪　耘	盛　吉	宋海燕	陶慧贤	柳　菁		

教育硕士(43 人)

陆菊芳	陈春宇	韩叶红	胡阳华	蒋莉莉	潘华丽	柏佳瑜
常　淑	陈　莹	仇　静	崔志青	戴金茂	邓　华	方　蕾
冯　洁	冯晓丽	顾春月	顾丽敏	顾秋萍	管　静	韩　艳
胡晓琴	黄燕秋	李彩蝶	刘天霞	苗渝梓	钱　芸	秦为添
任丽洁	沈淋晴	沈　茵	史　慧	孙晔云	谭秋吉	陶　霞
王婉朕	王献娟	王　峥	徐文平	杨海卫	赵春梅	朱孝玉
朱莹莹						

体育学院

体育硕士(106 人)

何楠楠	钱红军	毛学娇	陈海丽	丁兰琴	樊启学	邵丽华
韦　波	张　苗	赵　鹏	仲慧慧	朱　敬	朱　荣	李金生
苏四伟	刘盼盼	徐安岭	崔　琳	郭宁宁	边增辉	王灵芝
姚　远	贾文月	朱　雯	计　萍	于国涛	宁鲁伟	王凤强
杨　凯	王淑艳	王培培	王金红	郑学增	陆　翼	左　坚
孟庆丽	郁海寒	庄　浩	周杏芬	莫风波	庄静洁	蔡　彬
陈　波	陈　芹	陈　曦	陈艳林	陈振翠	储国琴	窦丽娟
范雪锋	顾勇峰	郭晓明	洪克明	胡宝华	黄益萍	酒华炜
李　晗	李重彬	林　进	林毅钢	刘　昀	陆海荣	陆永宽
苗　清	任敏华	盛雪芳	苏　程	王　芳	王云白	徐春霞
杨汉春	杨菊芬	俞和平	袁保才	袁鲁刚	张　宝	张　彩
张　浩	张　燕	张　征	朱晨光	朱海军	朱益兰	佐颜辉
巩　宁	刘东伟	倪春秋	苏常水	孙洪亮	王生贵	杨文明
尹亚晶	袁夕坤	周　锦	曹正军	陈海波	方自云	倪　斌
史　磊	王莉伟	袁　圆	刘　鎏	裘　进	杜万斌	李冰芳
朱　卫						

数学科学学院

教育硕士(48 人)

李茉莉	彭姚鲜	杨同官	仲一萍	包小英	蔡　瑾	陈　杰
陈曦远	范云晔	冯静静	高　丽	龚三琼	顾芳芳	何　旦
金　艳	李　健	李兰平	李沙莉	李兆霞	邵锦凤	沈　易
孙静远	陶菊良	王　莲	王　炜	翁平平	吴　芳	吴文芳
奚雯燕	徐联波	徐琳琳	杨春梅	杨　晶	杨雪峰	张　默
周新玲	朱艳燕	庄宇勤	戴　娟	戈晨曦	蒋晓英	李　莉
倪昀倩	沈建华	袁冬梅	张　伟	周小红	易丽霞	

物理科学与技术学院　能源学院

教育硕士(28 人)

曹蕴瑞　程秋荣　丁玲玲　顾惠峰　黄　云　季　玲　孙忠英
尹知松　赵海芝　陈梦姣　朱国斌　胡爱和　徐文斌　蒋荷花
焦素娥　李　清　刘承基　陆振华　牛振华　邱勤薇　任卫荣
沈祖荣　王夏萍　卫烨锋　徐新兵　张亚云　周　佳　周克成

信息光学研究所

工程硕士(1 人)

陈　璠

材料与化学化工学部

工程硕士(11 人)

戴维帅　王　娟　厉世能　文　彪　张　剑　闫　贺　万丽玲
徐　骏　王　隽　王艳凤　仲玲玲

教育硕士(32 人)

彭文帅　薛锦媛　祁德军　蔡　俊　房　婷　倪一鸣　仲　勇
白静珠　陈　洁　陈金花　顾丽英　何国华　计玮炜　蒋　梅
来　欣　李　庆　陆丽丽　祁慧君　钱臻奇　沈爱平　孙计强
王宝权　王剑锋　王晓月　邢宇雷　徐　浩　徐志炯　杨书芹
叶　梅　郁小平　周邵丹　朱　勇

纺织与服装工程学院

工程硕士(25 人)

王海平　柳　艳　陈楠楠　林莎莎　吕　恒　余志金　吴　敏
熊　芳　毕潇平　刘　丹　朱　鹏　郭精超　马　志　赵　雯
辛　欣　董书池　黄　然　廖丽霞　钱　倩　胡　吉　刘瑞云
刘中华　褚　静　洪　慧　施　斌

计算机科学与技术学院

工程硕士(112 人)

宋　超　任晓英　周广玉　蒋　宇　韩　娜　钱玲如　邹　珺
陈明华　陈李飞　吕　刚　李洪敏　李伟明　陆　英　强　劼
王慧琚　王　雷　吴　伟　杨　凯　张　芬　高晓婷　邱　劲
王桂合　向和平　张锋涛　沈世成　顾一清　顾　亮　余　昭
付叶亮　陈夫真　李　军　潘义峰　刘丽丽　冯上栋　戴鹏臻
李麟青　栾仕喜　陶　遂　王　岳　鞠　伟　吴荣伟　张静乾

陈　斌	牛　犇	盛梦醒	王　轩	许秀芝	殷　明	巩文莲
盛永华	潘　澔	陈　瑾	胡祥云	熊伟民	杨小英	方一新
曹　佳	钮若丹	陈　亮	钱学成	傅　强	程东萍	高春明
高　磊	毛新悦	沈国祥	孙　彦	吴　萍	张　维	刘晓忠
沈　欣	尹重阳	俞雪华	张　卉	朱月新	丁　翀	丰　昊
胡苏园	蒋小冬	劳国芳	李　沛	陆晓明	吕　卓	孟　彦
南智海	邵　超	石　静	宋长权	孙二瑞	陶齐齐	王丹玺
王　燕	王　英	王正宇	吴　健	张浩生	张　帅	章　韬
郑继美	朱嘉禧	陈刘明	董　娜	何正伟	黄俊宁	季　敏
任　怡	沈　妍	王　喆	吴盛霄	张伟华	邹家银	朱振刚

电子信息学院

工程硕士(82 人)

楼　亮	姜晓军	李　翔	王鑫鑫	吴诚君	于晶晶	张　琳
张　毅	朱　惠	王秋梅	平步青	戚姜勇	史珊姗	周　军
何卫国	杜运福	王　静	刘见传	王　宁	李　军	梁倩倩
张　妍	高　荣	袁　源	王二虎	刘士立	郭晓雯	蒋　恺
钱　宇	杨　洋	郭翠然	骆　敏	朱　静	张忠山	孙　燃
姚宗宝	栗晶晶	马　凌	柳　青	魏　锋	沈益兴	储建伟
顾　达	许　坚	俞　嘉	冯恒莉	俞　琴	张晶晶	丁晓红
陆于蓝	石红兰	王　春	王　勇	余尚兵	曹海斌	陈贤瑜
丁松森	范建锋	付秀国	顾爱琴	顾小刚	胡大星	金爱艳
李少波	梁远志	荣尔宁	沈小准	孙胤胤	谭晓燕	王利生
王　梅	谢　军	徐治萧	严　春	易　慷	赵李华	周　鹏
陈江璋	何天羽	陈　伟	朱　锋	张　斌		

机电工程学院　沙钢学院

工程硕士(21 人)

郑　诚	张　峥	张　健	梁　计	吴玉麒	殷晓丰	张　恒
曹东伟	潘秀石	沈　荣	苏孜诚	孙峰利	吴长安	徐　镔
杨学威	赵荣兴	周红英	赵伟伟	李文飞	余　俐	赵亚平

医学部基础医学与生物科学学院

农业推广硕士(4 人)

邹　勇	袁国锋	龚宏伟	何婀妮

教育硕士(25 人)

蒋承莉	李智勇	孙锡英	孙　艳	王丽娜	吴志华	姚秀荣
俞庆育	张贞瑜	周绍清	张　敏	丁　傅	黄志坚	瞿　斌

陆　斐　孟　诚　浦　玲　祁小飞　邱　挺　邵永刚　徐明芳
殷　歌　俞　菁　周荷静　朱　燕

医学部放射医学与公共卫生学院

公共卫生硕士(41 人)

杨　俊　麦　峰　谢　天　刘　鹏　孙小咪　秦真响　薛裕钧
潘英姿　唐　华　陈鸣宇　程　静　丁　胜　高玲琳　龚　瑜
胡茂文　黄金渊　黄　琼　江成功　蒋文君　李志雄　陆妹娟
吕冠明　潘红英　沈志耘　宋　军　孙　蕾　汪　娴　王　菊
王素青　韦利海　吴　刚　吴小明　胥　萍　徐德武　薛黎坚
杨　丽　袁华平　张敏芝　张文景　张雪莹　赵柳华

附属第一医院(医学部第一临床医学院)

临床医学硕士(5 人)

吴娟娟　顾清华　芮小慧　邵莉萍　鲁　璐

附属第二医院(医学部第二临床医学院)

临床医学硕士(2 人)

单海华　陈　昕

附属第三医院

临床医学硕士(3 人)

张乃东　曹　钰　周　颀

海外教育学院

汉语国际教育硕士(19 人)

PHOMMATHIP MENA
XAYYAXING VONGMATH
PHOMMANICHAN SITHAT
TJIN A LIEN DAISY
JAIBOON CHOTIKAN
LIMKHAMDUANG CHARINTORN
VASANTADJAJA DEVI FELICIA
JEFFREY
THONGKHAM NILAMONH
AHN CHI HWAN
CHOI SUN KYU
DAVIES SARAH HELENA
LEE DONG HEE

SEO SEOKHEE
AN YOUNGYOUN
PHUNG THI NGA
NGUYEN THI TUYET
OBITANI TOMOKO
WU FANNY

2012 年七年制本硕连读毕业学生名单

医学部

临床医学七年制(38 人)

翟建涛	张　磊	徐振宇	李寅旻	程　宇	方悦之	林小星
冯　煜	李小倩	吴鹏飞	李静媛	何斌斌	丁国庆	陈冰心
朱振华	张　昊	李　佳	赵江虎	季金龙	张　健	郑　研
吴正艳	刘　莉	林　艺	徐　俊	曹婧媛	杨苾雯	楚　潇
陆孝陈	李烨华	李要超	邓玲慧	安永博	黄玉洪	汪东旭
季君慧	王　芾	姚　雷				

临床医学(放射医学)七年制(30 人)

邓琦程	陈　伟	杨晓岚	董云益	孙克康	徐恩赐	赵　澜
凌　萍	何　娟	吴承骏	肖　骁	邢　雯	朱凌霞	毕洁静
黄志超	李　蕾	张　静	周效旺	邱亭婷	沈丝丝	李　艺
刘小金	郑　艳	高珊珊	杜函洋	王倩倩	温　健	杭　业
贾艳爽	刘　信					

2012 年本科毕业双学位学生名单

法学(双学位)(87 人)

卞姝华	单志玲	曹　晖	贾瑞雪	朱珂玮	倪李华	陈宇翔
王牧雷	孙麓深	郭玉贵	杨　浩	张明立	苏　冰	王钰玮
阮方腾	杨宝宝	蒋　薇	戴鸿飞	陆　浩	顾　芳	瞿文茜
赵晨羽	冯　艺	陈　晶	夏韵微	严　沁	曹　龑	陆谦叶
周　围	杜　微	陈　熙	张　楠	刘　赫	倪　慧	沈心虞
骆亚旭	周　婷	陈　醒	王慕洁	陈　婷	童丹萍	周晨晔
王　莹	夏　伟	周　荃	杨丽渤	陈　功	王　琦	池增琴
吴颖卓	刘扩举	陈　思	陆　静	陆焱彬	顾　峰	沈倩倩
雷金鹏	马　娟	陈颖超	熊亚栋	潘兴鹏	潘　欢	毛盼盼
王旻诗	张　倩	陈咏梅	张　洁	柯　珂	陈毅渊	顾　瑶

奚梦燕	孟　旭	漆　延	刘志尧	殷文文	陈姝含	吴　洁
胡米莎	林晶晶	黄椏芃	黄继山	高　嵩	赵巨慧	薛　野
姜　涛	张晓琼	刘冬梅				

工商管理(双学位)(62人)

刘阳扬	王怡静	杨　莹	徐欣良宜	周　力	张亚运	李悦然
宋晓玲	冯　莹	袁　明	韩　月	查以宁	陆正阳	乐诗晨
朱晨晖	赵　越	徐禄祎	莫　丹	陈莉萍	朱　杨	刘　晨
褚　玲	顾荣荣	张智宸	田　丽	杨　赟	陈巍卫	庄立臣
陈方园	何　荣	陈奕霖	吴茜茜	陆银君	丁　滢	宋　骁
陈　星	柳　雯	曹诗静	袁颖泉	徐梦婕	吕小艳	孙可人
浦梦璐	潘腾娇	马莉莹	朱思敏	向小梅	丁正威	秦晓峰
李翰林	肖　婉	吴雪娇	夏　程	刘　艳	徐晓丹	龚伊林
邵　静	胡丹江	钱燕来	王惟祎	郭　锐	杜函洋	

国际经济与贸易(双学位)(68人)

章钰雯	张　展	吴　凯	李梦璐	方旭杰	郭　俊	鞠　诚
周启成	吴　然	耿亚男	韩　旭	吴昕彤	梁　雪	尤聪聪
孟　雨	钱旭威	郭子涵	刘　倩	徐　婷	冯　斐	肖　璐
臧　彬	肖桑梦	魏　楠	张　舒	王宇琦	郑智晔	刘　瑜
谢静怡	解桑桑	殷　响	高傲东	王　涛	胡楚娴	高　虹
李　芳	王秀梅	李　华	王　昕	黄景溪	郑羽童	孙　姗
王剑夕	李绍红	陈鸿莉	李　迁	杨　林	邹德准	潘　虹
单慧如	沃　翔	孙海靖	唐文林	许　晴	杨大伟	徐　涓
胡亦冠	陈　蕾	朱芳佳	潘　莉	余怡娜	严倩颖	查　倩
张　驰	陈　莹	吴梦瑶	边晓菲	徐冬冬		

计算机科学与技术(双学位)(15人)

董康宁	金　艺	陈　城	赵　中	李金超	商渭清	夏　珉
郑　杰	周可凡	勇家伟	周彬彬	薛成文	刘春能	刘精英
周　超						

新闻学(双学位)(24人)

周　密	董筱文	肖君宜	周昕怡	章一夫	阮王晶	狄安娜
高钰博	王　鹏	冯双双	陈　贝	刘　玲	张　叶	卢耶灵
陈燕妮	丁婷珺	王　敏	左　祐	孙　雪	张恒通	汤　静
陈陆欢	许津津	滕　飞				

行政管理(双学位)(81人)

张　翔	刘　茜	王兆亚	姚　萍	金　芸	周　萍	倪函洁
刘夏晖	马玲玉	陈美君	戈　瑶	何阳阳	李筱祎	王菲尔
赵　昕	朱　茜	周　旸	王　璐	熊　伟	荣　艳	姚凯丽
周　艳	牛　玉	孙志娴	吕　雪	李　雯	徐佳伟	吴晓婷
白玉兰	张婷婷	蒋琳燕	季晓淳	施凌云	陈熙昀	马文君
唐梦莲	李嘉程	张凯晨	王大伟	韩　玮	王　杰	张润涵
江之源	李秀秀	赵翠芳	高风彦	田桂婷	宋加荣	孔　蕾
金玉玲	陈　琳	王丹丹	张　颖	孙　静	汤　颖	赵雪斐
史　艳	刘　洋	齐雯逸	李　晶	郁　蓉	李雯君	黄逸莲
丁　青	吴　艳	潘　娜	陆　倩	缪舒茗	季　喆	乔　伟
王思男	刘旭栋	王　洁	朱　凯	夏　瑜	朱文艳	汪　玥
蔡华超	朱　骏	邓　钧	陈　钰			

2012年本科毕业外国留学生名单

临床医学(2012年1月)(153人)

SARIKA WALIA
HARKIRAT SINGH SOIN
TEMUR KAMAL
SALMA AKHTAR
SIDRA BIBI
ROBINA MALIK
JAVARIA NAZ
SYED HAMEED ALI SHAH
MAHAR MUBASHIR HUSSAIN
AHMAD DANIYAL SHAHID
ABDUL HALEEM
IHTASHAM FAROOQ
MUHAMMAD HASSAN
BILAL HALEEM
ZEESHAN RASOOL
AMJAD IQBAL
MUHAMMAD AZAM KHAN BALOCH
IMRANULLAH
TERESA NURTANIO
PRISCA EUNIKE GRASIA
MARCHELLA YASINTA
NINDYA AISA CIPTOMURTI

LILLIAN ELAINE
JANESYA SUTEDJO
IIN PARANNUAN
INDWIANA ARIFI
FRIDA ANGELINA
EVELYNE WIJAYA
DELA ROMBE MANGIRI
YOHANES ADIPUTRA
KHEMAYANTO HIDAYAT
EGA BONAR BASTARI
BUDIMAN
MANIKANTE VIJAYA VANI
JALAPATI VENKATA SINDHUJA
LANKIPALLI NEELIMA
MATHUR SUCHISHREE
PODURI SRAVYA
VALIPE DEEKSHITHA RAO
SABA KHAN
SARA SELMA FERNANDES
NEHA MATTU
PRATIBHA CHOUDHARY
BAISA SHILPA
YARLAGADDA SRAVYA
SUNAINI KHAJURIA
THATI SUDHA PRATYUSHA
KUDALE PALLAVI SANJAYRAO
RENU PRAMOD DOFE
SNEHAL SUNIL TORANE
MEENAKSHI BENIWAL
USHA SAVALWANI
ARSHIYA ZAIDI
ANISHA KUNCHITHAPATHAM
MODUGA SREE SAI SHILPA
RAVI AMULYA
SAMA DEEPIKA
MOUSUMI MODHUMITA AGARWALA
BRISTI MONALISA AGARWALA
NAZEERUNNISA HAMEED
AAFIYA ALMAS

GANNOJU KEERTHI
REDDEM SUSHMA
KALLEM YAMINI CHAITANYA
ASMA FATHIMA
SHAREEF SARA
RUBINA HASSAN
RAJA HARSHA VARDHAN
DIPAK ASHOK PATIL
HARIDAS SATISH KUMAR
KRITI PARASH DEURI BHARALI
NILESH KISHOR PATIL
PONAGANTI NISHANTH
SOMISETTY GOUTHAMRAJU
COPPULA SUNEEL
PAPAGARI CHANDRA SHEKHAR REDDY
CHANDU VAMSIKRISHNA
CHANDU GOPALA KRISHNA
NAIDU LAKSHMANA SHASHANK
THUMMALAPALLY RUSHEETH REDDY
KUNCHARAM NIKHIL REDDY
VINEEL KUMAR REDDY KHAMBHAM SUBRAMANY
CHAKURKAR KEYUR RAGHVENDAR
GOMARAM BAL REDDY
VALLABHANENI VENKATA PRANEETH
YADAVARAM ANIL REDDY
KOPPARTHY KALYAN CHAKRAVARTHY
KONA RAVI KIRAN
GADE JOSEPH ARJUN REDDY
BHAGAVATI YETESHWAR PAVAN KUMAR
PITTA PRAVEEN
CHAVALLA RAKESH
BHOSLE SUMEET DILIPRAO
DINESH GUPTA
BALASETTY KARUN RAJ
KHAMAMPATI KRISHNA
CHELIKANI SIDDHARDHA
KARTHIK KONDAPALLY
MOHAMMED ABDUL NOOR ANSARI
PIDUGULA RAKESH

KANKULA VIJAYRAM REDDY
RAHUL SHENOY
AVIJIT KASYAP
YEPPA ASHWIN KUMAR
ADITYA SAWLA
ABHISHEK VYAS
KUNAL TULI
TALREJA KUNAL RAJENDRA
RATHOD YOGENDRA SITARAM
MUDAGAPALLY GANGA DINESH
KURELLI SAI CHARAN GOUD
JIAUL HOQUE
SYED AHAMED MADANI
THATI KIRANKUMAR
VISHWAGNA KRISHNA CHAITANYA
MOHAMMED TAHER
KAMRAJ BHARANIDHAR
CHAITANYA GADIRAJU
MAHESH ANIL MANDORA
KANSARA DARSHANKUMAR UPENDRABHAI
GOHIL OMDEVSINH VANRAJSINH
SINGAVARAPU BHARAT
ORUGANTI MAHESH REDDY
VADAKATTU GOPI NANDAN
TANNEERU ANVESH
AKUTHOTA CHAITANYA
KASARANENI SANDEEP
BANDLAMURI KIRAN KUMAR
NEERAJ KUMAR
SAVSAVIYA JIGNESHKUMAR KANTIBHAI
FARAAZ MOHAMMED IQBAL ZAVERI
SHEIKH SHOAIB
ANIMESH DUBEY
BHAUMIK RAVI SHINDE
NAKRANI SHYAM BHAGWANBHAI
MORADIYA BRIJESH KALIDAS
PATEL HARDIK PREMJIBHAI
NAVADIYA JAINAM BHARATBHAI
GOGDANI NISHAD PANKAJ

TASEEN MANZOOR BANDAY
MANIKANTA CHOWDARY ATHUKURI
SHAIK NASEER AHMED
SAKA UL ZIA UL HAQUE
SYED ADNAN SYED MUSSADDIQUE
NANDAGIRI PRADEEP
BAVANDLA SRIKANTH
SYED AKBAR
MALE SANTOSH KUMAR
ALLAMPATI RAMESH REDDY
MOHAMMED ISMATH
VEDIRE ABINAV
MOHAMMED MUDASSIR AHMED
WALID ULLAH

临床医学(2012 年 6 月)(63 人)

PATEL VIRAL VALLABHBHAI
KAKLOTAR JITESH LALJI
MOUNIKA YELATI
MANDAPATI KAVITHA
KONKA SANDEEP CHOWDARY
AMBARAPU RAJKIRAN
NAGIREDDY GIRIDHAR REDDY
HEMANT KUMAR VERMA
DARSHA RAJA SHIVA KRISHNA
ABOTHULA SANDEEP KUMAR
CHATTUMALLA SOLOMON SUBHUSHAN SUNDARAM
GADDAM ROHITH REDDY
PUNNAM PRADEEP KUMAR
VALLURI SATYA SWAROOP
GOLLA KAVITHA
SEERAM RAMA KANTH
SREELAKSHMI VADDEVOLU
KOMMU PRAJWALA
ADARSH KISHOR JINDAL
PANKAJ KOTIYA
AHIR SHANTI MANGALBHAI
RATHOD CHINTAN KIRITBHAI
ABDUL NAEEM MANSOORY

PODILA JAYASREE CHOWDARY
ELANGOVAN NAVEENKUMAR
AMPOLU KISHORE KUMAR
PEDDITI RAGHAVENDRA REDDY
MUDHELLI SHASHANK
PASUPULETI RAKESH
DINGARI SRI SUNDEEP KUMAR
CHIGURUPATI SREELAKSHMI
GINNAVARAM DEEPAK REDDY
SAMREEN FAQIHA
NISHANAM NANCY PAUL
LOKARY JYOTHSNA
CHAVADA MUKESHBHAI RAGHAVBHAI
MONPARA NILAM CHANDUBHAI
PARUPUDI SUKRUTA
BODDU SIRISHA
SANA AFREEN IFTEKHAR AHMED
SONALI SURESH GAWAS
HARDIK SAVJIBHAI KALTHIYA
YALLAPRAGADA SESHA RAM KAPIL
SACHAPARA PAYAL RAMESHBHAI
MANGALARAPU RAJU
CHAMALA SHRUTHI
BOBBILIGAMA SHRUTHI
SATYAM SHRUTHI
KARTHIK CHOWDARY YALAVARTHI
KONKA SEKAR CHAITANYA
JYOTHI KIRAN PRAKASHAM
SUNAY DAMLE
RAM NIWAS JAT
VAJINEPALLI NAGARJUNA
KHURAM MALIK
BALA SATYA PRASAD CHOWDARY MIKKILINENI N
MERUGU SNEHA SAGAR
SANDEEP REDDY SADDI
NAGAM VARSHITHREDDY
SHAIKH IMRAN SHABBIR
MUDAGAPALLY VAMSHIKRISHNA
EHAB HAMAYUN

FARMAN ALI

汉语言文学(24 人)

KIM SUNG HYUN
JO KWANG MIN
KIM IN YOUNG
YOUN LEE NA
LEE JI YEON
JIN HYUN WOO
KIM YOUN JIN
JIN YOUNG JONG
KIM JU HYEONG
YANG SEON JEONG
JANG HYE JIN
SEO JUN HYOUK
KIM JI EUN
LEE IN TAKE
JIN JONG GU
LIM JI HYEON
KIM YOUNG MI
YEO HYE JIN
LEE SHIN HWA
KIM JI HYE
PARK JUN HWA
JOO MO RAN
SONG SU JIN
KIM JI HUN

英语(1 人)

KIM HYE LIN

2012 年本科毕业生名单

文学院

对外汉语(52 人)

王春秋　　陈玮嘉　　许家榕　　唐欣寅　　翁星辰　　穆皓洲　　王　睿
贾瑞雪　　冷　阅　　孔　超　　阮海蓉　　钱利骏　　杨甜甜　　王红娟
沈　杰　　朱炳宇　　詹小娟　　金　凡　　袁　圆　　章钰雯　　徐　蓉

钱梦珺	胡玮琳	孙梦真	周芸怡	钱　雨	包　悦	陆　瑶
黄　迅	周　磊	王菲尔	董　红	黄秋霞	唐国琴	戴　江
魏慧娜	陈璋杰	朱　倩	周姗姗	高　伟	戴　春	鲍旺海
何星欣	尹　璨	杨宝宝	李　腾	李依洋	王　冰	林晨曦
李　秦	史雪妮	张　琳				

汉语言文学(67人)

刘　洋	蒋曙蔓	周超超	辛亭亭	宋犁犁	丁　佩	戈　瑶
周　乐	黄　丹	张文丹	孙　瑾	钱　婷	潘　莉	吕　文
邵秀丽	黄　潋	张沛沛	师婧婧	郜晓敏	卞　勇	徐小静
毛文泽	吴华丽	赵　莉	杜玉珠	徐　萍	殷晓霞	王佩佩
窦秋霞	蒋　薇	汤彩银	葛亚楠	乔紫霄	黄海培	陈赛双
贾恬恬	杨　阳	陈远远	林　姣	吴佳妮	蔺怡玮	周　扬
魏贤婷	郑　婷	王超逸	张　翔	束宜夏	曹言慧	龚　晓
李晓涛	卞姝华	沈亚梅	金　凝	张玉洁	陈　峥	张　蕾
李　丹	陈燕燕	刘临达	吴锋锐	徐瑞平	谢雅丽	江自然
杜　程	王　欢	高　璐	刘志勇			

汉语言文学(基地)(30人)

叶　静	黄亚欣	曹　昊	陈毅渊	梁慧敏	张　琳	朱　菲
赵惠俊	杨加佳	潘腾娇	徐星星	李　尤	李明月	王　琦
李　静	薛　飞	王　雪	张　宇	梅静静	贾雅雯	胡闽苏
戴鸿飞	曹芹珍	吕　晓	盛　洋	陈　晨	刘慧慧	李筱祎
毛新荣	陈　昕					

汉语言文学(师范)(81人)

卞乐文	史佳希	陆　浩	邹　莹	张芳梅	顾　芳	郑姝莉
包丽君	侯易汶	薛晓艳	赵　珊	马　骁	唐静怡	潘静燕
张　军	沈于蓝	高　蕾	赵　昕	张梦楚	许红梅	赵　阳
陆翩翩	奚　琪	袁　圆	李悦然	于幼兮	刘宙彤	刘　芳
程　龙	孙海静	赵　莹	岳旭勤	蒋晨彧	孙梅婷	朱　茜
高　宁	张　於	周　佾	瞿文茜	吴明霞	徐文研	梁馨艺
张　慧	曹　茜	陈　静	孔祥希	蔡力晨	邓　楚	刘　燕
夏　晶	管佳琛	顾　晨	陆　倩	陆茜茜	钱丽燕	季微微
单志玲	曹　晖	李　琦	王庆庆	王　娟	丁　颖	何玮文
瞿丽丽	吉晓丽	刘阳扬	金　婷	周青青	陈　成	何阳阳
茆婷婷	张　瑜	沈　琴	顾秋红	王江艳	赵文静	张　丹
沈　悦	钮艳云	徐　骎	袁　媛			

凤凰传媒学院

广播电视新闻学(40 人)

李　雯	蒋　文	李辰宇	蒋寒叶	蔡祎洲	钱海燕	张宇昇
张婷婷	吴媛媛	于　健	海　清	黄　烨	张　燕	郑羽童
丁爱辉	沈玉婷	苏　姣	许超群	徐艺洪	孙　莉	肖田勇
周　晔	刘常随	李　杰	蔡英杰	季菊梅	高熹晔	万晓青
徐　晴	王　佳	张玲红	李媛媛	卢林茜	陈　婷	钱君桦
孙　玲	闻　晔	张　磊	刘颖颖	乔　会		

广播电视新闻学(主持人艺术)(1 人)

白　微

广告学(57 人)

刘成杰	杨影夏	杜佳恒	丁婉漪	杨　丹	路　颖	朱玥琛
张　兰	周　艳	吴光裕	肖　金	周诗雅	钱小凤	张　俊
张智宸	沈鸿陈	张小燕	凌伟伟	李　健	周　晨	李　衡
邱　筱	宇世波	承　磊	于　乐	周婷婷	高方圆	朱艳婷
何　梅	高桂红	李　瑶	苏小敏	崔婷婷	吴美玲	王　卫
吴　蕾	刘　璐	周蓓蓓	方圆圆	童丹萍	林　薇	郭晓丹
周志祥	徐明敏	史玉君	陈丽云	卞晓叶	周思思	倪小惠
李　晗	费　南	张　健	李　艳	刘仁凤	张倩雯	卜子轩
龚　威						

新闻学(73 人)

陈雨琪	杨　阳	赵　丹	陶　骅	褚　婕	魏巍然	黄继山
李柏之	史鹏英	叶　蕾	陶　娟	曹　阳	许恬甜	陈园园
张　格	刘　浩	朱艳文	熊　琪	徐　婷	张兆娟	夏茜颖
丁亦佳	严　臻	娄子琛	刘钦博	蒋银芳	宋　骁	刘　学
于婷婷	眭　君	席云竹	孙　姗	许晓莉	王宇琦	卞霜叶
刘　娜	韩　旭	许　骐	刘　成	马天驰	姚　萍	王剑夕
崔冬梅	马　衍	孟　旭	徐尧丹	周奕欣	李旭琴	陈晓蕾
张　莹	杨　琪	何洁琼	钱宇花	丁　滢	丁锐晨	许　雯
郭苏妍	丁　蕊	王旻诗	张湘珺	周　沫	陈　虹	朱海锐
陈　燕	刘　学	生姗姗	王　芬	李诗蕾	刘沐阳	祁润之
李泓莹	陈燕炼	文　蕾				

社会学院

档案学(33 人)

李雯	钱骏	唐梦莲	陆静华	夏芳	李丽洁	王琳
袁云丽	王菁菁	周倜	戴菲菲	戎尤丽	杨骊婧	程亚琼
李璇	顾锦波	钱丽星	孙井丽	马树芬	李倢	王敏
潘圣伟	韩旭	霍妍琳	张玮	陆峻	余亚荣	王卫忠
陈倩	丁子涵	吴颖卓	杨阳	高雅晶		

劳动与社会保障(73 人)

张士佳	旦增卓嘎	德吉	其美旺姆	扎西多吉	加央仁增	周竞珅
潘纯妮	钱莉	张芝晗	闵婕	邓婧雯	张娉婷	蒋文婷
丁倩仪	刘康怡	陈燕妮	方加磊	王箫	杨倩骅	孟小盟
徐静彦	权若涵	朱文婷	黄禄	周雍景	朱浩雄	王素洁
王荻	蒋蔚	李梦影	顾晓丽	赵倩楠	郇小杰	李烨昕
姚梦倩	叶静	顾丽英	徐以凡	何欣珈	张新发	章思敏
顾惠	刘娟华	胡家锐	谈唯佳	平媛	李敏洁	曹雨蕾
朱文慧	陈玉艳	徐蓓蕾	郭子涵	冯斐	张利	侯倩
颜晓瑜	任海洋	蔡琴	王蕴	殷志伟	韩玉英	郭蕾
杨蓉	丁华琴	王媛	王琦	蔡俊	吴怡清	洪艳
姜正明	魏新龙	施政泰				

历史学(师范)(41 人)

王会	胡兴国	陈娟	袁晶	史献浩	沈娟	夏忆
纪兰	朱洁	胡易佳	曹倞	李萍	杜晓	黄肖添
计淑英	钱丽芳	吴雅琴	陈秀玲	戴娟	朱玲丽	缪剑如
徐园园	周闯	夏树娟	陈海艳	王新秀	董梅娜	阮姝秀
刘雅婧	方芳	王玉娟	许萍	孙璧莹	倪婷	陈纯
梅金凤	张丽	史文琳	秦璐楠	秦婷	景杨	

旅游管理(50 人)

武姗	黄晨	张菁	陆泽华	俞鑫燕	李蕾	郑芬
姜月芹	王菲	顾彬彬	吴然	蔡波	牛玉	王朋
顾丽华	戴鑫滨	许艳	郑杰	卢蓉	张晶	胡冬生
朱倩文	张兰琴	袁青霞	柳飞	张远	高华龙	李亚群
王菁	彭艳	陈凯	刘思宇	张玲	巢丽君	范美娟
刘歆昕	顾伟	查爱欢	李菲	林玲	李颖	赵亚南
刘蕾	范雪萍	李静	金诗尧	梁顺能	李媛慧	许彩云
李兆宸						

社会工作(1人)

王莉娟

社会学(32人)

王逸君 肖亚运 季鹏飞 曹 宇 陆 婷 时晓春 宓淑贤
朱 姗 王 恺 沈 波 夏 颖 肖 璐 薛晓娟 韩振华
耿亚男 陈曼曼 李晓颖 张建彬 龚宇倩 孙玉春 张鹏飞
王 荣 江董玉 郁俊静 柯芳芳 罗偲萌 熊祎玮 郭 莹
刘恬月 周满满 吴月瑶 颜 欢

图书馆学(1人)

黄林花

信息资源管理(29人)

赵逸锋 朱祥辉 王惠敏 杨海龙 冯志凯 杭亚杨 陆 琳
李舒颖 陈祥云 龚春雷 陈 骥 王利明 单啸峰 吴传发
石 磊 陈小伟 朱群巍 于利华 单宏慧 何凯恺 朱友利
叶海飞 缪玲玲 陈 璐 阮书香 高汝全 吴小恋 杨 行
陆彩女

政治与公共管理学院

公共事业管理(17人)

姚 菲 茅中华 从远军 陈 伟 顾小超 邵新吉 胡 伟
陈 洁 唐君韬 邱苗苗 王 山 龚昱嘉 裴伊菲 荆璐璐
何 珊 杜欣宇 石 佳

管理科学(30人)

吉 涛 郭雪莲 张 惠 王薛逸 张 曾 姜高高 沈青青
朱宋娟 龚 琰 周 鹏 毛司桦 刘江晨 周 国 唐晓雅
马 悦 肖 伟 刘 飞 吴念慈 梁 艳 喻瑾香 马佳雯
张荣政 朱燕萍 陈晓虎 李雨晴 韦 薇 李 栋 梁 丽
李 璟 张振波

管理科学(物流管理)(1人)

陶亚兵

人力资源管理(51人)

陈 唯 冯叶婷 万 飞 沈彦冰 杨 欢 吴 帅 李 伟
李 梅 殷 响 张沧沧 刘 超 李 忠 施倩倩 沈 峰

李　俊	李　飞	殷静洁	李忱洁	倪李华	邱筱青	潘　婷
高　宇	吕云霞	王　丹	顾欣澜	姚　娟	张　瑶	包怡红
朱兴曹	郭成亮	陈　静	詹　秋	董滢歌	陈小芸	余方玮
周逸芸	姜天赋	孙　傲	陈　娴	戎夏菲	王　瑶	王鹏杰
曹　玲	郭保红	毛凯梅	李登辉	刘　丽	李　丽	杨绍伟
杨　深	周小莉					

思想政治教育(39 人)

陆久龄	冷　俊	蒋同兰	章一夫	朱　洁	毛希妍	陈　晨
王　欢	戴秋云	刘　行	李　露	苏琳玲	孙丽萍	陈　曦
陆晓雯	张　颖	孔　雁	曹诗静	封晓松	赵　斌	黄　飞
梁卢卢	卢　菲	朱慧敏	顾　爽	孙颖玉	金茂华	佘明薇
金　梦	韩　雪	于　帅	张静怡	邵　迪	吕凌琰	胡丽华
金贝贝	陈玉娟	周晴丽	柳　雯			

物流管理(99 人)

刘栋耀	张　铭	郭　俊	冯　艺	陆亚瑾	姚　奔	王安秋
康　怡	徐　骁	许晨艳	杜孟君	何立飞	戴　艺	汪　洋
张　浩	欧阳怡婷	李颢珂	陆玥婷	李　硕	戴　烨	张晓益
朱舆轩	黄亚琼	李　健	黄恺韵	熊　伟	梁梦姣	张　露
樊　晶	张　迪	陈应强	蒋　越	徐辰波	荣　艳	杨程程
赵晛雨	史文杰	孙　怡	盖　星	陈洁如	周启成	张志杰
李晓敏	曹　龑	刘雯文	王晓波	宋景行	王　硕	徐　兵
曹　影	许纯阳	张以佳	刘晓霜	吴　婧	韩　阳	查　琪
郭玉贵	夏　菁	王　震	尚丽娟	郑　智	张岳蔚	李　兴
俞安铮	蔡　婷	水雯琦	苏嘉妮	潘遥力	陈智慧	沈爱凤
徐铖铖	王　莉	马　阳	曹佳佳	朱　玥	常　苗	高　超
周苏杰	姜雯荣	张　婷	景泽成	吴　舒	刘文燕	蔡　月
金蓉蓉	方　喆	查　倩	姜禹同	周　菲	庄海峰	曹　鹏
徐　丹	李汉青	钱祖朦	许　文	宗春红	龚伟华	谢航宇
来昊非						

行政管理(38 人)

周　洋	章　鹏	巢　飞	吴嘉晨	王　超	季程远	李　艳
王　璐	张淑艳	陆继东	姜　楠	曹俊峰	张伟奇	卞　远
董　静	沈韵秋	顾　源	陈　健	金　奕	顾　茜	朱明俐
肖　姗	吕　东	朱晓婷	张晓翊	徐濛溦	薛婷婷	周　蕾
史心琦	雷文蔚	宫世能	高钰博	李　倪	郭　斌	马天水
王　聪	张元彩	吴　妃				

哲学(19 人)

夏　露	尤佳佳	李君莉	孔智键	姜　琪	殷　洁	刘亚琴
王　洁	徐　菁	仇美荣	王兆亚	高　原	张国梁	李旭阳
宋兵超	李梦璐	杨　莹	朴银花	刘　岩		

东吴商学院(财经学院)　东吴证券金融学院

财务管理(42 人)

王静娴	陆真嘉	徐艳洁	沈　仪	朱　蕊	孙雨佳	吴宜珈
朱梦琪	陈逸如	刘清影	朱　骏	胡　悦	季家骏	张彬琳
骆为义	方雅莉	张惜君	王　璐	唐青青	靖　静	孙晓政
陈　琳	杨　溢	吴　倩	狄一琴	侍婷婷	王　冬	夏扬扬
张　婷	孙　佳	程　蒙	蒋舒聪	黄　斌	陈后宝	李　静
李知霖	段婷婷	吕姗姗	黄映娴	王美娇	王　晗	金慧玲

财政学(1 人)

冯　超

财政学(税务)(45 人)

董勉之	刘明静	李　懈	崔　静	罗聪睿	陈颖慧	龚天璇
陈　睿	王安华	尤芳芳	柏　艳	王静远	袁　露	陈　露
李思舒	胡丽亚	蒋锡刚	张晓丹	蔡　萍	苗翰松	张　星
周　菲	沈亚伦	陈　迪	黄时敏	徐　程	周　莹	施蓓珺
陈　勇	叶　忠	孙　艳	徐　丹	张　楠	方　圆	郭凌贞
陶歆阳	苏美娟	马骏怡	张菁菁	黄姗姗	王子逰	麦丽斯
高嘉谦	刘　赫	邱泯巽				

电子商务(20 人)

张全胜	卢　希	朱　丛	邢璐倩	马天宇	金　艺	陈　蒙
杨亚威	王钰玮	宋林燕	梅益宏	范　琳	陈鹏飞	尚化祥
马　磊	于　娇	刘翠芬	崔弯弯	方　悦	迟俊道	

工商管理(33 人)

林　静	刘涵达	王毛毛	孙　超	李　莹	马娉婷	陈道轩
徐　娟	蒋许可	徐迎洋	冯　森	周　媛	糜小曼	甄潇潇
黄　超	吉玲玲	洪美娟	祁迎春	丁　乔	汤伊宁	孙　航
杜　微	俞　新	陈佳林	颜廷开	李　强	赵巨慧	张　思
郭　强	丁　媛	余毕鹏	阮王晶	杨晶晶		

国际经济与贸易(72人)

胡　纯	唐　伟	陈　诚	高益泉	马郁然	王　沛	钱　瑜
吴　彤	王　慨	徐　昶	丁文程	王怡静	张哲盛	王牧雷
佟湜娴	王　丹	吴　莹	郁晓帆	成　樱	计言信	朱洁瑜
张　弦	鞠　斐	许　磊	朱嗣超	陶家豪	吴月亭	江昀燕
赵　莉	闫鸿锴	刘亚军	林　玲	蒋逸华	柴珊珊	金　兆
陈洁琼	高　敏	吴建玲	张　奇	田敬伟	王　燕	蔡蔷薇
韩文俊	蒋小惠	虞科莹	陈志英	顾亚娟	朱　芹	李　亚
吴振鹏	周　蓉	孙施贤	王　超	张自豪	常　伟	谈　威
王艺瑾	朱园园	唐香香	张　弛	张韵秋	朱　晨	潘雨虹
杨　艳	张静静	李梦媛	鲍颖怡	王　晶	赵晨曦	郭谦平
卢颖青	张　乐					

会计学(73人)

刘秀婕	张哲熙	龚心怡	陈妍君	沈瑜婷	许铖乾	黄星云
俞秋来	胡蒙奥	浦晓伟	张　懿	刘　盼	顾一菲	赵燕珺
邹沁含	王秋鸣	袁玲琪	王天欣	杨　阳	朱成蹊	谢依薇
蒋　波	申澄迪	姚文琪	王　纯	陈宇翔	姜　力	朱静岚
俞　露	裴　茜	尹雯洁	周梦薇	夏娅莉	周　珺	王一帆
冯婷妍	华清逸	路　丹	黄　林	仇倩倩	王建平	高珊珊
崔鹏飞	彭雅婷	姜志强	马海燕	陈彦羽	刘　平	胡　慧
陈　雪	葛节婷	范振宙	封　亚	沈　卿	丁　佳	徐梦佳
镇春霞	王嫣萍	刘　倩	蒋奕翡	张　吟	朱　雁	王玉梅
杨蓓蓓	顾乐隽	吴　彦	张鹏宇	谭玲玉	王如莹	查　瑾
戴小婷	严晨晞	季　喆				

会计学(国际会计)(63人)

钱方舟	丁　宁	冷心颖	吴天奇	钟伟靖	周颖帆	邱梦娴
李贞知	王力骏	邵晓璇	张　聪	郭蒙启	洪萌萌	孙妍华
汪叶佳	唐子夏	夏晟佳	陆予宸	徐梦阳	王柳泉	蔡玉蓉
杨方圆	周文骏	陈儒冰	吴　赟	季歆宇	顾　典	周　妍
蔡志聪	秦舒逸	席雨思	徐　苗	沈超影	江一舟	沈筱昀
张守锐	王　峥	宋泽华	殷雨辰	朱倩男	文　月	左　芸
柯云兰	何骏文	刘　乐	袁宜珣	管逸峰	吴中平	黄　赟
俞正一	丁　洁	朱　睿	顾　莹	丁智慧	吴文彦	詹庭秀
宗思远	沈桂琴	李　琦	唐　丽	周　鑫	张　超	潘恺薇

金融学(105人)

马茗蕊	黄青玥	朱　峰	高　嵩	王　真	夏韵微	蒋松均

万里耘　王　黎　章　天　张嘉琪　陈　澄　严　沁　桑　月
施方闻　葛文秀　张玲玲　毛思渊　王　晨　虞何劼　俞佳文
吴逸舟　金斐轶　胡许然　经　纬　陆谦叶　冯榕榕　张灵珂
陈浩然　陈　烨　杨起中　胡　瑞　朱宇洁　朱以墨　孟　怿
汤雪骏　宋亚光　赵园园　陈　驰　叶适天　许　骥　施文骏
周允昕　章轲越　陈佳禛　吴雨辰　孙梓洋　沈　婷　陆　健
秦春霞　杨　亚　李潇潇　刘晓丽　王春芝　杨　洋　陆渭峰
何　倩　陈新利　袁双江　王　琦　陈铧军　周美玲　沈　超
钮帼丹　倪赛帅　朱勇会　唐康宁　沈志来　王　煦　徐晗丹
孟　雨　沈丹菁　杨　璐　刘洪慧　谢　瑞　徐骁容　周紫敏
孔　旭　施　耀　李红海　鲍英勃　葛　庆　王薇薇　马乐乐
时　露　高　丹　吴斌楠　胡　玮　朱丽娜　沈雨婷　周春媛
皮　妮　陈　炜　张馨怡　娄　珊　宋丰瑞　张霄雪　杜美霞
王沛涵　魏歆迪　胥毛毛　李雪莹　林奇伟　赵惟仲　夏　冰

经济学(33 人)

刘　洋　戈　瑶　朱凌青　茅菁菁　李　颖　程　功　陆　慧
叶　颖　杜晓颖　陆赛赛　高玲淋　王　琳　张　勇　刘亚凤
胡前程　姚君兰　丁　力　刘　慧　丁　玮　任露云　盛培宏
刘　超　吴梦宇　徐　倩　苏　冰　陈　梅　郭峻雨　田小溪
韩愿宏　周怡杉　崔琳靖　李京鸿　张金铃

经济学(城市经济)(1 人)

钱　仙

市场营销(52 人)

李　闽　黄辛未　金　超　路　宇　平凯闻　王玥烨　吴雨驰
闵春亚　鲍　照　赵嘉祺　倪　慧　蒋铭晓　潘谟盈　范　铮
严倩颖　朱芳立　刘　颖　刘　艳　陈霄晓　钱思思　黄景溪
吴梦萦　陈庭卉　李菊玲　周仁红　王　昕　常　斌　王霞梦
盛　斐　孙秋枫　陈　静　孙　元　谢静宇　许辉鹏　崔恒升
华　叶　秦彬峰　孙　文　陈　妍　杜　云　张亚军　吴　迪
张俊杰　徐蕙卿　沈心虞　赵　晨　陈　婧　周新雷　龚凌云
徐　鸣　张　玮　王　敏

王健法学院

法学(155 人)

钟　韵　陈　羽　周　弘　黄心茹　常　鑫　张　勋　袁琳暄
汤意平　孙一帆　李喆文　唐　毅　朱　颂　徐凌云　毛励竞

邹 宇　史 隽　姚一纯　倪海蓉　朱宸宇　朱健辰　张 梦
蒋 超　韩 笑　姚雨萌　胡佳雯　曹 杰　钱 琦　金 晨
徐 挺　胡沁心　徐文静　汪 阳　赵 蔚　蒋子超　马雯雯
邢 颖　徐 凌　戴含聪　徐颖颖　李 莉　许 阳　吴至诚
臧 悦　陈珊珊　于 静　陶越凡　顾暮霞　郑智晔　陆甜甜
包丹婷　朱俊燕　吴 畏　刘 瑜　徐 桑　王越飞　刘 颖
蒋 涛　江晓丹　周皓清　朱 伟　陈丹妮　吕 平　帅红兰
王 韵　张婷婷　杭昀竹　曹敏珠　缪佳薇　朱敏亚　金 莉
张 莺　韩苏佳　顾 倩　许宝红　王 烨　顾晓丹　刘 佳
刘井龙　夏进勇　谢静怡　沈 丹　王 晶　颜竹芹　颜颂程
虞粉君　周 丰　邱书霞　黄柳青　薛亚梅　丁玲玉　李惠敏
朱 慧　钱 荣　王 进　季晨阳　沈 欣　方 丹　刘 婷
杨 昕　苏艳恋　邓佳佳　卢雪珂　金晨洁　尹晓丹　吴青颖
柴明银　王 晶　刘 洋　王 婧　石美娟　时 亚　靳 娜
凌 杰　李 洁　刘小瀛　钱晓伟　居娅婷　赵泊然　樊 琪
钱 婧　丁 萁　桂蓉蓉　宋辰熙　李 雪　李金萍　熊婧杰
王楚晴　李明路　陈小龙　马伟龙　张 眉　王赛赛　李傲然
李 响　汤梦丹　丁子安　毛严正　徐 健　王广嫔　周欣桐
马永霞　李朝林　董税涛　张洪岩　赵文君　阳海悦　曾 婧
魏 杰　刘芳宇　王妮妮　储 骕　梁宜萱　先 伟　李 青
陈清露

法学(法学教改)(6人)

杨璐瑜　徐冬冬　张 舒　薛传耀　王 艳　李少汝

外国语学院

朝鲜语(30人)

石 佳　陈明卓　林佩佩　陆灵燕　吴小蓉　瞿春亚　郑玲玲
潘 盼　于艳茹　董 强　于逸璠　赵 莹　陈小怡　史晓婷
吴嘉婷　周婷婷　江理佳　杨 飞　黄晓意　王苾滢　谷雪菲
杨 佳　华杏红　郑 悦　董 彤　王 迎　朱佳青　周倩芸
章婷婷　蒋丽红

俄语(俄英双语)(19人)

王 涵　章 立　王 茜　边晓菲　吴 仕　蔡正翔　谢 焱
陈竹君　郭小丽　牛安娜　卫少梅　陈丽丽　陈燕华　程春花
仲济隆　吴 旋　李 凯　唐明馨　孙婉蓉

法语(法英双语)(25人)

吕静	徐淼	王玥	王艺	沈恒	华玺	周梦亚
李小敏	刘丹	张焕	张乐	晏梦捷	毛琳	周倩
蒋妍	马艳	李金琎	朱云	王慧	奚婧晔	钱怡婷
张然	沈静	周昱洁	龚阳光			

日语(59人)

陈红瑜	方淼卉	高曌媛	卢建银	黄婷	毕迎	朱杨
赵丽	储舒玮	周宛霖	徐春晓	李薇	聂雅	张驰
孙文婷	曹媛媛	闫峻	钟露	周婷	宋佳栋	陈醒
孙小青	周伯易	嵇静	孔月	吕小丹	辛于红	蔡小娜
祝春燕	周洁	张蓓	陈添雅	毛敏	沙莎	项薇
王雨晴	刘伟	蒋冰清	吕洁	钱云梅	缪丽惠	朱萱
李沁	左瑶瑶	柏冰	欧阳谭璐	邵叶帆	张贵芳	陈玉景
曹荣	张志成	田谌曦	王瑶宁	沈晨东	杨奕媚	孙妍
糜琼	钱晶	曹倩				

英语(86人)

皇甫昕	吴迪	张婷婷	滕舒	陆子惠	陆慎	徐晶晶
陈逢玥	顾明义	岳怡	孔珍	朱岩	刘佛娃	陆骁珂
邱茜	杨丽珠	肖兰	李菲	张祁吟	谈郯	程盼盼
袁凯	王彬	毛璟	于婷	宋双双	陈蕾	赵晶
沈丹	尤敦朴	王一晨	范立	李超	陈芸	李小露
周晓慧	朱彤	沈利	朱小粉	何露洁	张菁	张杰
余琪	姜程栩	吴鸿	耿月萍	黄新春	李进	陈晓红
董冰昕	陈露	陆玉虹	陈驰	王秋萍	奚敏	陈彬彬
金艳杰	梁倩	刘颖	樊兴芹	周瑜霞	沈忱	仲璐
梅映雪	翁琦晔	严韵致	刘夏晖	谢颖	杨昱	吴青
赵帅帅	陈莲荣	沙真真	朱金芳	印爱婷	浦梦璐	汪飞
谢艳	臧彬	杨常青	富文娟	刘安南	王润	肖桑梦
宋霜霜	陈伊梦					

英语(师范)(70人)

夏小慧	郭靓	张颖	骆玮	梁雪	李珉	王燕
蔡昕叶	丁焕	林清吟	周良	陆小翠	金丹丹	颜霞玲
张琦	吴昕彤	曹驰	陈琪	汤于露	朱晓萍	施樱华
周艳	吴培琳	张运宝	郑羽言	郑静静	李慧	刘俊
姚薇薇	王玲	王月	赵晨	缪娟	柳婷	夏薇
陈淑娴	郑芸	蒋莹莹	王慕洁	张遐蓉	王龙女	周珊珊

屠梦蕾 李玥 朱芳佳 吴悠 沈悦 黄燕芸 张升平
顾庆婷 刘洋 罗天舒 陈新书 殷浩 潘娜 顾邀雪
万琳萍 葛文静 黄桠芃 徐蜻 浦一凡 孙慧 周尘
戈瑜婷 邹汝君 季云飞 徐倩雯 鲍萍红 王慧 丁歌

教育学院

教育技术学(3人)

田飞 杨子 王志军

教育技术学(师范)(18人)

黄琳 戴晓华 孙志娴 狄安娜 朱佳红 林忍冬 周梦香
陆冰 宋侃 周明 汤颖 伏亚娟 沈丽娟 赵泳律
邵刘琴 朱晨 沈忱 朱雪梅

教育学(1人)

李婷婷

教育学(师范)(26人)

孔玉玲 史艳 赵雪斐 王保雪 刘茜 董筱文 闻莉
王朦 缪蕊忆 肖君宜 周昕怡 顾珺秋 袁君琳 查玉婷
顾红梅 邵敏娇 李婧瑜 王康 刘永艳 屠荣荣 陈冰月
徐翁 丁娟 单兰迪 王思思 张雪

应用心理学(39人)

吴继承 黄山衫 顾虑 陈希 杨智钦 凌笑笑 黄彩云
韩伟 李瑞 蒋卫东 张蕾 刘旭 徐玲 夏清
刘宇 陈芳 栗延洁 汤夏洁 杨帆 林方元 郎昀
钮方强 陆风芹 王希 张国培 黄云芝 王聪 张建凤
郑茹 汲磊 孔圳 王蕊 郭霞 龚大龙 任艳超
吴晓琳 王亚琪 张睿 方志海

艺术学院

美术学(美术教育)(26人)

陈超毅 罗标基 杨珊珊 方慧琴 陈鹏 卫琪 张娜
石雨菲 郝银银 吴振宇 汝妍琰 白丹丹 胡亚超 钱红燕
赵轩 田思杨 张瑞 朱梦笛 季凡 承健 陆桂凤
夏秀媚 王蕾 蔡佳飞 周丽 孙建伟

艺术设计(137 人)

林小森	黄明月	蔡志芬	陈佳径	杨丹妮	商雨涵	韩　婧
廖　薇	赵天宜	杨　彪	张可欣	刘　睿	刘　美	王洁雨
严一驰	杜一明	张　欢	龚　洁	王秀彩	范天姿	李　璐
侯引吭	龚伊林	梁江龙	南军龙	张金良	谷琼韬	张　宜
李力人	余文晴	朱　浩	胡璐璐	张　宇	王　禾	刘慧新
宋晓楠	曹玉然	许珍妮	刘园梓	郭　娇	吴　楠	倪　睿
孙骊婕	龚敏洁	冯　雪	张　咸	牛　津	黄海敏	王　珏
马汝婷	金佳祺	方心怡	于　慧	鲍　月	赵天娇	邵　静
刘　浩	顾羲和	王　锋	于　珊	朱　敏	俞晓丹	吴　迪
沈　波	杨思思	牛晨阳	武　源	李丹丹	周佳倩	姜　叶
高　媛	鲁　蕾	肖　菁	蔡　骁	黄思媛	马景东	于佳灵
查以宁	沈丹华	陈　舒	王江红	张　也	钱圣诞	邹　杰
刘宛露	巢震霄	王若晢	罗淑娇	樊　雪	韩　笑	沈易立
张　琳	英起磊	王玉洁	葛菁璐	薛方宁	张　尧	孟东杰
常佩瑛	刘家仪	张　强	王莹莹	黄　煌	王　斌	徐　驰
王敏敏	秦佩瑶	张　萌	杨国鹏	郭小帅	徐　珍	王　婕
王颖翘	金　晶	罗文涛	芦丹丹	孙　立	随逍笑	臧怡然
王　雨	平　洁	王一会	石珊珊	孙　熠	杨　捷	贺艳芳
柳振阳	冯敏捷	马花花	陈　鸣	程　珺	汪　畅	郭　锐
张　静	马晓晴	刘卫宗	杨上子			

艺术设计(时装表演与服装设计)(23 人)

张若晨	姜立军	景钰莹	张曦月	张子龙	黄骋骋	郝若琳
马玉姣	郑　琬	耿　垚	李东宁	茹国梁	于桂刚	胡晓凤
朱桦榕	汤　轲	袁延勇	谭乐慈	解影驰	肖　婉	何艺超
田　甜	赵一蔚					

艺术设计(数码媒体艺术设计)(11 人)

赵　霞	缪鑫鑫	常　鑫	刘亚荣	王梦瑶	许梦莹	姜博文
徐宝宁	谢吉吉	闫　琳	侍婷婷			

艺术设计学(21 人)

曾文聪	王春朝	刘贝贝	宋园园	张成红	董笑芸	秦　超
王艺潼	王皖林	王珊珊	贺　琼	徐若青	路寒雨	诸　颖
朱亚坤	曾从兰	倪　伟	高　波	季玲俐	马清越	宋　青

音乐学(音乐教育)(38 人)

赵　越	柯腾飞	罗景景	李冰倩	白　雪	王正正	朱　雅

李成玉	汤雅铭	卞兆裕	瞿　昱	王若楠	俞晓倩	成林鸿
刘倩倩	康　爽	陆　燚	黄凯妮	陈　曦	严雯婷	李姝婷
朱文颖	杨　帆	徐　斐	张　赟	于小琨	高　宁	姜宗钊
许　宸	赵翎雅	李卓凝	张　叶	梁嘉佳	韩　宇	朱霖霖
孟　竺	郑　阔	杨　阔				

体育学院

民族传统体育(29 人)

张守强	葛一鸣	张　运	田野伸	韩腾飞	许乐全	魏海玲
邢玉婷	张道鑫	彭　海	曹小丽	郭　超	史先权	吴　刚
陆鸣春	沈　清	刘一彤	张　瑞	薛　岩	王小龙	袁家尧
林创腾	李　鹏	汪明华	石倩倩	吴俞亮	赵　昊	刘扩举
韩　政						

体育教育(62 人)

许天敏	高　鹏	马孝燕	马晓恺	朱　鹏	陈皓鹏	周　园
张振君	朱　菁	夏　伟	李凌云	邹　晨	何昀豪	李　霖
杨　栩	姜　飞	牛　群	葛华松	戴成勋	左大超	张明飞
查永江	钱旭威	黄金国	邵　琪	华　悦	唐婷婷	武　益
苗翰初	程晓娟	闵桂生	李婷婷	朱　云	吴飞舟	梅志强
高云云	秦　琴	陈　娜	吴鑫荣	章雨威	唐　珍	谈　蓉
吴　艳	丁立志	王婷婷	周　旭	刘凡凡	蒋　平	陈　英
葛　强	赵春伟	虞乐斌	吴　明	孔祥康	周　聪	张　浩
朱香云	马亚军	杨蒙蒙	花　浩	任　进	顾莉华	

运动人体科学(2 人)

张衍山	范闻靖

运动人体科学(运动休闲与健康)(17 人)

王建龙	周立龙	刘　睿	单晓东	张亚飞	赵　鹏	杨　明
马少华	张大千	许大伟	储　浩	王　涛	陈　成	沈新妍
平　渊	刘程玉	夏　凯				

运动训练(55 人)

陶　真	赵　俊	范维超	王阿男	赵　兵	叶　强	吴育舜
金　亮	张赛琛	陈　硕	武文骏	左　祐	王大鹏	袁　野
吴松恒	徐　健	江　威	赵　烽	金　洁	朱梦芸	戴恒炜
王　敏	倪晓春	阮　浩	朱　诚	胡铖龙	王　拓	米　楠
徐　强	王　浩	周　运	张道博	牛唯名	李嘉程	孙　雪

陈　光	王铭瑞	吴相沉	张恒通	华　艳	施　耀	宣英杰
缪杏艳	马卓力	顾明峰	葛小凤	钱哲垒	马金珠	邵晓芳
吴　赟	王皓洁	王　云	江之源	陈陆欢	丁文南	

数学科学学院

数学与应用数学(基地)(42人)

蒋仁进	朱　裔	陈晓君	左同凯	杨　斌	王　浩	张　冉
倪晓雯	邹　瑞	徐春霞	刘春能	王仁达	陈晓青	嵇星晨
徐玮亮	潘忆宁	刘海涛	徐　备	严惠敏	姚长飞	王振民
李文全	刘　行	臧云龙	郎　娟	于晨静	王　宝	王　琦
赵　中	梁　凯	宋健博	蒋松佑	杨　可	陈　婷	吴海涛
郭学富	步宏伟	谢燕飞	胡　健	刘海涛	施　政	刘亮元

数学与应用数学(师范)(100人)

朱大红	张　蕴	姚璋琪	戴　杰	钱　竺	马莉芳	徐科磊
管丽辉	周洁湄	张江川	刘　洁	于雪然	时若瑜	蒋欢欢
吕敏兰	闫雯雯	胥　琳	周　静	左子凡	焦倩玉	韦永杰
胡峰光	胡曦茜	崔　睿	陈敏敏	胡琳琳	陈　怡	徐　惠
唐亚蕾	陈　丞	王琳琳	吴　昊	何　洁	赵　婷	仓　盛
丁　延	王　凯	闻晓佳	闫　威	袁　依	沈丹丹	高　鹏
顾　金	卢　桓	陈　燕	慕苏娴	石晓萌	张妍莹	顾红燕
秦　洁	王立通	侍　凤	王萍萍	周克聪	蒋婷婷	刘丹妮
沈晨欢	支晓清	黄　哲	齐雯逸	高　虹	沈　晨	王　璐
王启蒙	马莉莹	马鹏飞	陈桂花	沈　卓	许梦丹	吴舒静
陈文君	王艳亭	李　杨	卢杨倩	周大勇	李　晶	丁栋伟
孙　欣	丁佳音	许婷婷	郁　蓉	李雯君	莫梦雨	安恺凯
吴一星	吕　剑	于　吉	黄金晶	曹茂宏	黄逸莲	韩　梅
汪振宇	徐晓东	朱晓芳	朱　玲	叶晓华	周　娟	汪静思
陈　城	龚　飞					

统计学(26人)

刘　莉	范　鹏	王家俭	花林祥	耿　婧	陆青青	黄钰宸
缪　鹏	邵飞飞	陈　亚	许红明	黄冬华	蔡达云	尤自远
朱红双	蒋海涛	季志强	王　飞	王远之	王明罡	陈永习
李怡蓉	郝娟娟	李　静	蒋静文	赵　劼		

信息与计算科学(33人)

程　骖	鲍燕楠	任晓伟	刘小雨	丁　勇	钱　超	刘　超
杨　婷	张　昂	蒋俊杰	颜丹丹	储传明	赵梦梦	马成勇

徐　垚　吴晔伟　刘　钰　杨浩天　季园园　於孝祥　张亚运
唐小龙　徐宝桥　丁　琳　黄　伟　包　兴　于　兰　陈莉莉
刘小庆　游俊宏　周　晶　刘精英　张　玙

物理科学与技术学院　能源学院

测控技术与仪器(28人)

孙艳梅　陈荣华　徐　成　贾远忠　陈　利　吴耀宗　吉　梅
王晓庆　吴明智　许　鑫　林　胜　夏　冰　张建旭　蒋泳森
史庆军　圣海豹　黄晓羽　施　恩　丁春旭　霍　路　道文涛
敖　丹　吴　斌　李彦甲　田良元　宋成路　杨　静　史康岩

电子信息科学与技术(47人)

李希斌　宗　琳　翟鹏飞　沈逸飞　陈连东　杨　浩　王　凡
卢　鑫　徐　虹　张岑斌　卢凡亮　王飞飞　董　将　王　鑫
张从阳　龚　铭　梁　艳　朱贤震　薛　鹏　季　琦　王承铭
杨福宝　刘红梅　翟晓伟　李　冬　顾炯杰　杨海波　董启明
冯春海　袁　杰　魏　兴　刘苏栋　俞新杰　赵　敏　高　胤
王　媛　孙亚香　陈　伟　於靖靖　顾玲玲　李　权　陈　进
张明立　尹志飞　王玉青　朱从众　孙　雯

光信息科学与技术(34人)

董　亮　李鑫强　袁　彬　林成群　杨奕文　张　展　竺永久
孙佳嵩　周　宇　张精宇　倪开灶　殷毓伟　薛亚运　陈　诚
聂　磊　于　雷　陈天翔　常国庆　王　伟　徐静梅　周　鹏
王科鹏　缪於锋　陈　星　张　庆　周　亚　刘　毅　王　俊
周海洋　宋燕秋　陈振玉　黄良玉　张正业　周　俊

建筑环境与设备工程(23人)

嵇　伟　马永健　田佳杰　卫大成　葛小童　时　亮　马小冬
刘　欢　尹礼云　陈　亮　顾　燕　陈　磊　夏　浩　殷振宇
蔡文雯　陆　斌　刘　丽　王映雪　张晓琳　杨　敏　翁国刚
钱科扬　郑秋转

热能与动力工程(29人)

江小明　颜　喜　王建桥　张　政　徐晓杰　范一波　张海銮
陈忠浩　朱君举　万佳宁　陈　建　苏　雅　眭彬彬　叶　昕
曹　飞　黄　磊　张家胤　胡志明　范　欢　郭小钢　秦　琴
陈子静　鄂文汲　刘亚东　王　瑞　袁　星　谈　勇　赵　超
郁　雪

物理学(22人)

王冠楠	朱　振	曹可可	夏周慧	许培文	于广友	宋晨之
姜刘洋	戴卫明	李　翔	卞卫华	董文杰	王乾坤	丁笙鸣
戴大鹏	张　骏	顾文凯	陈鸿莉	华牧川	潘欢欢	杨振威
梁　舰						

物理学(师范)(27人)

赵　逸	陆玮青	张思思	严　丽	鲁　耀	顾春兰	孔如燕
陆静菊	徐　欢	朱青青	张　磊	李　萍	李慧姝	徐　靖
蔡　瑞	杨　景	孙　艺	唐安琪	诸莉莉	张晓琨	黄　诚
华　梁	张　骅	卢　豪	徐　静	郭雅洁	万　晶	

材料与化学化工学部

材料化学(30人)

钱　凯	周秀峰	孙美琳	陈雯雯	翟银枫	桑云森	周　丽
张　娜	缪佳涛	王　培	王云龙	王卫卫	樊姚姚	周　璇
陈　浩	徐　婷	王道连	刘玲玲	顾　磊	朱艳菁	梁亚娜
侯逢文	焦　圆	卢　冰	许巧静	韩　璐	曹婷婷	马树理
韩培勇	胡　泊					

材料科学与工程(45人)

潘　飞	刘　武	王远震	焦一成	蒋志俊	丁　荣	蔡其刚
王泽轩	王金铭	杨　萍	陆年春	吴大钊	潘　虹	金　鑫
陶正旭	丁　玲	张　健	李哲慧	陆文韬	俞浩然	严颖斐
李振渔	黄　凯	黄俞冬	鲁　响	张敏志	胡雨森	朱小玲
季金龙	陈　伟	孙逸尘	赵春正	史　梁	顾轩臣	黄　鑫
唐闻涛	任　荣	李霈云	龙　旭	何小荣	关　莹	洪　花
金澄龙	杨玉璐	单慧逸				

高分子材料与工程(48人)

杨　洁	郁冬青	顾仁杰	胡　梦	谢浩俊	袁晓冬	张悠悠
高凌云	张　健	周年云	刘海兵	顾　伟	褚慧春	吴华乔
许海红	陈永刚	张　峰	傅夏岚	曹蔡娟	崔　凡	蔡贵文
徐亚骏	张　伟	季春雷	王默然	施　雨	季文彬	何勤忠
刘承卫	谢寿雷	张　凯	汪　胜	沈笑晨	董　琴	郭　冰
范东成	谢　菲	郭雪杨	王　颖	王童星	管　超	邱　钿
宫　涛	任晓娟	张　鹏	胡　琪	于　璐	陈　云	

化学(82 人)

杨虎城	石　敏	高　健	崔鹏鹏	王　钟	宁祉恺	许玮昶
俞向阳	王　千	黄卫春	基亮亮	张周晔	高　丹	朱泽文
褚雪强	朱小亮	刘训玉	王慧文	蒋妍妍	巩洪艾	吴　俊
解存飞	张庆庆	卫燕琪	季卫东	苗　帅	聂建欣	马　勇
高　峰	刘晶鑫	欧清东	周　媛	丁　婷	焦伟祥	王　斌
刘吉岭	任　锴	李呈皓	王　黔	张绍云	汤庆会	周　超
刘　腾	曹佳佳	周鹤鹏	单玉亮	潘　璠	訾　由	李云龙
戴　琴	陈亚鹏	夏丽云	王　鑫	张洪新	刘德福	吴亚凯
吴　昊	陈观洪	吴心怡	张明敏	匡　鹏	于文渊	周　锋
蒋　婧	潘金音	吴文挺	姜丹妮	陈　宇	刘　健	侯晓霞
盛锦宏	沃　翔	施春晖	彭婷婷	夏志鹏	姜捷文	毋晓宁
章　晴	卢　宪	刘海钰	尤扬恩	花鸿宇		

化学(师范)(25 人)

栾　洁	乔　伟	李治国	陈素芳	杜向阳	夏　珉	凌　倩
翁华怡	杨珊珊	董子悦	高　雅	李丹华	凌　昕	张　婧
丁　媛	倪文菲	肖长彬	张萍萍	沈晓茜	薛剑飞	王　晖
谢静波	葛　恬	丁　香	沈为春			

化学工程与工艺(25 人)

沈心怡	顾瑜尉	陆超群	谢思柏	丁　菲	张利华	蒋　斌
张启建	孟　涵	徐媛媛	李　飞	姜　涛	邢庆健	张　桃
何志朋	江顺钦	杨　勇	周　凌	周　媛	周　正	盛向委
赵明敏	许晓前	王斯思	万倩玉			

环境工程(36 人)

嵇文杰	姚新大	马洪正	周晓蕾	尤　成	孙海勇	王　帆
赵　骏	李　敏	张　驰	高舒乐	蔡国飞	曹雯蓉	吴毅杰
吴小伟	谈丽媛	谢逸栋	吕纯宁	孙丽平	姚培权	彭　倩
曹石燕	陈亚琴	顾玉蓉	陈　祥	余　洲	沈　佳	王　鹏
谢　芸	陈　娜	欧阳勇剑	张　璐	雷　钧	王思男	李文文
池树艳						

环境工程(城市轨道交通环境安全)(35 人)

周　文	卞晓东	潘　俊	单玉琴	徐阳路	刘　飞	徐振斌
刘　冬	张玉洁	吴　香	吴　婷	顾义兵	孔明镜	袁佳茜
邬佳骏	陶　叶	季雨婷	方一雁	何婵斐	席玉坤	胥　攀
凌　晨	朱　剑	戴　缘	魏双花	王栋海	武沁珏	潘　涛

汪思佳	龚 浩	王鹏程	郭 怡	陆 莹	潘 慧	胡丹江

无机非金属材料工程(36 人)

胡红星	俞佳威	刘 伟	刘衿因	钱 坤	李旭东	宋 健
赵家琳	张 键	陶 力	杨 欢	张宇峰	马 骥	曹云锋
刘华权	张文琴	毛新波	平 杰	程 晨	陈 杰	魏鹏江
石 磊	平文亮	徐圣泉	沈 达	陈俊杰	伍晓康	陆 洁
周 涛	刘 锐	董学敏	王志发	万 江	赵春秀	夏倩倩
唐 迪						

应用化学(33 人)

江 昊	翁 可	汤易姗	仇玲珑	张 逸	周海峰	杨 凯
陆蔡健	王东涛	陈继君	张永明	张振宇	却 靖	张 冲
叶志刚	谭朋利	张娟娟	袁 杰	陈 静	兰 希	李向东
王海波	葛丹华	李双双	商渭清	刘俊杰	李 奇	刘 敏
刘鸿章	王 焱	周 雯	黄福实	梅素娟		

纺织与服装工程学院

纺织工程(50 人)

陆 启	苏 涛	黄 峰	黄志军	聂 妍	周春伟	邱 弢
刘 兵	陶 玥	林 垚	蒋震东	赵 露	李培根	杨 杰
李 浩	周井文	王振华	邵春雨	范丽巍	江海军	鲍志通
曹 冲	王 欢	姚友进	徐明泉	赵 星	汤慧康	张维燕
宦小莉	杨 林	马建峰	袁 乐	李 勇	诸 诚	高扣林
朱思敏	刘文朋	陶婷婷	沈光银	谢光彬	汪 洋	常天宇
郑广平	高 攀	郑娟娟	周琳彬	陈 燕	郐涛涛	胡 晴
胡 茵						

非织造材料与工程(31 人)

刘 杰	马宇杰	潘剑文	王 驰	王 飞	杨 涛	徐寿成
沈文杰	余晓桐	蔡 亮	沈 飞	季严晋	费冬冬	孙 波
仇一峰	赵才浩	杜德壮	周吉安	葛 鑫	莫晓杰	陈 桐
封荣荣	黄 婷	田柏顺	翁均伟	李鹏云	刘树生	张艺舟
谢 琦	张骏涛	向小梅				

服装设计与工程(46 人)

张宇姮	陆盈颖	陈梦美	俞 璐	杨 杉	周 峰	李小鹏
黄小敏	黄海燕	汪逸婧	朱 凯	刘红叶	秦晓峰	顾荣荣
江 鑫	丁正威	庄立臣	周秋成	曹 彬	吴 昊	王叶丹

张赛灵　顾海磊　陈巍卫　解桑桑　陈海燕　卞　倩　贲晓晨
陈　莹　谢　士　吴　敏　郁海霞　凌　灵　黄　蕾　陈华俊
陈　婷　顾品荧　王祁飒　姚竹青　李　祯　杨建辉　王　飞
王丽文　张乐芳　李　鑫　宋晓娟

轻化工程(43人)

位青松　徐　涛　李智超　袁　剑　殷珉扬　刘灵灵　朱　羽
宋雪娇　沈学海　魏海波　陆　妍　张志伟　孙迎春　殷　凯
马中生　吴超杰　吴　林　王　荣　韦龙锁　袁忠诚　王小峰
周海童　臧燕鹏　殷　骏　戴　武　周　鹏　王　鹏　方立江
毕　力　陆　健　芦广萍　谢　颖　郭丽君　周　徐　史　卓
刘　斌　邵　勇　罗　韬　庄亚丽　邬利江　黄顺辉　王忠献
诸　燕

计算机科学与技术学院

计算机科学与技术(83人)

刘华龙　吴　敏　苏羽炫　黄　葵　周玥枫　沈智闻　孙玉门
朱苏阳　孙晓飞　刘　斌　张红亮　顾燕萍　赵　煜　陈　骐
舒佳根　朱　峰　柏　祥　姚婷婷　丁亚星　周嘉欣　戴　维
黄　晶　苏　婷　高立威　黄超超　王晶晶　曹　越　孙奇伟
鞠　军　许　婷　杨　希　王婷婷　左宏伟　徐朋飞　陈洪新
李　生　潘林林　朱　建　高　星　钱　忠　范晓晓　蔡潞露
高　阳　王　庚　王福春　戴晓璐　李　刚　毛卫民　杨　帆
晁　涛　王　斌　朱晨晖　汪　康　严　晨　王　新　杨　柳
胡　浩　钱建滨　魏永康　张联梅　唐文林　薛清文　何　鹏
曹　海　吴　江　丁　彬　沈　港　雍　政　樊时炜　唐福星
张　丽　杨　欢　吕丹珂　池增琴　李亚玲　翁志伟　孙可人
左长春　刘　洋　贺梦舒　李　娟　吴永凤　吴成宝

软件工程(15人)

黄　伟　杨跃辉　赵晓峰　高峻峰　仲江波　沙鹏飞　保亚运
成　凯　张　飞　朱　涛　瞿　东　史　纳　鞠海生　龙道力
游尧钧

软件工程(嵌入式软件人才培养)(158人)

朱智昆　赵润凯　黄　鑫　赵朝进　赵宇恒　赵泽春　陆　谨
许庭晓　丁学青　胡　波　周　玮　陈叶超　陆晓江　陈　功
董胜娇　徐　浦　王宇寰　桑　骅　董存杰　杨枢楠　张　昊
陈邦弢　谢　丹　柴　真　朱　彬　胡　斌　彭海斐　周圣松

眭昊天	苏率	滕悦	张裕	邹德准	顾昕	罗帆
李源	李政	王大卫	栾啸天	杨霖峰	严化男	程纯
骆驰	宋皓	顾琳杰	端木森嘉	金吟	朱毕肖	孔维君
朱稷涵	林卉	邵言剑	金璞	周峰	张振宇	陈阳
陆正阳	王家玮	曹凯	陆建红	周楚珺	武钊	乐诗晨
吕雪飞	王峰	卢冬昊	成竹	周恩祥	周青	黄丹
田剑忠	仓玉	蒋鑫	顾轩铭	周立国	曹懿鹏	陆能子
吴瑞磊	顾枫豪	张存祥	马兆亮	王剑	吕振声	汤静
鞠燕	居振飞	虞滨	孙清波	梁建康	周美辰	丁明珠
俞心驰	王涛	姜俊骏	蒋梦文	成小亮	束琳琳	李进武
赵亚洪	单慧如	陈梦茜	吕赛	王向阳	朱黎明	朱峰
朱倩倩	吴媛媛	罗建国	张婷婷	朱恩青	吴剑峰	周赟
张裔钮	资俊杰	陈哲	丁佐江	王俊杰	问泽民	闵美荣
包亚军	杨红浩	高超	俞圣佳	孙律恺	张岗	范帅
叶超	赵洪慷	祝栋梁	李尚涛	贺超力	贝乐	王鑫
袁颖泉	周耀	卢静芳	冯煜策	樊华伟	徐凉凉	马勇军
王玮	胡悦	沈思聪	卞其亮	徐梦婕	张牧	朱清
李金衎	施梦宇	宦烨	杨昕	季轶	王婧	沈雷
於亚雯	徐虹	姜楠	张镇			

网络工程(40人)

褚冬	陈昊	刘云超	朱锦明	丁澄	陈国龙	缪军军
吕亚东	丁斌斌	张志健	袁园	叶蔚然	刘岩松	漆延
王楷	付士杰	郁凌波	许璐强	周建秋	江良骏	石瑛娇
归奇君	袁明敏	陆秀玲	王佳敏	黄经天	黄仁伟	周光泽
王琦	杨洋	汤诸锋	陆烨	刘嘉楠	沈思劢	付冰
李任新	李方	胡铁侠	孙乐天	陈文阳		

信息管理与信息系统(50人)

邱斌	丁杰	项伟	业飞	施昊	任嘉伟	范锋钰
刘畅	张梦天	邵君	夏佩佩	杨雪蓉	朱亮	张慧
闫奎	高平	顾合	李婉云	张俊鹏	祁晶晶	周祺
陆磊	夏广宇	李承超	李涛	贾东喆	张家琪	袁媛
高亚军	钱李峰	刘袁柳	孙健	何宗宇	龚喜	马鹏
王琴琴	赵素玮	陈才	孟雨	赵琳	杨曦	邹腾
夏欢欢	任丽娜	张宁	童宁	王烨	邹倩倩	谢滨
车双江						

电子信息学院

电子科学与技术(19人)

杨阳	龚永峰	顾伟祥	陆之桥	储晓阳	张福利	朱华
花伟圆	王锡刚	高丽	丁少山	谷广祝	沈杰	刘晓吉
石世杰	韩婷婷	陈欢	周洁云	张萍萍		

电子信息工程(40人)

王成	杨炎	曾冬元	王奇	朱振文	樊涛	朱峥
冯思为	张骅骢	陈亮	史明星	丁敏	徐维文	黄海涛
程伟	顾毅	吴勤卫	张尧	李鑫	王飞	蔡斐
潘昊	顾文斌	杨磊	朱挺	吴其健	施介辰	万腾飞
何学军	吴红亮	陈鹏	刘金	张涛	孟坤	应可均
沈扬	王用成	列斯别克·萨塔尔汗		王青青	祖丽米热·阿布都外力	

通信工程(58人)

陈浩	顾小龙	刘中原	王舜道	缪毅	黄锦松	王峰
张益彬	朱黄杰	冯冲	秦海娟	芮蓉	陆静晔	司品涛
王念	顾洋	漆玉婷	周建	奚琳琳	谢丹彭	仲元波
颜成吉	秦晋益	沈灵芝	鞠薇	陈丹	王蕾	许月
张燕	周航	王洁	王惟祎	康露	杨娟娟	武博文
丁艳	巫文蔚	卢前程	张瑞	徐玚	张天宇	薛阳阳
杨建	朱丹丹	吴帆	冯涛	仲从晶	夏鹏	薛舟
王瑞	缪鹏程	钱亚婷	吉春雨	陆昇	杜敏琪	王为
王一男	杨丽萍					

微电子学(61人)

方晨	杨杨	陈钊	缪启超	张迎亚	胡建兵	张骏杰
杨帆	高晓峰	龚圣	王海波	沈金磊	程正国	张晶晶
陈伟伟	冯嘉琳	吕勇建	邵剑飞	孙冬	程正荣	杜广亮
廖建亚	袁诚	赵鹤亭	陆明	彭超	马丹晨	陈晨
王军	陈佳欢	单俊杰	安力	朱文洹	周伟	徐振宇
叶青松	顾艺	张国策	徐丽	陈添裕	赵蕴玉	王丽娜
顾家茂	朱志弼	周建国	陈云锋	韩胜男	王佳佳	袁静瑜
韩佳安	张伟玮	张清	周海	赵倡申	徐辉	程飞
林冬冬	殷泽亮	王志娟	陆华明	倪燕华		

信息工程(54人)

李永强	许文杰	祝建军	朱弘	王康	丁志敏	尹欢

王孟昊　蒋星星　徐　瀚　车滢霞　刘元山　施　亚　陈　俊
王旭晨　邢　怡　刘　林　王　剑　尹　冲　鞠　荣　扈发广
颜士龙　郭　青　徐小滨　朱　杰　贾　骥　征玉龙　陈金海
成　惠　许雪飞　时圣旭　曹晓琳　薛海波　王　晓　韩　艳
吴亚琴　刘庆庆　严海飞　季舒华　丁亚东　田　浪　魏　楠
张　成　陆茅铠　韩　莉　李永成　王赛男　潘锦山　郑　娟
仲　毅　蒋　蕾　任　帅　任天骏　刘文涛

机电工程学院　沙钢钢铁学院

材料成型及控制工程(27人)

任东风　周　力　范　楠　李春耀　成　松　丁豪杰　尚积强
陈栋梁　张亚运　杨金陵　何　剑　田芝龙　杨　赟　朱津津
夏　楠　黄　飞　张　浩　李伟鹏　李　杰　张建伟　张大伟
吴志明　仇昌兵　王雪梅　李永海　冉建康　马福亮

电气工程与自动化(65人)

洪　敏　万笑宇　吴　政　顾　靓　孙　腾　陈弘毅　吕臣凯
马军叶　葛翠翠　李佳伟　陆佳佳　冯　潇　杨　鹏　嵇俊生
陈方园　陈倩倩　任国进　吴　谦　张　茜　袁利军　王宏祥
张泽奇　荣俊杰　魏　冲　张　磊　蒋志信　顾曙光　李树虹
谭　亚　刘金维　陈　葳　王振辉　张荣荣　孙　静　邱庙春
孙　琪　季顺龙　熊振兴　陈求知　刘士伟　陈　奎　姚思远
孙立宇　施玲莉　张均峰　吴广壮　周　璐　王振涛　薛如峰
陈建生　王　星　管光耀　赵　旭　顾心田　吴新坤　薛红兵
王煜松　印宇超　高　禹　冯歆韵　莫寿华　李绍红　林　涯
赵文杰　张　宁

工业工程(33人)

宋　镇　陈　涛　陈　宁　娜迪热木·地尔木拉提　何　东
佘燕青　张继伟　吴登洲　曹经勇　刘　方　曹旭宏　黄　伟
符婷婷　朱成才　孙海靖　朱巧丽　刘长平　韩鑫鑫　康登登
施东如　肖云峰　亚森江·吾甫尔　阿不都卡迪尔江·肉孜
高昕昇　陈熙栋　陈　密　何　荣　原大川　孙麓深　赵晨羽
陈　欢　胡增凯　周　勇

机械电子工程(42人)

徐英腾　王　建　黄文郁　邓亚运　颜凯歌　杜冬洋　祝延平
陆春意　顾胜利　王志辉　张倩茹　殷华鑫　王　雨　曹锐群
丁　超　孙玉祥　吴正卿　阮方腾　孙　慧　于　涛　孔　绯

游亚俊	黄雪平	沈鹏飞	陆银君	杨薇薇	郭正松	葛春阳
杨磊磊	沈　亮	袁　飞	吴茜茜	刘丙康	陈奕霖	黄桦霖
何晓成	章　凯	江举茂	任　佳	王　帅	熊　玮	王　潇

机械工程及自动化(50人)

李　鑫	汤文楠	马　群	范泽峰	桑　璇	沙海天	王　杰
陈　佳	王　翀	胡明明	陈宏峰	吴锡江	朱　浩	解寒亮
吴国银	李　健	杨　震	陈　阳	季月明	陈平权	黄兵兵
李　成	朱　峰	陆专杰	沈姣姣	嵇东雷	王加跃	王教练
顾传祥	许　辉	张骋宇	苏仕磊	张克宽	张　冬	李平敬
丁大海	王　勇	张　昆	王文哲	王　宇	朱城希	胡匡昱
钱利军	尤明超	赵晔婷	门胜强	朱春灵	吕　辉	史天瑞
沈　娟						

医学部

法医学(26人)

于　慧	查朝昕	刘燕婷	蒋　阳	王志兵	杨　青	张　琪
陈灵花	周银平	相凤阳	潘　晖	黄锐锐	施金花	刘冬梅
韩　强	张　涌	邓　钧	谭　晶	徐建平	刘　俭	张献烨
张　宇	吴　洁	陈立芬	史　清	周　洲		

放射医学(101人)

陆　彬	黄文章	田　野	徐　静	刘淑娟	周云华	李　微
薛　姣	沈　晨	郭　宇	王　鹏	陆　旭	孙百超	施佳琛
俞辰道	包明月	顾丹华	赵舒怡	朱洪宇	汪　凯	解惠坚
陈远远	范　晶	丁　园	赵　强	杜孟华	赵　莹	刘　佳
许丹妮	徐　潇	伊免静	张璟茜	熊耀祖	王立松	沈　超
胡　锐	高　伟	李　洋	苗　丹	黄旻昊	华晨辰	芮银芳
宋结平	何　超	葛　琦	卢　洋	武玉芳	戴玲珑	钟娇艳
陈志明	程　凯	季丹丹	徐华林	郎梦圆	郝天宇	吕　靖
谢志康	于　军	赵子龙	陈　诚	蒙　锐	刘佳佳	张小娟
刘小龙	时　潘	刘胜莉	李国意	李世龙	钱晓君	崔强亮
吴　强	孙家敏	李江山	嵇卫星	吴梦瑶	葛彬彬	黄道夷
陈　健	陈晓慧	张　蕾	朱　航	杨　明	贾鹏飞	束晓文
刘　于	施　怡	魏猷飞	侯　赞	张汝婷	梁　旭	史玉峰
陆生杰	夏　灿	韦冬萍	蔡　尚	曹　乐	王亚芳	朱伟华
孙　阳	金　春	刘　雪				

护理学(37人)

吕丽	徐慧	沈雪	郭慧	王文文	葛霏翡	卢伟
潘新春	李努努	宋怡夏	祁蕴仪	姜朝君	陈晨	王婧
施华亭	徐艳	杨静	张丽	陈小艳	吴伶慧	阮爱超
李亚双	宁方楚	殷文文	樊沙静	卜志娟	孙夏	李万虹
周丽霞	何正超	陈玫洁	杜清	张林亚	倪莹	李永
李新	胡秦					

口腔医学(27人)

郑浩凯	卢永香	宋晓瞳	朱根帮	陈汉帮	李伟	许方艳
贾列妮	张宇	史静怡	施巍伟	李海明	王茹燕	胡筠
陈旭	刘苗苗	金京	郭静	朱雯	梁睿	马玉
陈雪莲	桑爱云	易之钊	苏琳	张力	王玲玲	

临床医学(279人)

陈卡罗	周洪霞	盛斌	周国明	李松	李燕	凌杰
席小刚	张陈霏	张凯	刘倩	吴炳焰	孙洁	周玲
吴家悦	陈富刚	张纯	徐蕾	毛焱	徐彬彬	顾东栋
尹星	苏畅	邵颖	高海枝	许娟娟	郝琳	刘秉鑫
叶政琪	郑璐	李京京	孙燕依	陈晓梅	褚威	邵丽
杨雯	赵媛	袁广全	陈思文	叶慧娟	柳杨	曹燕
姚遥	徐辰祺	张瑞环	王鑫	杨静	刘芳	邹红军
程宇晟	李洁	陆雯雯	李威	李帅	赵珂	黄霞倩
李煊	徐洁	缪江芳	袁琦	孙昊尧	郑波	陈小云
苏文雅	刘菲	孙倩	龚亚文	曹晨晨	管增淦	周萌
朱奕潼	陈怡	贲亮亮	顾钦淅	李永梅	刘璐	施远
吴声	张蓉	张浩宇	李姣	赵晶	朱铭雨	奚悦玲
陈诚	邓琪凤	王铖	陈文俊	杨佳	陈凯	王韵茜
黄海平	郭艳霞	刘莹莹	朱莹莹	朱周凤	缪宇颖	段晖
黄慧	罗科峰	杨承源	罗来月	刘义杰	李明	华香
张松磊	李文健	李娟	严飞	李秀芳	王杰	殷晓娅
朱凌君	李玲	吴慧明	徐炜	陶婷婷	贾婧	顾苏娜
易浩	陈瑞东	程玉环	吴乙夫	袁雪琳	曾娟	毛灵
斯丹	陶涛	袁慧茹	王夏	杨子伟	王鹏	薛立奇
陈小舟	陈海峰	谢艺恺	崔世会	徐宗杰	王蒙	单于兵
赵飞	王媚瑕	李淼	郑凯	严馨	吴杰	吴芳芳
殷蕾	陈星	邵冲	李阳雪	施怡	马玉	马伟伟
王乾	王翔	李杰龙	李杰	李昕	陈青	杨帆
朱浩	马珂	徐景波	邱道静	王楠	朱淳彦	景阳

谢冰清	吴召娣	姚丽娟	蒋　琳	戴　娜	唐孕佳	吴勰星
苏　蒙	沈　梦	曾启洪	汤佳奇	唐雨辰	宋金歌	唐黎莉
李文龙	董加纯	邵　杰	王　雯	傅　俊	吴　颖	王金宁
贾屹南	付　婷	许媛媛	常　剑	陈　鑫	梁　正	马金召
卞馨妮	靳雨婷	黄泳珺	陆晓雷	尹　蒙	王世萌	李玉婷
仲海蓉	沈　俊	王　冕	顾　健	吴邦召	李浩强	徐　进
钟　南	何桂华	朱敏娟	张　宁	严梦瑶	卞元兮	秦　思
曹　丽	瞿晓刚	徐梅芳	陈文龙	王娇娇	汤　慧	张洪荣
朱能佳	马欣宇	倪佳佳	陈　鸿	陈　璨	祝　沈	徐媛媛
杨　卉	张　烨	胡琪龙	时丹丹	王　婷	庄莉莉	蒋晓慧
高春燕	石　婷	吴建锋	邹　蓉	徐芳芳	吴慧荣	张新星
武　杰	沈　弈	周　欣	许　冉	张琳乔	赵今朝	凌睿哲
孙　玲	杨　昕	陆　航	王柔抒	王尚明	黄艳荣	张赛男
司小燕	周　勇	吴建龙	郑迎爱	周海云	陈美玲	彭美玲
蔡逢春	沙小哲	吕　晴	张云浩	张龙珍	侯舒凡	陈　喆
张　雪	贺梦雅	张星星	何宁娴	秦汝渭	杨　超	

生物技术(30人)

王鑫磊	王君荣	孙　富	杨天杰	张增光	孙　鹏	陈　健
马莉莉	万宏伟	陈　星	陈　思	卢海军	张彬彬	万方方
徐　旭	崔　程	张　倩	崔丽娟	倪　萱	王寿明	陆智伟
李丹彬	葛　辛	唐　筠	林　莺	李兰芝	徐昳晗	韩洪伟
高　品	丁怡鸾					

生物技术(生物制药)(50人)

刘　立	张俊杰	姜　阳	黄　庆	马一丹	冯元娣	周　青
邢祥军	俞樱露	王中林	孙美玲	高振兴	刘星星	欧庆健
李佳俊	陆如星	钱梦露	蒋义杏	东健沣	黄　晶	徐　荣
陈　响	穆晓荣	李　倩	刘　军	裴良良	雷晓珩	蔡　婷
李　洁	陈　琴	蒋红欣	陈可嘉	韩　旭	杨　露	李云龙
秦李娜	张郁秾	朱美栋	陈　晓	张羡媛	林思妙	焦　卉
刘　毅	徐　磊	周亚楠	王雨婷	闫　岩	朱小凡	陈亚芬
刘科伟						

生物技术(食品质量与安全)(16人)

包丹丽	张　怡	金晓燕	丁逸珊	程凯明	高　贵	秦　静
杨　卫	瞿　震	沈垚垚	李文博	王　欢	柳　贝	李　茜
邱丽萍	唐　崭					

生物科学(9人)

尹学桐	冯学强	张建东	吴竞瑶	宫松洁	翟 超	蔡静薇
周 竹	杨晓军					

生物科学(师范)(2人)

王 昊	荣 成

生物科学(应用生物学)(12人)

王 翔	孙文娴	彭广大	张雅晨	丁 华	郑倩玉	戴荔逸
刘 罡	张 晨	王玮玥	狄天元	刘勋鹏		

生物信息学(13人)

吴梦华	王 浩	陈春圭	滕 焕	蒋 倩	熊亚栋	李 巍
葛 亮	仇光伟	黄 斌	张 骞	毕锦华	王小红	

药学(95人)

鲍 辰	李 方	陆 辉	陈青青	王 棚	周 静	张 裕
徐碧云	赵 越	储 俊	陆冰倩	谈俊峰	高 猛	杨 艳
季晨姣	薛成文	丁晨峰	夏 澎	陈 林	顾丽雯	高杨勇
陈 晨	王康康	周宇亮	任 彬	顾 锴	朱 燕	张 磊
殷媛媛	袁 方	周庆亚	洪志成	许世栋	仇干元	包 健
葛书山	顾红蕾	张 蒙	毛娇娇	许 鑫	丁 慧	张聚会
吴成玲	丁美婷	刘 涛	杨 文	瞿庄茵	樊 微	黄柳燕
王玉明	夏 程	葛芝莉	俞 洋	韩敏钰	张明飞	蒋 潇
施丽丽	周彬彬	李翰林	顾 艳	董 霞	胡 杰	王业东
刘 洋	潘宇杰	邵 飞	聂风宇	宋 恒	孙 蕾	姚后宗
饶伟伟	贺思琪	李 玲	吕 雪	杨 宏	张 玮	王子腾
李晓艳	徐枫秀	康杨坤	张瑾华	刘 莹	赵翠芳	董康宁
高风彦	陈 熙	杨桂花	邹洪霞	高傲东	王玉婷	胡米莎
邓小松	赵奉伦	李秀秀	邢孔浪			

医学检验(29人)

丁正庆	严洁尘	万爱民	王 鑫	狄嘉嘉	戚小艳	卢 芳
孙爱云	葛冬华	张 杨	施凌凤	许荣琴	杨晓伟	马 飞
张福秀	周淋淋	陈 钰	朱 敏	陈吉华	赵学玲	史兔英
徐嘉伟	茆亚东	蒋丽芹	吴 边	郈 萍	徐 媛	卢克敏
李 畅						

医学影像学(41 人)

丁忠华 金桐 程筱雨 王子 孙腾 孔何叶 黄帅
龚安 崔大广 周兴 郗艳 巢浩强 黄松 赵爽爽
顾秀玲 王姣 宋廉 崔明娇 闫媛媛 陈凯 杜彦伶
孙春才 尹多 吉国春 任佳明 何铭 沈晗 刘芳
徐敏 贾迪 康磊 蒋梅花 宁惠玲 徐光 宋忱
刘俊红 蔡丽彬 印于 唐杰 韩宁 黄浦

预防医学(45 人)

第晶晶 张琪 王豪君 任呈瑜 徐林林 张昌磊 张剑飞
吴周伟 王衎 陈艳 宋健 于淼 葛余辉 刘露
陆玲莉 盛宇文 邵恒大 单翔翔 王景 宋玉超 贾睿
汤毅 李丕业 颜新廷 林敏 曾建才 孙岩桐 徐玥
贾茹 陆慧 邵彬 刘明星 徐周洲 崔丹 王小栋
苏园春 吴佳慧 陆荣荣 徐红武 施伶俐 冯刚 鞠秀峰
陈琪 李维通 杜辰

中药学(12 人)

沈文建 顾晓冬 黄涛 李龙娇 潘兴鹏 叶宁杉 王永东
姜安兴 张春歌 李军涛 韩霜 褚玲

金螳螂建筑与城市环境学院

城市规划(36 人)

钟雨辰 樊耀乐 王刚 王佳佳 陈佳卉 毛庆俊 秦臻
周萍萍 李曙 刘冰洁 付军 卞冬梅 蓝仁伟 刘丹
李杰 沈楚 徐艳君 姚友盛 刘玉娟 赵璨 郑晓晖
李治 周俊杰 马成 刘子航 周鑫鑫 栾坤 周俊
梁旭 朱吉 吴菊 王超 王冬 姜文杰 刘迟
周煦杰

建筑环境与设备工程(室内装饰技术)(34 人)

冯雅林 孙晔军 陆志翔 宣海军 陆芳 茆永强 符晨
向小辉 仇伟 李洋 王瑞 杨银杰 曹亮亮 龚柳燕
吴凯 张骏 朱燕 董军 朱峰 叶敬 张骏
吉玉丹 郭美村 郭皓天 胡雨辰 符明桃 周玉香 束艺频
蔡明 周晓宸 绪杏玲 陈博燕 蔡骥 杨小春

园林(城市园林)(40 人)

李云 张瑞超 潘世娟 杨潇涵 朱婷 赵璐 侯彦

韦丽沙	嘉　娜	王曼娜	徐梦翔	陈远清	何玲辉	穆　瑶
黄　洪	李　昊	张　帅	徐　朦	郑　辉	陆晓彤	谢　罡
肖　维	曹晓维	赵　书	葛倍辰	伍容慧	张　妍	任　璐
龚梦雨	方旭杰	关俊铎	缪舒茗	李　媛	张　悦	刘明莹
杨丽渤	陈文静	邹宇俊	罗　莉	辜　越		

园艺(城市园艺)(28 人)

俞　敏	李　繁	吴　汉	葛诗琦	李枷霖	阴宇真	张　琪
王有庆	姬筱雅	李阳平	周麟笔	陈敏辉	丁小龙	李兆明
尤聪聪	李　莹	朱雪姣	柯　燚	董小丽	曲一凡	刘　欢
赵丽红	朱怡航	虞芳银	程　英	潘魏松	杨　燕	付　林

城市轨道交通学院

电气工程与自动化(城市轨道交通控制工程)(71 人)

王　越	孙　辰	李承尧	陈曦宇	徐文君	周　晋	邱顺晔
瞿洋洋	龚健忠	张秀秀	张　吉	宁　晨	王依涵	吕泓泉
蔡文骏	路新宇	袁　苑	谢华菁	仲婷婷	王　磊	张　惠
陈卫卫	许丽君	邵泽骏	杨学良	万　健	游　洋	查晓枫
胡文强	凌　越	吴天裕	缪梦琪	徐　煜	顾凤祥	陈咏梅
吴　霄	高　萍	成林坤	周　峰	高　扬	杨　浚	刘　京
金　兰	陈诗源	朱彬彬	江靖楠	曹锦标	石旭华	袁　莺
查叶飞	李　云	郭超骋	黄　申	陆芳燕	王毓秀	费少伟
仓　莉	刘　诚	何颖异	郭　晶	张润涵	丁似彬	浦海洋
刘正浩	樊　薇	李阿敏	刘亚圣	徐　晶	张鸣杰	胡嘉玲
鲁海波						

工业工程(城市轨道交通工程管理)(56 人)

吴依婷	胡亦冠	赵　丹	马伟强	徐孙杰	焦　阳	丁雨蕾
冷秀丽	陆　琪	陈宇佳	江　晖	梁　巍	谭晓艳	成云凯
蒋海滨	史晓伟	杨　奕	郑虞昊	陈颖波	高　威	张丹丹
张鹏飞	陶骏杰	冷　超	施　佳	秦　涛	怀剑松	郑　伟
杨洪森	高　坚	黄　骏	董浩铭	费俊锋	陈金鑫	张海磊
杨林杰	丁　冉	刘雅云	张　慧	梅　清	祁　杰	庄　驰
章文钊	胡　浩	王代成	黄奇军	吕　斌	朱　涛	庄兴云
蔡　成	许云龙	曹　波	李海霞	刘志尧	姚晓东	周克才

机械工程及自动化(城市轨道交通车辆工程)(66 人)

邢嘉睿	薛　驰	佘　浩	刘　翔	张　磊	高　丽	毛俊杰
姚逸凡	戴永阳	钱　军	瞿国栋	陈　亮	王锦存	张海兴

邹安邦	程　曦	刘巳昊	于小龙	赵　矗	陆建伟	张　雷
孙佳霖	黄　挺	杨建亮	姚　尧	智明星	赵　阳	陈　志
张　山	陈帅博	项巍巍	朱　晶	蔡　超	洪晓宇	蔡东昇
刘武生	刘旭栋	王大伟	徐　叙	邵金波	孙邓泉	陈　诚
孟祥东	张　剑	徐范鸿	范孖强	管　晶	唐闻超	赵　雷
喻　吉	沈澍东	乔　飞	殷　亮	房　烁	黄　勇	谢兴根
姚雯菁	徐　兵	章　钦	金　诚	胡睢宁	倪玲玲	朱云飞
柯　珂	吴海兵	吴　硕				

建筑环境与设备工程(城市轨道交通环境调控)(54人)

王晨曦	陆克佳	黄　飞	葛志班	顾芳锦	孙　欢	陶　静
施苏芪	裴亚运	周思齐	成雅菲	王　彤	顾　颖	金　晶
赵　旋	李　萍	丁志龙	陈　慧	朱未微	杨昊霖	程春花
王　堂	汤　翔	陈　赟	夏崇剑	张　凡	梅凯华	王　玮
秦家琦	李　杰	吴　凯	李晓伟	史绪杰	韩剑宇	孙丽平
姜文秀	杜黄荣	王　卿	叶碧贤	缪宇磊	康　陈	姜纬驰
程洋洋	石　鹏	薄晓玲	钱燕来	姜　铭	张　展	刘亨通
朱亚芳	周建来	刘长安	邹晨婷	龚舒文		

通信工程(城市轨道交通通信信号)(66人)

范屹骊	邓思元	雍鹏祥	姜雯雯	王文婧	冯成凯	鹿　斌
史翠平	何弘毅	顾骅晨	陶雨婷	应澄浩	戴玉艳	周玉玲
薛　柏	朱晨曦	高学勇	解成明	何　威	邹灵开	胡飞跃
赵小尉	葛云达	周宇平	施宇锋	马燕鸿	马　浩	李　雷
张仕文	黄　尧	费　犇	潘　洁	邵　晨	黄媛媛	杨　威
赵　飞	黄　达	刘　铭	王鹭洁	王莉芸	常冉冉	查丹斐
崔东坡	黄小帅	邱　欢	徐　莉	张秀梅	黄　超	徐维伟
杨春梅	王莹莹	张云霞	陆　锋	王怀亮	李二亮	苗　青
田　振	朱爱鹏	赵夏夏	刘德君	张思行	王　骐	钱雨辰
万　欣	吴林国	吉　纯				

信息管理与信息系统(城市轨道交通信息管理)(47人)

黄燕清	龚凯奇	黄婷婷	孙　涛	周可凡	丁小笑	陈　旺
傅　强	吴志吉	杨　帆	于　莉	铁　铮	潘　冬	庄　超
吴冬兰	胡　杰	谢　韬	耿琴文	顾澄强	郑园园	刘　立
梁永昌	严晓琪	丁一鸣	王　帅	张晨晨	朱诚琳	钱忆雯
卞寿娟	王琳艳	樊晓蕾	李　芮	王　鑫	邱嘉欣	奚　溪
马　弢	段　也	胡梦溪	王　薇	韩　玮	钱丽霞	郭飞飞
王　杰	王　琨	俞　晓	许　晴	吴克文		

信息管理与信息系统(城市轨道交通运营管理)(38人)

顾玉牧	陈楚楚	翟辉春	许 俊	陈士东	汤雯莉	储 燕
钱 晟	高 丽	翟志鹏	朱珂玮	张 洁	朱 琳	陈新龙
丁震宇	王 敏	韦瑜琳	潘冰洁	周 密	陈俊玮	杨大伟
李 迁	苏成艳	李俊峰	李 敏	向 伟	沈明昊	马 奔
徐 皓	王俪静	徐培彦	承小马	何 树	顾林林	杨 阳
王妤岌	吉 加	吕 尧				

文正学院

通信工程(1人)

季 李

宿迁学院

财务管理(137人)

姚海波	包 成	卞玲灵	陈亮竹	陈 巧	陈 鑫	戴诗卉
冯 瑾	高仲敏	葛星辰	顾晓婷	韩 笑	胡益强	黄嘉懿
季 静	李 辉	李 燕	刘 任	刘舒芸	刘莹琰	陆 琼
陆 铮	马 腾	潘 婷	钱 峻	任 婷	邵 帅	沈 静
束思岑	屠雅青	王 敏	王 钰	肖 宽	徐 婧	许亚楠
杨 静	袁赛帅	张垒诚	张丽娜	章综栩	赵 倩	周 捷
周青梅	周 毅	朱 杰	朱奕奕	邹 阳	胡 伟	赵家鑫
卞玉琴	陈 烈	陈 林	董 梅	冯晓杰	龚 超	顾嘉伟
顾美玲	顾笑慈	杭 赢	侯 玮	黄桃琳	蒋 科	李蔚班
刘 敏	刘 婷	卢 旭	陆 吉	陆荣珍	冒昱丞	倪小雅
钱 岑	申田原	沈 忱	史 思	宋雅杰	王 欢	王 盼
吴 勉	谢春来	徐 菱	严 昊	殷 晓	张 婵	张 玲
张淞湛	张婷婷	赵 雪	赵 政	周 蕾	周雯雯	周子涵
朱婧怡	朱 瑛	陈 静	陈 萍	陈晓慧	方 媛	高 璐
高行前	顾 超	顾骏腾	顾莎莎	管 玲	郝苏娜	胡昕宇
黄晓星	李 倩	李 洋	刘 申	刘艳玉	陆佳宁	陆 颖
马凯昱	牛 霜	钱 鲍	钱 钱	邵 奇	沈 洁	施宙录
滕 菲	王会惠	王小翀	王志荣	徐迪飞	徐 泓	许亚定
叶 斌	于 游	张楚楚	张玲玲	张 旭	赵 凡	周海燕
周丽娟	周 霜	朱丹丹	朱子霜			

法学(137人)

柏金森	曹梦兰	陈 璁	陈 燕	戴 剑	杜 云	耿世帅
龚 雪	韩 妍	胡晓闻	吉 航	季 宏	李方杰	李 宽
梁伟杰	刘 磊	刘 璐	刘 弢	鲁剑峰	陆 淼	马静茹

潘　炎	钱　誉	尚　杰	沈梦莹	孙　茜	孙晓晨	孙跃樱
汪熙涵	王　康	王　璐	王心保	武孝传	谢舒晔	徐　婷
徐　洋	杨　帆	杨　杰	于　润	袁锡培	臧　凤	张毛赛
张　旺	张晓玉	张梓杰	赵可可	郑同同	钟　蕊	周诗卉
宗　昊	曹明颜	陈海燕	单琪琪	杜　芸	顾成东	顾婷婷
韩　艳	江　怡	金佳亮	李钧涛	李　响	刘　畅	刘　睿
刘　玮	刘宇辰	陆剑豪	鹿一琳	苗玉凤	祁　凡	秦　皎
石莉莉	史　斌	孙　然	孙瑄忱	王安赟	王　冰	王　庆
王　馨	吴方程	谢　哲	徐　静	徐　一	许津荣	杨　洁
殷伟夫	郁秀子	臧　成	张　莉	张笑笑	章　耿	郑　南
朱鹏程	朱少华	白　沥	陈安琪	陈新艳	崔　鹏	董　霏
顾　馨	贺　朋	胡　颖	华　忱	李大才	李　凯	练国存
刘大成	刘　森	卢　嘉	陆柳柳	吕　萍	马　强	苗韵清
沙晨晨	沈梦夏	孙　剑	孙　平	孙　雯	孙亚群	王　昊
王红玉	吴树锫	武皎云	徐　静	徐　琦	许一欣	杨　建
杨　英	殷竹轩	张　璐	张南起	张文菁	张志峰	赵　然
郑一驰	周弘杨	朱新宸	孙　剑			

广告学(90人)

蔡方越	蔡　娜	成　杰	戴　银	丁冠鑫	董思思	冯嘉敏
郭子瑜	胡　倩	季晨璐	居　颖	李剑军	李　新	李玉凤
林　振	刘丹丹	刘淑雅	陆　峰	陆锡莹	吕　鑫	聂靖明
钱晶晶	邵晨希	申敏玲	沈游静	眭　玲	孙双燕	唐秋琪
王瑊琪	王靖逸	王文隽	吴　娟	吴明星	吴清清	徐　成
薛　璇	张倍佳	张家威	张　茜	张天依	赵海涛	赵子琴
周　瑞	朱国钧	诸骊鸣	邹俊杰	陈佳莹	陈亚洲	崔正东
董　姣	董昕玮	方　骊	葛馨鸿	洪　烨	花竹青	蒋　超
金　君	李凌寒	李文逸	林　欢	刘　敏	鲁思齐	吕　丹
马　芹	孟　瑜	钮星芳	任　丹	佘　晗	沈　青	施　文
孙　菲	孙　悦	王明娟	王　蓉	王　霞	魏晓苏	吴凌霜
吴倩倩	吴石旻	吴文燕	颜　靖	尹　妍	张　洁	张　磊
张　青	张　悦	周敏明	周宗睿	朱丹丹	宗　冉	

劳动与社会保障(98人)

蔡阿磊	蔡青婷	曹海星	陈佳竹	陈　奇	陈　娴	陈尤逸
窦园园	范凤丹	干庆常	龚　敏	过　芳	何　颜	洪　政
华　静	黄静静	黄雪骄	纪剑萍	姜　月	金　彤	李何林
李　亲	李硕成	李　亚	刘　敏	马久竣	倪伟平	濮雅萍
任菲菲	邵雅婵	盛　惠	史浩俊	孙明奇	万　东	王　瞳

王晓玲	王月姣	魏　维	吴　叶	徐爱迪	徐　婷	杨丹萍
姚亚运	俞　佳	张静怡	张　玮	张夷强	周　纯	周芙琳
周委委	周洋燕	曹骥青	曹莹瑛	陈　露	陈　妍	楚　璐
杜笑然	高娟娟	龚文茜	顾天一	何若男	胡嫚嫚	黄佳炜
黄漱楠	江　华	姜　岑	蒋　莉	李　丹	李　倩	李雅婧
刘茶兰	刘　畅	吕　耀	马祖斌	缪　曦	秦丽萍	秦　石
任　群	沈　萍	史毓贤	孙　敏	王昌文	王　佩	邬　静
吴文凯	徐　斌	徐海燕	许江飞	杨　姗	尹　郁	俞皓隆
臧玉姣	张赛男	张小娟	赵　栋	周　俊	周润芝	朱　飘

行政管理(97人)

姜　露	陈　成	陈雪乔	陈俨瑛	丁　燕	冯　洁	葛　南
何　姣	贺　路	花小强	黄游游	纪　凡	李　琳	李雅君
刘　蕾	刘雅楠	刘溢春	陆　妍	马文震	毛　旭	毛怡华
钱　婷	邵静怡	孙佩佩	孙圆凯	王春芹	王小燕	王　璇
王宇霄	吴利花	夏　晶	邢伟伟	徐海成	徐良宵	薛　磊
颜莉晴	杨　琳	姚颖怡	殷燕青	尹　骏	袁赛姗	张蓉蓉
张　巍	张　星	张　园	赵晓娟	赵兴帅	周家睿	周　琳
朱晨悦	卞天享	陈雪婷	丁　蓉	高益敏	顾　阳	何　添
侯　攀	黄姗姗	霍佳骏	蒋　龙	金珍羽	雷　鸣	李欣衡
凌　湘	刘维娜	刘一辰	柳万利	吕厚雨	吕　敏	马　迅
钱　力	钱月屏	孙亮明	唐雅鑫	万正姣	王文芳	王　欣
卫颖洁	吴琳华	夏　婷	徐　皓	徐　源	严　强	杨　飞
杨　娇	姚　青	殷　楠	于　骁	俞　琪	张德胜	张　娟
张文昭	章　强	章　婷	郑荣庆	周　蕾	朱庆亚	

2012年文正学院、应用技术学院获苏州大学学位学生名单

文正学院

电气工程与自动化(1人)

戎　勇

市场营销(1人)

刘晨旻

法学(1人)

孙　啸

会计学(2人)

穆玉玲　　陈宇浩

计算机科学与技术(1人)

陆振国

日语(5人)

周　静　　赵　敏　　杨宇熙　　沈　玥　　李　婷

新闻学(1人)

戴超君

信息工程(2人)

吴　羽　王弘博

汉语言文学(1人)

严佳伟

广告学(1人)

李　杰

工商管理(4人)

景　喆　　邹纤纤　　沈天昊　　李海波

金融学(6人)

谢　灏　　张　楚　　李东鑫　　徐亦驰　　辛欧轩　　金　辰

信息与计算科学(1人)

虞建波

机械工程及自动化(2人)

蒋　科　　徐贝迪

电子信息科学与技术(1人)

倪莜岭

国际经济与贸易(4人)

孙　腾　　秦　琴　　张　锦　　吴　恺

劳动与社会保障(1人)
缪　沁

应用心理学(1人)
杨超峰

服装设计与工程(1人)
顾津源

档案学(1人)
梅志华

应用技术学院

测控技术与仪器(1人)
李士玉

旅游管理(1人)
方佳茵

电子信息科学与技术(1人)
陈方祺

计算机科学与技术(2人)
任　杰　　于　竞

旅游管理(4人)
汤　赛　　王大龙　　王冠龙　　孙　超

日语(5人)
梁婷婷　　张　俊　　陶　旎　　张　蕾　　丁　雷

会计学(2人)
柳璐莹　　蒋　淼

国际经济与贸易(1人)
王　鹏

市场营销(3人)
朱文海　　王钲杰　　李　洁

旅游管理(3人)
李　盈　　邵诗雅　　徐　佳

艺术设计(1人)
郭翊君

市场营销(1人)
王文宇

计算机科学与技术(2人)
王　健　　曹　宇

工商管理(3人)
舒　展　　缪　磊　　朱月清

应用心理学(3人)
吉宏梅　　周莉娜　　周　田

英语(3人)
孔　盈　　罗　娜　　陈雪飞

国际经济与贸易(1人)
李　敏

2012年结业学生名单

文学院

汉语言文学(1人)
石　丽

凤凰传媒学院

广播电视新闻学(主持人艺术)(1人)
苍中清

东吴商学院(财经学院)　东吴证券金融学院

工商管理(1人)
黄冠伦

艺术学院

艺术设计(时装表演与服装设计)(1人)
陈雅雯

数学科学学院

信息与计算科学(2人)
钱鑫枕　季鹏飞

物理科学与技术学院

热能与动力工程(1人)
赵炯清

电子信息学院

通信工程(1人)
刘双龙

微电子学(1人)
刘福亮

信息工程(1人)
许林林

机电工程学院

机械电子工程(1人)
马念念

机械工程及自动化(1人)
尹必俊

医学部

临床医学(1人)
朱明敏

金螳螂建筑与城市环境学院

园林(1人)
许鹏飞

文正学院

会计学(1人)

靳　山

计算机科学与技术(1人)

陆振华

通信工程(1人)

周成志

艺术设计(1人)

耿晓渊

工商管理(1人)

吉夕明

电子信息科学与技术(1人)

刘　焱

2012年毕业的成人高等学历教育学生名单

电子信息工程高起本脱产(16人)

潘　豉	吴巍魏	卢小龙	董　磊	王　萍	皋　峰	赵颖芝
顾　俊	谢贻飞	朱建楼	陶　雷	马　鸣	丁　一	孙晓伟
王丽洁	王　陈					

电子信息工程专升本业余(140人)

刘　会	项小敏	谢更生	曹　军	张　炜	张　良	崔明报
沈学新	张　艳	周　高	季为民	程　艳	周　明	高婷婷
徐晓亮	周永新	芮福兴	杨　君	潘建军	陈恩光	高智军
龚海元	李亚君	赵江聚	陈太波	李兴中	张　剑	许　坚
明杰秀	王　琪	何　奔	王振山	吴春明	杨　飞	程富贵
王三娟	刘永宁	胡　华	卢　勤	朱勇灵	孙双飞	陆其东
张远杰	樊　瑞	黄　斌	任亮亮	谢阿宏	于东明	费定锋
顾金秀	孙海生	常　麟	李　响	王　闯	王　晔	蒋　鋆
潘海明	滕国有	周　正	徐　豪	戴佐胜	夏维胜	张良友
张华荣	延雨涛	朱　超	马　凯	戴雯雯	孙宏飞	姚文奇
朱庆林	苗高峰	陶　磊	郑　磊	董其波	王亚清	罗和平

刘明慧	王平昌	官昌炯	赵成华	孙　武	傅金云	王中华
徐　勇	郑　杨	陈　强	刘　杰	王　晓	朱惠新	林　源
郑秋锋	谈晨敏	钟小广	吴晓燕	陈　洞	易增善	钱东瑜
展　研	徐佳峰	李龙军	徐　丹	严红芳	顾　强	朱　培
陈　杰	鲍贵平	朱为刚	马忠平	高　艳	张国彬	陈　华
陈　洲	王　合	陈文明	许光明	白晓琦	张方超	张丽红
杨　袁	蔺东涛	陈国强	李　涛	祝宝娟	雷建龙	琚文彬
陶　芹	段利明	缪彩霞	乌晓东	朱华锋	谢哲理	季　俊
赖保平	沈安明	周健民	张　永	罗　松	张　静	陆　衡

法学专升本函授(78人)

朱　琳	朱　杰	张　磊	沈亦冰	陈　慧	王春燕	钱　伟
张华国	陈　晴	许　皓	龚志娟	茅　丹	李　婷	虞　亮
金建良	王玉红	李　峰	吴小红	陈　煜	肖海燕	汤　建
方　妹	马多宁	陈　华	高　婷	许文杰	陈燕妍	李　科
王　铿	顾剑锋	陈卫平	戴　健	张　芳	张　建	陈春忠
童苏红	王少明	马鞠红	沈　健	姚春琴	朱　雯	王华英
吴云峰	韩美蓉	范　莹	穆　奇	王　潇	庞月军	倪　周
周　萍	周正育	陆　漾	朱云飞	陈必丰	倪　君	金莉娟
徐　静	徐文婷	王静秋	虞　君	严莉琴	吴　佳	陈颖岚
朱家豪	万　菁	蔡　琴	杨英俊	缪俊琴	陈叶青	杨　倩
薛启滨	明　刚	顾池骏	杨　春	钱　颖	金　莹	凌　莉
马　辰						

法学高起本脱产(22人)

黄莉姗	李平平	闵　峰	殷　铭	陈　涵	褚娇华	陈相江
陆晓亭	葛　敏	丁宏润	吴　翔	沈　磊	陈丽金	胡丹妮
周　健	杨　坤	许晓东	陆叶青	孙黎明	钮俊超	俞　洁
冯文娟						

法学专升本业余(170人)

吕　珏	迟艳玲	陆拥军	府　强	马　瑾	蒋　春	杨　媛
徐　珊	王　芳	郭灵钧	张　群	许文妹	周　慧	罗国清
杜　康	倪晓瑛	余文霞	吴丽艳	瞿金花	查妹亚	吴伟良
顾红仪	杨一栋	王仁飞	仇红艳	姜　炎	陈静娟	刘　淼
杨承寅	姜　宁	赵　勰	张敏芳	严俊良	张　磊	蔡菲菲
魏宝春	林佳佳	曹　隽	许诚浩	杨　燕	张　然	奚晓莉
罗　敏	陈　韬	吴伟东	陈国建	戴　征	梁　丽	浦元祥
刘　洁	祝茗茗	马晓林	刘　非	董华国	邹　平	钱　辉

周萍	眭雍哲	张施展	陈佳	鲍大恽	周腾飞	闫伟
项洁	汤喆	王峰	田宇	李永明	宋雪	金慧倩
周沛学	陈静云	史丹	刘轶臣	朱伟	储冬	张林
王圣亮	蔡英	张利东	张茜茜	沈兰	董祯	鲍琼
吴菲菲	房海洋	张春华	李锋	吴长春	晏春梅	张秀芳
宋平	张丽	张佳希	沈成	刘颖	王柯罡	邵花
叶大荣	程磊	顾月	陆萍	胡超	沈翀	陈玉萍
魏丹丹	朱晓娟	李剑	胡应伦	刘明	朱洪熙	周运玲
包小涛	陆静	卫志敏	祁小芳	朱巍	周伟	王晓刚
郑彬	魏晓星	费道清	林浩	凌虹	马晓俊	朱玲
竺魏	李倩	王双喜	蒋华	居晓冬	朱琪来	马二兵
王苏	徐伟强	王续霏	薛凯明	杨赟菲	施金花	李宁
马丽丽	欧春博	卢文婷	戴达	李晓燕	诸健	李辉
刘靖	杨静	盛梦龙	管丽强	吴华明	杨兴荣	沈亚明
姚民	赵强	刘江波	唐海华	吴平平	袁园	王晓平
周忠林	蒋建国	刘超	董翠娥	徐涛	顾菊香	徐菁泽
陈莹	王书文					

机械设计制造及其自动化专升本业余(173 人)

于延网	夏庆	吴建鹏	钱红军	袁央	李毅	茹立伦
崔华桥	鲁超	解晴晴	李涛忠	项杨勇	严喜华	刘霄
朱丽	胡文龙	陆亚锋	刘丹华	高健飞	成吉勇	王周亮
张成武	赵立	刘莹	尹震	赵亮	金尧	谢杰
丁峰	夏海涛	蓝师忠	刘正风	蔡晓东	胡殿钦	葛建波
马丽珍	徐家斌	刘超	胡竺筠	王宗	顾晓华	郑敏兴
陈峰	孟二中	汪有旺	薛云成	盛鉴波	冯海平	沈仲华
陈建明	闫武杰	张维明	谈建峰	魏召彬	吴海莹	王浩
邱新强	屠银华	王丽君	周正余	张静	朱晓帆	黄静
薛君良	方强	常磊	周彪	冯昊	曾敏敏	高凤军
魏永刚	吴钰霖	芮敬华	吴雪峰	朱亚芹	吴刚	张建跃
钱青龙	吴海良	夏龙杰	高全行	高欣	王云好	郭锐
彭丽萍	洪修彦	汤井江	韩虎	丁留喜	何孝亭	杨艳
储晓刚	刘斌	高玄	葛小庆	沈淼	徐云	周扬
李刚	柳成安	步雷	任子龙	夏伟	纪昌锛	李威
彭海璐	校利凯	周平	周建	邹金娥	王旭	李宇
王伟	侍瑞	张建丽	周利	邓必涛	周静波	李玉平
邱建庆	纪海波	李启军	秦鑫鑫	徐文平	张建云	夏雨
张娟	王小洁	刘峰	方玲	贺巍勇	董小瑞	石嘉平
查全军	陈丹丹	周保森	沈赟	史留忠	周弘毅	何兵

杨晓中　周振刚　陆常青　秦　英　王丽香　沈秀云　王　飞
陈德良　胡　杰　李　岩　朱　伟　陈　扬　魏　勐　李　祺
陈　洁　蔡冬伟　左自豪　沈利强　吴裕友　吕　佳　张　新
鲁大民　贺亚苹　钱晓霞　吴顺凯　王　晨　徐爱琴　韩　森
王董敏　王　轩　谢雪东　董美华　李文利

计算机科学与技术专升本业余(54 人)

葛维阳　张贺林　傅　诗　缪皓亮　阴　麒　丁　卓　张文化
陈琳琳　胡雪昌　倪中明　陆勤丰　袁　浩　龚海东　王小妹
李跃华　樊　磊　傅丽萍　杨　健　王卫娟　徐　伟　高志刚
范鸿跃　龚　飞　范锋华　钱　吉　潘广彪　孙　军　吴建平
沈东民　王俊杰　沈文青　徐子鹏　韩嘉祺　杲　宁　冯　健
余景林　朱广德　董高志　韩　辉　曹志国　沈黎明　季欢欢
孔　明　王　俊　李　星　马　丁　王俊铖　田　野　沈　魏
蒋　华　乔　龙　周　山　陈　玲　赵雅苹

网络工程专升本业余(29 人)

乔国华　庄亮传　宋加峰　王桂元　段赛虎　贺兆远　夏志梁
张　喆　周文斌　刘志国　叶　峰　姜　军　钱　鑫　童正峰
江晓伟　林　华　昝克明　孙　军　肖本亚　顾明华　丁　琪
刘维振　张真军　施　展　张嘉逸　黄　叶　黄　钱　陈家荣
韩　锋

工商管理专升本函授(34 人)

薛　峰　陈　英　唐亚民　钱　斌　王　雷　王京京　廖清秀
常轶维　蔡永芬　徐国宝　黄海云　李云飞　王月梅　钱卫忠
顾灏杰　高　茹　褚　洁　杨艳茹　管海清　严晶晶　徐轶智
杨小军　肖亚年　黄欠欠　余　良　朱　勰　朱文荣　李天宁
邹志良　宋景煜　胡　敏　朱　莹　李　峰　庞国凤

工商管理本科成人脱产(1 人)

朱　轩

工商管理专升本业余(87 人)

曹　平　李冠梁　严　勤　沈小华　施佳康　朱玲娟　朱可心
郭海杰　汪艳珠　陈　荣　丛培鑫　顾文武　卢志平　赵　莺
张　俊　徐子雄　王忠培　桂丽平　党明丽　刘　剑　周　莉
盛晓草　叶庆生　庹亚军　刘文通　林娜丽　茆永梅　夏增华
李永文　何　刚　景海华　胡　敏　齐发龙　谢　鹏　赵松旺

彭善于	吴兴海	姜小军	郭文艳	高杜赟	陈 刚	谢亮萍
袁益峰	杜 寅	黄菊琴	朱万金	孙 浩	朱宝骅	刘元元
叶广燕	姚娟娟	程 吉	杨庆贤	王立军	包美琴	沈延良
孙家骏	沈 琳	费宏玉	邱 萍	魏 贺	杨 春	赵晓丽
陈 超	徐云峰	王伟君	潘卫娟	朱明星	潘鸿强	沈卫锋
李 灿	周 玮	杨小锋	杨进华	谢希君	严 帅	庄骕鹏
王永强	王 丹	范红亚	陆红伟	崔文会	顾 萍	杜勇强
胡 晨	伍 艳	李 默				

会计学专升本函授(151 人)

程俊华	章红雁	徐 景	罗晓丹	钱向予	黄永花	杜寅马
吴志恒	朱筱薇	闻映梅	石秋琦	闵 珠	盛志浩	缪 樱
邵丽红	黄 力	平 艳	管 静	曾佳樱	朱吟梅	葛 燕
王 月	蒋冉红	陆文岚	费艳萍	章继红	李 鑫	顾叶华
徐霞翡	王正梅	周 莉	陈志霞	吴 佳	胡 静	程 燕
宋 涛	章月健	李 欢	朱晓慧	戴宇芬	余 霞	王晓锋
张 英	顾晓佳	张 华	张宇隽	孟丽春	赵爱娟	王 伟
严浩萍	宋莹英	张菊梅	沈 玲	夏 珺	钟昌华	蒋丽娟
王耀华	洪丽丽	金祖秀	杨明莉	许 磊	李继娜	曹 军
金玥婷	史 群	樊清亮	李 琳	郭春芹	卢 艳	王 萍
邢勤芳	肖清华	岑美娟	黄胜芳	张 园	陆雪萍	黄 虎
李秀亭	陈 艳	徐春来	杨莉莉	俞海燕	冯 燕	朱秋娟
储琼英	周 娟	周 玲	周 红	薛 晴	朱小颖	金 玲
杨海颖	任雪芹	陆瀛嫣	刘兰芳	陈海燕	曹静娴	吴 海
周 燕	薛月明	洪桂梅	王国珍	于梅芳	桑素梅	修显磊
刘 娴	孙小媛	周奥利	洪定烜	喻 佳	张钰茹	张于凤
徐 行	王 荔	陈 菁	刘玲玲	孙 敏	刘良芳	李 颖
罗 丹	严晓萍	崔丽平	王娟娟	马莉萍	刘甜甜	卞晶晶
陈 洁	宋亚斐	宋小琴	董吉瑜	徐卡娅	史爱华	姚志红
李 丽	倪莉莉	南瑞娟	陈 平	朱 静	杨 玮	马 静
朱喆文	张 剑	王 静	朱 燕	丁晓慧	张平红	唐雯君
瞿凤娟	黄怡婷	浦玲红	李 娟			

会计学本科成人脱产(4 人)

张 捷	高大伟	王秋英	徐 琼

会计学专升本业余(276 人)

钱雪芳	张小兰	李洁洁	郝翠兰	曹争取	王宜生	陆 娴
王金霞	常 敏	黄世亮	王丹丹	朱海娥	吕益琴	殷 娟

金根	裴庭荣	夏欣	范轶	李芳	包家盛	林琦
王微	袁颖	陈晓梅	刘亚玲	姚静	梅秀华	金晶
徐淼婷	张敏	季维凤	陈杭燕	姚蓓娟	宋建梅	苏亚萍
汤萍	沈俞	侍加亮	胡菊珍	张洁如	陈祥瑞	姚惠群
陈馥春	王秀丽	杨毅华	陆爱萍	赵桂玲	朱丽红	仲从香
江滔	董平	郭花萍	王海雄	范洁	颜丽娟	徐燕琴
王玉光	张洁	丁晓兰	郭晓丽	陈亚萍	高婷婷	赵冉
秦丽	朱菊	沈超	查雪芳	钱卫丽	府丽花	潘洁
杨晓莉	姚忠祥	徐娟群	沈芳琴	赵芳	聂洁	周迅
高金娥	顾洁瑾	王英杰	吴春梅	张勤	应莹	陆融融
柳晓君	金晓洁	谢囡囡	赵丽娟	徐艳萍	陈倪	王颖
周勤	刘丽莹	许昌莉	姚晨红	周佳寅	梁娟	王娟
朱洋	卢伟刚	钱娟娟	张琦	彭胥	沈文娟	盛兰
汤湘宁	朱静	王泠力	朱红	胡海军	高骏英	毛燕平
齐卫华	王裕	金奕	凌烨香	唐丽娜	徐希霞	沈勇邦
蔡林健	吴香芹	彭雪娇	陈洁	高磊	易茗	谢苏蕾
杨静	周华	杨荣	金素英	靳怡悦	许丽萍	刘雅闻
毛智贤	陶文卿	许雪勤	吴瑕	邢佩佩	徐蕴菊	陈喜昌
计婷	徐园	周敏	徐婷	胡萍	金艳虹	史晴晴
翁祥玉	陈丽丽	王苹	耿黎黎	徐溪溪	单建奇	季哲文
王颖	张静	金晓娟	钟慧	朱保兰	刘建明	蔡茵
戴丽青	潘剑琼	饶志琳	霍颖	金铮益	张晓明	陆美莲
刘立佳	欧阳德来	韦夏波	卞黎	吉璐君	骆雯雯	王振宇
肖晓琴	王晨忆	杭兰芳	杨雪	缪文斌	王娜	张艳
司马亚萍	颜蕴华	成艳	麻欣欢	莫金娟	杨荷华	邵莹
毛晓辰	钱苏霞	马云芸	王志英	谢金芳	陈霞萍	吕琴
金迪	黄春燕	江西梅	陆金兰	周艳	陆秋萍	张丹
彭明珠	张庆锋	瞿亚婷	张春芳	周立秀	李艳红	倪达琳
徐梅	朱舒筠	江闰	金晓兰	杨燕	唐玲燕	李长辰
陈剑兰	张靓	岑丹	王雪莲	徐菲菲	徐兰	吕月侠
陆晔	夏慧岚	黄丽莉	许茗茜	张宇燕	陈萍	陆晓华
屈飞燕	王冬梅	危微	范文斌	陈丽秋	张旦	陈红丽
温美亚	陆盈燕	邹桦	姚松皓	袁梅	邹铭洲	王瑜
唐蓉	魏娇	杨梅	张锦芳	王辉	徐羽辰	严皆琳
顾佳	金文慧	徐佳	殷春梅	徐怡	钱丹	朱雅
周芳	黄建锋	唐颖姿	陈鸽	奚剑平	王可纯	张燕
王世奇	汤洵波	孔丽	吴燕萍	钱铖	邵秋艳	王丽
花亚	瞿晓丹	王小刚				

数学与应用数学专升本函授(173 人)

桑　玛	央　啦	边巴罗布	巴桑罗布	加　措	扎西卓玛	扎西达瓦
普布卓嘎	德　珍	白　姆	美　丽	边巴卓玛	扎西顿珠	贡桑德庆
强巴旦达	旦增曲珍	次仁穷达	索朗拉姆	登增卓嘎	德　吉	罗布次仁
次卓嘎	尼玛卓玛	拉巴卓玛	德吉央宗	格桑卓玛	次卓玛	边　巴
扎西顿珠	次　央	四朗觉珍	亚海雅	洛桑德吉	次旦卓玛	阿米斯曲
欧　珠	尼玛片多	扎　桑	扎西次仁	普布卓玛	平措次仁	多吉次旦
塔措卓玛	格　珍	贾惠芳	拉巴卓玛	旦增卓玛	次仁央宗	格桑尼玛
洛桑拉姆	小巴桑	索朗顿珠	嘎玛色珍	次仁曲宗	洛桑曲珍	尼玛卓玛
扎　西	央　金	穷　穷	米玛次仁	拉　吉	达瓦拉宗	白　玛
德吉卓玛	扎西次仁	索　多	尼玛仓决	次仁旺拉	次仁拉姆	强巴央宗
吉安卓玛	大达仓	格桑德吉	次仁拉姆	普琼尼玛	达娃潘多	巴桑欧珠
次仁旦增	拉巴石达	曲　桑	扎西罗培	除　多	次旺拉巴	西　热
桑海峰	央　金	普　珍	阿　确	白玛次仁	次仁央金	达娃卓嘎
边　琼	巴桑卓嘎	边　巴	平措旺堆	扎西普尺	次旦吉	索朗央宗
次旦扎西	次仁琼达	旺　多	仓　决	巴桑次仁	巴　桑	次旺罗布
粗珍次仁	德　吉	潘　多	塔　玛	拉巴普尺	达　娃	德卿曲珍
达娃央金	女琼达	央拉姆	德吉措姆	格桑央宗	次仁巴桑	次仁央
尼玛片多	罗　琼	达　旦	普布次仁	普　珠	格桑白珍	普　琼
央金卓嘎	拉　巴	洛桑多吉	贵　桑	索朗扎西	次　仁	央　珍
多吉次仁	尼玛曲卓	索朗卓嘎	贡嘎拉杰	次旦卓玛	索朗多吉	斯秋才达
公桑卓玛	次增白姆	次仁旺姆	尼梅花	巴桑卓玛	扎西次仁	央　金
白玛普尺	吉拉姆	普布琼达	次　宗	米玛次仁	格桑尼玛	明　玛
边　琼	索朗德嘎	美朵央宗	次仁顿珠	巴桑玉珍	白　珍	白玛措姆
达娃曲珍	白玛央	扎西旺姆	次吉贡桑	丹增卓玛	次仁平措	嘎卓玛
巴桑扎西	次仁央宗	索朗卓嘎	尼玛德吉	次　桑		

日语本科成人脱产(48 人)

顾嘉慰	张文奕	谭晓婷	郭慧慧	王馨瑜	韩丽萍	卢轶文
缪静芳	潘月俊	张溪晔	许凤仙	金晴玲	岳　成	濮　阳
曹秉霞	陆晨燕	杨　婧	苏　静	宋春晓	吴燕琴	吴　琦
王星懿	费小艳	金云云	谭晓晴	吴龙干	陆媛媛	罗怡琼
曹锦霞	石梦妮	陆纯倩	王秋萍	胡珺璟	王莹斐	顾亚芳
于婷婷	陆美英	葛马露	吴蒙娜	胡秀芳	凌　芸	陈绮珺
茹锁雨	钱凌煜	孙玉华	刘　蕾	孙婷华	李倩文	

日语专升本业余(43 人)

毛再在	马晓良	晁海飞	周围围	朱丽娟	孙　静	朱雪君
叶　晶	蒋光明	郭梅丽	杨善军	杨昌明	周兰宁	李　麟

陈步银	金桂月	陈丽丽	惠芬	丁艳燕	谢立山	赵梦亚
周燕	周侃	于静	田家俊	吴蓉	周羽	王非
周萍	傅岑琳	张燚	朱煜娟	刘赟毅	王三春	张冬蕾
沈东芳	印铭	周峰	史磊	陈中伟	丁祺歆	陈晨
沈英						

英语本科成人脱产(27 人)

皇甫娟娟	王甜甜	张俐	季成萍	王尚娟	王丽丽	归永彬
赵白	吴音芬	顾燕	嵇静慧	张清清	张艳	吕海翔
汪春	陈锐	杨丽萍	杭菲	毕建英	王海滨	顾婷
刘雅昀	王丹平	陈青	王光明	吴臻	杨立信	

英语专升本业余(261 人)

赵阳	朱兰花	吴雪娟	曹晓静	沈新春	陈洁	张海艳
章芳君	徐青	马晓敏	邓小伟	胡海琴	叶松云	陈洁
於向红	黄兰萍	吕欣	韩洪芳	孙明娟	王珍	殷荣
钟艺	陈飞	张桂珍	曹玉芹	汪家康	李秀芬	赵静
宋翔	羊晓倩	李瑛	梁敏华	张晓明	佘艳	王鸭林
张春昕	张莉	宋书祥	邢晓兰	李虹	叶小玲	位丽
杨兰芳	陶焱	汪训杰	查文婷	刘国强	朱纪萍	吕燕
郭盈	沈海燕	章雪莲	王倩	徐建琴	孙怀云	杨瑛
李祥	顾月珍	庄兴芳	王黎	计玉婷	王祖泉	张卫军
石海泉	张瑞莲	刘少春	方喜	叶张敏	金建兴	石辛辛
张芹芹	宋金艳	金毅成	刘鸣敏	徐丽娜	陆春花	邓玲玲
钮小华	储军	邹倩	王继敏	陈千	范维伊	戴立国
沙解华	李虹	陈姗姗	吴妍	周珣	王晶	田静
赵蕊	许学领	赵荣菊	王丽青	徐颖	陆志慧	杨男
胡岳衡	郦娜	薛苏	廖莉莉	刘莉	魏学锋	高文
李娜	葛彩霞	胡蝶	吴金凤	胡梅英	王立伟	王雷霆
田小丽	裘杰	左秀妹	赵馨	戴美兴	储彩霞	袁丽
李欣欣	顾佩祯	钟长征	王乃洁	茅海萍	黄雪晴	顾毓秀
彭莉华	陈翼	陈宏桃	邢玲林	凌璐	楼海玲	袁媛
陆春琴	李燕	赵晓华	曹萍	蒋燕婷	练怡	梁亚南
陈佳丽	孙国华	陈磊	张千雷	吴洁	何晓静	李宪雨
乐伟钢	黄晨晨	谢辉	徐静	李浩然	顾凤钰	张维维
陈琼琼	丁哲艺	倪巧玲	戴海燕	王小娟	宁小利	高静
郑家玉	陆丽莉	崔文珠	徐友琴	陈晨	王海燕	常荔
陈超	陈超君	龚懿	李琦	赵春芳	王丹	陆鼎
魏礼艳	吴建霞	刘芳	华韦江	孙金娟	黄伟红	赵丽清

吴春杰	钱文东	汤晓宏	罗　杰	韦祎旻	巫英环	沈月萍
李津津	陈　越	陆　颖	谈　文	赵小芹	吴卫忠	朱开峰
龚丽洁	石惠燕	张　蓉	王醉君	杜凌霄	周为勇	赵建兵
李　佳	丁　轶	高　敏	宋蒋雄	施婵娟	王　娟	刘　云
周红丽	刘然红	张　坚	马琼婷	冯金凤	章志刚	陈维丽
张　华	李雪芬	张艳涛	张建芳	陆志芳	张梦含	吴海霞
臧智敏	沈洁倩	赵艳平	王　茜	方宗圆	施兴丽	钱敏芳
胡熹彧	潘爱萍	何　茜	陈国良	刘彬彬	吴伟芬	章雅芬
戚文博	沈开明	周卓琪	周荣荣	王道明	李　伟	范　花
徐延华	黄丽娜	张淑娴	张婷婷	李元元	李　磊	陈柳柳
宋静芬	蒋　莺	刘瑾萱	赵　明	张毅君	桑仁刚	房　娣
陆刘东	殷　勤					

汉语言文学专升本函授(55人)

赵慧芳	尤　韵	张乃瑾	王　娜	张丽霞	马秋夏	桂晓兰
姜　燕	张守文	季晓璒	周　烨	王　佳	曹丽丽	邹寅华
宋林芳	府夏萍	朱燕婷	王雅菲	冯金沁	赵海燕	韩青云
周　军	张　伟	季庆丹	陆雅萍	孟海花	张铁华	周庭苑
刘　艳	唐富强	魏　芳	张凤珠	金崇莲	杜建康	芦寿良
钱　芳	叶　臻	许琴华	袁兰兰	孙润伟	朱文文	滕梅凤
李克俭	周　霞	张学军	刘　磊	蒋浩杰	毛颖青	吴　琼
朱邹永	聂鑫晶	赵　亮	顾　萍	袁弥雪	吕　兰	

护理学专升本业余(630人)

邹　洁	金明霞	王亚芳	周丽娜	陶丽芳	朱明玉	邵志英
王爱萍	王丽萍	金　灵	谢　燕	王建琴	章　静	沈英萍
沈　瑛	谭萍华	孙怡汶	姜菊红	钱　英	周　奕	顾建芳
孙　平	王　芳	蔡　婷	钱爱萍	江雪珍	王　一	崔海霞
戴美芬	徐梅华	赵纳幸	唐　燕	宗瑞芳	王喜来	庄品丹
江颖琦	荣　华	朱晓红	陈自力	朱　敏	邵丽华	焦娌娜
董　怡	周听妹	王　霞	费惠慧	陈燕萍	吕景贤	邹亚清
张玉红	薛云霞	陈　赟	龚红燕	朱丽娟	汤小燕	周文文
丁小燕	冯志娟	赵云慧	夏春风	蒋惠娟	陈丽辉	葛建霞
刘文娟	韩阿琴	朱忠琴	蒋伟芳	杨国美	王小美	周世利
牛雪梅	江培培	李　亚	李　萍	刘　敏	徐清清	盛丽红
朱静娟	朱彬彬	程　婧	黄　凌	顾海燕	王　真	吴红卫
范育荣	柏　梅	张淑珍	徐艳芬	朱惠娟	胡蓓蓓	胡慧玲
程　茜	李晓敬	凌　玲	沈怡琳	金娟英	张建芹	郑　娟
顾　彬	顾国慧	金　燕	陈翠蓉	耿翠琴	徐霞艳	严润玉

杨 英	蔡丽琴	葛伶俐	孙冬梅	顾雪莲	郝 丹	瞿小华
肖丽青	杨晓燕	曹春雅	鲁思鲜	钱 昌	陈 颖	叶淑芬
赵春芳	戴学英	白妮勇	邱燕玲	史秀云	高春兰	徐 蓓
芮文莲	汤 铭	高 绘	李 亚	阮晓云	王元元	朱小红
宋明珠	尤宗兰	杜立莉	周 俊	黄景银	刘永梅	徐中娣
陈玉勤	顾玉英	张 亚	诸海珍	包正英	蔡 璐	沈维华
施敏珍	范春芳	贾玉凤	沈平华	王利娟	武 慧	蔡 燕
高春燕	邵春英	周德珍	闵芳芳	沈丽青	汪仕千	周雪芬
安 琪	陈 菊	王 菊	朱春凤	朱晓雷	柏彩虹	邓 芳
高玉芳	黄 洁	缪丽霞	潘叶红	桑 燕	孙淑君	王小琴
张艳秋	陈国琴	杨 恒	狄 英	陈梅兰	唐 叶	戴臣兰
张华俊	黄六妹	李海琴	马夕凤	席 惠	孔彩芳	刘 美
田巧女	邹金华	颜美丽	陆 霞	李 玲	杨开芹	刘 佳
许亚红	周 勤	姜桂萍	王 萍	孙良桂	张建梅	刘利琴
许 婷	郭素娟	井高红	尹 洁	程善红	周玉萍	孙 蓓
曹永凤	胡希珍	孙宝莲	谢长芸	李玉梅	陈 苗	孙严慧
张 鑫	钱 燕	朱晓洁	郭 懿	张莉萍	王 红	王 嵘
张 蕾	毛金萍	吴杰蓉	郭 蓉	计 英	王 倩	陈 燕
叶胜花	李 丹	孙丽霞	蔡志芳	郑 婕	吴 隽	薛 娟
李 嵘	李 洁	束 丹	杨晓红	王 敬	邵建红	顾红芳
杨 萍	费国英	苗雪云	沈美娟	徐 萍	杨菁华	吴怡敏
钮晓芳	王 莹	杨 晓	顾颖奕	黄丽萍	朱梅珍	黄文华
马伟洪	吕 莉	山惠萍	蒋 琳	王 英	邹玉芬	沈明娟
周 娟	顾 静	陆夏英	沈红娟	严晓芬	王 婷	吴勤娟
徐 静	金春红	金佩娟	史文娟	徐彩芬	周 艳	胡爱珍
沈 兰	孙芬芬	唐秀红	朱 慧	贝令娜	吴朝娟	沈春玲
周 萍	卢筱蔚	满翠婷	倪芳英	魏 虹	张 霞	胡惠芳
浦丽霞	钱丽琴	史琴芬	苏美琴	王德丽	王 芳	王玥珠
金 彦	沈 羿	陆明芬	王婷玉	朱爱霞	邹 虹	顾秀兰
黄卫菊	唐方英	沈芬英	朱雪兰	高海燕	顾亚平	姜习凤
李卫娟	顾梅花	陆凤霞	张蓓蕾	张妍萍	费 红	朱晓丹
吴建芬	吴伟莉	徐小丽	殷超鸣	丁 骐	龚 菲	黄文霞
林 娟	陆龙妹	吴志英	郑明娟	陈红菊	苗 莉	孙艳芳
项惠芳	杨月花	刘朋芹	姚苹华	顾燕萍	季萍萍	郁海娟
张 晔	陈惠芬	黄 艳	盛 征	王 玉	薛 彦	薛莺莺
仲桂芳	华 敏	黄月华	侍 玲	余 晔	周美芳	沈 琴
王方方	万义鸣	瞿国美	李秋梅	吕倩倩	潘 静	张才芹
杜 娟	顾婷玉	韩 珺	梁翠萍	吕 理	吴丽萍	徐 芳
于宗巧	张文晓	卞荣娣	蔡晓燕	陈海芬	杜小艳	胡雁秋

吴玉方	周小红	程义莲	江　曦	李　丹	钱丽萍	吴　迪
成妹娟	唐美莲	屠玉红	赵　颖	祝　枫	顾雪萍	蒋云仙
李丽红	李晓静	沈明娥	沈雪琴	王　珍	徐正琴	钱　琴
孙琴云	唐俊霞	吴　芳	吴宇倩	张淑玲	史苏梅	许建红
许艳丽	金建芳	张建珍	朱小莲	丁文霞	华建芳	钮惠英
施玲玲	张敏敏	蔡桂萍	陈　娴	葛菊香	管顺芳	刘建萍
马国英	马　政	许建新	颜　玲	朱建珍	曹　燕	查华芳
丁莉莉	乐　波	孙兆玲	王　芳	许　红	袁　芳	张茵英
孙玥玥	陈志英	戴　玲	丁　英	范丽娟	高　昕	顾文燕
管　燕	金　华	李雅娟	刘　敏	刘名珠	刘晓新	陆　颖
马晓燕	潘玉萍	彭亚萍	钱丽萍	钱颖红	唐晓芳	王　玲
吴　芳	吴　玲	吴　谐	夏丽萍	许文娟	许　奕	薛　莲
俞建文	俞　英	张　丹	张敏倩	张　云	赵明娟	吴爱芳
高建红	陆静倩	王　娴	马慧琴	严叶红	曹惠珍	张　璐
黄亚青	冯　萍	王　益	陆春洁	金　宵	时春华	袁西君
杨丽亚	龚莉萍	韦丹丹	吴雪琴	顾　靖	顾雪芳	浦　燕
王一萍	吴　燕	李美萍	姚艳萍	季　瑛	马丽萍	周彩虹
周海燕	周　妍	周静娟	钱　静	杨　敏	朱亚清	蒋雅媛
朱伟芬	吴刘萍	魏　琴	周淑英	邹　琳	邓维萍	高小蓝
徐玉华	巢夏玲	杨洁华	晏　玲	周国琴	黄小清	蒋惠芬
戴志芬	宋雯霞	张　群	蔡惠英	王　澜	朱　燕	巢志勤
顾巧英	黄小亚	潘　殊	王金兰	吴彩娟	郑亚娟	周　玲
朱燕娜	朱玉洁	强　敏	熊　瑶	熊　燕	吕志新	田章萍
庄海燕	吴婷婷	杜晓云	俞丽美	高　芳	方祖香	邵　赟
陆　赟	徐　黎	蒋琴芬	万菊芳	黄春霞	吴晓霞	高伟伟
郑　玲	蔡丽萍	杭　蕾	胡正燕	陈　颖	王　宁	王　丽
钱膺蔚	高　萍	瞿丽娟	褚　萍	李莉莉	季小莉	张夏芳
黄卫华	刘敏霞	巴睿婕	卢春萍	须维秋	许红芳	邹艳红
郭建栋	张荣华	于红娣	邹九莲	陈　慧	陆　彦	汤惠娟
邵　琴	肖利华	周晓娟	王小丽	徐敏亚	顾海英	黄丽芳
陈　红	陈丽娜	凌　波	卜黄莉	龚芳芳	张　伟	张　玮
季春兰	王维红	张春花	周春燕	刘园园	胡爱英	傅　娟
王玉花	解　敏	梅慧芬	李玲娣	肖　黎	殷　洁	邵灵燕
于海洪	周晓庆	史陈翠	周栋雯	方　敏	朱小红	徐　薇
印夏微	丁　琴	杨　玺	唐海霞	吴晓艳	江　蕾	孙　倩
孙　融	许　珉	严玲霞	尹　慧	张　轩	仲红仙	汤红女

临床医学专升本业余(292人)

陆　虹	程楚岩	金　燕	储群歆	张　明	倪　燕	沈　莉

冯亚芳	吴雪锋	刘娴	钱菊芬	徐芳	朱明	金秀平
朱丽霞	周小兰	金金妹	吴慧	钱锋	周国东	李建芳
王芬林	卫正洪	邱利民	薛莲	瞿海燕	陈文锋	顾益虹
汪喜萍	王丽芳	丁月红	钱贤	潘志刚	吴燕	姚燕红
赵丽红	金丽芳	吴洁	朱祖达	冯新芳	王兰娣	陈亦娟
张芸	陈国佩	翁丽华	韩玉清	李华	李俊清	刘丽华
杜航军	邱龙祥	顾志琴	唐开敏	周熙	任利强	翁建东
黄建康	蔡冬生	胡雪芳	黄华磊	雷月	刘华	方东
史珍	徐小娴	张士淼	钦光理	郑久珍	史瑾瑾	严庆华
采虹	李春娟	吴月清	祁娜	王玲	陈秀	田元春
怀秀雄	黄凤霞	安静	沈春芳	沈坤	张青	谭英斌
晏传涛	李部龙	薛毅芳	周倩如	花志娟	张华芳	把永良
车惠娟	朱梅红	陈涛	范玉芳	罗春兰	沈旭凤	何艳娥
阮佩英	陈震	吕进强	颜旭龙	陈洁	龚秋蓓	唐仲秋
朱琴	王国明	马彩萍	史皞	朱一强	吴斌	陈康海
南洲	吴召琪	伏红梅	张芹	陈喻	陈希斌	吴启秀
卞绍亚	张颖	王晓华	徐永军	王秀清	王庆玲	祁雁凌
闫笑笑	赵化强	潘维林	李玉全	万强绪	张莉	卞烽
时浩	郭厚梅	王琼	田岚	吕余霞	成静	刘天霞
朱亚伟	徐国丰	张先明	李飞	高非	沈定峰	赵永春
朱会会	吴耀宏	徐志久	顾忠芳	李进	潘利珍	胡佳春
刘湘萍	倪建炳	孙顶志	王贵松	徐苏敏	卢艳阳	郁岳松
陈斌	陈涛	周学梅	肖茜	吴春华	赵波	仲为勤
卓鹰	费旭东	贾华敏	李慧敏	李小斌	金伟强	苗国华
宋伟	茅震清	周雪梅	褚卫华	潘彩芹	沈小红	支金珍
王李华	袁新文	陆冬良	刘彩虹	邱华琴	董芳	蒋金
吴荣刚	钮丽珍	王勤英	张宏美	傅海清	陆凤兰	裘晓华
陆建英	顾建凤	徐慧荣	徐付龙	朱凤娟	胡韶军	沈新琴
王红燕	殷庆华	潘丽悦	于利平	郁建国	陈汝蕾	王小弟
徐佳	徐希斌	许文杰	张彩霞	赵静	朱斐斐	姜正义
朱慧	姜俭	郑吉	殷燕峰	倪剑刚	罗灿	蒋有军
武春颐	何红霞	冯佑美	赵洁	侯国元	商建飞	黄天娇
郑曙	吴伟	李卫东	周雪芳	周焕刚	赵飞	钱海波
郭月雅	杨静芳	王小艳	张益中	何丽娟	缪文莉	黄齐春
卜业权	吴雪峰	成美萍	鲍水琴	黄锦未	刘豪杰	邵春艳
周萍	张益	丁永斌	张志才	宋茂芹	邓祥燕	王玲玲
孙海军	黄雯敏	钱云	李平	陈东	严文	张红娟
张明亮	冯建新	陈志红	施仲高	史宏亮	邵静	邢建平
陈于雯	蔡晓娟	史华勇	陈春亚	赵俊梅	庄华	季绣华

钱霏菲	陆徐峰	陆贤香	王甘雨	陈爱华	汪　伟	彭　平
何　颖	崇春秀	刘梦佳	张　军	樊金銮		

药学专升本函授(175人)

王　洁	杜金土	黄　燕	俞晓花	叶　飞	包　蓉	张　琴
汤丽琴	王建清	孙　亦	李　艳	杨倩倩	郑　艳	曾　珠
张　郦	孙　静	张　瑛	孔佳敏	钱蕴蕾	周　军	陶仁辰
翟　敏	张　梅	朱　卫	孙　燕	周历彬	王　延	陈　静
郑月琴	朱　燕	周丽娜	顾何燕	施丽娜	金　溢	李　勤
钱梅芳	王蓓蕾	郑俐君	支　琴	黄丽娟	肖玉红	王亚萍
朱　云	刘　萍	沈华芳	龚华娟	杜　瑜	许春松	朱增慧
陈　辉	朱丽梅	黄　娟	袁　琼	钱陈英	郁金香	李　菁
束德培	陈锦繁	郑彬丽	王雅琴	盛　悦	戚瑜华	宗德乾
胡安琪	陈国林	乐嘉畅	王　芳	孙　新	陈雅芬	吕海静
吴　敏	吴佳琦	彭守岭	赵　静	张玲玲	顾志英	杜征海
吕　韧	董非寒	刘先忠	赵　亮	朱嫜敏	何　霁	周　麒
徐建琴	孙岱芳	高　强	陈晓炜	顾　琳	万　芹	邢丽娟
陆　雪	邹　赟	俞　倩	徐春菊	周　颖	狄俊鸿	任娟娟
张　颖	施玉红	邵　欢	葛歆宇	黄　菲	徐国宏	韩玲玲
张晓红	吴丽芬	华庆亚	金娟萍	钱慕瑶	徐　丽	吕　静
梅晓露	项凤英	王丽芳	张叶青	许　婕	姚兢兢	金燕敏
吴　萍	周　瑾	盛小英	郑海俊	章培培	徐小燕	赵　静
杨海燕	蒋　凯	汤迎军	朱国荣	费　芬	潘　宇	王烨星
孙　洁	吴　贤	王　芳	方　圆	任　梦	查卫东	陆幸娴
朱　霞	王丽娟	周　虔	许君杰	杨晓怡	欧晓敏	俞湘萍
叶　青	陆　弦	龚胜男	胡娟芬	谈　静	蒋红亚	胡一鸣
张　晖	朱伟峰	杨　静	刘　波	李　贤	邱惠兰	匡微波
曹　霞	高志雅	张　敏	程慧玲	许春红	孙　杰	郭璟菲
侯剑秋	许晓东	蔡建红	张　叶	杨志明	季　玲	闻玉婷

医学检验专升本业余(38人)

谢　立	袁华平	吴　俊	李　健	杨剑虹	杨乐慧	刘小兵
邓　佐	倪　强	李　雯	刘金花	柳陶妤	徐建英	沈俊荣
陆建伟	许爱萍	俞建飞	朱宗梅	杨惠元	周春兰	卞国红
钱迎芬	王菊芳	章美娟	桑　亮	王敏霞	谢金娟	刘小芬
钱丽红	王　坚	马　英	周　奇	杨秋兰	陈　静	林　骅
楼　洁	陆明钰	吴姝艳				

医学影像学专升本业余(65 人)

赵菊芳	刘 庆	杨秀婷	王 坚	杨会明	陈自勉	崔 巍
鲁 勇	张 婷	王建林	程福康	唐伏勇	王 飞	夏 芳
王 健	王 静	冯友红	徐丽丽	陈家明	杨 忠	宋 俊
朱宝霞	盛 楠	黄金艳	费晓冬	嵇宁海	巩 雷	张筱筠
陈莎莎	秦广东	曾亚光	郎渭蔚	沈 梅	蔡 冬	黄 宏
江 南	陈 荟	耿明明	秦兴枝	王 莉	刘志加	徐大胜
蔡 立	胡 蓉	潘海梅	蒋顺娟	卢星星	梁 晨	孙雨晴
许 芸	何丽丽	严冬霞	冯桂春	孙 亮	刘卫平	朱 颖
朱连玲	赵小慧	陆兰英	赵洪成	冯开峰	徐小丽	周桂清
徐 臻	朱建新					

预防医学专升本业余(22 人)

朱 恺	臧灿栋	郭海平	钱文静	李国茜	吴健健	陈 刚
潘卫华	陈利英	顾建芬	沈 勇	袁凤喜	丁广友	明平章
张兆林	何雪莲	庞吉东	宣红民	谢爱华	徐 钧	姚义琴
谭利民						

艺术设计专升本业余(11 人)

丁利刚	司立超	孙光云	周 佳	王小峰	高 芸	吴海燕
张 潞	彭 瑾	谢 佳	蔡 炜			

人力资源管理专升本函授(2 人)

丁忠燕	周晶晶

人力资源管理高起本脱产(47 人)

刘小华	严 彭	纪梅芳	张家银	杨燕云	陶赵娜	王妮娜
赵林月	朱 敏	许甜甜	沈 彪	沈少民	陆 萍	潘 娜
樊 敏	史艳秋	蔡 倩	王 萍	孙 洁	赵芸芸	陆 琴
朱姣英	徐 燕	严 鑫	曹策君	钱凤琴	许 婷	管婷婷
魏炎林	金 鑫	马玉萍	陈婉超	邵 静	冯丽菊	金 月
赵婧妍	陆 斌	霍中中	黄 艳	杨 阳	顾叶琴	范 琳
张 静	邹 莹	胡庆庆	冯 舒	王 欢		

人力资源管理高起本业余(24 人)

沈保玉	黄 梅	金兰兰	王春雪	陈树安	余 花	岑芬芬
周丽华	夏文祥	王 静	张曼莉	吴添纹	顾 娟	陆明诚
金建国	贾传亭	校燕红	陈 芳	柳 萍	张 彪	徐 群
王 睿	王丽娟	朱慧斌				

人力资源管理专升本业余(265人)

陈　静	朱凤芹	邱　菊	汪贤玲	徐　敏	刘建江	黄　婧
王敏石	黄晓锋	石春红	吴晓珉	季雪慧	徐雅仙	严　丽
彭晓鸣	徐　娟	曹　靓	孙妍智	葛李莹	王　琴	张小云
陈钧华	叶　娟	许丽萍	高亚娟	颜　芳	马晶晶	许　琴
朱　銾	陈炉珍	王海霞	钱晓冬	徐媛媛	于　欢	陈海燕
胡　俊	黄　凤	仓义凌	李　敏	冯金亭	孙韩英	曹海燕
王为民	卢星星	朱梅华	江　洁	季亚丽	陈　树	周雪芳
胡　雅	钱所娟	吕　佳	张　玥	王　艳	殷红霞	陶　佳
周　吉	李春燕	曹　敏	赵凌燕	任钟渊	董丽琴	刘冬梅
翁玉霞	朱陈纯	顾　峰	华　佳	郑玉芬	马小翠	王子东
顾群燕	何德荣	王诗雯	周　伟	龚　洁	沈　峰	王　芳
梁　芳	徐建方	钱思敏	吴萍萍	张　佳	强晓莉	朱　瑾
顾婧芸	于惠琳	吕新凤	张晓静	魏明清	郑金华	单婷婷
庄晓佳	蒋子庆	杨中华	蔡　菊	邱水琴	陆苏芳	沈　蕊
钱思易	毛蕴云	沈燕林	华　艳	蔡镇宇	郭然然	赵静翠
朱蓓蓓	钱大卫	沈　洁	曹凤兰	王逸韧	任　华	管珍蓉
孙　娟	邵祺冬	孙　莹	陈　靖	王伟强	刘慧芬	唐　静
王小梅	顾　怡	何　蕊	邱新妹	司马晓	吴　燕	伏　丽
张　亚	蒋晨佳	陆　凯	周　莉	董　震	朱　迎	倪志红
贾丽莉	田小丽	许晓华	王瑞荣	张　蕾	嵇　鸣	曹　琳
徐会莲	张治梁	曹亚群	刘　艳	王云霞	谷丽娜	张旭薇
沈晓燕	李芸芸	邱丽凤	金　丽	邹皓月	刘　帅	唐　婧
赵霞霞	徐艳梅	郭润佳	雍　容	陆国良	张　婷	唐海波
许　娇	汪文艳	王　恩	尹阳阳	岳紫仙	孙蓉燕	庄　婷
陈春辉	郑　妙	俞　亮	陈　伟	王月宏	张　浩	刘建斌
严霞静	姜会会	田晓艳	郁　敏	杨　晔	顾　洁	王祥凤
潘倩倩	于　颖	殷溟燕	李　冰	刘晨誉	史　婷	孙雨欣
丁　静	胡　芸	韩　敏	张　丽	洪　芸	朱晨靓	蔡津津
茅　娟	张丽影	易晓月	张　友	邵文静	孙　燕	陈　婷
常红玉	饶　莉	陈　云	董文斌	徐雁云	马　静	刘　闪
陈丽娟	左龙晖	贾玲玲	肖媛元	胡春燕	林　艳	董　晶
刘智星	薛婷婷	祝巧萍	陈新佳	钱　娟	姚玉仙	张　洁
毛俐倩	胡丹丹	朱振清	高雯君	王冬灵	李晓晨	瞿　佳
刘　珺	王晓艳	姜文琴	孙　芳	夏佳良	吴　艳	臧　华
余米薪	林春梅	张治中	徐海燕	荀　锦	张译英	金文青
顾　溢	江　涛	许玉洁	于　忱	张　丹	顾　欢	董　艳
李金燕	王艳华	周雯玲	徐伟娟	戴　燕	毛静贤	朱叶娜
吴旭霞	葛冬芳	居立凌	王　妍	周　绮	陈　勇	

物流管理专升本函授(1人)

吕　梅

物流管理专升本业余(209人)

袁　莉	孙　琴	汤爱凤	王苗苗	严　友	朱红丽	吴惠华
方贤良	高　星	钱玉娟	许正平	李妙侠	陈洪佳	乔瑞瑞
张飞宇	王庭园	赵鲜霞	李运婷	赵红娟	顾　晶	顾双剑
汪晓艳	施倩倩	黄　芸	莫春燕	钱晓雯	郝　丽	张方林
庄　宁	黄超群	张炳泉	潘　益	周剑文	董子孝	孙　权
徐爱斌	王金梅	吴　萍	范丽丽	罗玉珍	叶　芳	吴松涛
孙海霞	崔　金	赵铃铃	陆　峰	周晓娟	金胜兰	叶来刚
侯栋梁	王　亮	张继仁	周利芬	葛奇花	史小银	肖佳丹
陈　斌	刘　丰	卢云燕	王幸琪	秦　华	张　佳	王丽燕
陈树宽	姜北华	吴　静	戴佳骏	李媛媛	王凌云	汪来斌
范　益	李红云	吴逸亭	刘冬梅	王志明	贠　丽	江　薇
李　琼	李志锋	马亚峰	王　丰	谢贻风	赫传明	彭辰奕
姚新亚	王　婷	武　琳	徐旭荫	任　涛	陶　磊	王丽菊
徐　干	孙　虹	徐　康	卞红霞	李　霞	王　俊	马兆臣
赵陈洁	倪　倩	彭　超	赵　菲	胡志其	胡文昀	赵雅萍
周　兰	王　荔	孙　婷	朱丽春	王顺宇	郭红梅	周琦岚
樊红梅	吴亚琴	黄　梅	金卫娟	王晶晶	华　冑	金伟刚
王　维	张世超	杨　梅	徐　英	周　月	袁　玉	王志勇
屠雄民	周　佳	姚　静	戴　萍	章　婷	严　旻	宋　燕
周加芳	吴玲君	张明芳	张　娜	王志芳	周世杰	曹　建
李志英	杨　磊	方丽燕	刘富贵	王晓军	赵　峰	左元勇
仝新珍	金其乐	刘本于	王　英	姚月华	钱　虹	孙智虹
徐　俊	彭汉明	黄芬芬	于伟伟	陈建益	陈　吉	胡　艳
姬长雷	陈苏娜	张苏艳	胡彩凤	徐　芬	陈　楷	沙春娥
高中宝	张雅蕊	奚彩峰	季　洁	杜永佩	赵大伟	陈小芳
臧嫦娥	许佩兰	陆红英	孙迎春	惠　亮	陈春红	王　芸
郭　莉	熊素梅	王国仁	张　婷	车秀霞	张　珠	李勤明
陆韵雅	张　婷	赵彦亭	梅金叶	余　骏	张　瑜	蒋　思
王丽莉	邹　慧	陆　虹	俞庆华	金　妍	马雷雷	李　莹
李玲玲	练梅梅	罗小亮	秦小洁	周　骅	王　超	

行政管理专升本函授(7人)

高大海	巴桑旺堆	加央次仁	索朗仓巴	姜　华	袁　茳	卫文瑞

行政管理专升本业余(129人)

朱　庆	陈小洁	丁训云	陈火菊	魏婷婷	付　馨	刘丙生
申道伟	徐　璐	凌春梅	陆晶晶	陆明敏	时文彬	陈霞勤
李　燕	刘晓东	朱　晶	赵　艳	渠芹芹	宗伟伟	沃秋平
郭英松	顾申琪	王　洁	王　玲	倪芳英	徐金华	邹恩娟
俞丽花	徐子迪	张玉婷	杨　羊	张文雷	顾斐杰	朱霞青
闾　朵	陈　谧	戴玉贤	林方媛	丁纯丽	时军亚	黄　艳
沈月平	俞静娴	张　弦	管　宇	刘娅雯	周　薇	罗　磊
刚桂香	沈丽霞	颜鹏飞	李　芳	杨奕铃	陈　玲	陈霞琼
王佳玲	苗　田	何　敏	郑　峣	周婧艳	周文娟	徐雯卓
王　文	马　亮	叶　瑶	殷　坤	张　静	徐文玉	孙舒婷
王　琼	戴苏瑜	聂　萍	吕　燕	卞媛媛	徐屠恩	赵晓洙
沈　婷	陶　寅	杨　军	毛志娟	徐静雯	高　玲	金丽君
王浒丽	董恩辉	褚熙鸣	张海燕	顾庆惠	李　斌	杨　洋
周　玲	苏莺莺	李　萍	李梦瑶	陈　瑛	王美丽	陶圣利
张丽萍	姚萍琴	潘　晓	郑　樱	陈星帆	郭　英	顾祥华
高　偲	居　恺	王　猛	许丽艳	丁　奕	徐　红	于秋婷
刘　跃	司娟娟	陈　涛	杨方明	朱宗寅	蓝龙生	刘梅英
王　珍	蒋晓栋	沈成超	邱　萍	马　莉	卢敬平	顾卫明
刘莉莉	杨　艳	程云翱				

办学层次

博士后流动站以及博士、硕士研究生学位授权点

2012 年博士后流动站一览表

序　号	学科代码	学科名称	序　号	学科代码	学科名称
1	0101	哲学	14	0714	统计学
2	0202	应用经济学	15	0803	光学工程
3	0301	法学	16	0805	材料科学与工程
4	0302	政治学	17	0812	计算机科学与技术
5	0305	马克思主义理论	18	0817	化学工程与技术
6	0401	教育学	19	0821	纺织科学与工程
7	0403	体育学	20	0905	畜牧学
8	0501	中国语言文学	21	1001	基础医学
9	0502	外国语言文学	22	1002	临床医学
10	0602	中国史	23	1004	公共卫生与预防医学
11	0701	数学	24	1007	药学
12	0702	物理学	25	1009	特种医学
13	0703	化学	26	1305	设计学

2012 年博士、硕士研究生学位授权点一览表

学科代码	学位点名称	硕士点批准日期	博士点批准日期
0101	哲学(一级学科)	2006 年 1 月 25 日	2011 年 3 月 16 日
010101	马克思主义哲学	1981 年 11 月	1998 年 6 月
010102	中国哲学	2000 年 12 月	2003 年 9 月
010103	外国哲学	2003 年 9 月	
010104	逻辑学	2006 年 12 月 5 日	

续表

学科代码	学位点名称	硕士点批准日期	博士点批准日期
010105	伦理学	1998 年 6 月	
010106	美学	2003 年 9 月	
010107	宗教学	2006 年 1 月 25 日	
010108	科学技术哲学	2006 年 1 月 25 日	
0201	理论经济学(一级学科)		
020101	政治经济学	2000 年 12 月	
020105	世界经济	1996 年 1 月	
0202	应用经济学(一级学科)	2006 年 1 月 25 日	2011 年 3 月 16 日
020201	国民经济学	2006 年 1 月 25 日	
020202	区域经济学	2003 年 9 月	
020203	财政学	1998 年 6 月	2006 年 1 月 25 日
020204	金融学	1996 年 1 月	2000 年 12 月
020205	产业经济学	2006 年 1 月 25 日	
020206	国际贸易学	2006 年 1 月 25 日	
020207	劳动经济学	2006 年 1 月 25 日	
020208	统计学	2006 年 1 月 25 日	
020209	数量经济学	2006 年 1 月 25 日	
020210	国防经济学	2006 年 1 月 25 日	
0301	法学(一级学科)	2006 年 1 月 25 日	2011 年 3 月 16 日
030101	法学理论	1996 年 1 月	
030102	法律史	2003 年 9 月	
030103	宪法学与行政法学	1993 年 12 月	1998 年 6 月
030104	刑法学	2003 年 9 月	
030105	民商法学	2006 年 1 月 25 日	
030106	诉讼法学	2000 年 12 月	
030107	经济法学	2006 年 1 月 25 日	
030108	环境与资源保护法学	2006 年 1 月 25 日	
030109	国际法学	1998 年 6 月	
030110	军事法学	2006 年 1 月 25 日	
0302	政治学(一级学科)	2006 年 1 月 25 日	2011 年 3 月 16 日
030201	政治学理论	1996 年 1 月	2000 年 12 月
030202	中外政治制度	2006 年 1 月 25 日	
030203	科学社会主义与国际共产主义运动	2006 年 1 月 25 日	
030204	中共党史	2006 年 1 月 25 日	
030206	国际政治学	2006 年 1 月 25 日	
030207	国际关系学	2006 年 1 月 25 日	
030208	外交学	2006 年 1 月 25 日	
0303	社会学(一级学科)	2011 年 3 月 16 日	

续表

学科代码	学位点名称	硕士点批准日期	博士点批准日期
030301	社会学	1993 年 12 月	
0305	马克思主义理论(一级学科)		
030501	马克思主义基本原理	2006 年 1 月 25 日	2006 年 1 月 25 日
030505	思想政治教育	2006 年 1 月 25 日	2006 年 1 月 25 日
0401	教育学(一级学科)	2011 年 3 月 16 日	
040101	教育学原理	2000 年 12 月	
040102	课程与教学论	1996 年 1 月	
040106	高等教育学	1998 年 6 月	2003 年 9 月
0402	心理学(一级学科)	2011 年 3 月 16 日	
040201	基础心理学	2006 年 1 月 25 日	
040202	发展与教育心理学	2003 年 9 月	
040203	应用心理学	1993 年 12 月	
0403	体育学(一级学科)	2011 年 3 月 16 日	2011 年 3 月 16 日
040301	体育人文社会学	2000 年 12 月	
040302	运动人体科学	1993 年 12 月	
040303	体育教育训练学	1998 年 6 月	2000 年 12 月
040304	民族传统体育学	2006 年 1 月 25 日	
0501	中国语言文学(一级学科)	2003 年 9 月	2003 年 9 月
050101	文艺学	1996 年 1 月	2003 年 9 月
050102	语言学及应用语言学	2003 年 9 月	2003 年 9 月
050103	汉语言文字学	1996 年 1 月	2003 年 9 月
050104	中国古典文献学	2003 年 9 月	2003 年 9 月
050105	中国古代文学	1981 年 11 月	1981 年 11 月
050106	中国现当代文学	1986 年 7 月	1990 年 10 月
050107	中国少数民族语言文学	2003 年 9 月	2003 年 9 月
050108	比较文学与世界文学	1996 年 1 月	1998 年 6 月
050120	中国通俗文学★	2003 年 12 月	2003 年 12 月
050121	戏剧影视文学★	2003 年 12 月	2003 年 12 月
050122	媒介文化★	2008 年 12 月	2008 年 12 月
0502	外国语言文学(一级学科)	2011 年 3 月 16 日	2011 年 3 月 16 日
050201	英语语言文学	1986 年 7 月	2003 年 9 月
050202	俄语语言文学	1998 年 6 月	
050205	日语语言文学	2006 年 1 月 25 日	
050211	外国语言学及应用语言学	2000 年 12 月	
0503	新闻传播学(一级学科)	2006 年 1 月 25 日	
050301	新闻学	2003 年 9 月	
050302	传播学	1998 年 6 月	

续表

学科代码	学位点名称	硕士点批准日期	博士点批准日期
0602	中国史(一级学科)	2011年8月5日	2011年8月5日
0603	世界史(一级学科)	2011年8月5日	
060101	史学理论及史学史	2006年1月25日	
060102	考古学及博物馆学	2006年1月25日	
060103	历史地理学	2006年1月25日	
060104	历史文献学	2006年1月25日	
060105	专门史	1996年1月	
060106	中国古代史	2003年9月	
060107	中国近现代史	1986年7月	1990年10月
060108	世界史	1986年7月	
0701	数学(一级学科)	2003年9月	2003年9月
070101	基础数学	1984年1月	2003年9月
070102	计算数学	2000年12月	2003年9月
070103	概率论与数理统计	1996年1月	2003年9月
070104	应用数学	1986年7月	1990年10月
070105	运筹学与控制论	2003年9月	2003年9月
070120	金融数学★	2007年12月	2007年12月
070121	系统生物学★	2007年12月	2007年12月
0702	物理学(一级学科)	2006年1月25日	2011年3月16日
070201	理论物理	1986年7月	
070202	粒子物理与原子核物理	2006年1月25日	
070203	原子与分子物理	2006年1月25日	
070204	等离子体物理	2006年1月25日	
070205	凝聚态物理	1990年10月	1996年1月
070206	声学	2006年1月25日	
070207	光学	1981年11月	2006年1月25日
070208	无线电物理	2006年1月25日	
0703	化学(一级学科)	2003年9月	2003年9月
070301	无机化学	1986年7月	2003年9月
070302	分析化学	2003年9月	2003年9月
070303	有机化学	1981年11月	1998年6月
070304	物理化学(含化学物理)	1981年11月	2000年12月
070305	高分子化学与物理	1996年1月	2003年9月
070320	化学生物学★	2003年12月	2003年12月
0710	生物学(一级学科)	2006年1月25日	
071001	植物学	2006年1月25日	
071002	动物学	2006年1月25日	
071003	生理学	1981年11月	

续表

学科代码	学位点名称	硕士点批准日期	博士点批准日期
071004	水生生物学	2006 年 1 月 25 日	
071005	微生物学	2006 年 1 月 25 日	
071006	神经生物学	2006 年 1 月 25 日	
071007	遗传学	2003 年 9 月	
071008	发育生物学	2006 年 1 月 25 日	
071009	细胞生物学	1986 年 7 月	
071010	生物化学与分子生物学	1981 年 11 月	
071011	生物物理学	2006 年 1 月 25 日	
071012	生态学	2006 年 1 月 25 日	
0713	生态学(一级学科)	2011 年 8 月 5 日	
0714	统计学(一级学科)	2011 年 8 月 5 日	2011 年 8 月 5 日
0802	机械工程(一级学科)	2006 年 1 月 25 日	
080201	机械制造及其自动化	2003 年 9 月	
080202	机械电子工程	2003 年 9 月	
080203	机械设计与理论	1986 年 7 月	
080204	车辆工程	2006 年 1 月 25 日	
0803	光学工程(一级学科)	1996 年 1 月	2003 年 9 月
0804	仪器科学与技术(一级学科)	2011 年 3 月 16 日	
080401	精密仪器及机械	2006 年 1 月 25 日	
0805	材料科学与工程(一级学科)	2006 年 1 月 25 日	2011 年 3 月
080501	材料物理与化学	1996 年 1 月	
080502	材料学	1998 年 6 月	2000 年 12 月
080503	材料加工工程	2006 年 1 月 25 日	
0809	电子科学与技术(一级学科)	2011 年 3 月 16 日	
080901	物理电子学	2011 年 3 月 16 日	
080902	电路与系统	2011 年 3 月 16 日	
080903	微电子学与固体电子学	2003 年 9 月	
080904	电磁场与微波技术	2011 年 3 月 16 日	
0810	信息与通信工程(一级学科)	2006 年 1 月 25 日	
081001	通信与信息系统	1993 年 12 月	
081002	信号与信息处理	2003 年 9 月	2006 年 1 月 25 日
0811	控制科学与工程(一级学科)		
081101	控制理论与控制工程	2003 年 9 月	
081102	检测技术与自动化装置	2003 年 9 月	
0812	计算机科学与技术(一级学科)	2011 年 3 月 16 日	2011 年 3 月 16 日
081201	计算机系统结构	2011 年 3 月 16 日	
081202	计算机软件与理论	2000 年 12 月	
081203	计算机应用技术	1993 年 12 月	2000 年 12 月

续表

学科代码	学位点名称	硕士点批准日期	博士点批准日期
0817	化学工程与技术(一级学科)	2011 年 3 月 16 日	
081704	应用化学	1996 年 1 月	2003 年 9 月
0821	纺织科学与工程(一级学科)	2003 年 9 月	2003 年 9 月
082101	纺织工程	1984 年 1 月	1998 年 6 月
082102	纺织材料与纺织品设计	1998 年 6 月	2003 年 9 月
082103	纺织化学与染整工程	1986 年 7 月	2003 年 9 月
082104	服装设计与工程	2000 年 12 月	2003 年 9 月
0831	生物医学工程(一级学科)	2003 年 9 月	
0834	风景园林学(一级学科)	2011 年 8 月 5 日	
0835	软件工程(一级学科)	2011 年 8 月 5 日	2011 年 8 月 5 日
0904	植物保护学(一级学科)		
090402	农业昆虫与害虫防治	2003 年 9 月	
0905	畜牧学(一级学科)		
090504	特种经济动物饲养学	1998 年 6 月	2003 年 9 月
0907	林学(一级学科)		
090706	园林植物与观赏园艺	2006 年 1 月 25 日	
0908	水产学(一级学科)		
090801	水产养殖学	2003 年 9 月	
1001	基础医学(一级学科)	2003 年 9 月	2003 年 9 月
100101	人体解剖与组织胚胎学	1990 年 10 月	2003 年 9 月
100102	免疫学	1986 年 7 月	2000 年 12 月
100103	病原生物学	1981 年 11 月	1990 年 10 月
100104	病理学与病理生理学	1981 年 11 月	2003 年 9 月
100105	法医学	2003 年 9 月	2003 年 9 月
100106	放射医学	1984 年 1 月	1986 年 7 月
100107	航空、航天与航海医学	2003 年 9 月	2003 年 9 月
100120	胚胎生理与围产基础医学★	2004 年 12 月	2004 年 12 月
100121	医学神经生物学★	2004 年 12 月	2004 年 12 月
100122	医学生物化学★	2004 年 12 月	2004 年 12 月
100123	医学细胞生物学★	2004 年 12 月	2004 年 12 月
100124	基因组医学★	2004 年 12 月	2004 年 12 月
100125	分子神经生物学★	2006 年	2006 年
100126	医学心理学★	2006 年	2006 年
1002	临床医学(一级学科)	2006 年 1 月 25 日	2011 年 3 月 16 日
100201	内科学	2003 年 9 月	2003 年 9 月
100201	内科学(心血管病学)	1981 年 11 月	1986 年 7 月
100201	内科学(血液病学)	1981 年 11 月	1981 年 11 月
100201	内科学(呼吸系病学)	1996 年 1 月	2003 年 9 月

续表

学科代码	学位点名称	硕士点批准日期	博士点批准日期
100201	内科学(消化系病学)	2003年9月	2003年9月
100201	内科学(内分泌与代谢病学)	2003年9月	2003年9月
100201	内科学(肾脏病学)	2003年9月	2003年9月
100201	内科学(风湿病学)	2003年9月	2003年9月
100201	内科学(传染病学)	1993年12月	2003年9月
100202	儿科学	1984年1月	2006年1月25日
100203	老年医学	2006年1月25日	
100204	神经病学	1990年10月	
100205	精神病与精神卫生学	1986年7月	
100206	皮肤病与性病学	2006年1月25日	
100207	影像医学与核医学	1981年11月	
100208	临床检验诊断学	2003年9月	
100209	护理学	2006年1月25日	
100210	外科学	2000年12月	2000年12月
100210	外科学(普通外科学)	1981年11月	1986年7月
100210	外科学(骨外科学)	1981年11月	1986年7月
100210	外科学(泌尿外科学)	1986年7月	2000年12月
100210	外科学(胸心血管外科学)	1986年7月	2000年12月
100210	外科学(神经外科学)	1981年11月	1981年11月
100210	外科学(整形外科学)	2000年12月	2000年12月
100210	外科学(烧伤外科学)	1996年1月	2000年12月
100210	外科学(野战外科学)	2000年12月	2000年12月
100211	妇产科学	1998年6月	
100212	眼科学	2006年1月25日	
100213	耳鼻咽喉科学	2006年1月25日	
100214	肿瘤学	1996年1月	
100215	康复医学与理疗学	2006年1月25日	
100216	运动医学	2006年1月25日	
100217	麻醉学	2003年9月	
100218	急诊医学	2000年12月	
1004	公共卫生与预防医学(一级学科)	2006年1月25日	2011年3月16日
100401	流行病与卫生统计学	1986年7月	2006年1月25日
100402	劳动卫生与环境卫生学	1993年12月	2006年1月25日
100403	营养与食品卫生学	1998年6月	
100404	儿少卫生与妇幼保健学	2006年1月25日	
100405	卫生毒理学	1996年1月	2003年9月
100406	军事预防医学	2006年1月25日	
1006	中西医结合医学(一级学科)		

续表

学科代码	学位点名称	硕士点批准日期	博士点批准日期
100602	中西医结合临床医学	2003 年 9 月	
1007	药学(一级学科)	2006 年 1 月 25 日	2011 年 3 月 16 日
100701	药物化学	2003 年 9 月	
100702	药剂学	2006 年 1 月 25 日	
100703	生药学	2006 年 1 月 25 日	
100704	药物分析学	2006 年 1 月 25 日	
100705	微生物与生化药学	2006 年 1 月 25 日	
100706	药理学	1984 年 1 月	2003 年 9 月
1009	特种医学(一级学科)	2011 年 8 月 5 日	2011 年 8 月 5 日
1011	护理学(一级学科)	2011 年 8 月 5 日	2011 年 8 月 5 日
1201	管理科学与工程(一级学科)	2006 年 1 月 25 日	
1202	工商管理学(一级学科)	2006 年 1 月 25 日	
120201	会计学	2000 年 12 月	
120202	企业管理学	1998 年 6 月	2006 年 1 月 25 日
120203	旅游管理学	2006 年 1 月 25 日	
120204	技术经济及管理学	2006 年 1 月 25 日	
1203	农林经济管理学(一级学科)		
120301	农业经济管理学	1993 年 12 月	
1204	公共管理学(一级学科)	2006 年 1 月 25 日	
120401	行政管理学	1998 年 6 月	
120402	社会医学与卫生事业管理学	2006 年 1 月 25 日	
120403	教育经济与管理学	1996 年 1 月	
120404	社会保障学	2003 年 9 月	
120405	土地资源管理学	2006 年 1 月 25 日	
1205	图书馆、情报与档案管理(一级学科)	2011 年 3 月 16 日	
120502	情报学	2006 年 1 月 25 日	
120503	档案学	2003 年 9 月	
1301	艺术学理论(一级学科)	2011 年 8 月 5 日	
1302	音乐与舞蹈学(一级学科)	2011 年 8 月 5 日	
1303	戏剧与影视学(一级学科)	2011 年 8 月 5 日	
1304	美术学(一级学科)	2011 年 8 月 5 日	
1305	设计学(一级学科)	2011 年 8 月 5 日	2011 年 8 月 5 日

注:“★”为一级学科下自设专业。

2012 年苏州大学博士专业学位授权点一览表

序号	专业、领域名称
1	临床医学

2012 年苏州大学硕士专业学位授权点一览表

序号	专业、领域名称	
1	工程硕士 （11 个工程领域）	机械工程 光学工程 材料工程 电子与通信工程 集成电路工程 计算机技术 软件工程 化学工程 纺织工程 工业设计工程 控制工程
2	法律硕士	
3	临床医学硕士	
4	公共卫生硕士	
5	药学硕士	
6	公共管理硕士（MPA）	
7	工商管理硕士（MBA）	
8	教育硕士	语文 数学 化学 教育管理 思想政治教育 英语 历史 美术 体育
9	农业推广硕士	
10	艺术硕士	
11	体育硕士	
12	翻译硕士	
13	汉语国际教育硕士	
14	社会工作硕士	
15	会计硕士	
16	国际商务硕士	
17	应用统计硕士	
18	新闻传播硕士	
19	应用心理硕士	
20	税务硕士	
21	金融硕士	

全日制本科专业情况

苏州大学学院(部)及本科专业/专业方向设置一览表

学院(部)	学院(部)代号	本科专业/专业方向名称
文学院	0001	汉语言文学 汉语言文学(基地) 汉语言文学(师范) 对外汉语 戏剧影视文学
政治与公共管理学院	0002	哲学 思想政治教育 行政管理 管理科学 人力资源管理 公共事业管理 物流管理 城市管理
社会学院	0003	社会学 历史学(师范) 旅游管理 档案学 劳动与社会保障 图书馆学 社会工作 信息资源管理
外国语学院	0004	英语 英语(师范) 英语(翻译) 日语 俄语(俄英双语) 法语(法英双语) 朝鲜语 德语 西班牙语

续表

学院(部)	学院(部)代号	本科专业/专业方向名称
艺术学院	0005	音乐学(音乐教育) 美术学(美术教育) 美术学(插画) 艺术设计 艺术设计(时装表演与服装设计) 艺术设计(数码媒体艺术设计) 艺术设计学
体育学院	0006	体育教育 运动人体科学 运动人体科学(运动休闲与健康) 民族传统体育 运动训练
数学科学学院	0007	数学与应用数学 数学与应用数学(基地) 数学与应用数学(师范) 信息与计算科学 统计学
物理科学与技术学院　能源学院	0008	物理学 物理学(师范) 物理学(光伏科学与技术) 建筑环境与设备工程 电子信息科学与技术 热能与动力工程 光信息科学与技术 测控技术与仪器 新能源材料与器件
材料与化学化工学部	0009	无机非金属材料工程 高分子材料与工程 材料科学与工程 环境工程 化学工程与工艺 材料化学 化学 化学(师范) 应用化学 生物功能材料

续表

学院(部)	学院(部)代号	本科专业/专业方向名称
东吴商学院(财经学院) 东吴证券金融学院	0010	经济学 国际经济与贸易 财政学 金融学 工商管理 会计学 市场营销 电子商务 财务管理 会计学(国际会计)
王健法学院	0011	法学 法学(知识产权)
沙钢钢铁学院	0013	冶金工程
纳米科学与技术学院	0014	纳米材料与技术
纺织与服装工程学院	0015	轻化工程 纺织工程 服装设计与工程 非织造材料与工程
教育学院	0018	教育学 教育学(师范) 应用心理学 教育技术学 教育技术学(师范) 教育技术学(数字媒体技术)
计算机科学与技术学院	0027	计算机科学与技术 信息管理与信息系统 软件工程 网络工程 软件工程(嵌入式软件人才培养) 物联网工程
电子信息学院	0028	通信工程 信息工程 微电子学 电子信息工程 电子科学与技术 传感网技术

续表

学院(部)	学院(部)代号	本科专业/专业方向名称
机电工程学院	0029	机械工程及自动化 电气工程与自动化 工业工程 机械电子工程 材料成型及控制工程
医学部	0030	生物技术 食品质量与安全 生物科学 生物科学(师范) 生物科学(应用生物学) 生物信息学 放射医学 预防医学 药学 中药学 生物技术(生物制药) 生物技术(免疫工程) 临床医学(七年制) *临床医学(五年制) 法医学 医学影像学 口腔医学 医学检验 护理学
金螳螂建筑与城市环境学院	0041	建筑学 城市规划 园艺(城市园艺) 园林(城市园林) 建筑学(室内设计)
城市轨道交通学院	0042	通信工程(城市轨道交通通信信号) 工程管理 电气工程与自动化(城市轨道交通控制工程) 车辆工程 交通运输 建筑环境与设备工程(城市轨道交通环境调控)

续表

学院(部)	学院(部)代号	本科专业/专业方向名称
凤凰传媒学院	0043	新闻学 广播电视新闻学 播音与主持艺术 广告学 广告学(会展广告)

注：* 指有关院系共建专业。本表统计时间截止到2012年7月10日。

成人学历教育专业情况

高中起点本科

人力资源管理
朝鲜语
护理学
英语

专科起点升本科

汉语言文学
人力资源管理
会计学
法学
日语
计算机科学与技术
机械设计制造及其自动化
工程管理
护理学
药学
预防医学
数学与应用数学
物流管理
行政管理
工商管理
英语
网络工程
电子信息工程
电气工程与自动化
建筑环境与设备工程
临床医学
医学影像学
医学检验

全日制各类在校学生的比率情况

全日制各类在校学生的比率情况一览表

类别	人数	占学生总数的比例
研究生	13 897	33.8%
本科生	25 148	61.165%
外国留学生	2 070	5.035%
总计	41 115	100%

注:总计中不含成人教育学生数。

教学质量与学科实力

国家基础科学研究与教学人才培养基地情况

2012 年国家基础科学研究与教学人才培养基地一览表

归　　属	基 地 名 称
数学科学学院	数　学
文学院	中国语言文学

苏州大学国家级、省(部)级重点学科、重点实验室、公共服务平台、工程(技术)研究中心、重点研究基地及实验教学示范中心

国家级重点学科

1. 放射医学
2. 内科学(血液病学)
3. 外科学(骨外科)
4. 纺织工程

江苏高校优势学科建设项目

1. 艺术学
2. 纺织科学与工程
3. 微纳光学
4. 材料科学与技术
5. 血液转化医学
6. 地方政府与社会管理
7. 特种医学

江苏省“十二五”一级重点(培育)学科

1. 教育学
2. 畜牧学

江苏省“十二五”一级重点学科

1. 哲学
2. 应用经济学
3. 中国语言文学
4. 外国语言文学
5. 中国史
6. 数学
7. 计算机科学与技术
8. 统计学
9. 软件工程
10. 护理学

国家级公共服务平台

1. 国家化学电源产品质量监督检测中心
2. 国家纺织产业创新支撑平台

省部级公共服务平台

1. 江苏省苏州化学电源公共技术服务中心
2. 江苏省苏州丝绸技术服务中心
3. 江苏省苏州医疗器械临床前研究与评价公共技术服务中心
4. 江苏省节能环保材料测试与技术服务中心
5. 江苏省化学电源公共技术服务创新平台提升项目
6. 江苏省先进光学制造技术重点实验室提升项目
7. 苏州大学唐仲英医学研究院建设
8. 张家港工业技术研究院

省部级工程(技术)研究中心

1. 教育部数码激光成像与显示工程研究中心
2. 血液和血管系统疾病诊疗药物技术教育部工程研究中心
3. 江苏省数码激光图像与新型印刷工程技术研究中心
4. 江苏省纺织印染业节能减排与清洁生产工程中心

国家工程实验室

现代丝绸国家工程实验室

省部级实验室

1. 省部共建教育部现代光学技术重点实验室
2. 江苏省先进光学制造技术重点实验室
3. 卫生部血栓与止血重点实验室
4. 江苏省干细胞与生物医用材料重点实验室(省部共建国家重点实验室培育基地)
5. 江苏省干细胞研究重点实验室
6. 江苏省碳基功能材料与器件重点实验室
7. 江苏省薄膜材料重点实验室
8. 江苏省有机合成重点实验室
9. 江苏省计算机信息处理技术重点实验室
10. 江苏省丝绸工程重点实验室
11. 江苏省现代光学技术重点实验室
12. 江苏省放射医学与防护重点实验室
13. 江苏省新型高分子功能材料工程实验室
14. 江苏省先进功能高分子材料设计及应用重点实验室
15. 江苏省感染与免疫重点实验室
16. 江苏省先进机器人技术重点实验室
17. 江苏省水处理新材料与污水资源化工程实验室
18. 全国石油和化工行业有机废水吸附治理及其资源化

重点实验室

工业(化学电源)产品质量控制和技术评价实验室

教育部人文社会科学重点研究基地

中国特色城镇化研究中心

国家体育总局体育社会科学重点研究基地

体育社会科学研究中心

国家体育总局重点实验室

机能评定与体能训练重点实验室

江苏省哲学社会科学研究基地

1. 江苏省吴文化研究基地
2. 苏南发展研究院

江苏高校哲学社会科学重点研究基地

1. 公法研究中心
2. 苏州基层党建研究所

国家级实验教学示范中心

1. 物理实验教学中心
2. 纺织与服装设计实验教学中心

江苏省高等学校基础课实验教学示范中心

1. 电工电子基础课实验教学中心
2. 化学基础课实验教学中心
3. 基础医学实验教学中心
4. 计算机基础课实验教学中心
5. 物理基础课实验教学中心
6. 艺术设计实验教学中心
7. 机械基础实验教学中心
8. 纺织服装实验教学中心
9. 生物基础课实验教学中心
10. 传媒与文学实验教学中心
11. 心理与教师教育实验教学中心
12. 工程训练中心实验教学中心
13. 临床技能实验教学中心
14. 纳米材料与技术实验教学中心
15. 新能源材料与器件实验教学中心
16. 建筑与城市环境设计实践教育中心

苏州大学具有正、副教授任职资格审定权、评议权的学科

具有教授任职资格审定权的学科

1. 中国语言文学
2. 历史学(中国古代史、中国近现代史、世界近现代史)
3. 哲学
4. 英语语言文学
5. 数学
6. 物理学
7. 化学
8. 电子学与通信

具有教授任职资格评议权的学科

1. 基础医学(形态、功能)

2. 临床医学(内科、外科)

3. 经济学(财政学、金融学、区域经济学、世界经济、政治经济学)

4. 法学(法律史、法学理论、国际法学、诉讼法学、宪法学与行政法学、刑法学、政治学理论、马克思主义理论与思想政治教育)

5. 体育学(体育教育训练学、体育人文社会学、运动人体科学)

6. 教育学(教育学原理、高等教育学、应用心理学、发展与教育心理学)

7. 设计艺术学

8. 计算机科学与技术(计算机软件与理论、计算机应用技术)

9. 应用化学

10. 纺织科学与工程(纺织工程、纺织材料与纺织品设计、纺织化学与染整工程、服装)

11. 材料学

具有副教授任职资格审定权的学科

1. 中国语言文学

2. 历史学(中国古代史、中国近现代史、世界近现代史)

3. 哲学

4. 法学

5. 英语语言文学

6. 工艺美术设计

7. 体育

8. 数学

9. 物理学

10. 化学

11. 电子学与通信

12. 纺织工程

13. 基础医学(形态、功能)

14. 临床医学(内科、外科、儿科、五官科、口腔科)

15. 公共卫生

具有副教授任职资格评议权的学科

1. 经济学

2. 计算机

3. 特种经济动物饲养

4. 药理学

5. 工商管理(会计学、企业管理)

6. 生物学(植物学、动物学、细胞生物学、生物化学与分子生物学、遗传学、微生物学)

7. 机械工程(机械制造及其自动化、机械电子工程、机械设计及理论)

注:从2006年开始,学校根据江苏省教育厅文件,对教师职务实行聘任制改革试点。

苏州大学2012年度国际、省教育质量工程项目名单

教育部第二批卓越工程师教育培养计划入选专业

教高厅函〔2012〕7号
2012年2月14日
苏大教〔2012〕36号

专业名称	学院(部)
软件工程	计算机科学与技术学院
纺织工程	纺织与服装工程学院

教育部卓越医生教育培养计划项目

教高函〔2012〕20号
2012年11月9日
苏大教〔2012〕132号

项目名称	学院(部)
五年制临床医学人才培养模式改革试点	医学部

教育部卓越法律人才教育培养基地项目

教高厅函〔2012〕47号
2012年11月23日
苏大教〔2012〕137号

项目名称	学院(部)
教育部应用型、复合型法律职业人才教育培养基地	王健法学院

教育部精品视频公开课

教高司函〔2012〕52号
苏大教〔2012〕61号
2012年4月28日

课程/选题名称	主讲教师	学院(部)
英语经典美文	王腊宝	外国语学院
昆曲艺术	周秦、张继青等	文学院

江苏省高等学校重点专业

苏教高〔2012〕23 号
2012 年 7 月 30 日
苏大教〔2012〕92 号

专业(类)名称	负责人	学院(部)
体育学类	王家宏	体育学院
中国语言文学类	王　尧	文学院
数学类	黄毅声	数学科学学院
化学类	陈　红	材料与化学化工学部
机械类	冯志华	机电工程学院
电子信息类	赵鹤鸣	电子信息学院
计算机类	朱艳琴	计算机科学与技术学院
纺织类	陈国强	纺织与服装工程学院
临床医学类	蒋星红	医学部
工商管理类	王则斌	东吴商学院
公共管理类	金太军	政治与公共管理学院
图书情报与档案管理类	周　毅	社会学院
设计学类	李超德	艺术学院
法学	黄学贤	王健法学院
英语	王腊宝	外国语学院

江苏省高等学校品牌特色专业建设点验收情况

苏教高〔2012〕21 号
2012 年 6 月 14 日
苏大教〔2012〕89 号

专业名称	学院(部)	专业类别	网上互评结果	验收结论
艺术设计	艺术学院	品牌	优秀	通过
光信息科学与技术	物理科学与技术学院	特色	优秀	通过
机械工程及自动化	机电工程学院	特色	良好	通过

教育部"十二五"国家级规划教材

教高函〔2012〕21 号
2012 年 11 月 21 日
苏大教〔2012〕131 号

<table>
<tr><th colspan="2">专业名称</th><th>负责人</th><th>获奖时间</th></tr>
<tr><td colspan="2">球类运动——篮球(第二版)</td><td>王家宏</td><td>2012 年</td></tr>
<tr><td colspan="2">抽象代数基础</td><td>唐忠明</td><td>2012 年</td></tr>
<tr><td colspan="2">管理心理学</td><td>朱永新</td><td>2012 年</td></tr>
<tr><td colspan="2" rowspan="2">大学物理实验教程</td><td>江美福</td><td rowspan="2">2012 年</td></tr>
<tr><td>方建兴</td></tr>
<tr><td rowspan="2">大学英语
(全新版)</td><td>听说教程学生用书(预备级)</td><td rowspan="2">张鄂民</td><td rowspan="2">2012 年</td></tr>
<tr><td>听说教程教师用书(预备级)</td></tr>
</table>

江苏省卓越工程师(软件类)教育培养计划试点专业

苏教高函〔2012〕17 号
2012 年 6 月 25 日

专业
通信工程
电子科学与技术
微电子科学与工程
光信息科学与工程

苏州大学 2012 年度全日制本科招生就业情况

一、招生计划执行情况

江苏省发展与改革委员会、江苏省教育厅批准我校 2012 年度全日制 107 个专业及专业方向、14 个大类本科招生计划 6 000 名(其中批准我校跨省招生计划 1 740 名,含内地新疆高中班、内地西藏班 28 名,新疆定向 23 名,面向贫困地区定向招生专项计划 73 名;不含独立学院和联建宿迁学院招生计划)。实际录取新生 6 040 名(其中录取本省新生 4 097 名,省外新生 1 943 名)。

二、录取新生基本情况

在我校 2012 年录取的 6 040 名新生中,男生占 41.96%,女生占 58.04%;有少数民族新生 197 名,占总人数的 3.26%;有党员 19 名,占总人数的 0.31%;专业被调剂的 634 名,占总人数的 10.5%。

1. 江苏省内录取情况

江苏省内提前批次体育类专业录取最低分为 375 分,超出省控线 80 分,平均分 392.6 分,最高分 445 分;美术类专业录取最低分为 541 分,超出省控线 146 分,投档分在省内高校中排名第 4,平均分 548.5 分,最高分 565 分;音乐类专业录取最低分为 310 分,超出省控线 110 分,投档分在省内高校中排名第 2,平均分 312.9 分,最高分 317 分。本科一批次文/理科录取情况分别为最低分 353/353 分,高出省控线 12/13 分,平均分 359.8/360.9 分,最高分 383/383 分;本科二批次文/理科录取最低分为 338/338 分,高出省控线 17/16 分,平均分 341/341 分,最高分 353/363 分。

2. 江苏省外录取情况

在江苏省外普通类专业招生的 29 个省(直辖市、自治区)招生范围内,普通类文科在除北京、黑龙江、甘肃、青海以外的 25 个省(直辖市、自治区)的一志愿投档率均达 100%,其中在吉林、浙江、安徽、福建、山东、海南、贵州、云南、陕西、新疆 10 个省份的文科最低录取分均超出考生所在省份本一批(重点本科批)控制线 40 分以上;普通类理科在除北京以外的 28 个省(直辖市、自治区)一志愿投档率均达 100%,其中在河北、内蒙古、辽宁、浙江、安徽、福建、江西、山东、河南、湖南、广西、海南、贵州、云南、陕西、青海、宁夏、新疆 18 个省份的理科最低录取分超出考生所在省份本一批(重点本科批)控制线 40 分以上。

三、就业基本情况

2012 届苏州大学本科毕业生(含七年制本硕连读毕业生)人数为 6 178 名,截至 2012 年 8 月 30 日,就业率为 81.69%,其中协议就业率为 56.38%,灵活就业率为 4.66%,升学出国率为 20.65%。其中,自主创业的 2 人,参加苏北计划、大学生"村官"选聘等项目的共计 20 人,到部队的 11 人。在毕业生总数比去年增加了近 500 人并且经济形势日益严峻的情况下,初次就业率与 2011 年同期相比取得了增长 4.65% 的成绩,年终就业率达到了 93.27%,比 2011 年提高了近 2%。

四、2012 年苏州大学录取情况

2012 年苏州大学各专业录取分数统计表(江苏)

学院(部)	专业名称	学制	文科			理科		
			最高分	最低分	平均分	最高分	最低分	平均分
文学院	中国语言文学类	四	374	354	357.78			
	汉语言文学(师范)	四	366	354	357.12			
凤凰传媒学院	新闻传播学类	四	374	356	360.64	368	362	364.4
	播音与主持艺术	四	857.41	731.21	776.58	不分文理		
社会学院	社会学	四	362	353	357.36	368	355	363.75
	历史学(师范)	四	366	353	358.91			
	旅游管理	四	365	354	356.88	367	358	360.86
	劳动与社会保障	四	351	339	342.3	360	340	343.33
	档案学	四	368	353	356.13	377	354	358.14
	信息资源管理	四	365	356	357.69	364	361	362.63
政治与公共管理学院	哲学	四	357	353	354.79			
	思想政治教育	四	361	353	356.11			
	管理科学与工程类	四	375	357	361.06	373	368	369.6
	物流管理	四	353	339	342.54	357	341	345.29
	公共管理类	四	365	354	358.08			
	城市管理	四	350	338	340.68	363	339	341.64
教育学院	教育学(师范)	四	361	353	356.31			
	教育技术学	四				369	354	359.19
	应用心理学	四				374	355	358.5
东吴商学院	经济学	四	373	368	369.7	372	371	371.33
	国际经济与贸易	四	385	368	369.79	374	371	372.63
	财政学	四	370	365	366.8	372	370	370.75
	金融学	四	380	371	373.79	385	375	377.4
	经济学类(中外合作办学)(金融学)	五	367	349	353.42	371	355	361.75
	工商管理	四	371	366	367.06	372	371	371.5

续表

学院(部)	专业名称	学制	文科			理科		
			最高分	最低分	平均分	最高分	最低分	平均分
东吴商学院	市场营销	四	351	339	342.55	348	342	343.58
	会计学(含国际会计)	四	379	371	373.86	383	374	376
	财务管理	四	372	368	369.15	374	372	372.63
	电子商务	四				355	339	341.06
王健法学院	文科强化班	四	369	342	355.31	376	341	351
	法学	四	373	363	365.84	380	368	370.89
	法学(知识产权)	四	365	360	362.07	368	358	362.8
外国语学院	英语	四	374	358	362.22	369	366	366.67
	英语(师范)	四	368	361	362.93	376	368	371.83
	英语(翻译)	四	374	359	363.15	370	363	366
	俄语(俄英双语)	五	361	356	358.82	364	360	362
	德语	四	369	363	365.13	372	367	369.67
	法语(法英双语)	五	371	366	367.67	376	368	370.33
	西班牙语	四	366	362	363.78	368	361	364
	日语	四	365	357	359.78	368	360	363.29
	朝鲜语	四	363	354	357	364	354	358.14
金螳螂建筑与城市环境学院	土建类	四				371	366	367.41
	园艺(城市园艺)	四				372	355	358.67
	园林(城市园林)	四				365	356	358.36
数学科学学院	理科强化班	四				373	340	354.88
	数学类	四				377	355	360.88
	数学与应用数学(师范)	四				368	358	361.38
物理科学与技术学院	物理学	四				368	355	358.45
	物理学(师范)	四				358	353	354.9
	物理学(光伏科学与技术)	四				369	357	360.6

续表

学院(部)	专业名称	学制	文科			理科		
			最高分	最低分	平均分	最高分	最低分	平均分
物理科学与技术学院	电子信息科学类	四				370	361	365.03
	新能源材料与器件	四				375	360	363.08
	测控技术与仪器	四				369	357	359.73
	热能与动力工程	四				369	361	364.29
材料与化学化工学部	化学类	四				372	353	358.34
	化学(师范)	四				366	356	358.5
	材料类	四				377	358	361.8
	生物功能材料	四				359	354	356.5
	化工与制药类	四				372	356	358.68
纳米科学技术学院	纳米材料与技术	四				377	357	361.17
计算机科学与技术学院	计算机科学与技术	四				370	358	361.98
	软件工程(嵌入式软件人才培养)	四				357	340	342.66
	物联网工程	四				368	359	361.87
	信息管理与信息系统	四				367	357	360.29
电子信息学院	微电子学	四				367	355	358.06
	电气信息类	四				377	359	363.05
	传感网技术	四				354	339	341.02
机电工程学院	机械类	四				375	361	364.92
	电气工程与自动化	四				372	367	369.08
	工业工程	四				359	357	358.08
沙钢钢铁学院	冶金工程	四				359	354	355.3
纺织与服装工程学院	轻化工程	四				358	354	356.25
	纺织工程	四				367	353	357.81
	纺织工程(国际课程实验班)	四				345	305	322.3

续表

学院(部)	专业名称	学制	文科			理科		
			最高分	最低分	平均分	最高分	最低分	平均分
纺织与服装工程学院	服装设计与工程	四				360	353	355.89
	非织造材料与工程	四				357	353	355.56
城市轨道交通学院	车辆工程	四				371	358	360.44
	通信工程(城市轨道交通通信信号)	四				374	358	360.82
	电气工程与自动化(城市轨道交通控制工程)	四				375	360	364.13
	建筑环境与设备工程(城市轨道交通环境调控)	四				369	355	357.73
	交通运输	四				370	354	357.38
	工程管理	四				352	339	340.84
医学部	生物科学类	四				368	353	357.38
	生物技术(生物制药)	四				369	354	356.43
	食品质量与安全	四				367	354	357.64
	预防医学	五				373	357	361.17
	临床医学(本硕连读)	七				381	367	370.47
	临床医学	五				369	362	364.43
	医学影像学	五				370	360	363.5
	医学检验	五				366	359	360.75
	放射医学	五				361	356	358
	口腔医学	五				367	361	363.5
	法医学	五				363	354	357.56
	护理学	四				345	338	338.52
	药学	四				368	354	356.76
	中药学	四				365	353	355.25

续表

学院(部)	专业名称	学制	文科			理科		
			最高分	最低分	平均分	最高分	最低分	平均分
体育学院	体育教育	四	445	383	395.02	不分文理		
	运动训练	四	84.55	59.95	73.41	不分文理		
	运动人体科学(运动休闲与健康)	四	389	375	384.84	不分文理		
	民族传统体育	四	83.81	72.81	77.65	不分文理		
艺术学院	音乐学(音乐教育)	四	317	310	312.89	不分文理		
	美术学(美术教育)	四	547	541	543.8	不分文理		
	美术学(插画)	四	548	542	545.6	不分文理		
	艺术设计学	四	548	542	544.67	不分文理		
	艺术设计	四	565	550	555.5	不分文理		
	艺术设计(时装表演与服装设计)	四	135	120	127.5	不分文理		
	艺术设计(数码媒体艺术设计)	四	549	542	546	不分文理		

2012 年苏州大学各省(直辖市、自治区)录取最高分、最低分、平均分一览表

省(市、区)	文史					理工				
	省控线	最高	最低	平均	投档一志愿率(%)	省控线	最高	最低	平均	投档一志愿率(%)
北京	495	548	504	524.5	50	477	583	477	519.29	50
天津	549	600	582	586.7	100	530	582	562	569.37	100
河北	572	609	603	606.15	100	564	618	605	608.21	100
山西	539	580	569	572.11	100	530	594	566	572.34	100
内蒙古	492	564	519	543.7	100	469	600	510	538.43	100
辽宁	563	611	598	603.42	100	517	590	563	571.72	100
吉林	529	575	569	570.91	100	515	600	549	561.86	100
黑龙江	526	598	527	560.1	80	514	595	531	558.5	100
上海	438	453	443	447.5	100	423	473	440	449.21	100
浙江	606	657	651	653.4	100	593	666	648	653.23	100
安徽	577	624	618	620.08	100	544	627	613	616.75	100
福建	557	609	599	602.8	100	546	615	597	603.33	100

续表

省（市、区）	文史					理工				
	省控线	最高	最低	平均	投档一志愿率（%）	省控线	最高	最低	平均	投档一志愿率（%）
江西	570	611	604	605.91	100	547	609	593	597.4	100
山东	573	631	616	620.21	100	582	652	623	633.63	100
河南	557	603	595	597.39	100	540	606	587	591.28	100
湖北	561	590	584	586.86	100	551	600	583	588.30	100
湖南	571	613	609	611.13	100	520	592	574	578.74	100
广东	589	613	603	608.13	100	585	613	591	600.54	100
广西	544	591	580	583.63	100	528	603	577	587.94	100
海南	668	741	735	738.33	100	614	692	662	672.67	100
重庆	554	592	580	584.33	100	522	592	561	568.96	100
四川	516	545	529	536.67	100	518	576	537	550.91	100
贵州	539	599	588	592.06	100	470	591	548	555.14	100
云南	520	588	572	577.89	100	465	579	538	562.14	100
陕西	556	612	603	606.43	100	517	612	587	596.75	100
甘肃	533	586	535	559.48	95.24	517	600	554	566.88	100
青海	433	536	447	483.43	14.29	401	540	461	490.95	100
宁夏	489	547	517	532.44	100	440	523	483	492.59	100
新疆	493	556	542	546.78	100	445	546	502	520.45	100

注:上海市满分为600分,浙江省满分为810分,海南省满分为900分,云南省满分为772分,其余各省满分均为750分。

五、2012年苏州大学毕业生年底就业情况

2012届毕业生年底就业率统计表

专业	总就业率	硕士	本科
合计	93.49%（5776/6178）	93.24%（69/74）	93.50%（5707/6104）
哲学	85.00%（17/20）		85.00%（17/20）
经济学	94.29%（33/35）		94.29%（33/35）
经济学（城市经济）	100.0%（1/1）		100.0%（1/1）
国际经济与贸易	87.65%（71/81）		87.65%（71/81）
财政学	100.0%（1/1）		100.0%（1/1）
财政学（税务）	89.80%（44/49）		89.80%（44/49）

续表

专业	总就业率	硕士	本科
金融学	96.33% (105/109)		96.33% (105/109)
法学	91.07% (153/168)		91.07% (153/168)
社会学	80.56% (29/36)		80.56% (29/36)
社会工作	100.0% (2/2)		100.0% (2/2)
思想政治教育	97.44% (38/39)		97.44% (38/39)
教育学	92.31% (24/26)		92.31% (24/26)
教育技术学	100.0% (23/23)		100.0% (23/23)
体育教育	94.29% (66/70)		94.29% (66/70)
运动训练	73.68% (42/57)		73.68% (42/57)
运动人体科学	0.00% (0/1)		0.00% (0/1)
运动人体科学（运动休闲与健康）	70.59% (12/17)		70.59% (12/17)
民族传统体育	86.67% (26/30)		86.67% (26/30)
汉语言文学	93.42% (142/152)		93.42% (142/152)
汉语言文学(文秘)	0.00% (0/1)		0.00% (0/1)
汉语言文学(基地)	93.33% (28/30)		93.33% (28/30)
对外汉语	92.59% (50/54)		92.59% (50/54)
英语	99.36% (155/156)		99.36% (155/156)
俄语(俄英双语)	100.0% (19/19)		100.0% (19/19)
法语(法英双语)	92.00% (23/25)		92.00% (23/25)
日语	100.0% (60/60)		100.0% (60/60)
朝鲜语	96.67% (29/30)		96.67% (29/30)
英语教育	0.00% (0/1)		0.00% (0/1)
新闻学	91.78% (67/73)		91.78% (67/73)
广播电视新闻学	92.86% (39/42)		92.86% (39/42)
广告学	91.23% (52/57)		91.23% (52/57)
音乐学	75.00% (3/4)		75.00% (3/4)

续表

专业	总就业率	硕士	本科
音乐学(音乐教育)	96.97%(32/33)		96.97%(32/33)
美术学	50.00%(1/2)		50.00%(1/2)
美术学(美术教育)	100.0%(27/27)		100.0%(27/27)
艺术设计学	100.0%(26/26)		100.0%(26/26)
艺术设计	96.71%(147/152)		96.71%(147/152)
艺术设计(环境艺术设计)	100.0%(5/5)		100.0%(5/5)
艺术设计(装潢艺术设计)	75.00%(3/4)		75.00%(3/4)
艺术设计(时装表演与服装设计)	81.82%(18/22)		81.82%(18/22)
艺术设计(数码媒体艺术设计)	100.0%(16/16)		100.0%(16/16)
音乐教育	80.00%(4/5)		80.00%(4/5)
美术教育	100.0%(1/1)		100.0%(1/1)
服装与表演	100.0%(1/1)		100.0%(1/1)
服装表演及设计	100.0%(3/3)		100.0%(3/3)
历史学	93.02%(40/43)		93.02%(40/43)
数学与应用数学	98.20%(109/111)		98.20%(109/111)
数学基地班(数学与应用数学)	97.78%(44/45)		97.78%(44/45)
信息与计算科学	92.86%(39/42)		92.86%(39/42)
物理学	93.33%(56/60)		93.33%(56/60)
化学	100.0%(126/126)		100.0%(126/126)
应用化学	96.97%(32/33)		96.97%(32/33)
生物科学	72.22%(13/18)		72.22%(13/18)
生物科学(应用生物学)	90.91%(10/11)		90.91%(10/11)
生物技术	83.33%(35/42)		83.33%(35/42)

续表

专业	总就业率	硕士	本科
生物技术（食品质量与安全）	90.91%（20/22）		90.91%（20/22）
生物信息学	80.00%（12/15）		80.00%（12/15）
电子信息科学与技术	88.46%（46/52）		88.46%（46/52）
微电子学	100.0%（71/71）		100.0%（71/71）
光信息科学与技术	82.05%（32/39）		82.05%（32/39）
材料化学	100.0%（32/32）		100.0%（32/32）
应用心理学	90.48%（38/42）		90.48%（38/42）
统计学	93.10%（27/29）		93.10%（27/29）
无机非金属材料工程	97.56%（40/41）		97.56%（40/41）
高分子材料与工程	100.0%（54/54）		100.0%（54/54）
材料科学与工程	100.0%（52/52）		100.0%（52/52）
材料成型及控制工程	100.0%（31/31）		100.0%（31/31）
机械工程及自动化	98.28%（57/58）		98.28%（57/58）
机械工程及自动化（城市轨道交通车辆工程）	88.73%（63/71）		88.73%（63/71）
机械电子工程	95.83%（46/48）		95.83%（46/48）
测控技术与仪器	100.0%（30/30）		100.0%（30/30）
热能与动力工程	100.0%（37/37）		100.0%（37/37）
电子信息工程	97.78%（44/45）		97.78%（44/45）
通信工程	98.39%（61/62）		98.39%（61/62）
通信工程（城市轨道交通通信信号）	94.44%（68/72）		94.44%（68/72）
计算机科学与技术	98.84%（85/86）		98.84%（85/86）
电子科学与技术	100.0%（26/26）		100.0%（26/26）
电气工程与自动化	97.14%（68/70）		97.14%（68/70）

续表

专业	总就业率	硕士	本科
电气工程与自动化(城市轨道交通控制工程)	85.71%(66/77)		85.71%(66/77)
信息工程	96.77%(60/62)		96.77%(60/62)
软件工程	100.0%(53/53)		100.0%(53/53)
软件工程(嵌入式软件人才培养)	97.02%(163/168)		97.02%(163/168)
网络工程	95.12%(39/41)		95.12%(39/41)
城市规划	94.74%(36/38)		94.74%(36/38)
建筑环境与设备工程	100.0%(29/29)		100.0%(29/29)
建筑环境与设备工程(室内装饰技术)	100.0%(35/35)		100.0%(35/35)
建筑环境与设备工程(城市轨道交通环境调控)	91.07%(51/56)		91.07%(51/56)
环境工程	92.31%(36/39)		92.31%(36/39)
环境工程(城市轨道交通环境安全)	100.0%(35/35)		100.0%(35/35)
化学工程与工艺	100.0%(32/32)		100.0%(32/32)
生物制药	86.54%(45/52)		86.54%(45/52)
轻化工程	97.87%(46/47)		97.87%(46/47)
纺织工程	98.08%(51/52)		98.08%(51/52)
服装设计与工程	97.87%(46/47)		97.87%(46/47)
非织造材料与工程	100.0%(33/33)		100.0%(33/33)
园艺	100.0%(2/2)		100.0%(2/2)
园艺(城市园艺)	96.30%(26/27)		96.30%(26/27)
应用生物科学	100.0%(1/1)		100.0%(1/1)
园林	100.0%(3/3)		100.0%(3/3)
园林(城市园林)	90.00%(36/40)		90.00%(36/40)
放射医学	100.0%(1/1)	100.0%(1/1)	

续表

专业	总就业率	硕士	本科
预防医学	72.34% (34/47)		72.34% (34/47)
临床医学(七年制)	93.02% (40/43)	93.02% (40/43)	
临床医学(放射医学)	93.33% (28/30)	93.33% (28/30)	
临床医学(五年制)	93.82% (243/259)		93.82% (243/259)
临床医学(儿科医学)	95.35% (41/43)		95.35% (41/43)
临床医学(心理卫生)	0.00% (0/1)		0.00% (0/1)
医学影像学	90.48% (38/42)		90.48% (38/42)
医学检验	100.0% (30/30)		100.0% (30/30)
放射医学	84.21% (32/38)		84.21% (32/38)
放射医学(核医学)	93.94% (31/33)		93.94% (31/33)
放射医学(医学物理)	94.29% (33/35)		94.29% (33/35)
口腔医学	88.89% (24/27)		88.89% (24/27)
法医学	85.19% (23/27)		85.19% (23/27)
护理学	94.74% (36/38)		94.74% (36/38)
药学	79.82% (87/109)		79.82% (87/109)
中药学	64.29% (9/14)		64.29% (9/14)
管理科学	96.67% (29/30)		96.67% (29/30)
信息管理与信息系统	98.46% (64/65)		98.46% (64/65)
信息管理与信息系统(城市轨道交通信息管理)	91.67% (44/48)		91.67% (44/48)
信息管理与信息系统(城市轨道交通运营管理)	90.48% (38/42)		90.48% (38/42)
工业工程	88.89% (32/36)		88.89% (32/36)
工业工程(城市轨道交通工程管理)	86.21% (50/58)		86.21% (50/58)
工商管理	89.47% (34/38)		89.47% (34/38)
市场营销	90.32% (56/62)		90.32% (56/62)

续表

专业	总就业率	硕士	本科
会计学	96.05%（73/76）		96.05%（73/76）
会计学(国际会计)	98.46%（64/65）		98.46%（64/65）
财务管理	100.0%（42/42）		100.0%（42/42）
人力资源管理	96.15%（50/52）		96.15%（50/52）
旅游管理	88.24%（45/51）		88.24%（45/51）
电子商务	96.43%（27/28）		96.43%（27/28）
物流管理	94.39%（101/107）		94.39%（101/107）
行政管理	86.67%（39/45）		86.67%（39/45）
公共事业管理	86.36%（19/22）		86.36%（19/22）
劳动与社会保障	88.16%（67/76）		88.16%（67/76）
图书馆学	100.0%（1/1）		100.0%（1/1）
档案学	97.22%（35/36）		97.22%（35/36）
信息资源管理	100.0%（30/30）		100.0%（30/30）

注:本表所列为七年制本硕连读毕业生及本科毕业生年底就业率。

苏州大学科研机构情况

2012 年校级科研机构一览表

机构归属	科研机构名称	负责人	成立时间	批文号
苏州大学	放射医学研究所	童　建	1983 年 8 月 30 日	核安字[1983]136 号
江苏省卫生厅	江苏省血液研究所	阮长耿	1988 年 6 月 18 日	苏卫人[1988]20 号
苏州大学	教育科学研究中心	母小勇	1988 年 10 月 4 日	苏大科字[1988]73 号
苏州大学	蚕学研究所	沈卫德	1989 年 12 月 22 日	苏蚕委字[1989]26 号
苏州大学	医学生物技术研究所	张学光	1990 年 2 月 29 日	核总安发[1990]35 号
苏州大学	中药研究所	顾振纶	1991 年 2 月 26 日	核总安发[1991]32 号
中国核工业集团公司	中核总核事故医学应急中心	姜　忠	1991 年 12 月 7 日	核总安发[1991]213 号

续表

机构归属	科研机构名称	负责人	成立时间	批文号
苏州大学	生化工程研究所(原保健食品研究所)	吴士良	1993 年 6 月 15 日	核总安发〔1993〕99 号
苏州大学	比较文学研究中心	方汉文	1994 年 4 月 9 日	苏大科字〔1994〕16 号
苏州大学	核医学研究所	吴锦昌	1994 年 6 月 1 日	核总人组发〔1994〕184 号
苏州大学	纵横汉字信息技术研究所	钱培德	1994 年 6 月 21 日	苏大科字〔1994〕26 号
苏州大学	神经科学研究所	刘春风	1995 年 4 月 3 日	核总人组发〔1995〕110 号
苏州大学	社会与发展研究所	张　明	1995 年 5 月 10 日	苏大〔1995〕28 号
苏州大学	信息光学工程研究所	陈林森	1995 年 10 月 30 日	苏大〔1995〕52 号
苏州大学	物理教育研究所	陶　洪	1995 年 11 月 2 日	苏大科字〔1995〕53 号
苏州大学	邓小平理论研究中心	朱炳元	1996 年 10 月 5 日	苏大〔1996〕20 号
苏州大学	吴文化国际研究中心	王卫平	1996 年 12 月 5 日	苏大〔1996〕28 号
苏州大学	辐照技术研究所	朱南康	1996 年 12 月 19 日	核总人组发〔1996〕515 号
苏州大学	苏南发展研究院	田晓明(顾建平)	1997 年 4 月 7 日	苏大科字〔1997〕6 号
苏州大学	卫生发展研究中心	徐　勇	1998 年 4 月 10 日	核总人组发〔1998〕133 号
苏州大学	丝绸科学研究院	陈国强	1999 年 8 月 23 日	苏大委〔1999〕35 号
苏州大学	信息技术研究所	朱巧明	1999 年 11 月 25 日	苏大委〔1999〕55 号
苏州大学	现代光学技术研究所	王钦华	2000 年 5 月 12 日	苏大科字〔2000〕14 号
苏州大学	多媒体应用技术研究室	待　定	2000 年 8 月 28 日	苏大科字〔2000〕23 号
苏州大学	江苏省数码激光图像与新型印刷工程研究中心	陈林森	2000 年 9 月 20 日	苏科技〔2000〕194 号 苏财工〔2000〕131 号
苏州大学	领导科学研究所	夏东民	2001 年 3 月 22 日	苏大〔2001〕14 号
苏州大学	功能高分子研究所	朱秀林	2001 年 3 月 22 日	苏大〔2001〕14 号
苏州大学	儿科医学研究所	陈　军	2001 年 3 月 22 日	苏大〔2001〕14 号
苏州大学	数学研究所	万哲先	2001 年 12 月 4 日	苏大办〔2001〕22 号
苏州大学	中国昆曲研究中心	周秦(副)	2001 年 12 月 12 日	苏州大学与苏州市政府协议
苏州大学	水产研究所	凌去非	2002 年 5 月 14 日	苏大科〔2002〕18 号

续表

机构归属	科研机构名称	负责人	成立时间	批文号
苏州大学	中国特色城镇化研究中心	陈　忠	2003年4月28日	苏大科〔2003〕26号
苏州大学	英语语言学研究所	顾佩娅	2003年12月27日	苏大科〔2003〕84号
苏州大学	体育社会科学研究中心	王家宏	2003年2月17日	体政字〔2003〕4号
苏州大学	妇女发展研究中心	李兰芬	2006年10月27日	苏大办复〔2006〕32号
苏州大学	非物质文化遗产研究中心	诸葛铠	2006年10年24	苏大人〔2006〕102号
苏州大学	应用数学研究所	姜礼尚	2006年10月29日	苏大人〔2006〕126号
苏州大学	化学电源研究所	郑军伟	2007年10月9日	苏大人〔2007〕91号
苏州大学	金融工程研究中心	姜礼尚（王过京）	2007年12月13日	苏大人〔2007〕121号
苏州大学	系统生物学研究中心	沈百荣	2007年12月13日	苏大人〔2007〕122号
苏州大学	马克思主义研究院	朱柄元	2007年3月22日	苏大人〔2007〕25号
苏州大学	东吴书画研究院	华人德	2007年3月23日	苏大人〔2007〕27号
苏州大学	苏州基层党建研究所	王卓君	2007年6月26日	苏大委〔2007〕26号
苏州大学	生态批评研究中心	鲁枢元	2007年7月6日	苏大人〔2007〕69号
苏州大学	地方政府研究所	沈荣华	2007年7月7日	苏大人〔2007〕71号
苏州大学	人口研究所	王卫平	2007年10月11日	苏大人〔2007〕93号
苏州大学	科技查新工作站		2008年1月8日	苏大科技〔2008〕1号
苏州大学	出版研究所	吴培华	2008年1月21日	苏大社科〔2008〕1号
苏州大学	人力资源研究所	田晓明	2008年4月9日	苏大社科〔2008〕3号
苏州大学	唐仲英血液学研究中心	吴庆余	2008年5月19日	苏大〔2008〕28号
苏州大学	功能纳米与软物质研究院	李述汤	2008年6月5日	苏大科技〔2008〕25号
苏州大学	新药研发中心	杨世林	2008年6月25日	苏大科技〔2008〕28号
江苏省	吴文化研究基地	王卫平	2008年10月26日	苏社科规划领字〔2008〕1号
苏州大学	高性能计算与应用研究所	陈国良	2008年12月8日	苏大科技〔2008〕62号

续表

机构归属	科研机构名称	负责人	成立时间	批文号
苏州大学	骨科研究所	杨惠林	2008 年 12 月 31 日	苏大〔2008〕102 号
苏州大学	苏州节能技术研究所	沈明荣	2009 年 1 月 5 日	苏大科技〔2009〕1 号
苏州大学	纺织经济信息研究所	白　伦	2009 年 1 月 8 日	苏大科技〔2009〕2 号
苏州大学	嵌入式仿生智能研究所	王守觉	2009 年 4 月 20 日	苏大科技〔2009〕9 号
苏州大学	社会公共文明研究所	芮国强	2009 年 6 月 8 日	苏大〔2009〕21 号
苏州大学	廉政建设与行政效能研究所	王卓君	2009 年 6 月 24 日	苏大委〔2009〕37 号
苏州大学	东吴公法与比较法研究所	王克稳	2009 年 10 月 27 日	苏大科技〔2009〕49 号
苏州大学	生物制造研究中心	卢秉恒	2009 年 10 月 27 日	苏大科技〔2009〕50 号
苏州大学	机器人与微系统研究中心	孙立宁	2010 年 1 月 5 日	苏大科〔2010〕3 号
苏州大学	高技术产业研究院	陈林森	2010 年 1 月 12 日	苏大人〔2010〕6 号
苏州大学	生物医学研究院	熊思东	2010 年 1 月 16 日	苏大科〔2010〕8 号
苏州大学	又松软件外包开发中心	杨季文	2010 年 5 月 24 日	苏大科〔2010〕11 号
苏州大学	台商投资与发展研究所	张　明	2010 年 6 月 8 日	苏大科〔2010〕14 号
江苏省	公法研究中心	胡玉鸿	2010 年 9 月 15 日	苏大科〔2010〕21 号
苏州大学	国家心血管病中心苏州大学分中心	胡盛寿（沈振亚）	2010 年 10 月 13 日	苏大科〔2010〕28 号
苏州大学	社会发展研究院	王卓君	2010 年 10 月 26 日	苏大〔2010〕58 号
苏州大学	交通工程研究中心	汪一鸣	2010 年 12 月 29 日	苏大科〔2010〕46 号
苏州大学	农业生物技术与生态研究院	沈卫德	2011 年 4 月 6 日	苏大科〔2011〕23 号
苏州大学	转化医学研究中心	熊思东	2011 年 4 月 25 日	苏大科〔2011〕25 号
苏州大学	生物钟研究中心	王　晗	2011 年 5 月 3 日	苏大科〔2011〕26 号
苏州大学	苏州大学人才测评研究所	田晓明	2011 年 6 月 8 日	苏大〔2011〕21 号
苏州大学	环境治理与资源化研究中心	路建美	2011 年 6 月 30 日	苏大科〔2011〕32 号

续表

机构归属	科研机构名称	负责人	成立时间	批文号
苏州大学	高等统计与计量经济中心	杨立坚	2011年7月13日	苏大科〔2011〕34号
苏州大学	盛世华安智慧城市物联网研究所	朱巧明	2011年9月28日	苏大科〔2011〕36号
苏州大学	激光制造技术研究所	石世宏	2011年10月28日	苏大科〔2011〕43号
苏州大学	苏州大学老挝研究中心	钮菊生	2011年11月2日	苏大科〔2011〕47号
苏州大学	苏州大学地方政府与社会管理研究中心	金太军	2011年12月31日	苏大科〔2011〕57号
苏州大学	苏州大学古典文献研究所	罗时进	2011年12月31日	苏大科〔2011〕58号
苏州大学	新媒介与青年文化研究中心	马中红	2012年1月10日	苏大社科〔2012〕1号
江苏省	苏州基层党建研究所	王卓君	2012年1月11日	苏教社政(2012)1号
苏州大学	智能结构与系统研究所	毛凌锋	2012年1月20日	苏大科技〔2012〕8号
苏州大学	典籍翻译研究所	王腊宝	2012年3月2日	苏大社科〔2012〕3号
苏州大学	检查发展研究中心	李乐平	2012年4月1日	苏大社科〔2012〕6号
苏州大学	百森互联网公共服务研究中心	芮国强	2012年4月1日	苏大社科〔2012〕4号
苏州大学	汉语及汉语应用研究中心	曹　炜	2012年4月1日	苏大社科〔2012〕4号
苏州大学	东吴哲学研究所	李兰芬	2012年4月27日	苏大社科〔2012〕8号
苏州大学	苏州大学·现代快报地产研究中心	芮国强	2012年6月7日	苏大社科〔2012〕9号
苏州大学	放射医学及交叉学科研究院	柴之芳	2012年6月22日	苏大科技〔2012〕28号
苏州大学	心血管病研究所	沈振亚	2012年7月1日	苏大人〔2012〕54号
苏州大学	苏州大学·邦城未来城市研究中心	段进军	2012年7月7日	苏大社科〔2012〕10号
苏州大学	网络舆情分析与研究中心	周　毅	2012年9月21日	苏大社科〔2012〕13号
苏州大学	苏州广告研究所	芮国强	2012年9月21日	苏大社科〔2012〕14号

续表

机构归属	科研机构名称	负 责 人	成立时间	批 文 号
苏州大学	唐仲英医学研究院	吴庆宇	2012 年 10 月 11 日	苏大委〔2012〕34 号
苏州大学	城市·建筑·艺术研究院	吴永发	2012 年 10 月 22 日	苏大社科〔2012〕15 号
苏州大学	苏州大学-西安大略大学同步辐射联合研究中心	T. K. Sham	2012 年 11 年 12 日	苏大科技〔2012〕45 号
苏州大学	数学与交叉科学研究中心	鄂维南	2012 年 11 月 12 日	苏大科技〔2012〕46 号
苏州大学	ASIC 芯片设计与集成系统研究所	乔东海	2012 年 11 月 28 日	苏大科技〔2012〕49 号
苏州大学	食品药品检验检测中心	黄　瑞	2012 年 12 月 21 日	苏大科技〔2012〕59 号

科研成果与水平

2012年度苏州大学科研成果情况

2012年度苏州大学科研成果一览表

单　　位	鉴定成果	获奖成果	SCI	SCIE	EI	ISTP	核心期刊论文	获授权专利及软件著作权
文学院	0	6	0	0	0	0	83	0
凤凰传媒学院	0	1	0	0	0	0	38	0
社会学院	0	2	0	0	0	0	92	0
政治与公共管理学院	0	3	0	0	0	0	110	0
外国语学院	0	0	0	0	0	0	41	0
体育学院	0	6	0	0	0	0	77	0
教育学院	0	2	0	0	0	0	76	0
王健法学院	0	5	0	0	0	0	83	0
东吴商学院(财经学院)	0	1	0	0	0	0	65	0
艺术学院、音乐学院	0	1	0	0	0	0	68	11
数学科学学院	0	0	29	47	15	1	0	0
物理科学与技术学院	0	0	83	94	73	12	0	12
材料与化学化工学部	0	5	342	401	235	31	0	68
计算机科学与技术学院	1	1	5	10	36	16	0	75
电子信息学院	0	1	10	20	22	17	0	10
机电工程学院	0	2	5	14	19	78	0	54
纺织与服装工程学院	5	20	16	29	23	101	0	20

续表

单　　位	鉴定成果	获奖成果	SCI	SCIE	EI	ISTP	核心期刊论文	获授权专利及软件著作权
医学部	1	9	110	164	17	14	0	52
金螳螂建筑与城市环境学院	0	0	1	2	2	3	0	20
城市轨道交通学院	0	0	3	6	13	6	0	7
信息光学工程研究所	0	1	1	1	2	6	0	3
现代光学技术研究所	0	0	9	12	11	15	0	15
化学电源研究所	0	0	2	5	3	10	0	4
功能纳米与软物质研究院	0	1	59	67	56	182	0	3
机关及其他部门	0	4	41	67	8	6	0	0
附属第一医院	0	39	110	134	4	11	0	0
附属第二医院	0	14	64	60	0	22	0	0
附属儿童医院	0	8	7	14	0	21	0	0
合计	7	132	897	1147	539	552	733	354

2012 年度苏州大学科研成果获奖情况

一、科技成果获奖情况

1. 国家科技进步奖(1 项)

序号	项目名称	等级	完成单位	主要完成人
1	竹浆纤维及其制品加工关键技术和产业化应用	二等奖	东华大学、河北吉藁化纤有限责任公司、苏州大学、吴江市恒生纱业有限公司、常州市新浩印染有限公司、浙江圣瑞斯针织股份有限公司	俞建勇　宋德武　唐人成 程隆棣　郑书华　周向东 李振峰　崔运花　王学利 李毓陵

2. 教育部高等学校科学研究优秀成果奖(科学技术)(2项)

序号	项目名称	等级	完成单位	主要完成人
1	功能聚合物的可控合成与组装	二等奖	苏州大学	朱秀林 钟志远 杨永刚 程振平 孟凤华 周年琛 朱 健 张正彪 张 伟 张丽芳 李 艺
2	移植免疫诊疗体系创新及关键技术的临床应用	二等奖	苏州大学、苏州大学附属第一医院	侯建全 何 军 鲍晓晶 侯丽华 吴小津 袁晓妮 王炎云 李 杨 邱桥成 徐 超

3. 江苏省科技进步奖(9项)

序号	项目名称	等级	完成单位	主要完成人
1	桑蚕天然彩色茧丝蛋白纤维资源开发与应用	一等奖	苏州大学、鑫缘茧丝绸集团股份有限公司、西南大学	徐世清 储呈平 鲁 成 司马杨虎 王祥荣 孙道权 滕国琴 陈忠立 崔世明 陈庆官 张克勤
2	功能聚合物的多尺度可控合成	二等奖	苏州大学	朱秀林 钟志远 杨永刚 程振平 孟凤华 周年琛 朱 健 张正彪 张 伟 张丽芬 李 艺
3	丝胶回收关键技术及其应用	三等奖	苏州大学、鑫缘茧丝绸集团股份有限公司	陈国强 邢铁玲 储呈平 盛家镛 王祥荣 孙道权 陈忠立 刘华平 潘世俊
4	微创椎体后凸成形关键技术的建立及临床应用	一等奖	苏州大学附属第一医院、南京医科大学第一附属医院	杨惠林 张 宁 陈 亮 孟 斌 王根林 朱雪松 倪才方 殷国勇 唐天驷 牛国旗 毛海青
5	HLA,KIR,MICA基因在移植免疫中的作用机制及临床应用	二等奖	苏州大学附属第一医院	侯建全 何 军 鲍晓晶 侯丽华 吴小津 袁晓妮 李 杨 王云炎 邱桥成
6	出血性疾病的诊断、治疗与发病机制研究	三等奖	苏州大学附属第一医院	王兆钺 韩 悦 曹丽娟 余自强 白 霞 吴淑燕 白艳艳 阮长耿

续表

序号	项目名称	等级	完成单位	主要完成人
7	池塘生态修复及循环水养殖技术研究与应用	三等奖	江苏省淡水水产研究所、中国水产科学研究院淡水渔业研究中心、苏州大学、苏州市水产技术推广站、常州市水产技术指导站	潘建林 陈家长 蔡春芳 顾建华 陈耀炳 彭 刚 黄 成 叶元土 胡庚东 唐建清 童 军
8	胶质瘤干细胞与神经干细胞分化差异及相关机制研究	三等奖	苏州大学附属第二医院	董 军 王爱东 季晓燕 赵耀东 费喜峰 兰 青 黄 强
9	发育期惊厥远期神经功能损伤的分子机制及"非抗癫痫药物"修复策略研究	三等奖	苏州大学附属儿童医院	倪 宏 陈旭勤 李 超 金美芳 汤继宏 冯 星 肖倬君 楼江燕

4. "纺织之光"中国纺织工业协会科学技术奖(11 项)

序号	项目名称	等级	完成单位	主要完成人
1	功能吸附纤维的制备及其在工业有机废水处置中的关键技术	一等奖	苏州大学、天津工业大学、苏州天立蓝环保科技有限公司、邯郸恒永防护洁净用品有限公司	肖长发 路建美 李 华 徐乃库 蒋 军 封 严 王丽华 程博闻 徐庆锋 杨竹强 纪顺俊 赵 健 李娜君 安树林 徐小平
2	丝胶回收关键技术及其应用	一等奖	苏州大学、鑫缘茧丝绸集团股份有限公司	陈国强 邢铁玲 储呈平 盛家镛 王祥荣 孙道权 陈忠立 刘华平 潘世俊
3	多组分纤维面料短流程染整加工关键技术及产业化	二等奖	苏州大学、浙江誉华集团湖州印染有限公司、鑫缘茧丝绸集团股份有限公司、浙江汉邦化工有限公司	王祥荣 汤展雄 眭建华 孙道权 郭蓉如 陈忠立 姚宏伟 雷志涛
4	生物医用柞蚕丝素蛋白材料的关键技术研发	二等奖	苏州大学	李明忠 卢神州 王建南 孙东豪 刘 雨 吴徵宇
5	高强细旦桑蚕丝的开发及其产业化应用	二等奖	苏州大学、南通市新丝路蚕业有限公司、江苏新丝路丝业有限公司	沈卫德 李 兵 周家华 邢铁玲 汪 玲 胡征宇 管竞芳 许雅香 严松俊 邱训国

续表

序号	项目名称	等级	完成单位	主要完成人
6	纺粘非织造气流拉伸关键技术及应用	二等奖	苏州大学、东华大学	陈　廷　李立轻　王新厚　陈　霞　汪　军　吴丽莉
7	喷气织机技术创新与产业化	二等奖	苏州大学、江苏万工科技集团有限公司	冯志华　周　平　钱志良　李锡放　芮延年　戴品伟　潘志娟　左保齐　谢　靖　俞桂观
8	耐久型高发射率远红外热感天然纤维关键技术及产业化	三等奖	苏州大学、江苏玖久丝绸股份有限公司、苏州苏纳特科技有限公司	郑　敏　王作山　尤康哲　杨　泸　鲁　娟　李　艺　尚笑梅
9	家用纺织品设计数据库的开发及应用	三等奖	苏州大学、南通科尔纺织服饰有限公司、南通苏州大学纺织研究院	施建平　王养飞　张长胜　王国和　成海军　彭勇刚　王　萱
10	功能性洁菌家纺产品后整理技术的研究与应用	三等奖	紫罗兰家纺科技股份有限公司、苏州大学、南通苏州大学纺织研究院	陈永兵　王国和　吴绥菊　汪明星　周正华　孙利萍　刘金抗
11	竹炭纤维(POY-DTY)关键技术及产业化开发	三等奖	江苏鹰翔化纤股份有限公司、苏州大学	高永明　管新海　沈家康　赵广斌　王国柱

5. 国防科技进步奖(1项)

序号	项目名称	等级	完成单位	主要完成人
1	低剂量辐射兴奋效应的临床前期研究	三等奖	苏州大学附属第二医院	张力元　田　野　吴永友　杨　顺　赵培峰　霍红梅　周　倩

6. 中国石油和化学工业联合会科学技术奖(1项)

序号	项目名称	等级	完成单位	主要完成人
1	磁性流体的清洁生产与应用	三等奖	苏州大学	洪若瑜　王廖沙　罗　志　李　华　王锡刚　陈辉军

7. 中华全国工商联合会科学技术奖(1项)

序号	项目名称	等级	完成单位	主要完成人
1	高效节能环保电压型变频多台中频无心感应炉成套装置	一等奖	苏州振吴电炉公司、北京钢铁研究总院、苏州大学	朱兴发　潘天明　徐致祥　张茂青　杨海森等

8. 中华医学科技奖(2项)

序号	项目名称	等级	完成单位	主要完成人
1	共刺激分子 B7-H3 与 CD40 在肿瘤免疫中的作用及临床意义	三等奖	苏州大学附属第一医院、苏州大学	张学光　张光波　陈卫昌　黄建安　吴昌平　戚春建　孙　静　李　锐　陈　成　瞿秋霞　朱一蓓等
2	出血性疾病的诊断治疗与发病机制研究	三等奖	苏州大学附属第一医院	王兆越　韩　悦　曹丽娟等

9. 华夏医学科技奖(2项)

序号	项目名称	等级	完成单位	主要完成人
1	骨髓基质干细胞建立生物起搏点和心肌样工作细胞的研究	三等奖	苏州大学附属第一医院	杨向军　周亚峰　李红霞　韩莲花　程　铖　赵　欣　薛　枫　蒋文平
2	脊髓胶质细胞介导的免疫反应在骨癌痛和炎性痛中的作用及其机制	三等奖	苏州大学附属第一医院	杨建平　刘思兰　王丽娜　成　浩　胡计娣

10. 中国化学会青年化学奖(1项)

序号	项目名称	完成单位	主要完成人
1	中国化学会青年化学奖	苏州大学	何　耀

11. 江苏中医药科学技术奖(1项)

序号	项目名称	等级	完成单位	主要完成人
1	去甲基斑蝥素乳糖化修饰物制备及其肝靶向抗肿瘤新药研发	二等奖	苏州大学	张学农　刘　扬

12. 江苏环境保护科学技术奖(1项)

序号	项目名称	等级	完成单位	主要完成人
1	高吸附性树脂制备及其在工业废水治理和资源化中的应用	一等奖	苏州大学	路建美 徐庆锋 李华 蒋军 李娜君

13. 江苏纺织技术创新奖(1项)

序号	项目名称	等级	完成单位	主要完成人
1	丝素蛋白-羟基磷灰石复合材料	创新奖	苏州大学	李明忠 杨惠林 卢神州 王根林 王建南

14. 江苏医学科学技术奖(6项)

序号	项目名称	等级	完成单位	主要完成人
1	CD40-CD40L信号与肿瘤免疫	一等奖	苏州大学	张学光
2	出血性疾病的诊断、治疗与发病机制研究	一等奖	苏州大学附属第一医院	王兆钺 韩悦 曹丽娟 余自强 白霞 吴淑燕 白艳艳 阮长耿
3	腰椎后路及改良后路椎体间融合的基础与临床研究	二等奖	苏州大学附属第一医院	陈亮 顾勇 杨惠林 唐天驷 张志明 施卫东
4	神经肌肉疾病免疫学发病机制研究与诊治新策略	三等奖	苏州大学附属第一医院	方琪 蔡秀英 董万利 俞立强 韩立影 薛群 王达鹏 许刚
5	基因及受体靶向治疗胰腺癌的实验与临床研究	三等奖	苏州大学附属第一医院	李德春 章斌 王振欣 朱东明 张子祥 赵华 赵鑫
6	儿童急性白血病的基础与临床研究	三等奖	苏州大学附属儿童医院、苏州大学附属第三医院、苏州大学附属第一医院	胡绍燕 顾伟英 陈子兴 柴忆欢 潘健

15. 苏州市科学技术进步奖(28 项)

序号	项目名称	获奖等级	主要完成单位	主要完成人
1	苏州市科技创新创业市长奖	市长奖	苏州大学	李述汤
2	耐久型高发射率远红外热感天然纤维关键技术及产业化	二等奖	苏州大学、苏州苏纳特科技有限公司、江苏玖久丝绸股份有限公司	郑　敏　王作山　尤康哲　杨　泸　鲁　娟　李　艺　王　保
3	变分迭代算法及其应用	二等奖	苏州大学	何吉欢　徐　岚
4	膜分离法从脱胶废水中回收丝胶的关键技术及其应用	二等奖	苏州大学、鑫缘茧丝绸集团股份有限公司	邢铁玲　储呈平　盛家镛　王祥荣　孙道权　陈忠立　刘华平
5	生产高品位生丝家蚕新品种的育成及其产业化应用	一等奖	苏州大学、南通市新丝路蚕业有限公司、江苏新丝路丝业有限公司	李　兵　沈卫德　周家华　汪　玲　严松俊　许雅香　邢铁玲　卫正国　陈玉华
6	UHRF1 与乳腺肿瘤细胞辐射敏感性的关系	二等奖	苏州大学	李新莉　孟庆慧　樊赛军
7	自噬在脑缺血预适应和致死性脑缺血中的不同作用及药物干预	二等奖	苏州大学	盛　瑞　秦正红　韩　蓉　张立沙　刘晓倩　高　博　温雅丹
8	基于构件图形化的嵌入式系统及传感网开发平台的研制与推广	三等奖	苏州大学	王宜怀　刘晓升　蒋银珍　吴　瑾　陈建明
9	无掩膜激光混合直写关键技术及应用	一等奖	苏州大学、苏州苏大维格光电科技股份有限公司	浦东林　胡　进　朱鹏飞　魏国军　张　瑾　陈林森　周小红　申　溯　方宗豹
10	吸毒人群监控救治与戒毒关键技术的应用示范研究	三等奖	苏州市公安局、苏州大学、苏州市中医院	陈　度　吴爱勤　张　明　王纯庠　朱晓峰

续表

序号	项目名称	获奖等级	主要完成单位	主要完成人
11	脊髓胶质细胞介导的免疫反应在骨癌痛和炎性痛中的作用及其机制	三等奖	苏州大学附属第一医院	杨建平 刘思兰 王丽娜 成 浩 胡计烨
12	骨缺损修复新材料的应用研究	一等奖	苏州大学附属第一医院	邹 俊 朱雪松 施 勤 干旻峰 苏玉芳 耿德春 蒋定华 毛海青 杨惠林
13	在移植免疫中关键技术的创新及临床应用	一等奖	苏州大学附属第一医院	侯建全 何 军 鲍晓晶 吴小津 侯丽华 袁晓妮 李 杨 王云炎 邱桥成
14	出血性疾病的诊断、治疗与发病机制研究	一等奖	苏州大学附属第一医院	王兆钺 曹丽娟 韩 悦 余自强 白 霞 吴淑燕 白艳艳 阮长耿
15	分子病理及遗传学检测新技术在神经肌肉疾病诊断中的应用	三等奖	苏州大学附属第一医院	方 琪 焉传祝 蔡秀英 俞立强 王 进
16	胎儿肾素血管紧张素系统功能发育及其对心血管功能调控研究	三等奖	苏州大学附属第一医院	茅彩萍 徐智策 李世刚 吕娟秀 夏 飞
17	基因及分子靶向治疗胰腺癌的实验与临床研究	二等奖	苏州大学附属第一医院	李德春 朱东明 张子祥 赵 华 周 健 赵 鑫 张 逸
18	负性协同刺激分子B7-H4在肺癌临床中的运用	二等奖	苏州大学附属第一医院	黄建安 陈 成 瞿秋霞 穆传勇 朱晔涵 沈 宇 张学光
19	PD-1/PD-L1在2型糖尿病及其并发症免疫病理中的作用及临床应用研究	二等奖	苏州大学附属第一医院	施毕旻 张学光 陈永井 邵新宇 杜 宣
20	慢性肾脏病凝血机制研究	三等奖	苏州大学附属第一医院	卢国元 沈 蕾 周 玲 乔 青 胡 坤
21	激素非依赖性前列腺癌EGFR通路及其靶向治疗机制的探讨	三等奖	苏州大学附属第一医院	陈卫国 浦金贤 侯建全 李 纲 蔡宗强

续表

序号	项目名称	获奖等级	主要完成单位	主要完成人
22	环氧化酶抑制剂在恶性肿瘤治疗中的放射增敏作用及机制研究	三等奖	苏州大学附属第一医院、苏州大学	周菊英 徐晓婷 秦颂兵 涂彧 郑黎
23	人羊膜上皮细胞及自体骨髓间充质干细胞治疗脑脊髓损伤的机理及临床应用研究	二等奖	苏州大学附属第一医院	惠国桢 惠品晶 郭礼和 陆华 邵君飞 杨立业 苗宏生
24	脊柱黄韧带骨化磁共振影像学诊断方法的临床应用	三等奖	苏州大学附属第一医院	郭炯炯 杨惠林 钱海鑫 陈亮 徐耀增
25	帕金森病腺苷 A2A 受体、尿酸的相关研究	三等奖	苏州大学附属第二医院	罗蔚锋 刘春风 王小侠 张琪林 周旭平
26	不同长宽比狭长窄蒂与任意皮瓣成活面积关系实验研究	三等奖	苏州大学附属第二医院	赵天兰 余道江 伍丽君 谢晓明 陈琦
27	发育期惊厥性脑损伤后海马 MF 再生轴突生长导向的研究	二等奖	苏州大学附属儿童医院	倪宏 冯星 金美芳 田甜 闫建珍
28	实验性癫痫发作后海马区 γ-氨基丁酸 B 受体亚单位变化及其临床意义	三等奖	苏州大学附属儿童医院	汤继宏 顾琴 张利亚 陈旭勤 李岩

16. 江苏省卫生厅医学新技术引进奖(16 项)

序号	项目名称	等级	完成单位	主要完成人
1	球囊扩张椎体后凸成形术治疗骨质疏松性椎体骨折后骨坏死	一等奖	苏州大学附属第一医院	杨惠林 王根林 孟斌
2	主动脉弓三分支覆膜支架在主动脉夹层外科治疗中的应用	二等奖	苏州大学附属第一医院	沈振亚 黄浩岳 华菲

续表

序号	项目名称	获奖等级	主要完成单位	主要完成人
3	难治性血液病胞内信号转导途径研究及治疗	二等奖	苏州大学附属第一医院	吴德沛　何广胜　张　翔
4	B7-H4 分子在肺癌临床中的运用	二等奖	苏州大学附属第一医院	黄建安　陈　成　瞿秋霞
5	免疫学检测技术在神经肌肉疾病诊断中的应用	二等奖	苏州大学附属第一医院	方　琪　蔡秀英　俞立强
6	即时基因检测技术在华法林临床个体化给药中的应用研究	二等奖	苏州大学附属第一医院	缪丽燕　王　进　张　华
7	超声技术在全膝、全髋关节置换术患者术后镇痛中的应用	二等奖	苏州大学附属第二医院	谢　红　王　琛　陶苏蔚
8	锁孔手术入路在后循环动脉瘤夹闭术中的应用	一等奖	苏州大学附属第二医院	兰　青　麻育源　孙　超
9	乳腔镜微创外科在乳腺疾病中的应用研究	二等奖	苏州大学附属第二医院	蒋国勤　杨志学　曹　华
10	腹腔镜、硬质胆囊镜、软质胆道镜三镜技术在微创保胆取石(息肉)术中的临床应用	二等奖	苏州大学附属第二医院	吴浩荣　危少华　李　伟
11	咽下缩肌入路显露喉返神经在甲状腺手术中的应用	二等奖	苏州大学附属第二医院	邢春根　朱　旬　邹汉青
12	可溶性 PD-L1 在肺癌个体化治疗中的作用及临床意义	二等奖	苏州大学附属第二医院	施敏骅　陈永井　余　勇
13	狭长窄蒂皮瓣在组织缺损修复中的应用	二等奖	苏州大学附属第二医院	赵天兰　余道江　伍丽君

续表

序号	项目名称	获奖等级	主要完成单位	主要完成人
14	数字化 X 线成像显示肠管积气状态对急性肠套叠患儿病情、肠管血运障碍的评价及临床应用	一等奖	苏州大学附属儿童医院	汪　健　郭万亮　武庆斌
15	多基因检测用于指导儿童急性白血病的个体化治疗	二等奖	苏州大学附属儿童医院	胡绍燕　柴忆欢　何海龙
16	斑点追踪技术评估儿童先天性心脏病右心室功能	二等奖	苏州大学附属儿童医院	严文华　徐秋琴　丁粤粤

17. 中核集团科技奖(3 项)

序号	项目名称	等级	完成单位	主要完成人
1	低剂量辐射兴奋效应的临床前期研究	二等奖	苏州大学附属第二医院	张力元　田　野　吴永友 杨　顺　赵培峰　霍红梅 周　倩
2	肿瘤放疗中提高照射靶区精确性方法的应用	三等奖	苏州大学附属第二医院	陆雪官　田　野　钱建军 周　钢　陈列松
3	X 线照射对损伤脊髓组织的修复研究	三等奖	苏州大学附属第二医院	沈忆新　刘　栋　孙永明 陆政峰　范志海　江　波 李柳炳　张　鹏

18. 香港桑麻基金会纺织科技奖(2 项)

序号	项目名称	等级	完成单位	主要完成人
1	天然彩色桑蚕茧丝关键技术研究	一等奖	苏州大学	徐世清
2	3D/2D 服装用人体数据资源及产业化智能体系构建	二等奖	苏州大学	尚笑梅

19. 国家广播电影电视总局科技创新奖(1 项)

序号	项目名称	等级	完成单位	主要完成人
1	交流架空电力线路对中波发射台影响的研究	三等奖	国家广播电影电视总局广播电视规划院、苏州大学	蔡晓梅　郭辉萍　刘学观　常　江　吴醒峰　赵志斌

二、人文社科研究成果获奖情况

1. 教育部第六届高等学校科学研究优秀成果奖(人文社会科学)(1 项)

序号	项　目　名　称	成果形式	获奖等级	主要完成人	所在单位
1	现代汉语词义学(修订本)	著　作	三等奖	曹　炜	文学院

2. 江苏省第十二届哲学社会科学优秀成果奖(27 项)

序号	项　目　名　称	成果形式	获奖等级	主要完成人	所在单位
1	政府与企业的交换模式及其演变规律——观察腐败深层机制的微观视角	论　文	一等奖	金太军 袁建军	政治与公共管理学院
2	权利·权力·监督	著　作	一等奖	黄学贤	王健法学院
3	传媒低俗化对策研究	著　作	一等奖	陈　龙 杜晓红	凤凰传媒学院
4	陆游全集校注	著　作	二等奖	钱仲联 马亚中	文学院
5	地域·家族·文学:清代江南诗文研究	著　作	二等奖	罗时进	文学院
6	如何现实,怎样思想——关于当代文学“思想状况”的一种认识	论　文	二等奖	王　尧	文学院
7	《摩诃兜勒》曲名含义及其相关问题	论　文	二等奖	王福利	文学院
8	私人参与警察任务执行的法理基础	论　文	二等奖	章志远	王健法学院
9	韦伯的理性“进步”及其意义问题	论　文	二等奖	王俊敏	社会学院

续表

序号	项 目 名 称	成果形式	获奖等级	主要完成人	所在单位
10	大众化高等教育质量保障：基于知识的解读	著 作	二等奖	黄启兵 毛亚庆	教育学院
11	后现代高等学校课程研究	著 作	二等奖	母小勇	教育学院
12	运动员竞技能力与竞技行为的参赛变异及其成因与对策	著 作	二等奖	熊 焰	体育学院
13	管理层权力、私有收益与薪酬操纵	论 文	二等奖	权小锋 吴世农 文 芳	东吴商学院
14	全球发展公正性：伦理本质与历史建构——兼论"中国新殖民论"的实质与问题	论 文	二等奖	陈 忠	政治与公共管理学院
15	低碳社会之科学困境	论 文	二等奖	邢冬梅	政治与公共管理学院
16	论德才兼备、以德为先	论 文	三等奖	高祖林	党委办公室
17	公共部门绩效管理——基于平衡计分卡的实证研究	著 作	三等奖	袁勇志	研究生院
18	陈三立年谱	著 作	三等奖	马卫中 董俊珏	招生就业处
19	昆戏集存·甲编	著 作	三等奖	周 秦	文学院
20	苏艺春秋——"苏式"艺术的缘起和传播	著 作	三等奖	郑丽虹	艺术学院
21	权利客体的概念及层次	论 文	三等奖	方新军	王健法学院
22	宪法与生命——生命权的宪法保障研究	著 作	三等奖	上官丕亮	王健法学院
23	控制腐败法律机制研究	著 作	三等奖	李晓明 李洪欣 杨 俊	王健法学院
24	历史学视野下的中国武术教育	著 作	三等奖	李 龙	体育学院
25	民国教育部与高校关系之研究(1912—1937)	著 作	三等奖	崔恒秀	社会学院

续表

序号	项 目 名 称	成果形式	获奖等级	主要完成人	所在单位
26	社会学视野中的大众武术研究	著 作	三等奖	王国志	体育学院
27	孤独:中国城市秩序重构的心理拐点	论 文	三等奖	田晓明	校长办公室

3. “十一五”国家体育总局体育哲学社会科学优秀成果奖(3项)

序号	项 目 名 称	成果形式	获奖等级	主要完成人	所在单位
1	改革开放30年的中国群众体育	论 文	一等奖	董新光	体育学院
2	中国近代体育思想史研究	论 文	一等奖	罗时铭	体育学院
3	少儿篮球适宜形式研究	论 文	一等奖	王家宏	体育学院

2012年度苏州大学科学技术成果鉴定情况

2012年度苏州大学科学技术成果鉴定情况一览表

序号	项目名称	完成人	组织鉴定单位	所在单位	鉴定形式	成果水平	鉴定编号	鉴定日期
1	面向DEEP WEB的增量信息获取技术研究	崔志明	江苏省教育厅	计算机科学与技术学院	会议	国际领先	苏教鉴字〔2012〕18号	2012年12月25日
2	结构和性能可调控的医用野蚕丝素蛋白组织工程材料	卢神州 李明忠	江苏省科技厅	纺织与服装工程学院	会议			2012年6月17日
3	3D/2D服装产业化人体数据资源及智能化体系构建	尚笑梅	纺织联合会	纺织与服装工程学院	会议	国际先进	纺科鉴字〔2012〕24号	2012年4月14日

续表

序号	项目名称	完成人	组织鉴定单位	所在单位	鉴定形式	成果水平	鉴定编号	鉴定日期
4	耐久型高发射率远红外热感天然纤维关键技术及产业化	郑　敏	纺织工业协会	纺织与服装工程学院	会议	国际领先	纺科鉴字〔2012〕第40号	2012年4月21日
5	面向智能制造的职业服知识库系统设计及产业化	尚笑梅	石家庄市科技局	纺织与服装工程学院	会议	国际先进	石市1210152173	2012年8月3日
6	西服裁片快速生成系统开发及产业化研究	尚笑梅	纺织工业协会	纺织与服装工程学院	会议	国内领先	纺科鉴字〔2012〕第23号	2012年3月30日
7	生产高品位生丝家蚕新品种的选育及其应用	李　兵	江苏省教育厅	医学部	会议	国际领先	苏教鉴字〔2012〕第19号	2012年11月16日

2012年度苏州大学科研成果专利授权情况

2012年度苏州大学科研成果专利授权情况一览表

序号	专利号	专利名称	类别	第一发明人	学院(部)	授权公告日
1	ZL201120208610.2	流动注射电化学发光分析装置	实用新型	屠一锋	材料与化学化工学部	2012年1月11日
2	ZL201010110753.x	一种磁性荧光双功能温敏性纳米粒子的制备方法	发明	程振平	材料与化学化工学部	2012年1月11日
3	ZL201120220520.5	一种可折装的酒架	实用新型	杨朝辉	艺术学院	2012年1月11日

续表

序号	专利号	专利名称	类别	第一发明人	学院(部)	授权公告日
4	ZL201120208490.6	一种用于低供气压力下的喷气织机主喷嘴	实用新型	冯志华	机电工程学院	2012年1月11日
5	ZL201120208491.0	一种用于高供气压力下的喷气织机主喷嘴	实用新型	冯志华	机电工程学院	2012年1月11日
6	ZL201120220676.3	易开启的包装盒	实用新型	杨朝辉	艺术学院	2012年1月11日
7	ZL201120210071.6	具有自动控温装置的燃煤炉灶	实用新型	胡子刚	金螳螂建筑与城市环境学院	2012年1月11日
8	ZL201120210072.0	节能烧水壶	实用新型	胡子刚	金螳螂建筑与城市环境学院	2012年1月11日
9	ZL201120220668.9	屋形包装盒	实用新型	方　敏	艺术学院	2012年1月18日
10	ZL201120232565.4	一种双作用柱塞泵	实用新型	王明娣	机电工程学院	2012年1月18日
11	ZL201010223709.X	一种超支化聚醋酸乙烯酯的制备方法	发明	朱　健	材料与化学化工学部	2012年1月25日
12	ZL200910025420.4	一种合成香豆素-3-膦酸酯衍生物的方法	发明	邹建平	材料与化学化工学部	2012年1月25日
13	ZL200910234494.9	一种马来酰亚胺三嗪树脂及其制备方法	发明	顾媛娟	材料与化学化工学部	2012年1月25日
14	ZL200910264707.2	一种驱虫保健型草鱼饲料	发明	叶元土	医学部	2012年1月25日
15	ZL201010181311.4	一种丝绵脱胶废水的处理及回收丝胶的方法	发明	陈国强	纺织与服装工程学院	2012年1月25日
16	ZL200910231733.5	超临界流体染色机	发明	龙家杰	纺织与服装工程学院	2012年2月1日

续表

序号	专利号	专利名称	类别	第一发明人	学院(部)	授权公告日
17	ZL201120220707.5	带有限位结构的包装盒	实用新型	方　敏	艺术学院	2012年2月1日
18	ZL201120220708.X	多用途包装盒	实用新型	方　敏	艺术学院	2012年2月1日
19	ZL201120124215.6	一种多面成像测量装置	实用新型	周　望	现代光学技术研究所	2012年2月1日
20	ZL200910264756.6	一种改性双马来酰亚胺树脂的制备方法	发明	顾嫒娟	材料与化学化工学部	2012年2月1日
21	ZL201120220720.0	折叠式包装盒	实用新型	杨朝辉	艺术学院	2012年2月1日
22	ZL201120248624.7	古树名木生长延缓剂的输送装置	实用新型	魏胜林	金螳螂建筑与城市环境学院	2012年2月8日
23	ZL201120257370.5	基于RFID技术的水质监测仪	实用新型	李云飞	计算机科学与技术学院	2012年2月8日
24	ZL201010126052.5	基于脊波变换的医学数字减影图像融合方法	发明	崔志明	计算机科学与技术学院	2012年2月8日
25	ZL200810096857.2	一种用于限制片段长度多态性研究的家蚕DNA抽提方法	发明	李　兵	医学部	2012年2月8日
26	ZL200910174447.X	正极板增强型铅酸蓄电池	发明	柳　颖	金螳螂建筑与城市环境学院	2012年2月8日
27	ZL201120259626.6	基于RFID技术的稻田环境监测系统	实用新型	李云飞	计算机科学与技术学院	2012年2月15日
28	ZL201120283812.3	基于RFID技术的老人看护系统	实用新型	李云飞	计算机科学与技术学院	2012年2月15日
29	ZL201120258487.5	吸尘器的旋风湿式除尘装置	实用新型	胡子刚	金螳螂建筑与城市环境学院	2012年2月15日

续表

序号	专利号	专利名称	类别	第一发明人	学院(部)	授权公告日
30	ZL200910028325.X	单脉冲测量材料非线性折射的方法	发明	杨俊义	物理科学与技术学院	2012年2月15日
31	ZL201010017159.6	一种激光聚焦的实现方法及装置	发明	李春生	机电工程学院	2012年2月15日
32	ZL200910031695.9	一种咪唑烷基桥联双芳氧基稀土金属胺化物的应用	发明	姚英明	材料与化学化工学部	2012年2月22日
33	ZL201120236922.4	一种书写坐姿矫正器	实用新型	黄　瑞	医学部	2012年2月22日
34	ZL200810123236.9	一种合成苯并咪唑啉衍生物的方法	发明	邹建平	材料与化学化工学部	2012年2月29日
35	ZL201010105909.5	一种污水处理系统及污水处理方法	发明	蔡春芳	医学部	2012年2月29日
36	ZL200810022118.9	一种发光纳米复合材料及其制备	发明	路建美	材料与化学化工学部	2012年3月21日
37	ZL201120278182.0	一种光电式倾角传感器	实用新型	王富东	机电工程学院	2012年3月21日
38	ZL201120268242.0	一种机械手	实用新型	潘明强	机电工程学院	2012年3月21日
39	ZL201120295613.4	水体重金属现场监测系统	实用新型	刘德启	材料与化学化工学部	2012年3月28日
40	ZL201120292576.1	道路地面冲洗吸污车的冲吸装置	实用新型	胡子刚	金螳螂建筑与城市环境学院	2012年4月4日
41	ZL201120292554.5	道路地面冲洗吸污车的筛污装置	实用新型	胡子刚	金螳螂建筑与城市环境学院	2012年4月4日
42	ZL201010100177.0	对聚偏氟乙烯进行可控亲水改性的方法	发明	程振平	材料与化学化工学部	2012年4月4日

续表

序号	专利号	专利名称	类别	第一发明人	学院(部)	授权公告日
43	ZL200910029722.9	双波长超短脉冲输出的被动锁模光纤激光器	发明	刘东峰	现代光学技术研究所	2012年4月4日
44	ZL201120171501.8	一种电极导向器	实用新型	李　龙	机电工程学院	2012年4月4日
45	ZL201010185231.6	一种多孔蚕丝丝素蛋白材料的制备方法	发明	田保中	纺织与服装工程学院	2012年4月4日
46	ZL200910231741.X	一种固体推进剂用固化催化剂及其制备方法	发明	李战雄	纺织与服装工程学院	2012年4月4日
47	ZL200810196259.2	一种合成5-硝基-4,5-二氢呋喃衍生物的方法	发明	邹建平	材料与化学化工学部	2012年4月4日
48	ZL201010161096.1	一种家蚕生物反应器制备人白介素28A的方法及其制药用途	发明	贡成良	医学部	2012年4月4日
49	ZL200910031557.0	一种抗辐射和减轻放疗副反应的营养液	发明	徐　勇	医学部	2012年4月4日
50	ZL201010250690.8	一种氰酸酯树脂基复合材料及其制备方法	发明	顾媛娟	材料与化学化工学部	2012年4月4日
51	ZL201010018160.0	一种用于表征铁电薄膜光电流的测量方法	发明	郑分刚	物理科学与技术学院	2012年4月4日
52	ZL200910029717.8	一种由苯乙烯催化氧化制备苯甲醛的方法	发明	胡　磊	材料与化学化工学部	2012年4月4日

续表

序号	专利号	专利名称	类别	第一发明人	学院(部)	授权公告日
53	ZL201010017175.5	一种乙硫氨酸抗性产朊假丝酵母及其应用	发明	王大慧	医学部	2012年4月4日
54	ZL201120259326.8	长玻璃柱体阳极键合的加热加压装置	实用新型	陈　涛	机电工程学院	2012年4月4日
55	ZL200910034332.0	一种水性纳米浆料的制备方法	发明	郑　敏	纺织与服装工程学院	2012年4月4日
56	ZL201120295588.X	水体重金属远程监测系统	实用新型	刘德启	材料与化学化工学部	2012年4月11日
57	ZL200910181279.7	氨基芳氧基稀土金属胺化物及其应用	发明	姚英明	材料与化学化工学部	2012年4月18日
58	ZL201120292397.8	道路地面冲洗吸污车的集水装置	实用新型	胡子刚	金螳螂建筑与城市环境学院	2012年4月18日
59	ZL201120301673.2	电加热炉	实用新型	陈　涛	机电工程学院	2012年4月18日
60	ZL201120265992.2	多头焊锡机构	实用新型	潘明强	机电工程学院	2012年4月18日
61	ZL201120338740.8	基于RFID技术的电缆监测系统	实用新型	李云飞	计算机科学与技术学院	2012年4月18日
62	ZL201120307668.2	下水道、窨井冲洗吸污车的升降装置	实用新型	胡子刚	金螳螂建筑与城市环境学院	2012年4月18日
63	ZL201120308574.7	校园笔记本电脑防盗系统	实用新型	高　强	机电工程学院	2012年4月18日
64	ZL201120279898.2	一种单芯片和晶圆的键合设备	实用新型	陈　涛	机电工程学院	2012年4月18日
65	ZL200910032242.8	一种二茂铁基接枝聚合物及其制备方法	发明	王建军	材料与化学化工学部	2012年4月18日

续表

序号	专利号	专利名称	类别	第一发明人	学院(部)	授权公告日
66	ZL201120295624.2	藻类着生与培养装置	实用新型	刘德启	材料与化学化工学部	2012 年 4 月 18 日
67	ZL201010224056.7	客车车身控制系统的可配置控制模块及其参数配置方法	发明	季爱明	城市轨道交通学院	2012 年 4 月 25 日
68	ZL201120307667.8	下水道、窨井冲洗吸污车	实用新型	胡子刚	金螳螂建筑与城市环境学院	2012 年 4 月 25 日
69	ZL200910182642.7	信号灯控制的城市道路机动车动态行程时间估计方法	发明	张　勇	城市轨道交通学院	2012 年 4 月 25 日
70	ZL200910029684.7	一种合成 2-硝基-3-芳基-2,3,5,7-四氢苯并呋喃-4-酮衍生物的方法	发明	邹建平	材料与化学化工学部	2012 年 4 月 25 日
71	ZL201010570590.3	一种计算全息片	发明	任建锋	现代光学技术研究所	2012 年 4 月 25 日
72	ZL201010017158.1	一种送丝送粉复合激光熔覆成型方法及装置	发明	石世宏	机电工程学院	2012 年 4 月 25 日
73	ZL201120351095.3	一种太阳能电池充电在线控制系统	实用新型	陶　智	物理科学与技术学院	2012 年 4 月 25 日
74	ZL201010159727.6	一种用超临界二氧化碳流体对织物染色的装置及方法	发明	龙家杰	纺织与服装工程学院	2012 年 4 月 25 日
75	ZL200910034856.X	一种有机硅树脂组合物	发明	顾媛娟	材料与化学化工学部	2012 年 4 月 25 日

续表

序号	专利号	专利名称	类别	第一发明人	学院(部)	授权公告日
76	ZL200810195871.8	程序化死亡蛋白2类似物的区域2蛋白及其用途	发明	陈　秋	医学部	2012年5月2日
77	ZL201120329710.0	睡眠呼吸暂停监测仪	实用新型	李云飞	计算机科学与技术学院	2012年5月2日
78	ZL201120379875.9	一种高空电缆除冰装置	实用新型	吴国银	机电工程学院	2012年5月2日
79	ZL200710190620.6	对有机磷农药抗性野桑蚕种群的检验方法	发明	李　兵	医学部	2012年5月23日
80	ZL201120368394.8	基于RFID技术的室内环境监测系统	实用新型	李云飞	计算机科学与技术学院	2012年5月23日
81	ZL200910033061.7	空气源热泵热水器	发明	俞卫刚	物理科学与技术学院	2012年5月23日
82	ZL200810123234.X	宽频域密集波分复用器	发明	王钦华	现代光学技术研究所	2012年5月23日
83	ZL200910182561.7	离子液体型的铁(Ⅲ)配合物及其应用	发明	孙宏枚	材料与化学化工学部	2012年5月23日
84	ZL200910264247.3	生物可降解聚合物囊泡及其制备和应用	发明	刘桂景	材料与化学化工学部	2012年5月23日
85	ZL201120308743.7	同轴定位夹具	实用新型	陈　涛	机电工程学院	2012年5月23日
86	ZL200910186571.8	无汞锌合金颗粒及其制备方法和碱性电化学电池	发明	金成昌	化学电源研究所	2012年5月23日
87	ZL200910232054.X	一种产朊假丝酵母流加发酵制备谷胱甘肽的方法	发明	卫功元	医学部	2012年5月23日
88	ZL201010214923.9	一种含二价铜盐的催化体系及其应用	发明	毛金成	材料与化学化工学部	2012年5月23日

续表

序号	专利号	专利名称	类别	第一发明人	学院(部)	授权公告日
89	ZL201010500870.7	一种基于音码的数字键盘汉字输入方法	发明	刁红军	计算机科学与技术学院	2012年5月23日
90	ZL200910234495.3	一种甲基苯基乙烯基硅树脂的制备方法	发明	顾媛娟	材料与化学化工学部	2012年5月23日
91	ZL201010289553.5	一种聚芳撑乙炔撑类共轭高分子的合成方法	发明	范丽娟	材料与化学化工学部	2012年5月23日
92	ZL201010100150.1	一种可控改性SEBS橡胶的制备方法	发明	张丽芬	材料与化学化工学部	2012年5月23日
93	ZL201010105249.0	一种凝胶电解质及其制备方法	发明	严 锋	材料与化学化工学部	2012年5月23日
94	ZL201120391319.3	一种铅酸蓄电池组电量计	实用新型	陆晓峰	计算机科学与技术学院	2012年5月23日
95	ZL201010507627.8	一种数字键盘文字输入法	发明	王 宏	计算机科学与技术学院	2012年5月23日
96	ZL201010208596.6	一种在不锈钢表面接枝聚合物链的方法	发明	朱 健	材料与化学化工学部	2012年5月23日
97	ZL200910209875.1	超级电容蓄电池	发明	高建锋	化学电源研究所	2012年5月30日
98	ZL201120343148.7	分体式电焐煲	发明	胡子刚	金螳螂建筑与城市环境学院	2012年5月30日
99	ZL201120363893.8	化学实验教学装置	实用新型	秦立强	医学部	2012年5月30日
100	ZL201120360124.2	基于RFID技术的管道系统	实用新型	李云飞	计算机科学与技术学院	2012年5月30日
101	ZL201120330347.4	咳嗽监测仪	实用新型	李云飞	计算机科学与技术学院	2012年5月30日

续表

序号	专利号	专利名称	类别	第一发明人	学院(部)	授权公告日
102	ZL201120372762.6	铆接机构	实用新型	陈立国	机电工程学院	2012年5月30日
103	ZL201010530655.1	顺铂抗肺癌主动靶向隐形类脂质体及其制备方法	发明	杨　红	医学部	2012年5月30日
104	ZL201120386885.5	一种过滤装置	实用新型	徐加英	医学部	2012年5月30日
105	ZL201010161225.7	一种太阳能电池凝胶电解质及其制备方法和应用	发明	严　锋	材料与化学化工学部	2012年5月30日
106	ZL201120405435.6	一种用于超光滑表面的等离子体加工装置	实用新型	解　滨	现代光学技术研究所	2012年5月30日
107	ZL201120368772.2	一种用于放射性标记物质分离的过滤装置	实用新型	宁　萍	医学部	2012年5月30日
108	ZL200910027642.X	一种织机卷布装置	发明	钱志良	机电工程学院	2012年5月30日
109	ZL201010223809.2	1-甲基-5H-茚[1,2-b]吡啶三氟甲磺酸盐-7-(4-二甲氨基)苄烯衍生物及其制备	发明	朱永明	医学部	2012年6月6日
110	ZL201010233435.2	丝素蛋白多孔三维材料的制备方法	发明	张　冰	机电工程学院	2012年6月6日
111	ZL201120351092.X	一种太阳能电池尘土监测装置	实用新型	陶　智	物理科学与技术学院	2012年6月13日
112	ZL200910232666.9	八角科植物"孩儿莲"的组织培养繁殖方法	发明	谈建中	金螳螂建筑与城市环境学院	2012年6月20日

续表

序号	专利号	专利名称	类别	第一发明人	学院(部)	授权公告日
113	ZL201120443202.5	永磁直线同步电机	实用新型	刘吉柱	机电工程学院	2012年6月20日
114	ZL201010149333.2	锻压机缺件检测方法和装置	发明	陈红仙	城市轨道交通学院	2012年6月27日
115	ZL200910031697.8	二茂铁基酮亚胺基稀土金属胺化物及其应用	发明	姚英明	材料与化学化工学部	2012年6月27日
116	ZL200910234778.8	含簇合物的高分子金属配合物及其制备	发明	徐庆锋	材料与化学化工学部	2012年6月27日
117	ZL201010221844.0	一种氨的制备方法	发明	顾宏伟	材料与化学化工学部	2012年6月27日
118	ZL201010270930.0	一种高效溶解初生血栓的聚氨酯材料及其制备	发明	陈　红	材料与化学化工学部	2012年6月27日
119	ZL201010197845.6	一种光催化氧化降解含染料废水的方法	发明	顾宏伟	材料与化学化工学部	2012年6月27日
120	ZL201010537296.2	一种环状聚合物及其制备方法	发明	周年琛	材料与化学化工学部	2012年6月27日
121	ZL201110061335.0	一种输水装置	发明	张晓晖	物理科学与技术学院	2012年6月27日
122	ZL200910034372.5	一种有机硅绝缘浸渍漆及其制备方法	发明	顾媛娟	材料与化学化工学部	2012年6月27日
123	ZL201010004541.3	空调热水器一体机	发明	俞卫刚	物理科学与技术学院	2012年7月4日
124	ZL201120408652.0	同轴粉丝复合送料激光熔覆喷嘴结构	实用新型	王　晨	机电工程学院	2012年7月4日

续表

序号	专利号	专利名称	类别	第一发明人	学院(部)	授权公告日
125	ZL201120408653.5	一种复合喷嘴结构	实用新型	孙后顺	机电工程学院	2012年7月4日
126	ZL200910025422.3	一种合成色酮-3-膦酸酯衍生物的方法	发明	邹建平	材料与化学化工学部	2012年7月4日
127	ZL201120408651.6	一种激光熔覆光内同轴送粉装置	实用新型	程炳敖	机电工程学院	2012年7月4日
128	ZL201010137775.5	一种适合丝质检测的桑蚕茧干燥方法	发明	李兵	医学部	2012年7月4日
129	ZL201010602714.1	一种双金属配合物及其应用	发明	姚英明	材料与化学化工学部	2012年7月4日
130	ZL201010018141.8	一种循环水养殖系统及其应用	发明	蔡春芳	医学部	2012年7月4日
131	ZL201120245229.3	蝇蛆投放式餐厨垃圾处理装置	实用新型	王禹斌	医学部	2012年7月4日
132	ZL201120467542.1	电子转子	实用新型	刘吉柱	机电工程学院	2012年7月11日
133	ZL201120258940.2	柔性超声引线键合夹具	实用新型	陈立国	机电工程学院	2012年7月11日
134	ZL201010234597.8	一种用于华法林个体化用药相关基因SNP位点检测的试剂盒及其PCR扩增方法	发明	秦正红	医学部	2012年7月11日
135	ZL201010591109.9	一种用于检测CYP2C19基因分型的PCR试剂盒	发明	王进	医学部	2012年7月11日

续表

序号	专利号	专利名称	类别	第一发明人	学院(部)	授权公告日
136	ZL201010223791.6	1-甲 基-7H-茚[1,2-b]喹啉三氟甲磺酸盐-7-(4-二甲氨基)苄烯衍生物及其制备	发明	朱永明	医学部	2012年7月18日
137	ZL200910032425.x	氮桥联双芳氧基钇对二苄氧化合物及其制备和应用	发明	孙宏枚	材料与化学化工学部	2012年7月18日
138	ZL201010594860.4	具有三阶非线性光学性质的复合材料及其制备方法	发明	路建美	材料与化学化工学部	2012年7月18日
139	ZL201010227343.3	一种城市信号灯控制道路网络交通自锁控制方法	发明	张 勇	城市轨道交通学院	2012年7月18日
140	ZL200910183716.9	一种催化氧化炔烃制备1,2-二酮的方法	发明	贾 俊	材料与化学化工学部	2012年7月18日
141	ZL200610038418.7	一种点阵素面彩虹光变图像的制作方法	发明	陈林森	信息光学工程研究所	2012年7月18日
142	ZL200910231760.2	胺基芳氧基稀土金属胺化物的制备方法	发明	姚英明	材料与化学化工学部	2012年7月25日
143	ZL201010234581.7	检测苯丙酮尿症PAH基因7个热点突变位点的试剂盒及其PCR扩增方法	发明	秦正红	医学部	2012年7月25日
144	ZL201010288275.1	一种难溶于水的透明丝素蛋白膜及其制备方法	发明	卢神州	纺织与服装工程学院	2012年7月25日

续表

序号	专利号	专利名称	类别	第一发明人	学院(部)	授权公告日
145	ZL200910025440.1	一种丝素蛋白水凝胶的制备方法	发明	卢神州	纺织与服装工程学院	2012年7月25日
146	ZL201010231417.0	一种铁电薄膜退极化时间的测量方法	发明	郑分刚	物理科学与技术学院	2012年7月25日
147	ZL201010267430.1	用于蒽醌法制过氧化氢的催化剂及其制备方法	发明	杨　平	材料与化学化工学部	2012年7月25日
148	ZL201120519360.4	用于激光加工装置的摆动机构	实用新型	涂　群	机电工程学院	2012年7月25日
149	ZL201010267426.5	用于醚醛加氢反应制备醚醇的催化剂及其制备方法	发明	杨　平	材料与化学化工学部	2012年7月25日
150	ZL201110142534.4	10-羟基吡喹酮的制备及其作为抗血吸虫药物的应用	发明	乔春华	医学部	2012年8月8日
151	ZL201010237182.6	分散染料免蒸洗印花工艺	发明	丁志平	艺术学院	2012年8月8日
152	ZL201120481538.0	激光熔覆复合喷嘴	实用新型	储呈媛	机电工程学院	2012年8月8日
153	ZL201120433932.7	偏心夹紧装置	实用新型	吴冬敏	机电工程学院	2012年8月8日
154	ZL201110154814.7	桑蚕卵胚胎发育进程检测方法	发明	李　兵	医学部	2012年8月8日
155	ZL201120526916.2	压电陶瓷驱动电源	实用新型	汝长海	机电工程学院	2012年8月8日
156	ZL201120529113.2	一种多功能雾化吸入用支架	实用新型	邬　青	医学部	2012年8月8日

续表

序号	专利号	专利名称	类别	第一发明人	学院(部)	授权公告日
157	ZL201120526119.4	一种硅基微定位平台驱动电源	实用新型	汝长海	机电工程学院	2012年8月8日
158	ZL201120445042.8	一种激光加工光内同轴送丝喷头	实用新型	李洪远	机电工程学院	2012年8月8日
159	ZL201120533134.1	一种实时测量生丝细度的装置	实用新型	周　望	现代光学技术研究所	2012年8月8日
160	ZL201010297729.1	一种张驰型压控振荡器	发明	李富华	电子信息学院	2012年8月8日
161	ZL201010178541.5	1-苄基-4-硫苄基-吡啶盐碘化物的制备方法	发明	郎建平	材料与化学化工学部	2012年8月15日
162	ZL201120574603.4	二级增力离心离合器	发明	孙承峰	机电工程学院	2012年8月15日
163	ZL201120515631.9	激光熔覆粉丝复合喷头	实用新型	沈玲琳	机电工程学院	2012年8月15日
164	ZL201010512137.7	一种含氟硅油及其制备方法	发明	李战雄	纺织与服装工程学院	2012年8月15日
165	ZL201010239605.8	HLA高分辨基因测序试剂盒	发明	邱桥成	医学部	2012年8月22日
166	ZL201110088480.8	全正色散腔锁模全光纤激光器	发明	刘东峰	现代光学技术研究所	2012年8月22日
167	ZL201110088737.X	全正色散腔锁模全光纤激光器	发明	刘东峰	现代光学技术研究所	2012年8月22日
168	ZL201010159680.3	一种改性双马来酰亚胺-三嗪树脂及其制备方法	发明	梁国正	材料与化学化工学部	2012年8月22日

续表

序号	专利号	专利名称	类别	第一发明人	学院(部)	授权公告日
169	ZL200810243777.5	一种含有罗丹明基团的高分子荧光探针及合成方法	发明	路建美	材料与化学化工学部	2012年8月22日
170	ZL201010288245.0	一种基于笼型倍半硅氧烷结构的有机月无机微孔硅及制备方法	发明	梁国正	材料与化学化工学部	2012年8月22日
171	ZL201110031318.2	一种抗菌抗凝血聚氨酯材料的制备方法	发明	李　艺	材料与化学化工学部	2012年8月22日
172	ZL201220003101.0	尿量测量系统	实用新型	鞠　阳	医学部	2012年8月29日
173	ZL201120540671.9	腿部周径测量装置	实用新型	汪小华	医学部	2012年8月29日
174	ZL200910194524.8	一种对纺织品的处理方法	发明	龙家杰	纺织与服装工程学院	2012年8月29日
175	ZL201220004962	一种青虾苗种的捕捞渔具	实用新型	宋学宏	医学部	2012年8月29日
176	ZL201010135143.5	一种适合少丝胶桑蚕茧的低温煮茧方法	发明	李　兵	医学部	2012年8月29日
177	ZL201220002965.0	一种无线网络控制设备	实用新型	蒋银珍	计算机科学与技术学院	2012年8月29日
178	ZL201010585906.6	一种鱼类组织快速切片方法	发明	叶元土	医学部	2012年8月29日
179	ZL201120558803.0	一种约束手套	实用新型	卢　珏	医学部	2012年8月29日
180	ZL201220047322.8	LED光源输入电压自适应电路	实用新型	许宜申	物理科学与技术学院	2012年9月5日

续表

序号	专利号	专利名称	类别	第一发明人	学院(部)	授权公告日
181	ZL201110202438.4	侧链功能化修饰的生物可降解型两亲性聚酯	发明	倪沛红	材料与化学化工学部	2012年9月5日
182	ZL201110273322.X	文本信息抽取方法和系统	发明	李培峰	计算机科学与技术学院	2012年9月5日
183	ZL201220039615.1	一种风能光能互补电源系统及路灯	实用新型	鞠　华	化学电源研究所	2012年9月5日
184	ZL201010581123.0	一种官能化改性超支化聚苯醚及其制备方法	发明	顾媛娟	材料与化学化工学部	2012年9月5日
185	ZL201010551346.2	一种计算机控制小工具抛光方法	发明	郭培基	现代光学技术研究所	2012年9月5日
186	ZL201220066299.7	一种敏感性问题抽样调查随机化装置	实用新型	王　磊	医学部	2012年9月5日
187	ZL200810243140.6	一种虾白斑综合症病毒病检测试剂盒	发明	薛仁宇	医学部	2012年9月5日
188	ZL201010585236.8	一种信号中周期瞬态成分检测方法	发明	朱忠奎	城市轨道交通学院	2012年9月5日
189	ZL201110057644.0	一种以Ta2O5薄膜为电介质膜的电容器制备方法	发明	狄国庆	物理科学与技术学院	2012年9月5日
190	ZL201010540169.8	一种阻燃双马来酰亚胺树脂及其制备方法	发明	梁国正	材料与化学化工学部	2012年9月12日
191	ZL201220013668.6	蚕丝宣纸制造用原料丝饼模具	实用新型	丁志平	艺术学院	2012年9月19日

续表

序号	专利号	专利名称	类别	第一发明人	学院(部)	授权公告日
192	ZL201220010918.0	操作手爪及应用该操作手爪的机械手	实用新型	潘明强	机电工程学院	2012年9月19日
193	ZL201220062820.X	带有缓冲机构的气、液压缸	实用新型	钟康民	机电工程学院	2012年9月19日
194	ZL201110154158	静电纺丝装置	发明	徐岚	纺织与服装工程学院	2012年9月19日
195	ZL201120454768.8	气液复合传动双工位夹具	实用新型	陈汐	机电工程学院	2012年9月19日
196	ZL201220063356.6	双肘杆式冲床	实用新型	钟康民	机电工程学院	2012年9月19日
197	ZL201220054767.9	压电驱动式微夹持器	实用新型	陈涛	机电工程学院	2012年9月19日
198	ZL201110124231.X	一种红外双波段消热差光学镜头	发明	沈为民	现代光学技术研究所	2012年9月19日
199	ZL201120363095.5	一种基于激光铣削的激光熔覆快速精密制造装置	实用新型	王明娣	机电工程学院	2012年9月19日
200	ZL201010156989.7	一种双马来酰亚胺-三嗪树脂及其制备方法	发明	顾媛娟	材料与化学化工学部	2012年9月19日
201	ZL201120464150.X	一种双作用双级气液增压传动装置	实用新型	王明娣	机电工程学院	2012年9月19日
202	ZL201110020542.1	一种勋章菊高效快速育苗方法	发明	陆小平	金螳螂建筑与城市环境学院	2012年9月19日
203	ZL201220062817.8	双肘杆自锁夹紧装置	实用新型	钟以波	机电工程学院	2012年9月26日
204	ZL201220063285.X	一种多功能床头牌	实用新型	倪志红	医学部	2012年9月26日

续表

序号	专利号	专利名称	类别	第一发明人	学院(部)	授权公告日
205	ZL200910235175. X	一种提高富硒产朊假丝酵母胞内谷胱甘肽含量的方法	发明	卫功元	医学部	2012 年 9 月 26 日
206	ZL201110053030. 5	衣霉素在制备治疗缺血性脑中风药物中的应用	发明	秦正红	医学部	2012 年 9 月 26 日
207	ZL200910025439. 9	植源性荧光色素的提取方法	发明	陆小平	金螳螂建筑与城市环境学院	2012 年 9 月 26 日
208	ZL201220072515. 9	监护仪线路管理器	实用新型	马芳琴	医学部	2012 年 10 月 3 日
209	ZL201010555708. 5	抗人 ppGalNAc-T2 单克隆抗体及其应用	发明	刘春亮	医学部	2012 年 10 月 3 日
210	ZL201010110755. 9	萘酰亚胺衍生物及其作为荧光探针应用	发明	徐冬梅	材料与化学化工学部	2012 年 10 月 3 日
211	ZL201220072514. 4	一种闭环压电薄膜泵	实用新型	潘明强	机电工程学院	2012 年 10 月 3 日
212	ZL201010238379. 1	一种催化氧化一氧化碳的方法	发明	顾宏伟	材料与化学化工学部	2012 年 10 月 3 日
213	ZL200910231762. 1	一种笼型碳硼烷及其制备方法	发明	李战雄	纺织与服装工程学院	2012 年 10 月 3 日
214	ZL201220095726. 4	一种无菌药液转移注射器	实用新型	王　诚	医学部	2012 年 10 月 3 日
215	ZL201220061718. 8	气动剪板机	实用新型	杨晓敏	机电工程学院	2012 年 10 月 10 日
216	ZL201220061739. X	气动液压泵	实用新型	靖　聪	机电工程学院	2012 年 10 月 10 日

续表

序号	专利号	专利名称	类别	第一发明人	学院(部)	授权公告日
217	ZL201010618921.6	乳糖化-去甲斑蝥素磷脂复合物及其制备方法	发明	张学农	医学部	2012年10月10日
218	ZL201220073226.0	双工位气动冲压机	实用新型	高新新	机电工程学院	2012年10月10日
219	ZL201220061720.5	双气缸气动剪板机	实用新型	徐亚鑫	机电工程学院	2012年10月10日
220	ZL201220114574.8	压电显微切割系统	实用新型	汝长海	机电工程学院	2012年10月10日
221	ZL201110281872.6	一种并发事务的调度方法和相关装置	发明	赵雷	计算机科学与技术学院	2012年10月10日
222	ZL201220123076.X	一种低应力多碰试验装置	实用新型	张辉	机电工程学院	2012年10月10日
223	ZL201220100730.5	注射器药液抽取辅助装置	实用新型	冯萍	医学部	2012年10月10日
224	ZL201110059355.4	一种改性氰酸酯树脂及其制备方法	发明	梁国正	材料与化学化工学部	2012年10月17日
225	ZL201220128375.2	可调式削茧刀	实用新型	司马杨虎	金螳螂建筑与城市环境学院	2012年10月24日
226	ZL200910031267.6	一种彩色滤光片	发明	叶燕	信息光学工程研究所	2012年10月24日
227	ZL201220149523.9	称量分级鉴蛹机	实用新型	司马杨虎	金螳螂建筑与城市环境学院	2012年10月31日
228	ZL201220137822.0	废水处理系统	实用新型	刘德启	材料与化学化工学部	2012年10月31日
229	ZL201220137633.3	废水处理系统	实用新型	刘德启	材料与化学化工学部	2012年10月31日
230	ZL201220061741.7	风叶可开合的风力发电风机	实用新型	胡子刚	金螳螂建筑与城市环境学院	2012年10月31日

续表

序号	专利号	专利名称	类别	第一发明人	学院(部)	授权公告日
231	ZL201220061740.2	具有多组风轮的风力发电风机	实用新型	胡子刚	金螳螂建筑与城市环境学院	2012年10月31日
232	ZL201010250686.1	一种多通道光纤光栅色散补偿器	发明	王钦华	现代光学技术研究所	2012年10月31日
233	ZL201110175284.4	一种控制家蚕蛹期发育的方法	发明	贡成良	医学部	2012年10月31日
234	ZL200910144909.3	眼镜蛇短链神经毒素在制备治疗关节炎药物中的用途	发明	秦正红	医学部	2012年11月7日
235	ZL201220137718.1	一种多点浮动夹紧装置	实用新型	王　勇	机电工程学院	2012年11月7日
236	ZL201220137632.9	废气净化装置	实用新型	刘德启	材料与化学化工学部	2012年11月14日
237	ZL201110003962.9	罗丹宁衍生物作为抗肿瘤药物的应用	发明	乔春华	医学部	2012年11月14日
238	ZL201110227223.8	聚乙二醇修饰的氧化石墨烯的应用	发明	刘　庄	功能纳米与软物质研究院	2012年11月21日
239	ZL201110088871.X	一种改性双马来酰亚胺月氰酸酯树脂及其制备方法	发明	梁国正	材料与化学化工学部	2012年11月21日
240	ZL201220161915.7	一种基于Zigbee的轮胎压力检测系统	实用新型	周刘蕾	电子信息学院	2012年11月21日
241	ZL201010583569.7	一种检测乳腺癌易感性的试剂盒	发明	周翊峰	医学部	2012年11月21日

续表

序号	专利号	专利名称	类别	第一发明人	学院(部)	授权公告日
242	ZL201010555682.4	一种聚合物阴离子交换膜及其制备方法	发明	严　锋	材料与化学化工学部	2012年11月21日
243	ZL201220174432.0	一种用于光学镜片损伤阈值检测的压电传感器系统	实用新型	蔡　伟	机电工程学院	2012年11月21日
244	ZL201010140174.X	用于丝织品的硬挺整理组合物及其在丝绸剪刻、装饰方面的应用	发明	丁志平	艺术学院	2012年11月21日
245	ZL201220170206.5	基于RFID技术的地漏	实用新型	李云飞	计算机科学与技术学院	2012年11月28日
246	ZL201220149522.4	江河圩岸截流的空心三角锥体	实用新型	胡子刚	金螳螂建筑与城市环境学院	2012年11月28日
247	ZL200910221248.X	铅酸蓄电池正极板	发明	刘　颖	化学电源研究所	2012年11月28日
248	ZL201220073585.6	陶瓷基片测试装置	实用新型	曹洪龙	电子信息学院	2012年12月3日
249	ZL201110001143.0	宽带角度选择激光滤波器	发明	袁　孝	现代光学技术研究所	2012年12月5日
250	ZL201220189513.8	学习用组装式青霉教具	实用新型	朱越雄	医学部	2012年12月5日
251	ZL201110092542.2	一种单晶硅太阳能电池绒面的制备方法	发明	王　飞	物理科学与技术学院	2012年12月5日
252	ZL201220236882.8	一种地沟油快速检测装置	实用新型	周　望	现代光学技术研究所	2012年12月5日
253	ZL201110088814.1	一种官能化超支化聚苯醚及其制备方法	发明	梁国正	材料与化学化工学部	2012年12月5日

续表

序号	专利号	专利名称	类别	第一发明人	学院(部)	授权公告日
254	ZL201110115431.9	一种可注射成型的丝素蛋白水凝胶及其制备方法	发明	卢神州	纺织与服装工程学院	2012年12月5日
255	ZL201010585756.9	一种强化鱼类肠道粘膜和肝胰脏细胞生理功能的配合饲料	发明	叶元土	医学部	2012年12月5日
256	ZL201110046746.2	一种疏水基团修饰的聚乙烯亚胺衍生物及其应用	发明	钟志远	材料与化学化工学部	2012年12月5日
257	ZL201010540182.3	一种丝素蛋白微载体及其制备方法	发明	王　璐	材料与化学化工学部	2012年12月5日
258	ZL201110147750.8	一种透明丙烯酸硅树脂纳米复合材料及制备方法	发明	顾媛娟	材料与化学化工学部	2012年12月5日
259	ZL201010214560.9	用于大口径空间光学反射镜加工的支撑系统	发明	黄启泰	现代光学技术研究所	2012年12月5日
260	ZL201220149468.3	江河圩岸截流钢笼	实用新型	胡子刚	金螳螂建筑与城市环境学院	2012年12月5日
261	ZL201110038391.2	环保型纺织印花用珠光胶浆及其制备方法和应用	发明	丁志平	艺术学院	2012年12月5日
262	ZL201110219806.6	一种彩色图像形成方法	发明	周小红	信息光学工程研究所	2012年12月12日
263	ZL201220081223.1	Freescale系列微控制嵌入式系统开发平台	实用新型	蒋银珍	计算机科学与技术学院	2012年12月12日

续表

序号	专利号	专利名称	类别	第一发明人	学院(部)	授权公告日
264	ZL201220253781.1	静电纺丝装置	实用新型	何吉欢	纺织与服装工程学院	2012年12月12日
265	ZL201220254734.9	气泡静电纺丝装置	实用新型	何吉欢	纺织与服装工程学院	2012年12月12日
266	ZL201220253782.6	气泡静电纺丝装置	实用新型	何吉欢	纺织与服装工程学院	2012年12月12日
267	ZL201220095624.2	一种微控制器的硬件评估板	实用新型	吴　瑾	计算机科学与技术学院	2012年12月12日
268	ZL201110056456.6	抗人CXCR3分子单抗及其应用	发明	邱玉华	医学部	2012年12月26日
269	ZL201220255030.3	一种儿童束缚毯	实用新型	蒋惠芬	医学部	2012年12月26日
270	ZL201220134926.6	一种机电液一体化均压夹紧装置	实用新型	王明娣	机电工程学院	2012年12月26日
271	ZL201220240977.9	一种夹紧装置	实用新型	吴冬敏	机电工程学院	2012年12月26日
272	ZL201110175277.4	一种利用转基因家蚕生产荧光抗菌丝的方法	发明	曹广力	医学部	2012年12月26日
273	ZL201110083836.9	一种偏振-超光谱压缩成像方法与系统	发明	陈宇恒	现代光学技术研究所	2012年12月26日
274	ZL201110076926.5	一种丝素蛋白/共聚物水凝胶的制备方法	发明	钟天翼	纺织与服装工程学院	2012年12月26日
275	ZL201110093860.0	一种四环素类衍生物在制备放疗增敏药物中的应用	发明	樊赛军	医学部	2012年12月26日
276	ZL201110149466.4	一种阻燃双马来酰亚胺树脂及其制备方法	发明	顾媛娟	材料与化学化工学部	2012年12月26日

续表

序号	专利号	专利名称	类别	第一发明人	学院(部)	授权公告日
277	ZL201220062823.3	永磁助力电磁冲压机	实用新型	肖莹华	机电工程学院	2012 年 12 月 26 日
278	ZL201220062822.9	永磁助力机械增力电磁冲压机	实用新型	肖莹华	机电工程学院	2012 年 12 月 26 日
279	ZL201220261489.4	分散染料免蒸洗印花辊压式压烫机	实用新型	丁志平	艺术学院	2012 年 12 月 26 日
280	ZL201220148021.4	一种管道机器人	实用新型	王富东	机电工程学院	2012 年 12 月 28 日
281	ZL201010256889.1	一种有机/无机纳米杂化磁性材料的制备方法	发明	程振平	材料与化学化工学部	2012 年 12 月 31 日

2012 年度苏州大学软件著作权授权情况

2012 年度苏州大学软件著作权授权情况一览表

序号	登记号	名称	登记日期	学院
1	2012SR000149	IPSPS 系统 V1.0	2012 年 1 月 4 日	计算机科学与技术学院
2	2012SR000148	Integrative Outlier Detection (IOD) 软件 V1.0	2012 年 1 月 4 日	计算机科学与技术学院
3	2012SR000152	PPSC 系统 V1.0	2012 年 1 月 4 日	计算机科学与技术学院
4	2012SR000103	苏州大学 ACM-ICPC 竞赛前端系统 V1.0	2012 年 1 月 4 日	计算机科学与技术学院
5	2012SR000097	苏州大学 ACM-ICPC 竞赛后台管理系统 V1.0	2012 年 1 月 4 日	计算机科学与技术学院
6	2012SR001018	全球 P2P 网络信息分析软件 1.0	2012 年 1 月 9 日	计算机科学与技术学院

续表

序号	登记号	名称	登记日期	学院
7	2012SR001647	Integrative Peak Callers 系统 V1.0	2012年1月10日	计算机科学与技术学院
8	2012SR002454	客房管理系统	2012年1月12日	计算机科学与技术学院
9	2012SR005272	基于校园网远程控制的机房总管系统 V3.0	2012年1月30日	计算机科学与技术学院
10	2012SR005423	贝敦氏症疾病相关信息管理系统 V1.0	2012年1月31日	计算机科学与技术学院
11	2012SR006444	基于二型模糊逻辑的死锁检测软件 V1.0	2012年2月3日	计算机科学与技术学院
12	2012SR008541	P2P 种子信息收集软件 1.0	2012年2月10日	计算机科学与技术学院
13	2012SR016108	苏州大学网上党校系统	2012年3月2日	计算机科学与技术学院
14	2012SR016056	苏州大学学费减免系统	2012年3月2日	计算机科学与技术学院
15	2012SR017853	基于 DSP 的人脸实时检测软件 1.0	2012年3月7日	电子信息学院
16	2012SR017705	基于 DSP 的实时人脸识别软件 1.0	2012年3月7日	电子信息学院
17	2012SR017633	基于高阶文本网数据的主题建模平台 V1.0	2012年3月7日	计算机科学与技术学院
18	2012SR018366	基于消息传递算法的主题模型软件 V1.0	2012年3月9日	计算机科学与技术学院
19	2012SR024735	基于传感网的舞台灯光控制软件(SNLLR) V1.0	2012年3月30日	计算机科学与技术学院
20	2012SR026711	铅酸蓄电池组电量计软件 V1.0	2012年4月9日	计算机科学与技术学院
21	2012SR032740	苏州大学机房日志管理系统	2012年4月25日	计算机科学与技术学院

续表

序号	登记号	名称	登记日期	学院
22	2012SR032737	服装缝制工序自动分析系统	2012 年 4 月 25 日	纺织与服装工程学院
23	2012SR033752	江苏省高等教育自学考试管理系统	2012 年 4 月 27 日	计算机科学与技术学院
24	2012SR037838	女裙样板自动生成系统 V1.0	2012 年 5 月 11 日	纺织与服装工程学院
25	2012SR040122	织物管理系统	2012 年 5 月 17 日	纺织与服装工程学院
26	2012SR043976	网络设备管理软件 1.0	2012 年 5 月 26 日	计算机科学与技术学院
27	2012SR043809	网络流量识别分析平台 1.0	2012 年 5 月 26 日	计算机科学与技术学院
28	2012SR043686	两轴全自动绕线机控制软件 V1.0	2012 年 5 月 26 日	电子信息学院
29	2012SR052760	蒙特卡罗方法仿真平台软件	2012 年 6 月 19 日	计算机科学与技术学院
30	2012SR056714	基于消息传递机制的分布式主题建模软件 V1.0	2012 年 6 月 29 日	计算机科学与技术学院
31	2012SR056717	基于在线分析海量数据的主题模型软件 V1.0	2012 年 6 月 29 日	计算机科学与技术学院
32	2012SR056529	企业固定资产管理系统	2012 年 6 月 29 日	计算机科学与技术学院
33	2012SR057646	基于身份的盲签名系统	2012 年 7 月 2 日	计算机科学与技术学院
34	2012SR058016	可查询数据加密软件	2012 年 7 月 2 日	计算机科学与技术学院
35	2012SR060125	B2C 电子商务后台管理系统	2012 年 7 月 5 日	计算机科学与技术学院
36	2012SR062949	分布式门控系统管理软件 1.0	2012 年 7 月 13 日	电子信息学院

续表

序号	登记号	名称	登记日期	学院
37	2012SR063776	基于 Petri 网的 Web 服务组合模型转换工具软件	2012 年 7 月 14 日	计算机科学与技术学院
38	2012SR063666	宾州篇章树库风格的潜层篇章分析器	2012 年 7 月 14 日	计算机科学与技术学院
39	2012SR064451	文本情感挖掘及信息检索系统	2012 年 7 月 17 日	计算机科学与技术学院
40	2012SR067435	大学生网络教学平台	2012 年 7 月 25 日	计算机科学与技术学院
41	2012SR071511	基于 LST-KDE 行人检测系统 V1.0	2012 年 8 月 7 日	计算机科学与技术学院
42	2012SR073499	跨文本指代标注系统 1.0	2012 年 8 月 11 日	计算机科学与技术学院
43	2012SR081303	基于二型模糊逻辑的数据竞争检测软件 V1.0	2012 年 8 月 30 日	计算机科学与技术学院
44	2012SR081138	蛋白质结构拓扑建模软件 V1.0	2012 年 8 月 30 日	计算机科学与技术学院
45	2012SR081485	并行化 GPCR 结构预测软件 V1.0	2012 年 8 月 31 日	计算机科学与技术学院
46	2012SR082448	网上书店系统	2012 年 9 月 1 日	计算机科学与技术学院
47	2012SR082445	连锁酒店管理系统	2012 年 9 月 1 日	计算机科学与技术学院
48	2012SR090752	大数据集保密分析软件	2012 年 9 月 22 日	计算机科学与技术学院
49	2012SR090550	基于身份的即时消息加密系统软件	2012 年 9 月 22 日	计算机科学与技术学院
50	2012SR092066	CMOS 镜头质量分析软件 1.0	2012 年 9 月 26 日	电子信息学院
51	2012SR101777	基于 CS2 方案的可检索加密去存储系统软件	2012 年 10 月 29 日	计算机科学与技术学院

续表

序号	登记号	名 称	登记日期	学院
52	2012SR107663	发电机组数字式控制屏显示软件 V1.0	2012 年 11 月 10 日	计算机科学与技术学院
53	2012SR109294	面向 Deep Web 隐私保护的查询接口分析与检测软件 V1.0	2012 年 11 月 14 日	计算机科学与技术学院
54	2012SR110380	企业管理中心软件 1.0	2012 年 11 月 16 日	电子信息学院
55	2012SR110379	分子键型自动生成软件 1.0	2012 年 11 月 16 日	功能纳米与软物质研究院
56	2012SR110382	基于分子表面的构象熵计算软件 1.0	2012 年 11 月 16 日	功能纳米与软物质研究院
57	2012SR109941	程序设计类课程自测平台软件	2012 年 11 月 16 日	计算机科学与技术学院
58	2012SR117944	蛋白质侧链结构预测软件 1.0	2012 年 12 月 3 日	计算机科学与技术学院
59	2012SR119181	高速公路异常检测智能分析系统 1.0	2012 年 12 月 4 日	计算机科学与技术学院
60	2012SR118878	BLACK FOX 多功能局域网办公平台 V1.0	2012 年 12 月 4 日	城市轨道交通学院
61	2012SR118880	基于 MFC 和 ActiveX 的动态图表软件 V1.0	2012 年 12 月 4 日	城市轨道交通学院
62	2012SR122767	综合 GIS 信息平台	2012 年 12 月 12 日	计算机科学与技术学院
63	2012SR122775	工业数据综合嵌入式网关平台	2012 年 12 月 12 日	计算机科学与技术学院
64	2012SR122770	莫比乌斯立方体网络生成树构建系统 V1.0	2012 年 12 月 12 日	计算机科学与技术学院
65	2012SR122775	工业数据综合嵌入式网关平台 V1.0	2012 年 12 月 12 日	计算机科学与技术学院
66	2012SR122767	综合 GIS 信息平台 1.0	2012 年 12 月 12 日	计算机科学与技术学院
67	2012SR126297	Pushi 物联网信息集成发布系统 1.0	2012 年 12 月 17 日	计算机科学与技术学院

2012 年度苏州大学承担的省部级以上项目情况

一、科技项目情况

1. 国家重点基础研究发展计划（"973 计划"及重大科学研究计划）项目（课题）（10 项）

序号	项目批准号	项目名称	项目负责人	承担单位	资助经费（万元）	完成时间
1	2012CB947600	生物钟在生殖系统与发育中调节的机制	王晗	医学部基础医学与生物科学学院	1 073	2011 年 8 月—2016 年 12 月
2	2012CB947601	生物钟在生殖系统与胚胎中自身的振荡规律	王晗	医学部基础医学与生物科学学院	305	2011 年 8 月—2016 年 12 月
3	2012CB947602	生物钟对下丘脑GnRH 网络的调控	王光辉	医学部药学院	245	2011 年 8 月—2016 年 12 月
4	2012CB947604	生物钟在卵巢中调节的机制	徐智策	附属第一医院	253	2011 年 8 月—2016 年 12 月
5	2013CB934401	荧光硅纳米结构的设计、生物学效应及其用于生物荧光成像的基础研究	何耀	功能纳米与软物质研究院	235	2012 年 8 月—2017 年 12 月
6	2012CB825803	纳米分辨细胞成像探针研究	康振辉	功能纳米与软物质研究院	186	2011 年 8 月—2016 年 12 月
7	2012CB932601	界面纳米结构的构筑与生物分子作用机制的基础研究	刘庄	功能纳米与软物质研究院	338	2011 年 8 月—2016 年 12 月
8	2012CB932402	硅纳米结构的光伏器件应用的基础研究	孙宝全	功能纳米与软物质研究院	320	2011 年 8 月—2016 年 12 月

续表

序号	项目批准号	项目名称	项目负责人	承担单位	资助经费（万元）	完成时间
9	2012CB722302	干细胞与丝蛋白生物材料在仿生功能性皮肤构建及其运用中的作用和机制	秦明德	医学部基础医学与生物科学学院	115	2011年8月—2016年12月
10	2012CB526609	血小板在血栓形成起始阶段的调控机制及其信号转导机制研究	戴克胜	附属第一医院	59	2011年8月—2016年12月

2. 国家科技支撑计划课题(1项)

序号	项目批准号	项目名称	项目负责人	承担单位	资助经费（万元）	完成时间
1	2012BAC14B03	高性能溢油吸附材料及回收利用技术	路建美	材料与化学化工学部	654	2011年8月—2016年12月

3. 国际科技合作项目(2项)

序号	项目批准号	项目名称	项目负责人	承担单位	资助经费（万元）	完成时间
1	2012DFG41900	基于萘酰亚胺结构的染料分子设计及染料敏化太阳能电池器件制备	路建美	材料与化学化工学部	100	2011年8月—2016年12月
2	41-5	基于铁电氧化物薄膜的新型光伏器件	郑分刚	材料与化学化工学部		2011年8月—2016年12月

4. 国家软科学(1 项)

序号	项目批准号	项目名称	项目负责人	承担单位	资助经费（万元）	完成时间
1	2012GXS4B058	我国公共体育服务体系研究	王家宏	体育学院	6	2011 年 8 月—2016 年 12 月

5. 国家自然科学基金项目(281 项)

序号	项目批准号	项目名称	项目负责人	承担单位	资助经费（万元）	项目类别	完成时间
1	61211130358	有机-无机杂化太阳电池异质结的光电性能调控研究	孙宝全	功能纳米与软物质研究院	9	国际（地区）合作与交流项目	2014 年 3 月 31 日
2	21281340248	第一届新颖纳米材料和器件国际研讨会(Chungju-Suzhou)	邹贵付	物理科学与技术学院	5	国际（地区）合作与交流项目	2012 年 12 月 31 日
3	81281220277	中加健康合作研究计划项目联合评审会暨双边研讨会	熊思东	生物医学研究院	1.5	国际（地区）合作与交流项目	2012 年 12 月 31 日
4	51225302	生物医用高分子	钟志远	材料与化学化工学部	200	国家杰出青年科学基金	2016 年 12 月 31 日
5	51228201	外延复合薄膜中的应变调控	汪海燕	物理科学与技术学院	20	海外及港澳学者合作研究基金	2014 年 12 月 31 日
6	51228302	多进制有机电存储材料和器件中电传导机理的瞬态激光光谱研究	徐清华	材料与化学化工学部	20	海外及港澳学者合作研究基金	2014 年 12 月 31 日
7	11271277	非光滑和奇异哈密顿动力系统的共振和拉格朗日稳定性	钱定边	数学科学学院	68	面上项目	2016 年 12 月 31 日

续表

序号	项目批准号	项目名称	项目负责人	承担单位	资助经费（万元）	项目类别	完成时间
8	11271278	测度刚性及其在丢番图逼近中的应用	史恩慧	数学科学学院	60	面上项目	2016年12月31日
9	11271279	多水平定量因子试验的设计与分析	唐　煜	数学科学学院	60	面上项目	2016年12月31日
10	11271280	软件测试中的若干组合结构研究	殷剑兴	数学科学学院	68	面上项目	2016年12月31日
11	11271281	化学气相渗透过程的多尺度建模、分析与模拟	岳兴业	数学科学学院	60	面上项目	2016年12月31日
12	11271276	几何结构形变空间的几何拓扑	张　影	数学科学学院	56	面上项目	2016年12月31日
13	11271275	有几何背景的交换分次环的研究	朱广俊	数学科学学院	50	面上项目	2016年12月31日
14	11274005	部分相干电磁光束的位相调控及其经过介质传输与成像的理论与实验研究	蔡阳健	物理科学与技术学院	90	面上项目	2016年12月31日
15	11274236	自旋转移矩微波发生器的最优构型的理论分析及模拟	孙周洲	物理科学与技术学院	78	面上项目	2016年12月31日
16	61271359	病理嗓音识别及嘶哑嗓音修复研究	陶　智	物理科学与技术学院	80	面上项目	2016年12月31日
17	11274237	氧化物薄膜中的多维应变效应研究	杨　浩	物理科学与技术学院	93	面上项目	2016年12月31日
18	51272167	异原子过渡金属和磷共掺杂碳的制备及其对氧气还原催化机理的研究	杨瑞枝	物理科学与技术学院	80	面上项目	2016年12月31日

续表

序号	项目批准号	项目名称	项目负责人	承担单位	资助经费（万元）	项目类别	完成时间
19	11275136	多频等离子体溅射沉积Ag掺杂a-SiCxOy发光材料的研究	叶　超	物理科学与技术学院	86	面上项目	2016年12月31日
20	21274103	运动温度梯度场作用下高分子链扩散行为的实验研究	张晓华	物理科学与技术学院	80	面上项目	2016年12月31日
21	51272166	利用氢化非晶硅薄膜和氧化银纳米颗粒改善掺钕钛酸铋铁电薄膜的光伏效应研究	郑分刚	物理科学与技术学院	80	面上项目	2016年12月31日
22	51272168	共掺杂金属阳离子制备快离子导体复合尖晶石LiMn1.5Ni0.5O4阴极材料	郑洪河	物理科学与技术学院	80	面上项目	2016年12月31日
23	11274238	单分子磁体自旋电子器件的界面效应研究	周丽萍	物理科学与技术学院	78	面上项目	2016年12月31日
24	21274097	伯胺单体离子缔合调控的可见光活化室温水溶液RAFT聚合	蔡远利	材料与化学化工学部	80	面上项目	2016年12月31日
25	21274100	近红外荧光磁性多功能纳米粒子的精密合成	程振平	材料与化学化工学部	80	面上项目	2016年12月31日
26	51273137	光控“四唑-烯”点击化学法原位制备生物可降解水凝胶和微凝胶用于蛋白质药物的控制释放	邓　超	材料与化学化工学部	80	面上项目	2016年12月31日
27	51273136	具有电荷双向流动能力的功能染料的合成及其三阶非线性光学性能	葛健锋	材料与化学化工学部	80	面上项目	2016年12月31日

续表

序号	项目批准号	项目名称	项目负责人	承担单位	资助经费（万元）	项目类别	完成时间
28	21274104	新型超支化聚硅烷及其改性高性能热固性树脂的结构与性能研究	顾媛娟	材料与化学化工学部	80	面上项目	2016年12月31日
29	21274102	弱相互作用力协同诱导的高强度、弹性超分子水凝胶的构建与性能研究	郭明雨	材料与化学化工学部	38	面上项目	2014年12月31日
30	21271133	设计与合成新型双、多卟啉及其在手性识别中的应用	胡传江	材料与化学化工学部	80	面上项目	2016年12月31日
31	21272167	含第四副族-稀土双金属核的金属有机化合物的合成及其对烯烃和炔烃的氢化胺化反应的催化作用研究	李亚红	材料与化学化工学部	80	面上项目	2016年12月31日
32	51273139	具不对称膜结构的pH敏感可降解智能型聚合物囊泡用于肿瘤高效靶向治疗	孟凤华	材料与化学化工学部	80	面上项目	2016年12月31日
33	21271134	新型PNP配体的设计、合成及其配合物在催化C月C偶联反应中的应用	任志刚	材料与化学化工学部	80	面上项目	2016年12月31日
34	21274099	高富勒烯含量超分子液晶的合成、结构表征和性能研究	屠迎锋	材料与化学化工学部	80	面上项目	2016年12月31日
35	21272165	无金属条件下碳氢键活化研究	万小兵	材料与化学化工学部	80	面上项目	2016年12月31日
36	21272166	酰胺键骨架构建的手性催化剂及其催化的不对称串联环化反应研究	王兴旺	材料与化学化工学部	80	面上项目	2016年12月31日

续表

序号	项目批准号	项目名称	项目负责人	承担单位	资助经费（万元）	项目类别	完成时间
37	21271135	新型半导体“量子点”材料：金属硫族超四面体簇的离散化和表面功能化	吴涛	材料与化学化工学部	80	面上项目	2016年12月31日
38	21272168	阳离子稀土化合物催化氢烷氧化和氢硫化反应的研究	徐凡	材料与化学化工学部	80	面上项目	2016年12月31日
39	21274101	高稳定碱性咪唑盐阴离子交换聚合物膜的研制	严锋	材料与化学化工学部	80	面上项目	2016年12月31日
40	21274098	含有芳环侧链的聚硅烷的手性转移和对映体分离	杨永刚	材料与化学化工学部	80	面上项目	2016年12月31日
41	51273135	新型多功能微/纳米胶囊的合成及其高性能热固性树脂结构与性能研究	袁莉	材料与化学化工学部	80	面上项目	2016年12月31日
42	21274096	含支化核的星形和树枝状聚合物的快速合成、结构转换及性能研究	赵优良	材料与化学化工学部	80	面上项目	2016年12月31日
43	61273319	面向统计机器翻译的同步短语树结构归约机制研究	段湘煜	计算机科学与技术学院	80	面上项目	2016年12月31日
44	61272257	汉语篇章衔接性分析：指代、省略及其消歧研究	孔芳	计算机科学与技术学院	20	面上项目	2013年12月31日
45	61272258	基于显著性和信任传递的动态场景主题发现	刘纯平	计算机科学与技术学院	81	面上项目	2016年12月31日
46	61272005	基于贝叶斯推理的模糊逻辑强化学习模型研究	刘全	计算机科学与技术学院	61	面上项目	2016年12月31日

续表

序号	项目批准号	项 目 名 称	项目负责人	承担单位	资助经费（万元）	项目类别	完成时间
47	61272449	基于时空相关性的无线传感器网络节能问题研究	严建峰	计算机科学与技术学院	80	面上项目	2016 年 12 月 31 日
48	61272259	网络舆情信息中事件篇章关系检测方法的研究	姚建民	计算机科学与技术学院	80	面上项目	2016 年 12 月 31 日
49	61273320	汉语篇章结构分析的资源建设与计算模型研究	周国栋	计算机科学与技术学院	81	面上项目	2016 年 12 月 31 日
50	61272260	自然语言处理中的覆盖域界定和聚焦点识别研究	朱巧明	计算机科学与技术学院	80	面上项目	2016 年 12 月 31 日
51	51275327	脉动微流体跨尺度驱动与传输机理及高精度闭环控释方法研究	陈立国	机电工程学院	80	面上项目	2016 年 12 月 31 日
52	51275326	多尺度协同强韧化超高温陶瓷构件形/性一体化制造基础研究	陈 瑶	机电工程学院	80	面上项目	2016 年 12 月 31 日
53	61273340	基于仿人行为的快速连续反应——高避障灵巧臂轨迹规划与控制	任子武	机电工程学院	80	面上项目	2016 年 12 月 31 日
54	61273122	随机跳跃系统的分析与综合	黄 鹤	电子信息学院	79	面上项目	2016 年 12 月 31 日
55	61271360	基于结构化统计声学模型的非平行语料非联合训练说话人语音转换研究	俞一彪	电子信息学院	65	面上项目	2016 年 12 月 31 日
56	51273134	系列半花菁高分子荧光染料的合成及其构效关系	陈国强	纺织与服装工程学院	80	面上项目	2016 年 12 月 31 日

续表

序号	项目批准号	项目名称	项目负责人	承担单位	资助经费（万元）	项目类别	完成时间
57	51273140	桥基可诱导短氟烷基侧链定向的含氟聚硅氧烷结构与表面性能关系研究	李战雄	纺织与服装工程学院	80	面上项目	2016年12月31日
58	51273138	抗氧化剂修饰的丝素蛋白生物材料对细胞生长和功能的调控	王晓沁	纺织与服装工程学院	80	面上项目	2016年12月31日
59	61272105	CPU Cache的功耗驱动设计方法及工具研究	张立军	城市轨道交通学院	81	面上项目	2016年12月31日
60	21273158	染料敏化纳米晶太阳能电池中关键界面的模拟与设计	李有勇	功能纳米与软物质研究院	78	面上项目	2016年12月31日
61	21275106	针对纳米材料细胞代谢过程研究的高通量微流控芯片-质谱检测方法	刘　坚	功能纳米与软物质研究院	80	面上项目	2016年12月31日
62	61274019	有机场效应晶体管的工作稳定性：偏压应力效应的机理研究	王穗东	功能纳米与软物质研究院	84	面上项目	2016年12月31日
63	11275137	高效氧化铁纳米材料光解水过程的原位谱学研究	钟　俊	功能纳米与软物质研究院	100	面上项目	2016年12月31日
64	61275140	新型高效率、低截止频率角选择近场滤波研究	张　翔	现代光学技术研究所	86	面上项目	2016年12月31日
65	61271358	几种典型生物振荡系统的动态特征及其网络结构	杨　凌	数学科学学院	76	面上项目	2016年12月31日
66	31272671	非淀粉多糖对中华绒螯蟹肠道及围食膜功能的构效关系和作用机制	蔡春芳	医学部基础医学与生物科学学院	80	面上项目	2016年12月31日

续表

序号	项目批准号	项目名称	项目负责人	承担单位	资助经费（万元）	项目类别	完成时间
67	31272500	家蚕细胞质型多角体病毒受体鉴定及入侵细胞的分子机理研究	贡成良	医学部基础医学与生物科学学院	80	面上项目	2016年12月31日
68	81273036	纳米氧化钛通过干扰谷氨酸代谢及其受体表达引起小鼠神经毒性	洪法水	医学部基础医学与生物科学学院	60	面上项目	2016年12月31日
69	31271281	Not1蛋白调节粗糙脉孢霉生物钟的机制	黄国存	医学部基础医学与生物科学学院	80	面上项目	2016年12月31日
70	31271258	下丘脑弓状核参与中枢敏感化及其机制的研究	蒋星红	医学部基础医学与生物科学学院	80	面上项目	2016年12月31日
71	81272300	PRL-3调控结直肠癌进展的表观遗传机制：PRL-3与组蛋白Histone H3之间的功能联系	李建明	医学部基础医学与生物科学学院	70	面上项目	2016年12月31日
72	41276134	条斑紫菜核糖体基因簇的研究	沈颂东	医学部基础医学与生物科学学院	80	面上项目	2016年12月31日
73	81271379	质膜修复对小鼠脑出血后神经血管单元的保护作用及机制研究	陶陆阳	医学部基础医学与生物科学学院	70	面上项目	2016年12月31日
74	81272738	壳聚糖纳米球介导TGF-β1siRNA靶向干预肝内肿瘤微环境抑制结直肠癌肝转移的作用及机制研究	王守立	医学部基础医学与生物科学学院	70	面上项目	2016年12月31日

续表

序号	项目批准号	项目名称	项目负责人	承担单位	资助经费（万元）	项目类别	完成时间
75	81272301	Elongator 复合物的组蛋白乙酰化修饰对肝癌细胞增殖的影响及其机制	魏文祥	医学部基础医学与生物科学学院	70	面上项目	2016 年 12 月 31 日
76	31271356	多功能基因 sox9 对发育过程调节的分子遗传机制	阎一林	医学部基础医学与生物科学学院	80	面上项目	2016 年 12 月 31 日
77	81270316	高表达肌浆网钙离子 ATP 酶在心力衰竭中保护机制的研究	张国兴	医学部基础医学与生物科学学院	70	面上项目	2016 年 12 月 31 日
78	31272501	家蚕滞育卵氧化还原态调控机制的研究	赵林川	医学部基础医学与生物科学学院	15	面上项目	2013 年 12 月 31 日
79	81273208	IL 月 33/ST2 途径在 CD8 + T 细胞介导的胃癌肿瘤免疫应答中的作用研究	朱一蓓	医学部基础医学与生物科学学院	70	面上项目	2016 年 12 月 31 日
80	31271143	PIP2 调控神经元 KCNQ 钾离子通道的分子机制	崔建民	医学部药学院	80	面上项目	2016 年 12 月 31 日
81	81274190	猫豆预防和治疗帕金森异动症的药效物质基础研究	刘江云	医学部药学院	70	面上项目	2016 年 12 月 31 日
82	81271459	TIGAR 在脑缺血时表达的调节及对神经损伤的影响	秦正红	医学部药学院	80	面上项目	2016 年 12 月 31 日
83	81271922	一种基于“公共引物”介导的白血病分子诊断技术研究	孙万平	医学部药学院	70	面上项目	2016 年 12 月 31 日
84	81273487	内生菌对黄花蒿腺毛发育及其青蒿素合成的诱导调控研究	王剑文	医学部药学院	60	面上项目	2016 年 12 月 31 日

续表

序号	项目批准号	项目名称	项目负责人	承担单位	资助经费（万元）	项目类别	完成时间
85	31270874	来那度胺治疗多发性骨髓瘤的分子机制研究	许国强	医学部药学院	80	面上项目	2016年12月31日
86	81273402	白头翁皂苷抗血吸虫新活性的发现及其构效关系和作用机制研究	许琼明	医学部药学院	60	面上项目	2016年12月31日
87	81273462	启动自身免疫防御的双重靶向叶酸-半抗原免疫制剂的抗肺癌作用	杨　红	医学部药学院	16	面上项目	2013年12月31日
88	81273372	腺苷受体A2A拮抗剂作为治疗帕金森综合症新型药物的可行性研究	张小虎	医学部药学院	65	面上项目	2016年12月31日
89	81273463	cRGD修饰性共转运抗肿瘤药物与siRNA自组装聚合物胶束递药系统的研究	张学农	医学部药学院	67	面上项目	2016年12月31日
90	81270031	负性协同刺激分子B7-H1基因变异在胃癌发生发展过程中的作用机制研究	汪维鹏	医学部药学院	70	面上项目	2016年12月31日
91	31270897	TIGAR调节Trx1核转运影响放射敏感性的作用及其机制研究	刘芬菊	医学部放射医学与防护学院	80	面上项目	2016年12月31日
92	31270898	三维皮肤组织模型中α粒子诱导旁效应的机制研究——miR-21对氧化代谢的调控	杨红英	医学部放射医学与防护学院	80	面上项目	2016年12月31日
93	81273188	艾滋病高危人群基数调查估计的统计方法及应用	高　歌	医学部公共卫生学院	60	面上项目	2016年12月31日

续表

序号	项目批准号	项目名称	项目负责人	承担单位	资助经费（万元）	项目类别	完成时间
94	31271336	启动子区域遗传多态性位点与骨质疏松关联机制研究	雷署丰	医学部公共卫生学院	81	面上项目	2016年12月31日
95	81273141	野鼠作为日本血吸虫病传染源并形成与野鼠有关的血吸虫株的研究	吕大兵	医学部公共卫生学院	55	面上项目	2016年12月31日
96	81273067	亮氨酸通过脂肪组织/脂肪细胞控制体重的机制研究	秦立强	医学部公共卫生学院	75	面上项目	2016年12月31日
97	81271792	虫媒与病原体：蜱虫的固有免疫信号通路与蜱虫抗细菌感染机制的研究	戴建锋	生物医学研究院	70	面上项目	2016年12月31日
98	31270977	CVB3类病毒颗粒的分子装配机制研究	董春升	生物医学研究院	70	面上项目	2016年12月31日
99	81273268	供体NK细胞与IL-15在异基因造血干细胞移植中抗白血病复发的作用及机制研究	刘海燕	生物医学研究院	60	面上项目	2016年12月31日
100	81273300	自身凋亡DNA诱导的SLE疾病动物模型的建立及其特性研究	熊思东	生物医学研究院	130	面上项目	2016年12月31日
101	31270973	壳聚糖作用于肠道CD11b+DC增强B细胞分泌特异性SIgA的分子机制	徐　薇	生物医学研究院	80	面上项目	2016年12月31日
102	31271429	上皮细胞半桥粒与细胞骨架的动态重组和调控机制	张惠敏	生物医学研究院	85	面上项目	2016年12月31日

续表

序号	项目批准号	项目名称	项目负责人	承担单位	资助经费（万元）	项目类别	完成时间
103	31270939	Cbl-b/C-Cbl 对CD8+DC 发育的抑制作用及机制研究	张进平	生物医学研究院	80	面上项目	2016 年 12 月 31 日
104	31271530	原始淋巴管网络重塑形成收集淋巴管的分子机制研究	何玉龙	唐仲英血液学研究中心	75	面上项目	2016 年 12 月 31 日
105	31271526	ULK1 复合体在哺乳动物细胞自噬中的调控与功能	姜学军	唐仲英血液学研究中心	85	面上项目	2016 年 12 月 31 日
106	81272632	喹啉类药物对多发性骨髓瘤的实验性治疗作用及其抑制组蛋白去乙酰化酶的分子机理	毛新良	唐仲英血液学研究中心	75	面上项目	2016 年 12 月 31 日
107	81272336	造血干细胞自噬机制在预防血液肿瘤萌发中的作用	王建荣	唐仲英血液学研究中心	80	面上项目	2016 年 12 月 31 日
108	81270592	二硫键异构酶 PDI 和 ERp57 调控动脉血栓形成的特异性生理作用与机制研究	武　艺	唐仲英血液学研究中心	80	面上项目	2016 年 12 月 31 日
109	81272476	多发性骨髓瘤化疗药物敏感基因的鉴定与作用机理研究	杨　林	唐仲英血液学研究中心	16	面上项目	2013 年 12 月 31 日
110	81271423	外周组织在脊肌萎缩症发病机制中的作用	华益民	神经科学研究所	70	面上项目	2016 年 12 月 31 日
111	31271259	Shh 信号调控 5-羟色胺能神经环路发育的分子机理研究	刘耀波	神经科学研究所	80	面上项目	2016 年 12 月 31 日
112	81271424	GPR50 在阿尔茨海默病中的作用及机制研究	马全红	神经科学研究所	65	面上项目	2016 年 12 月 31 日

续表

序号	项目批准号	项目名称	项目负责人	承担单位	资助经费（万元）	项目类别	完成时间
113	81272737	胃癌微环境中CD40调控髓系来源抑制性细胞(MDSC)生物学功能的作用机制	陈卫昌	附属第一医院	70	面上项目	2016年12月31日
114	81270591	血管性血友病因子裂解酶ADAMTS13在血栓形成中的调控机制研究	韩　悦	附属第一医院	70	面上项目	2016年12月31日
115	81273266	抗供者特异性抗体(DSA)对造血干细胞移植预后的影响及其机制研究	何　军	附属第一医院	70	面上项目	2016年12月31日
116	81272839	B7-H3在Tie-2表达阳性单核巨噬细胞(TEM)介导的肾癌肿瘤血管新生中的作用机制研究	侯建全	附属第一医院	72	面上项目	2016年12月31日
117	31271066	基于组织相似度图谱磁共振灌注成像勾画脑胶质瘤边界	胡春洪	附属第一医院	70	面上项目	2016年12月31日
118	31270940	肿瘤浸润树突状细胞高表达负性协同刺激分子B7-H4的机制及其意义	黄建安	附属第一医院	80	面上项目	2016年12月31日
119	31270919	CD40信号调控胃黏膜非可控性炎症恶性转化的作用及机制	李　锐	附属第一医院	80	面上项目	2016年12月31日
120	31270995	创伤性骨关节炎微应力突变机理的探讨	罗宗平	附属第一医院	80	面上项目	2016年12月31日
121	81271959	关节假体阴极弧沉积二氧化钛掺硅微孔涂层对促进成骨细胞活性的机制研究	孙俊英	附属第一医院	70	面上项目	2016年12月31日

续表

序号	项目批准号	项目名称	项目负责人	承担单位	资助经费（万元）	项目类别	完成时间
122	81270645	树突状细胞在干扰素联合供体淋巴细胞输注治疗移植后白血病复发中增强抗白血病效应的机制研究	唐晓文	附属第一医院	70	面上项目	2016年12月31日
123	81272542	HER2/Src/PP2A 信号通路对乳腺癌循环肿瘤细胞生存和转移能力的影响及机制研究	陶　敏	附属第一医院	75	面上项目	2016年12月31日
124	81271960	经皮椎体（后凸）成形术治疗椎体骨坏死的可吸收丝素基硫酸钙骨水泥的研制	王根林	附属第一医院	70	面上项目	2016年12月31日
125	81273723	基于整合素/ILK/PI3K 细胞信号通路探讨加味当归补血汤对慢性肾脏病治疗的机制	魏明刚	附属第一医院	73	面上项目	2016年12月31日
126	81270617	混合系列急性白血病分子遗传学特征及 MEF2C 基因致白血病机制研究	吴德沛	附属第一医院	70	面上项目	2016年12月31日
127	81272018	基于 CB2 调控 UHMWPE 颗粒诱导松动假体-骨界面成骨细胞增殖与分化	徐耀增	附属第一医院	16	面上项目	2013年12月31日
128	81273269	B7-H4 在间充质干细胞移植治疗多发性硬化中的作用及机制研究	薛　群	附属第一医院	16	面上项目	2013年12月31日

续表

序号	项目批准号	项目名称	项目负责人	承担单位	资助经费（万元）	项目类别	完成时间
129	81270679	t-ICC损伤致子宫内膜异位症中输卵管性不孕的分子机制	杨孝军	附属第一医院	16	面上项目	2013年12月31日
130	81271300	溶酶体内铁超载介导SAH后神经元氧化应激损伤的机制研究	虞正权	附属第一医院	70	面上项目	2016年12月31日
131	81270593	人源化嵌合抗体hSZ-123的抗血栓机制研究	赵益明	附属第一医院	70	面上项目	2016年12月31日
132	81270147	Ca2+信号通道在间歇低氧诱导认知功能障碍中的机制以及钙通道阻滞剂干预作用的探讨	陈　锐	附属第二医院	55	面上项目	2016年12月31日
133	81272631	连接蛋白Cx43羧基末端信号在MM细胞归巢及生存中的作用	傅晋翔	附属第二医院	60	面上项目	2016年12月31日
134	81271554	非血流动力学响应函数分析的BOLD fMRI评价胶质瘤组织氧含量的变化机制	蒋　震	附属第二医院	70	面上项目	2016年12月31日
135	81272799	双色荧光蛋白示踪人脑胶质瘤鼠移植模型中肿瘤血管壁细胞的构建及机制研究	兰　青	附属第二医院	16	面上项目	2013年12月31日
136	81270678	子宫内膜缺血在腹腔子宫内膜异位病灶形成中的作用及分子机制研究	任琼珍	附属第二医院	70	面上项目	2016年12月31日

续表

序号	项目批准号	项目名称	项目负责人	承担单位	资助经费（万元）	项目类别	完成时间
137	81271539	多模态成像监测组织特异性 PSA 启动子表达 TALENs 剪切雄激素受体治疗前列腺癌的可行性	沈钧康	附属第二医院	16	面上项目	2013 年 12 月 31 日
138	81271723	丝素蛋白仿生支架定向分布嗅鞘细胞的调控机制	沈忆新	附属第二医院	60	面上项目	2016 年 12 月 31 日
139	81272610	可溶性 PD-L1 在肺癌免疫逃逸中的作用及其机制	施敏骅	附属第二医院	70	面上项目	2016 年 12 月 31 日
140	81273090	铁调素降低“铁过载”预防“绝经后骨代谢异常”的机理研究	徐又佳	附属第二医院	70	面上项目	2016 年 12 月 31 日
141	81273242	B7-H3 经 TLR2 信号通路放大肺炎球菌脑膜炎免疫炎症反应的机制研究	陈旭勤	附属儿童医院	50	面上项目	2016 年 12 月 31 日
142	81271378	Ca-A/K 通道在新生大鼠缺氧缺血海马锥体神经元自噬性死亡中的作用及机制	冯　星	附属儿童医院	60	面上项目	2016 年 12 月 31 日
143	81271458	质膜完整性对发育期惊厥海马苔藓纤维再生性发芽的影响及调节	倪　宏	附属儿童医院	70	面上项目	2016 年 12 月 31 日
144	81272143	协同刺激分子 B7-H3 在拮抗中性粒细胞凋亡和促进 LPS 诱导肺损伤中的作用	汪　健	附属儿童医院	70	面上项目	2016 年 12 月 31 日

续表

序号	项目批准号	项目名称	项目负责人	承担单位	资助经费（万元）	项目类别	完成时间
145	81272017	局部血管生成对骨质疏松的影响及作用机制研究	丁文鸽	附属第三医院	70	面上项目	2016年12月31日
146	81273267	滤泡辅助T细胞及其表观遗传修饰与肾移植慢性排斥发病机制相关性研究	何小舟	附属第三医院	60	面上项目	2016年12月31日
147	81272299	长链非编码RNA-LOC154860在结直肠癌发生发展中的作用及机制研究	黄朝晖	附属第四医院	70	面上项目	2016年12月31日
148	71272065	员工主动伦理行为诱导机制的跨层研究——战略人力资源管理融合互动视角	刘　燕	商学院	54	面上项目	2016年12月31日
149	41271134	高铁背景下区域旅游空间格局变化特征及影响机理研究	汪德根	社会学院	70	面上项目	2016年12月31日
150	31271084	内隐序列学习渐进意识变化及其脑机制	刘电芝	教育学院	74	面上项目	2016年12月31日
151	11201326	局部上同调模及其相关课题的研究	褚利忠	数学科学学院	22	青年科学基金项目	2015年12月31日
152	11201327	高维数据的非参数经验贝叶斯方法	姜文华	数学科学学院	22	青年科学基金项目	2015年12月31日
153	11201328	有序正交阵列及相关课题研究	李　阳	数学科学学院	22	青年科学基金项目	2015年12月31日
154	11204197	基于耦合腔阵列的量子模拟与量子调控	董裕力	物理科学与技术学院	25	青年科学基金项目	2015年12月31日
155	11205111	含有噪声和延迟的免疫系统动力学行为研究	罗晓琴	物理科学与技术学院	22	青年科学基金项目	2015年12月31日

续表

序号	项目批准号	项目名称	项目负责人	承担单位	资助经费（万元）	项目类别	完成时间
156	21203133	高能量密度、长循环寿命锂硫二次电池正极材料的研究	曲群婷	物理科学与技术学院	25	青年科学基金项目	2015年12月31日
157	11204194	自驱多体系统中自发流的涌现及其动力学特性	施夏清	物理科学与技术学院	25	青年科学基金项目	2015年12月31日
158	51202153	Co基Z型六角铁氧体薄膜室温巨磁电耦合效应研究	汤如俊	物理科学与技术学院	25	青年科学基金项目	2015年12月31日
159	21203134	氮掺杂石墨烯薄膜的可控制备及其储锂特性研究	王海波	物理科学与技术学院	25	青年科学基金项目	2015年12月31日
160	21204060	带电嵌段共聚物纳米粒子与类DNA聚电解质复合物组装的理论和模拟研究	王　蕾	物理科学与技术学院	25	青年科学基金项目	2015年12月31日
161	21204058	具有有序微纳结构的聚合物DFB激光器的研究	翁雨燕	物理科学与技术学院	25	青年科学基金项目	2015年12月31日
162	11204195	近零参数电磁超构材料的设计与性质研究	须　萍	物理科学与技术学院	25	青年科学基金项目	2015年12月31日
163	11205110	离散时间和连续时间量子随机行走的动力学研究	徐新平	物理科学与技术学院	22	青年科学基金项目	2015年12月31日
164	11204196	基于金刚石氮空位-腔耦合体系的非马尔科夫效应的研究	徐震宇	物理科学与技术学院	25	青年科学基金项目	2015年12月31日
165	21204059	碳纳米管内填充高分子复合材料制备与性质研究	杨朝晖	物理科学与技术学院	25	青年科学基金项目	2015年12月31日
166	21206101	锂-空气电池阴极双功能催化剂的制备及其电化学性能研究	杨瑞枝	物理科学与技术学院	25	青年科学基金项目	2015年12月31日

续表

序号	项目批准号	项目名称	项目负责人	承担单位	资助经费（万元）	项目类别	完成时间
167	21203132	嵌入型硅/N-掺杂石墨烯纳米复合负极材料的一步固相合成及其性能研究	张力	物理科学与技术学院	25	青年科学基金项目	2015年12月31日
168	21204055	以蛋白质间的替换作用为释放动力的t-PA缓释系统的构建	李丹	材料与化学化工学部	28	青年科学基金项目	2015年12月31日
169	21206102	多进制信息存储的侧链型偶氮聚合物设计合成及其纳米器件制备工艺研究	李华	材料与化学化工学部	25	青年科学基金项目	2015年12月31日
170	21204057	超分子协同诱导效应下有序活性层的构筑及其在太阳能电池中的应用研究	李耀文	材料与化学化工学部	25	青年科学基金项目	2015年12月31日
171	21201127	异金属卟啉配合物的设计合成及性质研究	刘玮	材料与化学化工学部	25	青年科学基金项目	2015年12月31日
172	21204054	基于超分子组装的光敏形变材料	宋波	材料与化学化工学部	25	青年科学基金项目	2015年12月31日
173	21202111	有机金属试剂导向的具有生物活性的含吲哚骨架类杂环化合物、天然产物的构建合成研究	汪顺义	材料与化学化工学部	25	青年科学基金项目	2015年12月31日
174	21204061	拓扑结构高分子在体积排除色谱中的分离：理论模型的建立及淋出曲线的预测	王衍伟	材料与化学化工学部	27	青年科学基金项目	2015年12月31日
175	21203129	宽光谱高透光导电网络薄膜的制备与性能研究	吴继红	材料与化学化工学部	25	青年科学基金项目	2015年12月31日

续表

序号	项目批准号	项目名称	项目负责人	承担单位	资助经费（万元）	项目类别	完成时间
176	21202113	基于聚乳酸可控合成的钴催化剂的合成及性能研究	徐小平	材料与化学化工学部	25	青年科学基金项目	2015年12月31日
177	61203314	汉英双语依存句法分析模型和算法研究	陈文亮	计算机科学与技术学院	24	青年科学基金项目	2015年12月31日
178	61202028	基于双向拍卖的异质频谱分配机制研究	黄河	计算机科学与技术学院	25	青年科学基金项目	2015年12月31日
179	61201212	认知无线电自组织网络中基于协作的汇合和传输技术研究	贾俊铖	计算机科学与技术学院	25	青年科学基金项目	2015年12月31日
180	61202162	汉语词法与句法结构的统一分析	李中国	计算机科学与技术学院	23	青年科学基金项目	2015年12月31日
181	61202378	基于网络编码理论的安全高效多播传输策略研究	王进	计算机科学与技术学院	23	青年科学基金项目	2015年12月31日
182	61202029	基于二型模糊逻辑的多核程序数据竞争与死锁检测方法研究	杨璐	计算机科学与技术学院	23	青年科学基金项目	2015年12月31日
183	21206100	融合CFD与非平衡模拟的复杂精馏过程多尺度模型	陈良	机电工程学院	25	青年科学基金项目	2015年12月31日
184	61203349	基于力感知的连续体型结肠镜机器人无创介入机理与控制研究	胡海燕	机电工程学院	24	青年科学基金项目	2015年12月31日
185	61203208	基于图像融合与三维重建的压电超声细胞显微注射技术机理及方法研究	黄海波	机电工程学院	26	青年科学基金项目	2015年12月31日

续表

序号	项目批准号	项目名称	项目负责人	承担单位	资助经费（万元）	项目类别	完成时间
186	61203367	基于近红外光谱脑功能成像技术的运动意识识别与助行机械腿控制方法研究	李春光	机电工程学院	24	青年科学基金项目	2015年12月31日
187	61203332	室内未知环境下移动机器人基于立体视觉的自主认知技术研究	林　睿	机电工程学院	24	青年科学基金项目	2015年12月31日
188	31201008	Leucocytes中Coronin 1信号通路的时空调节机制研究	刘小龙	机电工程学院	23	青年科学基金项目	2015年12月31日
189	51205266	基于激光铣削的光内输送微纳粉激光熔覆复合精确成形技术研究	王明娣	机电工程学院	25	青年科学基金项目	2015年12月31日
190	51205267	基于原位生长与纳米操纵复合的碳纳米管互联接触机理与调控方法	王蓬勃	机电工程学院	25	青年科学基金项目	2015年12月31日
191	51204115	超声场中电沉积纳米晶Co基W合金镀层的基础研究	盛敏奇	沙钢钢铁学院	25	青年科学基金项目	2015年12月31日
192	51204114	快离子导体/碳双重修饰富锰橄榄石型Li（MnyFe1-y）PO4正极材料的研究	伍　凌	沙钢钢铁学院	25	青年科学基金项目	2015年12月31日
193	61201213	多天线中继协作系统中的中继干扰抑制与分析	芮贤义	电子信息学院	25	青年科学基金项目	2015年12月31日
194	61201214	基于光脉冲整形的可重构光分插复用系统关键技术研究	游善红	电子信息学院	25	青年科学基金项目	2015年12月31日

续表

序号	项目批准号	项目名称	项目负责人	承担单位	资助经费（万元）	项目类别	完成时间
195	61201215	高铁 DTN 网络无码率编码路由与中继协作传输的关键技术研究	周刘蕾	电子信息学院	25	青年科学基金项目	2015 年 12 月 31 日
196	51203108	基于超亲-超疏水特性模板的具有仿生纳微结构的图案化细胞生长基底	王　卉	纺织与服装工程学院	25	青年科学基金项目	2015 年 12 月 31 日
197	51203107	多酚氧化酶法改性蚕丝体系的构建及其构效关系研究	邢铁玲	纺织与服装工程学院	25	青年科学基金项目	2015 年 12 月 31 日
198	11202145	关于纳米结构非局部效应的深入探讨和对比研究	李　成	城市轨道交通学院	26	青年科学基金项目	2015 年 12 月 31 日
199	51208328	基于事件驱动的城市轨道交通应急处置仿真模型研究	王志强	城市轨道交通学院	25	青年科学基金项目	2015 年 12 月 31 日
200	11202144	红外辐射作用下热力电耦合层合板壳的脱层屈曲及响应研究	杨昌锦	城市轨道交通学院	30	青年科学基金项目	2015 年 12 月 31 日
201	61203218	复杂环境下无线传感器网络定位误差分析及鲁棒定位算法研究	郑建颖	城市轨道交通学院	25	青年科学基金项目	2015 年 12 月 31 日
202	51208327	大都市外围地区土地配置机制与优化模式研究——基于空间绩效评价视角	雷　诚	金螳螂建筑与城市环境学院	27	青年科学基金项目	2015 年 12 月 31 日
203	21202114	闭环三苯胺类双极主体材料的合成及其在有机电致发光中的应用	蒋佐权	功能纳米与软物质研究院	25	青年科学基金项目	2015 年 12 月 31 日

续表

序号	项目批准号	项目名称	项目负责人	承担单位	资助经费（万元）	项目类别	完成时间
204	21203130	多枝状贵金属纳米晶的可控合成、性质及其生长机理的研究	马艳芸	功能纳米与软物质研究院	26	青年科学基金项目	2015年12月31日
205	61205033	有机电致发光器件中自旋输运的界面调控	张丹丹	功能纳米与软物质研究院	31	青年科学基金项目	2015年12月31日
206	61205188	光谱成像超分辨率光学编码原理与实现方法研究	陈新华	现代光学技术研究所	26	青年科学基金项目	2015年12月31日
207	61204066	单结与多结光伏器件频域和三维空间光学电学仿真	李孝峰	现代光学技术研究所	31	青年科学基金项目	2015年12月31日
208	61201373	凝视式光谱偏振成像原理与实现方法研究	周建康	现代光学技术研究所	25	青年科学基金项目	2015年12月31日
209	61205020	图形化金属纳米转印机理及方法研究	周小红	信息光学工程研究所	26	青年科学基金项目	2015年12月31日
210	31200989	真菌的脂质代谢：从基因组到系统生物学	Wanwipa Vongsangnak	电子信息学院	20	青年科学基金项目	2015年12月31日
211	21203131	DNA-蛋白复合体网络的拓扑结构和动力学研究	胡　广	电子信息学院	25	青年科学基金项目	2015年12月31日
212	81200698	microRNAs在糖尿病视网膜病变模型眼内炎症反应中的调控作用	白艳艳	医学部基础医学与生物科学学院	23	青年科学基金项目	2015年12月31日
213	31200603	β3GnT-2催化的CD24糖基化与肝癌发生发展的相关性研究	仇　灏	医学部基础医学与生物科学学院	23	青年科学基金项目	2015年12月31日

续表

序号	项目批准号	项目名称	项目负责人	承担单位	资助经费（万元）	项目类别	完成时间
214	31200661	CD40 信号促进脑胶质瘤干细胞向内皮细胞分化形成肿瘤新生血管的作用及机制	葛彦	医学部基础医学与生物科学学院	25	青年科学基金项目	2015 年 12 月 31 日
215	81202472	用于肝转移瘤早期探测的可激活近红外荧光纳米探针研究	陈华兵	医学部药学院	23	青年科学基金项目	2015 年 12 月 31 日
216	81202473	HER2 抗体介导的 pH 敏感光交联聚合物胶束递药系统的构建及抗肿瘤研究	程亮	医学部药学院	23	青年科学基金项目	2015 年 12 月 31 日
217	31200623	小分子激动 OATP 分子机制的研究	贵春山	医学部药学院	23	青年科学基金项目	2015 年 12 月 31 日
218	31200803	Parkin 对 SOD1 聚集的调控及影响家族性肌萎缩性脊髓侧索硬化症发病的机理	应征	医学部药学院	23	青年科学基金项目	2015 年 12 月 31 日
219	81202882	野马追的清热解毒药效物质基础研究	张健	医学部药学院	24	青年科学基金项目	2015 年 12 月 31 日
220	21202112	一种高效的氮氧脂肪杂环多取代基修饰策略	张士磊	医学部药学院	25	青年科学基金项目	2015 年 12 月 31 日
221	31201057	p53 异构体泛素化的调节机制	刘赓	医学部放射医学与防护学院	23	青年科学基金项目	2015 年 12 月 31 日
222	81202149	脂肪干细胞治疗放射性肺损伤及其机制研究	俞家华	医学部放射医学与防护学院	23	青年科学基金项目	2015 年 12 月 31 日
223	81201574	RERT-lncRNA 调控 EGLN2 在肝细胞肝癌发生中的作用机制研究	何艳	医学部公共卫生学院	23	青年科学基金项目	2015 年 12 月 31 日

续表

序号	项目批准号	项目名称	项目负责人	承担单位	资助经费（万元）	项目类别	完成时间
224	81202270	杀伤细胞免疫球蛋白样受体基因多态性与高血压的关系	王艾丽	医学部公共卫生学院	23	青年科学基金项目	2015年12月31日
225	81202271	人尾加压素Ⅱ及与内皮素-1的交互作用对高血压和心血管病发病的影响	张明芝	医学部公共卫生学院	23	青年科学基金项目	2015年12月31日
226	31200648	MMP3 入核激活 NFkB：MMP3 抗登革病毒感染的新机制？	戴建锋	生物医学研究院	25	青年科学基金项目	2015年12月31日
227	31200649	类风湿性关节炎患者血液及关节液中可溶性钙网蛋白的纯化及免疫生物学活性研究	龚方苑	生物医学研究院	25	青年科学基金项目	2015年12月31日
228	31200672	ZBTB24 基因在获得性免疫应答中的作用及其机制研究	王　俊	生物医学研究院	20	青年科学基金项目	2015年12月31日
229	31200660	Mir-29b2 对 T1/T2 B 细胞发育的调控作用及机制研究	夏　菲	生物医学研究院	20	青年科学基金项目	2015年12月31日
230	31201073	造血干细胞自噬的肿瘤病理学意义	张素萍	唐仲英血液学研究中心	24	青年科学基金项目	2015年12月31日
231	81201861	HMGB1 调节的自噬对多发性骨髓瘤化疗耐药性的影响及机制研究	张幸鼎	唐仲英血液学研究中心	24	青年科学基金项目	2015年12月31日
232	31201058	Gas6 受体调控糖蛋白 VI 介导血小板活化的信号与分子机制研究	周俊松	唐仲英血液学研究中心	23	青年科学基金项目	2015年12月31日
233	81201079	糖尿病视网膜病变患者 MR 脑结构与功能网络分析	戴　慧	附属第一医院	23	青年科学基金项目	2015年12月31日

续表

序号	项目批准号	项目名称	项目负责人	承担单位	资助经费（万元）	项目类别	完成时间
234	81200369	急性髓系白血病细胞中 SATB1 介导的染色质成环调控 Mcl-1 基因转录的机制研究	龚斐然	附属第一医院	23	青年科学基金项目	2015 年 12 月 31 日
235	81201421	中国南方汉族人群腰椎 Modic 改变与易感基因相关性的分子流行病学研究	郭炯炯	附属第一医院	23	青年科学基金项目	2015 年 12 月 31 日
236	81201905	Th17 细胞相关因子 IL-17A/IL-21 失衡对胰腺癌生长浸润的影响及靶向干预策略研究	何宋兵	附属第一医院	23	青年科学基金项目	2015 年 12 月 31 日
237	81200727	IL-17F 在实验性新生血管性眼病中的作用和机制的研究	刘高勤	附属第一医院	23	青年科学基金项目	2015 年 12 月 31 日
238	81201575	hOGG1 基因表观调控异常在非小细胞肺癌中的作用及机制研究	刘泽毅	附属第一医院	23	青年科学基金项目	2015 年 12 月 31 日
239	21204056	温度响应性识别 RGDS 肽和胰岛素的双分子印迹表面用于细胞片层技术的研究	潘国庆	附属第一医院	25	青年科学基金项目	2015 年 12 月 31 日
240	81201742	靶向干细胞硼中子俘获治疗人脑胶质母细胞瘤	孙　婷	附属第一医院	23	青年科学基金项目	2015 年 12 月 31 日
241	81200370	PHF6 基因突变在急性 T 淋巴细胞白血病发病中的作用及机制研究	王　谦	附属第一医院	24	青年科学基金项目	2015 年 12 月 31 日

续表

序号	项目批准号	项目名称	项目负责人	承担单位	资助经费（万元）	项目类别	完成时间
242	81200343	Calpain 调节血小板 GPIbα 膜外功能区酶切的机制研究	闫荣	附属第一医院	23	青年科学基金项目	2015 年 12 月 31 日
243	81202394	新颖的 RhoA 蛋白小分子抑制剂的设计、合成及其生物活性研究	闫兆威	附属第一医院	23	青年科学基金项目	2015 年 12 月 31 日
244	81202348	微粒(Microparticles)在狼疮肾炎发病中的作用及其潜在信号通路的研究	何春燕	附属第二医院	23	青年科学基金项目	2015 年 12 月 31 日
245	81200507	雌二醇正向调控 TWEAK 表达激活 IFN-I 信号通路在狼疮性肾炎发病机制中作用的研究	刘志纯	附属第二医院	23	青年科学基金项目	2015 年 12 月 31 日
246	81200495	硫化氢在肾脏纤维化中的作用及其机制研究	宋锴	附属第二医院	23	青年科学基金项目	2015 年 12 月 31 日
247	81200893	白介素 18 在脑卒中后抑郁炎症机制中的作用研究	杨玲俐	附属第二医院	24	青年科学基金项目	2015 年 12 月 31 日
248	81200894	去乙酰化酶 SIRT1 在血管内皮细胞氧化低密度脂蛋白代谢中的作用及机制研究	张艳林	附属第二医院	23	青年科学基金项目	2015 年 12 月 31 日
249	81200852	三叉神经节神经元 1 型神经介素 U 受体参与偏头痛发生及机制研究	张园	附属第二医院	23	青年科学基金项目	2015 年 12 月 31 日
250	81201741	肿瘤射频消融对 CIK 细胞体内迁移与抗肿瘤活性的影响与作用机制	石亮荣	附属第三医院	23	青年科学基金项目	2015 年 12 月 31 日

续表

序号	项目批准号	项目名称	项目负责人	承担单位	资助经费（万元）	项目类别	完成时间
251	81201676	microRNA 调控胰腺癌干细胞自我更新对胰腺癌化疗敏感性的意义和机制研究	燕海姣	附属第三医院	23	青年科学基金项目	2015年12月31日
252	81201352	apoM 在 SR-BI 介导的抗动脉粥样硬化中的作用机制	郑　璐	附属第三医院	23	青年科学基金项目	2015年12月31日
253	81201600	协同刺激分子 B7-H3 在结直肠癌发生、发展过程中的作用和机制	茆　勇	附属第四医院	23	青年科学基金项目	2015年12月31日
254	71203151	异质性生产技术下的我国省区碳排放绩效、减排潜力及减排路径研究	王群伟	商学院	21	青年科学基金项目	2015年12月31日
255	71202040	基于机制设计理论的供应链金融道德风险防范研究	李善良	政治与公共管理学院	18.5	青年科学基金项目	2015年12月31日
256	11222113	组合设计理论	季利均	数学科学学院	100	优秀青年科学基金项目	2015年12月31日
257	51222208	石墨烯光电子器件实用化技术研究	鲍桥梁	功能纳米与软物质研究院	100	优秀青年科学基金项目	2015年12月31日
258	51222203	功能无机纳米材料在医学应用中的探索研究	刘　庄	功能纳米与软物质研究院	100	优秀青年科学基金项目	2015年12月31日
259	61222401	新型太阳能电池	马万里	功能纳米与软物质研究院	100	优秀青年科学基金项目	2015年12月31日
260	31222036	细胞生物学	何苏丹	唐仲英血液学研究中心	100	优秀青年科学基金项目	2015年12月31日

续表

序号	项目批准号	项目名称	项目负责人	承担单位	资助经费（万元）	项目类别	完成时间
261	21234005	功能性环状聚合物的精密合成及性能	朱秀林	材料与化学化工学部	300	重点项目	2017年12月31日
262	81230024	新生期再编程介导慢性内脏痛的表观调控机制研究	徐广银	神经科学研究所	280	重点项目	2017年12月31日
263	81220001	万物生长靠太阳：维生素D与健康	李冰燕	医学部公共卫生学院	18	专项基金项目	2014年12月31日
264	11245005	低温等离子体物理及应用战略研讨	吴雪梅	物理科学与技术学院	15	专项基金项目	2012年12月31日
265	J1224005	依托单位注册中医疗机构基础研究能力评价的研究	侯建全	附属第一医院	8	专项基金项目	2012年12月31日
266	11241004	二维流体的整体光滑解和弱解	王　云	数学科学学院	10	专项基金项目	2012年12月31日
267	31240068	免疫学科同行评议专家选择辅助系统及专家库系统建设	张学光	医学部基础医学与生物科学学院	10	专项基金项目	2012年12月31日
268	21243009	有机光敏剂功能化石墨烯的制备、电子传递和光催化作用	杨　平	材料与化学化工学部	10	专项基金项目	2012年12月31日
269	21246002	软铁/锶铁氧体磁流变液的磁动力学特性	洪若瑜	材料与化学化工学部	10	专项基金项目	2012年12月31日
270	91227201	基于表面自组装的新型共价体系之构建与性能研究（一）	迟力峰	功能纳米与软物质研究院	300	重大研究计划重点支持项目	2016年12月31日

续表

序号	项目批准号	项目名称	项目负责人	承担单位	资助经费（万元）	项目类别	完成时间
271	21241004	内嵌团簇富勒烯的衍生化及其光电性质的研究	冯　莱	物理科学与技术学院	10	专项基金项目	2013 年 12 月 31 日
272	812111222	载非瑟酮胶束-原位水凝胶新型复合支架用于心血管疾病的细胞疗法	钟志远	材料与化学化工学部	99.7	中加（NSFC-CIHR）健康研究合作计划项目	2015 年 12 月 31 日
273	91233109	基于电极/膜界面势垒与退极化场的铁电薄膜光阴极制备及其光电化学特性	沈明荣	物理科学与技术学院	80	重大研究计划培育项目	2015 年 12 月 31 日
274	91233115	有机光伏电池微观形貌预测的新方法以及高效稳定光伏电池的优化设计	李有勇	功能纳米与软物质研究院	80	重大研究计划培育项目	2015 年 12 月 31 日
275	91233110	基于石墨烯/一维硅纳米阵列新型光伏器件的研究	揭建胜	功能纳米与软物质研究院	80	重大研究计划培育项目	2015 年 12 月 31 日
276	91233119	金属微纳结构 α-Si：H/μc-Si：H 双结薄膜太阳能电池研究	李孝峰	现代光学技术研究所	80	重大研究计划培育项目	2015 年 12 月 31 日
277	91230117	前列腺癌诊断、分级和预后相关的生物分子网络的构建和数学模拟	沈百荣	系统生物学中心	70	重大研究计划培育项目	2015 年 12 月 31 日
278	11226061	有限交换群代数的K2 群	陈　虹	数学科学学院	3	专项基金项目	2013 年 12 月 31 日
279	11226085	覆盖方法在粗糙隶属度函数中的应用	葛　洵	数学科学学院	3	专项基金项目	2013 年 12 月 31 日
280	61210306084	第七届国际计算机科学与技术前沿会议	李凡长	计算机科学与技术学院	2	国际（地区）合作与交流项目	2012 年 12 月 31 日

6. 江苏省自然科学基金项目(28项)

序号	项目批准号	项目名称	项目负责人	承担单位	资助经费(万元)	项目类别	完成时间
1	BK2012005	基于SEM跨尺度纳米操作机驱动机理及自动化操作方法研究	汝长海	机电工程学院	100	省杰青	2012年7月—2015年6月
2	BK2012004	病毒感染诱导的RIP3-依赖性细胞坏死机制的研究	何苏丹	唐仲英血液学研究中心	100	省杰青	2012年7月—2015年6月
3	BK2012612	错误定位阵和错误检测阵的研究	唐煜	数学科学学院	10	省基金面上	2012年7月—2015年6月
4	BK2012622	窄带隙半导体/铁电体复合薄膜器件的光伏特性研究	苏晓东	物理科学与技术学院	10	省基金面上	2012年7月—2015年6月
5	BK2012611	高LUMO能级富勒烯受体材料的制备及表征	冯莱	物理科学与技术学院	10	省基金面上	2012年7月—2015年6月
6	BK2012623	爪式链端牵引对聚酰胺纤维拉伸效果的强化作用研究	戴礼兴	材料与化学化工学部	10	省基金面上	2012年7月—2015年6月
7	BK2012616	基于核方法的连续状态空间强化学习技术及应用研究	刘全	计算机科学与技术学院	10	省基金面上	2012年7月—2015年6月
8	BK2012615	波长选择开关型可重构光分插复用系统的关键技术研究	游善红	电子信息学院	10	省基金面上	2012年7月—2015年6月
9	BK2012613	现代信用风险理论前沿问题的研究	王过京	金融工程研究中心	10	省基金面上	2012年7月—2015年6月

续表

序号	项目批准号	项目名称	项目负责人	承担单位	资助经费（万元）	项目类别	完成时间
10	BK2012614	量子尺寸效应对纳米存储电路特性的影响	毛凌锋	城市轨道交通学院	10	省基金面上	2012年7月—2015年6月
11	BK2012618	烟和氡暴露致支气管上皮细胞恶变的表观遗传改变和初步干预研究	李建祥	医学部公共卫生学院	10	省基金面上	2012年7月—2015年6月
12	BK2012619	维生素D 1α羟化酶基因敲除小鼠糖代谢异常的进一步研究	李冰燕	医学部公共卫生学院	10	省基金面上	2012年7月—2015年6月
13	BK2012621	Rspo1/β-catenin途径在小鼠放射性肠上皮损伤修复中的作用及机理	居颂光	医学部基础医学与生物科学学院	10	省基金面上	2012年7月—2015年6月
14	BK2012617	mir-29b2对T1/T2 B细胞发育的调控及机制研究	张进平	生物医学研究院	10	省基金面上	2012年7月—2015年6月
15	BK2012620	白头翁皂苷抗血吸虫新活性的发现及其构效关系和作用机制研究	许琼明	医学部药学院	10	省基金面上	2012年7月—2015年6月
16	BK2012052	生物钟在生殖系统与发育中调节的机制	王晗	医学部基础医学与生物科学学院	100	省基金面上	2012年7月—2015年6月
17	BK2012176	高维数据的非参数经验贝叶斯方法	姜文华	数学科学学院	20	省基金青年	2012年7月—2015年6月
18	BK2012178	薄膜光学非线性测量技术的研究	杨俊义	物理科学与技术学院	20	省基金青年	2012年7月—2015年6月

续表

序号	项目批准号	项目名称	项目负责人	承担单位	资助经费（万元）	项目类别	完成时间
19	BK2012177	以生物膜为基础的细胞内吞基本机制的实验及模拟研究	元　冰	物理科学与技术学院	20	省基金青年	2012年7月—2015年6月
20	BK2012174	协同催化导向的吲哚类杂环化合物的构建合成	汪顺义	材料与化学化工学部	20	省基金青年	2012年7月—2015年6月
21	BK2012179	面向下一代数据中心网络关键技术的研究	彭丽梅	电子信息学院	20	省基金青年	2012年7月—2015年6月
22	BK2012183	光内送粉激光变斑直接制造薄壁叶片成形机理及方法研究	朱刚贤	机电工程学院	20	省基金青年	2012年7月—2015年6月
23	BK2012175	考虑非局部效应的纳米力学理论与模拟研究	李　成	城市轨道交通学院	20	省基金青年	2012年7月—2015年6月
24	BK2012184	基于还原氧化石墨烯三维网络微纳结构气敏传感器的研究	王艳艳	信息光学工程研究所	20	省基金青年	2012年7月—2015年6月
25	BK2012173	温度响应性双分子印迹表面用于细胞片层技术的研究	潘国庆	骨科研究所	20	省基金青年	2012年7月—2015年6月
26	BK2012180	蝉虫的固有免疫信号通路和蝉虫抗细菌感染机制的研究	戴建锋	生物医学研究院	20	省基金青年	2012年7月—2015年6月
27	BK2012181	细胞自噬（Autophagy）途径对neuroserpin的降解调控及影响FENIB发病的机理	应　征	医学部药学院	20	省基金青年	2012年7月—2015年6月

续表

序号	项目批准号	项目名称	项目负责人	承担单位	资助经费（万元）	项目类别	完成时间
28	BK2012182	智能聚合物胶束用于乳腺癌的高效靶向药物递送	程亮	医学部药学院	20	省基金青年	2012年7月—2015年6月

7. 江苏省科技支撑项目(5项)

序号	项目批准号	项目名称	项目负责人	承担单位	资助经费（万元）	项目类别	完成时间
1	BE2012068	中空激光光内送粉送丝三维制造关键技术(工业)	傅戈雁	机电工程学院	120	支撑工业	2012年7月—2015年6月
2	BE2012354	大鳞副泥鳅的种质与良种选育(农业)	凌去非	医学部基础医学与生物科学学院	40	支撑农业	2012年7月—2015年6月
3	BE2012649	抗癌1类新药BJ125的研制(社发)	刘江云	医学部药学院	25	支撑社发	2012年7月—2015年6月
4	BE2012650	双重靶向制剂YR1103的临床前研究(社发)	陈大为	医学部药学院	25	支撑社发	2012年7月—2015年6月
5	BE2012648	基于X染色体失活偏移区域内遗传变异的乳腺癌分子诊断试剂盒的研发(社发)	周翊峰	医学部基础医学与生物科学学院	25	支撑社发	2012年7月—2015年6月

8. 江苏省产学研前瞻性联合研究项目(14项)

序号	项目批准号	项目名称	项目负责人	承担单位	资助经费（万元）	完成时间
1	BY2012109	冶金重大零构件激光三维柔性修复再制造关键技术	石世宏	机电工程学院	25	2012年7月—2015年6月
2	BY2012110	嵌入式一体化电梯控制系统研发	陈小平	电子信息学院	25	2012年7月—2015年6月

续表

序号	项目批准号	项目名称	项目负责人	承担单位	资助经费（万元）	完成时间
3	BY2012111	MEMS压力传感器深腔引线封装工艺及设备开发	陈立国	机电工程学院	25	2012年7月—2015年6月
4	BY2012112	城轨车辆视频监测与机务调车一体机关键技术及系统集成研究	黄伟国	城市轨道交通学院	25	2012年7月—2015年6月
5	BY2012113	快速高效吸附树脂产业化及其在环境治理中的应用研究	纪顺俊	材料与化学化工学部	100	2012年7月—2015年6月
6	BY2012114	基于物联网的尺度空间人脸识别技术研究及应用	朱巧明	计算机科学与技术学院	60	2012年7月—2015年6月
7	BY2012115	智能化服装设计平台建设与应用研究	陈　雁	纺织与服装工程学院	40	2012年7月—2015年6月
8	BY2012116	共聚酯熔体直纺可控多异收缩复合纤维	王耀荣	材料与化学化工学部	25	2012年7月—2015年6月
9	BY2012117	新一代节能环保型静电除尘设备用高性能复合材料的研发	梁国正	材料与化学化工学部	40	2012年7月—2015年6月
10	BY2012118	太阳能光伏逆变器及高效并网逆变技术研发	陶　智	物理科学与技术学院	40	2012年7月—2015年6月
11	BY2012119	纺丝交络一步法聚酰胺6POY/FDY复合纤维	管新海	纺织与服装工程学院	40	2012年7月—2015年6月
12	BY2012120	天然纤维织物的数码转移印花关键技术及其产品研发	陈国强	纺织与服装工程学院	40	2012年7月—2015年6月

续表

序号	项目批准号	项目名称	项目负责人	承担单位	资助经费（万元）	完成时间
13	BY2012121	多元化功能性羊毛复合面料的加工技术及产品开发	邢铁玲	纺织与服装工程学院	40	2012年7月—2015年6月
14	BY2012122	高压直流电缆用纳米复合聚乙烯的研究	严　锋	材料与化学化工学部	40	2012年7月—2015年6月

9. 江苏省软科学研究计划项目(6项)

序号	项目批准号	项目名称	项目负责人	承担单位	资助经费（万元）	完成时间
1	BR2012019	制造业高端化战略:基于全球价值链控制结构研究	邢建国	东吴商学院	5	2012年3月—2012年10月
2	BR2012020	苏州在苏南自主创新示范区中的功能定位与实现路径	王　俊	东吴商学院	3	2012年3月—2012年10月
3	BR2012021	促进我省社会养老服务业发展的财政政策研究	孙文基	东吴商学院	3	2012年3月—2012年10月
4	BR2012014	完善我省农业保险制度的研究	王则斌	东吴商学院	3	2012年3月—2012年10月
5	BR2012017	构建创新创业辅育体系　促进科技型中小企业快速成长	郁秋亚	科学技术与产业部	3	2012年3月—2012年10月
6	BR2012028	科教协同创新的机制研究——以苏州纳米技术科教结合创新试点基地为对象	许继芳	科学技术与产业部	3	2012年3月—2012年10月

10. 教育部博士学科点专项基金项目(19+8项)

序号	项目批准号	项目名称	项目负责人	承担单位	资助经费(万元)	项目类别	完成时间
1	20123201110017	药物分子代谢和毒性的理论预测研究	侯廷军	功能纳米与软物质研究院	12	博导类	2012年7月—2015年12月
2	20123201110018	基于荧光碳量子点的复合光催化体系的构筑与应用	康振辉	功能纳米与软物质研究院	12	博导类	2012年7月—2015年12月
3	20123201110002	万有Teichmuller空间若干子空间的研究	沈玉良	数学科学学院	12	博导类	2012年7月—2015年12月
4	20123201110021	"2+3"矩阵模式下的服务外包人才培养模式研究	严世清	外国语学院	12	博导类	2012年7月—2015年12月
5	20123201110003	自旋转移矩微波发生器的最优化理论构型分析	孙周洲	物理科学与技术学院	12	博导类	2012年7月—2015年12月
6	20123201110015	ASICs在α-synuclein自噬降解调控及帕金森病发病中的作用研究	刘春风	神经科学研究所	12	博导类	2012年7月—2015年12月
7	20123201110013	寡糖结构免疫识别机制研究	高晓明	生物医学研究院	12	博导类	2012年7月—2015年12月
8	20123201110014	二硫键异构酶PDI和ERp57调控血栓形成的特异性生理作用与机制研究	武艺	唐仲英血液学研究中心	12	博导类	2012年7月—2015年12月
9	20123201120009	介观荧光断层图像的重建技术研究	邹玮	电子信息学院	4	新教师类	2012年7月—2015年12月

续表

序号	项目批准号	项目名称	项目负责人	承担单位	资助经费（万元）	项目类别	完成时间
10	20123201120015	亚微米熔喷超细纤维制备机理研究	吴丽莉	纺织与服装工程学院	4	新教师类	2012年7月—2015年12月
11	20123201120018	轴向振动与椎间盘退行性疾病相关性的实验研究	林　俊	附属第一医院	4	新教师类	2012年7月—2015年12月
12	20123201120025	集成微流控芯片与纳米技术的高效质谱检测新方法	刘　坚	功能纳米与软物质研究院	4	新教师类	2012年7月—2015年12月
13	20123201120026	拓扑绝缘体与石墨烯异质结构材料的光热电转换效应	鲍桥梁	功能纳米与软物质研究院	4	新教师类	2012年7月—2015年12月
14	20123201120010	基于双向拍卖的异质频谱分配机制研究	黄　河	计算机科学与技术学院	4	新教师类	2012年7月—2015年12月
15	20123201120011	汉语词法与句法结构的统一分析	李中国	计算机科学与技术学院	4	新教师类	2012年7月—2015年12月
16	20123201120002	高维数据的非参数经验贝叶斯方法	姜文华	数学科学学院	4	新教师类	2012年7月—2015年12月
17	20123201120004	金刚石NV色心-腔耦合体系的非马尔科夫性及其调控	徐震宇	物理科学与技术学院	4	新教师类	2012年7月—2015年12月
18	20123201120028	Co2Z型六角铁氧体薄膜室温巨磁电耦合效应研究	汤如俊	物理科学与技术学院	4	新教师类	2012年7月—2015年12月

续表

序号	项目批准号	项目名称	项目负责人	承担单位	资助经费（万元）	项目类别	完成时间
19	20123201130001	活性自由基聚合法合成超高分子量聚丙烯腈	朱秀林	材料与化学化工学部	40	优先发展领域	2012年7月—2015年12月
1	20113201110001	耦合振子链的调制结构	秦文新	数学科学学院	12	博导类联合	2011年7月—2014年12月
2	20113201110004	蚕丝蛋白二级结构与性质变化的广义二维相关光谱研究	黄　鹤	材料与化学化工学部	12	博导类联合	2011年7月—2014年12月
3	20113201110015	白血病相关生物网络模块和反应通路的数据库构建与功能分析	沈百荣	电子信息学院	12	博导类联合	2011年7月—2014年12月
4	20113201120003	基于相位物体泵浦探测技术应用的研究	杨俊义	物理科学与技术学院	4	新教师类联合	2011年7月—2014年12月
5	20113201120004	超分子自组装有序活性层构筑及其光伏性质	李耀文	材料与化学化工学部	4	新教师类联合	2011年7月—2014年12月
6	20113201120006	氧杂小分子的羰基化聚合反应研究	林韶晖	材料与化学化工学部	4	新教师类联合	2011年7月—2014年12月
7	20113201120017	TWIST2在人类髓细胞白血病中抑癌基因的功能研究	赵　昀	唐仲英血液学研究中心	4	新教师类联合	2011年7月—2014年12月
8	20113201120018	miR-34c*在神经前体细胞增殖和分化中的功能及机制研究	马全红	神经科学研究所	4	新教师类联合	2011年7月—2014年12月

11. 教育部科学技术研究重点项目(1 项)

序号	项目批准号	项目名称	项目负责人	承担单位	资助经费(万元)	完成时间
1	212063	碳化硅取代透明导电氧化物的新型碳纳米管阵列太阳能电池	邹贵付	物理科学与技术学院	10	

12. 环保部核与辐射防护项目(2 项)

序号	项目批准号	项目名称	项目负责人	承担单位	资助经费(万元)	完成时间
1	JC201205	监测技术培训、交流及专业培训和国家辐射环境监测网络技术规范制修订	张友九 涂　彧	医学部放射医学与防护学院	15	
2	JG201211	核技术利用与辐射安全监管技术支持	张友九	医学部放射医学与防护学院	15	

13. 纺织协会项目(2 项)

序号	项目批准号	项目名称	项目负责人	承担单位	资助经费(万元)	完成时间
1	2012012	超异形导湿保湿舒适型聚酯纤维关键技术及产业化	管新海	纺织与服装工程学院	指导性	
2	2012014	熔融法制备高效树脂型海绵状吸附纤维及其在环境治理领域中的应用	路建美	材料与化学化工学部	指导性	

二、人文社科项目情况

1. 国家社科项目(34 项)

序号	负责人	项目批准号	项目名称	项目来源	项目类别	承担单位
1	王　尧	12&ZD161	百年来中国文学海外传播研究	国家社科	重大项目	文学院
2	方汉文	12AZD090	“世界文学史新建构”的中国化阐释	国家社科	重点项目	文学院
3	鲁枢元	12AZD012	新时期文艺理论建设与文艺批评研究	国家社科	重点项目	文学院
4	钱振明	12AZZ006	城镇化发展过程中的开发区治理转型	国家社科	重点项目	政治与公共管理学院
5	车玉玲	12BZX001	《资本论》的当代解读	国家社科	一般项目	政治与公共管理学院
6	龚长宇	12BSH006	陌生人社会秩序的价值基础:一种道德社会学的研究	国家社科	一般项目	政治与公共管理学院
7	钮菊生	12BGJ003	马克思主义国际关系理论及其当代价值研究	国家社科	一般项目	政治与公共管理学院
8	侯　敏	12BZX084	唐君毅与现代中国美学研究	国家社科	一般项目	文学院
9	汤哲声	12BZW107	中国现代通俗文学评估价值体系建构与文献资料的整理研究	国家社科	一般项目	文学院
10	章志远	12BFX044	行政法视野下的公私合作治理研究	国家社科	一般项目	王健法学院
11	朱　谦	12BFX121	污染源环境监管的信息失灵及其治理研究	国家社科	一般项目	王健法学院
12	刘　磊	12CFX044	刑事程序法的功能研究	国家社科	青年项目	王健法学院
13	娄爱华	12CFX059	民法原因理论研究	国家社科	青年项目	王健法学院

续表

序号	负责人	项目批准号	项目名称	项目来源	项目类别	承担单位
14	卜　璐	12CFX107	外国公法在国际私法中的运用研究	国家社科	青年项目	王健法学院
15	王　青	12CZS012	上博简《容成氏》疏证与研究	国家社科	青年项目	社会学院
16	王　晗	12CZS051	移民社会、生产方式选择与环境变迁——以清至民国蒙陕农牧交错带为例	国家社科	青年项目	社会学院
17	李　雅	12CTQ048	民国时期重要出版人群体研究	国家社科	青年项目	社会学院
18	李冬梅	12CWW001	鲍·艾亨鲍姆文艺思想研究	国家社科	青年项目	外国语学院
19	贾冠杰	12BYY009	英汉程式语心理表征模式对比研究	国家社科	一般项目	外国语学院
20	高永晨	12BYY056	中国大学生跨文化交际能力测评体系研究	国家社科	一般项目	外国语学院
21	陈　龙	12BXW043	网络等新媒体舆论引导研究	国家社科	一般项目	凤凰传媒学院
22	李　龙	12BTY048	地域文化视域中传统武术文化多元化及发展对策研究	国家社科	一般项目	体育学院
23	陶玉流	12CTY035	体育强国建设背景下中国体育国际话语权研究	国家社科	青年项目	体育学院
24	谢正阳	12CTY025	城乡一体化视域下公共体育服务均等化发展实证研究	国家社科	青年项目	体育学院
25	吴铁钧	12CGL050	自我管理团队的团队学习与团队创新研究	国家社科	青年项目	教育学院
26	童辉杰	12BRK015	我国不同类型人口的家庭结构与婚姻关系调查研究	国家社科	一般项目	教育学院

续表

序号	负责人	项目批准号	项目名称	项目来源	项目类别	承担单位
27	吴　磊	2BD031	玉韵清曲胜天籁——苏州评弹音乐研究	国家社科艺术规划	艺术规划国家一般	艺术学院
28	陈　忠	12KZX003	发展伦理研究	国家社科	成果文库	政治与公共管理学院
29	胡玉鸿	12KFX001	法学流派的人学之维	国家社科	成果文库	王健法学院
30	秦炜炜	CHA120135	创新人才的早期识别与培养研究——基于高校与中小学深度合作的视角	国家社科教育规划	国家一般	教育学院
31	杨旭辉	11FZW036	清代骈文史	国家社科	后期资助	文学院
32	黄　轶	11FZW055	中国当代小说生态批判主题研究	国家社科	后期资助	文学院
33	张朋川	11FKC005	《韩熙载夜宴图》图像志考	国家社科	后期资助	艺术学院
34	朱从兵	12FZS023	近代广澳铁路问题研究	国家社科	后期资助	社会学院

2. 其他国家项目(人文社科类)(6项)

序号	负责人	项目批准号	项目名称	项目来源	项目类别	工作单位
1	王家宏	2012GXS4B058	我国公共体育服务体系研究	国家软科学	国家软科学	体育学院
2	王群伟	71203151	异质性生产技术下的我国省区碳排放绩效、减排潜力及减排路径研究	国家自然科学基金	一般项目	东吴商学院
3	李善良	71202040	基于机制设计理论的供应链金融道德风险防范研究	国家自然科学基金	一般项目	政治与公共管理学院
4	刘　燕	71272065	员工主动伦理行为诱导机制的跨层研究——战略人力资源管理融合互动视角	国家自然科学基金	一般项目	东吴商学院

3. 教育部项目(27 项)

序号	负责人	项目批准号	项目名称	项目来源	项目类别	工作单位
1	张　鹏	12YJC820138	我国优先购买权制度体系化研究	教育部	青年项目	王健法学院
2	卜　璐	12YJC820003	消费者债务清理多元化纠纷解决机制研究	教育部	青年项目	王健法学院
3	陈珊珊	12YJC820008	刑事立法与司法中的"政治力学"研究	教育部	青年项目	王健法学院
4	权小锋	12YJC630158	我国民营上市公司金字塔结构形成成因及经济后果研究	教育部	青年项目	东吴商学院
5	王丹萍	12YJC630193	电子商务平台的云计算拓展路径、效果及政策研究	教育部	青年项目	东吴商学院
6	朱　淀	12YJC630326	消费者对不同可追溯属性的食品偏好与影响因素研究	教育部	青年项目	东吴商学院
7	李　伟	12YJC190103	中小企业有效税负对其再投资能力的影响研究——基于江浙两省纺织行业的分析	教育部	青年项目	东吴商学院
8	王　俊	12YJC720034	包容性发展与我国参与国际区域经济合作的深层理念	教育部	青年项目	东吴商学院
9	朱　琳	12YJCZH319	"天堂"之路:文化遗产镜像中的苏州区域社会变迁——以苏州古城区为考察重点	教育部	青年项目	社会学院
10	李卓卓	12YJC870015	云仓储环境下数字资源长期保存协作模式研究	教育部	青年项目	社会学院
11	李燕领	12YJCZH314	我国体育产业发展模式及运行机制研究	教育部	青年项目	体育学院
12	李东军	12YJA752014	日本中世歌学歌论核心概念"幽玄"的诗学阐释	教育部	规划项目	外国语学院

续表

序号	负责人	项目批准号	项目名称	项目来源	项目类别	工作单位
13	卫　岭	12YJA752027	奥尼尔戏剧的文化叙事	教育部	规划项目	外国语学院
14	赵爱国	12YJA740113	俄罗斯人类中心主义范式语言学理论研究	教育部	规划项目	外国语学院
15	贾冠杰	12YJA740028	我国英语专业研究生毕业论文抄袭行为和语言错误分析研究：语料库语言学视角	教育部	规划项目	外国语学院
16	王海贞	12YJC740101	中国学生英语口语能力评估模式研究	教育部	青年项目	外国语学院
17	方汉文	12YJA751011	世界文学重构与中国话语创建	教育部	规划项目	文学院
18	薛玉坤	12YJA751069	民国词人群体研究	教育部	规划项目	文学院
19	张　鑫	12YJC751107	鲁迅早期翻译与二十世纪中国文学语言的生成关系研究	教育部	青年项目	文学院
20	李继堂	12YJA720013	量子场论中的本体论问题研究	教育部	规划项目	政治与公共管理学院
21	吴忠伟	12YJA730007	宋明“佛教礼学”的形态学研究	教育部	规划项目	政治与公共管理学院
22	陆树程	12JJD840008	中国特色城镇化生态伦理研究	教育部	基地项目	政治与公共管理学院
23	章志远	12JJD840014	城镇化进程中行政纠纷多元解决机制研究	教育部	基地项目	王健法学院
24	张劲松	12JPJ042	生活中的生态文明	教育部	科普项目	政治与公共管理学院
25	薛玉坤		宋翔凤诗文集	教育部	古籍整理项目	文学院
26	王卫峰		周祈《名义考》校注与研究	教育部	古籍整理项目	文学院

续表

序号	负责人	项目批准号	项目名称	项目来源	项目类别	工作单位
27	于毓蓝		基于对口支援实践的教育资源共享系统研究	教育部高教司	对口支援西部高校项目	校长办公室

4. 体育总局项目(3 项)

序号	负责人	项目批准号	项目名称	项目来源	项目类别	工作单位
1	戴福祥	1621SS12014	普通高校高水平运动员文化教育与学籍管理研究	体育总局	一般项目	体育学院
2	王国祥	1663SS12056	“健康日本21”实施现状译证及对我国的启示	体育总局	一般项目	体育学院
3	王　妍	1719SS12112	远东运动会与近代东亚社会的发展	体育总局	青年项目	体育学院

5. 江苏省社科项目(12 项)

序号	负责人	项目批准号	项目名称	项目来源	项目类别	工作单位
1	姜建成	12MLA002	高校马克思主义理论研究向实践转化研究	省社科	重点项目	政治与公共管理学院
2	叶战备	12ZZA002	网络群体性事件中的舆情疏导与治理体制研究	省社科	重点项目	政治与公共管理学院
3	赵杏根	12ZWA001	江苏民间故事研究	省社科	重点项目	文学院
4	朱耀平	12ZXB009	胡塞尔遗稿中的心灵哲学研究	省社科	一般项目	政治与公共管理学院
5	宋煜萍	12GLB004	企业社会责任推进机制研究	省社科	一般项目	政治与公共管理学院
6	王　军	12YYB004	模糊照应的功能认知研究	省社科	一般项目	外国语学院
7	赵蒙成	12JYB009	苏南地区新生代农民工的就业质量与培训研究	省社科	一般项目	教育学院
8	刘跃华	12YSB010	太湖流域民间山歌的调查与研究	省社科	一般项目	艺术学院

续表

序号	负责人	项目批准号	项目名称	项目来源	项目类别	工作单位
9	沈　能	12EYC009	创新型城市评价研究:以苏州为例	省社科	青年项目	东吴商学院
10	王群伟	12GLC008	江苏低碳城市建设跟踪研究	省社科	青年项目	东吴商学院
11	孙倚娜	12JYD017	国际视野下大学英语教师职业能力标准研究	省社科	自筹经费	外国语学院
12	董炳和	12DDA003	江苏实施知识产权战略问题研究	省社科专项	省社科基金专项	王健法学院

6. 民政部项目(2 项)

序号	负责人	项目批准号	项目名称	项目来源	项目类别	工作单位
1	李慧凤	2008MZACR001—1226	公益组织在基层社会治理中的功能与作用机制研究	民政部	一般项目	政治与公共管理学院
2	魏文斌		社会养老服务体系建设研究——以苏州实践为例	民政部	一般项目	东吴商学院

7. 中国法学会项目(6 项)

序号	负责人	项目批准号	项目名称	项目来源	项目类别	工作单位
1	章志远	CLS(2012)C48	公用事业特许经营法律问题研究	中国法学会	一般项目	王健法学院
2	张永泉	CLS(2012)C70-1	医疗诉讼证明责任分配的实证研究	中国法学会	一般项目	王健法学院
3	史浩明	CLS(2012)D145	空间建设用地使用权制度研究	中国法学会	自筹项目	王健法学院
4	上官丕亮	CLS(2012)D120	克隆人立法的宪法规制	中国法学会	自筹项目	王健法学院
5	焦艳鹏	CLS(2012)D180	生态文明视野下的刑法生态化问题研究	中国法学会	自筹项目	王健法学院
6	焦艳鹏	GJ2012D09	两岸四地刑事司法协助机制研究	中国法学会	自筹项目	王健法学院

教职工队伍结构

教职工人员情况

2012 年全校教职工人员构成情况一览表

单位:人

类　别	小　计	其中:女
专任教师	2 769	1 107
行政人员	811	371
教辅人员	647	354
科研机构人员	120	38
工勤人员	437	111
校办工厂、农(林)场职工	31	3
其他附设机构人员数	99	66
合计	4 914	2 050

专任教师学历结构情况

2012 年全校专任教师学历结构情况一览表

单位:人

	总计	其中:女	正高职	副高职	中级	初级	无职称
博士	1 327	437	501	491	334		1
硕士	921	456	97	244	500	78	2
未获博士、硕士学位							
学士	463	193	86	180	169	27	1
研究生肄业							
未获学士学位	50	16	22	26	2		
高等学校专科毕业及本科肄业两年以上	8	5	3		3	2	
高等学校本专科肄业未满两年及以下							
合计	2 769	1 107	709	941	1 008	107	4

专任教师年龄结构情况

2012 年全校专任教师年龄结构情况一览表

单位:人

年龄段	总计	其中:女	正高职	副高职	中级	初级	无职称
30 岁及以下	274	150	3	28	164	76	3
31~35 岁	557	270	38	135	363	20	1
36~40 岁	542	258	61	219	254	8	
41~45 岁	396	159	104	169	121	2	
46~50 岁	551	155	226	248	76	1	
51~55 岁	222	65	120	79	23		
56~60 岁	175	48	106	62	7		
61 岁及以上	52	2	51	1			
合计	2 769	1 107	709	941	1 008	107	4

教职工中级及以上职称情况

2012 年苏州大学教职工中级及以上职称情况一览表

单位:人

院(部)、部门、附属单位	教职工人数	其中:女	正高职	副高职	中级
党委办公室	12	4	3	1	7
校长办公室	26	9	9	4	8
纪监审办公室	25	12		11	12
党委组织部	9	4		5	3
党委宣传部	13	7	1	1	8
党委统战部	5	2		2	3
离退休工作部(处)	18	7		4	6
工会	12	6	1	2	3
团委	11	6			6
机关党工委	2	2		1	1
群团、直属单位党工委	3	1		1	2
发展委员会办公室	13	7	2	2	4
教务部	43	25	6	3	19
招生就业处	18	4	1	1	9

续表

院(部)、部门、附属单位	教职工人数	其中:女	正高职	副高职	中级
科学技术与产业部	40	6	1	10	12
人文社会科学院	7	3		1	3
实验室与设备管理处	16	6		5	9
人事处	21	10	2	1	11
学生工作部(处) 人武部	45	16	1	2	23
研究生院	18	7	3	6	9
国际合作交流处(海外教育学院)	38	27		12	21
财务处	40	26	1	6	19
保卫部(处)	73	5		2	10
继续教育处(成人教育学院)	21	9	1	4	9
后勤管理处	183	79		8	47
校医院	40	31		16	17
艺术教育中心	3	2	1		1
图书馆	161	104	4	38	65
档案馆	17	15	1	6	6
博物馆	6	4		1	2
分析测试中心	41	30	1	16	18
工程训练中心	33	7		6	8
网络中心	23	7		4	10
实验材料供应中心	14	6		1	4
学报编辑部	9	4	2	1	5
中国特色城镇化研究中心					
信息光学工程研究所 高技术产业研究院	32	13	4	6	19
化学电源研究所	34	8	6	9	14
张家港工业技术研究院	1	1			1
文学院	75	29	26	19	24
凤凰传媒学院	49	20	11	12	19
社会学院	94	37	25	26	37
政治与公共管理学院	153	65	34	64	50
教育学院	77	38	14	31	26
东吴商学院(财经学院) 东吴证券金融学院	163	75	26	66	58

续表

院(部)、部门、附属单位	教职工人数	其中:女	正高职	副高职	中级
王健法学院	79	23	22	27	26
外国语学院	240	165	20	70	126
金螳螂建筑与城市环境学院	70	31	15	18	21
数学科学学院	140	46	37	46	52
物理科学与技术学院　能源学院	151	38	42	46	46
现代光学技术研究所	39	10	9	13	13
材料与化学化工学部	214	88	69	74	54
功能纳米与软物质研究院	51	15	22	8	13
计算机科学与技术学院	154	49	22	42	80
电子信息学院	105	39	14	34	50
机电工程学院　沙钢钢铁学院	189	57	25	53	83
纺织与服装工程学院	87	35	23	38	20
现代丝绸国家工程实验室	16	7	3	1	7
城市轨道交通学院	90	29	9	31	40
体育学院	151	48	17	70	50
艺术学院	109	48	20	31	40
音乐学院	24	18	7	2	8
医学部	124	73	18	12	61
骨科研究所	12	5	3	3	2
神经科学研究所	21	13	6	1	3
医学部基础医学与生物科学学院	189	84	37	74	69
医学部放射医学与防护学院	38	14	10	13	13
医学部公共卫生学院	48	20	14	19	13
医学部药学院	81	37	23	27	27
医学部护理学院	3	1		1	1
医学部实验中心	68	32		20	32
医学部实验动物中心	19	10	1	1	6
附属第一医院(医学部第一临床医学院)	168	63	44	62	56
临床医学研究院(挂靠附属第一医院)	1		1		
附属第二医院(医学部第二临床医学院)	61	29	25	8	24
附属儿童医院(医学部儿科临床医学院)	40	21	10	13	12

续表

院(部)、部门、附属单位	教职工人数	其中:女	正高职	副高职	中级
敬文书院[挂靠学生工作部(处)]	2	1			1
文正学院	43	13	2	9	25
应用技术学院	52	20	2	15	28
社会服务系(宿迁学院)	2			2	
老挝苏州大学	9	2	2		5
出版社有限公司	40	16	7	9	18
阳澄湖校区	7	1		3	3
教服集团	208	53		4	10
新闻中心	2	1			2
心血管研究所	1			1	
党校	3	3		2	1
党委研究生工作部(与研究生院合署办公)	1		1		
东吴饭店	8	2		1	
辐照技术研究所	8			1	5
纳米科学技术学院	6	4		1	2
对外联络接待办公室	1				1
唐仲英医学研究院	2		1	1	
合计	4 914	2 050	770	1 324	1 797

2012 年获副高及以上技术职称人员名单

一、2012 年获高级职务聘任人员名单

文学院

正高职：钱锡生　周晓林
副高职：张　鑫　张　蕾

凤凰传媒学院

正高职：张　健　曾一果
副高职：陈　一　倪　建

社会学院

正高职：胡火金
副高职：李卓卓　宋　璐　汪　萍　王　青　汪朝霞　董　娜

政治与公共管理学院

正高职：龚长宇　钱玉英　朱蓉蓉
副高职：黄建洪　牟　丽　孙枝俏　吴　丹

东吴商学院(财经学院)　东吴证券金融学院

正高职：张方华　陈志强
副高职：丁铭华　何会涛　蒋　丽　李　晶　周　俊　刘　亮　权小锋
杨　凝

王健法学院

正高职：方　潇　李中原　上官丕亮
副高职：陈珊珊　方新军(同级转评)

外国语学院

正高职：姜艳红　施　晖　卫　岭
副高职：段慧敏　宋晔辉　王　鼎　申　沁

教育学院

正高职：彭彦琴

副高职：宋清华

艺术学院

正高职：皇甫菊含　钱　流　张天星
副高职：胡天璇

体育学院

正高职：李　龙
副高职：岳春林　张庆如　陶玉流　王　政　陆素芹

数学科学学院

正高职：史恩慧　王健敏　卫淑云
副高职：周　超　陈凤娟　吴俊德

物理科学与技术学院　能源学院

正高职：桑芝芳　苏晓东　陶　智　须　萍
副高职：董裕力　金　超　吴　亮

材料与化学化工学部

正高职：李宝宗　李红喜　王耀荣　万小兵
副高职：程　茹　刘　玮　王建军

纺织与服装工程学院

正高职：王建南
副高职：戴宏钦　林　红　吴丽莉

计算机科学与技术学院

正高职：黄　斐
副高职：洪　宇　纪其进　张志强　卢维亮

电子信息学院

副高职：姜　敏

机电工程学院　沙钢钢铁学院

正高职：王金娥
副高职：陈　涛　范立成　李伟达　司广琚　张峰峰　刘小龙

金螳螂建筑与城市环境学院

副高职：雷　诚

城市轨道交通学院

正高职：朱忠奎　张立军
副高职：李　成　张　勇

医学部基础医学与生物科学学院

正高职：虞晓华
副高职：贺丽虹　王琳辉　王　勤　庄文卓　迮玉官　谢　炜
徐　岚(同级转评)

医学部放射医学与防护学院

正高职：华道本

医学部公共卫生学院

正高职：张增利
副高职：李红美　李新莉　薛　莲　张明芝

医学部药学院

副高职：王　燕

医学部实验中心

副高职：刘昌荣　宁　萍

医学部第一临床医学院

正高职：何靖康　韩　悦　倪才方　汪　良　陈苏宁
副高职：陈　珑　黄玉华　李　锐　孟　斌　徐　峰　章　斌　周　峰
陈　罡

医学部第二临床医学院

正高职：陆雪官
副高职：张　弘　朱维培

阳澄湖校区

正高职：刘方涛　凌　云
副高职：夏明兰　郑　蕾　胡增荣　吴　明　徐新玉　唐灯平　王　瑜
汪　彬　王建胜　刘　琪　王爱民　杨　涛　张　黎　徐　仁
李　敏

文正学院

副高职：王　淼

后勤管理处

副高职：陈　锋

学报

正高职：康敬奎
副高职：苏　秦

出版社有限公司

副高职：李寿春

图书馆

正高职：何继红　　陈家翠
副高职：张　敏

分析测试中心

副高职：陈息林（同级转评）　　李海燕　　王　璐

工程训练中心

副高职：周新宏

化学电源研究所

正高职：林佩云

现代光学技术研究所

副高职：倪　颖

信息光学工程研究所

副高职：申　渊　　周小红

张家港工业技术研究院

副高职：金　苗

二、2012 年获高级职务任职资格人员名单

纳米科学技术学院

副高职：季　晶

医学部

副高职：徐小乐

科学技术与产业部

副高职：钱福良　　赵一强

继续教育处(成人教育学院)

副高职：常　静

后勤管理处

副高职：陈　刚

后勤集团

副高职：王丽晓

阳澄湖校区财务部

副高职：朱　彦

工程训练中心

副高职：邹卫放

2012年聘请讲座教授、客座教授、兼职教授名单

讲座教授

纳米科学技术学院

Jone Yeow　加拿大滑铁卢大学系统设计工程系教授

David T. Attwood　美国加州伯克利大学教授

医学部公共卫生学院

Vijayalaxmi　Texas Health Science Center 大学教授、国际生物电磁学会理事

附属儿童医院

周启东　香港玛丽医院教授

范　光　美国俄勒冈健康与科学大学教授

功能纳米与软物质研究院

Xueliang Sun　加拿大西安大略大学教授

张　清　上海交通大学化学化工学院高分子工程与科学系教授

神经科学研究所

邓文斌　美国加州大学戴维斯分校教授

医学部基础医学与生物科学学院

Peter John Delves　英国伦敦大学医学科学院副院长、教授

体育学院

刘　展　美国春田学院教授

材料与化学化工学部

Kira Hirao　日本东京工业大学教授

Geoffrey Duffy　新西兰奥克兰大学教授

数学科学学院

王　成　美国麻省大学达特茅斯分校助理教授

金融工程研究中心

袁先智　德勤咨询有限公司总监

医学部药学院

陈　平　上海泓博智源医药技术有限公司董事长、苏州景泓生物技术有限公司总经理

何爱民　美国荧光微球公司总裁、光景生物科技(苏州)有限公司董事长兼总经理

艺术学院

张小川　海外柔性引进

物理科学与技术学院

董　明　恒正科技(苏州)有限公司董事长、教授

客座教授

功能纳米与软物质研究院

Yang Song　加拿大西安大略大学教授

唐仲英血液学研究中心

Dong-Er Zhang　美国加利福尼亚大学圣地亚哥分校摩斯癌症中心教授

物理科学与技术学院

戚亚冰　日本冲绳科学技术大学院大学教授

赤阪健　日本筑波大学教授

附属第一医院

Norbert-Claude GORIN　法国巴黎第六大学骨髓移植中心主任、教授

电子信息学院

刘俊杰　美国中佛罗里达大学教授

生物医学研究所

臧敬五　葛兰素史克中国研发中心总裁、教授

郑　彪　葛兰素史克中国研发中心免疫性疾病研究部总监、教授

秦　莹　葛兰素史克中国研发中心肿瘤研究部总监、教授

范国煌　葛兰素史克中国研发中心神经退行性疾病研究部副总监、教授

武　力　美国俄亥俄州立逆转录病毒研究中心副教授

附属第二临床医学院

Peter S. A. Glass　纽约州立大学石溪分校麻醉系主任、教授

血液研究所

Dr. Heyu Ni　加拿大多伦多大学实验医学与病理生物学副教授、加拿大血液服务署高级研究员

医学部基础医学与生物科学学院

Jian Hong　葛兰素史克公司(中国)副董事、教授

机电工程学院

Shake. A. Meguid　加拿大多伦多大学机械与工业工程系教授

兼职教授

心血管病研究所

姬广聚　中国科学院生物物理研究所研究员

唐仲英血液学研究中心

Ke Cheng　Cedars-Sinai 心脏研究所

潘峻亮　美国斯坦福大学帕罗阿尔托教育研究院高级研究员及 PI

金螳螂建筑与城市环境学院

赵　民　同济大学建筑与城市规划学院博士生导师、教授

黄耀志　苏州科技学院教授

凤凰传媒学院

袁海兴　现代快报股份有限公司副董事长、现代快报传媒有限公司总经理

俞益民　《常熟日报》副总编辑、常熟市政协委员

崔　丽　苏州姑苏广告传媒有限公司董事长、苏州市户外广告专业委员会副主任

范小天　苏州福纳文化科技股份有限公司董事长

汪　良　北京市政协文史委副主任、北京电台党委书记、台长

冉　丽　北京市政协委员、北京市播音系列高级职称评委会委员

数学科学学院

卢本卓　中国科学院计算数学所研究员

王　成　美国麻省大学达特茅斯分校助理教授

刘曾荣　上海大学系统生物技术研究所常务副所长、博士生导师、教授

人文社会科学院

曾士生　新加坡国会议员

骨科研究所

藤井唯誌　日本奈良医科大学教授

材料与化学化工学部

江必旺　苏州纳微生物科技有限公司董事长

吴晓涛　库特勒自动化系统(苏州)有限公司总经理

社会学院

杨振红　中国社会科学院历史研究所研究员

章宏伟　北京故宫博物院研究员

机电工程学院

高学山　北京理工大学宇航学院教授

现代光学技术研究所

史文杰　中国航天科工集团三院八三五八所副所长、研究员

院士、博士研究生导师(在职)名单

院士情况一览表

序号	姓名	性别	出生年月	从事专业	备　注
1	薛鸣球	男	1930 年 10 月	光学工程	中国工程院院士
2	潘君骅	男	1930 年 10 月	光学工程	中国工程院院士
3	阮长耿	男	1939 年 8 月	内科学(血液病学)	中国工程院院士
4	李述汤	男	1947 年 1 月	材料化学	中国科学院院士、第三世界科学院院士
5	柴之芳	男	1942 年 9 月	放射医学	中国科学院院士

博士研究生导师情况一览表

序号	姓名	性别	出生年月	专业名称	备　注
1	刘锋杰	男	1953 年 12 月	文艺学	
2	侯　敏	男	1961 年 1 月	文艺学	
3	徐国源	男	1965 年 1 月	文艺学	
4	李　勇	男	1967 年 2 月	文艺学	
5	徐　山	男	1955 年 12 月	汉语言文字学	
6	曹　炜	男	1963 年 10 月	汉语言文字学	
7	杨海明	男	1942 年 11 月	中国古代文学	
8	王钟陵	男	1943 年 11 月	中国古代文学	
9	罗时进	男	1956 年 4 月	中国古代文学	
10	赵杏根	男	1956 年 12 月	中国古代文学	
11	马亚中	男	1957 年 10 月	中国古代文学	
12	马卫中	男	1959 年 3 月	中国古代文学	

续表

序号	姓名	性别	出生年月	专业名称	备　注
13	范培松	男	1943 年 7 月	中国现当代文学	
14	曹惠民	男	1946 年 4 月	中国现当代文学	
15	朱栋霖	男	1949 年 6 月	中国现当代文学	
16	刘祥安	男	1957 年 2 月	中国现当代文学	
17	王　尧	男	1960 年 4 月	中国现当代文学	
18	汪卫东	男	1968 年 9 月	中国现当代文学	
19	鲁枢元	男	1946 年 1 月	比较文学与世界文学	
20	方汉文	男	1950 年 12 月	比较文学与世界文学	
21	季　进	男	1965 年 1 月	比较文学与世界文学	
22	汤哲声	男	1956 年 8 月	中国通俗文学	
23	周　秦	男	1949 年 1 月	戏剧影视文学	
24	倪祥保	男	1953 年 4 月	戏剧影视文学	
25	陈　龙	男	1965 年 6 月	戏剧影视文学	
26	王　宁	男	1967 年 4 月	戏剧影视文学	
27	马中红	女	1962 年 12 月	媒介文化	
28	俞　政	男	1947 年 10 月	中国近现代史	
29	王国平	男	1948 年 10 月	中国近现代史	
30	池子华	男	1961 年 8 月	中国近现代史	
31	余同元	男	1962 年 1 月	中国近现代史	
32	王卫平	男	1962 年 10 月	中国近现代史	
33	朱从兵	男	1965 年 8 月	中国近现代史	
34	朱小田	男	1963 年 7 月	中国史	
35	王宇博	男	1960 年 2 月	中国史	
36	李兰芬	女	1950 年 9 月	马克思主义哲学	
37	杨思基	男	1958 年 2 月	马克思主义哲学	
38	邢冬梅	女	1964 年 9 月	马克思主义哲学	
39	陈　忠	男	1968 年 2 月	马克思主义哲学	
40	车玉玲	女	1970 年 1 月	马克思主义哲学	
41	庄友刚	男	1971 年 6 月	马克思主义哲学	
42	蒋国保	男	1951 年 6 月	中国哲学	
43	周可真	男	1958 年 7 月	中国哲学	

续表

序号	姓名	性别	出生年月	专业名称	备注
44	臧知非	男	1958年9月	中国哲学	
45	沈荣华	男	1948年7月	政治学理论	
46	赵　康	男	1950年2月	政治学理论	
47	王俊华	女	1954年8月	政治学理论	
48	乔耀章	男	1954年9月	政治学理论	
49	钮菊生	男	1956年4月	政治学理论	
50	王卓君	男	1958年3月	政治学理论	
51	金太军	男	1963年6月	政治学理论	
52	钱振明	男	1964年12月	政治学理论	
53	周　毅	男	1966年1月	政治学理论	
54	张劲松	男	1967年9月	政治学理论	
55	葛建一	男	1953年12月	政治学理论	
56	朱炳元	男	1950年12月	马克思主义基本原理	
57	吴声功	男	1952年2月	马克思主义基本原理	
58	方世南	男	1954年6月	马克思主义基本原理	
59	田芝健	男	1963年7月	马克思主义基本原理	
60	陆树程	男	1956年4月	思想政治教育	
61	姜建成	男	1957年7月	思想政治教育	
62	郭彩琴	女	1963年12月	思想政治教育	
63	陈进华	男	1970年9月	伦理学	
64	黄　鹏	男	1949年8月	财政学	
65	夏永祥	男	1955年6月	财政学	
66	孙文基	男	1963年1月	财政学	
67	贝政新	男	1952年11月	金融学	
68	万解秋	男	1955年10月	金融学	
69	乔桂明	男	1956年7月	金融学	
70	王光伟	男	1960年1月	金融学	
71	孙永正	男	1947年11月	企业管理学	
72	李晓峰	男	1952年3月	企业管理学	
73	邢建国	男	1956年11月	企业管理学	
74	罗正英	女	1957年12月	企业管理学	

续表

序号	姓名	性别	出生年月	专业名称	备　注
75	赵增耀	男	1963年4月	企业管理学	
76	袁勇志	男	1962年6月	企业管理学	
77	田晓明	男	1964年9月	企业管理学	
78	段进军	男	1968年3月	区域经济学	
79	杨海坤	男	1944年8月	宪法学与行政法学	
80	周永坤	男	1948年3月	宪法学与行政法学	
81	陈立虎	男	1954年10月	宪法学与行政法学	
82	孙　莉	女	1954年12月	宪法学与行政法学	
83	艾永明	男	1957年5月	宪法学与行政法学	
84	李晓明	男	1959年6月	宪法学与行政法学	
85	黄学贤	男	1963年3月	宪法学与行政法学	
86	胡玉鸿	男	1964年2月	宪法学与行政法学	
87	王克稳	男	1964年8月	宪法学与行政法学	
88	章志远	男	1975年5月	宪法学与行政法学	
89	朱　谦	男	1964年11月	环境与资源保护法学	
90	魏玉娃	女	1963年1月	国际法学	
91	贾冠杰	男	1953年7月	英语语言文学	
92	顾佩娅	女	1956年9月	英语语言文学	
93	朱新福	男	1963年3月	英语语言文学	
94	王　军	男	1966年1月	英语语言文学	
95	王腊宝	男	1967年1月	英语语言文学	
96	赵爱国	男	1955年3月	俄语语言文学	
97	周民权	男	1953年1月	俄语语言文学	
98	苏晓军	男	1964年11月	外语语言学与应用语言学	
99	王　宏	男	1956年9月	外语语言学与应用语言学	
100	刘电芝	女	1955年7月	高等教育学	
101	童辉杰	男	1956年7月	高等教育学	
102	周　川	男	1957年10月	高等教育学	
103	许庆豫	男	1959年11月	高等教育学	

续表

序号	姓名	性别	出生年月	专业名称	备 注
104	毋小勇	男	1962 年 9 月	高等教育学	
105	吴继霞	女	1962 年 10 月	高等教育学	
106	崔玉平	男	1964 年 5 月	高等教育学	
107	赵蒙成	男	1969 年 9 月	高等教育学	
108	冯成志	男	1970 年 7 月	高等教育学	
109	黄辛隐	女	1958 年 5 月	高等教育学	
110	诸葛铠	男	1941 年 10 月	设计艺术学	
111	廖　军	男	1957 年 1 月	设计艺术学	
112	张朋川	男	1942 年 2 月	设计艺术学	
113	华人德	男	1947 年 3 月	设计艺术学	
114	李超德	男	1961 年 6 月	设计艺术学	
115	董新光	男	1949 年 6 月	体育教育训练学	
116	汪康乐	男	1950 年 6 月	体育教育训练学	
117	罗时铭	男	1953 年 2 月	体育教育训练学	
118	王家宏	男	1955 年 6 月	体育教育训练学	
119	张　林	男	1956 年 10 月	体育教育训练学	
120	王国祥	男	1963 年 11 月	体育教育训练学	
121	王　岗	男	1965 年 9 月	体育教育训练学	
122	邰崇禧	男	1952 年 8 月	体育教育训练学	
123	游　宏	男	1948 年 1 月	基础数学	
124	恽自求	男	1948 年 8 月	基础数学	
125	钱定边	男	1957 年 2 月	基础数学	
126	黎先华	男	1957 年 4 月	基础数学	
127	余红兵	男	1962 年 10 月	基础数学	
128	黄毅生	男	1962 年 11 月	基础数学	
129	唐忠明	男	1963 年 4 月	基础数学	
130	陆芳言	男	1966 年 4 月	基础数学	
131	沈玉良	男	1967 年 3 月	基础数学	
132	张　影	男	1967 年 10 月	基础数学	
133	姚林泉	男	1961 年 1 月	计算数学	
134	岳兴业	男	1966 年 10 月	计算数学	

续表

序号	姓名	性别	出生年月	专业名称	备　注
135	王岳宝	男	1947年8月	概率论与数理统计	
136	王过京	男	1959年5月	概率论与数理统计	
137	朱　烈	男	1943年2月	应用数学	
138	殷剑兴	男	1948年12月	应用数学	
139	杜北梁	男	1949年8月	应用数学	
140	余王辉	男	1959年1月	应用数学	
141	马欣荣	男	1964年9月	应用数学	
142	曹永罗	男	1967年9月	应用数学	
143	秦文新	男	1967年11月	应用数学	
144	季利均	男	1975年10月	应用数学	
145	杨　凌	男	1971年4月	应用数学	
146	陈中文	男	1963年8月	运筹学与控制论	
147	沈百荣	男	1964年11月	系统生物学	
148	狄国庆	男	1957年1月	凝聚态物理	
149	晏世雷	男	1958年5月	凝聚态物理	
150	吴雪梅	女	1967年2月	凝聚态物理	
151	沈明荣	男	1969年2月	凝聚态物理	
152	高　雷	男	1971年2月	凝聚态物理	
153	王明湘	男	1972年3月	凝聚态物理	
154	马桂林	男	1948年9月	无机化学	
155	戴　洁	男	1955年12月	无机化学	
156	郎建平	男	1964年6月	无机化学	
157	李宝龙	男	1965年6月	无机化学	
158	李亚红	女	1968年6月	无机化学	
159	胡传江	男	1973年4月	无机化学	
160	贾定先	男	1966年4月	无机化学	
161	屠一锋	男	1963年7月	分析化学	
162	张雅文	男	1946年3月	有机化学	
163	邹建平	男	1962年8月	有机化学	
164	姚英明	男	1968年8月	有机化学	
165	孙宏枚	男	1968年11月	有机化学	

续表

序号	姓名	性别	出生年月	专业名称	备　注
166	王兴旺	男	1972年10月	有机化学	
167	毛金成	男	1978年7月	有机化学	
168	狄俊伟	男	1964年11月	分析化学	
169	邓安平	男	1962年2月	分析化学	
170	杨　平	男	1953年1月	物理化学	
171	郑军伟	男	1964年8月	物理化学	
172	姚建林	男	1970年7月	物理化学	
173	杜玉扣	男	1966年6月	物理化学	
174	李述汤	男	1947年1月	高分子化学与物理	
175	朱秀林	男	1955年10月	高分子化学与物理	
176	倪沛红	女	1960年6月	高分子化学与物理	
177	邵名望	男	1961年11月	高分子化学与物理	
178	程振平	男	1966年1月	高分子化学与物理	
179	杨永刚	男	1971年7月	高分子化学与物理	
180	钟志远	男	1974年2月	高分子化学与物理	
181	严　锋	男	1971年11月	高分子化学与物理	
182	孟凤华	女	1973年4月	高分子化学与物理	
183	周竹发	男	1956年12月	材料学	
184	闻荻江	男	1945年3月	材料学	
185	石世宏	男	1956年9月	材料学	
186	戴礼兴	男	1961年2月	材料学	
187	梁国正	男	1961年3月	材料学	
188	黄彦林	男	1966年1月	材料学	
189	顾媛娟	女	1968年12月	材料学	
190	路建美	女	1960年10月	应用化学	
191	洪若瑜	男	1966年10月	应用化学	
192	顾宏伟	男	1976年1月	应用化学	
193	徐冬梅	女	1966年9月	应用化学	
194	周年琛	女	1957年7月	应用化学	
195	赵优良	男	1975年9月	应用化学	
196	白　伦	男	1948年4月	纺织工程	

续表

序号	姓名	性别	出生年月	专业名称	备注
197	陈宇岳	男	1962年3月	纺织工程	
198	冯志华	男	1962年4月	纺织工程	
199	李明忠	男	1963年5月	纺织工程	
200	陈廷	男	1974年1月	纺织工程	
201	左葆齐	男	1957年2月	纺织材料与纺织品设计	
202	潘志娟	女	1967年11月	纺织材料与纺织品设计	
203	王国和	男	1964年11月	纺织材料与纺织品设计	
204	杨旭红	女	1968年3月	纺织材料与纺织品设计	
205	芮延年	男	1951年2月	纺织化学与染整工程	
206	陈国强	男	1957年11月	纺织化学与染整工程	
207	朱亚伟	男	1963年7月	纺织化学与染整工程	
208	唐人成	男	1966年1月	纺织化学与染整工程	
209	李战雄	男	1970年12月	纺织化学与染整工程	
210	刘国联	女	1953年3月	服装	
211	陈雁	女	1956年12月	服装	
212	许星	女	1958年2月	服装	
213	钱培德	男	1947年11月	计算机应用技术	
214	朱巧明	男	1963年7月	计算机应用技术	
215	樊建席	男	1965年3月	计算机应用技术	
216	吕强	男	1965年4月	计算机应用技术	
217	周国栋	男	1967年3月	计算机应用技术	
218	刘全	男	1969年10月	计算机应用技术	
219	王宜怀	男	1962年2月	计算机应用技术	
220	龚声蓉	男	1966年4月	计算机应用技术	
221	钟宝江	男	1972年11月	计算机应用技术	
222	李凡长	男	1964年9月	计算机软件与理论	
223	朱士群	男	1950年12月	光学	
224	顾济华	男	1957年3月	光学	

续表

序号	姓名	性别	出生年月	专业名称	备注
225	方建兴	男	1963年4月	光学	
226	宋瑛林	男	1966年12月	光学	
227	潘君骅	男	1930年10月	光学工程	
228	薛鸣球	男	1930年10月	光学工程	
229	余景池	男	1943年12月	光学工程	
230	吴建宏	男	1960年7月	光学工程	
231	陈林森	男	1961年1月	光学工程	
232	沈为民	男	1963年4月	光学工程	
233	王钦华	男	1964年1月	光学工程	
234	郭培基	男	1968年7月	光学工程	
235	傅戈雁	女	1956年3月	光学工程	
236	汪一鸣	女	1956年2月	信号与信息处理	
237	王加俊	男	1969年11月	信号与信息处理	
238	赵鹤鸣	男	1957年8月	信号与信息处理	
239	毛凌锋	男	1971年6月	信号与信息处理	
240	朱灿焰	男	1962年10月	信号与信息处理	
241	沈卫德	男	1950年11月	特种经济动物饲养学	
242	谈建中	男	1957年8月	特种经济动物饲养学	
243	张雨青	男	1958年4月	特种经济动物饲养学	
244	徐世清	男	1963年10月	特种经济动物饲养学	
245	许维岸	男	1964年2月	特种经济动物饲养学	
246	贡成良	男	1965年2月	特种经济动物饲养学	
247	夏春林	男	1957年3月	人体解剖与组织胚胎学	
248	张学光	男	1951年11月	免疫学	
249	缪竞诚	男	1952年2月	免疫学	
250	顾宗江	男	1956年5月	免疫学	
251	邱玉华	女	1957年1月	免疫学	
252	洪法水	男	1960年12月	免疫学	
253	吴昌平	男	1961年10月	免疫学	
254	刘海燕	女	1971年2月	免疫学	

续表

序号	姓名	性别	出生年月	专业名称	备注
255	诸葛洪祥	男	1951年10月	病原生物学	
256	黄瑞	女	1960年4月	病原生物学	
257	夏超明	男	1962年4月	病原生物学	
258	吴士良	男	1951年6月	病理学与病理生理学	
259	谷振勇	男	1963年1月	法医学	
260	谢洪平	男	1964年3月	法医学	
261	陶陆阳	男	1966年6月	法医学	
262	杨占山	男	1949年12月	放射医学	
263	刘芬菊	女	1954年12月	放射医学	
264	樊赛军	男	1961年8月	放射医学	
265	曹建平	男	1962年5月	放射医学	
266	张学农	男	1962年11月	放射医学	
267	文万信	男	1964年3月	放射医学	
268	涂彧	男	1965年7月	放射医学	
269	蒋文平	男	1932年7月	内科学(心血管病学)	
270	阮长耿	男	1939年8月	内科学(血液病学)	
271	薛永权	男	1940年10月	内科学(血液病学)	
272	王兆钺	男	1943年2月	内科学(血液病学)	
273	刘志华	男	1946年2月	内科学(心血管病学)	
274	陈子兴	男	1946年6月	内科学(血液病学)	
275	张日	男	1955年9月	内科学(血液病学)	
276	孙爱宁	女	1956年9月	内科学(血液病学)	
277	甘建和	男	1958年9月	内科学(传染病学)	
278	吴德沛	男	1958年10月	内科学(血液病学)	
279	傅晋翔	男	1960年10月	内科学(血液病学)	
280	黄建安	男	1960年10月	内科学(呼吸系病学)	
281	陈卫昌	男	1962年9月	内科学(消化系病学)	
282	杨向军	男	1963年5月	内科学(心血管病学)	
283	柴忆欢	女	1949年1月	儿科学	
284	汪健	男	1963年1月	儿科学	
285	古桂雄	男	1954年6月	儿科学	

续表

序号	姓名	性别	出生年月	专业名称	备注
286	倪　宏	男	1968 年 3 月	儿科学	
287	唐天驷	男	1932 年 9 月	外科学(骨外科学)	
288	周　岱	男	1942 年 11 月	外科学(神经外科学)	
289	严春寅	男	1949 年 12 月	外科学(泌尿外科学)	
290	温端改	男	1950 年 11 月	外科学(泌尿外科学)	
291	张世明	男	1951 年 2 月	外科学(神经外科学)	
292	吴浩荣	男	1951 年 12 月	外科学(普通外科学)	
293	单玉喜	男	1952 年 10 月	外科学(泌尿外科学)	
294	孙俊英	男	1953 年 9 月	外科学(骨外科学)	
295	钱海鑫	男	1955 年 1 月	外科学(普通外科学)	
296	李德春	男	1955 年 2 月	外科学(普通外科学)	
297	董启榕	男	1956 年 7 月	外科学(骨外科学)	
298	沈振亚	男	1957 年 9 月	外科学(胸心血管外科学)	
299	何小舟	男	1959 年 9 月	外科学(泌尿外科学)	
300	侯建全	男	1960 年 2 月	外科学(泌尿外科学)	
301	杨惠林	男	1960 年 3 月	外科学(骨外科学)	
302	徐又佳	男	1962 年 3 月	外科学(骨外科学)	
303	陈　亮	男	1972 年 2 月	外科学(骨外科学)	
304	李晓强	男	1962 年 4 月	外科学(胸心血管外科学)	
305	兰　青	男	1964 年 12 月	外科学(神经外科学)	
306	田　野	男	1965 年 1 月	外科学(神经外科学)	
307	邢春根	男	1965 年 2 月	外科学(泌尿外科学)	
308	刘春风	男	1965 年 2 月	神经病学	
309	徐兴顺	男	1972 年 8 月	神经病学	
310	高　歌	男	1950 年 3 月	流行病与卫生统计学	
311	徐　勇	男	1959 年 12 月	流行病与卫生统计学	
312	张永红	男	1960 年 10 月	流行病与卫生统计学	
313	周建华	女	1955 年 4 月	劳动卫生与环境卫生学	

续表

序号	姓名	性别	出生年月	专业名称	备　注
314	安　艳	女	1969年9月	劳动卫生与环境卫生学	
315	童　建	男	1953年5月	卫生毒理学	
316	杨世林	男	1953年12月	药理学	
317	梁中琴	女	1954年11月	药理学	
318	秦正红	男	1955年3月	药理学	
319	谢梅林	男	1958年2月	药理学	
320	王剑文	男	1964年9月	药理学	
321	乔春华	女	1973年1月	药理学	
322	张慧灵	女	1965年1月	药理学	
323	徐智策	男	1956年1月	胚胎生理与围产基础医学	
324	张鲁波	男	1962年5月	胚胎生理与围产基础医学	
325	茅彩萍	女	1968年7月	胚胎生理与围产基础医学	
326	蒋星红	女	1960年10月	医学神经生物学	
327	张焕相	男	1965年7月	医学神经生物学	
328	陶　金	男	1979年11月	医学神经生物学	
329	魏文祥	男	1962年1月	医学细胞生物学	
330	张洪涛	男	1970年3月	基因组医学	
331	陆培荣	男	1969年2月	眼科学	
332	国　风	女	1973年9月	肿瘤学	
333	秦立强	男	1970年3月	营养与食品卫生学	
334	缪丽燕	女	1966年4月	药剂学	
335	吴翼伟	男	1957年2月	影像医学与核医学	
336	胡春洪	男	1965年5月	影像医学与核医学	
337	杨建平	男	1957年3月	麻醉学	
338	何向东	男	1948年7月	马克思主义哲学	西南师范大学(挂靠)
339	任　平	男	1956年10月	马克思主义哲学	江苏师范大学(挂靠)
340	韩璞庚	男	1963年12月	马克思主义哲学	江苏省社会科学院江海学刊杂志社(挂靠)

续表

序号	姓名	性别	出生年月	专业名称	备　注
341	吴先满	男	1957 年 9 月	金融学	江苏省社会科学院(挂靠)
342	聂庆平	男	1961 年 10 月	金融学	中国证券业协会(挂靠)
343	何德旭	男	1962 年 9 月	金融学	中国社会科学院财贸经济研究所(挂靠)
344	巴曙松	男	1969 年 8 月	金融学	国务院发展研究中心金融研究所(挂靠)
345	靳辉明	男	1934 年 12 月	政治学理论	中国社会科学院马克思列宁主义毛泽东思想研究所兼职(挂靠)
346	夏东民	男	1956 年 1 月	马克思主义基本原理	江苏技术师范学院(挂靠)
347	周　宏	男	1962 年 6 月	马克思主义基本原理	常熟理工学院(挂靠)
348	闵春发	男	1950 年 12 月	思想政治教育	南京邮电大学(挂靠)
349	朱永新	男	1958 年 8 月	高等教育学	全国人大常务委员(挂靠)
350	孙民治	男	1938 年 9 月	体育教育训练学	首都体育学院兼职(挂靠)
351	田麦久	男	1940 年 7 月	体育教育训练学	北京体育大学(兼职)
352	姜文凯	男	1946 年 5 月	体育教育训练学	江苏省体育科学研究所(挂靠)
353	于振峰	男	1957 年 3 月	体育教育训练学	首都体育学院(挂靠)
354	李颖川	男	1960 年 1 月	体育教育训练学	首都体育学院(挂靠)
355	王广虎	男	1956 年 1 月	体育人文社会学	成都体育学院(挂靠)
356	梁晓龙	男	1957 年 1 月	体育人文社会学	国家体育总局体育科学研究所(挂靠)
357	鲍明晓	男	1962 年 11 月	体育人文社会学	国家体育总局体育科学研究所(挂靠)
358	盛　雷	女	1963 年 3 月	运动人体科学	江苏省体育科学研究所(挂靠)
359	丁晓原	男	1958 年 5 月	文艺学	常熟理工学院(挂靠)
360	朱志荣	男	1961 年 2 月	文艺学	华东师范大学(挂靠)
361	蔡镜浩	男	1945 年 9 月	汉语言文字学	苏州市政协(挂靠)

续表

序号	姓名	性别	出生年月	专业名称	备　注
362	高凯征	男	1949 年	中国古代文学	辽宁大学(兼职)
363	周建忠	男	1955 年 1 月	中国古代文学	南通大学(挂靠)
364	梅新林	男	1958 年 1 月	中国古代文学	浙江师范大学(挂靠)
365	朱万曙	男	1962 年 5 月	中国古代文学	安徽大学(兼职)
366	邓红梅	女	1966 年 3 月	中国古代文学	山东师范大学(挂靠)
367	张仲谋	男	1955 年 1 月	中国古代文学	江苏师范大学(挂靠)
368	张　强	男	1956 年 10 月	中国古代文学	淮阴师范学院(挂靠)
369	吕　进	男	1939 年 9 月	中国现当代文学	西南师范大学(挂靠)
370	方　忠	男	1964 年 8 月	中国现当代文学	江苏师范大学(挂靠)
371	刘洪一	男	1960 年 8 月	比较文学与世界文学	深圳大学(挂靠)
372	宋炳辉	男	1964 年 8 月	比较文学与世界文学	上海外国语大学(挂靠)
373	汪榕培	男	1942 年 6 月	英语语言文学	大连外国语学院(挂靠)
374	刘海平	男	1944 年 2 月	英语语言文学	南京大学(兼职)
375	殷企平	男	1955 年 6 月	英语语言文学	浙江大学(挂靠)
376	雍和明	男	1963 年 8 月	英语语言文学	广东商学院(挂靠)
377	傅黎明	男	1956 年 7 月	设计艺术学	吉林大学(挂靠)
378	郑杭生	男	1936 年 9 月	中国近现代史	中国人民大学(挂靠)
379	周新国	男	1951 年 5 月	中国近现代史	扬州大学(挂靠)
380	张海林	男	1957 年 10 月	中国近现代史	南京大学(挂靠)
381	陆建洪	男	1957 年 11 月	中国近现代史	苏州经贸职业技术学院(挂靠)
382	王稳地	男	1957 年 4 月	应用数学	西南师范大学(挂靠)
383	周汝光	男	1965 年 9 月	应用数学	江苏师范大学(挂靠)
384	朱林生	男	1962 年 11 月	基础数学	常熟理工学院(挂靠)
385	王维凡	男	1955 年 1 月	运筹学与控制论	浙江师范大学(挂靠)
386	郑仁蓉	女	1944 年 12 月	凝聚态物理	上海师范大学(挂靠)
387	陈　洪	男	1964 年 12 月	凝聚态物理	西南师范大学(挂靠)
388	马余强	男	1964 年 11 月	凝聚态物理	南京大学(挂靠)
389	张解放	男	1959 年 8 月	光学	浙江师范大学(挂靠)
390	王怀生	男	1962 年 12 月	分析化学	聊城大学(挂靠)

续表

序号	姓名	性别	出生年月	专业名称	备　注
391	顾海鹰	男	1963 年 5 月	分析化学	南通大学(挂靠)
392	陶冠红	男	1967 年 12 月	分析化学	苏州市科技局(挂靠)
393	陆熙炎	男	1928 年 8 月	有机化学	中国科学院上海有机化学研究所兼职(挂靠)
394	林国强	男	1943 年 3 月	有机化学	中国科学院上海有机化学研究所兼职(挂靠)
395	史达清	男	1962 年 4 月	有机化学	江苏师范大学(挂靠)
396	王　磊	男	1962 年 7 月	有机化学	淮北煤炭师范学院(挂靠)
397	纪顺俊	男	1958 年 11 月	有机化学	苏州市科学技术协会(挂靠)
398	唐　勇	男	1964 年 9 月	有机化学	中国科学院上海有机化学研究所(挂靠)
399	江　龙	男	1933 年 1 月	物理化学	中国科学院化学所兼职(挂靠)
400	陶福明	男	1960 年 6 月	物理化学	美国加州大学(挂靠)
401	罗孟飞	男	1963 年 3 月	物理化学	浙江师范大学(挂靠)
402	李金林	男	1963 年 9 月	物理化学	中南民族大学(挂靠)
403	张红雨	男	1970 年 6 月	物理化学	山东理工大学(挂靠)
404	张瑞勤	男	1963 年 8 月	高分子化学与物理	香港城市大学(挂靠)
405	屠树江	男	1957 年 10 月	化学生物学	江苏师范大学(挂靠)
406	王　辉	男	1958 年 11 月	光学工程	浙江师范大学(挂靠)
407	王汝传	男	1943 年 8 月	计算机应用技术	南京邮电学院(挂靠)
408	王相海	男	1965 年 1 月	计算机应用技术	辽宁师范大学(挂靠)
409	张　康	男	1959 年 4 月	计算机应用技术	德克萨斯大学达拉斯分校(挂靠)
410	崔志明	男	1961 年 7 月	计算机应用技术	苏州职业大学(挂靠)
411	梁培康	男	1961 年 5 月	信号与信息处理	中国兵器工业集团第 214 研究所苏州研发中心(挂靠)
412	姚　穆	男	1930 年 5 月	纺织材料与纺织品设计	西北工程科技学院(挂靠)

续表

序号	姓名	性别	出生年月	专业名称	备注
413	周国泰	男	1949年8月	纺织材料与纺织品设计	西北工程科技学院(挂靠)
414	汤克勇	男	1964年3月	纺织化学与染整工程	郑州大学(挂靠)
415	吴国庆	男	1957年10月	纺织工程	南通大学(挂靠)
416	徐卫林	男	1969年4月	纺织工程	武汉纺织大学(挂靠)
417	顾晓松	男	1953年12月	人体解剖与组织胚胎学	南通大学(挂靠)
418	邱一华	男	1955年3月	人体解剖与组织胚胎学	南通大学(挂靠)
419	彭聿平	女	1955年7月	人体解剖与组织胚胎学	南通大学(挂靠)
420	金国华	男	1957年10月	人体解剖与组织胚胎学	南通大学(挂靠)
421	丁　斐	女	1958年7月	人体解剖与组织胚胎学	南通大学(挂靠)
422	王晓冬	男	1958年12月	人体解剖与组织胚胎学	南通大学(挂靠)
423	卢斌峰	男	1969年2月	免疫学	美国匹兹堡大学(挂靠)
424	高　琪	男	1953年1月	病原生物学	江苏省寄生虫研究所(挂靠)
425	朱萌昌	男	1944年9月	病原生物学	江苏省血吸虫病防治研究所(挂靠)
426	赵国屏	男	1948年8月	病原生物学	中国科学院上海生命科学研究院(挂靠)
427	王红阳	男	1952年1月	病理学与病理生理学	上海东方肝胆外科医院(挂靠)
428	沈　敏	女	1955年3月	法医学	司法部司法鉴定科学技术研究所(挂靠)
429	周平坤	男	1963年9月	放射医学	军事医学科学院放射与辐射研究所(挂靠)
430	吴锦昌	男	1959年4月	放射医学	苏州市立医院(挂靠)
431	沈云志	男	1946年10月	内科学(消化系病学)	苏州大学附属第三医院(挂靠)

续表

序号	姓名	性别	出生年月	专业名称	备　注
432	程英升	男	1966 年 12 月	内科学(消化系病学)	上海市第六人民医院(挂靠)
433	郭传勇	男	1962 年 10 月	内科学(消化系病学)	上海市第十人民医院(挂靠)
434	吴庆宇	男	1957 年 10 月	内科学(血液病学)	美国克利夫兰 Lerner 研究所(挂靠)
435	贾伟平	男	1956 年 11 月	内科学(内分泌与代谢病学)	上海市第六人民医院(挂靠)
436	章振林	男	1966 年 12 月	内科学(内分泌与代谢病学)	上海市第六人民医院(挂靠)
437	王　琛	男	1960 年 5 月	内科学(内分泌与代谢病学)	上海市第六人民医院(挂靠)
438	汪年松	男	1966 年 1 月	内科学(肾脏病学)	上海市第六人民医院(挂靠)
439	臧国庆	男	1960 年 9 月	内科学(传染病学)	上海市第六人民医院(挂靠)
440	刘　璠	男	1957 年 5 月	外科学(骨外科学)	南通大学(挂靠)
441	蒋　垚	男	1951 年 6 月	外科学(骨外科学)	上海市第六人民医院(挂靠)
442	张晓膺	男	1959 年 8 月	外科学(胸心血管外科学)	苏州大学附属第三医院(挂靠)
443	朱健华	男	1956 年 3 月	内科学(心血管病学)	南通大学(挂靠)
444	汤锦波	男	1963 年 11 月	外科学(骨外科学)	南通大学(挂靠)
445	张长青	男	1962 年 9 月	外科学(骨外科学)	上海市第六人民医院(挂靠)
446	吴孟超	男	1922 年 8 月	外科学(普通外科学)	上海东方肝胆外科医院(挂靠)
447	杨甲梅	男	1951 年 12 月	外科学(普通外科学)	上海东方肝胆外科医院(挂靠)
448	杨广顺	男	1952 年 1 月	外科学(普通外科学)	上海东方肝胆外科医院(挂靠)
449	赵继宗	男	1945 年 10 月	外科学(神经外科学)	首都医科大学附属天坛医院
450	赵玉武	男	1963 年 3 月	神经病学	上海市第六人民医院(挂靠)

续表

序号	姓名	性别	出生年月	专业名称	备　注
451	白跃宏	男	1958 年 6 月	康复医学与理疗学	上海市第六人民医院（挂靠）
452	滕银成	男	1965 年 10 月	妇产科学	上海市第六人民医院（挂靠）
453	吴为山	男	1962 年 1 月	设计艺术学	特聘博士生导师
454	孙晓云	女	1955 年 8 月	设计艺术学	特聘博士生导师
455	吴永发	男	1965 年 1 月	设计学	特聘博士生导师
456	蒋春山	男	1963 年 2 月	信号与信息处理	特聘博士生导师
457	陆安南	男	1959 年 5 月	信号与信息处理	特聘博士生导师
458	潘高峰	男	1964 年 4 月	信号与信息处理	特聘博士生导师
459	郭述文	男	1955 年 9 月	信号与信息处理	特聘博士生导师
460	陈新建	男	1979 年 5 月	信号与信息处理	特聘博士生导师
461	陈　康	男	1978 年 4 月	凝聚态物理	特聘博士生导师
462	张泽新	男	1977 年 11 月	凝聚态物理	特聘博士生导师
463	廖良生	男	1956 年 7 月	凝聚态物理	特聘博士生导师
464	王雪峰	男	1969 年 1 月	凝聚态物理	特聘博士生导师
465	杨　浩	男	1979 年 4 月	凝聚态物理	特聘博士生导师
466	马万里	男	1974 年 11 月	凝聚态物理	特聘博士生导师
467	揭建胜	男	1977 年 9 月	凝聚态物理	特聘博士生导师
468	孙周洲	男	1976 年 9 月	凝聚态物理	特聘博士生导师
469	杨朝辉	男	1978 年 3 月	凝聚态物理	特聘博士生导师
470	李　亮	男	1979 年 2 月	凝聚态物理	特聘博士生导师
471	Steffen Duhm	男	1978 年 6 月	凝聚态物理	特聘博士生导师
472	陈　康	男	1978 年 4 月	高分子化学与物理	特聘博士生导师
473	胡志军	男	1973 年 4 月	高分子化学与物理	特聘博士生导师
474	康振辉	男	1976 年 3 月	高分子化学与物理	特聘博士生导师
475	唐建新	男	1979 年 4 月	高分子化学与物理	特聘博士生导师
476	王穗东	男	1977 年 1 月	高分子化学与物理	特聘博士生导师
477	陈　红	女	1967 年 10 月	高分子化学与物理	特聘博士生导师
478	黄　鹤	男	1967 年 2 月	高分子化学与物理	特聘博士生导师
479	李艳青	女	1980 年 10 月	高分子化学与物理	特聘博士生导师

续表

序号	姓名	性别	出生年月	专业名称	备注
480	潘勤敏	女	1965 年 12 月	高分子化学与物理	特聘博士生导师
481	屠迎锋	男	1976 年 11 月	高分子化学与物理	特聘博士生导师
482	蔡远利	男	1967 年 9 月	高分子化学与物理	特聘博士生导师
483	陈　康	男	1978 年 4 月	高分子化学与物理	特聘博士生导师
484	董　彬	男	1978 年 1 月	高分子化学与物理	特聘博士生导师
485	陆　广	男	1974 年 10 月	高分子化学与物理	特聘博士生导师
486	刘　坚	男	1975 年 3 月	化学生物学	特聘博士生导师
487	何　耀	男	1981 年 5 月	化学生物学	特聘博士生导师
488	邹贵付	男	1979 年 9 月	材料物理与化学	特聘博士生导师
489	杨瑞枝	女	1972 年 11 月	材料物理与化学	特聘博士生导师
490	鲍桥梁	男	1979 年 4 月	材料物理与化学	特聘博士生导师
491	孙立宁	男	1964 年 1 月	光学工程	特聘博士生导师
492	袁　孝	男	1961 年 9 月	光学工程	特聘博士生导师
493	彭长四	男	1966 年 7 月	光学工程	特聘博士生导师
494	陈　琛	男	1963 年 11 月	光学工程	特聘博士生导师
495	李孝峰	男	1979 年 9 月	光学工程	特聘博士生导师
496	蔡阳健	男	1977 年 12 月	光学	特聘博士生导师
497	陈焕阳	男	1983 年 8 月	光学	特聘博士生导师
498	杭志宏	男	1978 年 10 月	光学	特聘博士生导师
499	陈　瑶	男	1970 年 4 月	材料学	特聘博士生导师
500	高立军	男	1965 年 2 月	材料学	特聘博士生导师
501	孙旭辉	男	1970 年 9 月	材料学	特聘博士生导师
502	李　斌	男	1974 年 6 月	材料学	特聘博士生导师
503	郑洪河	男	1967 年 7 月	材料学	特聘博士生导师
504	杨　磊	男	1982 年 1 月	材料学	特聘博士生导师
505	吕　强	男	1978 年 4 月	纺织材料与纺织品设计	特聘博士生导师
506	何吉欢	男	1965 年 3 月	纺织材料与纺织品设计	特聘博士生导师
507	王晓沁	男	1969 年 1 月	纺织材料与纺织品设计	特聘博士生导师
508	周丁华	男	1965 年 9 月	外科学(普通外科学)	特聘博士生导师

续表

序号	姓名	性别	出生年月	专业名称	备　注
509	周宁新	男	1952年12月	外科学(普通外科学)	特聘博士生导师
510	邹　练	男	1959年11月	外科学(泌尿外科学)	特聘博士生导师
511	罗宗平	男	1961年5月	外科学(骨外科学)	特聘博士生导师
512	张睢扬	男	1955年8月	内科学(呼吸系病学)	特聘博士生导师
513	武　艺	男	1965年3月	内科学(血液病学)	特聘博士生导师
514	周泉生	男	1955年6月	内科学(血液病学)	特聘博士生导师
515	朱　力	男	1959年8月	内科学(血液病学)	特聘博士生导师
516	戴克胜	男	1969年1月	内科学(血液病学)	特聘博士生导师
517	何苏丹	女	1980年4月	内科学(血液病学)	特聘博士生导师
518	李　凯	男	1959年11月	内科学(呼吸系病学)	特聘博士生导师
519	徐　薇	女	1974年8月	免疫学	特聘博士生导师
520	张惠敏	女	1979年6月	免疫学	特聘博士生导师
521	高晓明	男	1962年2月	免疫学	特聘博士生导师
522	杨　林	男	1964年8月	免疫学	特聘博士生导师
523	熊思东	男	1962年10月	免疫学	特聘博士生导师
524	吕德生	男	1962年1月	免疫学	特聘博士生导师
525	尹芝南	男	1964年10月	免疫学	特聘博士生导师
526	郑春福	男	1968年11月	免疫学	特聘博士生导师
527	郑　慧	男	1978年12月	免疫学	特聘博士生导师
528	尹　斌	男	1970年6月	病理学与病理生理学	特聘博士生导师
529	李建明	男	1970年10月	病理学与病理生理学	特聘博士生导师
530	徐广银	男	1964年2月	医学神经生物学	特聘博士生导师
531	刘耀波	男	1971年12月	医学神经生物学	特聘博士生导师
532	王建荣	男	1962年5月	医学细胞生物学	特聘博士生导师
533	宋耀华	男	1961年3月	医学细胞生物学	特聘博士生导师
534	何玉龙	男	1967年1月	医学生物化学	特聘博士生导师
535	苏　雄	男	1977年10月	医学细胞与分子生物学	特聘博士生导师
536	杨金铭	男	1959年12月	药理学	特聘博士生导师
537	镇学初	男	1963年7月	药理学	特聘博士生导师
538	李浩莹	男	1973年12月	药理学	特聘博士生导师

续表

序号	姓名	性别	出生年月	专业名称	备　注
539	陈大为	男	1958 年 12 月	药理学	特聘博士生导师
540	毛新良	男	1971 年 6 月	药理学	特聘博士生导师
541	王光辉	男	1964 年 1 月	药理学	特聘博士生导师
542	许国强	男	1973 年 12 月	药理学	特聘博士生导师
543	张洪建	男	1962 年 8 月	药物分析学	特聘博士生导师
544	张小虎	男	1967 年 11 月	药物化学	特聘博士生导师
545	雷署丰	男	1975 年 10 月	流行病学与卫生统计学	特聘博士生导师
546	赵国屏	男	1948 年 8 月	病原生物学	特聘博士生导师
547	孙宝全	男	1973 年 11 月	物理化学	特聘博士生导师
548	李有勇	男	1975 年 1 月	物理化学	特聘博士生导师
549	侯廷军	男	1975 年 3 月	物理化学	特聘博士生导师
550	江　林	女	1978 年 7 月	物理化学	特聘博士生导师
551	迟力峰	女	1957 年 10 月	物理化学	特聘博士生导师
552	刘　庄	男	1982 年 8 月	化学生物学	特聘博士生导师
553	张克勤	男	1972 年 8 月	纺织工程	特聘博士生导师
554	王　晗	男	1963 年 7 月	基因组医学	特聘博士生导师
555	冯　莱	女	1975 年 1 月	无机化学	特聘博士生导师
556	吴　涛	男	1976 年 10 月	无机化学	特聘博士生导师
557	马　楠	男	1981 年 10 月	分析化学	特聘博士生导师
558	肖　杰	男	1980 年 3 月	应用化学	特聘博士生导师
559	王汝海	男	1971 年 12 月	信号与信息处理	特聘博士生导师
560	乔东海	男	1965 年 8 月	信号与信息处理	特聘博士生导师
561	沈纲祥	男	1975 年 8 月	信号与信息处理	特聘博士生导师
562	常春起	男	1972 年 10 月	信号与信息处理	特聘博士生导师
563	曾　嘉	男	1980 年 1 月	计算机应用技术	特聘博士生导师
564	杨立坚	男	1966 年 8 月	概率论与数理统计	特聘博士生导师
565	侯　波	男	1980 年 5 月	光学	特聘博士生导师
566	赖　耘	男	1977 年 11 月	光学	特聘博士生导师
567	汝长海	男	1976 年 8 月	光学工程	特聘博士生导师
568	陈立国	男	1974 年 11 月	光学工程	特聘博士生导师

续表

序号	姓名	性别	出生年月	专业名称	备　注
569	范韶华	男	1970 年 10 月	金融数学	特聘博士生导师
570	毛志强	男	1964 年 10 月	金融数学	特聘博士生导师
571	Srdjanstojanovic	男	1957 年 5 月	金融数学	特聘博士生导师
572	卞志村	男	1975 年 8 月	金融学	特聘博士生导师
573	袁先智	男	1965 年 7 月	金融工程	特聘博士生导师
574	董洁林	男	1959 年 3 月	企业管理	特聘博士生导师
575	晁福林	男	1943 年 1 月	中国史	特聘博士生导师
576	赵宇亮	男	1963 年 2 月	放射医学	特聘博士生导师
577	周如鸿	男	1966 年 12 月	放射医学	特聘博士生导师
578	柴之芳	男	1942 年 9 月	放射医学	特聘博士生导师
579	张忠平	男	1965 年 1 月	放射医学	特聘博士生导师
580	胡绍燕	女	1967 年 3 月	临床医学	专业学位博士生导师
581	季　伟	女	1956 年 11 月	临床医学	专业学位博士生导师
582	王　翎	女	1964 年 2 月	临床医学	专业学位博士生导师
583	周幽心	男	1964 年 2 月	临床医学	专业学位博士生导师
584	姚　阳	男	1956 年 9 月	临床医学	专业学位博士生导师 上海市第六人民医院(挂靠)
585	刘　红	女	1963 年 7 月	临床医学	专业学位博士生导师 南通大学(挂靠)
586	陈　钟	男	1963 年 7 月	临床医学	专业学位博士生导师 南通大学(挂靠)
587	王晓东	男	1964 年 9 月	临床医学	专业学位博士生导师
588	沈宗姬	女	1955 年 2 月	临床医学	专业学位博士生导师
589	董　选	女	1953 年 7 月	临床医学	专业学位博士生导师
590	侯月梅	女	1959 年 2 月	临床医学	专业学位博士生导师 上海市第六人民医院(挂靠)
591	李　勋	男	1962 年 12 月	临床医学	专业学位博士生导师
592	荆志成	男	1971 年 8 月	临床医学	专业学位博士生导师 上海肺科医院(挂靠)
593	唐晓文	女	1969 年 10 月	临床医学	专业学位博士生导师

续表

序号	姓名	性别	出生年月	专业名称	备　注
594	韩　悦	女	1970 年 2 月	临床医学	专业学位博士生导师
595	仇惠英	女	1966 年 9 月	临床医学	专业学位博士生导师
596	凌春华	男	1965 年 3 月	临床医学	专业学位博士生导师
597	陈　锐	女	1968 年 7 月	临床医学	专业学位博士生导师
598	李惠萍	女	1958 年 1 月	临床医学	专业学位博士生导师 上海肺科医院(挂靠)
599	许春芳	男	1964 年 3 月	临床医学	专业学位博士生导师
600	成兴波	男	1955 年 11 月	临床医学	专业学位博士生导师
601	施毕旻	女	1965 年 11 月	临床医学	专业学位博士生导师
602	卢国元	男	1966 年 3 月	临床医学	专业学位博士生导师
603	朱新国	男	1970 年 4 月	临床医学	专业学位博士生导师
604	程树群	男	1966 年 2 月	临床医学	专业学位博士生导师 上海东方肝胆医院(挂靠)
605	沈　锋	男	1962 年 3 月	临床医学	专业学位博士生导师 上海东方肝胆医院(挂靠)
606	徐耀增	男	1961 年 10 月	临床医学	专业学位博士生导师
607	沈忆新	男	1960 年 7 月	临床医学	专业学位博士生导师
608	姜为民	男	1961 年 8 月	临床医学	专业学位博士生导师
609	侯瑞兴	男	1963 年 3 月	临床医学	专业学位博士生导师 瑞华医院(挂靠)
610	刘锦波	男	1966 年 1 月	临床医学	专业学位博士生导师
611	欧阳骏	男	1964 年 4 月	临床医学	专业学位博士生导师
612	浦金贤	男	1962 年 1 月	临床医学	专业学位博士生导师
613	郑世营	男	1957 年 10 月	临床医学	专业学位博士生导师
614	何靖康	男	1966 年 10 月	临床医学	专业学位博士生导师
615	赵　军	男	1968 年 3 月	临床医学	专业学位博士生导师
616	王　中	男	1964 年 3 月	临床医学	专业学位博士生导师
617	董　军	男	1971 年 7 月	临床医学	专业学位博士生导师
618	李向东	男	1967 年 12 月	临床医学	专业学位博士生导师
619	虞正权	男	1965 年 1 月	临床医学	专业学位博士生导师

续表

序号	姓名	性别	出生年月	专业名称	备　注
620	杜彦李	男	1963年10月	临床医学	专业学位博士生导师 内蒙古林业总医院（挂靠）
621	赵天兰	女	1963年11月	临床医学	专业学位博士生导师
622	董万利	男	1959年8月	临床医学	专业学位博士生导师
623	薛寿儒	男	1967年4月	临床医学	专业学位博士生导师
624	方　琪	男	1965年11月	临床医学	专业学位博士生导师
625	罗蔚锋	男	1966年10月	临床医学	专业学位博士生导师
626	姜卫剑	男	1960年3月	临床医学	专业学位博士生导师 第二炮兵总医院（挂靠）
627	张汝芝	女	1968年6月	临床医学	专业学位博士生导师
628	倪才方	男	1962年8月	临床医学	专业学位博士生导师
629	朱晓黎	男	1971年3月	临床医学	专业学位博士生导师
630	李晓忠	男	1965年8月	临床医学	专业学位博士生导师
631	冯　星	男	1959年10月	临床医学	专业学位博士生导师
632	吕海涛	男	1969年1月	临床医学	专业学位博士生导师
633	王　易	男	1966年7月	临床医学	专业学位博士生导师
634	华　东	男	1967年1月	临床医学	专业学位博士生导师
635	陆雪官	男	1969年11月	临床医学	专业学位博士生导师
636	陶　敏	男	1962年11月	临床医学	专业学位博士生导师
637	周菊英	女	1965年1月	临床医学	专业学位博士生导师
638	蒋敬庭	男	1964年9月	临床医学	专业学位博士生导师
639	凌　扬	男	1960年3月	临床医学	专业学位博士生导师 常州肿瘤医院（挂靠）
640	周彩存	男	1962年9月	临床医学	专业学位博士生导师 上海肺科医院（挂靠）
641	徐　峰	男	1969年2月	临床医学	专业学位博士生导师
642	俞卫锋	男	1963年3月	临床医学	专业学位博士生导师 上海东方肝胆医院（挂靠）

各类人才工程入选人员名单

1. 2012 年中组部“千人计划”入选名单

杨立坚　刘海燕　郭述文

2. 2012 年中组部“青年千人计划”引进人才名单

刘　坚　张惠敏　Steffen Duhm　许国强　李孝峰　杨　磊　陆　厂
Keith Gilmore　陈新建　吴　涛　鲍桥梁　常春起

3. 2011 年教育部“长江学者奖励计划”特聘教授名单

郎建平

4. 2012 年度江苏省“双创计划”重点创新项目、重点学科、重点实验室引进人才名单

迟力峰　吴和坤　马　楠　张惠敏　刘　坚　李建明　邹贵付　沈纲祥

5. 2012 年度江苏省“创新团队计划”引进团队名单

熊思东(团队)　陈　红(团队)　张　弛(团队)

6. 江苏特聘教授名单

杨朝晖　张惠敏　邹贵付　张真庆　肖　杰　冯　莱　赖福军

7. 2012 年江苏省高校“青蓝工程”科技创新团队培养对象名单

张克勤(特种功能性丝绸材料)　侯廷军(肿瘤纳米技术)

8. 2012 年江苏省高校“青蓝工程”中青年学术带头人培养对象名单

沈　能　宋言奇　李　龙　汪卫东　曾一果　吴　磊　汝长海　吕　强
姚英明　华道本　张蓓蓓

9. 2012 年江苏省高校“青蓝工程”优秀青年骨干教师培养对象名单

段锦云　张　晨　刘　磊　张　莉　唐　煜　周丽萍　盛　瑞　高玉振

10. 江苏省第九批“六大人才高峰”高层次人才项目资助名单

陈新建　彭长四　何吉欢　王建南

11. 2012 年享受政府特殊津贴人员名单

廖良生　曹永罗

12. 2010—2011 年度苏州市高等院校、科研院所紧缺高层次人才引进资助名单

赖　耘　马万里　陈　红　杨立坚　邹贵付　沈纲祥　尹　斌　胡志军
张泽新　杨朝晖　王建荣　徐兴顺　孙周洲　陈　瑶　陈　康　何玉龙
侯　波　何苏丹　钟宝江　胡丽芳　杨　恺　张　莉　邓　超

13. 苏州大学“东吴学者计划”第三批高层次人才项目资助名单

周书灿　庄友刚　陆芳言　杨永刚　程振平　钟宝江　毛凌锋　徐兴顺
秦立强　陆培荣

2012年博士后出站、进站和在校人数情况

博士后流动站名称	出站人数	进站人数	2012年年底在站人数
哲学	1	2	4
应用经济学	0	4	6
法学	0	3	10
政治学	0	4	7
教育学	0	4	6
体育学	1	3	8
中国语言文学	2	6	17
外国语言文学	0	2	3
中国史	1	0	0
数学	0	2	7
物理学	1	10	12
化学	1	3	12
统计学	1	0	0
光学工程	0	10	17
材料科学与工程	0	14	20
计算机科学与技术	0	3	3
化学工程与技术	0	0	2
纺织科学与工程	3	6	11
基础医学	2	12	26
临床医学	2	4	10
公共卫生与预防医学	0	3	4
药学	0	5	5
设计学	0	2	3
合计	15	102	193

2012年在站博士后研究人员情况一览表

序号	姓名	性别	出生年月	人员类别	进站时专业技术职务	批准进站时间	流动站名称	学科专业名称	研究方向及研究课题	合作导师	在站期间获科研资助情况	资助金额（万元）
1	孙　虎	男	1973年6月	在职	讲师	2008年7月	中国语言文学	中国古代文学	清代嘉湖文化家族与文学研究	罗时进	中国博士后科学基金第44批面上资助二等资助、2009年度“江苏省博士后科研资助计划”第一批资助项目C类	4
2	王杰龙	男	1972年1月	在职	讲师	2008年7月	基础医学	运动人体科学	运动与共刺激分子表达及其网络调节机制的研究	张学光		
3	危当恒	男	1974年6月	在职	讲师	2008年7月	临床医学	内科学	SDF-1/CXCR4在血管内膜增生中的作用及其机制	阮长耿		
4	万小兵	男	1976年2月	在职	副教授	2008年10月	化学	有机化学	炔烃的绿色氧化研究	顾宏伟	2009年度“江苏省博士后科研资助计划”第一批资助项目C类、中国博士后科学基金第45批面上资助二等资助、中国博士后科学基金第三批特别资助	15.5
5	温　波	男	1970年4月	在职	副教授	2008年10月	哲学	马克思主义哲学	马克思主义中国化出场的文化路径研究	任　平	中国博士后科学基金第44批面上资助二等资助	3
6	邓明宇	男	1974年5月	企业联合招收	讲师	2008年12月	材料科学与工程	材料物理与化学	新型高分子表面活性剂的合成及在酰胺类除草水乳剂、微乳剂中的应用	戴礼兴		

续表

序号	姓名	性别	出生年月	人员类别	进站时专业技术职务	批准进站时间	流动站名称	学科专业名称	研究方向及研究课题	合作导师	在站期间获科研资助情况	资助金额（万元）
7	许琼明	男	1975年1月	企业联合招收	讲师	2008年12月	基础医学	放射医学	清开灵冻干粉针有效物质和质量标准的研究	张学农		
8	季爱明	男	1972年1月	企业联合招收	讲师	2009年3月	光学工程	光学工程	基于光学技术的汽车电气系统安全性研究	王钦华		
9	王　畅	女	1976年1月	在职	副教授	2009年3月	基础医学	放射医学	放射损伤与修复机理研究	樊赛军	2009年度“江苏省博士后科研资助计划”第一批资助项目C类	2
10	王晓辉	男	1974年7月	在职	讲师	2009年3月	化学	应用化学	二聚酸衍生物的光限幅材料研究	路建美		
11	徐乃玉	女	1971年7月	在职	讲师	2009年3月	基础医学	免疫学	中药化学成分抗肿瘤及免疫调节作用机制研究	刘海燕	中国博士后科学基金第47批面上资助二等资助	3
12	张立荣	女	1973年4月	在职	讲师	2009年3月	中国语言文学	中国古代文学	北宋七言律诗研究	杨海明		
13	范凯斌	男	1975年5月	在职	讲师	2009年8月	体育学	体育教育训练学	我国优秀篮球运动员体能训练科学化设计	王家宏		
14	路　丹	女	1982年1月	统配	讲师	2009年8月	数学	系统生物学	PH结构域与磷脂结合特异性及其生物功能的计算生物学研究	沈百荣		
15	孙茂民	男	1968年9月	在职	副教授	2009年8月	数学	系统生物学	神经退化疾病的系统生物学研究	沈百荣		
16	刘翠平	女	1980年11月	在职	讲师	2009年9月	基础医学	医学细胞生物学	中国汉族人群类风湿性关节炎与PDCD-1基因SNPs的关联性研究	张学光	中国博士后科学基金第46批面上资助二等资助	3

续表

序号	姓名	性别	出生年月	人员类别	进站时专业技术职务	批准进站时间	流动站名称	学科专业名称	研究方向及研究课题	合作导师	在站期间获科研资助情况	资助金额（万元）
17	冯　芳	女	1976年12月	在职	讲师	2009年10月	化学	高分子化学与物理	生物可降解聚合物微球用于蛋白质和抗癌药物的释放研究	钟志远		
18	张林挺	男	1976年12月	在职	讲师	2009年12月	体育学	运动人体科学	核心力量练习对人体骨密度的影响	张　林		
19	童李君	女	1982年12月	在职	讲师	2010年2月	中国语言文学	中国通俗文学	近现代弹词研究	汤哲声	中国博士后科学基金第47批面上资助二等资助	3
20	李　浩	男	1982年1月	在职	讲师	2010年3月	数学	基础数学	分形 Tiling 的几何性质	曹永罗	2010年度“江苏省博士后科研资助计划”第一批资助项目C类	1
21	周春燕	女	1969年3月	在职	教授	2010年3月	政治学	政治学理论	社会主义核心价值体系与人的全面发展研究	姜建成	2010年度“江苏省博士后科研资助计划”第一批资助项目C类	1
22	陈　芳	女	1977年1月	在职	副编审	2010年4月	中国语言文学	汉语言文学	汉语古音学理论建构的思考	张玉来		
23	王　文	男	1981年2月	企业联合招收		2010年4月	材料科学与工程	材料物理与化学	高性能电子电器绝缘材料的研究与应用	梁国正	2010年度“江苏省博士后科研资助计划”第二批资助项目C类	1
24	吴志平	男	1969年8月	企业联合招收	农艺师	2010年4月	纺织科学与工程	植物学	药物诱导三眠蚕的调控机理及超细纤度蚕丝生产技术体系的研究	谈建中 陈国强	2011年度“江苏省博士后科研资助计划”第一批资助项目C类	1
25	韩　琴	女	1981年4月	在职	讲师	2010年7月	物理学	凝聚态物理	宽禁带半导体纳米结构的光电性质研究	吴雪梅		

续表

序号	姓名	性别	出生年月	人员类别	进站时专业技术职务	批准进站时间	流动站名称	学科专业名称	研究方向及研究课题	合作导师	在站期间获科研资助情况	资助金额（万元）
26	姜艳娇	女	1978年12月	统招	讲师	2010年7月	化学	高分子化学与物理	多功能可注射性生物可降解水凝胶的设计、合成及其在蛋白质释放上的应用	钟志远		
27	李吉远	男	1976年6月	在职	讲师	2010年7月	体育学	民族传统体育学	明代武术史研究	罗时铭		
28	李西杰	男	1976年8月	在职	讲师	2010年7月	政治学	政治学理论	知识分子社会责任的政治研究	乔耀章		
29	张　锋	男	1982年3月	统招	讲师	2010年7月	基础医学	纺织科学与工程	基于蚕丝蛋白的外周神经修复	张学光	2011年度“江苏省博士后科研资助计划”第一批资助项目C类、中国博士后科学基金第48批面上资助二等资助	5
30	敬龙军	男	1976年3月	在职	副教授	2010年10月	体育学	体育教育训练学	我国优秀竞走运动员技术诊断与体能综合评价研究	王家宏		
31	张艳梅	女	1972年10月	在职	副教授	2010年10月	中国语言文学	中国现当代文学	当代文化语境中的戏曲传播	朱栋霖	中国博士后科学基金第49批面上资助二等资助	3
32	孙　植	男	1971年12月	在职	讲师	2010年11月	中国语言文学	中国古代文学	盛唐边塞诗人诗作系列研究	罗时进	中国博士后科学基金第50批面上资助二等资助	3
33	方健雯	女	1973年5月	在职	副教授	2010年12月	应用经济学	数量经济学	产业集群与技术创新	赵增耀	2011年度“江苏省博士后科研资助计划”第一批资助项目C类	1

续表

序号	姓名	性别	出生年月	人员类别	进站时专业技术职务	批准进站时间	流动站名称	学科专业名称	研究方向及研究课题	合作导师	在站期间获科研资助情况	资助金额（万元）
34	韩　轶	女	1983 年 5 月	在职	讲师	2010 年 12 月	法学	宪法学与行政法学	民族主义与宪政	黄学贤		
35	何　雷	男	1973 年 4 月	在职	讲师	2010 年 12 月	法学	诉讼法	经济犯罪的基础理论及时政研究	李晓明		
36	孙万平	男	1973 年 12 月	在职	讲师	2010 年 12 月	临床医学	免疫学	白血病融合基因的分子诊断	陈子兴	中国博士后科学基金第 49 批面上资助二等资助	3
37	王明娣	女	1975 年 3 月	在职	副教授	2010 年 12 月	光学工程	机械制造与自动化	激光机器人在工业中的应用	孙立宁	2011 年度“江苏省博士后科研资助计划”第一批资助项目 C 类	1
38	薛　洁	女	1976 年 6 月	在职	讲师	2010 年 12 月	材料科学与工程	药理学	基于生物酶技术的高性能有机纤维的表面改性研究	梁国正	2011 年度“江苏省博士后科研资助计划”第一批资助项目 C 类	2
39	杨盛达	男	1969 年 10 月	在职	讲师	2010 年 12 月	法学	宪法学与行政法学	现代宪法核心价值观研究	胡玉鸿	中国博士后科学基金第 50 批面上资助二等资助	3
40	殷　敏	女	1979 年 4 月	在职	副教授	2010 年 12 月	法学	国际法学	国际贸易争端解决下“用尽当地救济原则”研究	陈立虎	中国博士后科学基金第 52 批面上资助二等资助	5
41	张蓓蓓	女	1982 年 1 月	在职	讲师	2010 年 12 月	艺术学	服装	一体两面：北朝、唐与两宋服饰演变	张朋川	2011 年度“江苏省博士后科研资助计划”第二批资助项目 C 类、中国博士后科学基金第 49 批面上资助二等资助	4

续表

序号	姓名	性别	出生年月	人员类别	进站时专业技术职务	批准进站时间	流动站名称	学科专业名称	研究方向及研究课题	合作导师	在站期间获科研资助情况	资助金额（万元）
42	罗　丽	女	1975年3月	在职	讲师	2011年1月	基础医学	体育教育训练学	不同模式运动训练对衰老大鼠自噬的影响与机制研究	秦正红	中国博士后科学基金第51批面上资助二等资助	5
43	邢占文	男	1981年1月	企业联合招收	讲师	2011年1月	材料科学与工程	材料科学与工程	计算机辅助的数字化导航模板及其临床应用	李浩莹	2011年度“江苏省博士后科研资助计划”第一批资助项目C类、中国博士后科学基金第50批面上资助二等资助	4
44	干朝伦	男	1975年11月	企业联合招收		2011年2月	化学	化学	动力锂离子电解液的研究	郑军伟		
45	韩　坚	男	1972年11月	在职	副教授	2011年3月	应用经济学	区域经济学	中国低碳城市发展研究——以苏州为例	夏永祥	中国博士后科学基金第51批面上资助二等资助	5
46	黄　灯	女	1974年2月	在职	副教授	2011年3月	中国语言文学	中国现当代文学	1949—1985中国当代小说及连环画叙事研究	王　尧	中国博士后科学基金第49批面上资助二等资助	3
47	柯雪丹	女	1978年12月	企业联合招收		2011年3月	基础医学		间日疟原虫感染红细胞膜蛋白分组	高　琪		
48	刘怀堂	男	1971年9月	在职	讲师	2011年3月	中国语言文学	古代文学	昆曲地方化——以湘鄂粤川地方戏为个案	周　秦		
49	陆志方	男	1972年3月	在职	副主任医师	2011年3月	临床医学	临床医学（骨外科）	新型纳米球控释系统诱导人源MSCs构建人工骨的研究	杨惠林	2011年度“江苏省博士后科研资助计划”第二批资助项目C类、中国博士后科学基金第49批面上资助二等资助	4

续表

序号	姓名	性别	出生年月	人员类别	进站时专业技术职务	批准进站时间	流动站名称	学科专业名称	研究方向及研究课题	合作导师	在站期间获科研资助情况	资助金额（万元）
50	王　俊	女	1973 年 3 月	在职	副教授	2011 年 3 月	哲学	中国哲学	我国参与国际区域经济合作的理念基础与战略走向	陈　忠	2011 年度“江苏省博士后科研资助计划”第二批资助项目 C 类	1
51	苑　丰	男	1981 年 1 月	在职	讲师	2011 年 3 月	政治学	政治学理论	网络媒介影响下群体性事件治理对策研究	金太军		
52	钟再强	男	1969 年 2 月	在职	副教授	2011 年 3 月	外国语言文学	英语语言文学	后殖民理论渊源及发展现状探究	王腊宝		
53	胡延维	女	1970 年 3 月	在职	讲师	2011 年 4 月	基础医学	药学	白头翁皂苷抗血吸虫新活性的发现及其构效关系和作用机制研究	杨世林	中国博士后科学基金第 49 批面上资助二等资助	3
54	张　英	女	1977 年 11 月	在职	讲师	2011 年 4 月	纺织科学与工程	纺织科学与工程	生物活性玻璃与丝素蛋白复合磁性纳米材料的研究	李明忠		
55	陈　涛	男	1980 年 12 月	企业联合招收	讲师	2011 年 5 月	光学工程	机械电子	高精度光刻平台研制	陈林森		
56	郭开波	男	1975 年 9 月	企业联合招收	副教授	2011 年 5 月	光学工程	材料加工工程	中空激光熔覆成形多参数耦合闭环控制研究	郭培基	中国博士后科学基金第 51 批面上资助二等资助	5
57	潘明强	男	1982 年 6 月	企业联合招收	讲师	2011 年 5 月	光学工程	机械制造及自动化	大幅面纳米图形激光光刻技术与装备研究	陈林森	中国博士后科学基金第 51 批面上资助二等资助	5
58	于晓慧	女	1981 年 4 月	统招	讲师	2011 年 5 月	材料科学与工程	材料学	纳米半导体材料结构和性能的计算模拟研究	孙旭辉 李有勇		

续表

序号	姓名	性别	出生年月	人员类别	进站时专业技术职务	批准进站时间	流动站名称	学科专业名称	研究方向及研究课题	合作导师	在站期间获科研资助情况	资助金额（万元）
59	陈　磊	男	1982 年 2 月	企业联合招收	讲师	2011 年 7 月	化学	有机化学	紫杉醇类化合物侧链的不对称合成研究	郎建平		
60	邓俊杰	男	1983 年 6 月	统招	讲师	2011 年 7 月	化学	化学	温敏聚合物的精确合成与热响应研究	蔡远利	中国博士后科学基金第 51 批面上资助二等资助	5
61	董首成	男	1984 年 8 月	统招	讲师	2011 年 7 月	化学工程与技术	有机化学	新型有机光电材料的合成和应用	廖良生	中国博士后科学基金第 51 批面上资助二等资助	5
62	金子信悟	男	1980 年 12 月	统招		2011 年 7 月	化学	应用化学	下一代锂离子电池用高容量正极材料的研究	郑俊伟		
63	练学淦	男	1976 年 10 月	在职	讲师	2011 年 7 月	临床医学	临床医学	颈动脉窦压力感受器敏感性对颈动脉支架置入术的影响	何小舟	2011 年度“江苏省博士后科研资助计划”第二批资助项目 C 类	1
64	陆　叶	女	1974 年 10 月	在职	讲师	2011 年 7 月	基础医学	药理学	自噬调控慢性肝炎恶性转化及其机体的免疫功能	梁中琴		
65	潘向强	男	1983 年 7 月	统招	讲师	2011 年 7 月	化学工程与技术	化学	有机硒化合物在高分子化学中的应用	朱秀林	中国博士后科学基金第 51 批面上资助二等资助	8
66	孙荣川	男	1981 年 9 月	在职	讲师	2011 年 7 月	光学工程	机械电子工程	基于集理论的移动机器人室内稀疏感知条件下环境建模与定位方法研究	孙立宁		

续表

序号	姓名	性别	出生年月	人员类别	进站时专业技术职务	批准进站时间	流动站名称	学科专业名称	研究方向及研究课题	合作导师	在站期间获科研资助情况	资助金额（万元）
67	王海波	男	1978 年 1 月	在职	副教授	2011 年 7 月	物理学	凝聚态物理	氮掺杂石墨烯薄膜材料的制备及其电化学性能研究	沈明荣	2011 年度“江苏省博士后科研资助计划”第二批资助项目 C 类、中国博士后科学基金第 49 批面上资助二等资助	4
68	夏景光	男	1972 年 10 月	统招	讲师	2011 年 7 月	基础医学	物理	人工纳米材料的免疫毒性	刘海燕		
69	肖模艳	女	1975 年 4 月	在职	讲师	2011 年 7 月	中国语言文学	汉语言文学	北京话代词史	曹　炜		
70	谢鑫荟	男	1976 年 11 月	统招	主治医师	2011 年 7 月	临床医学	叫醒外科及创伤学系	可吸收镁合金内植物在脊柱外科的应用研究	杨惠林	中国博士后科学基金第 51 批面上资助二等资助	5
71	张幸鼎	男	1981 年 12 月	统招	讲师	2011 年 7 月	基础医学	药理学	ZKSCAN3 在多发性骨髓瘤耐药性中的作用机制	杨　林	2011 年度“江苏省博士后科研资助计划”第二批资助项目 C 类、中国博士后科学基金第 49 批面上资助二等资助	4
72	陈　虹	女	1983 年 4 月	在职	讲师	2011 年 9 月	数学	基础数学	群换的 K2 群	游　宏		
73	迟玉梅	女	1969 年 3 月	统招	讲师	2011 年 9 月	中国语言文学	汉语言文学	苏州评弹语料中的吴语虚词三功能	曹　炜		
74	郭冷秋	女	1975 年 6 月	在职	副教授	2011 年 9 月	基础医学	药物化学	刺五加总苷改善睡眠、剥夺大鼠学习记忆能力的机制研究	镇学初		
75	罗喜召	男	1978 年 12 月	在职	讲师	2011 年 9 月	数学	应用数学	可证安全的抗持续泄露公钥加密方案研究	般剑兴	2011 年度“江苏省博士后科研资助计划”第二批资助项目 C 类	1

续表

序号	姓名	性别	出生年月	人员类别	进站时专业技术职务	批准进站时间	流动站名称	学科专业名称	研究方向及研究课题	合作导师	在站期间获科研资助情况	资助金额（万元）
76	苗变丽	女	1977 年 4 月	在职	讲师	2011 年 9 月	中国语言文学	中国现当代文学	新世纪长篇小说研究	王　尧		
77	杨俊义	男	1978 年 12 月	企业联合招收	讲师	2011 年 9 月	光学工程	光学工程	半导体黑硅太阳能电池的研究	宋瑛林	2012 年度“江苏省博士后科研资助计划”第一批资助项目 C 类	1
78	程　迈	男	1981 年 11 月	统招	讲师	2011 年 10 月	法学	宪法与行政学	德国政党的财政制度	胡玉鸿	中国博士后科学基金第 52 批面上资助二等资助	5
79	丁　钢	男	1972 年 1 月	在职	讲师	2011 年 10 月	教育学	高等教育学	现代职教体系中高职院校文化自觉范式及评价机制研究	许庆豫		
80	韩志达	男	1980 年 2 月	企业联合招收	副教授	2011 年 10 月	材料科学与工程	材料	高性能软磁材料的研发	戴礼兴		
81	秦炜炜	男	1983 年 2 月	在职	讲师	2011 年 10 月	教育学	高等教育学	研究型大学教学支持服务思想与实践研究	周　川	中国博士后科学基金第 52 批面上资助二等资助	5
82	汤在祥	男	1981 年 2 月	在职	讲师	2011 年 10 月	公共卫生与预防医学	流行病与卫生统计学	全基因组关联分析在慢性病易感染基因检测中的应用	张永红	2012 年度“江苏省博士后科研资助计划”第二批资助项目 C 类、中国博士后科学基金第 52 批面上资助二等资助	7
83	王洪枫	女	1981 年 2 月	统招	讲师	2011 年 10 月	基础医学	药学	神经退行疾病相关蛋白功能的研究	王光辉		
84	靳奇峰	男	1976 年 7 月	企业联合招收	讲师	2011 年 11 月	化学	化学	生物相容性聚氨酯用于选择性激光烧结快速成型制备生物医用材料的研究	李浩莹		

续表

序号	姓名	性别	出生年月	人员类别	进站时专业技术职务	批准进站时间	流动站名称	学科专业名称	研究方向及研究课题	合作导师	在站期间获科研资助情况	资助金额（万元）
85	廖　原	男	1973 年 11 月	在职	讲师	2011 年 11 月	法学	宪法学与行政法学	法治视野下的优质政府研究	黄学贤	中国博士后科学基金第 51 批面上资助二等资助	5
86	邢铁玲	女	1974 年 12 月	企业联合招收	副教授	2011 年 11 月	纺织科学与工程	纺织化学与染整工程	生物酶法改性蚕丝纤维及其产品功能性研究	陈国强	中国博士后科学基金第 51 批面上资助二等资助	5
87	曾冬梅	女	1980 年 12 月	统招	讲师	2011 年 11 月	纺织科学与工程	纺织工程	天然纤维蛋白分子自组装及其机理的探讨	张克勤		
88	朱嘉珺	女	1984 年 1 月	统招	讲师	2011 年 11 月	法学	经济学	侵犯商标犯罪的比较研究	李晓明		
89	李　华	男	1973 年 5 月	在职	讲师	2011 年 12 月	体育学	体育教育训练学	城市体育营销研究——以中国武术职业联赛为例	王　岗		
90	张　杰	男	1981 年 2 月	统招	讲师	2011 年 12 月	临床医学	血液学	GPIb 结合 VWF 功能的调控及信号转导机制研究	戴克胜		
91	张再兴	男	1970 年 7 月	在职	讲师	2011 年 12 月	纺织科学与工程	材料学	芳香族杂环类纤维的染色机理与高耐温日晒牢度染色整理研究	陈国强		
92	程文红	女	1979 年 5 月	在职	副教授	2012 年 1 月	应用经济学	国际贸易学	促进物流产业发展的财税政策研究	黄　鹏		
93	宋秀葵	女	1969 年 1 月	在职	副教授	2012 年 1 月	外国语言文学	文艺美学	人文主义地理学生态文化思想与生态批评	朱新福		
94	王群伟	男	1983 年 3 月	在职	讲师	2012 年 1 月	应用经济学	企业管理	不确定条件下江苏新能源产业发展路径及其引致效应研究	赵增耀	中国博士后科学基金第 51 批面上资助一等资助	8

续表

序号	姓名	性别	出生年月	人员类别	进站时专业技术职务	批准进站时间	流动站名称	学科专业名称	研究方向及研究课题	合作导师	在站期间获科研资助情况	资助金额（万元）
95	周海博	男	1979 年 3 月	在职	副教授	2012 年 1 月	法学	法学理论	公司程序论	孙　莉		
96	刘　永	男	1983 年 4 月	企业联合招收	工程师	2012 年 1 月	材料科学与工程	材料	反渗透膜壳结构设计、制造工艺及性能研究	梁国正	2012 年度“江苏省博士后科研资助计划”第一批资助项目 B 类	3
97	刘新芳	女	1982 年 6 月	统招		2012 年 3 月	纺织科学与工程	纺织工程	蚕丝蛋白的不通聚集态结构及其力学性能的研究	张克勤	2012 年度“江苏省博士后科研资助计划”第一批资助项目 B 类	3
98	赵庆欢	男	1978 年 9 月	在职		2012 年 3 月	材料科学与工程	材料科学与工程	氧化还原敏感性纳米靶向药物输运载体的研究	钟志远	2012 年度“江苏省博士后科研资助计划”第一批资助项目 B 类、中国博士后科学基金第 52 批面上资助二等资助	5
99	程　亮	男	1983 年 1 月	在职	讲师	2012 年 4 月	材料科学与工程	材料科学与工程	HER2 抗体介导的 pH 敏感生物可降解光交联聚合物胶束用于乳腺癌的高效靶向治疗	钟志远	2012 年度“江苏省博士后科研资助计划”第二批资助项目 C 类	2
100	丑修建	男	1979 年 9 月	在职	副教授	2012 年 4 月	光学工程	光学工程	基于 MEMS 红外光源阵列的新型光电特征标识技术研究	孙立宁	2012 年度“江苏省博士后科研资助计划”第一批资助项目 C 类、中国博士后科学基金第 52 批面上资助二等资助	6
101	贺丽虹	女	1972 年 5 月	在职	讲师	2012 年 4 月	基础医学	细胞生物学	调控间充质干细胞定向迁移的关键 miRNA 筛选及功能研究	张焕相		
102	李从云	男	1972 年 10 月	在职	副教授	2012 年 4 月	中国语言文学	中国现当代文学	中国当代文学创作与晚明文化的关联研究	朱栋霖		

续表

序号	姓名	性别	出生年月	人员类别	进站时专业技术职务	批准进站时间	流动站名称	学科专业名称	研究方向及研究课题	合作导师	在站期间获科研资助情况	资助金额（万元）
103	林　莉	女	1982 年 12 月	在职	讲师	2012 年 4 月	政治学	当代中国政府与政治	城乡结合部社会管理的协同治理结构研究——基于苏南与苏北的比较分析	金太军		
104	骆建建	男	1978 年 6 月	在职	副教授	2012 年 4 月	教育学	高等教育学	高职院校内部运行机制研究	周　川		
105	宋效峰	男	1973 年 10 月	在职	副教授	2012 年 4 月	政治学	国际政治	亚太地区合作的制度建构及其前景	钮菊生	中国博士后科学基金第 52 批面上资助二等资助	5
106	王桃云	男	1973 年 1 月	在职	副教授	2012 年 4 月	基础医学	药理学	大豆豆荚中大豆异黄酮的分离鉴定、抗氧化活性及作用机制研究	杨世林		
107	徐敏敏	男	1983 年 10 月	在职	讲师	2012 年 4 月	材料科学与工程	物理化学	单晶电极/非水溶剂界面的电化学层隔绝纳米粒子增强拉曼光谱研究	戴礼兴		
108	杨建营	男	1972 年 1 月	在职	教授	2012 年 4 月	体育学	体育教育训练	现代性推动下武术的现代化发展研究	王家宏		
109	俞卫刚	男	1975 年 10 月	在职	讲师	2012 年 4 月	物理学	凝聚态物理	PTFE 过滤在生物医药领域中的适用性研究与决策	高　雷		
110	黄萍珍	女	1977 年 2 月	企业联合招收		2012 年 4 月	材料科学与工程	材料学	5-羟甲基糠醛制备铸造用呋喃树脂的研究	顾媛娟		
111	刘家胜	男	1971 年 2 月	企业联合招收		2012 年 4 月	物理学	信号与信息处理	电动汽车智能充电系统	黄贤武		

续表

序号	姓名	性别	出生年月	人员类别	进站时专业技术职务	批准进站时间	流动站名称	学科专业名称	研究方向及研究课题	合作导师	在站期间获科研资助情况	资助金额（万元）
112	何少波	男	1980年5月	企业联合招收		2012年4月	材料科学与工程	材料物理与化学	纳米绝缘材料的研究	梁国正		
113	范　杰	女	1980年8月	在职	讲师	2012年5月	纺织科学与工程	纺织工程	基于纤维微观结构特征的织物热湿传导机理研究	何吉欢	中国博士后科学基金第52批面上资助二等资助	5
114	朱冬琴	女	1970年12月	在职	讲师	2012年5月	应用经济学	金融学	政治联系、寻租与公司财务行为	罗正英	中国博士后科学基金第52批面上资助二等资助	5
115	刘晓平	男	1971年9月	企业联合招收	副教授	2012年5月	艺术学	艺术设计	当代高级酒店建筑及度假地空间及装饰设计创新研究	李朝德		
116	朱刚贤	男	1980年10月	企业联合招收		2012年6月	材料科学与工程	材料学	光内送粉激光快速成形复杂结构关键技术研究	石世宏	中国博士后科学基金第52批面上资助二等资助	5
117	陈源源	男	1983年10月	统招		2012年7月	基础医学	免疫学	肠道菌群对肿瘤免疫以及移植免疫的影响	刘海燕		
118	窦卫东	男	1977年7月	在职	副教授	2012年7月	物理学	凝聚态物理	有机-有机界面电子结构	唐建新	中国博士后科学基金第52批面上资助二等资助	5
119	高志明	男	1972年4月	在职	副教授	2012年7月	中国语言文学	汉语言文字学	《世说新语》文学语言研究	曹　炜		
120	龚　成	男	1984年8月	统招		2012年7月	数学	基础数学	代数几何中的模空间	唐忠明		
121	谷　鹏	男	1977年1月	在职	副教授	2012年7月	体育学	体育人文社会学	中国体育的媒介奇观研究	王家宏		
122	顾巧丽	女	1976年12月	在职	助理研究员	2012年7月	临床医学	骨外科学	间充质肝细胞在骨科疾病中的应用研究	杨惠林		

续表

序号	姓名	性别	出生年月	人员类别	进站时专业技术职务	批准进站时间	流动站名称	学科专业名称	研究方向及研究课题	合作导师	在站期间获科研资助情况	资助金额（万元）
123	郭　新	女	1986 年 2 月	统招		2012 年 7 月	材料科学与工程	材料化学工程	纳米材料的可控组装及在光电器件构筑中的性能调控	李艳青		
124	韩焕忠	男	1970 年 1 月	在职	副教授	2012 年 7 月	哲学	中国哲学	佛教四书学	周可真	中国博士后科学基金第 52 批面上资助二等资助	5
125	贯砚农	男	1967 年 2 月	在职	副教授	2012 年 7 月	艺术学	美术学	明代苏州地区书画作伪研究	张朋川	中国博士后科学基金第 52 批面上资助二等资助	5
126	金　超	男	1976 年 9 月	在职	副教授	2012 年 7 月	物理学	凝聚态物理	符合结构型陶瓷阳极的制备及其耐硫、抗积碳性能研究	沈明荣	2012 年度“江苏省博士后科研资助计划”第二批资助项目 B 类、中国博士后科学基金第 52 批面上资助一等资助	11
127	潘国庆	男	1984 年 10 月	在职	讲师	2012 年 7 月	材料科学与工程	材料学	温度响应性分子印迹识别表面用于细胞片技术的研究	李　斌	中国博士后科学基金第 52 批面上资助一等资助	8
128	庞　欢	男	1985 年 4 月	在职	讲师	2012 年 7 月	物理学	凝聚态物理	新型电化学储能材料的开发与优化	郑洪河	中国博士后科学基金第 52 批面上资助二等资助	5
129	王会芳	女	1981 年 8 月	在职	副教授	2012 年 7 月	化学	无机化学	含新型两性类配体的金属配合物的制备与性质研究	郎建平		
130	王　兰	女	1983 年 8 月	在职	讲师	2012 年 7 月	基础医学	骨外科学	超声弹性成像法诊断早期骨关节炎的理论研究与应用	罗宗平	2012 年度“江苏省博士后科研资助计划”第二批资助项目 C 类	2

续表

序号	姓名	性别	出生年月	人员类别	进站时专业技术职务	批准进站时间	流动站名称	学科专业名称	研究方向及研究课题	合作导师	在站期间获科研资助情况	资助金额（万元）
131	谢宗刚	男	1974年2月	在职	副主任医师	2012年7月	纺织科学与工程	纺织工程	关节软骨细胞外基质(ECM)纳米结构在软骨细胞表型维持中的作用及机制研究	左保齐		
132	朱彩虹	女	1978年9月	在职	技术员	2012年7月	材料科学与工程	材料学	具有梯度弹性模量纤维环支架的构建和功能研究	李　斌	中国博士后科学基金第52批面上资助二等资助	5
133	缪宇锋	男	1975年9月	在职	医师	2012年8月	临床医学	普通外科学	GABA受体对肠肿瘤细胞增殖能力的影响	钱海鑫		
134	张继生	男	1969年11月	在职	教授	2012年8月	体育学	民族传统体育学	中国武术国际化	王家宏	2012年度“江苏省博士后科研资助计划”第二批资助项目C类	1
135	陈卫东	男	1972年10月	在职	副教授	2012年9月	教育学	高等教育学	新媒体对大学课堂教与学的影响研究	周　川	2012年度“江苏省博士后科研资助计划”第二批资助项目C类	1
136	程　亮	男	1983年9月	在职	讲师	2012年9月	材料科学与工程	应用化学	上转换纳米材料在生物医学中的应用	刘　庄		
137	郭　浩	男	1984年4月	在职	讲师	2012年9月	光学工程	光机电一体化设备与微纳制造	智能服务机器人多信息融合关键技术及实验方法研究	孙立宁		
138	何金林	男	1986年10月	在职	讲师	2012年9月	材料科学与工程	材料学	高真空活性阴离子聚合在新型高分子材料合成中的应用	戴礼兴		
139	胡娟梅	女	1981年9月	统招		2012年9月	物理学	软凝聚态物理	复杂大分子与细胞的相互作用	马余强		

续表

序号	姓名	性别	出生年月	人员类别	进站时专业技术职务	批准进站时间	流动站名称	学科专业名称	研究方向及研究课题	合作导师	在站期间获科研资助情况	资助金额（万元）
140	黄　俊	男	1984 年 3 月	在职	讲师	2012 年 9 月	光学工程	光机电一体化设备与微纳制造	微分包含理论及其在机器人控制中的应用	孙立宁	2012 年度“江苏省博士后科研资助计划”第二批资助项目 C 类	2
141	李优坤	男	1973 年 2 月	在职	副教授	2012 年 9 月	政治学	国家区域政治理论与实践	国家利益视角下三代领导集体国际理念研究	钮菊生		
142	林　俊	男	1983 年 2 月	在职	住院医师	2012 年 9 月	临床医学	骨外科学	椎间盘退行性疾病病因学及临床相关研究	杨惠林		
143	苏媛媛	女	1983 年 9 月	在职	副教授	2012 年 9 月	基础医学	纳米医学	硅基纳米材料的生物学反应	何　耀		
144	王立川	男	1983 年 11 月	在职	讲师	2012 年 9 月	纺织科学与工程	服装设计与工程	服装生产碳排放的评估与控制	陈　雁		
145	赵　杰	男	1984 年 9 月	在职	讲师	2012 年 9 月	物理学	凝聚态物理	薄膜沉积方法研究	邹贵付		
146	许　悦	男	1982 年 11 月	企业联合招收	讲师	2012 年 9 月	政治学	政治学	大型装修装饰公司材供组织架构研究	金太军		
147	王建军	男	1971 年 8 月	企业联合招收	副教授	2012 年 9 月	化学	高分子化学与物理	功能性二茂铁单体及含二茂铁聚酯的制备	倪沛红		
148	荆兴梅	女	1969 年 9 月	在职	副教授	2012 年 10 月	外国语言文学	英语语言文学	托尼·莫里森作品研究	朱新福		
149	林生晃	男	1982 年 1 月	统招		2012 年 10 月	物理学	凝聚态物理学	二维原子晶体材料的可控制备及应用技术研究	鲍桥梁		
150	沈　彤	女	1985 年 5 月	在职	助理研究员	2012 年 10 月	基础医学	病理学	基于基因敲除斑马鱼及小鼠模型探讨 Erbin 参与肠相关炎症及肿瘤的机制	李建明		

续表

序号	姓名	性别	出生年月	人员类别	进站时专业技术职务	批准进站时间	流动站名称	学科专业名称	研究方向及研究课题	合作导师	在站期间获科研资助情况	资助金额（万元）
151	肖　波	男	1979年1月	在职	讲师	2012年10月	基础医学	遗传学	斑马鱼CLOCK蛋白质因子对不同代谢过程的直接调控作用	王　晗		
152	张连义	男	1973年2月	在职	讲师	2012年10月	中国语言文学	中国现当代文学	新时期农民形象研究	王　尧		
153	张亚楠	男	1984年9月	在职	助理研究员	2012年10月	数学	计算数学	偏微分方程数值方法	岳兴业		
154	朱光磊	男	1983年12月	在职	讲师	2012年10月	哲学	管理哲学	儒家伦理的现代诠释	李　兰		
155	朱新财	男	1972年5月	在职	讲师	2012年10月	应用经济学	金融学	外部网络、双重治理与家族企业绩效研究	罗正英		
156	陈玉华	男	1973年11月	在职	讲师	2012年11月	纺织科学与工程	蚕丝生物工程	家蚕精子形成与二型分化的相关研究	陈国强		
157	郭明友	男	1972年7月	在职	副教授	2012年11月	中国语言文学	中国古代文学	中国古代造园文献研究	马亚中		
158	季　成	男	1985年2月	在职	讲师	2012年11月	基础医学	基因组医学	斑马鱼五羟色胺乙酰转移酶AANAT的生物钟研究	王　晗		
159	刘小莉	女	1984年10月	在职	实验员	2012年11月	化学	高分子化学与物理	材料表面改性及其生物相容性研究	陈　红		
160	汪许莹	女	1983年5月	在职	讲师	2012年11月	中国语言文学	现当代文学	昆曲电影研究	朱栋霖		
161	王明洲	男	1972年12月	在职	讲师	2012年11月	教育学	高等教育学	高等教育境界论	许庆豫		
162	许利耕	男	1981年4月	在职	讲师	2012年11月	基础医学	免疫学	基于纳米佐剂的幽门螺杆菌新型疫苗的研制	刘　庄		

续表

序号	姓名	性别	出生年月	人员类别	进站时专业技术职务	批准进站时间	流动站名称	学科专业名称	研究方向及研究课题	合作导师	在站期间获科研资助情况	资助金额（万元）
163	姚望舒	男	1975年11月	在职	副教授	2012年11月	计算机科学与技术	计算机应用	基于李群的复杂数据分析与关键技术	李凡长		
164	周　顺	男	1982年9月	统招		2012年11月	纺织科学与工程	纺织科学与纺织品设计	来源家蚕丝组织的稳定细胞系的建立及蚕丝蛋白的体外表达应用研究	王晓沁		
165	朱　旬	女	1969年10月	在职	主任医师	2012年11月	基础医学	免疫学	化疗药物诱导乳腺癌细胞表达B7-H1分子的作用机制及化疗疗效的关系	张学光		
166	胡青松	男	1986年11月	统招		2012年12月	药学	药理学	雷帕霉素抑制神经炎症发生的机制	王光辉		
167	李　一	女	1984年9月	在职	讲师	2012年12月	中国语言文学	现当代文学	中国当代小说的英译传播与海外研究	王　尧		
168	梁中洁	女	1983年12月	在职	讲师	2012年12月	基础医学	系统生物学	基于多靶标的药物设计	沈百荣		
169	刘　楠	男	1982年4月	在职	讲师	2012年12月	光学工程	光机电一体化设备与微纳制造	高动态高精度激光干涉光刻系统设计与研究	孙立宁		
170	马锁冬	男	1984年12月	在职	讲师	2012年12月	光学工程	光学仪器与光学设计	高光谱光学场景生成机理与关键技术研究	沈为民		
171	弭元元	女	1986年1月	在职	讲师	2012年12月	物理学	理论物理	复杂疾病生物网络的构建、表征及其控制	沈百荣		
172	钱　郁	男	1981年5月	在职	讲师	2012年12月	物理学	理论物理	复杂疾病相关的分子网络的数学建模及其在临床上的应用	沈百荣		

续表

序号	姓名	性别	出生年月	人员类别	进站时专业技术职务	批准进站时间	流动站名称	学科专业名称	研究方向及研究课题	合作导师	在站期间获科研资助情况	资助金额（万元）
173	盛敏奇	男	1983年10月	在职	讲师	2012年12月	材料科学与工程	材料学	金属/半导体异质结构的制备与性能研究	邵名望		
174	束霞平	男	1975年3月	在职	副教授	2012年12月	教育学	高等教育学	文化创意产业与高等艺术教育互动发展研究	周　川		
175	宋茂新	男	1983年5月	在职	助理研究员	2012年12月	光学工程	光学设计与光学系统	1.6米焦距50米离轴超低温真空无穷远光学模拟系统设计研究	潘君骅		
176	孙宏鹏	男	1983年6月	在职	讲师	2012年12月	公共卫生与预防医学	流行病与卫生统计	轻度认知障碍的代谢组研究	徐　勇		
177	王　进	男	1985年7月	在职	讲师	2012年12月	计算机科学与技术	计算机应用技术	基于网络编码理论的安全高效多播传输策略研究	樊建席		
178	伍　凌	男	1984年4月	在职	讲师	2012年12月	材料科学与工程	材料学	基于橄榄石结构LiMnyFel-yPO4高效电子/离子传输网络的构建及其作用机制研究	郑军伟		
179	信丽丽	女	1987年4月	在职	讲师	2012年12月	公共卫生与预防医学	卫生毒理学	HSPA1A启动自荧光素酶报告基因细胞体系在金属纳米颗粒毒性评估中的应用	童　建		
180	熊赖虎	男	1980年9月	在职	讲师	2012年12月	法学	法学伦理	法律经济学与法律形式主义	周永坤		
181	许小亮	男	1984年10月	在职	讲师	2012年12月	法学	法学伦理	新帝国与世界共和主义	胡玉鸿		

续表

序号	姓名	性别	出生年月	人员类别	进站时专业技术职务	批准进站时间	流动站名称	学科专业名称	研究方向及研究课题	合作导师	在站期间获科研资助情况	资助金额（万元）
182	余　雷	男	1983年7月	在职	讲师	2012年12月	光学工程	光学设计与光学系统	复杂切换系统的智能控制方法与应用	孙立宁		
183	张　欢	女	1982年9月	在职	讲师	2012年12月	公共卫生与预防医学	流行病与卫生统计	雌激素水平与脑卒中发病、预后关系的研究	张永红		
184	张　健	女	1979年11月	在职	主治医师	2012年12月	临床医学	内科学	血小板相关功能与病理生理	戴克胜		
185	郑计岳	男	1984年1月	在职	讲师	2012年12月	药学	药物化学	靶向帕金森症的小分子药物设计与合成的研究	张小虎		
186	仲兆准	男	1980年9月	在职	讲师	2012年12月	计算机科学与技术	计算机应用	多智能体系统的分布式预测控制方案研究	孙立宁		
187	糜菁熠	男	1972年3月	企业联合招收	副主任医师	2012年12月	基础医学	人体解剖与组织胚胎学	体外诱导自身性抗炎因子用于骨性关节炎治疗的基础和临床研究	夏春林		
188	刘艳花	女	1984年3月	企业联合招收	讲师	2012年12月	光学工程	光学工程	纳米结构色工程	陈林森		
189	张　翔	男	1982年10月	企业联合招收	讲师	2012年12月	光学工程	光学工程	基于体布拉格光栅的光束控制技术研究	袁　孝		
190	孙佩华	男	1981年11月	企业联合招收		2012年12月	药学	药学	PDE 1 0 A 抑制剂 PR-001346 抗精神分裂症作用的临床前药效研究	镇学初		
191	彭少平	男	1978年9月	企业联合招收		2012年12月	药学	药学	石杉碱甲全合成及产业化研究	张洪建		

续表

序号	姓名	性别	出生年月	人员类别	进站时专业技术职务	批准进站时间	流动站名称	学科专业名称	研究方向及研究课题	合作导师	在站期间获科研资助情况	资助金额（万元）
192	周　鼎	男	1973 年 10 月	企业联合招收		2012 年 12 月	药学	药学	PDE-10A 抑制剂用于治疗精神分裂病	张洪建		
193	周刘蕾	女	1982 年 10 月	企业联合招收	讲师	2012 年 12 月	光学工程	光学工程	光电互感器的研究	王明湘 李文石 孙志中		

2012 年出站博士后研究人员情况一览表

序号	姓名	性别	出生年月	人员类别	进站时专业技术职务	批准进站时间	出站时间	流动站名称	学科专业名称	研究方向及研究课题	合作导师	在站期间获科研资助情况	资助金额（万元）	出站去向
1	陈　罡	男	1980 年 9 月	在职	讲师	2009 年 9 月	2012 年 1 月	临床医学	外科学	Nrf2 在蛛网膜下腔出血后脑血管痉挛和早期脑损伤中的作用机制研究	周　岱	中国博士后科学基金第四批特别资助、中国博士后科学基金第 46 批面上资助一等资助	15	苏州大学附属第一医院
2	李　艺	女	1974 年 8 月	在职	讲师	2009 年 9 月	2012 年 1 月	化学	高分子化学与物理	手性二氧化硅纳米材料的制备及应用研究	朱秀林	2009 年度“江苏省博士后科研资助计划”第二批资助项目 C 类	2	苏州大学
3	张　弘	女	1971 年 1 月	在职	副主任医师	2008 年 7 月	2012 年 1 月	基础医学	人体解剖与组织胚胎学	围产医学	徐智策	2009 年度“江苏省博士后科研资助计划”第一批资助项目 C 类	2	苏州大学附属第二医院
4	许宜申	男	1979 年 2 月	在职	讲师	2009 年 8 月	2012 年 1 月	物理学	原子与分子物理	微纳机电系统黏附接触性研究	顾济华			苏州大学
5	王智汪	男	1971 年 2 月	统招	讲师	2009 年 8 月	2012 年 4 月	历史学	专门史	考据与清人的精神家园研究	余同元			淮北煤炭师范学院

续表

序号	姓名	性别	出生年月	人员类别	进站时专业技术职务	批准进站时间	出站时间	流动站名称	学科专业名称	研究方向及研究课题	合作导师	在站期间获科研资助情况	资助金额（万元）	出站去向
6	章　良	女	1974年6月	在职	讲师	2007年9月	2012年4月	基础医学	免疫学	负性共刺激分子B7-H4受体的基因克隆与生物学特性研究	张学光	2007年度“江苏省博士后科研资助计划”第二批资助项目C类	2	苏州大学
7	李建华	男	1970年11月	在职	讲师	2008年9月	2012年4月	中国语言文学	中国古代文学	唐代江东士族与文学	杨海明			南京人口管理干部学院
8	周素云	女	1971年8月	在职	讲师	2009年3月	2012年4月	光学工程	材料物理与化学	激光辐射驱动的准等熵压缩物理的表征方法研究	袁　孝			江西科技师范学院
9	叶春暖	女	1977年1月	在职	讲师	2009年3月	2012年4月	纺织科学与工程	纺织化学与染整工程	导电功能真丝纤维的结构与性能	陈国强	2009年度“江苏省博士后科研资助计划”第一批资助项目C类	1.5	苏州大学
10	丁远蓉	女	1978年5月	在职	讲师	2009年3月	2012年4月	纺织科学与工程	纺织工程	天然纤维的绿色功能化改性研究	陈宇岳			苏州大学
11	余敏江	男	1977年2月	在职	讲师	2007年9月	2012年5月	哲学	马克思主义哲学	新公共管理研究的行为主义政治学视角分析	任　平			苏州大学
12	胡　博	女	1982年4月	统招		2010年7月	2012年9月	临床医学	免疫学	供体NK细胞在异基因造血干细胞移植中的作用	吴德沛			苏州大学
13	戴永冠	男	1975年12月	在职	讲师	2009年8月	2012年11月	体育学	体育教育训练学	体育体制研究	王家宏			广东工业大学
14	周生杰	男	1968年1月	在职	副教授	2009年10月	2012年11月	中国语言文学	中国古代文学	宋代妇女生活与词	马亚中	2010年度“江苏省博士后科研资助计划”第一批资助项目C类	1.5	淮北师范大学
15	王传洋	男	1972年9月	企业联合招收（本省）	副教授	2009年12月	2012年11月	纺织科学与工程	纺织化学与染整工程	聚合物微流控芯片激光透射键合机理与方法研究	芮延年	中国博士后科学基金第47批面上资助二等资助	3	苏州大学

2012年人员变动情况

2012年苏州大学教职工调进人员一览表

序号	姓　名	性别	调进工作部门、院(部)	调进时间
1	张　力	男	物理科学与技术学院　能源学院	2011年2月
2	郭　微	女	唐仲英血液学研究中心	2011年5月
3	肖　建	男	城市轨道交通学院	2011年6月
4	桂叶晨	女	医学部	2011年12月
5	滕育梅	女	金螳螂建筑与城市环境学院	2012年1月
6	宋　萍	女	分析测试中心	2012年1月
7	汪顺义	男	材料与化学化工学部	2012年1月
8	王照奎	男	功能纳米与软物质研究院	2012年1月
9	刘又玲	女	凤凰传媒学院	2012年2月
10	刘洪涛	男	东吴商学院(财经学院)　东吴证券金融学院	2012年2月
11	窦玉江	男	电子信息学院	2012年2月
12	何　川	男	医学部	2012年2月
13	张士磊	男	医学部药学院	2012年2月
14	王　俊	男	生物医学研究院	2012年2月
15	孙玉娥	女	城市轨道交通学院	2012年2月
16	华晓蓝	女	实验材料供应中心	2012年3月
17	任海刚	男	医学部药学院	2012年3月
18	戴忠雷	男	网络中心	2012年3月
19	袁进芳	男	后勤管理处	2012年3月
20	童　亮	男	后勤管理处	2012年3月
21	周雅卿	女	幼儿园	2012年3月
22	宋玲玲	女	教育学院	2012年3月
23	胡　旸	女	音乐学院	2012年3月
24	高　莉	女	材料与化学化工学部	2012年3月
25	何学文	男	材料与化学化工学部	2012年3月
26	肖　杰	男	材料与化学化工学部	2012年3月
27	迟力峰	女	功能纳米与软物质研究院	2012年3月
28	周迎春	男	纳米科学技术学院	2012年3月
29	刘　赓	男	医学部放射医学与防护学院	2012年3月
30	陈华兵	男	医学部药学院	2012年3月
31	应　征	男	医学部药学院	2012年3月

续表

序号	姓 名	性别	调进工作部门、院(部)	调进时间
32	王明明	女	后勤管理处	2012 年 4 月
33	谢茂薪	女	校医院	2012 年 4 月
34	葛 海	男	数学科学学院	2012 年 4 月
35	孙 毅	男	医学部基础医学与生物科学学院	2012 年 4 月
36	杨剑宇	男	城市轨道交通学院	2012 年 4 月
37	李晓佳	女	宣传部	2012 年 5 月
38	蒋思敏	女	实验动物中心	2012 年 5 月
39	张平平	女	校医院	2012 年 5 月
40	李丛芹	女	艺术学院	2012 年 5 月
41	马晓钰	女	音乐学院	2012 年 5 月
42	虞一青	男	物理科学与技术学院 能源学院	2012 年 5 月
43	谌 宁	男	材料与化学化工学部	2012 年 5 月
44	吴 涛	男	材料与化学化工学部	2012 年 5 月
45	陈新建	男	电子信息学院	2012 年 5 月
46	侯纪新	女	机电工程学院 沙钢钢铁学院	2012 年 5 月
47	王阳俊	男	机器人及微系统研究中心	2012 年 5 月
48	安钢力	女	唐仲英血液学研究中心	2012 年 5 月
49	樊庆丰	男	老挝苏州大学	2012 年 5 月
50	雍香宇	女	实验动物中心	2012 年 6 月
51	舒 婕	女	分析测试中心	2012 年 6 月
52	刘珊珊	女	外国语学院	2012 年 6 月
53	苏媛媛	女	功能纳米与软物质研究院	2012 年 6 月
54	袁大星	男	功能纳米与软物质研究院	2012 年 6 月
55	曹 凯	男	纳米科学技术学院	2012 年 6 月
56	宋滨娜	女	机电工程学院 沙钢钢铁学院	2012 年 6 月
57	李丽红	女	机电工程学院 沙钢钢铁学院	2012 年 6 月
58	赵 颖	女	医学部基础医学与生物科学学院	2012 年 6 月
59	朱彩虹	女	骨科研究所	2012 年 6 月
60	王亚荣	女	医学部实验中心	2012 年 6 月
61	齐兴梅	女	生物医学研究院	2012 年 6 月
62	刘宇清	男	现代丝绸国家工程实验室	2012 年 6 月
63	禹久泓	男	金融工程研究中心	2012 年 6 月
64	王抒宁	男	网络中心	2012 年 7 月
65	金 能	男	网络中心	2012 年 7 月
66	蔡玉亚	女	实验动物中心	2012 年 7 月
67	王俪静	女	实验动物中心	2012 年 7 月

续表

序号	姓　名	性别	调进工作部门、院(部)	调进时间
68	王　艳	女	实验动物中心	2012年7月
69	常　慧	女	功能纳米与软物质研究院	2012年7月
70	司绍戎	女	功能纳米与软物质研究院	2012年7月
71	甘　胜	男	功能纳米与软物质研究院	2012年7月
72	许继芳	男	机电工程学院　沙钢钢铁学院	2012年7月
73	李桃桃	女	医学部	2012年7月
74	王贵平	女	唐仲英医学研究院	2012年7月
75	曹　聪	男	神经科学研究所	2012年7月
76	陶砚蕴	男	城市轨道交通学院	2012年7月
77	颜　彤	女	金螳螂建筑与城市环境学院	2012年7月
78	郭　浩	男	机器人与微系统研究中心	2012年7月
79	张天辉	男	软凝聚态物理及交叉研究中心	2012年7月
80	申　琳	女	人事处	2012年8月
81	丁佐江	男	财务处	2012年8月
82	问泽民	男	保卫处	2012年8月
83	石　锋	男	保卫处	2012年8月
84	王　磊	男	科技产业部	2012年8月
85	严丽娟	女	科技产业部	2012年8月
86	惠艳烂	女	科技产业部	2012年8月
87	王先辉	男	人文社会科学院	2012年8月
88	郭才正	男	人文社会科学院	2012年8月
89	周　毅	男	教务处	2012年8月
90	吉亮亮	男	教务处	2012年8月
91	卜谦祥	男	学生工作部	2012年8月
92	吴新星	男	学生职业生涯规划辅导中心	2012年8月
93	丁时虹	女	后勤管理处	2012年8月
94	周　倩	女	校医院	2012年8月
95	马逸敏	女	图书馆	2012年8月
96	王　飞	男	图书馆	2012年8月
97	黄建林	男	图书馆	2012年8月
98	王凝萱	女	档案馆	2012年8月
99	杨雅婕	女	学报编辑部	2012年8月
100	罗雯瑶	女	学报编辑部	2012年8月
101	唐明华	女	分析测试中心	2012年8月
102	徐凌云	女	分析测试中心	2012年8月
103	姜　晓	女	文学院	2012年8月

续表

序号	姓　名	性别	调进工作部门、院(部)	调进时间
104	李　一	女	文学院	2012年8月
105	汪许莹	女	凤凰传媒学院	2012年8月
106	朱光磊	男	政治与公共管理学院	2012年8月
107	黄　河	女	东吴商学院(财经学院)　东吴证券金融学院	2012年8月
108	杨　锐	男	东吴商学院(财经学院)　东吴证券金融学院	2012年8月
109	朱明新	男	王健法学院	2012年8月
110	熊赖虎	男	王健法学院	2012年8月
111	许小亮	男	王健法学院	2012年8月
112	谈　方	女	外国语学院	2012年8月
113	宁　宁	女	教育学院	2012年8月
114	魏欣頔	女	艺术学院	2012年8月
115	耿俊丽	女	音乐学院	2012年8月
116	乔　治	男	数学科学学院	2012年8月
117	王　云	女	数学科学学院	2012年8月
118	张亚楠	男	数学科学学院	2012年8月
119	张秀美	女	物理科学与技术学院　能源学院	2012年8月
120	朱国斌	男	物理科学与技术学院　能源学院	2012年8月
121	赵　亮	男	物理科学与技术学院　能源学院	2012年8月
122	李　亮	男	物理科学与技术学院　能源学院	2012年8月
123	赵　杰	男	物理科学与技术学院　能源学院	2012年8月
124	何金林	男	材料与化学化工学部	2012年8月
125	鲍晓光	男	材料与化学化工学部	2012年8月
126	郝苇苇	女	材料与化学化工学部	2012年8月
127	胡小琳	女	材料与化学化工学部	2012年8月
128	杨凤珠	女	材料与化学化工学部	2012年8月
129	李新明	男	材料与化学化工学部	2012年8月
130	周　瑞	女	材料与化学化工学部	2012年8月
131	许利耕	男	功能纳米与软物质研究院	2012年8月
132	程　亮	男	功能纳米与软物质研究院	2012年8月
133	徐庆阳	女	功能纳米与软物质研究院	2012年8月
134	金雁磅	男	功能纳米与软物质研究院	2012年8月
135	张　帅	男	功能纳米与软物质研究院	2012年8月
136	朱钧钧	男	功能纳米与软物质研究院	2012年8月
137	王立川	男	纺织与服装工程学院	2012年8月

续表

序号	姓　名	性别	调进工作部门、院(部)	调进时间
138	刘　海	男	纺织与服装工程学院	2012年8月
139	戴建年	女	计算机科学与技术学院	2012年8月
140	甄田甜	女	计算机科学与技术学院	2012年8月
141	李　莹	女	电子信息学院	2012年8月
142	郭晓雯	女	电子信息学院	2012年8月
143	王晓南	男	机电工程学院　沙钢钢铁学院	2012年8月
144	黄　俊	男	机电工程学院　沙钢钢铁学院	2012年8月
145	李晓旭	男	机电工程学院　沙钢钢铁学院	2012年8月
146	郭明凯	男	医学部	2012年8月
147	姜雪芹	女	医学部	2012年8月
148	沈　彤	女	医学部基础医学与生物科学学院	2012年8月
149	季　成	男	医学部基础医学与生物科学学院	2012年8月
150	姜　岩	男	医学部基础医学与生物科学学院	2012年8月
151	陈　涛	男	医学部公共卫生学院	2012年8月
152	孙宏鹏	男	医学部公共卫生学院	2012年8月
153	信丽丽	女	医学部公共卫生学院	2012年8月
154	张　欢	女	医学部公共卫生学院	2012年8月
155	张真庆	男	医学部药学院	2012年8月
156	周田甜	女	唐仲英血液学研究中心	2012年8月
157	赵小梅	女	唐仲英血液学研究中心	2012年8月
158	李振平	女	唐仲英血液学研究中心	2012年8月
159	杨舒婷	女	唐仲英血液学研究中心	2012年8月
160	卢　珊	女	医学部实验中心	2012年8月
161	袁春香	女	系统生物学研究中心	2012年8月
162	弭元元	女	系统生物学研究中心	2012年8月
163	梁中洁	女	系统生物学研究中心	2012年8月
164	李　颖	女	生物医学研究院	2012年8月
165	范兴娟	女	生物医学研究院	2012年8月
166	董福禄	男	生物医学研究院	2012年8月
167	冯婷婷	女	生物医学研究院	2012年8月
168	刁　莹	女	生物医学研究院	2012年8月
169	朱雪梅	女	生物医学研究院	2012年8月
170	胡莹莹	女	生物钟研究中心	2012年8月
171	苗志刚	男	神经科学研究所	2012年8月
172	卢　芳	女	神经科学研究所	2012年8月
173	俄文娟	女	城市轨道交通学院	2012年8月

续表

序号	姓　名	性别	调进工作部门、院(部)	调进时间
174	郭明友	男	金螳螂建筑与城市环境学院	2012 年 8 月
175	成　龙	男	金螳螂建筑与城市环境学院	2012 年 8 月
176	严宏军	男	敬文书院	2012 年 8 月
177	刘艳花	女	信息光学工程研究所	2012 年 8 月
178	赵石言	女	财务处	2012 年 9 月
179	孟庆权	男	科技产业部	2012 年 9 月
180	张　浩	男	科技产业部	2012 年 9 月
181	杨皓麟	男	后勤管理处	2012 年 9 月
182	王　希	女	幼儿园	2012 年 9 月
183	房金玲	女	图书馆	2012 年 9 月
184	徐海东	男	图书馆	2012 年 9 月
185	孙迎辉	男	物理科学与技术学院　能源学院	2012 年 9 月
186	赵云峰	男	物理科学与技术学院　能源学院	2012 年 9 月
187	刘小莉	女	材料与化学化工学部	2012 年 9 月
188	陈艳丽	女	材料与化学化工学部	2012 年 9 月
189	江　林	女	功能纳米与软物质研究院	2012 年 9 月
190	龚　华	男	功能纳米与软物质研究院	2012 年 9 月
191	武晓莉	女	机电工程学院	2012 年 9 月
192	高上上	女	医学部基础医学与生物科学学院	2012 年 9 月
193	陆　鑫	女	医学部公共卫生学院	2012 年 9 月
194	刘　峰	男	医学部药学院	2012 年 9 月
195	解　晴	女	生物医学研究院	2012 年 9 月
196	孙玉慧	女	神经科学研究所	2012 年 9 月
197	杨　磊	男	骨科研究所	2012 年 9 月
198	吴　捷	女	金螳螂建筑与城市环境学院	2012 年 9 月
199	张艳丽	女	校医院	2012 年 10 月
200	崔木子	女	艺术教育中心	2012 年 10 月
201	李　锐	男	东吴商学院(财经学院)　东吴证券金融学院	2012 年 10 月
202	宋　敏	女	艺术学院	2012 年 10 月
203	董　彬	男	功能纳米与软物质研究院	2012 年 10 月
204	洪　澜	女	机电工程学院　沙钢钢铁学院	2012 年 10 月
205	刘　楠	男	机器人与微系统研究中心	2012 年 10 月
206	张启云	女	后勤管理处	2012 年 11 月
207	薛　征	男	凤凰传媒学院	2012 年 11 月
208	娄先革	女	政治与公共管理学院	2012 年 11 月

续表

序号	姓　名	性别	调进工作部门、院(部)	调进时间
209	钱叶六	男	王健法学院	2012 年 11 月
210	归　溢	女	外国语学院	2012 年 11 月
211	张冬利	男	电子信息学院	2012 年 11 月
212	常春起	男	电子信息学院	2012 年 11 月
213	郭　琳	女	医学部基础医学与生物科学学院	2012 年 11 月
214	刘朝晖	男	医学部基础医学与生物科学学院	2012 年 11 月
215	郑计岳	男	医学部药学院	2012 年 11 月
216	卢有德	男	生物医学研究院	2012 年 11 月
217	陶雪慧	女	城市轨道交通学院	2012 年 11 月
218	张　琦	男	金螳螂建筑与城市环境学院	2012 年 11 月
219	刘珊珊	女	现代丝绸国家工程实验室	2012 年 11 月
220	邓锁冬	男	现代光学研究所	2012 年 11 月
221	熊宝星	男	现代光学研究所	2012 年 11 月
222	鲍　卫	男	纪监审办公室	2012 年 12 月
223	周　叶	女	图书馆	2012 年 12 月
224	黄　磊	男	图书馆	2012 年 12 月
225	徐志强	男	图书馆	2012 年 12 月
226	崔　峰	男	艺术教育中心	2012 年 12 月
227	浦文倜	男	阳澄湖校区管委会	2012 年 12 月
228	胡绿叶	女	政治与公共管理学院	2012 年 12 月
229	叶战备	男	政治与公共管理学院	2012 年 12 月
230	刘思萱	女	王健法学院	2012 年 12 月
231	陆佳来	女	音乐学院	2012 年 12 月
232	邓楷模	男	物理科学与技术学院	2012 年 12 月
233	陈小芳	女	材料与化学化工学部	2012 年 12 月
234	刘小春	女	材料与化学化工学部	2012 年 12 月
235	林　坚	男	材料与化学化工学部	2012 年 12 月
236	王海桥	男	功能纳米与软物质研究院	2012 年 12 月
237	陆　广	男	功能纳米与软物质研究院	2012 年 12 月
238	杨旭敏	女	纳米科学技术学院	2012 年 12 月
239	高　瑜	男	机电工程学院	2012 年 12 月
240	厉茂海	男	机电工程学院	2012 年 12 月
241	许弘飞	男	医学部基础医学与生物科学学院	2012 年 12 月
242	钟英斌	男	医学部基础医学与生物科学学院	2012 年 12 月
243	葛翠翠	女	医学部放射医学与防护学院	2012 年 12 月
244	韩淑芬	女	医学部公共卫生学院	2012 年 12 月

续表

序号	姓　名	性别	调进工作部门、院(部)	调进时间
245	邓飞艳	女	医学部公共卫生学院	2012 年 12 月
246	雷署丰	男	医学部公共卫生学院	2012 年 12 月
247	马海阔	男	医学部药学院	2012 年 12 月
248	方　兴	男	医学部药学院	2012 年 12 月
249	何文君	女	医学部药学院	2012 年 12 月
250	镇学初	男	医学部药学院	2012 年 12 月
251	崔文国	男	骨科研究所	2012 年 12 月
252	张丽婷	女	生物医学研究院	2012 年 12 月
253	周秀霞	女	唐仲英血液学研究中心	2012 年 12 月
254	武　艺	男	唐仲英血液学研究中心	2012 年 12 月
255	范学良	男	城市轨道交通学院	2012 年 12 月
256	朱宁宁	女	金螳螂建筑与城市环境学院	2012 年 12 月

2012 年苏州大学教职工调出、辞职人员一览表

序号	姓　名	性别	离校前工作部门、院(部)	离校时间	调往工作单位
1	郭元群	女	物理科学与技术学院能源学院	1993 年 3 月	辞职
2	冯赵建	男	数学科学学院	2012 年 1 月	辞职
3	胡源远	男	机电工程学院　沙钢钢铁学院	2012 年 1 月	劳动合同终止
4	周秀秀	女	骨科研究所	2012 年 1 月	辞职
5	许国红	女	附属第一医院	2012 年 1 月	辞职
6	樊彩斌	男	附属第一医院	2012 年 1 月	辞职
7	金　彦	女	附属第一医院	2012 年 2 月	辞职
8	戴福祥	男	体育学院	2012 年 3 月	常熟理工学院
9	桂叶晨	女	医学部	2012 年 3 月	辞职
10	时翠林	女	唐仲英血液学研究中心	2012 年 3 月	辞职
11	解正东	男	信息光学研究所	2012 年 3 月	辞职
12	乔伊龙	男	国际合作交流处	2012 年 4 月	劳动合同终止
13	徐路尧	女	唐仲英血液学研究中心	2012 年 4 月	劳动合同终止
14	张　鹏	男	附属第二医院	2012 年 4 月	辞职
15	沈海英	女	附属第二医院	2012 年 4 月	辞职

续表

序号	姓　名	性别	离校前工作部门、院(部)	离校时间	调往工作单位
16	张子牛	男	阳澄湖校区	2012 年 5 月	辞职
17	刘晓忠	男	生物制造研究中心	2012 年 5 月	辞职
18	王铁璟	女	附属第一医院	2012 年 5 月	辞职
19	胡明政	男	附属第一医院	2012 年 5 月	辞职
20	李　军	男	生物医学研究院	2012 年 6 月	劳动合同终止
21	吴建忠	男	医学部药学院	2012 年 7 月	劳动合同终止
22	安　川	男	阳澄湖校区基础教学部	2012 年 7 月	辞职
23	叶　林	女	政治与公共管理学院	2012 年 8 月	辞职
24	石　平	女	王健法学院	2012 年 8 月	西南政法大学
25	李翠英	女	外国语学院	2012 年 8 月	辞职
26	王贵平	女	唐仲英血液学研究中心	2012 年 8 月	辞职
27	张　刚	男	阳澄湖校区保卫处	2012 年 8 月	苏州市相城区运输管理处
28	丁子轩	男	附属第一医院	2012 年 8 月	辞职
29	杭　敏	女	附属第二医院	2012 年 8 月	辞职
30	伏玉琛	男	计算机科学与技术学院	2012 年 9 月	苏州工业园区服务外包职业学院
31	李春生	男	机电工程学院	2012 年 9 月	辞职
32	樊赛军	男	医学部放射医学与防护学院	2012 年 9 月	中国医学科学院放射医学研究所
33	岑　伟	女	外国语学院	2012 年 10 月	辞职
34	屈鸣麒	男	附属第二医院	2012 年 10 月	辞职
35	王　平	女	计算机科学与技术学院	2012 年 11 月	劳动合同终止
36	庄芙蓉	女	学生工作部	2012 年 12 月	辞职
37	金　琦	女	校医院	2012 年 12 月	辞职
38	李　文	男	附属第二医院	2012 年 12 月	辞职
39	王敬华	男	附属第二医院	2012 年 12 月	辞职

2012 年度教职工死亡人员名单

序号	姓名	性别	出生年月	生前所在部门、院部	原职称	原职务	死亡时间	备注
1	何金霖	男	1930 年 2 月	校医院		副科级	2012 年 1 月	退休
2	孔祥元	男	1937 年 2 月	后勤管理处	中级		2012 年 1 月	退休
3	江　波	男	1923 年 4 月	外国语学院		正处级	2012 年 1 月	离休
4	毛家驹	男	1937 年 4 月	统战部		正处级	2012 年 2 月	退休
5	钱滨雁	女	1932 年 5 月	材料与化学化工学部	中级		2012 年 2 月	退休
6	张朝楚	男	1915 年 12 月	数学科学学院		正处级	2012 年 2 月	离休
7	奚士英	女	1930 年 11 月	财务处		正科级	2012 年 2 月	离休
8	诸葛铠	男	1941 年 10 月	艺术学院	正高		2012 年 3 月	退休
9	戴政国	男	1921 年 10 月	后勤管理处	高级工		2012 年 3 月	退休
10	邵质先	女	1922 年 11 月	医学部基础医学与生物科学学院	初级		2012 年 3 月	退休
11	宋新林	男	1928 年 2 月	医学部实验动物中心	高级工		2012 年 3 月	退休
12	胡绍梯	男	1938 年 12 月	医学部第二临床医学院	副高		2012 年 3 月	退休
13	贺哈定	男	1927 年 10 月	外国语学院		正处级	2012 年 3 月	离休
14	王正福	男	1934 年 7 月	后勤管理处		正科级	2012 年 3 月	离休
15	朱亚一	男	1945 年 1 月	信息光学工程研究所	副高		2012 年 4 月	退休
16	查福英	女	1960 年 8 月	医学部实验动物中心	中级工		2012 年 4 月	退休
17	保云樵	男	1921 年 8 月	教务部		副科级	2012 年 4 月	退休
18	崇培锟	男	1939 年 3 月	阳澄湖校区	副高		2012 年 4 月	退休
19	王立吾	男	1921 年 10 月	文学院		副处级	2012 年 4 月	离休
20	孙启华	男	1930 年 12 月	职业技术学院		副处级	2012 年 4 月	离休
21	张　鹄	男	1936 年 7 月	文学院	副高		2012 年 5 月	退休
22	万绍玖	女	1930 年 3 月	后勤管理处		副科级	2012 年 6 月	退休

续表

序号	姓 名	性别	出生年月	生前所在部门、院部	原职称	原职务	死亡时间	备注
23	吴梅芳	女	1936年7月	图书馆	中级		2012年6月	退休
24	黄品祥	男	1923年10月	后勤管理处		副科级	2012年7月	退休
25	瞿冠群	男	1924年7月	图书馆	副高		2012年7月	退休
26	时剑峰	男	1936年4月	外国语学院	副高		2012年7月	退休
27	石起才	男	1937年12月	教育学院	正高		2012年7月	退休
28	吕光祖	男	1925年7月	学报	副高		2012年7月	退休
29	汤宜庄	男	1929年3月	社会学院		正处级	2012年7月	离休
30	谈水根	男	1929年10月	后勤集团	高级工		2012年8月	退休
31	朱永生	男	1938年10月	纪监审办公室		正处级	2012年8月	退休
32	邱长峰	男	1928年12月	校长办公室		副厅级	2012年8月	离休
33	许永生	男	1939年1月	物理科学与技术学院	副高		2012年9月	退休
34	袁炳南	男	1932年10月	图书馆	中级		2012年9月	退休
35	许仁杰	男	1943年10月	阳澄湖校区	中级		2012年9月	退休
36	贲纪学	男	1930年1月	校长办公室		副厅级	2012年9月	离休
37	王觉民	男	1952年7月	教服集团	技师		2012年9月	在职
38	徐德华	男	1938年3月	学生工作处		正科级	2012年10月	退休
39	蔡衍郎	男	1932年11月	医学部第一临床医学院	正高		2012年10月	退休
40	许冠仁	男	1919年5月	物理科学与技术学院	副高		2012年11月	退休
41	董张维	男	1937年6月	出版社有限公司	副高		2012年11月	退休
42	吴瑞芬	女	1922年9月	后勤集团	中级工		2012年11月	退休
43	李本泉	男	1920年10月	后勤管理处		副处级	2012年11月	离休
44	王文凤	男	1948年12月	后勤管理处	高级工		2012年12月	退休

离休干部名单

姚焕熙	江静	王春元	丘晓	陈克潜	李绍元	孙文定
张正	廖素青	耿直	邱光	邱长峰	李明中	王瑞林
牟琨	何景行	黄国忠	王德孟	江村	郑玠玉	贺哈定
蒋鉴挺	苏宝山	姜宗尧	王永光	赵经涌	程扬	薛守贤
陈富德	虞国桢	袁涛	迟秀梅	奚士英	王立吾	刘炳
张枫	廖慧予	周振泰	朱文君	顾奎先	张朝楚	金灼章
李恩普	薛文焕	沈萍	姜振镛	金方一	郭辉鄂	孙旭东
汤瑞	黄凤云	陆振岳	曹积盛	赵敏	刘明新	蒋璆
于子明	李世达	李秀贞	张咸仁	王诚培	何孔鲁	蒋麟
汤宜庄	陈君谋	李振山	黄一宁	倪健	杨恒源	吴奈夫
仲济生	卜仲康	章祖敏	李希贤	曹学明	陈禾勤	张佩华
葛云卿	王恒炳	王正福	李瑛	李品新	林冈	谢文煜
黄少华	孙启华	杨宗晋	曹鄂	秦和鸣	金均	蒋挺先
周毓修	刘宝珠	贲纪学	任志	钟枚	关毅	余广通
贺野	陈耿人	王世英	杨康为	李贤	孙叔	王亚平
程元令	徐庆亭	沈毅	何践	李本泉	陈文璋	尤长华
赵琪	沈慧文	张诺	刘雅琴	赵梅珍	赵爱科	过仲英
周衍洛	袁海观	贝伟	鲍洪贤	鞠竞华	封兰	姜新民
张德初	张淑庆	于培国	曹钰	刘涉洛	李维华	俞荣
徐桂森	沈淑能	陶不敏	唐月清	陈德新	朱燕	黄德珍
周鸣	樊志成	王凤殿	樊学华	闻宇平	熊重廉	龚辉
裘申	陈赐龄	丁志英	冷墨林	唐锦元	张立中	姚群铨
刘汉祥	吕玉功	戴立干	刘爱清	祝仰进	马云芬	纪一农
黄文锦	刘林	王生庭	赵爱菊	孙玲	陈荣	蒋华
高洪江	杨格	李惠章	孙杰	孙国山	宗洛	高延安
吴健	李思达	梁学曾	吴莹	王述谟	翁春林	穆荣普
刘兴亚	刘延祖	陈守谦	梁绍琪	孟繁耀	吕去癖	魏振文
黄宗湘	姜卜吴	高原	徐远社	周旭辉	陆明强	许绍基
苏斌	茅伟	徐利	江波	李馨	耿杰	嵇佩玉
陈巾范	严荣芬	赵建群	雷在春	刘希国	黄健	

2012 年退休人员名单

徐振华	王科文	凌　云	梁如龙	马祥兴	栾　芳	步　鸣
傅国强	任林珍	章丽屏	何学兰	张鄂民	华惠芳	龙在田
郑　颖	沈　磊	杭　俐	范建华	王立明	胡汉章	吴培华
高　敏	张菊兰	周　龙	秦　红	钟剑光	邱林妹	夏建龙
张薇英	李毓平	朱广锡	朱彦云	朱汉华	杨学伦	蒋小根
顾根发	钱永跃	陈苏宏	朱　娟	范钦珊	程荣强	徐建华
金　霞	沈宗海	秦以平	薛顺华	魏培德	李鸿根	朱　琦
韩荣年	顾信平	朱圣陶	李　瑞	王　铭	王世安	马水福
陆玲芳	徐　苹	黄家康	邹福珍	许周鹣	程积春	程少梅
葛晓红	杨丽云	嵇　霖	姚爱瑾	益琼花	陈卫国	朱　毅
孙振国	范新华	虞熙尧	戴正南	何　怀	董淑英	周晓薇
黄小平	郁金芳	陈亚萍	高仁刚	沈小明	严海荣	

办 学 条 件

办学经费投入与使用情况

2012 年学校总收入情况一览表

单位：万元

序号	资金来源	部门决算	部门预算	增减数
1	财政补助收入	119 867.12	59 968.75	59 898.37
2	事业收入	76 924.61	48 950.00	27 974.61
3	地方教育附加收入			
4	其他收入	35 033.30	12 501.00	22 532.30
5	附属单位上缴收入			
6	上级补助收入	5 649.78		5 649.78
7	经营收入	1 861.19	1 000.00	861.19
8	合计	239 336.00	122 419.75	116 916.25

2012 年学校总支出情况一览表

单位：万元

序号	项　目	部门决算	部门预算	增减数
1	工资福利支出	44 218.46	31 450.53	12 767.93
2	商品和服务支出	74 491.05	43 478.47	31 012.58
3	对个人和家庭补助支出	50 011.35	26 740.75	23 270.60
4	基本建设支出			
5	其他资本性支出	40 180.38	12 778.00	27 402.38
6	债务利息支出	11 413.10	6 972.00	4 441.10
7	经营支出	1 774.21	1 000.00	774.21
8	合计	222 088.55	122 419.75	99 668.80

学校2012年与2011年总支出情况对比表

序号	项目	2012年度（万元）	2011年度（万元）	增减对比（万元）	增减百分比
1	工资福利支出	44 218.46	36 671.46	7 547.00	20.58%
2	商品和服务支出	74 491.05	62 929.46	11 561.59	18.38%
3	对个人和家庭补助支出	50 011.35	28 260.13	21 751.22	76.97%
4	基本建设支出		9.36	-9.36	-100%
5	其他资本性支出	40 180.38	54 116.48	-13 936.10	-25.76%
6	债务利息支出	11 413.10	9 707.03	1 706.07	17.58%
7	对企事业单位的补贴				
8	经营支出	1 774.21	790.33	983.88	124.49%
	合计	222 088.55	192 484.25	29 604.30	15.38%

2012年学校总资产情况

2012年学校总资产情况一览表

单位：万元

序号	项目	年初数	本年增加数	本年减少数	年末数
1	流动资产	222 505.60	736 950.40	687 664.35	271 791.65
2	固定资产	394 717.68	87 133.86		481 851.54
	（1）房屋	264 800.08	57 408.92		322 209.00
	（2）汽车	888.17	256.72		1 144.89
	（3）单价在20万元以上的设备	45 508.99	12 524.59		58 033.58
	（4）其他固定资产	83 520.44	16 943.63		100 464.07
3	对外投资(有价证券)	3 843.38	94.94		3 938.32
4	无形资产				
5	其他资产				
	合计	621 066.66	824 179.20	687 664.35	757 581.51

学校土地面积和已有校舍建设面积情况

学校土地面积

独墅湖校区	1 190 779.6 平方米(1 786.16 亩)
本部	344 451.65平方米(516.67 亩)
北校区	185 383.4 平方米(278.07 亩)
南校区	90 476.6 平方米(135.72 亩)
东校区	272 964.9 平方米(409.43 亩)
原评弹学校	8 238.6 平方米(12.36 亩)
阳澄湖校区	597 293.63平方米(895.94 亩)
三元坊校区	15 767.4 平方米(23.65 亩)
合计	2 705 355.78平方米(4 058 亩)

已有校舍建设面积

1. 教室	196 547.65平方米
2. 图书馆	89 188.27平方米
3. 实验室	454 523 平方米
4. 风雨操场体育馆	23 699.36平方米
5. 会堂	9 240.97平方米
6. 系行政用房	65 328.42平方米
7. 校行政用房	44 516.31平方米
8. 学生宿舍	483 474.59平方米
9. 学生食堂	69 418.21平方米
10. 单身教工住宅	19 818.53平方米
11. 教工食堂	6 750.09平方米
12. 生活福利及其他用房	84 724.4 平方米
13. 教工住宅	249 619.03平方米
其他用房	25 704.4 平方米
合计	1 822 553.23平方米

全校(教学)实验室情况

全校(教学)实验室情况一览表

单位	实验室数					教学实验室	国家级	部级	省级（示范中心）	校级
	教学	国家	部级	省级	校级					
文学院 凤凰传媒学院	1			1		传媒与文学实验教学中心			传媒与文学实验教学中心	
社会学院	1				1	档案管理实验室				档案管理实验室
政治与公共管理学院	1				1	行政与公共关系实验室				行政与公共关系实验室
东吴商学院(财经学院) 东吴证券金融学院	1				1	经济管理实验教学中心				经济管理实验教学中心
外国语学院	1				1	外语电化教学实验室				外语电化教学实验室
教育学院	1			1		心理与教师教育实验教学中心			心理与教师教育实验教学中心	
体育学院	1				1	体育教育中心实验室				体育教育中心实验室
艺术学院	1			1		艺术设计实验教学中心			艺术设计实验教学中心	
数学科学学院	1				1	数学计算实验室				数学计算实验室
物理科学与技术学院 能源学院	4	1		2	1	物理实验教学中心 物理基础课实验教学中心 工程物理实验中心 新能源材料与器件实验教学中心	物理实验教学中心		物理基础课实验教学中心 新能源材料与器件实验教学中心	工程物理实验中心
材料与化学化工学部	3			1	2	化学实验教学中心 工程化学实验教学中心 材料实验教学中心			化学基础课实验教学中心	工程化学实验教学中心 材料实验教学中心
纳米科学技术学院	1			1		纳米材料与技术实验教学中心			纳米材料与技术实验教学中心	

续表

单位	实验室数					教学实验室	国家级	部级	省级 （示范中心）	校级
	教学	国家	部级	省级	校级					
纺织与服装工程学院	2	1		1		纺织与服装设计实验教学中心 纺织服装实验教学中心	纺织与服装设计实验教学中心		纺织服装实验教学中心	
计算机科学与技术学院	1			1		计算机基础课实验教学中心			计算机基础课实验教学中心	
电子信息学院	3			1	2	电工电子基础课实验中心 通信实验室 微电子实验室			电工电子基础课实验教学中心	通信实验室 微电子实验室
机电工程学院 沙钢钢铁学院	3			1	2	机械基础课实验教学中心 自动控制工程教学实验中心 冶金工程实验教学中心			机械基础课实验教学中心	自动控制工程教学实验中心 冶金工程实验教学中心
医学部基础医学与生物科学学院	3			3		基础医学实验教学中心 临床技能实验教学中心 生物基础课实验教学中心			基础医学教学实验中心 临床技能实验教学中心 生物基础课实验教学中心	
医学部公共卫生学院	1				1	预防医学实验室				预防医学实验室
医学部放射医学与防护学院	1				1	放射医学实验室				放射医学实验室
医学部药学院	1				1	药学实验室				药学实验室
金螳螂建筑与城市环境学院	3			1	2	建筑与城市环境设计实践教育中心 园林与园艺实验室 城市规划与管理实验室			建筑与城市环境设计实践教育中心	园林与园艺实验室 城市规划与管理实验室
城市轨道交通学院	4				4	车辆工程实验室 电气控制实验室 交通工程实验室 铁道信号实验室				车辆工程实验室 电气控制实验室 交通工程实验室 铁道信号实验室

续表

单位	实验室数					教学实验室	国家级	部级	省级（示范中心）	校级
	教学	国家	部级	省级	校级					
工程训练中心	1			1		工程训练中心			工程训练中心	工程训练中心
分析测试中心	1				1	分析测试中心				分析测试中心
合计	41	2	0	16	23					

苏州大学图书馆馆藏情况

2012年图书馆馆藏情况一览表

单位：册(盘)

类别	上年积累	本年实增	本年实减	本年积累
中文图书(印刷本)	2 689 923	80 000	25 022	2 744 901
古籍	137 061	584		137 645
善本	7 217			7 217
中文图书(电子本)	1 084 598			1 084 598
外文图书(印刷本)	222 369	563		222 932
外文图书(电子本)	23 567			23 567
中文报纸(电子本)	569			569
中文期刊(电子本)	35 717			35 717
外文期刊(电子本)	17 688			17 688
中文期刊合订本	209 550	11 131		220 681
外文期刊合订本	93 842	706		94 548
音像资料	13 840			13 840
缩微资料	573			573
网络数据库	75			75
赠书	15 620			15 620

海外交流与合作

2012 年公派出国(境)人员情况

2012 年教职工长期出国(境)人员情况一览表

序号	姓　名	院(部)、部门	类　别	前往学校或机构	外出期限
1	张明芝	医学部公共卫生学院	博士后研究	美国杜兰大学	2012 年 1 月
2	孙　莉	王健法学院	访问学者	美国旧金山州立大学	2012 年 1 月—2012 年 7 月
3	林　芳	医学部药学院	访问学者	英国剑桥大学	2012 年 1 月—2013 年 1 月
4	张正彪	材料与化学化工学部	访问学者	美国阿克伦大学	2012 年 2 月—2013 年 2 月
5	董成如	外国语学院	访问学者	美国科罗拉大多大学博尔德分校	2012 年 2 月—2013 年 2 月
6	史恩慧	数学科学学院	访问学者	美国密歇根大学	2012 年 2 月—2012 年 8 月
7	卞文娟	材料与化学化工学部	访问学者	美国俄亥俄州立大学	2012 年 2 月—2013 年 3 月
8	邵传永	海外教育学院	任教	韩国又松大学	2012 年 2 月—2013 年 3 月
9	邬珺超	医学部药学院	博士后研究	美国哈佛医学院	2012 年 3 月—2013 年 3 月
10	庄文卓	医学部基础医学与生物科学学院	博士后研究	美国休斯敦 MD Anderson 肿瘤中心	2012 年 3 月—2013 年 6 月
11	马欢飞	数学科学学院	博士后研究	日本东京大学	2012 年 3 月—2013 年 3 月
12	曹晓燕	文学院	任教	日本福井大学	2012 年 3 月—2013 年 3 月

续表

序号	姓　名	院(部)、部门	类　别	前往学校或机构	外出期限
13	张　丽	医学部药学院	博士后研究	美国宾夕法尼亚州立大学	2012 年 4 月—2013 年 4 月
14	秦传香	材料与化学化工学部	博士后研究	澳大利亚迪肯大学	2012 年 4 月—2013 年 4 月
15	李　艺	材料与化学化工学部	访问学者	香港城市大学	2012 年 5 月—2013 年 5 月
16	李炳宗	附属第二医院	访问学者	美国休斯敦 MD Anderson 肿瘤中心	2012 年 5 月—2013 年 5 月
17	王洪枫	医学部药学院	博士后研究	美国耶鲁大学	2012 年 6 月—2013 年 5 月
18	马德峰	社会学院	合作研究	香港浸会大学	2012 年 6 月—2013 年 6 月
19	葛水兵	物理科学与技术学院　能源学院	合作研究	美国普林斯顿大学	2012 年 6 月—2013 年 6 月
20	朱蓉蓉	政治与公共管理学院	访问学者	台湾东吴大学	2012 年 6 月—2012 年 12 月
21	孙自玲	医学部基础医学与生物科学学院	访问学者	英国伦敦大学学院	2012 年 7 月—2013 年 7 月
22	张宝峰	体育学院	访问学者	新加坡国立大学	2012 年 7 月—2013 年 7 月
23	王照奎	功能纳米与软物质研究院	合作研究	日本富山大学	2012 年 8 月—2013 年 2 月
24	邱丽华	材料与化学化工学部	访问学者	美国科罗拉多州立大学	2012 年 8 月—2013 年 8 月
25	王　军	外国语学院	访问学者	美国亚利桑那大学	2012 年 8 月—2013 年 1 月
26	丁　晨	海外教育学院	任教	美国福尔曼大学	2012 年 8 月—2013 年 7 月
27	王德春	外国语学院	任教	美国福尔曼大学	2012 年 8 月—2013 年 5 月
28	丁　芳	教育学院	合作研究	台湾台南大学	2012 年 8 月—2013 年 2 月
29	唐明务	艺术学院	访问学者	美国印第安纳大学	2012 年 8 月—2013 年 8 月
30	吴淑燕	医学部基础医学与生物科学学院	访问学者	美国普渡大学	2012 年 8 月—2013 年 8 月

续表

序号	姓　名	院(部)、部门	类　别	前往学校或机构	外出期限
31	王守立	医学部基础医学与生物科学学院	访问学者	美国华盛顿大学	2012年8月—2013年8月
32	郭　巍	社会学院	访问学者	美国北亚利桑那大学	2012年9月—2013年4月
33	何　华	教育学院	访问学者	美国麻省大学	2012年9月—2013年3月
34	陈珊珊	法学院	访问学者	德国马普刑法研究所	2012年9月—2013年8月
35	屠立峰	东吴商学院(财经学院)　东吴证券金融学院	合作研究	荷兰瓦赫宁根大学	2012年9月—2013年9月
36	王　蕾	物理科学与技术学院　能源学院	访问学者	美国加州理工大学	2012年9月—2013年9月
37	朱建刚	文学院	访问学者	俄罗斯莫斯科大学	2012年9月—2013年7月
38	范菊华	社会学院	访问学者	美国西北大学	2012年9月—2013年7月
39	李　瑾	人武部	访问学者	瑞典斯德哥尔摩大学	2012年9月—2013年5月
40	纪其进	计算机科学与技术学院	访问学者	澳大利亚 Flinders 大学	2012年9月—2013年9月
41	赵爱国	外国语学院	访问学者	俄罗斯莫斯科大学	2012年9月—2013年3月
42	周中胜	东吴商学院(财经学院)　东吴证券金融学院	访问学者	香港浸会大学	2012年9月—2013年9月
43	王　耘	文学院	访问学者	美国亚特兰大大学	2012年10月—2013年4月
44	郑分刚	物理科学与技术学院　能源学院	合作研究	香港理工大学	2012年10月—2013年10月
45	徐　岚	纺织与服装工程学院	合作研究	香港城市大学	2012年10月—2013年10月
46	陈旻昕	数学科学学院	合作研究	美国宾夕法尼亚州立大学	2012年10月—2013年10月
47	韩焕忠	政治与公共管理学院	访问学者	香港中文大学	2012年10月—2013年10月

续表

序号	姓　名	院(部)、部门	类　别	前往学校或机构	外出期限
48	孙晓东	医学部基础医学与生物科学学院	访问学者	日本昭和大学医学部	2012 年 10 月—2013 年 10 月
49	薛　莲	医学部公共卫生学院	访问学者	日本国立放射线医学综合研究所	2012 年 10 月—2013 年 10 月
50	许琼明	医学部药学院	访问学者	美国密西西比大学	2012 年 10 月—2013 年 10 月
51	周刘蕾	电子信息学院	合作研究	加拿大滑铁卢大学	2012 年 11 月—2013 年 7 月
52	白艳艳	医学部基础医学与生物科学学院	访问学者	美国伊利诺伊大学芝加哥分校	2012 年 11 月—2013 年 11 月
53	朱耀平	政治与公共管理学院	访问学者	德国佛莱堡大学	2012 年 12 月—2013 年 12 月

2012 年教职工公派短期出国(境)人员情况一览表

序号	姓　名	院(部)、部门	类　别	前往国家或地区	外出期限
1	何玉龙	唐仲英血液学研究中心	国际会议	美国	2012 年 3 月 2 日—2012 年 3 月 11 日
2	李　斌 过倩萍	骨科研究所	国际会议	美国	2012 年 2 月 3 日—2012 年 2 月 9 日
3	刘海燕	医学部	国际会议	美国	2012 年 5 月 4 日—2012 年 5 月 8 日
4	岳兴业	数学科学学院	国际会议	新加坡	2012 年 1 月 8 日—2012 年 1 月 15 日
5	徐庆锋 李　华	材料与化学化工学部	国际会议	新加坡	2012 年 1 月 6 日—2012 年 1 月 11 日
6	黄辛隐	社会学院	研讨会	日本	2012 年 1 月 11 日—2012 年 1 月 16 日
7	田启明 刘耀波 马全红 胡丽芳	神经科学研究所	国际会议	美国	2012 年 10 月 10 日—2012 年 10 月 19 日
8	陶家骏	文学院	国际会议	韩国	2012 年 10 月 11 日—2012 年 10 月 17 日
9	贾骏铖	计算机科学与技术学院	国际会议	澳大利亚	2012 年 10 月 1 日—2012 年 10 月 6 日

续表

序号	姓　名	院(部)、部门	类　别	前往国家或地区	外出期限
10	沈百荣	系统生物研究中心	国际会议	泰国	2012年10月1日—2012年10月6日
11	吴雪梅	物理科学与技术学院　能源学院	国际会议	美国	2012年10月14日—2012年10月19日
12	梁国正	材料与化学化工学部	国际会议	美国	2012年10月21日—2012年10月27日
13	张丹丹	功能纳米与软物质研究院	会议	日本	2012年10月2日—2012年10月6日
14	马小飞	国际合作交流处	论坛	美国	2012年10月22日—2012年11月4日
15	陈　雁	纺织与服装工程学院	会议	法国	2012年10月26日—2012年10月31日
16	罗　丽	体育学院	研讨会	日本	2012年10月27日—2012年11月2日
17	洪　宇	计算机科学与技术学院	国际会议	美国	2012年10月28日—2012年11月4日
18	刘国联 戴晓群 蒋孝锋 潘姝雯	纺织与服装工程学院	国际会议	韩国	2012年10月4日—2012年10月9日
19	顾佩娅	外国语学院	会议	美国	2012年11月10日—2012年11月14日
20	章志远	王健法学院	国际会议	日本	2012年11月24日—2012年11月27日
21	黄辛隐	教育学院	合作研究	日本	2012年11月26日—2012年12月2日
22	黄辛隐	教育学院	研讨会	日本	2012年11月26日—2012年12月2日
23	张泽新	物理科学与技术学院　能源学院	国际会议	德国	2012年11月3日—2012年11月11日
24	陈　瑶	机电工程学院	会议	日本	2012年11月4日—2012年11月8日
25	王则斌 万解秋 徐　涛 权小锋	东吴商学院(财经学院)　东吴证券金融学院	国际会议	澳大利亚	2012年11月5日—2012年11月10日

续表

序号	姓　名	院(部)、部门	类　别	前往国家或地区	外出期限
26	张永红	医学部	国际会议	美国	2012年11月5日—2012年11月12日
27	刘锋杰	王健法学院	国际会议	日本	2012年11月9日—2012年11月12日
28	屠一锋	材料与化学化工学部	国际会议	新加坡	2012年12月15日—2012年12月21日
29	熊思东	校长办公室	国际会议	美国	2012年12月18日—2012年12月24日
30	弭元元	系统生物研究中心	研讨会	法国	2012年12月2日—2012年12月7日
31	吕　强 夏晓燕	计算机科学与技术学院	国际会议	意大利	2012年12月7日—2012年12月14日
32	钱龙华 李培峰 周国栋	计算机科学与技术学院	国际会议	印度	2012年12月8日—2012年12月15日
33	周新文 童　建 曹建平 许玉杰 朱本兴	医学部放射医学与防护学院	国际会议	日本	2012年2月19日—2012年2月23日
34	胡亚球	王健法学院	国际会议	韩国	2012年2月9日—2012年2月12日
35	张学光	校长办公室	国际会议	日本	2012年3月1日—2012年3月6日
36	张晓晖	物理科学与技术学院　能源学院	国际会议	英国	2012年3月18日—2012年3月23日
37	罗时铭 王　妍	体育学院	国际会议	爱尔兰	2012年3月24日—2012年3月30日
38	沈纲祥	电子信息学院	国际会议	美国	2012年3月3日—2012年3月10日
39	沈百荣	系统生物研究中心	国际会议	美国	2012年4月20日—2012年4月25日
40	杨瑞枝	物理科学与技术学院　能源学院	国际会议	德国、瑞士	2012年4月20日—2012年4月25日
41	戴晓群 孙玉钗	纺织与服装工程学院	国际会议	法国、西班牙	2012年4月23日—2012年6月2日

续表

序号	姓名	院(部)、部门	类别	前往国家或地区	外出期限
42	薛智谋 缪世林	实验动物中心	国际会议	日本	2012年4月24日—2012年4月29日
43	方世南	社会学院	国际会议	美国	2012年4月26日—2012年5月3日
44	严锋	材料与化学化工学部	国际会议	法国	2012年5月12日—2012年5月19日
45	刘庄 彭睿	纳米科学技术学院	国际会议	法国	2012年5月13日—2012年5月19日
46	陈国强 关晋平 潘志娟 邢铁玲	纺织与服装工程学院	国际会议	德国、瑞士	2012年5月19日—2012年5月26日
47	游宏	数学科学学院	国际会议	美国	2012年5月23日—2012年5月28日
48	王尧 王建军	文学院	国际会议	马来西亚	2012年5月24日—2012年5月28日
49	朱炳元	政治与公共管理学院	国际会议	墨西哥、美国	2012年5月24日—2012年5月31日
50	徐薇	生物医学研究所	国际会议	西班牙	2012年5月8日—2012年5月14日
51	熊思东	校长办公室	国际会议	西班牙	2012年5月8日—2012年5月14日
52	胡玉鸿 张鹏 乔江玲	王健法学院	研讨会	韩国	2012年6月13日—2012年6月16日
53	罗正英	东吴商学院(财经学院) 东吴证券金融学院	国际会议	英国	2012年6月14日—2012年6月20日
54	黄健	医学部	国际会议	美国	2012年6月18日—2012年6月25日
55	镇学初	医学部	国际会议	瑞典	2012年6月2日—2012年6月8日
56	范丽娟	材料与化学化工学部	国际会议	美国	2012年6月22日—2012年7月15日

续表

序号	姓　名	院(部)、部门	类　别	前往国家或地区	外出期限
57	张晓华	物理科学与技术学院 能源学院	国际会议	美国	2012年6月23日—2012年6月29日
58	钟志远	材料与化学化工学部	国际会议	美国	2012年6月23日—2012年6月30日
59	王钦华	现代光学技术研究所	国际会议	美国	2012年6月23日—2012年7月1日
60	张丽芬 张　伟 潘向强 周年琛 程振平	材料与化学化工学部	学术交流	美国	2012年6月23日—2012年7月1日
61	胡玉鸿	王健法学院	国际会议	澳大利亚	2012年6月30日—2012年7月4日
62	方汉文	文学院	国际会议	美国	2012年6月5日—2012年6月13日
63	钱锡生	文学院	研讨会	韩国	2012年6月8日—2012年6月13日
64	洪　宇	计算机科学与技术学院	国际会议	美国	2012年7月11日—2012年7月16日
65	李寿山 贡正仙 周国栋 李培峰 李中国	计算机科学与技术学院	国际会议	韩国	2012年7月11日—2012年7月16日
66	沈纲祥	电子信息学院	国际会议	英国	2012年7月1日—2012年7月6日
67	胡传江	材料与化学化工学部	国际会议	韩国	2012年7月1日—2012年7月7日
68	蒋　丽	东吴商学院(财经学院) 东吴证券金融学院	国际会议	南非	2012年7月16日—2012年7月28日
69	王　妍 鲍　捷	体育学院	国际会议	英国	2012年7月18日—2012年7月25日
70	刘电芝	教育学院	国际会议	南非	2012年7月19日—2012年7月27日

续表

序号	姓　名	院(部)、部门	类　别	前往国家或地区	外出期限
71	王兴旺	材料与化学化工学部	国际会议	爱尔兰	2012年7月21日—2012年7月25日
72	李寿山	计算机科学与技术学院	国际会议	加拿大	2012年7月21日—2012年7月26日
73	李　慧	数学科学学院	国际会议	荷兰	2012年7月21日—2012年8月5日
74	王明湘	电子信息学院	国际会议	新加坡	2012年7月2日—2012年7月6日
75	董炳和	王健法学院	研讨会	日本	2012年7月27日—2012年7月31日
76	姜文华	数学科学学院	国际会议	美国	2012年7月28日—2012年8月2日
77	顾宏伟	材料与化学化工学部	国际会议	新加坡	2012年7月29日—2012年8月1日
78	徐继芳	科学技术与产业部	国际会议	日本	2012年7月30日—2012年8月4日
79	陈高健	物理科学与技术学院　能源学院	国际会议	英国	2012年7月7日—2012年7月13日
80	徐稼红 潘洪亮 周　超	数学科学学院	国际会议	韩国	2012年7月7日—2012年7月16日
81	孙旭辉	功能纳米与软物质研究院	国际会议	韩国	2012年7月8日—2012年7月14日
82	李成金 季轶群	物理科学与技术学院　能源学院	国际会议	美国	2012年8月11日—2012年8月17日
83	姚建林	材料与化学化工学部	国际会议	印度	2012年8月11日—2012年8月18日
84	赵勋杰	物理科学与技术学院　能源学院	国际会议	美国	2012年8月11日—2012年8月17日
85	郎建平	材料与化学化工学部	国际会议	日本	2012年8月13日—2012年8月17日
86	童　建 曹　毅 李建祥 耿美菊	医学部	国际会议	俄罗斯	2012年8月18日—2012年8月23日

续表

序号	姓　名	院(部)、部门	类　别	前往国家或地区	外出期限
87	徐新平	数学科学学院	国际会议	日本	2012年8月22日—2012年8月25日
88	刘　庄	纳米科学技术学院	会议	韩国	2012年8月23日—2012年8月26日
89	白　伦 费万春 王建南 白秀娥	纺织与服装工程学院	研讨会	日本	2012年8月4日—2012年8月12日
90	沈纲祥	电子信息学院	国际会议	法国	2012年9月1日—2012年9月15日
91	张晓晖	物理科学与技术学院　能源学院	国际会议	希腊	2012年9月18日—2012年9月26日
92	周　秦	文学院	国际会议	美国	2012年9月25日—2012年9月30日
93	刘长剑	数学科学学院	国际会议	西班牙	2012年9月30日—2012年10月6日
94	张焕相	医学部	国际会议	美国	2012年9月30日—2012年10月5日
95	唐建新	纳米科学技术学院	国际会议	日本	2012年9月3日—2012年9月8日
96	张焕相	医学部	国际会议	希腊	2012年9月5日—2012年9月12日
97	吕　强 夏晓燕	计算机科学与技术学院	国际会议	瑞士	2012年9月7日—2012年9月13日
98	殷剑兴 杜北梁 季利均	数学科学学院	国际会议	意大利	2012年9月7日—2012年9月17日
99	熊思东	校长办公室	国际会议	加拿大	2012年9月9日—2012年9月14日

2012年教职工因公赴港澳台地区人员情况一览表

序号	姓　名	院(部)、部门	类　别	前往学校或机构	外出时间
1	黄维娟	博物馆	交流访问	台湾东吴大学	2012年1月1日—2012年1月7日
2	王过京	数学科学学院	学术访问	台湾东吴大学	2012年1月2日—2012年1月6日

序号	姓　名	院(部)、部门	类　别	前往学校或机构	外出时间
3	王军元 马中红 王伟明 王　静	凤凰传媒学院	交流访问	台湾朝阳科技大学	2012 年 1 月 10 日— 2012 年 1 月 16 日
4	王　尧 逄成华	文学院	交流访问	香港教育学院	2012 年 1 月 15 日— 2012 年 1 月 19 日
5	王明湘	电子信息学院	讲学	香港科技大学	2012 年 2 月 1 日— 2012 年 6 月 30 日
6	黄镇伟	文学院	讲学	台湾东吴大学	2012 年 2 月 6 日— 2012 年 6 月 30 日
7	陈　忠 邢冬梅 杨斯基 庄友刚 周可真 郭世平 陈向澜 李继堂 蒋　慧	政治与公共管理学院	交流访问	台湾东吴大学	2012 年 2 月 19 日— 2012 年 2 月 26 日
8	曾一果	凤凰传媒学院	合作研究	澳门大学	2012 年 3 月 1 日— 2012 年 4 月 30 日
9	胡玉鸿 周永坤 张永泉 董炳和 史浩明 方新军 沈同仙 胡育新	王健法学院	交流访问	台湾大学	2012 年 3 月 19 日— 2012 年 3 月 24 日
10	胡亚球	王健法学院	学术会议	台湾政治大学	2012 年 4 月 9 日— 2012 年 4 月 14 日
11	张桂菊	现代光学技术研究所	学术会议	香港	2012 年 4 月 11 日— 2012 年 4 月 14 日
12	刘　庄	功能纳米与软物质研究院	学术会议	台湾成功大学	2012 年 4 月 22 日— 2012 年 4 月 28 日
13	王克稳	王健法学院	学术会议	台湾真理大学	2012 年 5 月 7 日— 2012 年 5 月 13 日
14	吴继霞	教育学院	学术会议	台湾龙华科技大学	2012 年 5 月 17 日— 2012 年 5 月 21 日

续表

序号	姓　名	院(部)、部门	类　别	前往学校或机构	外出时间
15	李兰芬 郭世平	政治与公共管理学院	学术交流	台湾东吴大学	2012年5月20日— 2012年5月26日
16	陈　忠	学报编辑部	学术交流	台湾东吴大学	2012年5月20日— 2012年5月26日
17	高祖林	纪监审办公室	交流访问	台湾中州科技大学	2012年5月25日— 2012年6月1日
18	王家宏	研究生院	交流访问	台湾中州科技大学	2012年5月25日— 2012年6月1日
19	马卫中	招生就业处	交流访问	台湾中州科技大学	2012年5月25日— 2012年6月1日
20	盛惠良	财务处	交流访问	台湾中州科技大学	2012年5月25日— 2012年6月1日
21	韩焕忠	政治与公共管理学院	学术会议	台湾佛教华严学会	2012年5月26日— 2012年6月7日
22	张雨青	医学部	学术会议	澳门大学	2012年5月27日— 2012年6月2日
23	樊建席	计算机科学与技术学院	合作研究	香港城市大学	2012年5月27日— 2012年8月26日
24	吴永发 邹学海 尤东晶 王　琼 刘晓平 刘　伟	金螳螂建筑与城市环境学院	交流访问	台湾科技大学	2012年6月11日— 2012年6月15日
25	汤如俊	物理科学与技术学院　能源学院	学术会议	香港理工大学	2012年6月18日— 2012年6月21日
26	王过京	金融工程研究中心	学术会议	香港大学	2012年6月27日— 2012年7月1日
27	曹　健	继续教育处	交流访问	台湾中国文化大学	2012年6月27日— 2012年7月3日
28	张　健	药学院	合作研究	香港浸会大学	2012年6月30日— 2012年9月30日
29	张　鹏	王健法学院	访问学者	台湾中正大学	2012年7月2日— 2012年12月28日
30	龚　政	医学部	交流访问	台湾阳明大学	2012年7月6日— 2012年7月10日

续表

序号	姓　名	院(部)、部门	类　别	前往学校或机构	外出时间
31	黄　瑞	基础医学与生物科学学院	交流访问	台湾阳明大学	2012年7月6日—2012年7月10日
32	汪　健	附属儿童医院	交流访问	台湾阳明大学	2012年7月6日—2012年7月10日
33	孙书方 李　明 张秀琴	附属第一医院	交流访问	台湾阳明大学	2012年7月6日—2012年7月10日
34	邓　敏 王国卿	基础医学与生物科学学院	交流访问	台湾阳明大学	2012年7月6日—2012年7月10日
35	唐　军 胡端敏	附属第二医院	交流访问	台湾阳明大学	2012年7月6日—2012年7月10日
36	刘晓升	计算机科学与技术学院	合作研究	香港城市大学	2012年7月10日—2012年9月10日
37	罗正英	东吴商学院(财经学院) 东吴证券金融学院	交流访问	台湾东吴大学	2012年7月17日—2012年7月22日
38	朱坤泉 李志杰	出版社有限公司	书展	香港贸易局	2012年7月17日—2012年7月24日
39	熊　焰 王　平	体育学院	学术会议	台湾台东大学	2012年7月19日—2012年7月24日
40	徐美华	团委	培训	香港国际青年文化交流中心	2012年7月23日—2012年7月29日
41	李述汤 鲍桥樑 李艳青 唐建新 孙旭辉 刘　庄 孙宝全 刘　坚 王穗东 邵名望 康振辉 揭建胜 李有勇 侯廷军 彭　睿 张秀娟 刘　阳 张辛皎	功能纳米与软物质研究院	学术会议	台湾清华大学	2012年7月29日—2012年8月4日

续表

序号	姓　名	院(部)、部门	类　别	前往学校或机构	外出时间
42	赵　云	王健法学院	学术交流	台湾清华大学	2012年7月29日—2012年9月1日
43	褚　玮	团委	辩论赛活动	台湾辩论协会	2012年8月10日—2012年8月18日
44	范炜焱	艺术学院	交流访问	台湾云林科技大学	2012年8月18日—2012年8月24日
45	丁　芳	教育学院	访问学者	台湾台南大学	2012年8月20日—2012年13月1日
46	张泽新	物理科学与技术学院　能源学院	讲学	香港科技大学	2012年8月23日—2012年8月29日
47	章志远 王克稳	王健法学院	学术交流	台湾成功大学	2012年8月24日—2012年8月31日
48	孙立宁 张艳华 陈国栋	机电工程学院	学术会议	台湾机器人协会	2012年8月24日—2012年8月31日
49	黄　轶	文学院	讲学	台湾东吴大学	2012年9月8日—2013年1月21日
50	王福利	文学院	讲学	香港教育学院	2012年9月9日—2012年11月17日
51	张建初 朱绍昌	出版社有限公司	书展	台湾图书发行协进会	2012年9月12日—2012年9月21日
52	孙玉钗 刘国联 王祥荣 关晋平 邢铁玲	纺织与服装工程学院	学术论坛	台湾纺织产业综合研究所	2012年9月24日—2012年9月29日
53	秦立强	医学部	学术会议	香港营养协会	2012年9月28日—2012年10月1日
54	赖　耘	物理科学与技术学院　能源学院	学术会议	香港科技大学	2012年10月2日—2012年10月8日

续表

序号	姓　名	院(部)、部门	类　别	前往学校或机构	外出时间
55	王则斌 陈晓强 孙文基 乔桂明 罗正英 郑晓玲 方健雯 滕　青 王　怡 毛群英 沈　健 孙　耀 周　俊 徐　涛 王　敏 权小锋 李　季	东吴商学院(财经学院) 东吴证券金融学院	学术会议	台湾东吴大学	2012年10月15日— 2012年10月20日
56	兰　青	附属第二医院	学术会议	台湾神经外科医学会	2012年11月2日— 2012年11月5日
57	朱秀林	校长办公室	学术会议	台湾清华大学	2012年11月3日— 2012年11月9日
58	余宏明	保卫处	学术会议	香港中文大学	2012年11月5日— 2012年11月10日
59	沈荣华	政治与公共管理学院	学术会议	台湾中国地方自治学会	2012年11月15日— 2012年11月21日
60	焦艳鹏	王健法学院	学术会议	台湾辅仁大学	2012年11月18日— 2012年11月23日
61	李　峰	图书馆	学术会议	台湾师范大学	2012年11月20日— 2012年11月26日
62	曹永罗	数学科学学院	学术会议	香港中文大学	2012年12月9日— 2012年12月15日
63	程宝雷 韩月娟 王　严	计算机科学与技术学院	学术会议	台湾科技大学	2012年12月16日— 2012年12月21日
64	金太军 钮菊生	政治与公共管理学院	学术会议	台湾中华大学	2012年12月25日— 2012年12月28日

2012年学生长期出国交流人员情况一览表

序号	学生姓名	学生人数	类别	去往国家（地区）、院校	出国年限
1	叶 琦	1	国家留学基金委（本科插班生）	俄罗斯莫斯科国立语言大学	2012年9月—2013年6月
2	唐 巧 孙 悦 宋玉健	3	国家留学基金委（本科插班生）	俄罗斯叶列茨国立大学	2012年9月—2013年6月
3	陈燕华 牛安娜	2	国家留学基金委（硕士）	俄罗斯奔萨国立工艺大学	2012年9月—2014年6月
4	赵丽萍 方敏春 张玉婷 袁 梦	4	校际交流	莫斯科市立师范大学	2012年2月—2012年7月
5	吉 洁 沈佳怡	2	校际交流	莫斯科市立师范大学	2012年9月—2013年1月
6	徐丽婷 张一琼	2	校际交流	俄罗斯联邦社会人文学院	2012年2月—2012年7月
7	徐 彦 丁 奕	2	校际交流	俄罗斯联邦社会人文学院	2012年9月—2013年1月
8	郁 诚 邵文凯 钱亦陈 黄 磊 卢森森 胡咏月 孙朝建	7	校际交流（3+1+1）或（3+1+1.5）	加拿大劳伦森大学	2012年9月—2013年7月
9	刘炜航 胡立磊 封 坤	3	校际交流（3+1+1）	加拿大滑铁卢大学	2012年9月—2014年6月
10	杨雪儿 王蕴哲 成 曦	3	江苏省—安大略省交流项目	加拿大滑铁卢大学	2012年9月—2013年5月
11	黄 洋	1	江苏省—安大略省交流项目	加拿大渥太华大学	2012年9月—2013年5月
12	董方白	1	江苏省—安大略省交流项目	加拿大尼皮辛大学	2012年9月—2013年5月
13	褚 楚	1	江苏省—安大略省交流项目	加拿大约克大学	2012年9月—2013年5月
14	陈光亮	1	江苏省—安大略省交流项目	加拿大卡尔顿大学	2012年9月—2013年5月
15	范文晏 孙凡森 顾 悦 何纯荪 陈家荣	5	1+2+1中美人才培养计划	美国特洛伊大学	2012年8月—2014年5月

续表

序号	学生姓名	学生人数	类别	去往国家（地区）、院校	出国年限
16	张络怡 洪秋滋 陈 怡	3	“1+2+1”中美人才培养计划	美国北亚利桑那大学	2012年8月—2014年5月
17	戴 霖 张其彦 樊茜茜	3	“1+2+1”中美人才培养计划	美国乔治梅森大学	2012年8月—2014年5月
18	张文嘉	1	“1+2+1”中美人才培养计划	美国加州州立大学圣贝迪诺分校	2012年8月—2014年5月
19	尹文斌 陈 岩 王 懿 倪 波 刘 通	5	“3+2”本硕连读	美国阿客隆大学	2012年8月—2014年5月
20	韩 旭 李 邺 朱夏菁	3	校际交流	美国匹兹堡州立大学	2012年8月—2012年12月
21	齐伊婷 许媛媛 陶雯倩	3	校际交流	美国匹兹堡州立大学	2012年8月—2013年5月
22	李宜轩 高倪娇 孙世超 贾楚楚 施 渊 周治辰 缪鑫磊 黄正阳 徐 玮 钱 超 施 飘 孟佳曦	12	“3+2”本硕连读	法国SKEMA	2012年8月—2014年5月
23	朱亚青 王竹昕 闵思哲	3	校际交流	法国拉罗舍尔大学	2012年9月—2013年7月
24	何静婧 温 馨 李洁珣 李思聪 范江扬 夏昕田 徐芳淼 朱佩颖 吕罗烨	9	校际交流	法国圣太田让·莫奈大学	2012年9月—2013年7月
25	章汝皓 黄 颖 邰小艺	3	校际交流	西班牙巴塞罗拉自治大学	2012年9月—2013年7月
26	卞凯丽 郭罗娜	2	校际交流	德国福特王恩应用科技大学	2012年9月—2013年2月
27	魏 然 程 瑶 王 媛	3	校际交流	澳大利亚邦德大学	2012年5月—2012年8月
28	胡盈奕	1	校际交流	日本明治大学	2012年4月—2013年3月

续表

序号	学生姓名	学生人数	类别	去往国家（地区）、院校	出国年限
29	耿志娟	1	校际交流	日本群马县立女子大学	2012年4月—2013年3月
30	王菁	1	校际交流	日本群马县立女子大学	2012年4月—2013年3月
31	戴永萍	1	校际交流	日本兵库县立大学	2012年4月—2013年3月
32	皱佳 诸葛星佑	2	校际交流	日本东京学艺大学	2012年4月—2013年3月
33	李尚劼	1	校际交流	日本东京学艺大学	2012年10月—2013年9月
34	杨春慧	1	校际交流	日本国士馆大学	2012年4月—2013年3月
35	陈雪 钱丽	2	校际交流	日本京都产业大学	2012年4月—2013年3月
36	张明凯	1	校际交流	日本奈良女子大学	2012年4月—2013年3月
37	卞婧慧	1	校际交流	日本金泽大学	2012年4月—2013年3月
38	刘梦	1	校际交流	日本花园大学	2012年4月—2013年3月
39	管骏 徐佳	2	校际交流	日本福井大学	2012年4月—2013年3月
40	徐晨	1	校际交流	日本福井大学	2012年4月—2013年3月
41	赵越洋	1	校际交流	日本神户国际大学	2012年4月—2013年3月
42	朱立 高志成	2	校际交流	日本宫崎公立大学	2012年10月—2013年9月
43	戴梦真 沙万一帆	2	校际交流	日本京都产业大学	2012年10月—2013年9月
44	贺瑜 马晓玲	2	校际交流	日本宫崎公立大学	2012年10月—2013年3月
45	王晓怡	1	校际交流	日本神户亲和女子大学	2012年10月—2013年9月

续表

序号	学生姓名	学生人数	类别	去往国家(地区)、院校	出国年限
46	穆彦姣	1	校际交流	日本关西学院大学	2012年10月—2013年9月
47	沈泽宏	1	校际交流	日本信州大学	2012年10月—2013年9月
48	葛　鑫	1	校际交流	日本信州大学	2012年10月—2013年3月
49	王思涵　黄倩雯 张文奇　朱新国 吴子赢	5	校际交流(2+2)	韩国又松大学	2012年8月—2014年7月
50	沈　红	1	校际交流	韩国全北大学	2012年9月—2013年7月
51	刘莉莉	1	校际交流	韩国梨花女子大学	2012年2月—2012年7月
52	单鸿婧	1	校际交流	韩国梨花女子大学	2012年2月—2013年1月
53	洪楠坤　苏俊忻 高　闯　陈　阳 李梦溪　钱　颖 周　超　张　颐 周　锋　吴　润 包昊民　朱张琳	12	"3+2"本硕连读	新加坡国立大学	2012年8月—2014年5月
54	曾　晶　顾培洋	2	校际交流	新加坡南洋理工大学	2012年1月—2012年5月
55	杨梦君　夏子良 李默默　王嘉恩 张昱腾　孟　梦 瞿顺月　刘　越 彭胜乐　王晨露 汤雅洁　史　婧	12	校际交流(硕士)	澳门科技大学	2012年8月—2014年7月
56	何　湘	1	研修	台湾元智大学	2012年2月—2012年4月
57	张　衍　凡　璐 皇甫瑶　罗　睿 姚思宇	5	校际交流	台湾东吴大学	2012年2月—2012年6月

续表

序号	学生姓名	学生人数	类别	去往国家（地区）、院校	出国年限
58	祝　嘉　余思明 金张一　徐乔杨	4	校际交流	台湾科技大学	2012年2月— 2012年6月
59	陈　雪　王　璇 张羞月	3	校际交流	台湾云林科技大学	2012年2月— 2012年6月
60	许　立　徐逸卿 赵若晨　陈　洁 沈丹莉	5	校际交流	台湾东华大学	2012年2月— 2012年6月
61	谈　森	1	研修	台湾元智大学	2012年5月— 2012年7月
62	刘　莉	1	研修	台湾东吴大学	2012年6月— 2012年9月
63	余　涛	1	研修	台湾大学	2012年7月— 2012年12月
64	邵燕芬 欧阳君君		研修	台湾东吴大学	2012年9月— 2012年11月
65	胡　楠　鲍艺星 冯瑞琦	3	校际交流	台湾东华大学	2012年9月— 2013年1月
66	许　立	1	研修	台湾东华大学	2012年9月— 2013年1月
67	张墨雨　李小舟 凌　成　胡晓虹 程　旭	5	校际交流	台湾东吴大学	2012年9月— 2013年1月
68	耿孝臣　汤玲玲 贺　跻　李芳芳	4	校际交流	台湾科技大学	2012年9月— 2013年1月
69	徐艺霏　吴　祺	2	校际交流	台湾云林科技大学	2012年9月— 2013年1月
70	姚　远　胡梦頔 毛芳晨	3	校际交流	台湾中华大学	2012年9月— 2013年1月

2012 年学生公派短期出国(境)交流人员情况一览表

序号	人数	项目名称	交流院校	国家(地区)	外出期限
1	10	江苏省大学生海外学习计划	曼彻斯特大学	英国	2012 年 7 月 9 日—2012 年 8 月 13 日
2	14	日语强化培训项目	宫崎公立大学	日本	2012 年 7 月 18—2012 年 8 月 11 日
3	11	日语强化培训项目	九州英数学馆	日本	2012 年 7 月 18—2012 年 8 月 11 日
4	20	日本文化探访项目	花园大学等	日本	2012 年 7 月 20—2012 年 7 月 29 日
5	23	语言、文化体验项目(一团)	大邱大学	韩国	2012 年 7 月 5—2012 年 7 月 14 日
6	24	语言、文化体验项目(二团)	大邱大学	韩国	2012 年 7 月 15—2012 年 7 月 24 日
7	22	江苏省教育国际交流协会美国文化交流项目	哈佛大学等	美国	2012 年 7 月 17—2012 年 7 月 30 日
8	38	江苏省教育国际交流协会美国文化交流项目	哈佛大学等	美国	2012 年 7 月 12—2012 年 8 月 1 日
9	19	国际交流课程项目	加州州立大学长滩分校等	美国	2012 年 7 月 16—2012 年 8 月 4 日
10	6	纺织与服装工程学院纺织工程国际课程实验班赴日本信州大学纤维学部交流项目	信州大学	日本	2012 年 7 月 15—2012 年 7 月 20 日
11	4	ISIBM2 暑期项目	维多利亚大学	加拿大	2012 年 8 月 1—2012 年 8 月 19 日
12	9	金螳螂建筑与城市环境学院 2012 年暑期欧洲专业研修项目	多莫斯设计学院	意大利	2012 年 8 月 14 日—2012 年 8 月 28 日
13	9	经济课程及法、瑞、荷、比游学项目	福特王恩应用科技大学	德国	2012 年 8 月 10 日—2012 年 8 月 24 日
14	46	金螳螂建筑与城市环境学院 2012 年暑期港澳专业研修项目	香港中文大学、澳门大学等	香港、澳门	2012 年 8 月 12 日—2012 年 8 月 16 日
15	1	学术会议	香港科技大学	香港	2012 年 10 月 2 日—2012 年 10 月 8 日
16	1	学术会议	澳门大学	澳门	2012 年 5 月 28 日—2012 年 6 月 2 日

续表

序号	人数	项目名称	交流院校	国家（地区）	外出期限
17	10	辩论赛活动	台湾东吴大学	台湾	2012年5月10日—2012年5月15日
18	8	箸政学者	台湾清华大学	台湾	2012年7月5日—2012年8月26日
19	5	辩论赛活动	台湾辩论协会	台湾	2012年8月10日—2012年8月18日
20	1	交流活动	云林科技大学	台湾	2012年8月18日—2012年8月24日
21	1	演讲比赛	台湾图书发行协进会	台湾	2012年9月12日—2012年9月21日
22	1	交流访问	台湾大学	台湾	2012年10月20日—2012年10月26日

2012年在聘语言文教专家和外籍教师情况

2012年在聘语言文教专家和外籍教师情况一览表

序号	国籍	姓名	聘期	事由	备注
1	德国	Hans-Jurgen Riemer	2012年2月1日—2013年1月1日	任教	
2	美国	Harlow III Richard Forrest	2012年9月1日—2013年6月15日	任教	续聘
3	美国	Jeffrey Scott Lee	2012年9月1日—2013年7月15日	任教	续聘
4	美国	Matthew David Manning	2012年9月1日—2013年7月15日	任教	
5	美国	Applebaum Bruce Leo	2012年9月1日—2013年7月15日	任教	
6	英国	Hunter Ian Allan	2012年9月1日—2013年7月15日	任教	续聘
7	英国	Blair Christopher David	2012年9月1日—2013年7月15日	任教	
8	加拿大	Chantal Pelletier	2012年9月1日—2013年7月15日	任教	续聘

续表

序号	国籍	姓名	聘期	事由	备注
9	加拿大	David Kindred	2012 年 9 月 1 日—2013 年 7 月 15 日	任教	
10	法国	Salanon Alexandre Louis Andre Marcellin	2012 年 9 月 1 日—2013 年 7 月 15 日	任教	续聘
11	西班牙	De La Heras Jose Daniel	2012 年 9 月 1 日—2013 年 7 月 15 日	任教	续聘
12	日本	Nakahara Masayoshi	2012 年 9 月 1 日—2013 年 7 月 15 日	任教	续聘
13	日本	Fujii Seiji	2012 年 9 月 1 日—2013 年 7 月 15 日	任教	续聘
14	日本	Maruno Norihiko	2012 年 9 月 1 日—2013 年 7 月 15 日	任教	续聘
15	日本	Yagi Yoshiharu	2012 年 9 月 1 日—2013 年 7 月 15 日	任教	
16	日本	Hirayama Takashi	2012 年 9 月 1 日—2013 年 7 月 31 日	任教	
17	韩国	Kwon Soon Gi	2012 年 9 月 1 日—2013 年 1 月 15 日	任教	
18	韩国	Lee Chong Mok	2012 年 9 月 1 日—2013 年 7 月 15 日	任教	续聘
19	韩国	Kim Jung Sun	2012 年 9 月 1 日—2013 年 7 月 15 日	任教	续聘
20	乌克兰	Lutso Iryna	2012 年 9 月 1 日—2013 年 7 月 15 日	任教	续聘

2012 年苏州大学与国(境)外大学交流合作情况

2012 年苏州大学与国(境)外大学交流合作情况一览表

序号	国家或地区	学校名称	协议内容	协议时间	期限
1	澳大利亚	堪培拉大学	合作谅解备忘录	2012 年 1 月 13 日	5 年
2	美国	韦恩州立大学	合作协议书	2012 年 3 月 1 日	3 年

续表

序号	国家或地区	学校名称	协议内容	协议时间	期限
3	美国	辛西纳提大学	教师交流项目协议	2012年5月24日	3年
4	美国	波特兰州立大学	合作备忘录	2012年6月4日	5年
5	加拿大	乔治亚学院	转入学协议书	2012年9月27日	5年
6	英国	斯旺西大学	合作交流备忘录	2012年3月7日	5年
7	法国	商科联盟国际商学院	合作办学意向书	2012年3月28日	长期
8	法国	圣太田市让·莫奈大学	学生交流协议书	2012年4月18日	长期
9	西班牙	巴塞罗那自治大学	学生交流合作协议书	2012年6月27日	4年
10	韩国	韩国中央大学	协议书	2012年5月1日	5年
11	韩国	韩国蔚山大学	学生交流协议书	2012年5月24日	5年
12	日本	日本花园大学	学术交流协议书	2012年7月19日	2年
13	日本	日本花园大学	教师交流项目协议	2012年7月19日	2年
14	日本	日本花园大学	学术交流协议书	2012年9月29日	2年
15	日本	神户国际大学	转入学协议书	2012年10月24日	6年
16	日本	室兰工业大学	学术交流协议书	2012年11月26日	5年
17	台湾	中州科技大学	学术交流协议书	2012年2月6日	5年
18	台湾	台湾大学	学术交流协议书	2012年3月13日	5年
19	台湾	台中科技大学	学术交流协议书	2012年7月10日	5年
20	台湾	台湾东吴大学	学生交流协议书	2012年12月2日	5年
21	台湾	世新大学	学术交流协议书	2012年12月25日	5年

2012 年举办各类短期汉语班情况

2012 年举办各类短期汉语班情况一览表

序号	期限	班级名称	人数
1	2012 年 2 月 18 日—2012 年 3 月 17 日	日本宫崎公立大学	10
2	2012 年 8 月 10 日—2012 年 9 月 6 日	日本立命馆大学	18
3	2012 年 8 月 15 日—2012 年 9 月 10 日	日本关西学院大学	25
4	2012 年 8 月 26 日—2012 年 9 月 15 日	日本花园大学	13
5	2012 年 8 月 27 日—2012 年 9 月 4 日	日本和洋女子大学	5
6	2012 年 9 月 6 日—2012 年 9 月 24 日	日本兵库县立大学	6
7	2012 年 9 月 1 日—2012 年 12 月 30 日	韩国蔚山大学	28
8	2012 年 5 月 26 日—2012 年 6 月 3 日	美国 Edgewood 大学	11
9	2012 年 5 月 27 日—2012 年 6 月 11 日	美国 Concordia 大学	19
10	2012 年 7 月 17 日—2012 年 8 月 14 日	美国北亚利桑那州立大学	8
11	2012 年 8 月 28 日—2012 年 12 月 5 日	美国福尔曼大学	8
12	2012 年 9 月 1 日—2012 年 12 月 30 日	加拿大滑铁卢大学	10

2012年教师出版书目

2012年教师出版书目一览表

序号	专著名称	类别	作者、著录方式		出版单位、时间
1	中国昆曲年鉴2012	编著	朱栋霖	主编	苏州大学出版社2012年6月
2	中国现代文学史(上、下)	教材	朱栋霖 丁帆 朱晓进	主编	高等教育出版社2012年5月
3	中国现代文学作品选(第一、二、三、四卷)	教材	朱栋霖	主编	高等教育出版社2012年4月
4	范培松文集(八卷)	专著	范培松	著	江苏教育出版社2012年8月
5	孝经	注译	顾迁	注译	中州古籍出版社2012年5月
6	陆游全集校注11*入蜀记校注、老学庵笔记校注	古籍整理	钱仲联 马亚中	主编	浙江教育出版社2011年12月
7	陆游全集校注13*家世旧闻校注、天彭牡丹谱校注、附录、全集篇目索引	校注	钱仲联 马亚中	主编	浙江教育出版社2011年12月
8	文采风流:袁枚传	专著	王英志	著	东方出版社2012年6月
9	清代唐宋诗之争流变史	编著	王英志	主编	人民文学出版社2012年3月
10	江南古代都会建筑与生态美学	专著	王耘	著	社会科学文献出版社2012年12月
11	中国越剧走向何方:近20年来中国越剧研究	专著	张艳梅	著	浙江大学出版社2012年10月
12	“故事集缀”型章回体小说研究	专著	张蕾	著	北京大学出版社2012年1月
13	中国现当代通俗小说赏析	编著	汤哲声	主编	苏州大学出版社2012年5月
14	文学院学生文学作品选	编著	汤哲声	主编	苏州大学出版社2012年2月
15	文学院学生优秀论文选	编著	刘祥安	主编	苏州大学出版社2012年2月
16	文学院学生创新成果选	编著	刘锋杰	主编	苏州大学出版社2012年2月
17	文学院教师教学论文选	编著	黄镇伟	主编	苏州大学出版社2012年2月

续表

序号	专著名称	类别	作者、著录方式		出版单位、时间
18	汉语结构助词"的"之演变(公元前14世纪至公元后13世纪)	专著	迟玉梅	著	巴黎 L'Harmattan 2012年2月
19	中国当代文艺学的范式转型	专著	李　勇	著	北京大学出版社 2012年7月
20	陶渊明的幽灵	专著	鲁枢元	著	上海文艺出版社 2012年6月
21	山水诗选	编选	罗时进	编选	凤凰出版社 2012年4月
22	丁卯集笺证(上下册)	笺证	罗时进等	笺证	中华书局 2012年7月
23	南湖文化名人沈曾植	专著	马卫中 董俊珏	著	浙江人民出版社 2012年10月
24	中国当代文学批评大系(1949—2009)(全6卷)	编著	王　尧 林建法	主编	苏州大学出版社 2012年6月
25	中国现代文学史	编著	孔范今	主编	人民教育出版社 2012年4月
26	唐宋词鉴赏辞典(彩色版)	辞典	杨旭辉	主编	中华书局 2012年7月
27	中国昆曲论坛 2010	编著	周　秦 汤钰林	主编	苏州大学出版社 2012年2月
28	陆游全集校注*	专著	钱仲联 马亚中	著	浙江教育出版社 2011年12月
29	学说苏州话	专著	汪　平	著	苏州大学出版社 2012年8月
30	中国文学史料学(上、下)	专著	潘树广	著	华东师范大学出版社 2011年12月
31	信息资源开放与开发问题研究:基于信息权利全面保护的视域	专著	周　毅	著	科学出版社 2012年1月
32	世界著名旅游景点赏析	编著	魏向东 黄　泰	主编	苏州大学出版社 2012年1月
33	传统工匠现代转型研究:以江南早期工业化中工匠技术转型与角色转换为中心	专著	余同元	著	天津古籍出版社 2012年10月
34	天命与彝伦:先秦社会思想探研	专著	姚福林	著	北京师范大学出版社 2012年3月
35	秦汉赋役与社会控制	专著	臧知非	著	三秦出版社 2012年1月
36	合纵连横:战国中期军事外交	专著	周书灿	著	河南人民出版社 2012年11月

续表

序号	专著名称	类别	作者、著录方式		出版单位、时间
37	铁路与社会经济：广西铁路研究（1885—1965）*	专著	朱从兵	著	合肥工业大学出版社 2011 年 12 月
38	红十字运动研究（2012 年卷）	编著	严晓凤 池子华 郝如一	主编	安徽人民出版社 2012 年 3 月
39	《大公报》上的红十字	编著	池子华 傅　亮 张丽萍 汪丽萍	主编	合肥工业大学出版社 2012 年 7 月
40	中国红十字历史编年（2005—2009）	编著	池子华 张丽萍 汪丽萍	主编	合肥工业大学出版社 2012 年 7 月
41	中国红十字运动的区域研究	编著	池子华 张丽萍 汪丽萍	主编	合肥工业大学出版社 2012 年 9 月
42	民间外交理论与实践研究：以中国共产党为视角	专著	王玉贵	著	合肥工业大学出版社 2012 年 4 月
43	小学历史·地理·社会课程 60 年：1949—2009	编著	朱　煜 崔恒秀 赵明玉	著	吉林出版集团有限责任公司 2012 年 6 月
44	世界现代化历程：大洋洲卷*	专著	王宇博 汪诗明 朱建君	著	江苏人民出版社 2011 年 12 月
45	建设和谐社区、和谐村镇研究：以苏南城乡社区为研究基地	专著	张　明	著	苏州大学出版社 2012 年 10 月
46	城市老年人社会服务体系研究	专著	张　明 朱爱华 徐成华	著	科学出版社 2012 年 8 月
47	苏州工业园区深度解读	编著	赵大生	主编	苏州大学出版社 2012 年 6 月
48	中国农村环境保护社区自组织研究：以江南为例	专著	宋言奇	著	科学出版社 2012 年 1 月
49	转型升级与城市发展：中国特色城镇化研究报告（2011）	编著	陈　忠	主编	黑龙江人民出版社 2012 年 10 月
			宋言奇	副主编	

续表

序号	专著名称	类别	作者、著录方式		出版单位、时间
50	加强社区建设　创新社区管理:苏州的实践与探索	编著	高　峰 李忠军	执行副主编	红旗出版社 2012 年 10 月
51	马克思恩格斯弱者权益保护思想	专著	方世南 曹峰旗 王海稳	著	上海三联书店 2012 年 3 月
52	方东美哲学思想研究	专著	蒋国保 余秉颐	著	北京大学出版社 2012 年 1 月
53	和谐社会视域中弱势群体文化权益保护研究	专著	陆树程 崔　昆 孙庆民等	著	上海三联书店 2012 年 8 月
54	生产分割与产业区位调整机制研究*	专著	牟　丽	著	吉林人民出版社 2011 年 12 月
55	和谐社会视域中弱势群体政治权益保护研究	专著	姚剑文	著	上海三联书店 2012 年 3 月
56	和谐社会视域中苏南弱势群体权益保护研究	专著	田芝健 杨建春 张建英 郑　芸等	著	上海三联书店 2012 年 6 月
57	西方民主史	专著	应克复 金太军 胡传胜	著	中国社会科学出版社 2012 年 2 月
58	行政学原理	教材	金太军	主编	中国人民大学出版社 2012 年 11 月
59	"无疆服务":吴江行政服务十年回顾与展望	专著	沈荣华	著	中国社会科学出版社 2012 年 3 月
60	和谐社会视域中弱势群体经济权益保护研究	专著	吴声功 姜建成	著	上海三联书店 2012 年 3 月
61	科学发展观在苏南的实践	专著	吴声功等	著	人民出版社 2012 年 3 月
62	遭遇虚无与回到崇高:白银时代的俄罗斯宗教哲学	专著	车玉玲	著	中国社会科学出版社 2012 年 12 月
63	权力公开透明运行与常熟实践	专著	高祖林 方世南 田芝健 施亚东等	著	上海三联书店 2012 年 6 月
64	江苏省现代金融服务外包产业发展研究	专著	乔桂明 王　颖	著	苏州大学出版社 2012 年 11 月

续表

序号	专著名称	类别	作者、著录方式		出版单位、时间
65	资本约束与商业银行信贷亲周期研究*	专著	刘　亮	著	复旦大学出版社2011年12月
66	城乡一体化发展综合配套改革:苏州保险业的探索与创新	编著	姚海明 贝政新	主编	复旦大学出版社2012年5月
67	保险学	编著	姚海明 段　昆	编著	复旦大学出版社2012年9月
68	人的基本需求与自我成长	专著	李晓明	著	中国财富出版社2012年7月
69	农产品经纪人	编著	蒋珠燕 朱学新	编著	苏州大学出版社2012年3月
70	现代商业银行经营管理	编著	薛誉华 郑晓玲	主编	复旦大学出版社2012年12月
71	税务会计	编著	黄　鹏	编著	苏州大学出版社2012年2月
72	市场营销学:现代的观点	编著	钟旭东	编著	格致出版社、上海人民出版社2012年9月
73	会计基础	编著	张雪芬 龚　蕾	主编	苏州大学出版社2012年7月
74	证券投资学	编著	贝政新 常　巍 徐　涛	编著	复旦大学出版社2012年11月
75	中国农村城镇化进程中的依法规划问题研究	专著	黄学贤	著	中国政法大学出版社2012年6月
76	刑法生态法益论	专著	焦艳鹏	著	中国政法大学出版社2012年3月
77	个人信用信息的收集、利用和保护:论我国个人征信体系法律制度的建立和完善	专著	张　鹏	著	中国政法大学出版社2012年5月
78	权利客体论:历史和逻辑的双重视角	专著	方新军	著	中国政法大学出版社2012年11月
79	弱者权益保护研究综述(上、下册)	编著	胡玉鸿 张　顺	主编 副主编	中国政法大学出版社2012年6月
80	法律的人道关怀:弱者权益法律保护论丛	编著	胡玉鸿 庞　凌	主编 副主编	中国政法大学出版社2012年6月
81	人权视野中的弱者保护	编著	胡玉鸿 许小亮	主编 副主编	中国政法大学出版社2012年5月

续表

序号	专著名称	类别	作者、著录方式		出版单位、时间
82	环境法原则论	专著	冯　嘉	著	中国政法大学出版社 2012 年 11 月
83	新刑事诉讼法视野下的检察实务前瞻	专著	游已春 李乐平等	著	中国政法大学出版社 2012 年 11 月
84	我国检察权的定位及职权配置研究	专著	朱秋卫	著	中国政法大学出版社 2012 年 11 月
85	大陆法系民法中原因理论的应用模式研究	专著	娄爱华	著	中国政法大学出版社 2012 年 11 月
86	经济行政法专题研究	专著	王克稳	著	台湾元照出版有限公司 2012 年 12 月
87	保守视野下的中国传统法律文化	专著	艾永明	著	台湾元照出版有限公司 2012 年 12 月
88	走向新世纪的国际贸易制度	专著	陈立虎	著	台湾元照出版有限公司 2012 年 12 月
89	走向宪政和行政法治的时代	专著	杨海坤	著	台湾元照出版有限公司 2012 年 12 月
90	行政法（学）的发展趋势探索	专著	黄学贤	著	台湾元照出版有限公司 2012 年 12 月
91	行政诉讼法学研究的新视野	专著	章志远	著	台湾元照出版有限公司 2012 年 12 月
92	中国大陆公司、证券、银行和能源法的比较研究	专著	魏玉娃	著	台湾元照出版有限公司 2012 年 12 月
93	“刑事法律与科学研究”一体化	专著	李晓明	著	台湾元照出版有限公司 2012 年 12 月
94	社会治安防控体系建设研究	编著	李晓明 张跃进	主编	法律出版社 2012 年 7 月
95	刑法与刑事司法	编著	李晓明	主编	法律出版社 2012 年 11 月
96	走进绚丽多彩的翻译世界	专著	王　宏	著	外语教学与研究出版社 2012 年 7 月
97	BRUSH TALKS FROM DREAM BROOK*	译著	王　宏等	译	Paths International Ltd 2011 年 12 月
98	国语（汉英对照）	译著	王　宏 赵　峥	英译	湖南人民出版社 2012 年 9 月
99	Rethinking Education: Explorations in Theory and Practice	译著	王　宏等	译	The McGraw-Hill Education Companies

续表

序号	专著名称	类别	作者、著录方式		出版单位、时间
100	蝴蝶梦	译著	方华文	译	译林出版社2012年8月
101	雾都孤儿	译著	方华文	译	译林出版社2012年1月
102	永别了,武器	译著	方华文	译	译林出版社2012年11月
103	太阳照常升起	译著	方华文	译	译林出版社2012年12月
104	20世纪俄罗斯语言学遗产理论、方法及流派	编著	赵爱国	主编	北京大学出版社2012年5月
105	英国文学批评史	专著	王守仁 胡宝平等	著	南京大学出版社2012年10月
106	汉俄语外来词的社会语言学研究*	专著	姜艳红	著	苏州大学出版社2011年12月
107	流年的飞沫	译著	段慧敏	译	江苏人民出版社2012年12月
108	媒体英语阅读	编著	张　卓	主编	苏州大学出版社2012年5月
109	英语学术论文写作实用教程	编著	陈新仁	主编	苏州大学出版社2012年10月
110	修辞批评新模式构建研究	专著	袁　影	著	上海外语教育出版社2012年9月
111	新编日语听力教程第2册(教师用书)	编著	徐　卫	主编	上海交通大学出版社2012年2月
112	新编日语听力教程第2册(学生用书)	编著	徐　卫	主编	上海交通大学出版社2012年2月
113	日语语法教程:讲义与练习	编著	徐　卫	主编	高等教育出版社2012年6月
114	中华文明与地方文化英文实用手册	编著	冷　洁 叶建敏	主编	苏州大学出版社2012年10月
115	英译《南柯记》(汉英对照)	译著	汪榕培 张　玲 霍跃红	译	上海外语教育出版社2012年6月
116	留园印记	译著	孟祥春	译	江苏教育出版社2012年11月
117	卡夫卡与20世纪后期中国小说	专著	张　莉	著	中国社会科学出版社2012年8月
118	跨文化交际与地球村民	编著	高永晨	主编	苏州大学出版社2012年9月
119	中国近现代高等教育人物辞典	编著	周　川	主编	福建教育出版社2012年1月
120	走进幸福:农民工城市融入与主观幸福感研究	专著	刘电芝 疏德明等	著	苏州大学出版社2012年2月

续表

序号	专著名称	类别	作者、著录方式		出版单位、时间
121	教育支持:农民工城市融入的培训研究	专著	赵蒙成等	著	苏州大学出版社2012年2月
122	文化支持:农民工子女融入城市文化的研究	专著	江　波	著	苏州大学出版社2012年2月
123	心理支持:未成年人的心理健康研究	专著	黄辛隐等	著	苏州大学出版社2012年2月
124	幸福开源:低收入女性单亲家庭的生活应对研究	专著	陈羿君等	著	苏州大学出版社2012年2月
125	以悲为美:中国传统悲剧审美心理思想及当下转换	专著	彭彦琴	著	山东教育出版社2012年1月
126	秋深绿意染吴门*	编著	夏　骏 黄水林	主编	苏州大学出版社2011年11月
127	心理学研究方法导论	教材	童辉杰	著	中国人民大学出版社2012年1月
128	大学生生涯发展规划:理论与实务	编著	吴继霞 吴铁钧 黄文军	编著	苏州大学出版社2012年8月
129	中国画	编著	刘　佳	主编	中国纺织出版社2012年7月
130	大家讲堂:国画人物卷	编著	刘　佳	绘	安徽美术出版社2012年3月
131	收获记忆:戴家峰油画集	画集	戴家峰	绘	上海人民美术出版社2012年3月
132	中国动画电影大师	编著	束霞平	主编	中国传媒大学出版社2012年5月
133	白磊作品集	专著	白　磊	著	江西美术出版社2012年4月
134	艺术心理学	专著	陈正俊	著	上海交通大学出版社2012年12月
135	设计批评论纲	专著	李丛芹	著	中国社会科学出版社2012年6月
136	图样纹样基础	编著	徐　宾	编著	中国纺织出版社2012年8月
137	装饰绘画设计	编著	方　健	编著	化学工业出版社2012年8月
138	桃花坞工艺史记*	专著	郑丽虹	著	山东画报出版社2011年12月
139	新华家训	编著	周子云	主编	新华出版社2012年7月
140	装饰图形创意设计	编著	徐　舫	编著	化学工业出版社2012年9月

续表

序号	专著名称	类别	作者、著录方式		出版单位、时间
141	外国近现代设计史	编著	胡天璇 曾　山 王　庆	编著	机械工业出版社 2012 年 2 月
142	国际名模录	编著	皇甫菊含	主编	中国纺织出版社 2012 年 3 月
143	高考乐理实战训练	编著	唐　荣 孙　剑	编著	上海音乐学院出版社 2012 年 6 月
144	中外歌曲集锦*	编著	刘跃华	编著	苏州大学出版社 2011 年 9 月
145	养生史话	专著	罗时铭	著	社会科学文献出版社 2012 年 3 月
146	当代中国体育概述	专著	梁晓龙 杨卫东	著	苏州大学出版社 2012 年 5 月
147	线性代数	教材	游　宏 朱广俊	编著	高等教育出版社 2012 年 3 月
148	生物分子网络的构建和分析	专著	刘曾荣 王瑞琦 杨　凌 赵兴明	著	科学出版社 2012 年 6 月
149	数学资优教育	专著	盛志荣 周　超	著	浙江大学出版社 2012 年 5 月
150	高等数学及其应用（财经类）	教材	戴中寅 卢殿臣	主编	江苏大学出版社 2012 年 8 月
151	异质复合介质的电磁性质	教材	李振亚 高　雷 孙　华	编著	北京大学出版社 2012 年 3 月
152	Microsoft Project 项目管理与应用	编著	葛　娟	主编	清华大学出版社 2012 年 11 月
153	计算机信息技术案例教程	编著	蒋银珍 周　红 张志强	编著	清华大学出版社 2012 年 9 月
154	实用计算机网络教程	编著	李领治 杨　哲 纪其进	编著	清华大学出版社 2012 年 7 月
155	计算机应用基础实验指导书	编著	李海燕	主编	苏州大学出版社 2012 年 2 月
156	C 语言程序设计学习与实验指导	编著	王朝辉 季　怡 卢晓东	编著	清华大学出版社 2012 年 1 月

续表

序号	专著名称	类别	作者、著录方式		出版单位、时间
157	嵌入式系统原理与实践：ARM Cortex-M4 Kinetis 微控制器	编著	王宜怀等	编著	电子工业出版社 2012 年 3 月
158	微波技术与天线	教材	刘学观 郭辉萍	编著	西安电子科技大学出版社 2012 年 8 月
159	单片机原理与接口技术	教材	陈　蕾	主编	机械工业出版社 2012 年 8 月
160	机电一体化课程设计指导书	教材	王金娥 罗生梅	主编	北京大学出版社 2012 年 1 月
161	预防医学	教材	孙志伟	主编	高等教育出版社 2012 年 1 月
162	职业卫生与职业医学	教材	孙贵范	主编	人民卫生出版社 2012 年 8 月
163	卫生法律制度与监督学	教材	樊立华	主编	人民卫生出版社 2012 年 6 月
164	医学统计学	教材	贺　佳 尹　平	主编	高等教育出版社 2012 年 8 月
165	健康与药物通识	编著	杨　红	主编	人民卫生出版社 2012 年 8 月
166	中药药理学	编著	彭　成	主编	中国中医药出版社 2012 年 8 月
167	生物工程制药学	编著	吕正兵	主编	科学出版社 2012 年 6 月
168	异常心理学	编著	张　宁	主编	北京师范大学出版社 2012 年 2 月
			孙越异 傅文青	副主编	
169	团体咨询理论与实践	编著	刘　伟	主编	中国人事出版社、中国劳动社会保障出版社 2012 年 6 月
170	团体咨询策略与技术	编著	刘　伟	主编	中国人事出版社、中国劳动社会保障出版社 2012 年 6 月
171	医学细胞生物学实验指导及复习思考题	编著	罗深秋	主编	科学出版社 2012 年 5 月
172	分子生物学	编著	乔中东	主编	军事医学科学出版社 2012 年 3 月
173	病原生物学：医学寄生虫学	编著	郭晓奎 潘卫庆	主编	科学出版社 2012 年 1 月
174	实验动物与比较医学基础教程	编著	周正宇 薛智谋 邵义祥	主编	苏州大学出版社 2012 年 6 月

续表

序号	专著名称	类别	作者、著录方式		出版单位、时间
175	苏南学校的生态教育研究	专著	朱玉芳 王伟群	著	苏州大学出版社 2012 年 6 月
176	微生物与免疫学基础*	编著	黄静芳 黄加忠 孙中文	主编	江苏大学出版社 2011 年 12 月
177	局部解剖学	编著	张绍祥	主编	科学出版社 2012 年 6 月
178	医学微生物学	编著	严　杰	主编	高等教育出版社 2012 年 7 月
179	蚕桑高新技术研究与进展	编著	鲁兴萌	主编	中国农业大学出版社 2012 年 2 月
180	护士人文修养与沟通技术	编著	李惠玲等	副主编	人民卫生出版社 2012 年 6 月
181	护患情境会话精选 50 例	编著	李惠玲 林　璐	主编	东南大学出版社 2012 年 12 月
182	苏州老街巷的旧闻往事	编著	许宗祺	编著	苏州大学出版社 2012 年 4 月
183	儿科实验诊断与临床	编著	顾国浩 陈国千 朱　宏 何浩明	主编	安徽科学技术出版社 2012 年 4 月
184	临床适宜技术三级推广网：从三甲到社区	编著	葛建一	主编	人民卫生出版社 2012 年 5 月
185	人工髋关节翻修手术学	编著	孙俊英	编著	人民军医出版社 2012 年 11 月
186	胸腹部影像图解：正常解剖—常见变异—常见病变	编著	胡春洪 张追阳	主编	人民军医出版社 2012 年 1 月

注：加 * 者为 2011 年出版但未列入《苏州大学年鉴 2012》的图书。

2012 年苏州大学规章制度文件目录

2012 年苏州大学规章制度文件目录一览表

序号	文 号	文 件 标 题	日 期
1	苏大委〔2011〕19 号	苏州大学机关作风效能建设考评办法(试行修订稿)	2012 年 6 月 26 日
2	苏大委〔2011〕53 号	苏州大学处级干部选拔任用工作条例(修订稿)	2012 年 12 月 29 日
3	苏大委组〔2011〕26 号	苏州大学党支部工作经费管理与使用暂行办法	2012 年 10 月 5 日
4	苏大委组〔2011〕36 号	苏州大学党建工作创新奖评选办法(试行)	2012 年 11 月 19 日
5	苏大〔2011〕4 号	苏州大学合同管理条例	2012 年 1 月 16 日
6	苏大〔2011〕9 号	关于进一步加强和改进苏州大学学生心理健康教育工作的实施办法(试行)	2012 年 2 月 19 日
7	苏大〔2011〕16 号	苏州大学关于江苏高校优势学科建设工程专项资金跟踪审计实施办法(暂行)	2012 年 3 月 19 日
8	苏大人〔2011〕15 号	《苏州大学博士后管理工作条例》的补充规定	2012 年 3 月 13 日
9	苏大人〔2011〕69 号	苏州大学人事代理制人员管理暂行办法	2012 年 7 月 3 日
10	苏大人〔2011〕70 号	苏州大学科研助理管理暂行办法	2012 年 7 月 3 日
11	苏大人〔2011〕71 号	苏州大学编外劳动合同制职工管理暂行办法	2012 年 7 月 3 日
12	苏大人〔2011〕101 号	《苏州大学特聘教授制度实施办法》的补充规定	2012 年 10 月 13 日
13	苏大人〔2011〕113 号	苏州大学派出教师赴老挝苏州大学任教管理暂行规定	2012 年 11 月 7 日
14	苏大人〔2011〕127 号	苏州大学建设银行奖教金管理条例	2012 年 11 月 18 日
15	苏大人〔2011〕147 号	苏州大学关于实施"东吴讲席教授"制度的暂行规定	2012 年 12 月 10 日
16	苏大发展〔2011〕5 号	苏州大学发展工作考评奖励办法(试行)	2012 年 12 月 22 日

续表

序号	文号	文件标题	日期
17	苏大发展〔2011〕6 号	苏州大学教育发展基金会医学教育发展基金管理办法(试行)	2012 年 12 月 24 日
18	苏大档〔2011〕1 号	苏州大学电子文件归档与管理暂行办法	2012 年 1 月 10 日
19	苏大档〔2011〕2 号	苏州大学档案管理条例	2012 年 2 月 15 日
20	苏大档〔2011〕3 号	苏州大学档案借阅、利用办法	2012 年 1 月 10 日
21	苏大档〔2011〕4 号	苏州大学归档文件整理规则	2012 年 1 月 10 日
22	苏大档〔2011〕5 号	苏州大学纸质档案数字化实施规范	2012 年 1 月 10 日
23	苏大档〔2011〕6 号	苏州大学档案实体分类实施办法	2012 年 3 月 16 日
24	苏大档〔2011〕7 号	苏州大学人物档案征集、归档办法	2012 年 1 月 10 日
25	苏大档〔2011〕8 号	苏州大学档案工作安全保密规定	2012 年 1 月 10 日
26	苏大档〔2011〕9 号	苏州大学档案工作部门立卷办法	2012 年 1 月 10 日
27	苏大档〔2011〕10 号	苏州大学档案归档范围和保管期限表	2012 年 3 月 16 日
28	苏大教〔2011〕5 号	苏州大学本科教学委员会工作条例	2012 年 1 月 10 日
29	苏大教〔2011〕8 号	苏州大学学院(部)教学分委员会工作条例(修订稿)	2012 年 1 月 11 日
30	苏大教〔2011〕9 号	苏州大学关于教师参与指导大学生科技竞赛活动的实施办法	2012 年 2 月 23 日
31	苏大教〔2011〕10 号	苏州大学本科生毕业设计(论文)工作条例	2012 年 1 月 11 日
32	苏大教〔2011〕12 号	苏州大学本科生毕业实习工作条例	2012 年 1 月 11 日
33	苏大教〔2011〕13 号	苏州大学关于实验室向本科生开放的实施意见	2012 年 1 月 13 日
34	苏大教〔2011〕14 号	苏州大学实验教学管理规定	2012 年 1 月 12 日
35	苏大教〔2011〕15 号	苏州大学双语教学实施办法(修订稿)	2012 年 1 月 13 日
36	苏大教〔2011〕16 号	苏州大学关于建立听课制度的若干规定(修订稿)	2012 年 1 月 13 日
37	苏大教〔2011〕17 号	苏州大学普通高等教育本科课程试卷库建设实施条例(修订稿)	2012 年 2 月 16 日
38	苏大教〔2011〕20 号	苏州大学本科学生考试管理细则(修订稿)	2012 年 1 月 16 日

续表

序号	文号	文件标题	日期
39	苏大教〔2011〕21 号	苏州大学本科生学年电子注册工作实施细则(修订稿)	2012 年 1 月 15 日
40	苏大教〔2011〕22 号	苏州大学普通高等教育本科学生学分制学籍管理条例(修订稿)	2012 年 1 月 18 日
41	苏大教〔2011〕23 号	苏州大学普通高等教育本科学生学生证、校徽和火车票优惠卡的管理办法(修订稿)	2012 年 1 月 15 日
42	苏大教〔2011〕24 号	苏州大学本科生选课管理办法(修订稿)	2012 年 1 月 15 日
43	苏大教〔2011〕28 号	苏州大学卓越工程师教育培养计划实施意见	2012 年 2 月 15 日
44	苏大教〔2011〕29 号	苏州大学"十二五"期间本科教学质量与教学改革工程实施方案	2012 年 2 月 15 日
45	苏大教〔2011〕31 号	苏州大学卓越工程师教育培养计划校企合作管理规定	2012 年 2 月 15 日
46	苏大教〔2011〕35 号	苏州大学卓越工程师教育培养计划企业"双师型"教师管理条例	2012 年 2 月 23 日
47	苏大教〔2011〕38 号	苏州大学中外合作办学本科专业的管理办法	2012 年 3 月 16 日
48	苏大教〔2011〕63 号	苏州大学双学位专业管理规定	2012 年 5 月 2 日
49	苏大教〔2011〕70 号	苏州大学资助优秀本科生出国(境)交流管理办法	2012 年 5 月 31 日
50	苏大教〔2011〕72 号	苏州大学"国家大学生创新创业训练计划"项目管理办法	2012 年 6 月 4 日
51	苏大教〔2011〕90 号	苏州大学推荐优秀应届本科毕业生免试攻读硕士学位研究生工作实施办法	2012 年 8 月 29 日
52	苏大教〔2011〕108 号	苏州大学本科辅修专业管理办法	2012 年 10 月 16 日
53	苏大教〔2011〕109 号	苏州大学本科生转专业实施办法(试行)	2012 年 10 月 16 日
54	苏大教〔2011〕116 号	苏州大学本科专业建设指南(试行)	2012 年 10 月 31 日
55	苏大成教〔2011〕4 号	苏州大学继续教育学生工作管理暂行规定	2012 年 3 月 22 日
56	苏大成教〔2011〕5 号	苏州大学继续教育学生(学员)证管理办法	2012 年 3 月 22 日
57	苏大成教〔2011〕6 号	苏州大学成人高等教育学生学号编排、班级命名工作规定	2012 年 3 月 22 日

续表

序号	文号	文件标题	日期
58	苏大成教〔2011〕7号	苏州大学成人高等教育校外教师聘任条例	2012年3月22日
59	苏大成教〔2011〕8号	关于重新编排成人学历教育学校专业代码的规定	2012年3月22日
60	苏大学位〔2011〕19号	苏州大学关于授予具有研究生毕业同等学力人员硕士学位实施细则	2012年6月28日
61	苏大学位〔2011〕20号	苏州大学硕士、博士学位授予工作细则	2012年8月23日
62	苏大研〔2011〕34号	苏州大学硕士研究生预录取工作办法	2012年12月18日
63	苏大研〔2011〕36号	苏州大学"申请—考核"制攻读博士学位研究生招生选拔办法	2012年12月7日
64	苏大研〔2011〕39号	苏州大学研究生学术道德规范条例(试行)	2012年12月18日
65	苏大研〔2011〕40号	苏州大学研究生国家奖学金评审工作方案	2012年12月21日
66	苏大招〔2011〕2号	苏州大学毕业生就业工作规定(试行)	2012年2月24日
67	苏大成教〔2011〕10号	苏州大学在普教生中开展自学考试自办助学专业本科学历教育工作的管理办法(试行)	2012年5月23日
68	苏大设备〔2011〕3号	苏州大学实验动物管理办法(试行)	2012年2月21日
69	苏大设备〔2011〕5号	苏州大学剧毒化学品安全管理办法	2012年5月16日
70	苏大设备〔2011〕6号	苏州大学标准化考场仪器设备管理实施细则	2012年5月16日
71	苏大设备〔2011〕7号	苏州大学放射性同位素与射线装置安全和防护管理办法	2012年5月16日
72	苏大后〔2011〕20号	苏州大学基本建设项目管理办法(试行)	2012年11月30日
73	苏大财〔2011〕7号	苏州大学全日制本科生经费管理办法	2012年3月2日
74	苏大财〔2011〕8号	苏州大学全日制研究生经费管理办法	2012年3月1日
75	苏大财〔2011〕14号	苏州大学本科生学科竞赛经费管理规定	2012年4月16日
76	苏大财〔2011〕15号	苏州大学关于本科生实习经费管理规定	2012年4月16日
77	苏大财〔2011〕34号	苏州大学卓越工程师培养计划专项资金管理暂行办法	2012年10月18日

2012 年市级以上媒体关于苏州大学的报道部分目录

新闻标题	媒体名称	刊发时间
王卫平教授在“百家讲坛”开讲六集专题“春秋吴国风云录”	中央电视台	2012 年 11 月 27 日
苏大教授荣获世界华人住宅与住区设计大奖	《人民日报》	2012 年 11 月 15 日
苏州创建同步辐射联合研究中心	《人民日报》	2012 年 12 月 1 日
研究生寒假帮父母扫马路	《人民日报》海外版	2012 年 2 月 14 日
白血病配型成功率可达 80%	《光明日报》	2012 年 2 月 6 日
苏大携苏昆剧院传承昆曲	《光明日报》	2012 年 3 月 26 日
加强医学在校生人文教育	《光明日报》	2012 年 3 月 9 日
苏州大学研究生院正式挂牌成立	《光明日报》	2012 年 4 月 11 日
综合性大学怎样办医科	《光明日报》	2012 年 5 月 16 日
薪火相传整百年　吴门再吟杏林春	《光明日报》	2012 年 5 月 16 日
苏州大学医学教育迎来百年华诞	《光明日报》	2012 年 5 月 19 日
将心比心是良好医患关系的关键	《光明日报》	2012 年 5 月 30 日
“御窑金砖”传承后继乏人　亟待破解难题	《光明日报》	2012 年 7 月 16 日
人才培养创新融入区域发展	《光明日报》	2012 年 7 月 9 日
静钰卫冕　故乡母校欢腾	《光明日报》	2012 年 8 月 10 日
近者悦　远者来	《光明日报》	2012 年 9 月 20 日
廿载勤耕耘　书香飘万家	《光明日报》	2012 年 11 月 1 日
“入职”教育结奇葩	《光明日报》	2012 年 12 月 8 日
变则通　合则强　融则赢	《文汇报》	2012 年 5 月 14 日
苏大医学教育庆百岁	《文汇报》	2012 年 5 月 20 日

续表

新闻标题	媒体名称	刊发时间
苏州大学学生联系企业办招聘会	《中国教育报》	2012年1月2日
“感谢在我的生命中遇到了您”	《中国教育报》	2012年2月6日
昆曲民乐征服欧洲观众	《中国教育报》	2012年2月7日
苏州大学-滑铁卢大学纳米研究院揭牌	《中国教育报》	2012年2月17日
苏州大学推出服装用人体信息数据库	《中国教育报》	2012年4月18日
苏州大学科学商店开进社区	《中国教育报》	2012年7月24日
提高质量　提升内涵	《中国教育报》	2012年9月17日
大学生村官,你更看重什么?	《中国教育报》	2012年9月21日
“只有树根扎实,才能枝繁叶茂”——苏州大学加强学科建设实施人才强校战略纪实	《中国教育报》	2012年10月1日
立足江苏实际　提升创新能力　服务“两个率先”	《中国教育报》	2012年10月25日
苏州大学音乐学院近日挂牌成立	《中国教育报》	2012年12月24日
回到常识之路有多远?	《中国科学报》	2012年1月1日
留校学生,寒假生活依旧温暖	《中国科学报》	2012年2月1日
苏州大学:科学基金夯实创新基础	《中国科学报》	2012年2月17日
沈纲祥:绿色光网开启绿色世界	《中国科学报》	2012年3月5日
五年不相见的资助	《中国科学报》	2012年3月9日
大学章程,我们准备好了吗?	《中国科学报》	2012年3月14日
“跨界经营”的大学生老板	《中国科学报》	2012年4月4日
苏州大学构建学者科研“小王国”	《中国科学报》	2012年4月11日
苏州大学研究生院正式挂牌成立	《中国科学报》	2012年4月18日
苏州大学建成服装用人体数据库	《中国科学报》	2012年5月3日
“苏州霍金”励志苏大校园	《中国科学报》	2012年5月9日
纳米领域的“80后”生力军	《中国科学报》	2012年5月10日
热烈庆祝苏州大学医学教育百年华诞	《中国科学报》	2012年5月16日
苏州大学医学教育百年再启征程	《中国科学报》	2012年5月23日

续表

新闻标题	媒体名称	刊发时间
校园里的昆曲姐妹花	《中国科学报》	2012 年 5 月 23 日
苏州大学:让学生感受到真诚和尊重	《中国科学报》	2012 年 5 月 30 日
苏州大学与法国知名企业联合共建实验室	《中国科学报》	2012 年 6 月 6 日
67 岁博士生的求学故事	《中国科学报》	2012 年 7 月 5 日
苏州大学应用技术学院人才培养出新策	《中国科学报》	2012 年 7 月 11 日
苏大学生开展党团共建帮扶活动	《中国科学报》	2012 年 7 月 18 日
青春,在火热的实践中闪光	《中国科学报》	2012 年 7 月 25 日
让山里娃的暑假更充实	《中国科学报》	2012 年 7 月 25 日
为农业生态游支招	《中国科学报》	2012 年 7 月 25 日
田间地头就是实验室	《中国科学报》	2012 年 7 月 25 日
"高校郊区化"给学生带来什么	《中国科学报》	2012 年 7 月 25 日
"绿行太湖"促环保	《中国科学报》	2012 年 7 月 25 日
模拟盲人为地铁"挑刺儿"	《中国科学报》	2012 年 7 月 25 日
公益组织的健康之路何在	《中国科学报》	2012 年 7 月 25 日
绿色单车传递低碳理念	《中国科学报》	2012 年 7 月 25 日
苏州大学举办"东吴杯"首届全国中学生辩论邀请赛	《中国科学报》	2012 年 8 月 1 日
图文:苏州大学学生完成尼泊尔支教任务	《中国科学报》	2012 年 8 月 8 日
图文:苏州大学探路者车协远行	《中国科学报》	2012 年 8 月 22 日
图文:学生在香港理工大学模型实验室参观展品	《中国科学报》	2012 年 8 月 29 日
横跨五省到苏州	《中国科学报》	2012 年 9 月 5 日
苏大学子寻访"贵州好声音"	《中国科学报》	2012 年 9 月 12 日
中科院院士柴之芳受聘苏大放射医学与防护学院院长	《中国科学报》	2012 年 9 月 19 日
苏大国家自然科学基金、社会科学基金立项数列全省第二	《中国科学报》	2012 年 9 月 22 日
苏州大学:科研创新激发"能级跃迁"	《中国科学报》	2012 年 10 月 10 日
揭开大学生村官的"力与痛"	《中国科学报》	2012 年 10 月 31 日

续表

新闻标题	媒体名称	刊发时间
第十三届“挑战杯”筹备工作全面启动	《中国科学报》	2012年11月28日
图文:苏州大学“医行大别山”支教团队来到安徽金寨县	《中国科学报》	2012年12月26日
苏大学生校内创办“诚信小店”	《中国青年报》	2012年4月23日
苏大:学生艺术社团“向外”找出路	《中国青年报》	2012年6月11日
支教团七载黔行一路收获	《中国青年报》	2012年7月27日
想当图书馆管理员的游泳冠军	《中国青年报》	2012年9月16日
第十三届“挑战杯”全国大学生课外学术科技作品竞赛筹备工作启动	《中国青年报》	2012年11月27日
苏州大学:项目堆中“捡漏”	《中国青年报》	2012年11月28日
汉语词汇研究:要描写,更需要解释	《中国社会科学报》	2012年3月19日
亲历东京审判的苏大校友倪征燠	《中国社会科学报》	2012年6月11日
“御窑金砖”的前世今生	《中国社会科学报》	2012年7月25日
文明城市群:苏州文明创建的新指向	《中国社会科学报》	2012年9月19日
苏州大学首次提出妊娠期高血压新病因	《中国医药报》	2012年4月17日
生物钟研究领域首个“973”计划项目启动	《中国医药报》	2012年5月14日
核转录因子NAC1为肿瘤防治提供新靶点	《中国医药报》	2012年10月30日
苏州大学与西安大略大学合建同步辐射研究中心	《中国医药报》	2012年11月20日
苏州大学研发项目“中国服装用人体数据库建设”通过鉴定	《中国纺织报》	2012年4月10日
一场关于经编的创新思辩	《中国纺织报》	2012年6月1日
育人无形　如沐春风	《中国纺织报》	2012年9月3日
平民化网购定制的美好宣言	《中国纺织报》	2012年11月19日
南通苏州大学纺织研究院揭牌　与8纺企签约产学研合作	《中国纺织报》	2012年11月30日
共谋数字化时代高校图书馆创新发展	《中华读书报》	2012年6月20日
用实践注释“图书馆文化”	《中华读书报》	2012年6月27日
守护人文精神:数字化时代的图书馆文化建设	《中华读书报》	2012年6月27日

续表

新闻标题	媒体名称	刊发时间
苏州大学图书馆人"图书馆文化感言"	《中华读书报》	2012年6月27日
苏州大学出版社喜迎建社二十周年	《中华读书报》	2012年10月31日
生物钟在生殖与发育　调节机制研究项目落户苏大	《科技日报》	2012年3月21日
我科学家首次提出妊娠期高血压新病因	《科技日报》	2012年4月3日
苏州大学研究生院正式挂牌成立	《科技日报》	2012年4月19日
人体信息数据库帮你智能选衣	《科技日报》	2012年4月19日
人才集聚效应给苏大医学教育提供更大空间	《科技日报》	2012年5月23日
大学生办"科学商店""卖"科普知识	《科技日报》	2012年7月5日
苏大师生谈吴静钰伦敦圆梦	《科技日报》	2012年8月12日
中科院院士柴之芳受聘苏大	《科技日报》	2012年9月13日
苏大新增6个博士后科研流动站	《科技日报》	2012年10月11日
苏大与加大合作创建同步辐射联合中心	《科技日报》	2012年11月22日
苏大附属一院"床边结账"	《新华日报》	2012年3月12日
苏大启动昆曲传承工程	《新华日报》	2012年3月20日
帮"星星的孩子"走出孤独	《新华日报》	2012年3月31日
专家新解妊娠期高血压病因	《新华日报》	2012年4月4日
大学生艺术展　苏大摘金夺银	《新华日报》	2012年4月8日
苏州大学研究生院挂牌成立	《新华日报》	2012年4月8日
苏大建成中国人体信息数据库	《新华日报》	2012年4月16日
苏大"PI"激活科研"小特区"	《新华日报》	2012年5月15日
苏州大学医学教育迎来百年华诞	《新华日报》	2012年5月19日
苏大与法企共建食品实验室	《新华日报》	2012年5月28日
苏大毕业生《茉莉花》唱响央视	《新华日报》	2012年6月14日
网络小说，可以不看但要了解	《新华日报》	2012年6月20日
"白发博士"恋恋不舍校园情	《新华日报》	2012年6月22日
御窑金砖遭遇技艺传承尴尬	《新华日报》	2012年7月16日

续表

新闻标题	媒体名称	刊发时间
首届全国中学生辩论赛开幕	《新华日报》	2012年7月26日
苏大新增6个博士后科研流动站	《新华日报》	2012年10月28日
苏大教授获文艺评论特等奖	《新华日报》	2012年10月31日
苏州承办大学生挑战杯赛	《新华日报》	2012年11月27日
苏大教授登上央视《百家讲坛》	《新华日报》	2012年11月28日
贫寒研究生身患恶性淋巴瘤　苏大师生募捐17万元救命款	《扬子晚报》	2012年1月6日
苏大学生派往韩国留学　成绩优异受到李明博接见	《扬子晚报》	2012年1月10日
章门弟子朱季海苏州隐逸60年	《扬子晚报》	2012年1月13日
大学生徒步从苏州回盐城	《扬子晚报》	2012年1月16日
暴走10小时,晚上还坚持写小说	《扬子晚报》	2012年1月18日
在南通如皋段没找到旅馆　徒步回家大学生国道上走通宵	《扬子晚报》	2012年1月19日
6天走了500多里路　徒步回家大学生昨晚到东台	《扬子晚报》	2012年1月20日
苏大学子首登维也纳金色大厅　演出《牡丹亭》《梁祝》艳惊四座	《扬子晚报》	2012年2月5日
脑瘫儿在她照顾下将读博士	《扬子晚报》	2012年2月10日
苏州教授翻译的《梦溪笔谈》英文版出版	《扬子晚报》	2012年2月14日
11人争抢1个名额　苏大自主招生考试竞争激烈	《扬子晚报》	2012年2月15日
在全国大学生艺术展上苏大学子摘得“两金一银”	《扬子晚报》	2012年2月16日
苏大与企业合作项目获国家科技进步二等奖	《扬子晚报》	2012年2月17日
青少年“讲不好苏州话”占四成	《扬子晚报》	2012年2月29日
苏大学术猫“喵喵军团”蹿红网络	《扬子晚报》	2012年3月7日
苏州大学新增2个本科专业　本科专业达到113个	《扬子晚报》	2012年3月8日
苏大脑瘫学生身边有一群“雷锋”	《扬子晚报》	2012年3月12日
四成在苏大学生热衷民企就业	《扬子晚报》	2012年3月13日

续表

新闻标题	媒体名称	刊发时间
苏大将打造校园版《牡丹亭》	《扬子晚报》	2012年3月20日
苏大80后博导摘得国家科学银奖	《扬子晚报》	2012年3月21日
苏大一学生敢闯　开店创业当老板	《扬子晚报》	2012年3月27日
《牡丹亭》下午在苏大演出	《扬子晚报》	2012年3月28日
苏大学生校内创办"诚信小店"	《扬子晚报》	2012年3月28日
苏州约有3000名自闭症患儿　"海豚医生"将为200名患儿免费体验	《扬子晚报》	2012年4月1日
丝绸产业文化创意园将落户苏州	《扬子晚报》	2012年4月11日
苏大启动大学生村官选聘	《扬子晚报》	2012年4月12日
金螳螂捐赠1000万元在苏大设教育发展基金	《扬子晚报》	2012年4月19日
苦求校长得到上学机会　苏州"小霍金"如今考上博士	《扬子晚报》	2012年5月13日
生物钟失调会影响生殖系统	《扬子晚报》	2012年5月14日
他是"轮椅上的博士"	《扬子晚报》	2012年5月26日
"诚信小铺",坚持办下去	《扬子晚报》	2012年5月30日
吃完饭睡觉,下肢竟瘫痪了——高中生髓内出血被成功救治	《扬子晚报》	2012年6月19日
67岁"台湾爷爷"苏大博士毕业	《扬子晚报》	2012年6月23日
《我们的法兰西岁月》开播　苏大"穿越"成法国里昂大学	《扬子晚报》	2012年6月27日
苏大医学部400大学生暑期赴边远地区开展志愿服务	《扬子晚报》	2012年7月3日
33名苏大学生暑期"组团献血"	《扬子晚报》	2012年7月3日
苏大学生开办"科学商店"专"卖"科普知识	《扬子晚报》	2012年7月4日
大学生的毕业季	《扬子晚报》	2012年7月4日
苏大应用技术学院人才培养出新策	《扬子晚报》	2012年7月5日
百名台湾清华学子访问苏州	《扬子晚报》	2012年7月10日
挂个门诊,没想到有9位专家会诊	《扬子晚报》	2012年7月11日
"太湖雪"与苏大签约成立丝绸文化创意工作室	《扬子晚报》	2012年7月13日

续表

新 闻 标 题	媒体名称	刊发时间
暑期调研显示:36%大学生愿意"逝后捐遗"	《扬子晚报》	2012年7月13日
苏大学子走进大别山区　为孩子开讲"职业体验课"	《扬子晚报》	2012年7月13日
小学生参观大学实验室　丰富有趣实验像"变戏法"	《扬子晚报》	2012年7月18日
绘画手工课　让孩子们设计时尚服饰	《扬子晚报》	2012年7月19日
苏大教师张熠获评优秀青年学者奖　两项新发现对抗癌研究有贡献	《扬子晚报》	2012年7月19日
苏大学子走进遵义老区为孩子们办"七彩课堂"寓教于乐	《扬子晚报》	2012年7月19日
公共自行车如何更好服务市民?	《扬子晚报》	2012年7月19日
苏州大学举办"东吴杯"首届全国中学生辩论邀请赛	《扬子晚报》	2012年7月21日
16名大学生环太湖徒步考察环保　10天"绿色长征"行程300公里	《扬子晚报》	2012年7月24日
苏大学生远赴尼泊尔支教	《扬子晚报》	2012年7月27日
苏大应用技术学院举办校园开放日	《扬子晚报》	2012年7月29日
图:苏大研究生卫冕49公斤级跆拳道金牌	《扬子晚报》	2012年8月10日
打着"太极"　吴静钰拿跆拳道冠军	《扬子晚报》	2012年8月10日
"武姑娘"也是巧姑娘	《扬子晚报》	2012年8月10日
吴静钰成为苏大"流行歌曲小天后"	《扬子晚报》	2012年8月10日
苏大六学子骑车1800公里成功远征内蒙古呼伦贝尔草原	《扬子晚报》	2012年8月15日
90后大学生"幸福感"调查显示:情感需求强于物质需求	《扬子晚报》	2012年8月21日
苏大学生赴港澳研修众多特色建筑设计	《扬子晚报》	2012年8月22日
中科院院士柴之芳受聘苏大任院长	《扬子晚报》	2012年8月22日
苏州表彰奥运健儿蔡赟、吴静钰　各奖50万	《扬子晚报》	2012年8月22日
超市门口无人看管售卖饮料　江苏大学生公益活动调研"诚信"	《扬子晚报》	2012年8月24日
宁夏苏州2000公里　一个人的上学路	《扬子晚报》	2012年9月5日

续表

新闻标题	媒体名称	刊发时间
她"最美白衣天使",街头人工呼吸挽回生命	《扬子晚报》	2012年9月7日
17岁中文系女大学生孟祥祎:大运会上夺得两块游泳金牌	《扬子晚报》	2012年9月26日
苏大成立心血管病研究所	《扬子晚报》	2012年9月29日
苏大新增6个博士后科研流动站	《扬子晚报》	2012年10月11日
苏大露天上演昆曲化装秀	《扬子晚报》	2012年10月12日
儿童医院十多科室大会诊　西藏三名先心病患儿今起手术	《扬子晚报》	2012年10月16日
苏大出版社计划再版《莫言王尧对话录》	《扬子晚报》	2012年10月18日
三名藏族儿童术后恢复良好	《扬子晚报》	2012年10月25日
两游客不慎滑入护城河　苏大学生成功施救	《扬子晚报》	2012年11月2日
苏大教授获世界华人住宅与住区设计大奖	《扬子晚报》	2012年11月2日
六肾友10年前同一天进行肾移植　10年后喜相聚同唱生日歌	《扬子晚报》	2012年11月14日
苏大爱心学子捐献千件冬衣	《扬子晚报》	2012年11月21日
苏大王卫平教授登上央视《百家讲坛》	《扬子晚报》	2012年11月29日
苏大华人德教授四获书法兰亭奖	《扬子晚报》	2012年12月18日
自习室图书馆占座花样百出　苏大图书馆电脑派座治乱象	《扬子晚报》	2012年12月20日
苏大学子走进大别山　帮山里娃建起"图书角"	《扬子晚报》	2012年12月26日
苏大跨国合作助力打造"纳米之城"	《江苏科技报》	2012年2月27日
苏州苏大维格公司重大科研成果荣获国家科技进步二等奖	《江苏科技报》	2012年3月26日
苏大首次发现妊娠期高血压新病因	《江苏科技报》	2012年4月9日
苏大人体信息数据库助服装企业"智能造衣"	《江苏科技报》	2012年5月7日
我国生物钟研究领域首个973项目落户苏大	《江苏科技报》	2012年5月31日
苏州大学建成"吴文化数据库"	《江苏科技报》	2012年6月18日
大学生办"科学商店""卖"科普知识	《江苏科技报》	2012年7月9日
第24届实验动物学术研讨会在苏州召开	《江苏科技报》	2012年12月3日

续表

新闻标题	媒体名称	刊发时间
苏州大学同步辐射联合研究中心成立	《江苏科技报》	2012年12月6日
苏大图书馆启用智能电脑"选座器"	《江苏科技报》	2012年12月24日
苏大与张家港市进一步深化合作　共建工业技术研究院	《江苏教育》	2012年6月1日
江苏省高校学生科协高峰论坛在苏州大学举行	《江苏教育》	2012年6月11日
苏州大学承担的中国服装用人体数据库项目通过专家鉴定	《江苏教育》	2012年6月11日
殷翔文副厅长出席苏州大学"211工程"三期建设项目验收会	《江苏教育》	2012年6月11日
苏州大学举行基层组织建设年工作推进会	《江苏教育》	2012年6月11日
苏州大学:他们都是他生命中的"雷锋"	《江苏教育》	2012年6月11日
苏州大学文正学院:"另类"成绩单　践行雷锋精神	《江苏教育》	2012年6月11日
省教育系统关工委主任葛高林到苏州大学调研关工委常态化建设合格单位巩固提高工作	《江苏教育》	2012年6月11日
苏州大学学子争做新时期"活雷锋"	《江苏教育》	2012年6月11日
苏大学子登上维也纳金色大厅舞台	《江苏教育》	2012年6月11日
苏州大学:以人才培养为核心　积极推进高等教育综合改革	《江苏教育》	2012年6月11日
苏大学生亮相央视《毕业歌》	《江苏教育》	2012年6月12日
2012中国高校图书馆发展论坛在苏州召开	《江苏教育》	2012年6月14日
苏大8700余名毕业生告别校园　67岁博士毕业生引人注目	《江苏教育》	2012年6月25日
2012年江苏省高校新聘任辅导员上岗培训工作在苏圆满结束	《江苏教育》	2012年8月21日
苏大2012年度国家自然科学基金资助项目数再创历史新高	《江苏教育》	2012年9月5日
第二届新型高分子材料与控制释放国际会议在苏州召开	《江苏教育》	2012年9月17日
苏大应用技术学院获批独立学院首家省外包人才培训基地	《江苏教育》	2012年10月10日
苏州大学出版社喜迎建社二十周年	《江苏教育》	2012年10月18日

续表

新闻标题	媒体名称	刊发时间
蒋宏坤做客苏大作形势政策报告	《江苏教育》	2012年11月3日
苏大党员书写明信片祝福寄语十八大	《江苏教育》	2012年11月7日
第五届ANDB亚洲联盟超越设计展在苏大举行	《江苏教育》	2012年11月12日
苏大与加拿大西安大略大学合作创建同步辐射联合研究中心	《江苏教育》	2012年11月16日
"苏南地区高校24小时心理热线"开通服务	《江苏教育》	2012年11月19日
苏州大学音乐学院挂牌成立	《江苏教育》	2012年12月10日
沈健厅长到苏州大学宣讲党的十八大精神	《江苏教育》	2012年12月12日
苏大图书馆启用电脑派座系统	《江苏教育》	2012年12月26日
苏大学子送新年礼物进大别山	《江苏教育》	2012年12月28日
苏大学子在大学生记录短片征集计划活动中喜获大奖	《江苏教育》	2012年12月28日
第十三届"挑战杯"竞赛将在苏大举办	《江苏教育》	2012年12月28日
苏大出版社《中国古籍版刻辞典》(增订本)入选第三届"三个一百"原创出版工程	《江苏教育报》	2012年1月2日
苏州大学-滑铁卢大学纳米技术联合研究院揭牌成立	《江苏教育报》	2012年2月27日
苏大"微直播"号召学子争做新时期"活雷锋"	《江苏教育报》	2012年3月8日
苏州市高校建筑设计竞赛圆满落幕	《江苏教育报》	2012年3月15日
苏大携手苏州昆剧院启动昆曲传承工程	《江苏教育报》	2012年3月26日
苏大成立全国首家高校自主设立的研究生院	《江苏教育报》	2012年4月12日
苏大教师尚笑梅找到了"标准中国人"	《江苏教育报》	2012年4月19日
苏州大学:推进学风建设　培养优秀人才	《江苏教育报》	2012年5月7日
生物钟研究领域首个973项目落户苏大	《江苏教育报》	2012年5月17日
苏州大学严把党员"入口关"	《江苏教育报》	2012年5月21日
身残志坚　谱写美丽人生	《江苏教育报》	2012年5月24日
苏大学子以"无偿献血"方式告别母校	《江苏教育报》	2012年6月18日
四进大别山　情暖山里娃	《江苏教育报》	2012年8月2日
苏州大学:"试水"分类培养本科人才	《江苏教育报》	2012年8月16日

续表

新闻标题	媒体名称	刊发时间
揭示我省大学生村官的苦与乐	《江苏教育报》	2012年9月19日
苏大新增6个博士后科研流动站	《江苏教育报》	2012年10月19日
第十三届"挑战杯"将在苏州举行	《江苏教育报》	2012年11月30日
苏大文正学院成立国际交流学院	《江苏教育报》	2012年12月5日
苏大教授登上《百家讲坛》开讲春秋吴国风云	《江苏教育报》	2012年12月19日
江苏10家高校网站入选全国高校百佳网站	《江苏教育报》	2012年12月28日
苏大教育发展基金获评"5A"	《江南时报》	2012年1月5日
苏大维格:自主创新,不做跟随者	《江南时报》	2012年1月16日
江苏企业专利申请量占全省比重将超60%	《江南时报》	2012年1月16日
苏大2011"国科基金"获批量居首	《江南时报》	2012年1月20日
苏大喜获"国家科学技术奖"	《江南时报》	2012年2月17日
学生设计作品聚焦城市发展未来空间	《江南时报》	2012年3月9日
附二院成功实施首例单孔疝修补术	《江南时报》	2012年3月10日
苏大附二院微创切除巨大子宫肌瘤	《江南时报》	2012年3月21日
刘庄:纳米领域里的80后生力军	《江南时报》	2012年3月22日
昆曲《牡丹亭》苏大演出	《江南时报》	2012年3月30日
苏大特聘教授首发*Nature*文章	《江南时报》	2012年4月6日
金螳螂在苏大设教育发展基金	《江南时报》	2012年4月20日
莘莘学子见证"血液的旅行"	《江南时报》	2012年4月27日
生物钟研究领域首个973项目落户苏大	《江南时报》	2012年5月16日
苏大学生为外来子弟义务教授卫生课程	《江南时报》	2012年5月25日
苏大硕士生尚闯接受骨髓移植手术	《江南时报》	2012年5月31日
苏州大学建成"吴文化数据库"	《江南时报》	2012年6月13日
应用技术学院设"虚拟班级"	《江南时报》	2012年6月20日
即将毕业　大学生献血作纪念	《江南时报》	2012年6月21日
图文:新生入学	《江南时报》	2012年8月10日
苏大学子贵州山区支教	《江南时报》	2012年9月7日

续表

新闻标题	媒体名称	刊发时间
苏大学生组团考察美国知名学府	《江南时报》	2012年9月26日
支教生活也是心灵鸡汤	《江南时报》	2012年10月10日
江苏首次举办大学生调解大赛	《江南时报》	2012年10月29日
“新吴门画派”将首次走进苏大	《江南时报》	2012年11月14日
苏州大学华人德教授四获“兰亭奖”	《江南时报》	2012年12月17日
苏大图书馆启用电脑派座	《江南时报》	2012年12月20日
苏大两课程入选教育部精品公开课	《江南时报》	2012年12月25日
全省刑法学专家学者苏州研讨	《江南时报》	2012年12月6日
苏大学子“挑战杯”勇夺1金2银	《江南时报》	2012年12月6日
南铁院苏州校区并入苏大	《苏州日报》	2012年1月5日
“一个优秀的人,应当是个热爱生活的人”	《苏州日报》	2012年1月12日
徒步800里　哥俩到家了	《苏州日报》	2012年1月13日
公安局长与大学生面对面	《苏州日报》	2012年1月14日
校企合作造新优势	《苏州日报》	2012年1月17日
高校志愿者义务导乘	《苏州日报》	2012年1月22日
8天走400公里　苏大学生徒步回盐城过年	《苏州日报》	2012年1月23日
黄晖油画作品展昨开幕	《苏州日报》	2012年2月2日
法学专家苏州“论剑”	《苏州日报》	2012年2月21日
大学生免费家教	《苏州日报》	2012年2月22日
文正学院成立国际交流学院	《苏州日报》	2012年2月23日
优秀参赛队获创业孵化机会	《苏州日报》	2012年2月26日
吴姐姐　你太棒了	《苏州日报》	2012年2月29日
300人至500人等待一个肾	《苏州日报》	2012年2月3日
吴地艺术征服欧洲观众	《苏州日报》	2012年2月4日
嵇长康与东吴大学校歌	《苏州日报》	2012年2月4日
华人最理想住宅啥模样?	《苏州日报》	2012年2月4日
第24届实验动物学术研讨会在苏召开　“转基因动物”受关注	《苏州日报》	2012年3月2日

续表

新闻标题	媒体名称	刊发时间
《学说苏州话》来哉!	《苏州日报》	2012年3月21日
推进高等教育内涵式发展	《苏州日报》	2012年3月23日
校园露天上演昆曲化装秀	《苏州日报》	2012年3月27日
曾无私资助422名学生　如今老伴病重没钱医治	《苏州日报》	2012年3月5日
好心人落难　谁来帮一把	《苏州日报》	2012年3月8日
张寿华:大家不用再捐了	《苏州日报》	2012年3月9日
图书馆占座电脑说了算	《苏州日报》	2012年3月10日
苏大新增6个博士后科研流动站	《苏州日报》	2012年3月10日
高校精品课程网上免费开放	《苏州日报》	2012年3月13日
"挑战杯"苏大学子夺金	《苏州日报》	2012年3月19日
"将来我也要做医生"	《苏州日报》	2012年4月2日
谢谢苏州这么好的治疗	《苏州日报》	2012年4月2日
苏州大学研习基地落户常熟博物馆	《苏州日报》	2012年4月8日
给爱心接力一个好环境	《苏州日报》	2012年4月11日
爱心款如剩余将帮困助学	《苏州日报》	2012年4月15日
好人有好报　10万捐款驰援	《苏州日报》	2012年4月17日
好人好报	《苏州日报》	2012年4月18日
卓玛央宗成功进行手术	《苏州日报》	2012年4月20日
苏州依然是我的"江城"	《苏州日报》	2012年4月20日
苏大教授登上《百家讲坛》	《苏州日报》	2012年4月27日
苏大附一院位居"探花"	《苏州日报》	2012年4月28日
苏大音乐学院招人　外籍应聘者超半数	《苏州日报》	2012年4月28日
苏大党代会开幕	《苏州日报》	2012年5月7日
技术科学化与科学技术化推动区域经济发展	《苏州日报》	2012年5月10日
大学生志愿者送服务到社区	《苏州日报》	2012年5月10日
"新吴门画派"走进苏大	《苏州日报》	2012年5月14日

续表

新 闻 标 题	媒体名称	刊发时间
苏州生物纳米园联手中外高校	《苏州日报》	2012 年 5 月 18 日
落叶天也有小情趣　去苏大摆个“落叶心”	《苏州日报》	2012 年 5 月 18 日
徐沛东:没有创造力将一无所有	《苏州日报》	2012 年 5 月 18 日
张英进:华语电影将扮演更好的角色	《苏州日报》	2012 年 5 月 19 日
《莫言王尧对话录》计划再版	《苏州日报》	2012 年 5 月 19 日
莫言作品一抢而空　《丰乳肥臀》一书难求	《苏州日报》	2012 年 5 月 20 日
新东方“教父”来苏“传经”　大学四年做好三件事	《苏州日报》	2012 年 5 月 26 日
莫言获奖给中国作家提了个醒	《苏州日报》	2012 年 5 月 28 日
胡玉鸿:法律的应然品性是“人”	《苏州日报》	2012 年 5 月 30 日
乘车有问题　“站导”来帮你	《苏州日报》	2012 年 6 月 1 日
我市 160 余人成功“捐遗”	《苏州日报》	2012 年 6 月 5 日
暑期生活很精彩	《苏州日报》	2012 年 6 月 5 日
近 80% 患者自认弱势地位	《苏州日报》	2012 年 6 月 8 日
苏大学子带山里娃“职业体验”	《苏州日报》	2012 年 6 月 8 日
苏大第十一次党代会闭幕	《苏州日报》	2012 年 6 月 12 日
高校迎新　新招频出	《苏州日报》	2012 年 6 月 19 日
让非遗深入人心	《苏州日报》	2012 年 6 月 21 日
苏大学生到社区开办“科学商店”	《苏州日报》	2012 年 6 月 24 日
“90 后”在体验社会中成长	《苏州日报》	2012 年 6 月 29 日
国家自然科学基金项目苏大获批 265 项　列全省高校第二	《苏州日报》	2012 年 6 月 29 日
苏大学子突患重病　福彩中心倾力相助	《苏州日报》	2012 年 7 月 4 日
苏大学子突患重病　福彩中心及时救助	《苏州日报》	2012 年 7 月 5 日
吴静钰:我想学古筝	《苏州日报》	2012 年 7 月 6 日
女生有机会做“轨交人”	《苏州日报》	2012 年 7 月 6 日
搭建科研新平台	《苏州日报》	2012 年 7 月 6 日
全国大学生创新创业大赛　苏大学生获一等奖	《苏州日报》	2012 年 7 月 7 日

续表

新 闻 标 题	媒体名称	刊发时间
苏大毕业生自拍微电影蹿红网络	《苏州日报》	2012年7月9日
两岸高校“手拉手”	《苏州日报》	2012年7月10日
学生社团“接轨”国际模式	《苏州日报》	2012年7月10日
元和街道强村富民　跻身“10亿元俱乐部”	《苏州日报》	2012年7月15日
我们能改变什么?	《苏州日报》	2012年7月17日
调研中学校训建设	《苏州日报》	2012年7月21日
“要做苏州爱马仕”	《苏州日报》	2012年7月21日
人际关系因素决定“大学幸福感”	《苏州日报》	2012年7月24日
苏州医疗机构送上免费治疗	《苏州日报》	2012年7月24日
苏州大学心血管病研究所成立	《苏州日报》	2012年7月24日
倾听模范故事　感受平凡力量	《苏州日报》	2012年7月26日
环保卫士“绿色长征”	《苏州日报》	2012年7月27日
中非交流　文明互鉴	《苏州日报》	2012年7月31日
无人值守卖水　钱款一分不差	《苏州日报》	2012年8月1日
苏州9名医生榜上有名	《苏州日报》	2012年8月8日
为校地合作铺路	《苏州日报》	2012年8月9日
确保明年底门诊试运行	《苏州日报》	2012年8月10日
苏大女生闪耀大运会	《苏州日报》	2012年8月14日
打造广告业人才引擎	《苏州日报》	2012年8月14日
我为了解祖国而来	《苏州日报》	2012年8月14日
范培松:学术研究中找到人生乐趣	《苏州日报》	2012年8月14日
大一新生每月生活费怎么花	《苏州日报》	2012年8月17日
苏大建成“吴文化数据库”	《苏州日报》	2012年8月21日
大三学生热衷“实习招聘”	《苏州日报》	2012年8月22日
苏大应用技术学院推出“虚拟班级”培养方式	《苏州日报》	2012年8月25日
40个项目84.3亿元　集中开竣工	《苏州日报》	2012年8月25日
时代呼唤优秀的“高富帅”	《苏州日报》	2012年8月28日

续表

新闻标题	媒体名称	刊发时间
先天性白内障孩子视力差不能上学	《苏州日报》	2012年8月29日
暑假骑行远征	《苏州日报》	2012年8月29日
省内高校企业首登创业版	《苏州日报》	2012年9月1日
苏大学生赴尼泊尔支教	《苏州日报》	2012年9月1日
苏大毕业生开出“舍予屋”捐赠闲置物品	《苏州日报》	2012年9月6日
伊犁河边有一群苏州儿科医生	《苏州日报》	2012年9月7日
95位苏州医生爱心“接力”	《苏州日报》	2012年9月7日
苏大博物馆获13件元明墓志	《苏州日报》	2012年9月10日
大学生千里寻访“贵州好声音”	《苏州日报》	2012年9月11日
民国历史文化的缩影	《苏州日报》	2012年9月12日
“妈妈我赢了,快来看我”	《苏州日报》	2012年9月14日
大三学生暑期远赴非洲支教	《苏州日报》	2012年9月14日
苏州老师,你会中国功夫吗?	《苏州日报》	2012年9月14日
钰兔卫冕	《苏州日报》	2012年9月15日
中科院院士来苏研究“核医学”	《苏州日报》	2012年9月15日
用开放空间让建筑亲和起来	《苏州日报》	2012年9月20日
小学生“上大学”	《苏州日报》	2012年9月20日
江苏“高富帅”两闯火海救员工	《苏州日报》	2012年9月20日
非公企业青年渴望参与公益	《苏州日报》	2012年9月22日
惠寒小学始末	《苏州日报》	2012年9月22日
徐云龙:我在“高原水乡”当老师	《苏州日报》	2012年9月27日
与历史文化名城精彩共舞	《苏州日报》	2012年9月28日
揭秘生物钟与生殖健康的关系	《苏州日报》	2012年10月10日
实时在线监控食品添加剂	《苏州日报》	2012年10月11日
珍视党员身份　增强党性意识	《苏州日报》	2012年10月13日
苏大医学教育百年“生日”	《苏州日报》	2012年10月13日
新媒介与青年文化研究中心在苏大揭牌	《苏州日报》	2012年10月13日

续表

新 闻 标 题	媒体名称	刊发时间
骨髓移植病友共聚苏大附一院	《苏州日报》	2012 年 10 月 14 日
同龄帮教,大学生“结对”失足少年	《苏州日报》	2012 年 10 月 17 日
充分发挥先进文化对基层党建的引领作用	《苏州日报》	2012 年 10 月 17 日
常德盛先锋精神的魅力在哪里	《苏州日报》	2012 年 10 月 22 日
苏大成立研究生院	《苏州日报》	2012 年 10 月 22 日
依托科研优势振兴苏州丝绸	《苏州日报》	2012 年 10 月 22 日
校园开出“诚信小店”	《苏州日报》	2012 年 10 月 29 日
李麟青获评“自强之星”	《苏州日报》	2012 年 10 月 30 日
苏大老师构建服装业数据库	《苏州日报》	2012 年 11 月 1 日
大学生做公益,父母想通了	《苏州日报》	2012 年 11 月 3 日
新昆山人捐角膜给新疆患者	《苏州日报》	2012 年 11 月 5 日
苏州景海女子师范学校的前世今生	《苏州日报》	2012 年 11 月 6 日
《梦溪笔谈》从此老外也能轻松读	《苏州日报》	2012 年 11 月 7 日
苏大获批 215 项国家自然科学基金项目	《苏州日报》	2012 年 11 月 10 日
园区纳米产业添产学研联盟	《苏州日报》	2012 年 11 月 12 日
大学生心中的古城区啥模样	《苏州日报》	2012 年 11 月 13 日
志愿服务温暖福利院	《苏州日报》	2012 年 11 月 14 日
“金螳螂”苏大设教育基金	《苏州日报》	2012 年 11 月 15 日
“三个一百”原创工程揭晓 苏大出版社作品连续三届入选	《苏州日报》	2012 年 11 月 16 日
在苏高校新增一批本科专业	《苏州日报》	2012 年 11 月 19 日
苏大附一院免费提供凝血因子 IX	《苏州日报》	2012 年 11 月 23 日
俞玖林、沈丰英苏大献演昆曲	《苏州日报》	2012 年 11 月 24 日
苏大附一院平江新院明年一期竣工开诊	《苏州日报》	2012 年 11 月 27 日
坚强尚闯昨受输骨髓	《苏州日报》	2012 年 11 月 28 日
“在场主义散文奖”苏大颁奖	《苏州日报》	2012 年 11 月 29 日
白衣天使开练“软功夫”	《苏州日报》	2012 年 11 月 30 日

续表

新 闻 标 题	媒体名称	刊发时间
中国人首获建筑界"诺奖"	《苏州日报》	2012年12月2日
选好群众代言人　一票重千钧	《苏州日报》	2012年12月2日
苏大音乐学院挂牌成立	《苏州日报》	2012年12月6日
推动同步辐射光源应用于科技创新	《苏州日报》	2012年12月8日
新时期苏州青年该有怎样的精、气、神	《苏州日报》	2012年12月13日
十佳新人十大新事评选揭晓	《苏州日报》	2012年12月14日
病人出院可"床边结账"	《苏州日报》	2012年12月15日
苏州HLA检测报告世界认可	《苏州日报》	2012年12月15日
预约看病可精确到小时	《苏州日报》	2012年12月15日
捐髓者两度反悔　姑娘仍乐观	《苏州日报》	2012年12月16日
直击苏大2012年自主招生	《苏州日报》	2012年12月16日
群舞、小品、合唱展苏州大学生风采	《苏州日报》	2012年12月17日
人才强校　织出教育繁华图	《苏州日报》	2012年12月17日
"心愿六选一"暖人心	《苏州日报》	2012年12月19日
余同元:明清苏州曾引领宫廷时尚	《苏州日报》	2012年12月21日
徐国源:为"大众文化"编制定位地图	《苏州日报》	2012年12月25日
苏大学生勇救两名落水者	《苏州日报》	2012年12月26日
专家施妙手挽救学子命	《姑苏晚报》	2012年1月3日
最美白衣天使丁欣荣膺"江苏十佳健康卫士"	《姑苏晚报》	2012年1月3日
图文:大家来拍毕业照	《姑苏晚报》	2012年1月7日
廖良生:为信念执着的OLED先行者	《姑苏晚报》	2012年1月12日
两90后苏大学生走回盐城	《姑苏晚报》	2012年1月16日
留校大学生:不回家过年也温馨	《姑苏晚报》	2012年1月22日
过年,医院的病号多是老小急	《姑苏晚报》	2012年2月1日
我市可为白血病患者全球找"骨髓"	《姑苏晚报》	2012年2月4日
苏大学子登上维也纳金色大厅	《姑苏晚报》	2012年2月6日
帅小伙"找"回十年前丢失视力	《姑苏晚报》	2012年2月7日

续表

新闻标题	媒体名称	刊发时间
注册后打个电话就能搞定	《姑苏晚报》	2012年2月9日
苏大自主招生4000考生争360个名额	《姑苏晚报》	2012年2月12日
《梦溪笔谈》首本全英文版在英出版	《姑苏晚报》	2012年2月21日
纳米技术联合研究院揭牌成立	《姑苏晚报》	2012年2月23日
苏大附一院欢送援藏医疗队	《姑苏晚报》	2012年2月28日
王澍获"建筑界的诺奖"	《姑苏晚报》	2012年2月29日
苏州本地5所高校获批10个新专业	《姑苏晚报》	2012年3月2日
文萃小学"心灵导师":大手拉小手　幸福牵着走	《姑苏晚报》	2012年3月3日
图文:开学啦	《姑苏晚报》	2012年3月3日
身边的"大学生雷锋"其实挺多的	《姑苏晚报》	2012年3月5日
做好事"留时间不留名"	《姑苏晚报》	2012年3月6日
苏大附一院全省首推"结账到床前"免费服务	《姑苏晚报》	2012年3月10日
两千多年前已有苏州菜记载	《姑苏晚报》	2012年3月10日
东吴商学院青年志愿者与培智中心进行结对活动	《姑苏晚报》	2012年3月12日
附儿院11位患儿接受善款救助	《姑苏晚报》	2012年3月17日
苏大附一院举办肥胖及糖尿病患者病友会	《姑苏晚报》	2012年3月20日
刘庄:纳米领域80后生力军	《姑苏晚报》	2012年3月20日
苏州大学研究生院昨天成立	《姑苏晚报》	2012年4月8日
"过来人"与大学生分享"村官经历"	《姑苏晚报》	2012年4月8日
学好外语,拥抱窗外的世界	《姑苏晚报》	2012年4月8日
我市成功开展苏南首例腹腔镜肝脏肿瘤切除手术	《姑苏晚报》	2012年4月9日
苏州丝绸文化创意园明年开建	《姑苏晚报》	2012年4月11日
苏大建成"中国人体信息数据库"	《姑苏晚报》	2012年4月14日
企业捐赠1000万元在苏大设立教育发展基金	《姑苏晚报》	2012年4月23日
李麟青获评2011年度"中国大学生自强之星"	《姑苏晚报》	2012年4月28日

续表

新闻标题	媒体名称	刊发时间
残疾青年成楷模	《姑苏晚报》	2012年5月6日
苏大第四所“惠寒”学校在湖南谷罗山挂牌	《姑苏晚报》	2012年5月11日
兴趣是最大的科研动力	《姑苏晚报》	2012年5月13日
生物钟研究领域首个973项目落户苏大	《姑苏晚报》	2012年5月14日
夏榆、冯秋子、资中筠获提名奖	《姑苏晚报》	2012年5月16日
苏州大学医学教育迎来百年华诞	《姑苏晚报》	2012年5月19日
法院携高校首设“帮教”基地	《姑苏晚报》	2012年5月21日
大学生“另类”成绩单见证成长	《姑苏晚报》	2012年5月21日
35位苏大师生荣获奖金	《姑苏晚报》	2012年5月22日
苏大与法国知名企业联合共建实验室	《姑苏晚报》	2012年5月26日
苏州大学与张家港共建工业技术研究院	《姑苏晚报》	2012年6月1日
情系白内障患者,共享和谐新视界	《姑苏晚报》	2012年6月5日
苏州医生异国上空挺身救人	《姑苏晚报》	2012年6月13日
首届“90后”大学生毕业生的毕业秀	《姑苏晚报》	2012年6月18日
苏大应用技术学院人才培养出新策	《姑苏晚报》	2012年6月20日
图文:毕业的季节	《姑苏晚报》	2012年6月24日
传承人:“非遗”保护的核心所在	《姑苏晚报》	2012年6月24日
首部《中国昆曲年鉴》主编朱栋霖访谈录	《姑苏晚报》	2012年6月24日
苏大四位教授受聘“特邀顾问”	《姑苏晚报》	2012年6月25日
下肢深静脉血栓“国家级诊治指南”开始修订 苏州血管外科专家团队执笔	《姑苏晚报》	2012年6月27日
“惠寒社区学校”免费教授英语和美术	《姑苏晚报》	2012年7月3日
苏大学生办起“科学商店”	《姑苏晚报》	2012年7月4日
大学生社区宣传防癌抗癌知识	《姑苏晚报》	2012年7月6日
吴江丝绸“联姻”苏大艺术学院	《姑苏晚报》	2012年7月7日
苏大老师回忆最美“高富帅”	《姑苏晚报》	2012年7月8日
社区用心　活动精安排　孩子开心　暑假很丰富	《姑苏晚报》	2012年7月9日

续表

新闻标题	媒体名称	刊发时间
百名台湾清华学子访问苏州	《姑苏晚报》	2012年7月9日
利用暑假走访慰问空巢老人	《姑苏晚报》	2012年7月10日
苏大学生平江路上出演“谍战片”	《姑苏晚报》	2012年7月11日
大学生手绘轨交旅游图	《姑苏晚报》	2012年7月13日
苏大学生亮相央视《毕业歌》	《姑苏晚报》	2012年7月13日
大学生暑期调研“御窑金砖” 窑厂熟练师傅大多65岁以上	《姑苏晚报》	2012年7月13日
大学生暑期调研:“你愿意捐遗吗”	《姑苏晚报》	2012年7月14日
中科院院士柴之芳受聘苏大	《姑苏晚报》	2012年7月14日
居民楼“瞎子”楼道全部“复明”	《姑苏晚报》	2012年7月14日
大学校园内的“罗马城堡”	《姑苏晚报》	2012年7月15日
苏大学子再进大别山支教	《姑苏晚报》	2012年7月17日
苏大学子暑期“绿色长征”	《姑苏晚报》	2012年7月24日
儿童医院增开夜间“特需”专家门诊	《姑苏晚报》	2012年7月26日
吴江新市民过得怎样	《姑苏晚报》	2012年8月7日
打着“太极” 吴静钰拿跆拳道冠军	《姑苏晚报》	2012年8月10日
无敌静钰招招爆头	《姑苏晚报》	2012年8月10日
吴静钰:感情生活顺其自然	《姑苏晚报》	2012年8月20日
十年内机器人会走进百姓家	《姑苏晚报》	2012年8月20日
“最美白衣天使”丁欣获国家级荣誉	《姑苏晚报》	2012年8月23日
苏大学子关注留守群体 调研农村医疗服务	《姑苏晚报》	2012年8月25日
李健:曹芙嘉,是我听过最好的《传奇》	《姑苏晚报》	2012年8月27日
大学迎新“花样翻新”	《姑苏晚报》	2012年8月29日
2000多公里20斤重行李,一个人	《姑苏晚报》	2012年8月31日
为藏家儿女的安康竭尽全力	《姑苏晚报》	2012年9月2日
开学啦	《姑苏晚报》	2012年9月2日
情系白内障患者 共享和谐新视界	《姑苏晚报》	2012年9月7日

续表

新闻标题	媒体名称	刊发时间
苏大学生发明出“移动搜鞋软件”	《姑苏晚报》	2012 年 9 月 7 日
留下“永远不走”的医疗专家	《姑苏晚报》	2012 年 9 月 11 日
苏大新生典礼请来学姐吴静钰	《姑苏晚报》	2012 年 9 月 14 日
唱歌就是有旋律感的说话	《姑苏晚报》	2012 年 9 月 16 日
苏大学子肯尼亚做国际义工	《姑苏晚报》	2012 年 9 月 17 日
让八旬老妪肺癌患者重获新生	《姑苏晚报》	2012 年 9 月 18 日
苏州市激光与光学学会眼视光学术交流会顺利召开	《姑苏晚报》	2012 年 9 月 18 日
道德模范与师生“面对面”	《姑苏晚报》	2012 年 9 月 20 日
我去山里当老师	《姑苏晚报》	2012 年 9 月 20 日
苏大文学院出了名大运会游泳冠军	《姑苏晚报》	2012 年 9 月 22 日
3 名西藏先心病患儿将来苏治疗	《姑苏晚报》	2012 年 9 月 26 日
苏大基金会获评“5A”级社会组织	《现代快报》	2012 年 1 月 5 日
两大学生徒步回家　七天暴走 800 多里	《现代快报》	2012 年 1 月 21 日
“保安诗人”为避打扰回了老家	《现代快报》	2012 年 1 月 21 日
苏大留校学生这个春节不孤单	《现代快报》	2012 年 1 月 22 日
苏大附一院分时段预约专家号	《现代快报》	2012 年 2 月 2 日
苏大学子登上维也纳金色大厅	《现代快报》	2012 年 2 月 4 日
苏大自主招生开考　11 人抢一个名额	《现代快报》	2012 年 2 月 12 日
苏大科技成果获国家科学技术奖	《现代快报》	2012 年 2 月 16 日
《梦溪笔谈》全英文版出版	《现代快报》	2012 年 2 月 21 日
纳米技术联合研究院揭牌	《现代快报》	2012 年 2 月 23 日
苏大“蹭课猫”偏爱理科书	《现代快报》	2012 年 3 月 1 日
大学同学都是他心中的“雷锋”	《现代快报》	2012 年 3 月 6 日
首个高校自主研究生院苏州挂牌	《现代快报》	2012 年 4 月 8 日
金螳螂公司捐 1000 万元	《现代快报》	2012 年 4 月 18 日
67 岁台湾学子拿到苏大博士学位	《现代快报》	2012 年 6 月 23 日

续表

新闻标题	媒体名称	刊发时间
闲置物捐给“舍予屋”	《现代快报》	2012年6月28日
江苏高校首家创业板公司上市	《现代快报》	2012年6月29日
科普知识“卖”到社区	《现代快报》	2012年7月4日
苏大附一院多学科会诊中心提供一站式综合治疗	《现代快报》	2012年7月9日
苏大学子给山里娃上“职业体验课”	《现代快报》	2012年7月11日
89块“明清御窑金砖”拍出950万高价　如今，这项“非遗”却因利薄后继乏人	《现代快报》	2012年7月13日
三成市民出门选公共单车	《现代快报》	2012年7月17日
全国中学生辩论邀请赛苏大开锣	《现代快报》	2012年7月26日
这个夏天记忆留在喜马拉雅山南	《现代快报》	2012年7月29日
7成大学生满意目前教育	《现代快报》	2012年7月31日
程金冠:江苏最早参加奥运会的运动员	《现代快报》	2012年8月6日
从苏州走向世界	《现代快报》	2012年8月10日
最美白衣天使丁欣获评先进个人	《现代快报》	2012年8月27日
图文:开学啦,新生来报到	《现代快报》	2012年8月29日
校园迎新标语,哪条最好?	《现代快报》	2012年8月31日
苏大女孩独自坐两千公里火车报到	《现代快报》	2012年9月1日
苏大附一院成功实施　三例头颈部晚期恶性肿瘤切除手术	《现代快报》	2012年9月3日
10名学子千里寻访“贵州好声音”	《现代快报》	2012年9月10日
“助学红娘”16年义助400贫困生	《现代快报》	2012年9月11日
园林·社区·苏大教授获世界设计大奖	《现代快报》	2012年10月13日
三个西藏女孩今明两天动手术	《现代快报》	2012年10月16日
救人后感觉很骄傲　大学生发微博“自我表扬”	《现代快报》	2012年11月1日
文正学院:想当空乘得懂点美学	《现代快报》	2012年11月1日
地市医院竞争力百强　苏大附一院位列第三	《现代快报》	2012年11月19日
医疗援助,付出再多也值	《现代快报》	2012年11月19日

续表

新闻标题	媒体名称	刊发时间
要回家结婚　女大学生办退学手续	《现代快报》	2012年11月29日
苏大音乐学院挂牌	《现代快报》	2012年11月30日
苏大学子"挑战杯"夺一金两银	《现代快报》	2012年12月6日
苏南首家胶质瘤诊疗中心落户苏州	《现代快报》	2012年12月10日
"亲人在身边"	《现代快报》	2012年12月11日
休息天变义诊日　免费会诊千人	《现代快报》	2012年12月17日
苏大附儿院完成首例半相合造血干细胞移植	《现代快报》	2012年12月17日
苏大附儿院药剂科获称"省级青年文明号"	《现代快报》	2012年12月17日
高校百强榜　江苏12所入榜　南大排名第六	《现代快报》	2012年12月21日
苏大昆曲公开课网上开讲	《现代快报》	2012年12月25日
幸运:骨髓配型成功　不幸:实在凑不出钱	《现代快报》	2012年12月28日
最美白衣天使丁欣荣膺"江苏十佳健康卫士"	《城市商报》	2012年1月9日
四川盲大伯在苏重见光明	《城市商报》	2012年1月9日
新发现:骨质疏松与铁有关	《城市商报》	2012年1月9日
苏大附二院引进新颖抗皮肤衰老仪	《城市商报》	2012年1月9日
苏大附一院胎源性疾病研究所入选省创新团队	《城市商报》	2012年1月9日
附儿院新添儿童水疗机	《城市商报》	2012年1月13日
感动我们的那些事　温暖我们的那些人	《城市商报》	2012年1月13日
苏大一学生徒步800里回家过年	《城市商报》	2012年1月16日
苏大诗人保安辞职的背后	《城市商报》	2012年1月21日
春节不回家　这些学生想干啥?	《城市商报》	2012年1月22日
HLA配型实验室落户附一院	《城市商报》	2012年2月4日
苏大自主招生考试也在昨天举行	《城市商报》	2012年2月12日
美丽使者赵天兰	《城市商报》	2012年2月13日
有心　有情　有爱	《城市商报》	2012年2月20日
《梦溪笔谈》首本全英文译本在英出版	《城市商报》	2012年2月21日

续表

新 闻 标 题	媒体名称	刊发时间
为保腹中胎儿拒绝化疗　病情恶化只好剖腹早产	《城市商报》	2012年2月23日
苏大附一院生殖医学中心获批开展多项辅助生殖技术	《城市商报》	2012年2月27日
沉降不可避但可控　监测无时不在	《城市商报》	2012年3月2日
这个奇学生,大家叫它"喵星人"	《城市商报》	2012年3月9日
苏大附一院推出"出院床边结账"	《城市商报》	2012年3月10日
附儿院新生儿急救转运点正式启用	《城市商报》	2012年3月15日
带上医保卡,手术不花自己钱	《城市商报》	2012年3月19日
强手托起无数小生命的希望	《城市商报》	2012年3月19日
苏州医生将援圭亚那	《城市商报》	2012年3月26日
参与项目有望获免费呼吸机	《城市商报》	2012年3月26日
妊娠高血压背后藏着什么秘密?	《城市商报》	2012年4月2日
苏大研究生院昨挂牌成立	《城市商报》	2012年4月8日
苏南地区首例腹腔镜肝脏肿瘤切除术成功施行	《城市商报》	2012年4月9日
苏州丝绸文化创意院有望明年开建	《城市商报》	2012年4月11日
创新团队强攻帕金森	《城市商报》	2012年4月16日
30名青海"格桑花"受助学生游苏州	《城市商报》	2012年4月18日
专转本考试将于4月21日举行	《城市商报》	2012年4月18日
生物钟失调影响生殖、发育?	《城市商报》	2012年5月14日
苏大医学教育迎来百年华诞	《城市商报》	2012年5月19日
苏大学生开了家"诚信小铺"	《城市商报》	2012年5月24日
你长大后想干什么呀?	《城市商报》	2012年5月28日
上海患者慕名专程赴苏就医	《城市商报》	2012年6月4日
苏大建成"吴文化数据库"	《城市商报》	2012年6月11日
专家门诊开到村民家门口	《城市商报》	2012年6月11日
14日苏州"白求恩"赴圭亚那	《城市商报》	2012年6月12日
苏大举办"实习实训"招聘会	《城市商报》	2012年6月14日

续表

新闻标题	媒体名称	刊发时间
苏大法学教授受聘沧浪区"特邀顾问"	《城市商报》	2012年6月23日
纪念毕业　这群90后拍了部电影	《城市商报》	2012年6月23日
67岁博士毕业生引人注目	《城市商报》	2012年6月25日
苏大附二院专家执笔修订《下肢深静脉血栓形成诊治指南》	《城市商报》	2012年6月27日
苏大学生在社区开办"科学商店"	《城市商报》	2012年7月5日
苏大90后暑假当义工	《城市商报》	2012年7月7日
探访江南古桥现状	《城市商报》	2012年7月9日
苏大附儿院增设夜间"特需"专家门诊	《城市商报》	2012年7月9日
烈日下的沧浪小青团青年志愿者	《城市商报》	2012年7月14日
这些大学生暑期实践做得实	《城市商报》	2012年7月17日
18名苏大驴友环太湖徒步游	《城市商报》	2012年7月24日
"大学生村官再就业"社会调研在桂启动	《城市商报》	2012年7月27日
你在他乡还好吗?	《城市商报》	2012年7月30日
苏大附儿院"千名医生走基层"活动启动	《城市商报》	2012年8月2日
苏大附一院新址明年底对外门诊	《城市商报》	2012年8月11日
苏大"探路者"骑游呼伦贝尔	《城市商报》	2012年8月14日
苏州9医生荣获省"医德之星"	《城市商报》	2012年8月17日
苏州工商携手苏州大学打造广告业"孵化器"	《城市商报》	2012年8月17日
"最美天使"不为人知的故事	《城市商报》	2012年8月20日
奥运冠军吴静钰:"有时间约会了"	《城市商报》	2012年8月20日
新大学生报到了	《城市商报》	2012年8月29日
苏大附儿院"千名医生走基层"走进北桥	《城市商报》	2012年9月3日
苏大5名学生发明移动拍照购物搜索软件	《城市商报》	2012年9月7日
"希望向外国人学习英语"	《城市商报》	2012年9月9日
苏大学生组团考察美国名校	《城市商报》	2012年9月10日
把好无菌物品质量每一关	《城市商报》	2012年9月10日

续表

新闻标题	媒体名称	刊发时间
退休教师张寿华的人生范文	《城市商报》	2012年9月11日
吴静钰:最向往大学的集体生活	《城市商报》	2012年9月14日
道德模范走进高校巡讲	《城市商报》	2012年9月20日
苏大学子拿下大运会游泳冠军	《城市商报》	2012年9月22日
苏大新增6个博士后科研流动站	《城市商报》	2012年10月10日
三名藏族儿童的"补心"之旅	《城市商报》	2012年10月12日
苏大出版社20周年　每年推出600种佳作	《城市商报》	2012年10月16日
百岁白内障阿婆复明了	《城市商报》	2012年10月29日
苏大教授"园中园"作品荣膺设计大奖	《城市商报》	2012年10月31日
苏大学生护城河边勇救两名落水者	《城市商报》	2012年11月1日
大学生每周探望空巢老人	《城市商报》	2012年11月10日
苏大附一院位列全国地级市医院前三甲	《城市商报》	2012年11月13日
建立同步辐射联合研究中心	《城市商报》	2012年11月14日
把挫折当成功的垫脚石	《城市商报》	2012年11月16日
苏大附儿院"千名医生走基层"　巴成人义诊台前问长问短	《城市商报》	2012年11月19日
苏州大学成立音乐学院	《城市商报》	2012年11月30日
文正学院成立国际交流学院	《城市商报》	2012年12月2日
挂一个号　多学科专家同接诊	《城市商报》	2012年12月5日
苏大志愿者社区建"钟爱"驿站	《城市商报》	2012年12月6日
学会跟外国人讲苏州本土故事	《城市商报》	2012年12月9日
苏大学子全国大学生创业计划竞赛勇夺1金2银	《城市商报》	2012年12月13日
苏大图书馆启用电脑派座	《城市商报》	2012年12月19日
苏大附二院再对外开放150个车位	《城市商报》	2012年12月29日
吴静钰拍卖献爱心	《城市商报》	2012年12月29日
苏大学生校内创办"诚信小店":财报供翻看	《新浪教育》	2012年4月23日
苏州大学文正学院:自主管理成就现代新学生	中国新闻网	2012年5月19日

续表

新 闻 标 题	媒体名称	刊发时间
苏州大学文正学院第三届学生成长成才展示日	中国新闻网	2012 年 5 月 19 日
昆曲民乐征服欧洲观众	人民网	2012 年 2 月 7 日
苏州大学-滑铁卢大学纳米技术联合研究院揭牌成立	人民网	2012 年 2 月 24 日
李麟青获评 2011 年度"中国大学生自强之星"	人民网	2012 年 4 月 28 日
苏州大学医学教育迎来百年华诞	人民网	2012 年 5 月 20 日
从"课堂"到"企业"无缝对接　苏大举办"实习实训"招聘会	人民网	2012 年 6 月 11 日
苏大学子再进大别山　为山里娃带去"职业体验课"	人民网	2012 年 7 月 13 日
苏大学生赴尼泊尔开展支教活动	人民网	2012 年 7 月 26 日
苏大学生千里骑行至呼伦贝尔草原	人民网	2012 年 8 月 14 日
苏大学子跋涉千里寻访"贵州好声音"	人民网	2012 年 9 月 7 日
苏大学子支教之旅　不输"北京青年"生存体验	人民网	2012 年 9 月 19 日
苏大博物馆获 13 件元明墓志	人民网	2012 年 9 月 24 日
苏州大学生热衷利用节假日兼职　起步价 10 元/时	人民网	2012 年 9 月 28 日
苏大新增 6 个博士后流动站　累计 26 个列高校第一	人民网	2012 年 10 月 10 日
苏大校园露天上演昆曲化装秀引学生围观	人民网	2012 年 10 月 11 日
苏大教授登《百家讲坛》　话吴国春秋风云录	人民网	2012 年 11 月 28 日
苏州大学音乐学院 29 日挂牌　共开设 18 个专业	人民网	2012 年 11 月 30 日
苏大学子全国电子技能大赛摘金夺银	人民网	2012 年 12 月 4 日
大学生徒步 800 里回家　每天微博直播行程	新华网	2012 年 1 月 20 日
苏大留校学生这个春节不孤单	新华网	2012 年 1 月 22 日
苏州大学生徒步走近 900 里　历时 9 天回家过年	新华网	2012 年 1 月 23 日
期待社会更多关爱　帮"星星的孩子"走出孤独	新华网	2012 年 3 月 31 日
苏州大学研究生院正式挂牌成立	新华网	2012 年 4 月 11 日

续表

新闻标题	媒体名称	刊发时间
2011 年度全国百名大学生自强之星评选江苏占 4 个	新华网	2012 年 5 月 13 日
生物钟研究领域首个 973 项目落户苏州大学	新华网	2012 年 5 月 14 日
第三届在场主义散文奖在苏州大学揭晓	新华网	2012 年 5 月 17 日
苏州大学医学教育迎百年华诞	新华网	2012 年 5 月 18 日
非法食品添加剂无处藏身　苏大与法企建实验室	新华网	2012 年 5 月 27 日
苏大建成吴文化数据库　12 万余条吴地信息在线查	新华网	2012 年 6 月 8 日
苏大毕业生自拍微电影《我的大学》蹿红网络	新华网	2012 年 6 月 19 日
苏大毕业生流行"绿色毕业"	新华网	2012 年 6 月 28 日
苏大学子带山里娃"职业体验"	新华网	2012 年 7 月 26 日
新大学生报到了　数字化报到　5 秒钟完成职业规划	新华网	2012 年 8 月 29 日
大学生村官调查报告:当村官你更看重什么?	新华网	2012 年 9 月 24 日
3 藏娃抵苏"补"心　入住苏大附儿院	新华网	2012 年 10 月 12 日
苏大教授吴永发获设计大奖	新华网	2012 年 10 月 31 日
苏大学生护城河边勇救两名落水者	新华网	2012 年 11 月 1 日
苏州大学出版社社长张建初:廿载勤耕耘　书香飘万家	新华网	2012 年 11 月 1 日
苏大学生护城河边勇救两名落水者	新华网	2012 年 11 月 1 日
徐沛东走进苏大校园:没有创造力将一无所有	新华网	2012 年 11 月 6 日
"发现新青年"走进苏大	新华网	2012 年 11 月 7 日
苏大学子"点"亮党徽	新华网	2012 年 11 月 8 日
苏大附一院位列"中国地级医院·竞争力"第三	新华网	2012 年 11 月 13 日
苏大与加西安大略大学共建同步辐射研究中心	新华网	2012 年 11 月 14 日
把挫折当成功垫脚石　吴静钰苏大读研也当"导师"	新华网	2012 年 11 月 16 日
让 20% 学生拥有留学经验　苏大成立国际交流学院	新华网	2012 年 12 月 3 日

续表

新闻标题	媒体名称	刊发时间
苏大志愿者社区建“钟爱”驿站	新华网	2012 年 12 月 6 日
苏大《昆曲艺术》入选教育部视频公开课	新华网	2012 年 12 月 25 日
《我们的法兰西岁月》苏大取景拍摄	新浪网	2012 年 6 月 27 日
朱栋霖获中国曲艺牡丹奖理论奖	新浪网	2012 年 8 月 21 日
苏大女孩独自坐两千公里火车报到	新浪网	2012 年 9 月 1 日
苏州大学出版社喜迎建社二十周年庆典	新浪网	2012 年 10 月 15 日
苏大教授登上《百家讲坛》	新浪网	2012 年 12 月 4 日
南通市房管系统苏州大学研究生工作站揭牌	新浪网	2012 年 12 月 11 日
苏州大学两门精品课程将在网上免费开放	新浪网	2012 年 12 月 25 日
苏州大学学子在全国大学生机械创新设计大赛慧鱼组竞赛获佳绩	江苏教育信息网	2012 年 5 月 23 日
金螳螂公司捐赠 1000 万元在苏大设立教育发展基金	江苏教育信息网	2012 年 5 月 23 日
苏州大学 2012 年大学生村官选聘工作启动	江苏教育信息网	2012 年 5 月 23 日
苏州大学研究生院挂牌成立	江苏教育信息网	2012 年 5 月 23 日
苏州大学教授新发现登上国际期刊	江苏教育信息网	2012 年 5 月 23 日
昆剧精华版《牡丹亭》苏大演出反响热烈	江苏教育信息网	2012 年 5 月 23 日
省内高校举行“地球一小时”环保倡议活动	江苏教育信息网	2012 年 5 月 23 日
国家“千人计划”入选者迟力峰教授加盟苏州大学	江苏教育信息网	2012 年 5 月 23 日
苏州大学与航天科工集团三院 8358 所签署战略合作协议	江苏教育信息网	2012 年 5 月 23 日
苏州大学-滑铁卢大学纳米技术联合研究院揭牌成立	江苏教育信息网	2012 年 5 月 23 日
苏州大学重大科技成果喜获“国家科学技术奖”	江苏教育信息网	2012 年 5 月 23 日
苏州大学学生全国大学生艺术展风采卓越摘得“两金一银”	江苏教育信息网	2012 年 5 月 23 日
省委常委、苏州市委书记蒋宏坤亲临苏大附一院现场办公	江苏教育信息网	2012 年 5 月 23 日
研究生春节帮环卫父母扫街　称职业不分贵贱	江苏教育信息网	2012 年 5 月 23 日

续表

新闻标题	媒体名称	刊发时间
爱苏州更爱写诗　他只是个苏大保安	苏州广播电视	2012年1月26日
苏大教授登上《百家讲坛》讲述《吴国春秋风云录》	苏州广播电视	2012年11月30日
90后一脚踏在社会门槛上	苏州广播电视	2012年11月30日

后　记

《苏州大学年鉴2013》将2012年学校的各种信息汇编成集,力求全面地记载学校一年来的主要工作、重大事件、发展特色,充分地展示学校各方面发展的成果,供学校各方面查考、借鉴、比较。

本书编写体例与往年基本相同,记载的内容主要是2012年学校各方面的工作,主要数据截止时间为2012年12月31日。

本书的编写工作是在学校各单位的大力支持下完成的,在此谨表示衷心感谢。除编委以外,档案馆的袁春荣、付丽琴、高国华、钦春英、付双双、王凝萱、蔡月芬、叶晓静等同志也参加了编写工作,付出了辛勤的劳动,使编写工作顺利完成。

特别值得一提的是,苏州大学出版社有限公司对《苏州大学年鉴》的出版,数十年如一日,给予大力支持,在此表示衷心感谢。

在编写过程中,我们力求资料翔实、数据准确。但由于面广量大,可能仍有疏漏之处,敬请广大读者批评指正。

编　者

2013年12月